유·초·중·고 선생님의 교직생활 보호 지킴이

선생님의 권리보호와 책임예방

한국학교법률연구소

일러두기

- 교원은 직위에 따라 교사 교감 교장 등으로 불리지만 이 책에서는 교원을 공통적인 명칭으로 사용하였으며, 직위를 구분하여 명시하여야 할 필요가 있는 부분에서는 교장, 교감, 교사 등으로 구분하였고, 교원과 교사를 혼용하여 사용하기도 하였습니다.

- 이 책에 소개된 판례는 교원의 주의와 책임 예방을 위한 목적으로 인용되었습니다. 따라서 1심 판결과 2심 판결 또는 상고심만 소개된 판례도 있지만, 대체로 확정된 판결을 중심으로 제시되었습니다. 또한 판례는 항소심이나 상고심에서 판결 결과가 달라질 수도 있겠고, 유사한 사안이라도 사고의 경위, 교원의 주의의무의 정도, 구체적인 사실관계 등에 따라 달리 해석될 수 있으므로 이를 유의하여 참조하기 바랍니다.

- 학교에서 통상 발생하는 사고 사례는 유사하거나 사고 유형이 크게 변하지 않으므로 필자의 저서와 논문을 새로이 발전시켜 재구성하기도 하였고, 법령 판례 결정문 편람 매뉴얼 등은 근거를 명확히 하기 위하여 주석으로 제시하였습니다.

머리말

어린 학생들의 장래의 꿈을 조사한 통계를 보면 상당수의 학생들이 선생님이 되고 싶다고 한다. 학교 현장 선생님들도 어릴 때부터 꿈꾸어 왔던 꿈을 이루었거나, 그렇지는 않더라도 성장 과정에서 교직에 대한 흥미를 느끼고 진로를 선택하기도 하였을 것이다. 이처럼 교직을 선호하는 분위기가 조성된 원인에는 교직 수행 중 교육자의 자긍심을 비롯하여 차별화된 근무 여건과 교직 수행 후의 매력에서도 찾을 수 있겠다.

교사의 역할을 긍정적인 측면에서만 평가한다면, 교사는 학생에게 지식을 심어주고 바람직한 인간으로 성장하도록 도와주는 지도자로서의 역할을 수행하기 때문에 인간이 인간을 교육한다는 자긍심을 가질 수도 있다. 또한 근무 여건에서도 다른 직업과 다르게 방학을 활용할 수 있어, 1년 내내 직장에만 얽매이지 않고 자신만의 시간을 갖는 여유도 있으며, 퇴직 후에는 다른 직장인에 비하여 연금 등의 혜택도 적지 않다는 것에 공감하고 있다. 그러나 이처럼 긍정적인 측면만 있는 것은 아니다. 교직을 수행하는 수십 년 동안 각종 사고 발생에 대한 책임과 교사에게 닥쳐오는 많은 시련은 어릴 적부터 꿈꾸어 왔던 교육자로서의 이상을 상실하게 하거나 교직에 실망하기도 하고 신분적 불이익을 당하는 경우도 있다.

학교는 학생과 교원 그리고 이들과 직접 간접으로 연관된 학부모가 학생의 교육을 목표로 구성한 공동체이다. 학교에서 교사는 교육목표를 구현하기 위하여 학생을 교육하고 있지만, 교육활동 과정에서 예상하지 못하는 사고가 발생하여 학생에게는 신체적 정신적 피해가 발생하고, 교사에게는 민사책임으로 인한 막대한 경제적 손실과, 형사책임으로 인한 형벌을 받아 고통을 겪고, 이와 더불어 발생하는 징계 책임으로 인해 교직생활에 치명적 오점을 남기게 되는 경우가 있다.

하지만 교원은 자신에게 부여된 권리도 보장받지 못하거나 사고 발생에 대한 법률적 책임도 사전에 명확히 판단하지 못하여, 사고가 발생하면 심리적으로 불안해하고 적절히 대처하지 못해 고심만 하고 있는 경우가 흔하다. 그러므로 교직생활을 하면서 사고 예방과 책임의 주체인 교원이 자신의 권리를 보호하고, 사고 책임과 불이익을 예방할 수 있는 수칙을 스스로 마련하고 대처할 수 있는 가이드가 필요하다.

필자는 학교 현장에서 40여 년간 교사 교감 교장을 거치면서 교직생활 전반에 걸쳐 발생하는 교육활동 사고, 교육활동 침해, 재해 보상, 복무 책임, 신분상 불이익 등 다양한 사건 사고를 선생님들과 함께 경험하여 왔으며, 여기에 더하여 이들에 대한 책임과 법익 보호를 다루는 법학자로서 법적인 견해를 접목하고 법리를 해석하여 교원 스스로 자신의 권리를 보호하고 책임을 예방하며 대처할 수 있는 법률 지침서를 마련하였다.

   이 책은 선생님들께 직접적으로 적용되는 법령과, 교육 현장에서 실제로 발생한 사고에 대한 판례, 그리고 선생님들의 책임 예방을 중심으로 구성되었고, 궁극적으로 선생님의 권리를 보호하기 위한 목적으로 집필되었으므로, 유·초·중·고등학교의 교사 교감 교장 선생님들께 유용하게 활용될 수 있을 것이라 짐작된다.

2022년 4월 임종수

제1편 교원의 권리와 책임

제1장 교원의 권리와 교육활동 보호

제2장 교원 책임의 근거
제1절 교원의 의무 위반에 따른 책임

제3장 교원 책임의 종류

제2편 교육활동 사고 책임과 예방

제1장 학교 사고에 대한 교원 책임의 일반적 판단기준

제2장 학교 사고 유형에 따른 책임과 예방

제3장 교사의 학생지도와 관련한 형사책임

제4장 교원의 직무와 관련한 형사책임

제1절 교원의 직무유기죄

제2절 뇌물죄

제3편 직위와 행위에 따른 개별 책임과 예방

제1장 학교장의 책임과 예방

제1절 학교장의 일반적 관리 책무

제4편 재해보상과 교원 연금

제1장 재해보상제도

제2장 교원 연금

제1편 교원의 권리와 책임

제1장 교원의 권리와 교육활동 보호

제2장 교원 책임의 근거

제3장 교원 책임의 종류

제1편 교원의 권리와 책임

제1장 교원의 권리와 교육활동 보호

제1절 교원의 권리와 지위 보장

Ⅰ. 교원의 권리

교원의 권리는 교원의 의무와 상반되는 개념이지만 교육 현장의 교원들에게는 교권의 개념이 떠오르기도 한다. 교권은 무엇일까?

교권이 무엇을 의미하는지 우리 교육 관련법에서는 명확한 정의가 없지만 「교육공무원법」에서는 "교권은 존중되어야 한다고"고 명시하고 있고, 「교원의 지위 향상 및 교육활동 보호를 위한 특별법」(약칭: 「교원지위법」)은 "교권 회복에 필요한 조치를 하여야 한다."고 하거나, "교권보호위원회"를 둔다는 등 교권의 명확한 정의가 없어도 교권이라는 용어를 사용하고 있다.

그렇다면 교권의 개념을 어떻게 해석하고 교권에 포함될 수 있는 권리에는 어떤 것들이 있는지 교원들에게는 관심사가 아닐 수 없다. 교권의 개념에 대해서 교원이 학생들을 지도하는 수업권을 비롯하여 교육과정 편성권이라는 견해도 있고, 수업권에서 파생되는 학생 평가권, 징계권 그리고 전문직 종사자로서의 권리와 신분보장도 포함하기도 하고, 더 나아가 인간으로서 가질 수 있는 권리까지 포함하는 포괄적인 개념이라는 견해도 있다. 그러나 아직 법령에서도 정의하지 못하고 대법원이나 헌법 재판소에서도 교권의 개념에 대한 판례도 정립되지 못하였지만, 교권은 교육 관련법에서 명시한 교원에게 보장되는 권리임에는 틀림없다.

이를 뒷받침할 수 있는 「교육기본법」은 "학교교육에서 교원의 전문성은 존중되며, 교원의 경제적·사회적 지위는 우대되고 그 신분은 보장된다."[1]고 명시하고 있고, 「교육공무원법」도 "교권은 존중되어야 하며, 교원은 그 전문적 지위나 신분에 영향을 미치는 부당한 간섭을 받지 아니한다."[2]고 규정하고 있기 때문이다. 이와 같이 「교육기본법」과 「교육공무원법」을 근간으로 교권의 개념을

---

1) 「교육기본법」 제14조제1항.
2) 「교육공무원법」 제43조 제1항.

추론한다면 교권은 우리 교육관련 실정법에서 보장하는 교원의 실질적인 권리이고 교원의 전문성과 신분보장 그리고 교육활동 보호를 목적으로 하는 교원의 기본적 권리라고 하겠다.

그러므로 교원에게 보장되는 실질적인 권리를 「헌법」과 교육관련 법령에 기초하여 교원 권리의 내용을 다루어보자.

1. 교원의 신분보장

교원은 국립학교 · 공립학교 · 사립학교 교원으로 구분되지만 사립학교 교원의 신분보장에 관해서는 교육공무원법을 적용하고 있고,[3] 사립학교 교원의 복무에 관해서는 국립학교 · 공립학교 교원에 관한 규정을 준용하고 있다.[4] 준용이란 어떤 사항에 관한 규정을 다른 사항에도 적용시키는 것을 의미하므로 사립학교 교원의 복무도 국공립학교의 교원의 복무에 적용된다는 의미이다. 따라서 국립 공립 사립 교원의 신분보장과 복무규정은 특별히 예외적인 경우를 제외하고는 대체로 동일하게 적용되고 있다.

그러므로 이들 교원은 모두 「헌법」과 법률이 정하는 바에 의하여 신분이 보장된다. 「헌법」은 공무원의 신분보장을 천명하고 있으며,[5] 「교육기본법」, 「국가공무원법」, 「교육공무원법」, 「사립학교법」, 「교원지위법」 등에 의해서도 교원의 신분은 보장된다. 또한 교원은 형의 선고, 징계처분 또는 법률로 정하는 사유에 의하지 아니하고는 그 의사에 반하여 휴직 · 강임 또는 면직을 당하지 아니한다.[6] 형의 선고에 의한 경우는 「형법」 제43조에 따라 사형, 무기징역 또는 무기금고의 판결을 받은 자는 공무원이 되는 자격을 상실한다는 것과, 유기징역 또는 유기금고의 판결을 받은 자는 그 형의 집행이 종료하거나 면제될 때까지 공무원의 자격이 정지된다는 의미이다.

또한 징계처분이란 교원의 의무 위반에 대하여 국가나 지방 자치 단체 또는 학교법인이 교원에게 과하는 제재이다. 징계처분은 6종류로 구분하며 파면, 해임, 강등, 정직, 감봉, 견책처분이 있다. 사립학교 교원의 징계는 강등을 제외하였으나 2021년 「사립학교법」을 개정하여 국공립 교원의 징계종류와 동일하게 강등처분을 규정하여 「교육공무원법」과 같이 6종류이며,[7] 사립학교 교원도 형의 선고 · 징계처분 또는 「사립학교법」에 정하는 사유에 의하지 아니하고는 본인의 의사에 반하여 휴직 또는 면직 등 불리한 처분을 받지 아니한다. 다만, 학급이나 학과의 개편 또는 폐지로 인하여 직책이 없어지거나 정원이 초과된 경우에는 그러하지 아니하다.

한편 교육공무원이든 사립학교 교원이든 권고에 의하여 사직당하지 아니하고,[8] 교원은 해당 학교의 운영과 관련하여 발생한 부패행위나 이에 준하는 행위 및 비리 사실 등을 관계 행정기관 또는 수사

---

3) 「사립학교법」 제57조.
4) 「사립학교법」 제55조.
5) 「헌법」 제7조제2항 참조.
6) 「교원지위법」 제6조.
7) 「사립학교법」 제61조제2항.
8) 「교육공무원법」 제43조 및 「사립학교법」 제56조.

기관 등에 신고하거나 고발하는 행위로 인하여 정당한 사유 없이 징계조치 등 어떠한 신분상의 불이익이나 근무조건상의 차별을 받지 아니한다.[9]

2. 불체포특권

불체포특권은 교원이 경찰 검찰 등에 의해서 체포를 당하지 않는 특권을 말한다. 하지만 체포를 일시적으로 당하지 않는다는 의미이며, 책임이나 처벌이 면제되는 것은 아니므로 면책 특권과는 다르다. 대통령은 내란 또는 외환의 죄를 범한 경우를 제외하고는 재직 중 형사상의 소추를 받지 아니하고,[10] 국회의원은 현행범인인 경우를 제외하고는 회기 중 국회의 동의 없이 체포되지 않고 체포된 때에도 현행범인이 아닌 한 국회의 요구가 있으면 회기 중 석방된다.[11] 대통령의 불소추특권과 국회의원의 불체포특권은 「헌법」상 권리이지만 교원의 불체포특권은 법률에 의해 규정되어 있다.

교원은 현행범인인 경우 외에는 소속 학교의 장의 동의 없이 학원 안에서 체포되지 아니한다.[12] 그러므로 현행범인인 경우에는 학교장의 동의 없이 체포할 수 있고, 현행범이 아닌 경우에도 학교장이 동의하면 학원 안에서 체포할 수 있으며, 학원 안에서 체포할 수 없으므로 교원이 교문 밖으로 나오면 체포할 수 있다. 학원의 범위는 교육이 이루어지는 추상적이고 포괄적인 개념이므로 교원이 학생을 교육하는 학교에 국한하지는 않고 현장학습과 수학여행 장소에서 교원의 교육활동이 현실적으로 이루어지는 상황이라면 학원의 범위에 포함된다. 따라서 현장학습 장소에서 교원이 학생을 직접 지도하고 있는 상황이라면 불체포특권을 행사할 수 있다. 현행범인이란 범죄를 실행하고 있거나 실행하고 난 직후의 사람을 말한다.[13] 범죄를 실행하고 있다는 의미는 범죄의 실행에 착수하여 종료하지 못한 상태를 말하고, 범죄를 실행하고 난 직후란 범죄의 실행행위를 종료한 직후를 말한다.

3. 쟁송 제기권

쟁송 제기권은 교원이 징계 등 부당한 처분을 받았을 때 행정상 쟁송 제기를 할 수 있는 권리이다. 주로 징계처분, 직위해제, 강임, 휴직, 면직처분 기타 불리한 처분을 받은 경우 행사할 수 있다. 교원은 징계처분과 그 밖에 그 의사에 반하는 불리한 처분을 받았을 때에는 교원소청심사위원회에 소청심사를 청구할 수 있다. 교원소청심사위원회는 징계처분에 대한 재심 및 교육공무원의 고충심사청구사건을 심사하는 교육부 산하 기관이다.

소청심사는 국공립 교원과 사립 교원을 포함하여 모든 교원이 신청할 수 있으며 자신에 대한 징계처분을 취소하거나 변경을 구하고자 할 때에는 징계 등의 처분이 있은 것을 안 날부터 30일 이내에 심

---

9) 「교원지위법」 제6조제2항.
10) 「헌법」 제84조.
11) 「헌법」 제44조.
12) 「교원지위법」 제4조, 「교육공무원법」 제48조, 「사립학교법」 제60조 참조.
13) 「형사소송법」 제211조제1항.

사위원회에 소청심사를 청구할 수 있고, 변호사를 대리인으로 선임할 수 있다.[14] 소청심사 청구는 인편, 우편, FAX 로도 청구할 수 있지만 교원소청심사위원회 홈페이지에 온라인 청구도 가능하다. 소청심사를 청구하여도 심사위원회가 소청심사청구의 대상이 되는 처분보다 청구인에게 불이익한 결정을 하지 못하도록 규정되어 있기 때문에,[15] 징계 수위가 더 높아질까 봐 우려할 필요가 없으며, 소청심사청구는 소송이 아니므로 소송비용도 발생하지 않는다. 특히 파면 또는 해임이나 면직처분을 받은 경우에 소청심사를 청구하면 심사결정이 있을 때까지 후임자를 보충 발령하지 못하므로 자신의 신분 보호에 유리한 점이 있다. 다만, 심사 청구 기한인 30일 내에 소청심사청구를 하지 아니하면 그 기간이 지난 후에는 후임자를 보충 발령할 수 있다.[16]

4. 교원 단체 활동권

교원은 경제적·사회적 지위를 향상시키기 위하여 각 지방자치단체와 중앙에 교원단체를 조직할 수 있다.[17] 그러나 유·초·중등학교 교원은 특별시·광역시·특별자치시·도·특별자치도 단위 또는 전국 단위로만 노동조합을 설립할 수 있고,[18] 시·군 단위의 노동조합은 설립할 수 없다. 교원은 자유의사로 단체에 가입 탈퇴할 수 있으며, 단체의 구성원이라는 이유로 불이익당하지 않는다. 노동조합에 가입할 수 있는 사람은 현직 교원뿐만 아니라 교원으로 임용되어 근무하였던 사람도 노동조합 규약으로 정하는 사람이면 가입할 수 있다.[19]

교원의 노동조합은 어떠한 정치활동도 하여서는 아니 되고,[20] 노동조합과 그 조합원은 파업, 태업 또는 그 밖에 업무의 정상적인 운영을 방해하는 어떠한 쟁의행위도 하여서는 아니 된다.[21]

5. 부당한 지시에 따르지 아니할 권리

부당한 지시에 따르지 아니할 권리는 업무를 처리하는 공무원이 상급자의 부당한 업무 지시에 대해 거부할 수 있는 권리이다. 공무원은 상급자가 자기 또는 타인의 부당한 이익을 위하여 공정한 직무수행을 현저하게 해치는 지시를 하였을 때에는 그 사유를 그 상급자에게 소명하고 지시에 따르지 아니하거나 행동강령책임관과 상담할 수 있고, 지시를 이행하지 아니하였는데도 같은 지시가 반복될 때에는 즉시 행동강령책임관과 상담하여야 한다.[22] 또한 공정한 직무수행을 현저히 해치고 명백히 위법 내지 불법한 명령에 대해서는 복종의 의무가 없다. 사립학교 교원은 공무원이 아니므로 「공무원 행동

---

14) 「교원지위법」 제9조제1항.
15) 「교원소청에 관한 규정」 제16조제4항.
16) 「교원지위법」 제9조제2항.
17) 「교육기본법」 제15조제1항.
18) 「교원의 노동조합 설립 및 운영 등에 관한 법률」(약칭: 「교원노조법」) 제4조제1항.
19) 「교원노조법」 제4조의2.
20) 「교원노조법」 제3조.
21) 「교원노조법」 제8조.
22) 「공무원 행동강령」 제4조제1항·2항.

강령」을 적용하지 않지만, 2022년에 신설된 「사학기관 행동강령」 적용을 받는다.

부당한 이익이란 원인 없이 취득한 이득 또는 궁박한 상태를 이용하여 취득한 이득 등을 의미하며 금전적 이득뿐만 아니라 무형의 이득도 포함된다. 부당한 지시에 대해서도 국민권익위원회는 "학교에서 수학여행 업체 선정 시 관련 규정을 지키지 않고 특정 여행업체와 계약하도록 부당지시하거나, 포상대상자 선정업무와 관련하여 당초 평가기준과 달리 특정인의 평가항목별 점수를 상향 기재토록 지시"[23]하는 것은 부당한 지시라고 예시하고 있다. 교원이 상급자의 부당한 지시에 대하여 지시를 소명하고 거부할 수 있는 절차를 이행할 수 있었음에도 부당한 지시내용을 이행한 경우에는 행동강령위반이다.

Ⅱ. 교원 지위 보장의 내용

교원은 학생에게 지식을 가르치고 품성을 지도하며 바람직한 인간으로 성장시키기 위한 지도자의 역할을 수행한다. 그러므로 교원의 전문성은 존중되며, 교원의 경제적·사회적 지위는 우대되고 그 신분은 보장된다.[24] 국가와 지방자치단체는 교원이 학생에 대한 교육과 지도를 할 때 그 권위를 존중받을 수 있도록 특별히 배려하여야 하고, 교원이 사회적으로 존경받고 높은 긍지와 사명감을 가지고 교육활동을 할 수 있는 여건을 조성하도록 노력하여야 한다.[25]

이와 같이 교원의 지위를 보장하고 예우와 처우를 개선하고 신분보장과 교육활동에 대한 보호를 직접적으로 규정하고 있는 법령은 「교원지위법」이지만, 「교육기본법」을 비롯하여 「교육공무원법」 「사립학교법」 등에서도 교원의 지위와 신분을 보장하고 있다. 물론 「헌법」에서는 교육의 자주성 전문성 보장에 대한 큰 틀을 천명하고 있다.[26]

1. 교원에 대한 예우

국가, 지방자치단체, 그 밖의 공공단체는 그가 주관하는 행사 등에서 교원을 우대하여야 하고,[27] 교육과 관련된 정책을 수립하는 경우에는 교원의 의견을 충분히 반영하도록 노력하여야 하며,[28] 교원의 보수를 특별히 우대하여야 한다.[29] 사립학교도 교원의 보수를 국공립학교 교원의 보수 수준으로 유지하여야 한다.[30]

---

23) 국민권익위원회, 2022 공무원행동강령 업무편람, 31면.
24) 「교육기본법」 제14조제1항.
25) 「교원지위법」 제2조.
26) 「헌법」 제31조제3항.
27) 「교원지위법」 제2조제3항.
28) 「교원지위법 시행령」 제2조.
29) 「교원지위법」 제3조.
30) 「교원지위법」 제3조제2항.

2. 교원의 교육활동 보호

국가와 지방자치단체, 그 밖의 공공단체는 교원이 교육활동을 원활하게 수행할 수 있도록 적극 협조하여야 하며, 교육활동을 보호하기 위하여 교육활동 침해행위와 관련된 조사·관리 및 교원을 보호조치하고, 교육활동과 관련된 분쟁의 조정 및 교원에 대한 법률 상담과 교원에 대한 민원 등의 조사·관리, 그리고 교원의 교육활동 보호를 위하여 필요하다고 인정되는 사항에 관한 시책을 수립·시행하여야 한다.[31]

3. 교육활동 침해행위에 대한 비용 부담

교육활동 침해행위로 피해를 입은 교원의 보호조치에 필요한 비용은 교육활동 침해행위를 한 학생의 보호자(친권자, 후견인 및 그 밖에 법률에 따라 학생을 부양할 의무가 있는 자) 등이 부담하여야 한다. 다만, 피해교원의 신속한 치료를 위하여 교육활동 침해행위로 피해를 입은 교원 또는 고등학교 이하 각급학교의 장이 원하는 경우에는 관할청이 부담하고 이에 대한 구상권을 행사할 수 있다.[32]

구상권의 범위는 전문심리상담기관에서 심리상담 및 조언을 받는 데 드는 비용과 요양기관에서 치료 및 치료를 위한 요양을 받거나 의약품을 공급받는 데 드는 비용으로서 관할청이 부담하는 모든 비용이다. 다만, 교육활동 침해행위를 한 학생의 보호자 등이 「국민기초생활 보장법」 제2조제2호에 따른 수급자이거나 「장애인복지법」 제32조제1항에 따라 등록된 장애인일 경우와, 그 밖에 구상금액이 소액인 경우 등 구상권을 행사하는 것이 적합하지 않다고 관할청이 인정하여 고시하는 경우에는 구상권의 전부 또는 일부를 행사하지 않을 수 있다.[33]

4. 교육활동 침해행위 예방교육

학교장은 교직원·학생·학생의 보호자를 대상으로 교육활동 침해행위 예방교육을 매년 1회 이상 실시하여야 한다. 예방교육 프로그램의 구성 및 운영 등을 전문단체 또는 전문가에게 위탁할 수 있다. 또한 예방교육 프로그램의 구성 및 운영 계획을 교직원·학생·학생의 보호자가 쉽게 확인할 수 있도록 학교 홈페이지에 게시하고, 그 밖에 다양한 방법으로 학부모에게 알릴 수 있도록 노력하여야 한다.[34] 교육활동 침해행위 예방교육에는 다음 사항이 포함되어야 한다.[35]

---

31) 「교원지위법」 제14조.
32) 「교원지위법」 제15조5항.
33) 「교원지위법 시행령」 제2조의4제2항.
34) 「교원지위법」 제16조의3.
35) 「교원지위법 시행령」 제9조의3.

```
교육활동 침해행위 예방교육 내용

1. 교직원을 대상으로 하는 경우

가. 교육활동 침해행위에 관한 법령의 내용
나. 교육활동 침해행위 발생 시 대응 요령
다. 학생 대상 교육활동 침해행위 예방 프로그램의 운영 방법
라. 그 밖에 고등학교 이하 각급학교의 장이 교육활동 침해행위 예방을 위하여 필요하다고 인정하는 사항

2. 학생을 대상으로 하는 경우

가. 교육활동 침해행위에 관한 법령의 내용
나. 교육활동 침해행위의 유형 및 사례
다. 교육활동 보호에 관한 내용
라. 그 밖에 고등학교 이하 각급학교의 장이 교육활동 침해행위 예방을 위하여 필요하다고 인정하는 사항

3. 학생의 보호자를 대상으로 하는 경우

가. 교육활동 침해행위에 관한 법령의 내용
나. 교육활동 침해행위의 유형 및 사례
다. 교원과의 상호 존중과 배려 및 소통 방법
라. 가정에서의 교육활동 침해행위 예방교육에 관한 사항
마. 그 밖에 고등학교 이하 각급학교의 장이 교육활동 침해행위 예방을 위하여 필요하다고 인정하는 사항
```

5. 공공시설 등의 이용 협조

국가 및 지방자치단체는 교원이 교육활동을 위하여 당해 공공시설이나 자료의 이용을 요구하는 경우에는 본래의 용도에 지장이 없는 범위 안에서 적극 협조하여야 하며, 그 요구를 거부하는 경우에는 그 사유를 통보하여야 한다.[36]

6. 자료 제출 제한 및 행사 참여 요구 제한

국가 및 지방자치단체는 교육과 관련이 없는 자료의 제출을 요구하지 않도록 노력해야 한다. 다만, 법령에 특별한 규정이 있거나 부득이한 사유가 있는 경우에는 그렇지 않다. 자료를 요구하는 경우에는 매년 4월 1일을 기준으로 작성하는 자료를 그 대상으로 해야 한다. 교육감은 교원의 업무부담을 경감하기 위하여 교육과 관련된 자료를 전산화하도록 노력하여야 한다.[37] 또한 국가 및 지방자치단체는 교원에게 교육과 관련이 없는 행사 등에의 참여를 요구하지 아니하도록 노력하여야 한다. 다만, 법령에 특별한 규정이 있거나 부득이한 사유가 있는 경우에는 그러하지 아니하며, 부득이한 사유로 교원의 참여를 요구하는 경우에는 미리 소속기관의 장과 협의를 거쳐야 한다. 교원을 참여시키는 경우에

---

36) 「교원지위법 시행령」 제3조.
37) 「교원지위법 시행령」 제4조.

는 좌석배치 등에 있어서 교원을 우선적으로 고려하여야 한다.[38]

7. 교원에 대한 민원 등의 보호

국가 및 지방자치단체는 교원에 대한 민원·진정 등을 조사하는 경우에는 관계법령이 정하는 바에 따라 당해 교원에게 소명할 기회를 주어야 하고, 정당한 사유가 없는 한 그 결과가 나오기 전에 인사상의 불이익한 조치를 하여서는 아니 되며, 민원·진정 등을 조사하는 경우 그 내용이 학생 등에게 알려지지 아니하도록 노력하여야 하고, 당해 교원의 수업활동을 존중하여야 한다. 또한 교원의 정당한 교육활동이 부당하게 침해되거나 교육활동과 관련하여 교원에 대한 폭행·협박 또는 명예훼손 등이 있는 경우에는 이를 관계 법령에 따라 엄정하게 조사·처리하여야 한다.[39]

III. 교사의 수업권

1. 수업권의 개념과 내용

수업권의 개념을 논의하기 위해서 선결되어야 하는 개념이 교육권이다. 교육권이라는 용어는 「헌법」에 명시되지 않았지만 「헌법」 제31조에서는 교육에 관한 조항으로 교육을 받을 권리, 교육을 받을 의무 등을 규정하고 있으므로 교육권은 교육에 관한 권리 의무 주체의 권리관계를 의미하며 주로 교육을 할 권리와 교육을 받을 권리 등의 개념으로 해석할 수도 있다.

교육권의 개념을 교육을 할 권리와 교육을 받을 권리로 대별할 경우, 교육을 할 권리 가운데 교사가 학생을 지도하는 권리에 대하여 헌법재판소는 교사가 가르치는 권리를 수업권이라고 한다.[40] 수업권은 교육권의 포괄적 개념 가운데 교사가 학생들을 대상으로 가르치는 권리에 국한하여 일컫는 개념이며,[41] 수업권은 피교육자의 교육받을 권리의 보장에 필수적인 것으로 법적으로 보장되어야 할 권리이다.[42] 한편 대법원도 교사가 학생을 지도하기 위한 수단으로 교육상의 직무권한이 필요하므로 이를 수업권이라 판시하고, 수업권을 교원의 지위에서 생기는 학생에 대한 일차적인 교육상의 직무권한이라고 한다.[43] 이처럼 수업권은 교사가 교사의 지위에서 학생을 가르치는 직무상의 권한이므로 교사와 학생과의 관계에서의 수업권은 직무권한으로서의 성격을 가진다.

교사의 수업권이 직무권한으로서의 성격을 가진다고 할 때 그 직무권한으로서의 수업권의 내용은

---

38) 「교원지위법 시행령」 제5조.
39) 「교원지위법 시행령」 제7조.
40) 헌법재판소 1992. 11. 12. 89헌마88 결정 참조.
41) 헌법재판소 2001. 11. 29. 2000헌마278 결정 참조.
42) 헌법재판소 2007. 3. 29. 2005헌마1144 결정 참조.
43) 대법원 2007. 9. 20. 선고 2005다25298 판결 참조.

학생의 학습권을 실현하기 위한 직무권한에 국한되고, 직무권한의 내용은 법령의 범위에서 학생에게 적합한 교육내용과 방법을 자유롭게 행사할 수 있는 권한을 의미한다고 본다. 하지만 수업권은 학생의 학습권 실현을 위하여 인정되는 것이므로, 학생의 학습권은 교원의 수업권에 대하여 우월적 지위에 있고, 교사의 수업권은 학생의 학습권 실현을 위한 범위 내의 권리이므로 일정한 범위 내에서 제약을 받을 수밖에 없다.

한편 교사가 학생을 지도하는 교육내용과 방법은 「교육기본법」을 비롯하여 「유아교육법」「초·중등교육법」과 「초·중등교육법 시행령」 등에서 그 근거를 찾을 수 있다. 교원은 「교육기본법」 제14조제3항에 의거 학생에게 학습윤리를 지도하고 지식을 습득하게 하며, 학생 개개인의 적성을 계발할 수 있도록 노력하여야 하며, 「초·중등교육법 시행령」 제31조에 의거 학칙으로 정하는 바에 따라 훈육·훈계 등의 방법으로 지도할 수 있다. 훈육 훈계의 방법에는 내부적 질서유지를 위하여 학생에 대한 징계권도 포함되므로 넓은 의미에서 교사가 학생을 지도하는 행위의 포괄적 개념이다.

2. 교사의 수업권과 학생의 학습권 비교

교사의 수업권은 교사의 지위에서 생겨나는 직무권한이지만, 그것이 헌법상 보장되는 기본권이라고 할 수 있느냐에 대하여서는 이를 부정적으로 보는 견해가 많으며, 설사 헌법상 보장되고 있는 학문의 자유 또는 교육을 받을 권리의 규정에서 교사의 수업권이 파생되는 것으로 해석하여 기본권에 준하는 것으로 간주하더라도 수업권을 내세워 학생의 학습권을 침해할 수는 없다.

교사의 수업권을 인정하고 보장하는 것은 헌법상 당연히 허용된다 하더라도, 초·중등학교에서의 학생교육은 교사 자신의 인격 발현 또는 학문과 연구의 자유를 위한 것이라기보다는 교사의 직무에 기초하여 초·중등학교의 교육목표를 실현하기 위한 것이다.[44] 또한 교사의 수업권은 자연법적으로는 학부모에게 속하는 자녀에 대한 교육권을 신탁 받은 것이고, 실정법상으로는 공교육의 책임이 있는 국가의 위임에 의한 것이기 때문이다.[45]

이처럼 교사의 수업권은 교육상의 직무권한이지만 수업권의 보장은 학생의 학습권을 침해하지 않는 범위에서만 인정되어야 하므로 학생의 학습권을 침해하면서 교사의 수업권이 보장되지는 않는다. 그리고 학생의 학습권은 단순히 학교가 운영하는 교육과정을 이수할 권리에 그치지 않고 자신의 인간적인 성장·발달과 인격의 자유로운 발현을 도모하는 적극적이고 포괄적인 권리이기 때문에, 교사의 수업권과 학생의 학습권을 비교한다면 학생의 학습권이 더 우선적으로 보호되어야 하며 학생의 학습권을 위하여 교사의 수업권은 제한될 수 있으며, 학생의 학습권은 교원의 수업권에 대하여 우월적 지위에 있다.

---

44) 헌법재판소 2021. 5. 27. 2018헌마1108 결정 참조.
45) 헌법재판소 1992. 11. 12. 89헌마88 결정 참조.

제2절 교원의 교육활동 보호와 교육활동 침해

I. 교육활동과 교육활동 보호

　학교에서 교원의 주된 역할은 교육활동이다. 「교원지위법」은 교원의 교육활동 보호를 목적으로 하고 있지만 교육활동의 개념을 명확히 규정하지 않았으므로, 교육활동에 대한 개념은 「학교안전사고 예방 및 보상에 관한 법률」(약칭: 「학교안전법」)에서 찾을 수밖에 없다. 따라서 교육활동 침해를 구제받기 위해서는 「학교안전법」에서 정의하고 있는 교육활동의 개념과 같은 법 시행령에서 규정하고 있는 교육활동과 관련된 시간을 명확히 파악하여야 한다. 교육활동은 학교의 교육과정을 운영하기 위한 필수적인 활동이고 교육활동을 진행하는 교사의 주된 역할이므로 교육활동을 보호한다는 의미는 교사의 역할과 활동을 보호한다는 개념이기도 하다. 학교에서 교사의 역할과 활동은 정규수업 시간을 비롯하여 학생 생활지도와 각종 행사 등 학생과의 관계가 가장 많을 것이고, 학생의 보호자인 학부모와도 간접적으로 관계되지 않을 수 없을 것이다. 또한 교육활동에 따르는 행정 업무는 교장 교감 및 동료 교사와의 수직적 수평적으로도 연계되어있다.

　교사에 대한 교육활동 침해는 단순히 그리고 일시적으로 교육활동을 방해하거나 잠시 기분이 상하게 하는 정도의 경미한 침해도 있겠지만, 침해의 정도가 심하여 정신적으로 오랫동안 고통을 받거나 육체적으로 피해를 입는다면 교사 개인적인 입장에서도 방지되어야 하고 사회적 측면에서도 보호되어야 한다. 교사의 교육활동이 침해되어 육체적 정신적으로 피해를 입을 경우 어떻게 해결해야 할까? 그리고 이를 예방하거나 교사 자신을 보호하기 위해서 어떤 수단이나 방법을 강구해야 하는지 미리 알아 두어야 대처할 수 있을 것이다.

　우선 교육활동 침해자의 불법행위에 의해서 손해가 발생하였을 경우 민사상 손해배상을 청구할 수 있고, 형벌 법규를 위반하였을 경우에는 형사처벌을 요구할 수도 있으며, 민사책임 형사처벌 둘 다 요구할 수도 있다. 또한 학생이 교육활동을 침해하였을 경우에는 학생 징계는 물론 「소년법」상 학교장 통고제를 활용하는 등 다양하게 대처할 수도 있다.

1. 교육활동의 내용

　「교원지위법」은 교육활동 보호를 목적으로 제정되었지만 교육활동에 대한 정의는 없다. 하지만 「학교안전법」에서는 교육활동의 개념을 정의하고 있고, 같은 법 시행령에서는 교육활동과 관련된 시간을 규정하고 있으므로 「학교안전법」을 근간으로 하여 교육활동의 내용을 판단해야 한다.

(1) 「학교안전사고 예방 및 보상에 관한 법률」에서 규정한 교육활동의 정의

약칭 「학교안전법」이라고도 불리는 「학교안전사고 예방 및 보상에 관한 법률」에서는 교육활동의 내용을 아래 세 가지로 한정하고 있다.[46]

교육활동의 정의

가. 학교의 교육과정 또는 학교의 장(이하 "학교장"이라 한다)이 정하는 교육계획 및 교육방침에 따라 학교의 안팎에서 학교장의 관리·감독하에 행하여지는 수업·특별활동·재량활동·과외활동·수련활동·수학여행 등 현장체험활동 또는 체육대회 등의 활동
나. 등·하교 및 학교장이 인정하는 각종 행사 또는 대회 등에 참가하여 행하는 활동
다. 그 밖에 대통령령으로 정하는 시간 중의 활동으로서 가목 및 나목과 관련된 활동

---

(2) 교육활동과 관련된 시간

「학교안전법시행령」에서는 위의 다 목의 그 밖에 대통령령이 정하는 시간을 아래와 같이 교육활동과 관련된 시간으로 규정하고 있다.[47]

교육활동과 관련된 시간

1. 통상적인 경로 및 방법에 의한 등·하교 시간
2. 휴식시간 및 교육활동 전후의 통상적인 학교체류시간
3. 학교장의 지시에 의하여 학교에 있는 시간
4. 학교장이 인정하는 직업체험, 직장견학 및 현장실습 등의 시간
5. 기숙사에서 생활하는 시간
6. 학교 외의 장소에서 교육활동이 실시될 경우 집합 및 해산 장소와 집 또는 기숙사 간의 합리적 경로와 방법에 의한 왕복 시간

---

2. 교원의 교육활동 보호의 주요 내용

(1) 학교장의 피해 교원 보호 및 보고 의무

학교장은 교원이 교육활동 침해행위로 피해를 입으면 즉시 보호하고 보고하여야 한다. 학교장은 소속 학교의 학생 또는 그 보호자 등이 교육활동 중인 교원에 대하여 교육활동 침해행위를 한 사실을 알게 된 경우에는 즉시 교육활동 침해행위로 피해를 입은 교원의 치유와 교권 회복에 필요한 조치 즉 보호조치를 하여야 한다.[48] 교육활동 침해행위로 피해를 입은 교원에게 보호조치를 한 학교장은 지체 없이 교육활동 침해행위의 내용과 보호조치 결과를 공립·사립 고등학교 이하 각급학교장은 교육감

---

46) 「학교안전사고 예방 및 보상에 관한 법률」(약칭:「학교안전법」) 제2조제4호.
47) 「학교안전법시행령」제2조.
48) 「교원지위법」제15조제1항.

에게, 국립 고등학교 이하 각급학교장은 교육부장관에게 보고하여야 하며, 교육감은 대통령령으로 정하는 중대한 사항의 경우에 이를 교육부장관에게 즉시 보고하여야 한다.[49]

"대통령령으로 정하는 중대한 사항의 경우"란 다음 각 호의 어느 하나에 해당하는 경우를 말한다.[50]

교육감이 교육부장관에게 즉시 보고해야 하는 중대한 교육활동 침해 사항

1. 「형법」 제2편제25장(상해·폭행 등)에 해당하는 범죄 행위로 해당 교원이 사망하거나 4주 이상의 치료가 필요하다는 의사의 진단을 받은 경우
2. 「성폭력범죄의 처벌 등에 관한 특례법」 제2조제1항에 따른 성폭력범죄 행위인 경우
3. 「정보통신망 이용촉진 및 정보보호 등에 관한 법률」 제44조의7제1항제3호에 따른 불법정보 유통 행위로 해당 교원이 4주 이상의 정신건강의학과적 치료가 필요하다는 의사의 진단을 받은 경우
4. 그 밖에 제1호부터 제3호까지의 규정에 준하는 경우로서 사안이 중대하여 교육부장관에게 보고할 필요가 있다고 교육감이 인정하는 경우

---

(2) 학교장의 축소 은폐 금지

학교장은 교육청에 보고할 때 교육활동 침해행위의 내용을 축소하거나 은폐해서는 아니 되고, 교육청은 보고받은 자료를 해당 학교 또는 해당 학교장에 대한 업무 평가 등에 부정적인 자료로 사용해서는 아니 된다.[51] 학교장이 축소하거나 은폐하면 어떻게 될까? 법령에는 벌칙 조항이 없지만 축소 은폐 금지는 학교장에게 부여된 법률상 직무 의무이고, 직무 의무를 위반하면 징계 사유에 해당된다.

(3) 피해 교원 요청 시 수사기관 고발 의무

교육활동 침해행위를 보고받은 교육청이나 교육부는 교육활동 침해행위로 피해를 입은 교원이 요청하는 경우 교육활동 침해행위가 관계 법률의 형사처벌 규정에 해당한다고 판단하면 관할 수사기관에 고발하여야 한다.[52] 고소는 범죄의 피해자나 법정대리인 등이 범죄사실을 수사기관에 신고하는 의사표시이고, 고발은 고소와 마찬가지로 범죄사실을 수사기관에 신고하는 의사표시이지만, 고소권자 이외의 제3자가 신고하는 것을 말한다. 교육청이 피해 교원의 요청으로 수사기관에 신고하여야 하므로 고발이라고 할 수 있다. 하지만 피해 교원이 요청하는 경우에도 친고죄에 해당하는 모욕죄 등은 교육청에서 고발할 수 없고 피해 교원이 직접 고소해야 한다. 친고죄는 피해자나 법률이 정한 자의 고소가 있어야 공소를 제기할 수 있는 범죄이기 때문이다.

또한 형사처벌과 관계가 없는 민사상 손해배상 청구는 교육청에 청구하지 않고, 피해 교원이 침해행위를 한 자를 상대로 직접 청구해야 한다. 가령 학부모가 침해자인 경우는 학부모를 상대로, 학생인

---

49) 「교원지위법」 제15조제3항.
50) 「교원지위법 시행령」 제2조의3.
51) 「교원지위법」 제16조.
52) 「교원지위법」 제15조제4항.

경우는 학생의 보호자를 상대로 청구할 수 있다.

(4) 교사의 치료비 교육청이 부담하고 학부모에게 구상권 행사

교육활동 침해행위로 피해를 입은 교원의 보호조치에 필요한 비용은 교육활동 침해행위를 한 학생의 보호자 등이 부담하여야 한다. 다만, 피해교원의 신속한 치료를 위하여 교육활동 침해행위로 피해를 입은 교원 또는 고등학교 이하 각급학교의 장이 원하는 경우에는 관할청이 부담하고 이에 대한 구상권을 행사할 수 있다.[53]

(5) 보호자의 특별교육 심리치료 불참 시 과태료 부과

교육활동 침해행위를 한 학생이 특별교육과 심리치료 이수를 명령받은 경우에는 해당 학생의 보호자도 참여하게 하여야 하고,[54] 보호자가 정당한 사유 없이 특별교육 또는 심리치료에 참여하지 아니하면 300만원 이하의 과태료를 부과한다.[55]

Ⅱ. 교육활동 침해행위

1. 교육활동 침해 행위의 내용

(1) 교육활동 침해 행위의 개념

교육활동을 침해하는 행위란 소속 학교의 학생 또는 그 보호자 등이 교육활동 중인 교원에 대하여 다음 각 호의 어느 하나에 해당하는 행위를 하는 것을 말한다.[56]

교육활동 침해 행위

1. 「형법」 제2편제25장(상해와 폭행의 죄), 제30장(협박의 죄), 제33장(명예에 관한 죄) 또는 제42장(손괴의 죄)에 해당하는 범죄 행위
2. 「성폭력범죄의 처벌 등에 관한 특례법」 제2조제1항에 따른 성폭력범죄 행위
3. 「정보통신망 이용촉진 및 정보보호 등에 관한 법률」 제44조의7제1항에 따른 불법정보 유통 행위
4. 그 밖에 교육부장관이 정하여 고시하는 행위로서 교육활동을 부당하게 간섭하거나 제한하는 행위

---

53) 「교원지위법」 제15조제5항.
54) 「교원지위법」 제18조제4항.
55) 「교원지위법」 제21조.
56) 「교원지위법」 제15조제1항.

(2) 교원의 교육활동을 부당하게 간섭하거나 제한하는 행위에 포함되는 내용

위의 제4호 규정인 그 밖에 교육부장관이 정하여 고시하는 행위로서 교육활동을 부당하게 간섭하거나 제한하는 행위를 교육부는 아래와 같이 고시하고 있다.[57]

교육활동을 부당하게 간섭하거나 제한하는 행위

1. 「형법」 제8장(공무방해에 관한 죄) 또는 제34장 제314조(업무방해)에 해당하는 범죄 행위로 교원의 정당한 교육활동을 방해하는 행위
2. 교육활동 중인 교원에게 성적 언동 등으로 성적 굴욕감 또는 혐오감을 느끼게 하는 행위
3. 교원의 정당한 교육활동에 대해 반복적으로 부당하게 간섭하는 행위
4. 교육활동 중인 교원의 영상·화상·음성 등을 촬영·녹화·녹음·합성하여 무단으로 배포하는 행위
5. 그 밖에 학교장이 「교육공무원법」 제43조 제1항에 위반한다고 판단하는 행위

교육활동의 범주에는 최근에 원격수업이 보편화되었으므로 교육활동 침해행위에 원격수업을 포함하여 원격수업 중 발생할 수 있는 침해행위도 교육활동 침해로 추가하여 고시하고 있다. 위의 1. 공무방해에 관한 죄는 공무원인 교원에게 적용되고 업무방해는 사립학교 교원에게 적용된다. 가령 교육활동 중인 공무원인 교원에게 폭행 또는 협박을 하면 공무집행방해죄[58]가 성립하고, 사립학교 교원에게 폭행 또는 협박을 하면 업무방해죄[59]가 성립한다.

폭행죄와 협박죄의 법정형은 각각 2년 이하와 3년 이하의 징역에 처할 수 있지만, 공무집행방해죄와 업무방해죄는 5년 이하의 징역까지 보다 더 엄하게 가중 처벌할 수 있다. 「교육공무원법」 제43조 제1항에서는 "교권은 존중되어야 하며, 교원은 그 전문적 지위나 신분에 영향을 미치는 부당한 간섭을 받지 아니한다."고 명시하고 있으므로 위의 5. 학교장이 「교육공무원법」 제43조제1항에 위반되는 행위라고 판단하면 교육활동을 부당하게 간섭하거나 제한하는 행위의 범주에 포함시킬 수 있다는 의미이다.

(3) 교육활동 침해 행위 유형의 개별적 분석

교육활동 침해 행위는 폭행죄, 상해죄, 협박죄, 명예훼손죄, 모욕죄, 손괴죄 등에 해당하는 행위이지만 실제로 학교 현장에서 발생할 수 있는 행위 유형에 대해서 사전에 숙지하고 대처할 필요가 있으므로 이들 침해 행위의 구체적인 사례를 다루어 보기로 한다.

---

57) 「교육활동 침해 행위 및 조치 기준에 관한 고시」 제2조.
58) 「형법」 제136조 참조.
59) 「형법」 제314조 참조.

1) 폭행

유치원생이나 초등학생이 교사를 폭행하는 경우는 드물지만 중·고등학생이 교사를 폭행하는 사례나, 뿐만 아니라 학부모로부터 폭행당하는 경우도 언론을 통하여 보도되기도 한다. 그러므로 폭행의 개념을 잘 이해하고 대처할 필요가 있다.

폭행죄에서 폭행이란 신체에 대한 일체의 불법적인 유형력의 행사를 의미한다. 유형력이란 사람에게 육체적 정신적 고통을 줄 수 있는 물리력이라고 할 수 있고 반드시 상해의 결과를 초래할 필요는 없다. 하지만 유형력의 행사는 신체에 대하여 가해지면 족하므로 사람의 신체에 직접적인 접촉을 요건으로 하지는 않는다. 그러므로 교사에게 돌이나 물건 등을 던지는 행위는 교사가 돌이나 물건 등에 맞지 않아도 폭행에 해당될 수 있다.

폭행죄의 폭행이 될 수 있는 경우를 예를 들면, 교사를 때리는 경우뿐만 아니라, 학생이 교사의 손이나 팔을 잡고 놓아주지 않는 행위, 교사를 밀치는 행위, 세차게 잡아당기는 행위, 교사에게 침을 뱉는 행위는 물론, 수업 중 조용한 교실에서 갑자기 고함을 질러 교사와 학생들을 놀라게 하는 것도 정신적 고통을 줄 수 있는 물리력이라고 할 수 있으므로 폭행에 해당한다. 하지만 칠판을 주먹으로 때리는 행위, 교실 문을 발로 차는 행위는 사람에 대한 유형력의 행사가 아니므로 폭행이 아니다. 그리고 폭행 행위의 주체는 다르지만 학생이 아닌 학부모로부터의 교사 폭행도 마찬가지로 해석해야 하고, 폭행죄가 성립하기 위해서는 행위자의 폭행에 대한 고의가 있어야 한다.

2) 상해

상해죄에서 상해는 타인의 신체에 생리적 기능의 장해를 일으키는 것을 의미한다. 폭행죄는 유형력을 행사한 사실 자체만으로 성립하는 것이지만, 상해죄는 폭행죄의 유형력 행사로 인해 상해의 결과가 발생해야 성립한다. 가령 학생이 교사를 밀치는 행위는 폭행죄에 해당하지만 밀어서 상처를 입혔다면 상해죄에 해당된다.

상해의 수단이나 방법에는 제한이 없고, 폭행에 의하든 다른 방법에 의하든, 작위·부작위에 의하든, 침해 행위자인 학생이나 학부모 자신의 신체적 동작에 의하든 간접적인 매개물을 이용하든 상관이 없다. 교사를 폭행하여 상처를 입히는 것은 물론이지만, 교사에게 언어적 폭행이나 공포감을 주어 정신장애를 일으키는 것도 상해에 속한다.

가령 학부모가 오랜 기간 수차례에 걸쳐 전화 등 통신매체를 이용하여 교사에게 인격을 무시한 폭언을 하여 교사가 육체적 기능뿐 아니라 수면장애, 식욕감퇴, 우울장애 등 정신적인 기능에 장해가 발생되었다면 상해죄가 성립될 여지가 있다. 하지만 단순히 멍이 드는 정도 등 일상생활에 지장이 없고 자연치유가 가능한 정도면 상해로 보지 않고, 대체로 전치 2주 이상의 피해가 있는 경우에 상해로 보기도 한다.

3) 협박

협박이란 사람으로 하여금 공포심을 일으킬 수 있는 정도의 해악을 가할 것을 통지하는 것을 말한다. 해악의 내용에 관해서는 아무런 규정이 없지만, 생명·신체·자유·명예 등에 대한 일체의 해악도 가능하다. 해악 고지의 방법은 제한이 없으며 언어·문서·거동을 비롯하여 명시적이거나 묵시적인 것도 가능하고 그 시기도 현재·미래를 불문한다. 또한 반드시 실현 가능성도 필요 없으며 실현할 의사가 없어도 협박죄가 성립하며 적어도 교사에게 공포심을 느끼게 할 정도면 충분하다.

또한 해악 고지의 방법은 조건부라도 상관없다. 가령 학부모가 자신의 자녀를 대회에 입상하지 못하게 하면 교사에게 신체적 위해를 가하겠다고 하거나, 자녀를 차별하여 불이익을 주면 상급 교육기관에 고지하여 교직을 그만두게 한다는 등으로 교사에게 공포심을 일으킨 경우도 협박이 된다. 더구나 판례는 비위사실의 폭로를 고지한 경우도 협박죄가 성립한다고 하므로,[60] 가령 사안에 따라서는 교사의 비위를 알고 있는 학부모가 비위 내용을 제시하면서 자신의 요구를 받아 주지 않는다면 그 내용을 상급기관에 제출하겠다고 말하는 경우도 협박죄에 해당할 수 있을 것이다.

다만 학부모가 교사에 대한 불만으로 '두고 보자'라고 말한다거나,[61] 언쟁 중에 '입을 찢어 버릴라'라고 말하는 것은 주위 사정에 비추어 단순한 감정적인 욕설에 불과하므로, 해악을 고지한 것이라고 볼 수 없어,[62] 협박에 해당하지는 않는다.

4) 명예훼손

명예훼손죄는 공연히 사실을 적시 또는 허위의 사실을 적시하여 사람의 명예를 훼손함으로써 성립하는 범죄이다. 공연히란 불특정 또는 다수인이 인지할 수 있는 상태를 의미하지만 다수인이 아닌 1인에게 유포한 경우에도, 1인을 통하여 다수인에게 전파될 가능성이 있다면 명예훼손이다.

사실의 적시란 사람의 사회적 가치 내지 평가를 저하시키는데 충분한 사실을 지적하는 것을 말하지만 그 적시된 사실은 진실의 여부는 불문하나 구체적이어야 한다. 그러므로 진실된 사실을 유포한 경우에도 명예훼손이고, 허위 사실을 유포한 경우에는 가중 처벌된다.

가령 학부모가 A교사는 B학생 부모로부터 금품을 받아 교내 대회에서 B학생을 입상하게 하였다는 허위의 사실을 학부모들에게 유포한다면 허위사실 적시에 의한 명예훼손죄가 성립한다. 또한 학부모가 카카오톡 채팅방을 이용하여 A교사는 전임 학교에서 학생을 체벌하여 징계를 받았다는 사실을 유포한 경우 A교사가 실제로 징계를 받은 사실이 있더라도 A교사의 명예를 훼손하였으므로 명예훼손죄가 성립하며, 만약 A교사가 실제로 징계를 받은 사실이 없는 것을 알면서도 허위로 유포하면 허위

---

60) 대법원 2008. 12. 11. 선고 2008도8922 판결 참조.
61) 대법원 1974. 10. 8. 선고 74도1892 판결 참조.
62) 대법원 1986. 7. 22. 선고 86도1140 판결 참조.

사실 적시에 의한 명예훼손으로 가중처벌 된다.

일반적으로 명예훼손죄는 형법 제307조에 따라 처벌하지만, 사람을 비방할 목적으로 정보통신망을 이용하면 유포가 쉽고 삭제하기가 어렵다는 특성 때문에 「정보통신망 이용촉진 및 정보보호 등에 관한 법률」(약칭:「정보통신망법」) 제730조에 따라 가중 처벌된다.

5) 모욕

모욕죄에서 모욕이란 구체적 사실을 적시하지 아니하고 공연히 사람의 인격을 경멸하는 의사를 표시하는 것이다. 명예훼손죄와 마찬가지로 공연성을 요건으로 하지만, 차이점은 명예훼손죄는 구체적인 사실을 적시해야 하고 모욕죄는 구체적 사실적시 없이 추상적으로 타인의 사회적 평가를 저하시키는 의견을 표시하는 것이므로, 명예훼손죄와 모욕죄의 가장 큰 차이는 구체적인 사실 적시 여부에 있다. 쉽게 생각해서 구체적 사실을 담고 있으면 명예훼손이고 단순 의견이면 모욕이다.

가령 다른 학생이나 학부모 또는 교직원들이 많이 있는 곳에서, 교사에 대하여 '바보 같은 놈', '뚱뚱해서 돼지 같은 녀석', '더럽고 병신 같은 놈', '개새끼' 등의 표현은 구체적인 사실 적시 없이 단순히 경멸적인 의사 표현이라고 할 수 있으므로 명예훼손죄가 아닌 모욕죄가 성립할 가능성이 크다. 판례도 '빨갱이 계집년, 첩년',[63] '죽일 놈, 도둑놈',[64] '아무것도 아닌 똥꼬다리 같은 놈'[65] 이라는 언사에 대해서 모욕죄가 성립한다고 판시하고 있다.

5) 손괴

손괴죄는 타인의 재물, 문서 또는 전자기록 등 특수매체기록을 손괴 또는 은닉 기타 방법으로 그 효용을 해하는 범죄이다. 손괴란 재물 등에 직접 영향력을 행사하여 그 이용가치를 침해하는 일체의 행위를 말하고, 은닉은 재물 등의 소재를 불명하게 하여 발견을 곤란 또는 불가능하게 하는 행위이며, 기타 방법이란 손괴 또는 은닉 이외의 방법으로 재물 등의 효용을 해하는 행위를 말한다. 그러므로 학교 시설이나 교재 교구 등을 파손하는 행위, 학교 벽면에 페인트로 낙서를 하여 건물 미관을 해치는 행위, 교사의 책상에 있는 서류를 찢어 버리는 행위, 교사의 자동차 타이어에서 바람을 빼는 행위 등은 재물의 이용가치를 침해하는 행위로써 손괴에 해당한다.

그리고 은닉은 손괴와는 달리 물체 자체의 상태변화를 가져오는 것은 아니라는 점에서 손괴와 차이가 있고, 불법영득의사로 자기 또는 제3자의 지배하에 두는 행위가 아니므로 절도죄와 다르다. 가령 학생이 출석부를 교사가 점유하는 장소인 교실 책상 등에 숨겨 두고 이를 찾지 못하게 하는 것은 물체 자체의 상태변화가 없었고, 불법영득의사로 학생이나 제3자의 지배하에 두지 않았기 때문에 은

---

63) 대법원 1981. 11. 24. 선고 81도2280 판결 참조.
64) 대법원 1961. 2. 24. 선고 4293형상864 판결 참조.
65) 대법원 1989. 3. 14. 선고 88도1397 판결 참조.

닉이라 할 수 있다. 기타의 방법이란 손괴나 은닉 이외의 방법으로 재물, 문서 등의 효용을 해하는 일체의 방법이다. 교사가 사용하는 중요 서류에 낙서를 하여 사용할 수 없게 하거나, 급식 배식차에 실려있는 점심식사용 음식물에 쓰레기를 버리는 행위 등이 해당할 수 있겠다.

2. 교육활동 침해의 주체와 객체

(1) 교육활동 침해의 주체

교육활동 침해의 주체는 소속 학교의 학생 또는 그 보호자 등이다.[66] 학생이란 교원이 소속하고 있는 학생을 의미하므로 타 학교의 학생과 졸업한 학생은 제외된다. 보호자는 학생의 부모 또는 학생을 부양할 의무가 있는 친권자나 후견인 등이다. 또한 학생과 학부모 외에도 동료 교사나 교장 교감을 비롯하여 교육청, 언론사, 지역주민도 침해 주체에 포함된다.

(2) 교육활동 침해의 객체

교육활동 침해의 객체는 교원이지만 교육활동 중인 교원을 보호하므로, 교육활동 중이 아니거나 교원의 개인적인 위법행위에 대해서는 교육활동 침해의 객체에 해당하지 않는다. 가령 교육활동 침해 행위의 유형에 해당하는 협박 등에 해당하더라도 교원의 개인적인 금전 채무 변제를 목적으로 한 협박 등은 교육활동과 관련이 없으므로 「교원지위법」의 보호 대상이 되지 않는다.

제3절 교육활동 침해에 대한 대응

교육활동 침해에 대한 대응 방법은 학교 내 구제기구를 이용하는 방법과 사법적 구제 수단을 활용하는 방법으로 구분할 수 있다. 학교 내 구제기구는 「교원지위법」에 의한 학교교권보호위원회 심의를 통하여 학생에 대한 징계와 학부모 등에 대한 분쟁조정이다. 다만 분쟁조정은 강제력이 없기 때문에 조정이 불성립하면 사법적 구제수단을 활용하여야 한다.

사법적 구제 수단은 민사소송이나 형사소송 등의 제기를 의미한다. 민사소송은 교육활동 침해자의 불법행위로 인해 발생한 치료비 위자료 등 교원의 손해배상소송이라고 할 수 있고, 형사소송은 침해 행위가 형사처벌 요건에 해당하는 경우 피해교원이 직접 고소하거나 피해교원의 요청에 의해 교육청 등 제3자가 고발하는 경우이다.

---

66) 「교원지위법」 제15조제1항.

Ⅰ. 침해 사안 처리

1. 사안 처리 절차

교육활동 침해 사안 처리 흐름

사안 발생 신고 → 피해교원 보호 조치 → 사안 조사 → 학교교권보호위원회 심의 → 학생 및 보호자 조치 → 사후 처리

(1) 사안 발생 신고 및 보호 조치

◆ 신고와 보호조치

교육활동 중인 교원에 대하여 교육활동 침해행위를 한 경우, 피해 교원이나 목격자는 학교장이나 교감 및 교권보호 담당자에게 신고할 수 있으며, 학교장은 소속 학교의 학생 또는 그 보호자 등이 교육활동 중인 교원에 대하여 교육활동 침해행위를 한 사실을 알게 된 경우에는 즉시 교육활동 침해행위로 피해를 입은 교원의 치유와 교권 회복에 필요한 조치를 하여야 한다.[67] 치유와 교권 회복에 필요한 조치를 보호조치라 하며 보호조치의 유형은 다음과 같다.[68]

학교장의 피해 교원에 대한 보호조치 유형

1. 심리상담 및 조언
2. 치료 및 치료를 위한 요양
3. 그 밖에 치유와 교권 회복에 필요한 조치

보호조치를 한 학교장은 지체 없이 지도 감독기관인 교육청에 교육활동 침해행위의 내용과 보호조치 결과를 보고하여야 한다.[69]

◆ 학교장의 피해교원에 대한 특별휴가 조치

교육활동 침해행위로 피해를 입은 교원은 특별휴가를 사용할 수 있으며,[70] 학교장은 교육활동 침해행위로 피해를 받은 교원에 대해서 필요하다고 인정되면 피해 교원의 회복을 지원하기 위해 5일의 범

---

67) 「교원지위법」 제15조제1항.
68) 「교원지위법」 제15조제2항.
69) 「교원지위법」 제15조제3항.
70) 「교원지위법」 제14조의3.

위에서 특별휴가를 부여할 수 있다.[71] 교권보호위원회 개최 전에도 학교장이 특별휴가를 부여할 수 있지만 추후 교권보호위원회를 개최하여 특별휴가의 근거를 마련해야 한다.

(2) 사안 조사

◆ 사안 조사 및 사실 확인

교권보호 담당자는 목격자 진술 확인 및 증거물 수집 등 사안 조사 및 사실 확인을 하고 침해자와 피해자의 진술서를 확보한다. 사안 조사는 기록되어야 하며 객관적이고 구체적으로 기술되어야 한다.

◆ 증거 자료 확보

교원의 교육활동 침해를 예방하기 위하여 상대방과의 면담 내용이나 전화 통화는 녹음되어야 증거 자료로 활용할 수 있다. 1:1 대화자 간의 녹음은 불법이 아니므로 상대방의 동의 없이 녹음할 수 있다. 하지만 상대방 동의 없는 녹음 자료를 외부에 유출하여 사용하면 음성권 침해 등 민사상 손해배상책임을 질 수 있으므로 주의해야 한다. 법원은 녹음 증거가 없으면 침해 행위를 입증하기가 어려운 경우 녹음을 통해 달성하려는 정당한 목적이 있고, 녹음의 수단이 필요한 범위 내에서 이루어진다면 위법성이 조각될 수 있다고 판단하고 있다. 대화자 간의 녹음에 대해서는 제4절 Ⅱ. 교육활동 침해 예방 유의점에서 구체적으로 다루기로 한다.

(3) 학교교권보호위원회 심의

◆ 학교교권보호위원회 구성

교원의 교육활동 보호에 관한 사항을 심의하기 위하여 고등학교 이하 각급학교에 교권보호위원회를 두어야 하고, 유치원에는 유치원장이 필요하다고 인정하는 경우 교권보호위원회를 둘 수 있다.

학교교권보호위원회의 주된 기능은 교육활동 침해에 대한 조치를 심의하고 교원의 교육활동과 관련된 분쟁을 조정하는 등의 역할을 한다.[72] 학교교권보호위원회의 위원은 위원장 1명을 포함하여 5명 이상 10명 이하의 위원으로 구성한다.[73] 학교교권보호위원회의 위원은 다음 각 호의 사람 중에서 해당 학교장이 임명하거나 위촉하며 위원장은 위원 중에서 호선한다. 이 경우 제1호에 해당하는 위원이 위원 정수의 2분의 1을 초과해서는 안 된다.[74]

---

71) 「교원지위법」 제15조 및 「교원휴가에 관한 예규」 제8조.
72) 「교원지위법」 제19조제2항 참조.
73) 「교원지위법 시행령」 제15조제1항.
74) 「교원지위법 시행령」 제15조제2항.

> ### 학교교권보호위원회의 위원 구성
>
> 1. 학생 생활지도 경력이 있는 해당 학교의 교원
> 2. 대학이나 공인된 연구기관에서 조교수 이상 또는 이에 상당한 직에 재직하고 있거나 재직했던 사람으로서 교육활동 관련 전문지식이 있는 사람
> 3. 해당 학교 학생의 학부모
> 4. 변호사 자격이 있는 사람
> 5. 해당 학교가 소재하고 있는 지역을 관할하는 「국가경찰과 자치경찰의 조직 및 운영에 관한 법률」 제13조에 따른 경찰서에 소속된 경찰공무원
> 6. 그 밖에 고등학교 이하 각급학교의 교육활동 관련 지식과 경험이 있는 사람

◆ 학교교권보호위원회 운영

학교교권보호위원회는 교육활동 침해 기준을 마련하고 예방 대책 수립과 교육활동 침해 학생에 대한 조치를 할 수 있고, 교육활동과 관련된 분쟁을 조정할 수 있다.

교원의 교육활동 침해 사안에서 침해자가 학생일 경우는 침해학생 및 학부모의 진술 기회를 부여하고 침해학생에 대한 선도 조치를 심의하며, 침해자가 보호자일 경우에는 사과 권고, 재발 방지 요청과 사안에 따라 고소·고발조치를 권고한다. 또한 침해자가 동료교원이나 관리자인 경우에도 마찬가지로 사과 권고, 재발 방지 요청 및 고소·고발조치 등을 권고할 수 있다. 학교 교권보호위원회는 교육활동 침해 사안에 대한 조정·중재의 역할을 하므로 학교교권보호위원회에서 결정된 사항을 이행하지 않는다고 해서 강제할 수는 없다.

◆ 피해교원 및 침해자 진술

학교교권보호위원회에서는 피해교사를 비롯하여 침해학생과 학부모 그리고 침해 보호자에게 진술 기회를 부여하지만 피해 교사는 위원회에 직접 참석하지 않고 서면 등으로 진술할 수 있으며, 불참 시에도 피해교사가 원하는 보호조치를 요구할 수 있다.

2. 학생에 의한 교육활동 침해

(1) 학교교권보호위원회 심의 절차

학생이 침해자일 경우 침해학생에 대한 조치는 학교교권보호위원회의 심의를 거쳐야 하며, 심의 과정에서 학생 또는 보호자의 의견 진술 기회를 부여하여야 한다.

교육활동 침해 피해 당사자에 대한 출석 통지는 서면 통지하여야 하며, 학생이 침해자인 경우에는 보호자가 동반하여 참석할 수 있도록 요구하고, 불참 시에는 서면 진술이나 진술권 포기서 등을 제출하도록 한다. 학교교권보호위원회의 위원장은 심의를 위하여 필요한 경우에는 관계 전문가를 참석하

게 하여 의견을 들을 수 있다.[75] 위원회의 심의과정은 비공개로 진행되어야 하지만, 교권보호위원회의 결정으로 법률대리인의 참여를 허용할 수 있다.

(2) 침해 조치의 종류

학생이 교육활동 침해행위를 한 경우 학교장은 해당 학생에 대하여 다음 각 호의 어느 하나에 해당하는 조치를 할 수 있다. 다만, 퇴학처분은 의무교육과정에 있는 학생에 대하여는 적용하지 아니한다.[76]

학생에 대한 조치의 종류

1. 학교에서의 봉사
2. 사회봉사
3. 학내외 전문가에 의한 특별교육 이수 또는 심리치료
4. 출석정지
5. 학급교체
6. 전학
7. 퇴학처분

---

(3) 조치별 적용 기준

학교교권보호위원회가 교육활동을 침해한 학생에 대한 조치를 심의할 때, 학생에게 어떤 조치를 할 것인지는 교육활동 침해행위의 심각성·지속성·고의성, 침해행위를 한 학생의 반성 정도 및 선도 가능성, 침해행위를 한 학생과 교육활동 침해행위로 피해를 입은 교원과의 관계가 회복된 정도, 침해행위로 피해를 입은 교원의 임신 여부, 장애 여부 및 그 정도, 침해행위를 한 학생의 장애 여부 및 그 정도 등을 고려하여 조치하여야 한다.[77] 구체적인 조치별 적용 기준은 교육부에서 고시한 「교육활동 침해 행위 및 조치 기준에 관한 고시」 제3조 [별표] 교육활동 침해학생 조치별 적용 기준에 따라 조치하여야 한다.[78] 이 책에서는 지면 관계상 [별표]를 제시하지 않았지만, 법제처 국가법령정보센터에서 「교육활동 침해 행위 및 조치 기준에 관한 고시」를 검색하면 쉽게 찾아 활용할 수 있다.

(4) 재심 청구

학교교권보호위원회의 전학 및 퇴학처분에 따른 조치에 대하여 이의가 있는 학생 또는 그 보호자는 그 조치를 받은 날부터 15일 이내 또는 그 조치가 있음을 안 날부터 10일 이내에 시·도학생징계조정

---

75) 「교원지위법 시행령」 제15조제6항.
76) 「교원지위법」 제18조제1항.
77) 「교원지위법 시행령」 제11조제1항.
78) 「교육활동 침해 행위 및 조치 기준에 관한 고시」 제3조.

위원회에 재심을 청구할 수 있고,[79] 그 외 조치에 대한 불복은 행정심판, 행정소송을 청구할 수 있다. 다만 사립학교의 경우는 민사소송을 제기하여야 한다.

3. 보호자 등에 의한 교육활동 침해

보호자 등에 의한 침해 사안 처리 절차는 침해 사안의 초기 단계에서 녹취록이나 목격자 진술 등 증거를 확보하고 침해 보호자에게 학교교권보호위원회의 성격, 조치 등을 설명하고 학교교권보호위원회를 통해서 조정 사항을 심의할 수 있음을 통지한다. 피해 교원 및 보호자의 진술 기회를 부여하지만 서면 진술서로 대체할 수 있으며 침해보호자에게 교권보호위원회 심의 결과는 서면으로 통보한다. 사안에 따라 고소·고발조치를 권고할 수도 있다.

학교교권보호위원회에서 조정되지 않은 분쟁의 경우에는 시·도교육청교권보호위원회에 심의를 요청할 수 있다. 학교 교권보호위원회는 교육활동 침해 사안에 대하여 사과 권고, 재발 방지 요청 등의 조정·중재의 역할을 하는 것이므로 이와는 별도로 사안이 심각한 경우에는 민·형사상 절차를 진행할 수도 있다.

Ⅱ. 학교장 통고제도 활용

1. 학교장 통고제의 의미

학교장 통고제는 경찰서 등 수사기관에 학생을 고소하는 것이 학교 부적응 학생에 대한 지도 방법으로 적절하지 않거나 교원과의 관계회복을 위해서 필요하다고 판단되는 경우에 활용할 수 있으며, 일반적으로 학교폭력 사건에 대해서 많이 활용되지만 학생에 의한 교원의 교육활동 침해행위에도 활용할 수 있다.

통고제도는 학교에서 해결하기 어려운 청소년비행에 대하여 학교장이 경찰이나 검찰 등의 수사기관을 거치지 않고 직접 사건을 법원에 접수하는 절차로서, 학교와 법원의 협력 아래 비행소년을 선도하는 제도이다. 그러므로 교육활동중인 교사에 대해 폭행, 재물손괴, 모욕 등 각종 교육활동 침해 행위에 대해서 교육활동 침해를 예방하고 학생을 선도하는 방법으로 「소년법」상의 학교장 통고제를 활용하기도 한다.

교사에 대한 모욕, 폭행, 협박, 명예훼손, 업무방해 등 교권침해 사례는 학교폭력이 아니므로 학교폭력대책심의위원회를 통한 조치는 할 수 없고 선도위원회 개최를 통한 지도를 할 수 있을 뿐이다. 그

---

79) 「교원지위법」 제18조제8항.

러나 학교 차원의 선도위원회 개최만으로는 소년에 대한 선도가 불가능하거나 매우 곤란한 한편, 대부분의 교사들은 소년의 비행이 외부에 노출되는 것을 염려하여 수사기관에 고소, 고발하는 것도 주저하는 경우가 많으므로 이런 경우 소년의 성행교정을 위해 통고제도를 활용하는 것이 효과적이다.[80]

통고제도는 학교장뿐만 아니라 학생의 보호자, 사회복리시설, 보호관찰소의 장도 활용할 수 있지만 통계적으로 보호자에 의한 통고보다 학교장에 의한 통고가 더 많다. 실무상으로는 아동보호시설의 장이 아동보호시설(보육원 등)에서 비행을 저지른 소년을 통고하는 경우와 학교장이 학교 내에서 발생한 급우 간 폭행사건이나 교권침해 사건에 관하여 통고하는 경우가 많다.[81]

2. 통고제도 활용의 장점

학교장은 범죄소년, 촉법소년, 우범소년을 발견했을 경우 소년부에 통고할 수 있다.[82] 범죄소년이란 죄를 범한 소년이고, 촉법소년이란 형벌 법령에 저촉되는 행위를 한 10세 이상 14세 미만인 소년이며, 우범소년은 집단적으로 몰려다니며 주위 사람들에게 불안감을 조성하는 성벽이 있거나, 정당한 이유 없이 가출하거나 술을 마시고 소란을 피우거나 유해환경에 접하는 성벽이 있는 소년을 의미한다.

통고제도는 경찰이나 검찰의 수사가 진행되지 않고 법원에서 직접 학교장의 통고서나 조사관의 조사서 등을 검토하여 사건의 수리 여부를 결정한다. 심리가 필요하다고 인정되어 통고사건이 수리되면 소년보호사건과 같은 절차로 진행되지만 심리가 필요가 없다고 인정되면 심리 불개시 결정을 내리기도 한다. 특히 교육활동 침해와 관련한 피해교원이나 학교폭력 피해학생이 경찰서에 신고하는 경우에 경찰서 등 수사기관은 수사를 하게 되고, 가해학생이 수사를 받으면 범죄경력조회나 수사 자료표에 기록이 남게 되지만, 통고제도는 수사기관을 경유하지 않으므로 수사를 받는 부담과 전과(범죄경력조회 또는 수사자료표)기록이 남지 않아 학생의 장래에 영향을 미치지 아니하고, 신속하게 교육활동 침해나 학교폭력 사안에 대한 조치를 해결할 수 있는 장점이 있다.

학교장 통고에 적합한 사안으로는 예컨대 학교 내외에서 학생이나 교사의 물건 또는 돈을 훔치거나 편의점에서 담배를 훔치는 등 상습적으로 절도를 일삼는 경우와 교사 등 교직원에 대한 모욕, 폭행, 협박, 명예훼손, 업무방해 등 교권침해 사례와 가정의 보호력이 미약하여 가출하고 학교에 장기간 무단결석하는 등 복지적 측면의 개입이 필요한 경우일 것이다.[83]

3. 통고 방법

통고는 서면이나 구술로 할 수도 있다. 통고를 할 때는 소년과 보호자의 성명, 생년월일, 직업, 주

---

80) 법원행정처, 소년 통고 실무, 2018, 30면.
81) 법원행정처, 앞의 책, 11면 참조.
82) 「소년법」 제4조제3항.
83) 법원행정처, 앞의 책, 29-30면 참조.

거, 등록기준지, 통고자의 성명, 통고하게 된 사유 등 통고서 양식에 의해 통고서를 작성하여 관할 법원으로 우편 발송하면 되고, 구술로 하는 경우 학교장 등이 법원에 출석하여 법원사무관 등에게 위와 같은 기재사항을 진술하면 된다.[84] 통고서는 인터넷을 활용하여 대한민국 법원 전자민원센터에서 학교장용 통고서 양식을 다운받아 이용할 수 있다.

4. 통고 후 처리 절차

통고사건은 수사기관의 수사절차가 없었으므로, 통고받은 소년부 판사가 이를 심리할 필요가 있다고 인정할 때에 비로소 보호사건으로 수리하게 된다.[85] 소년부 판사는 통고서, 통고조서 및 참고자료를 검토하여 사건의 수리 여부를 결정한다. 소년부 판사는 송치서나 조사관의 조사보고에 따라 사건의 심리를 개시할 수 없거나 개시할 필요가 없다고 인정하면 심리불개시 결정을 할 수도 있지만 대부분의 경우 심리를 개시할 필요가 있어 심리개시결정을 하게 된다.[86]

5. 보호처분 결정

학교장 통고에 따른 법원의 보호처분은 처벌을 위한 것이 아니라 학생의 건전한 성장을 위한 교육의 연장이므로 법원은 심리할 필요가 있다고 인정할 때에는 보호사건으로 수리하게 된다. 하지만 보호처분을 할 수 없거나 할 필요가 없다고 인정하는 경우에는 불처분 결정을 하여 사건은 종결되고, 조사 또는 심리 결과 금고 이상의 형에 해당하는 범죄 사실이 발견되어 형사처분을 할 필요가 있다고 인정되는 경우이거나 만 19세 이상인 것으로 밝혀진 경우에는 검사에게 송치한다. 보호처분은 1호부터 10호 중에서 선택을 하는데, 그중에서 몇 가지 보호처분을 함께 묶어서 결정 할 수도 있다.[87]

6. 통고 신청 시 유의점

(1) 통고 대상 학생의 연령은 10세 이상이므로 10세 이하의 학생인 대략 초등학교 5학년 미만 학생은 제외된다. 통고 신청은 학생 보호자의 동의가 필요 없는 학교장의 재량행위이다. 다만 학생의 보호자가 민원을 제기할 수도 있으니 학교 내 일정한 기준을 정하고 기준에 해당할 경우 일률적으로 통고를 하거나 보호자에게 통고의 필요성에 관한 사전 설명이 필요하겠다. 소년보호 재판이라면 수사경력 자료에 비행명 등이 기재되지만, 이와는 달리 통고 제도는 학생에 대하여 법원이 심층적인 조사나 전문가 상담을 함으로써 처벌보다는 소년의 성행이나 환경을 교정할 수 있고, 수사기관을 거치지 않기 때문에 수사경력 자료에도 기재되지 않는다는 과정을 보호자에게 안내하면 효과적일 수 있다.

---

84) 「소년심판규칙」 제6조.
85) 「소년법」 제11조 제2항.
86) 법원행정처, 앞의 책, 18면 참조.
87) 법원행정처, 앞의 책, 20면 참조.

(2) 학교장이 법원에 통고서를 제출하면 이를 취하할 수 없다. 법원에 통고 사건이 접수되면 종국적인 결정이 있어야 하므로 학교에서는 신중하게 검토한 뒤 통고하여야 한다.

(3) 교권침해의 경우 피해 교원의 고소권은 피해교원의 권리이므로 학교장이 통고를 하였더라도 피해 교원은 통고와는 별도로 학생을 고소할 수 있다. 다만 고소를 통한 수사기관의 절차가 중복될 수는 있다.

제4절 교육활동 침해 판례와 유의점

Ⅰ. 교육활동 침해 판례

1. 학부모로부터 침해 판례

(1) 담임교사에게 '너 그러고도 교사 자격 있다고 생각해? 사표 내고 나가'

【사건개요】

초등학교 2학년 딸이 학급에서 멋진 아이로 선발되지 못하자 불만을 품은 학부모가 담임교사에게 "너 그러고도 교사 자격 있다고 생각해? 본인이 죄를 인정하고 사표내고 나가라, 내가 가만 안 놔둘 거야, 아이들 보는 앞에서 망신시키고 다 뜯어놓을 거야 각오해" 등 여러 차례에 걸쳐 문자를 보냈다.

【판결】

재판부는 학부모에게 업무방해와 「정보통신망법」 위반 등 혐의로 징역 8월에 집행유예 2년을 선고하였다.[88]

(2) 칼 12자루 차고 교사 협박한 고등학생의 이모, 법정 구속

【사건개요】

고등학교에 다니는 여고생 조카에 대한 상담 내용을 누설했다는 이유로 학교에 찾아간 이모가 상담교사에게 "너 때문에 조카와 가족이 다 죽게 생겼다"고 교사와 학생이 보는 앞에서 소리치고, 같은 달 교장실에서 과도와 식칼 등 12자루를 허리에 차고 상담교사의 머리채를 잡아당기며 위협하였다.

---

88) 서울북부지방법원 2016. 7. 27. 선고 2015고단4001,4264 판결.

【판결】

재판부는 "상담교사가 상담 내용을 다른 학생들에게 유출하는 등 상담교사로서 부적절하게 처신해 예민한 청소년기의 학생이 그에 영향을 받은 것으로 보이지만, 그러나 정당한 목적이 수단을 언제나 정당화시켜 주는 것은 아니다"고 지적하며 징역 10개월을 선고하고 법정 구속했다.[89]

2. 학생으로부터 침해 판례

(1) 고등학생들이 교사를 빗자루로 폭행한 사건

【사건개요】

고등학교 A교사는 2015년 무단결석을 한 학생들을 상대로 출석체크를 하는 중 B학생과 C학생이 A교사에게 침을 뱉고 욕설을 하며 빗자루로 수차례 폭행하였다. 다른 학생들은 웃으며 동영상을 찍어 유포하기도 하였다. 학생선도위원회는 폭행 학생들을 퇴학 처분하라고 학교장에게 권고했지만 학교에서는 B학생과 C학생에게 특별교육 이수 5일의 처분을 하였다.

【판결】

검찰은 B학생과 C학생은 6개월가량 A교사를 상대로 잘못되거나 그릇된 행위를 지속해 죄질이 나쁘고 재범의 위험성이 크다며 업무방해 및 공동폭행 혐의로 징역 장기 1년 단기 4월을 구형했다. 하지만 재판부는 피해교사가 학생들을 용서했고 어린 학생이라는 점을 감안하여 소년부 송치 결정을 내려 선처를 하였다.[90] 소년부 재판은 「소년법」에 따라 보호처분이 내려진다.

(2) 초등학교 장애 학생의 교사 폭행도 교육활동 침해

【사건개요】

초등학교 1학년 A학생은 2019년 주먹으로 담임인 B교사의 입술을 때려 상처를 입혔다. B교사는 학생들이 보는 앞에서 맞아서 교사로서의 자괴감과 상실감이 컸고, 담임으로서 마음의 상처도 많이 받았다고 진술하였다. 초등학교 교권보호위원회는 심의를 거쳐 A학생이 한 행동이 '상해와 폭행에 의한 교육활동 침해'에 해당한다고 결론을 내렸고, 초등학교 학생생활교육위원회는 교권을 침해하였다는 이유로 A학생에 대하여 특별교육 10시간의 징계처분을 의결하였다.

A학생의 부모는 A학생이 자폐성 장애 등으로 인하여 극도로 흥분한 상태에서 한 행위이고 고의성이 없으므로 가벼운 처분을 내려졌어야 함에도 3단계에 해당하는 처분이 내려진 것은 위법하다며 소

---

89) 울산지방법원, 2017. 8. 24.
90) 수원지방법원여주지원 2016. 4. 26.

송을 제기하였다.

【판결】

재판부는 A학생이 점프를 해서 교사의 입술을 때렸고, A학생의 장애 상태나 나이를 고려하더라도 단순히 방어를 위하여 발버둥 치다가 우발적으로 일어난 사고라거나 고의가 없었다고 보기 어렵다고 보아, A학생의 행동은 「교원지위법」에서 규정하고 있는 형법상 상해 및 폭행에 해당하고 담임교사의 교육활동을 침해한 것으로 볼 수 있으므로 A학생 측의 청구를 기각하였다.[91]

Ⅱ. 교육활동 침해 예방 유의점

1. 대화자 간 녹음의 정당성과 위법성

교원의 교육활동 침해를 예방하기 위하여 상대방과의 면담 내용이나 전화 통화는 녹음되어야 증거자료로 활용할 수 있지만, 주의해야 할 사항도 많으므로 각 상황에 따라 조심스럽게 활용해야 한다.

기본 원칙

누구든지 「통신비밀보호법」과 「형사소송법」 또는 「군사법원법」의 규정에 의하지 아니하고는 우편물의 검열·전기통신의 감청 또는 통신사실 확인 자료의 제공을 하거나 공개되지 아니한 타인간의 대화를 녹음 또는 청취하지 못한다.[92] 이를 위반한 자는 1년 이상 10년 이하의 징역과 5년 이하의 자격정지에 처한다.[93]

예외

위의 '전기통신의 감청'이란 전기통신에 대하여 그 당사자인 송신인과 수신인이 아닌 제3자가 당사자의 동의를 받지 않고 녹음 등을 행위를 하는 것을 의미하므로, 전기통신에 해당하는 전화 통화의 당사자 일방이 상대방과의 통화내용을 녹음하는 것은 위 법조에 정한 '감청' 자체에 해당하지 아니한다.[94] 또한 '공개되지 아니한 타인간의 대화를 녹음 또는 청취하지 못한다.'라고 정한 것은, 대화에 원래부터 참여하지 않는 제3자가 그 대화를 하는 타인들 간의 발언을 녹음해서는 아니 된다는 취지이다. 3인 간의 대화에 있어서 그 중 한 사람이 그 대화를 녹음하는 경우에 다른 두 사람의 발언은 그 녹

---

91) 인천지방법원 2021. 1. 14. 선고 2020구합51031.
92) 「통신비밀보호법」 제3조.
93) 「통신비밀보호법」 제16조.
94) 대법원 2008. 10. 23. 선고 2008도1237 판결 참조.

음자에 대한 관계에서 '타인 간의 대화'라고 할 수 없으므로, 이와 같은 녹음행위가 「통신비밀보호법」에 위배되지 않는다.[95]

따라서 1:1 대화인 경우 교원이 대화 당사자로서 녹음한 것이라면 상대방의 허락 없이 녹음하여도 「통신비밀보호법」에 위배되지 않으며, 1:1 대화 당사자가 아닌 3인이 대화하여도 대화 중간 중간에 녹음자가 참여하여 발언을 하고 대화 현장에 있으면 대화 당사자로 인정되므로 역시 「통신비밀보호법」에 위반되지 않고, 증거로 제출할 수 있고 증거능력도 인정된다. 전화 통화 내용을 녹음하는 것도 동일하다. 하지만 형법상 법률에 위반되지 않는다고 하더라도 녹음된 내용을 제3자에게 들려주거나 무단으로 공개하는 행위는 타인의 음성권, 명예훼손 및 사생활 침해로 인한 민사상 정신적 손해배상인 위자료 청구 대상이 될 수 있으니 주의하여야 한다. 법원은 대체로 다음과 같은 요소를 기준으로 대화자 간 녹음 행위의 위법성을 판단하고 있으므로 유의점을 숙지할 필요가 있다.

유의점

√ 녹음 시간은 증거로 활용할 수 있는 필요 최소한의 범위로 한정하여야 한다.
√ 녹음을 통해 달성하려는 정당한 목적 또는 이익이 있어야 한다.
√ 녹음의 수단은 상당한 방법으로 이루어져 사회 윤리 내지 사회통념에 비추어 용인될 수 있는 행위라고 평가할 수 있어야 한다.
√ 상대방의 사생활이나 비밀영역을 침해하지 않는 장소에서 녹음되어야 한다.
√ 녹음 자료를 수사기관이나 재판과정에서만 사용하고 외부에 공개하지 않아야 한다.

■ 판례 고찰

> 중학교 A교사는 2017년 학생문제로 C교사를 만나기 위해 1학년 교무실을 방문하여 C교사와 대화하고 있는 중 그 옆에 있던 B교사가 나가라고 소리치자, A교사는 핸드폰으로 B교사의 음성을 녹음하기 시작하였다. B교사는 A교사가 녹음하고 있는 것을 발견하고 그 즉시 A교사의 핸드폰을 빼앗았다.

◆ 재판부는 "사람의 음성은 자신의 의사에 반하여 함부로 녹음, 재생 등이 되지 않을 권리를 가지므로 상대방의 동의 없이 음성을 녹음하고 재생하는 행위는 특별한 사정이 없는 한 음성권을 침해하는 행위에 해당하여 불법행위를 구성"한다고 판시하였다. 그러나 녹음자에게 비밀 녹음을 통해 달성

---

95) 대법원 2006. 10. 12. 선고 2006도4981 판결 참조.

하려는 정당한 목적 또는 이익이 있고 녹음자의 비밀녹음이 이를 위하여 필요한 범위 내에서 상당한 방법으로 이루어져 사회 윤리 내지 사회통념에 비추어 용인될 수 있는 행위라고 평가할 수 있는 경우에는, 녹음자의 비밀녹음은 사회상규에 위배되지 않은 행위로서 그 위법성이 조각된다고 하였다.[96]

◆ 그러므로 위의 사례에서는 B교사가 A교사에게 종전에도 고성을 지르는 일이 있어 A교사가 B교사에 대한 피해의식이 있었고, 녹음한 동기도 B교사가 C교사와 대화에 끼어들며 고함을 치자 녹음을 시작한 것이므로 A교사의 녹음행위를 사회윤리 내지 사회통념에 비추어 도저히 용인될 수 없는 행위라고 평가하기 어렵다. 따라서 A교사의 행위는 위법성이 조각되어 불법행위에 해당하지 아니한다고 판단하였다.

이 판결의 의미와 교육활동 침해 증거 확보의 유의점

상대방의 동의 없는 녹음은 원칙적으로 불법이고 인격권을 침해하여 녹음자가 민사책임이나 형사처벌을 받을 수도 있다. 하지만 목적의 정당성과 수단의 상당성의 범위에서 사회상규에 위배되지 않는 행위일 경우는 위법성이 조각된다. 따라서 녹음을 하게 된 목적이 상대방의 위법행위가 예상되고 녹음 증거가 없으면 교사의 교육활동 침해 행위를 입증하기가 어려운 등 비밀 녹음을 통해 달성하려는 정당한 목적 또는 이익이 있고, 녹음의 수단이 대화자간의 녹음에 한정되고 녹음시간도 필요한 범위 내에서 이루어지면 위법성이 조각되어 교육활동 침해의 증거자료로 활용할 수 있다.

2. 교사에게 폭언 협박한 경우 발신 전화 추적 방법

한밤중 집에서 잠을 자는 시간에 발신자 전화번호를 알 수 없는 상태에서 학부모 또는 학생으로 추정되는 사람한테서 폭언과 협박 전화가 걸려오면 어떻게 해야 하나? 우선 상대방의 전화번호를 알 수 없을 경우에는 발신번호를 추적해야 한다.

「전기통신사업법」은 수신인의 요구가 있으면 송신인의 전화번호를 알려줄 수 있지만 송신인이 전화번호의 송출을 거부하는 의사표시를 하는 경우에는 알려줄 수 없다.[97] 당연히 송신인이 전화번호 공개를 거부할 것이지만 수신인이 전화 협박 등의 일시 및 내용을 서면이나 녹음 등의 자료를 전기통신사업자에게 제출하면 경찰서에 요청하지 않아도 송신인이 누구인지 확인이 가능하다. 전기통신사업자는 수신인이 요구를 하는 경우에는 전기통신에 의한 폭언·협박·희롱 등(전화협박)으로부터 수신인을 보호하기 위하여 다음의 요건과 절차에 따라 송신인의 전화번호 등을 수신인에게 알려줄 수 있다.[98] 송신인의 전화번호를 알려고 할 경우 구체적인 사실을 확인할 수 있는 다음 어느 하나에 해당

---

96) 서울중앙지방법원 2018. 10. 17. 선고 2018가소1358597 판결.
97) 「전기통신사업법」 제84조제1항.
98) 「전기통신사업법」 제84조제2항.

하는 자료를 첨부하여 서면으로 전기통신사업자에게 요청하여야 한다.[99]

송신인 전화번호 요청 요건

1. 전화협박 등의 일시 및 내용을 서면으로 기록한 자료
2. 전화협박 등의 내용을 녹음한 테이프 등
3. 전화협박 등을 이유로 경찰관서에 범죄 신고를 한 경우에는 이를 증명하는 서류
4. 전화협박 등에 의한 피해에 관하여 관련 상담소와 상담한 근거 자료
5. 그 밖에 제1호부터 제4호까지의 규정에 준하는 자료

---

3. 증거 자료 확보 방법

교육활동 침해로 소송을 제기하거나 고소·고발을 할 때 가장 중요한 건 증거이다. 따라서 목격자 진술이나 녹취록 등 증거 확보가 필요하고, 폭행을 당한 경우에는 폭행 부위를 사진으로 보관하고 병원에서 의사에게 폭행 사실을 진술하여 의료기록에 폭행사실이 기록되어 증거로 사용될 수 있도록 한다. 모욕이나 명예훼손 협박 등의 사안에 대하여는 녹취자료 등의 증거 자료를 확보하여 고소·고발할 수도 있다. 녹취록은 피해자와 가해자가 누구이고 대화를 이끌어 가는 사람이 누구인지 상세히 녹취록 안에 녹음이 되어야 하고, 피해자와 가해자가 직접 만나 대화한 녹음은 물론 전화 통화 녹음도 가능하다.

---

99) 「전기통신사업법 시행령」 제54조.

제2장 교원 책임의 근거

교육활동 사고는 학교에서 교사와 학생을 대상으로 한 교육활동을 중심으로 한 표현이다. 「학교안전법」에서는 교육활동의 내용과 학교안전사고의 개념을 정의하고 있지만,[100] 이와는 달리 교육 현장에서는 편의상 학교 사고라는 용어를 사용하기도 한다. 학교 사고는 일반적으로 학교에서 발생하는 각종 사고를 포괄적인 개념으로 사용하는 용어이고 흔히 학생 사고, 교사 사고 등 학교 구성원에게 발생하는 전반적인 사고와 시설물 등에 의한 사고도 포함하며 법률적인 개념은 아니다.

학교 사고가 발생하지 않아야 하겠지만 발생하였다 하더라도 교사가 책임을 지는 경우도 있고 책임을 지지 않는 경우도 있다. 그렇다면 왜 책임을 지는지 책임을 지는 근거를 미리 알고 대처하여야 한다. 교사의 책임은 교사의 기본적인 의무 위반으로부터 발생하거나, 학생을 보호하여야 하는 대리감독자 책임에서 발생하기도 하고 더 나아가 교사의 불법행위로부터 발생하기도 한다. 책임의 유형은 금전적 손해배상을 목적으로 하는 민사책임과 형벌을 받게 되는 형사책임 그리고 행정벌의 일종인 징계책임 등으로 구분할 수 있다. 아래에서는 이들을 구체적으로 다루어보기로 하겠다.

제1절 교원의 의무 위반에 따른 책임

I. 「국가공무원법」 및 「사립학교법」에 의한 의무

교원의 의무를 규정한 법령으로 국공립학교 교원은 「국가공무원법」에서 사립학교 교원은 「사립학교법」에서 규정하고 있다. 하지만 사립학교의 교원의 자격은 국공립학교의 교원의 자격에 관한 규정에 따르고,[101] 복무에 관하여는 국공립학교의 교원에 관한 규정을 준용한다.[102] 그러므로 국공립학교 교사의 복무에 관한 의무는 사립학교 교사의 복무의무에도 적용되므로 「국가공무원법」에 따른 의무를 숙지하여야 한다.

1. 선서의 의무

공무원은 취임할 때에 소속 기관장 앞에서 대통령령 등으로 정하는 바에 따라 선서하여야 한다. 다

---

100) 「학교안전법」 제2조.
101) 「사립학교법」 제52조.
102) 「사립학교법」 제55조.

만, 불가피한 사유가 있으면 취임 후에 선서하게 할 수 있다.[103] 공무원의 선서의무는 국가에 대한 것이므로 선서를 하지 않고 직무행위를 하였더라도 직무집행의 효력에는 영향이 없고 다만, 선서를 거부할 경우에는 징계책임을 질 수 있다.

2. 성실의 의무

모든 공무원은 법령을 준수하며 성실히 직무를 수행하여야 한다.[104] 성실의무란 "공무원에게 부과된 가장 기본적이고 중요한 의무로서 최대한으로 공공의 이익을 도모하고 그 불이익을 방지하기 위하여 전인격과 양심을 바쳐서 성실히 직무를 수행하여야 하는 것을 그 내용으로 한다."[105] 따라서 가장 기본적이고 양심을 바쳐서 직무를 수행해야 하는 의무이다. 교원이 성실의무를 위반하면 징계책임을 진다.

■ 교원의 성실의무 위반 판례

√ 시험시간 이외에 답안지 기입 허용 등 시험 감독자로서 의무 위반 ☞ 교사 해임

교사가 학생에게 시험시간 이외에 시험 답안지 기입을 허용함으로써 공정하게 직무를 수행할 시험 감독자로서의 의무를 위반하였고, 사소한 이유로 구내식당에서 소란을 피워 품위를 손상시키는 등은 성실의무, 복종의무, 품위 유지의무 등을 위반한 징계사유에 해당하고 징계 해고한 것은 정당하다.[106]

√ 임용 전 인사 부정청탁 ☞ 임용 후 파면

공무원의 성실 의무 등은 임용 전의 행위에도 영향을 미칠 수 있다. 사립학교 교사가 장학사 또는 공립학교 교사로 임용해 달라는 등의 인사 청탁과 함께 금 1,000만원을 제3자를 통하여 ○○교육감에게 전달함으로써 뇌물을 공여하였고, 그 후 공립학교 교사로 임용되어 재직 중 검찰에 의하여 위 뇌물공여죄로 수사를 받다가 기소되어 파면 징계된 것은 정당하다.[107]

3. 복종의 의무

공무원은 직무를 수행할 때 소속 상관의 직무상 명령에 복종하여야 한다.[108] 그러나 공무원은 상급자가 자기 또는 타인의 부당한 이익을 위하여 공정한 직무수행을 현저하게 해치는 지시를 하였을 때에

---

103) 「국가공무원법」 제55조.
104) 「국가공무원법」 제56조.
105) 대법원 2017. 12. 22. 선고 2016두38167 판결.
106) 대법원 1993. 8. 24. 선고 93다25042 판결.
107) 대법원 1990. 5. 22. 선고 89누7368 판결.
108) 「국가공무원법」 제57조.

는 그 사유를 그 상급자에게 소명하고 지시에 따르지 아니하거나 행동강령책임관과 상담할 수 있다.[109]

■ 교원의 복종의 의무 위반 판례

√ 학업성취도 평가 감독 의무 위반 ☞ 감봉 2월

교사가 국가수준 학업성취도 평가 시험 감독을 하라는 지시를 받았음에도 이를 거부한 채 이행하지 아니하였고, 전날부터 평가 당일에 이르기까지 3일간에 걸쳐 학생들의 등교 시간대에 맞추어 학교 정문 앞에서 학업성취도 평가를 반대하는 내용의 피켓을 들고 1인 시위를 한 교사는 복종의 의무를 위반한 것으로 감봉 2월의 징계처분은 사회통념상 현저하게 타당성을 잃었다고 할 수는 없다.[110]

√ 법률상 허용되지 않는 집회 참석 ☞ 복종의 의무 위반

교육과 교원의 특수성을 감안하더라도 법률상 허용되지 아니하는 목적을 위한 집회에 참석하지 말라는 학교장의 교사에 대한 명령은 감독자의 지위에서 교육에 전심전력하여야 할 교원에게 발하여지는 정당한 직무상의 명령이라 할 것이므로 교사가 이에 복종의 의무를 위반한 것이다.[111]

4. 직장 이탈금지의 의무

공무원은 소속 상관의 허가 또는 정당한 사유가 없으면 직장을 이탈하지 못한다.[112]

■ 교원의 직장 이탈 금지 의무 위반 판례

√ 지각, 무단 이석, 동 학년회의 불참, 후문 철책 월담 등 ☞ 직위해제 후 감봉

교사가 3월부터 19회 지각하였고, 학교장의 허가 없이 10여회 무단 이석하였을 뿐만 아니라, 교장의 참석 명령에도 불구하고 여러 차례 동 학년회의에도 참석하지 아니하였으며, 6월 중순에는 급히 귀가하기 위해 학교 후문의 철책을 넘어간 것은 직장 이탈금지 의무를 위배하였다. 이 사유로 직위해제처분이 공무원에 대한 불이익한 처분이긴 하나 징계처분과 같은 성질의 처분이라 할 수 없으므로 동일한 사유로 직위해제처분을 하고 다시 감봉처분을 하였다 하여 일사부재리원칙에 위배된다 할 수 없다.[113]

---

109) 「공무원 행동강령」 제4조.
110) 대법원 2012. 10. 11. 선고 2012두10895 판결.
111) 대법원 1992. 6. 26. 선고 91누11780 판결.
112) 「국가공무원법」 제58조.
113) 대법원 1983. 10. 25. 선고 83누184 판결 참조.

5. 친절공정의 의무

공무원은 국민 전체의 봉사자로서 친절하고 공정하게 직무를 수행하여야 한다.[114]

6. 종교 중립의 의무

공무원은 종교에 따른 차별 없이 직무를 수행하여야 한다. 공무원은 소속 상관이 이에 위배되는 직무상 명령을 한 경우에는 이에 따르지 아니할 수 있다.[115]

7. 비밀 엄수의 의무

공무원은 재직 중은 물론 퇴직 후에도 직무상 알게 된 비밀을 엄수하여야 한다.[116]

◈ 「국가공무원법」 상 직무상 비밀의 의미 및 판단기준

「국가공무원법」 상 직무상 비밀이라 함은 국가 공무의 민주적, 능률적 운영을 확보하여야 한다는 이념에 비추어 볼 때 당해 사실이 일반에 알려질 경우 그러한 행정의 목적을 해할 우려가 있는지 여부를 기준으로 판단하여야 하며, 구체적으로는 행정기관이 비밀이라고 형식적으로 정한 것에 따를 것이 아니라 실질적으로 비밀로서 보호할 가치가 있는지, 즉 그것이 통상의 지식과 경험을 가진 다수인에게 알려지지 아니한 비밀성을 가졌는지, 또한 정부나 국민의 이익 또는 행정목적 달성을 위하여 비밀로서 보호할 필요성이 있는지 등이 객관적으로 검토되어야 한다.[117]

8. 청렴의 의무

공무원은 직무와 관련하여 직접적이든 간접적이든 사례·증여 또는 향응을 주거나 받을 수 없다. 공무원은 직무상의 관계가 있든 없든 그 소속 상관에게 증여하거나 소속 공무원으로부터 증여를 받아서는 아니 된다.[118] 이와 관련하여서는 「부정청탁 및 금품 등 수수의 금지에 관한 법률」 (약칭: 「청탁금지법」)에서 구체적으로 다루기로 한다.

■ 교원의 청렴 의무 위반 판례

√ 학습지 판매업자로부터 교재 채택료 수수 ☞ 교사들 정직, 감봉, 파면

---

114) 「국가공무원법」 제59조.
115) 「국가공무원법」 제59조의2.
116) 「국가공무원법」 제60조.
117) 대법원 1996. 10. 11. 선고 94누7171, 판결.
118) 「국가공무원법」 제61조.

3학년 부장 A교사는 학습지 판매업자로부터 한 질당 15만원인 학습지를 채택해 주면 나중에 한 질당 5만 원씩 채택료를 제공하겠다는 제의를 받고, 동료 3학년 담임교사들에게 학습지를 채택하면 나중에 사례가 있을 것이라는 언질을 주었고, 그 후 구독 학생 수에 따라 채택료를 수수하고, 자신들의 책임을 면하기 위하여 담당 경찰관에게 수사 무마비를 전달하려고 하였으며, 이러한 행위는 그 직무의 청렴성에 반하므로, …〈중략〉…, 잘못을 시인한 교사들은 정직 또는 감봉에, 잘못을 시인하지 아니한 교사들은 파면에 처한 것이 그 직무의 특성 등에 비추어 재량권의 범위를 일탈·남용한 것이 아니다.[119]

√ 교사가 학부모로부터 금품 수수와 술 접대 ☞ 해임

교사가 학부모로부터 학생문제로 상담 요청을 받고 수차례에 걸쳐 술 등의 향응을 제공받고, 음란한 내용의 비디오테이프를 빌려주었으며, 두 차례에 걸쳐 2십만원의 현금을 받고, 술에 취한 학부모와 새벽 3시경까지 공원에 함께 있는 등의 행위로 인하여 물의를 일으킨 것은…〈중략〉…, 청렴의무와 품위 유지의무를 위반한 것으로 그러한 비위사실을 들어 한 해임처분은 정당하다.[120]

9. 품위 유지의 의무

공무원은 직무의 내외를 불문하고 그 품위가 손상되는 행위를 하여서는 아니 된다.[121] 품위란 국민에 대한 교육자로서의 직책을 맡아 수행해 나가기에 손색이 없는 인품을 말한다. 교원이 부담하는 품위 유지의무란 교원이 직무의 내외를 불문하고 교육자로서의 직책을 맡아 수행해 나가기에 손색이 없도록 본인은 물론 교원사회 전체에 대한 국민의 신뢰를 실추시킬 우려가 있는 행위를 하지 않아야 할 의무라고 해석할 수 있다.[122]

공무원의 품위 유지 의무는 직무의 내외를 불문하므로 음주운전 · 성매매 · 불건전한 이성교제 · 도박 · 폭행 · 마약투여 등과 같이 비위사실이 공무집행과 관련된 것이 아니더라도 공무원으로서의 체면 또는 위신을 손상한 때에는 징계사유에 해당된다.[123] 교원이 공무원의 의무위반 행위로 징계처분 받는 유형 가운데 가장 많은 징계사유가 품위 유지 의무라고 할 수 있다.

■ 교원의 품위 유지의무 위반 판례

√ 교감이 술에 만취하여 여성 택시 운전자 추행 ☞ 해임

A교감은 야간에 술에 만취하여 의사결정 능력이 현저히 떨어진 상태에서 택시 뒷좌석에서 순간적·

---

119) 대법원 1999. 8. 20. 선고 99두2611 판결.
120) 대법원 1997. 4. 25. 선고 96누17479 판결.
121) 「국가공무원법」 제63조.
122) 대법원 2019. 12. 24. 선고 2019두48684 판결.
123) 인사혁신처, 2019년도 징계업무 편람, 29면 참조.

우발적으로 운전석에 앉아 있던 여성 운전자를 추행하였다. 교육청은 징계위원회의 의결에 따라 A교감을 해임 처분하였다. 이 사건에 대하여 대법원은 교원에게 고도의 직업윤리의식 내지 도덕성이 요구될 뿐만 아니라 직무의 내외를 불문하고 가중된 품위 유지의무를 부담하여야 한다는 점, 특히 교원이 성폭력의 비위행위를 저지를 경우 이는 품위 유지의무를 중대하게 위반한 것이라고 하여 징계위원회에서 해임처분을 한 것은 위법하지 않다고 판시하였다.[124]

√ 기혼 남교사가 기혼 여교사와 불륜 ☞ 해임

A교사는 기혼자로서 동료 교사이며 기혼자인 B와 학교에서 물의가 빚어질 정도로 가깝게 지냈고, 양호실에서 함께 휴식을 취하고, 컴퓨터실에서 자주 만나는 모습이 목격되어 교감으로부터 자제하라는 내용의 주의를 받는 등 둘 사이에 불륜관계가 있는 것으로 의심할 만한 행위를 하였다. 이후 B의 남편이 불륜관계에 대하여 실토할 것을 추궁하였고,…〈중략〉…, 이 사안에서 대법원은 품위 유지의무를 위반한 행위로서 해임처분은 정당하다고 판시하였다.[125]

√ 고등학교 여학생에게 사랑 고백하고 신체접촉 ☞ 해임

고등학교 A교사는 담임을 맡은 여학생에게 "너를 학생 이상으로 생각한다."고 고백하고 어깨동무와 손잡기, 야간자율학습 시간에는 뒤에서 포옹을 하는 등 수차례 미성년인 여학생에게 신체접촉을 하였다. A교사는 교육청으로부터 해임 처분을 받았고, 이에 불복하여 소청심사위원회에 소청심사를 청구했으나 기각결정을 받았다. A교사는 다시 소송을 제기했으나 재판부는 교사와 미성년 학생의 신체적 접촉 행위는 강제추행에 해당하는 것이 명백하므로 해임 처분이 적법하다고 판시하였다.[126]

√ 여학생에게 뽀뽀하기 좋은 입술이라며 손으로 만진 교사 ☞ 해임, 벌금 1500만원

고등학교 A교사는 여학생에게 뽀뽀하기 좋은 입술이라며 손으로 만지고, 또 다른 여학생들에게도 얼굴을 대고 비비는 등 위력으로 추행했다. A교사는 법원에서 「아동·청소년의 성보호에 관한 법률」 위반죄로 벌금 1500만원을 선고받고 상고했으나 대법원에서도 확정되었다. 또한 교육청은 A교사를 품위 유지 의무 위반 등으로 해임했고, A교사는 해임처분 취소를 구하는 행정소송을 제기했다. 이에 대해 재판부는 교사의 품위를 현저히 손상해 교사 전체에 대한 국민의 신뢰를 실추시키는 결과를 초래해 재발 방지를 위해서는 엄중한 제재가 요구된다고 하여 A교사의 청구를 기각하였다.[127]

---

124) 대법원 2019. 12. 24. 선고 2019두48684 판결.
125) 대법원 1996. 4. 26. 선고 95누18727 판결.
126) 수원지방법원 2017. 5. 10. 선고 2016구합67661 판결.
127) 울산지방법원 2014. 9. 5. 선고 2014고합194 판결.

√ 교사가 교통신호 위반으로 2주 상해, 고의성 없고 잘못 반성 ☞ 견책에서 불문경고로 감경

A교사는 운전 중 교통신호를 위반하여 피해자 B 등에게 전치 약 2주의 상해를 입게 하여 「교통사고처리특례법」 위반으로 벌금 1백만원 구약식 처분을 받았다.

○○광역시 교육청 일반징계위원회는 교사의 이러한 행위는 품위 유지의 의무를 위반한 것으로 보고 견책을 의결하였다. A교사는 교원소청심사위원회에 견책 처분 취소나 감경 청구를 하였다. 교원소청심사위원회는 A교사가 사고 당일 학생들의 야간 자율학습 지도를 하고 늦은 시간 퇴근하는 길에 사고를 일으킨 점, 사고 발생에 고의성이 없어 보이고 본인의 실수를 인정하며 잘못을 반성하고 있는 점 등을 고려하여 견책 처분을 불문경고로 감경하였다.[128]

√ 교목 교사에게 기대되는 도덕성은 일반 교사보다 더 높아 ☞ 해임→정직3월→해임

A교사는 학교법인 갑 고등학교 목사인 교목 교사로서 종교 과목 수업 담당교사이다. A교사는 내연녀의 배우자로부터 간통 혐의로 고소되었고, 징계위원회는 교원(교목)으로서의 품위 유지의무를 위배하였다는 이유로 해임을 의결하였다. 그 후 A교사는 해임처분의 취소를 구하는 소청심사를 청구하였으며 교원소청심사위원회는 징계사유는 인정되나 그 비위의 정도가 교직에서 배제할 만큼 중대하다고 보기 어려워 해임처분은 과중하다는 이유로 해임처분을 정직 3개월로 변경하는 결정을 하였다.

하지만 학교법인은 다시 해임을 구하는 소송을 제기하였다. 재판부는 교사로 재직하면서 교목으로서 그 업무내용에 비추어 볼 때 A교사에게 기대되는 도덕성은 다른 일반 교사들보다 더 높다고 보고, 비록 증거가 불충분하여 간통죄로 기소되지는 않았으나 배우자가 있음에도 불구하고 역시 배우자가 있는 여성과 부정행위를 저지른 것은 중대한 품위손상행위에 해당한다고 판단하여 해임이 적법하고 정직 3월로 변경한 소청심사위원회의 결정을 취소하였다.[129]

√ 교장이 교사와 불륜, 품위 유지 의무위반으로 해임, 하지만 퇴직금까지 깎으면 안 돼.

A교장은 같은 학교 부장교사와 불륜 관계, 향응 수수, 부당한 직무수행 지시 등으로 징계 해임되고 징계부가금이 부과되었다. A교장은 퇴직급여 및 퇴직수당의 지급을 청구하였으나, 공무원연금공단은 「공무원연금법」 급여제한사유인 "금품 및 향응수수로 징계 해임된 경우"에 해당한다는 이유로 퇴직급여 및 퇴직수당 총액의 1/4을 감액하여 지급하기로 결정하였다. 그러나 재판부는 징계사유 중 교장의 신분으로서 같은 학교 교사와 불륜관계를 맺은데 대한 성실의무, 품위 유지 의무 위반을 주된 사유로 한 것으로 보이므로, 금품 및 향응수수에 관한 사유만으로는 A교장을 징계 해임할 정도는 아

---

128) 교원소청심사위원회 결정문집 27, 2017. Vol. 27, 연번1.
129) 서울행정법원 2014. 11. 7 선고 2014구합6920 판결.

니라고 하여 퇴직급여 제한처분을 취소하였다.[130]

10. 영리 업무 및 겸직 금지의 의무

공무원은 공무 외에 영리를 목적으로 하는 업무에 종사하지 못하며 소속 기관장의 허가 없이 다른 직무를 겸할 수 없다.[131] 또한 공무원은 다음에 해당하는 업무에 종사함으로써 공무원의 직무 능률을 떨어뜨리거나, 공무에 대하여 부당한 영향을 끼치거나, 국가의 이익과 상반되는 이익을 취득하거나, 정부에 불명예스러운 영향을 끼칠 우려가 있는 경우에는 그 업무에 종사할 수 없다.[132]

영리 업무의 금지

1) 공무원이 상업, 공업, 금융업 또는 그 밖의 영리적인 업무를 스스로 경영하여 영리를 추구함이 뚜렷한 업무
2) 공무원이 상업, 공업, 금융업 또는 그 밖에 영리를 목적으로 하는 사기업체의 이사·감사 업무를 집행하는 무한 책임사원·지배인·발기인 또는 그 밖의 임원이 되는 것
3) 공무원 본인의 직무와 관련 있는 타인의 기업에 대한 투자
4) 그 밖에 계속적으로 재산상 이득을 목적으로 하는 업무

---

11. 정치 운동 금지의 의무

공무원은 정당이나 그 밖의 정치단체의 결성에 관여하거나 이에 가입할 수 없고, 선거에서 특정 정당 또는 특정인을 지지 또는 반대하기 위한 다음의 행위를 하여서는 아니 된다.[133]

선거와 관련한 의무

1) 투표를 하거나 하지 아니하도록 권유 운동을 하는 것
2) 서명 운동을 기도·주재하거나 권유하는 것
3) 문서나 도서를 공공시설 등에 게시하거나 게시하게 하는 것
4) 기부금을 모집 또는 모집하게 하거나, 공공자금을 이용 또는 이용하게 하는 것
5) 타인에게 정당이나 그 밖의 정치단체에 가입하게 하거나 가입하지 아니하도록 권유 운동을 하는 것

공무원은 다른 공무원에게 위의 사항에 위배되는 행위를 하도록 요구하거나, 정치적 행위에 대한 보상 또는 보복으로서 이익 또는 불이익을 약속하여서는 아니 된다. 또한 다음과 같은 정치적 행위는 금지된다.[134]

---

130) 서울행정법원 2015. 3. 19 선고 2014구합70259 판결.
131) 「국가공무원법」 제64조.
132) 「국가공무원 복무규정」 제25조
133) 「국가공무원법」 제65조.
134) 「국가공무원 복무규정」 제27조.

```
                              금지되는 정치적 행위

   1. 정당의 조직, 조직의 확장, 그 밖에 그 목적 달성을 위한 것
   2. 특정 정당 또는 정치단체를 지지하거나 반대하는 것
   3. 법률에 따른 공직선거에서 특정 후보자를 당선하게 하거나 낙선하게 하기 위한 것

   위에 규정된 정치적 행위의 한계는 정치적 목적을 가지고 다음 각 호의 어느 하나에 해당하는 행위를 하는 것을
   말한다.

   1. 시위운동을 기획·조직·지휘하거나 이에 참가하거나 원조하는 행위
   2. 정당이나 그 밖의 정치단체의 기관지인 신문과 간행물을 발행·편집·배부하거나 이와 같은 행위를 원조하거
      나 방해하는 행위
   3. 특정 정당 또는 정치단체를 지지 또는 반대하거나 공직선거에서 특정 후보자를 지지 또는 반대하는 의견을 집회
      나 그 밖에 여럿이 모인 장소에서 발표하거나 문서·도서·신문 또는 그 밖의 간행물에 싣는 행위
   4. 정당이나 그 밖의 정치단체의 표지로 사용되는 기·완장·복식 등을 제작·배부·착용하거나 착용을 권유 또
      는 방해하는 행위
   5. 그 밖에 어떠한 명목으로든 금전이나 물질로 특정 정당 또는 정치단체를 지지하거나 반대하는 행위
```

12. 집단 행위 금지의 의무

공무원은 노동운동이나 그 밖에 공무 외의 일을 위한 집단 행위를 하여서는 아니 된다. 다만, 사실상 노무에 종사하는 공무원은 예외로 한다. 공무원으로서 노동조합에 가입된 자가 조합 업무에 전임하려면 소속 장관의 허가를 받아야 한다.[135]

Ⅱ. 「공무원행동강령」에 의한 의무

1. 「공무원 행동강령」의 의의

「공무원행동강령」은 「부패방지 및 국민권익위원회의 설치와 운영에 관한 법률」(약칭: 「부패방지권익위법」) 에 따라 공무원이 준수하여야 할 행동기준을 규정하고 있고,[136] 「공무원행동강령」을 근거로 교원에 대한 행동강령은 시·도교육청별 행동기준인 각 교육청별 「공무원행동강령」[137]에서 규정하고 있다.

「공무원행동강령」은 공무원이 직무수행 과정 내외에서 당면하게 되는 갈등상황에서 추구하여야 하는 바람직한 가치기준과 준수하여야 하는 행위기준을 구체적으로 제시하고 있는 규정이다. 즉

---

135) 「국가공무원법」 제66조.
136) 「공무원행동강령」 제1조.
137) 가령 서울특별시교육청 「공무원행동강령」, 경상남도교육청 「공무원행동강령」 등 각 시·도교육청에서는 「공무원 행동강령」을 시행하고 있다.

공무원에게 기대되는 바람직한 역할과 바람직하지 않은 행위를 제시함으로써 무엇이 공무원에게 필요한 행동이며 어떠한 행동을 하지 말아야 할 것인가를 말해준다.[138] 사립학교 교원은 2022년에 신설된 「사립학교법」 제72조의5에 따라 각 시·도교육청의 「사학기관 행동강령」의 적용을 받는다.

2. 상급자의 불공정한 직무수행 지시에 대한 대처

공무원은 상급자가 자기 또는 타인의 부당한 이익을 위하여 공정한 직무수행을 현저하게 해치는 지시를 하였을 때에는 그 사유를 그 상급자에게 소명하고 지시에 따르지 아니하거나 행동강령책임관과 상담할 수 있다. 지시를 이행하지 아니하였는데도 같은 지시가 반복될 때에는 즉시 행동강령책임관과 상담하여야 한다.[139] 교사가 상급자의 불공정한 지시에 대하여 불복종 사유를 소명하지 않고 행동강령에 위반되는 행위를 하면 교사에게도 책임이 있다. 왜냐하면 상급자는 위법한 행위를 하도록 명령할 직권이 없고, 하급자는 적법한 명령에 복종할 의무는 있으나 명백히 위법 내지 불법한 명령인 때에는 직무상의 지시명령이라 할 수 없으므로 이에 따라야 할 의무가 없기 때문이다.[140]

3. 부당지시에 해당될 수 있는 유형

상급자로부터 자기 또는 타인의 부당한 이익을 위하여 공정한 직무수행을 현저하게 해치는 지시를 부당한 지시라고 할 수 있으므로 교사와 관련된 부당지시에 해당될 수 있는 유형을 사례별로 알아보자.

사례 1[141]

◆ 수학여행 업체 선정 시 관련 규정을 지키지 않고 특정 여행업체와 계약하도록 부당지시

◆ 포상대상자 선정업무와 관련하여 당초 평가기준과 달리 특정인의 평가항목별 점수를 상향 기재토록 지시

사례 2[142]

◆ 업무추진비 등 예산을 사적 용도로 집행토록 지시

◆ 인사에 있어 지연·혈연·학연·직연 등 비합리적인 연고성·편파적 운영 지시

◆ 근무성적 평가를 이유로 협박성 회유 또는 부당한 지시

◆ 개인적 경조사를 직무관련자에게 알리도록 지시

---

138) 국민권익위원회, 2022 「공무원 행동강령」 업무편람, 3면.
139) 「공무원 행동강령」 제4조.
140) 대법원 1999. 4. 23. 선고 99도636 판결 참조.
141) 국민권익위원회, 2022 「공무원 행동강령」 업무편람, 31면.
142) 「고용노동부 공무원 행동강령」, 제4조제3항 별표1 참조.

4. 행동강령 위반 행위 예시

국민권익위원회에서 제시하고 있는 교원과 관련한 「공무원 행동강령」 위반 행위의 예시를 살펴보자.[143]

◆ 학교장 협의회비와 기관장 협의회 등의 연간 회비는 직무와 직접적 관련이 적고 임의단체의 성격으로 볼 수 있으므로 업무추진비를 포함하여 학교예산으로 지출할 수 없다.

◆ 업무용 공용차량을 정당한 사유 없이 출·퇴근에 이용하는 행위는 행동강령 위반이다.

◆ 교육청 소속 공립 유치원 원장이 자신의 자녀 결혼식과 관련하여 행정실 직원들에게 하객들이 내는 축의금 접수 및 정리를 부탁하는 것은 행동강령 위반이다.

◆ 자신이 집필한 책의 출판기념회를 가지면서 부하·동료 공무원 및 산하 직무관련자 등에게 초청장을 보내고 참석자 200여명으로부터 1,000여만원을 찬조금 명목으로 수수하는 것은 행동강령 위반이다.

◆ 학생들을 대상으로 모 사단법인이 주관하는 해외문화체험행사와 관련하여, 계약업체에서 관례적으로 일정 수의 학생당 교사 1명에게 무료로 교통 및 숙박을 제공하는 경우는 행동강령 위반이다.

◆ 교장·교감이 교직원 상조회에서 상조회비(친목회비)로 구입한 백화점 상품권을 각 20만원씩 2회(설, 추석)에 걸쳐 받은 경우, 사전에 정해진 회칙의 명확한 기준에 따라 회원에게 일률적으로 제공하는 금품 등은 허용되지만, 교장·교감 등의 상급자에게만 명절에 선물(백화점 상품권)을 제공하는 행위는 행동강령 위반이다.

◆ 교사가 학부모들에게 자신의 결혼식 청첩장을 보내고, 학생들에게 학부모를 대동하고 참석하도록 독려하는 것은 행동강령 위반이다.

5. 정치인 등의 부당한 요구에 대한 처리

교원이 정치인이나 정당 등으로부터 부당한 직무수행을 강요받거나 청탁을 받은 경우에는 자신의 인적사항, 요구내용 등을 기재하여 서면 또는 전자우편 등의 방법으로 소속 기관의 장에게 보고하거나 행동강령책임관과 상담하여야 한다.[144]

6. 행동강령 위반 판례

√ 3만원 이상 선물 받으면 차액 돌려줘도 징계

---

143) 국민권익위원회, 2022 「공무원 행동강령」 업무편람, 62, 93, 100, 111, 112, 118, 148면 참조.
144) 「공직자 행동강령 운영지침」 제13조[국민권익위원회예규 제265호, 2022. 1. 5]

A교장은 추석을 앞두고 교사 15명으로부터 49만원 상당의 각종 선물을 받았다. 「공무원 행동강령」은 업무와 관련해 3만원이 넘는 선물을 받는 것을 금지하고 있으므로 교육청은 견책 징계처분과 함께 징계부과금 36만원을 부과하였다. A교장은 3만원이 넘는 선물은 행동강령 준수 명목으로 차액을 돌려주었으므로 견책처분과 징계부과금 처분 취소를 청구했으나, 재판부는 3만원이 넘은 물품을 받았다면 초과액을 돌려줬어도 행동강령을 어긴 것으로 판단해 징계가 적절했다고 판시했다.[145]

√ 업무추진비, 목적 외 용도로 사용 등 강등 징계

A교장은 학교운영위원장, 행정실장 등 총 5명이 식당에서 식사를 한 후 실제로는 4만원이 사용되었음에도 행정실장에게 12만원을 결제하도록 하였다. 또한 2회에 걸쳐 학교운영위원장, 자모회장 및 학부모 등을 대상으로 간담회를 실시한다는 명목으로 식사비 54만원에 관한 지출품의를 하였으나, 실제로는 학교와 무관한 지인들과의 식사 모임에 사용하는 등 업무추진비를 목적 외 용도로 사용하여 공무원행동강령을 위반하였다. ○○도교육청은 징계위원회의 의결을 거쳐 A교장을 강등 처분하였고, A교장은 소송을 제기하였으나 재판부는 기각하였다.[146]

Ⅲ. 「청탁금지법」에 의한 의무

「부정청탁 및 금품등 수수의 금지에 관한 법률」 (약칭: 「청탁금지법」)은 공직자 등의 공정한 직무수행을 저해하는 부정청탁 관행을 근절하기 위한 법률이다. 「청탁금지법」은 금품 등 수수행위를 직무관련성 또는 대가성이 없는 경우에도 제재가 가능하도록 하여 공정한 직무수행을 보장하고, 공공기관에 대한 국민의 신뢰를 확보하기 위하여 형사법상의 뇌물죄로 포섭할 수 없는 부분까지 광범위하게 규율할 목적으로 제정되었다.

물론 직무관련성이나 대가성이 있는 경우에는 형법상 뇌물죄가 성립된다. 「청탁금지법」에서는 부정청탁의 금지 규정 14가지를 위반하거나, 지위·권한을 벗어나 행사하거나, 권한에 속하지 아니한 사항을 행사하도록 하는 행위를 제재하고 있으며, 「청탁금지법」이 적용되지 아니하는 7가지 예외사유도 열거하고 있다.

1. 「청탁금지법」 적용 대상자

학교에서는 학교장을 비롯한 교직원이 「청탁금지법」 적용대상에 해당된다. 따라서 교원을 비롯하여 행정직원, 기간제 교원, 운동부 지도자도 「청탁금지법」 적용 대상자이다. 하지만 방과 후 교

---

145) 창원지방법원 2013. 6. 4. 선고 2012구합2687 판결.
146) 대전지방법원 2013. 6. 28. 선고 2013구합262 판결.

사는 적용 대상자가 아니다. 사립학교 교원은 공무원이 아니어서 앞에서 살펴본 「공무원행동강령」 적용대상은 아니었지만 「청탁금지법」에서는 적용 대상자임은 물론, 사립학교 교직원을 포함하여 학교법인과 직접 근로계약을 체결하고 근로를 제공하는 정규직뿐만 아니라 계약직 등 비정규직 직원도 적용 대상자이다.

교원의 배우자에 대해서는 「청탁금지법」에서 제재규정은 없지만, 배우자가 교원의 직무와 관련한 금품 등을 수수한 사실을 교원이 알았음에도 불구하고 신고하지 않은 경우에는 교원을 제재한다. 일반인의 경우 교원에게 부정청탁을 하거나 부정청탁의 약속 또는 의사표시를 하면 「청탁금지법」 제재 대상이 되고, 교원이 신고하거나 반환·인도하여 면책이 되는 경우에도 일반인은 과태료 부과 또는 는 형사처벌 대상이 된다.

2. 부정청탁

「청탁금지법」은 모든 청탁행위를 금지·제재하는 것이 아니라 「청탁금지법」에서 열거하고 있는 부정청탁행위에 대해서만 금지하고 있다. 부정청탁이란 교원 등 공직자가 직접 또는 제3자를 통하여 직무를 수행하는 교원 등에게 법령을 위반하거나 지위·권한을 벗어나 「청탁금지법」 제5조제1항에서 제시하고 있는 14가지 직무[147]를 처리하도록 하는 행위이며, 「청탁금지법」 제5조제2항의 7가지 예외사유[148]에 해당할 경우에는 부정청탁이 아니다.

부정청탁의 성립요건은 법령을 위반하는 경우와 지위·권한을 벗어나는 행위로 대별할 수 있다. 법령을 위반하는 경우로서 법령이란 일반적인 법률과 명령은 물론 「국가공무원법」, 「교육공무원법」 「사립학교법」을 비롯하여 직무와 관련된 조례와 규칙 등도 포괄적으로 포함하는 개념이다. 또한 지위·권한을 벗어나는 행위는 부정청탁의 대상이 되는 업무에 관하여 공직자등이 법령에 따라 부여받은 지위·권한을 벗어나 행사하거나 권한에 속하지 아니한 사항을 행사하도록 하는 행위 등을 의미한다.

3. 금품 등의 종류

「청탁금지법」에서는 금품 등의 수수를 금지하고 있으므로 금품의 개념을 명확히 이해할 필요가 있다. 금품 등이란 금전, 물품 등 재산적 이익뿐만 아니라 편의 제공을 비롯하여 사람의 수요와 욕망을 충족시키기에 족한 접대·향응과 경제적 이익 등 일체의 유형·무형의 이익을 포함한다. 「청탁금지법」은 금품 등을 일체의 유형·무형의 이익을 포괄적으로 규정하여 다음과 같이 정의하고 있으므

---

147) 「청탁금지법」 제5조제1항에서는 인가·허가, 승진·전보, 각급 학교의 입학·성적·수행평가 등의 업무에 관하여 법령을 위반하여 처리·조작하도록 하는 행위를 비롯하여 14가지의 대상 직무를 제시하고 있다.
148) 「청탁금지법」 제5조제2항에서는 공개적으로 공직자등에게 특정한 행위를 요구하는 행위 등 「청탁금지법」을 적용하지 않는 예외적인 사유를 명시하고 있다.

로,[149] 이와 같은 금품 등을 받거나 요구 또는 약속해서는 아니 된다.

금품 등의 종류

가. 금전, 유가증권, 부동산, 물품, 숙박권, 회원권, 입장권, 할인권, 초대권, 관람권, 부동산 등의 사용권 등 일체의 재산적 이익
나. 음식물 · 주류 · 골프 등의 접대 · 향응 또는 교통 · 숙박 등의 편의 제공
다. 채무 면제, 취업 제공, 이권 부여 등 그 밖의 유형 · 무형의 경제적 이익

또한 최근에 금품 등과 유사하게 사용할 수 있는 기프티콘, 선물하기 등 모바일 상품권을 비롯하여 토스, 카카오페이, 옐로페이, 네이버페이 등 IT 업체나 시중 은행을 이용하는 간편 송금도 재산적 이익의 수수라고 할 수 있으므로 금품 등에 포함된다.

4. 가액의 범위

「청탁금지법」에서는 사교 · 의례 등을 목적으로 제공되는 음식물 · 경조사비 등의 가액 범위를 정하고 있으므로,[150] 가액의 범위를 초과하면 「청탁금지법」 위반이 된다.

음식물 · 경조사비 · 선물 등의 가액 범위(제17조제1항 관련)

1. 음식물(제공자와 공직자등이 함께 하는 식사, 다과, 주류, 음료, 그 밖에 이에 준하는 것을 말한다): 3만원
2. 경조사비: 축의금 · 조의금은 5만원. 다만, 축의금 · 조의금을 대신하는 화환 · 조화는 10만원으로 한다.
3. 선물: 금전, 유가증권, 제1호의 음식물 및 제2호의 경조사비를 제외한 일체의 물품, 그 밖에 이에 준하는 것은 5만원. 다만, 「농수산물 품질관리법」제2조제1항제1호에 따른 농수산물(이하 "농수산물"이라 한다) 및 같은 항 제13호에 따른 농수산가공품(농수산물을 원료 또는 재료의 50퍼센트를 넘게 사용하여 가공한 제품만 해당하며, 이하 "농수산가공품"이라 한다)은 10만원(제17조제2항에 따른 기간 중에는 20만원)으로 한다.

※ 제17조제2항에 따른 기간이란 설날 · 추석 전 24일부터 설날 · 추석 후 5일까지(그 기간 중에 우편 등을 통해 발송하여 그 기간 후에 수수한 경우에는 그 수수한 날까지)를 의미한다.

---

5. 직무관련성

공직자등은 직무와 관련해서는 대가성 여부를 불문하고 금품 등을 받거나 요구 또는 약속해서는 아니 되므로 직무관련성은 제재여부가 결정되거나 신고의무가 발생하는 중요한 요소로 작용한다.

직무관련성에서 직무는 공무원이 법령상 관장하는 직무 그 자체뿐만 아니라 그 직무와 밀접한 관계가 있는 행위 또는 관례상이나 사실상 소관하는 직무행위 및 결정권자를 보좌하거나 영향을 줄 수 있는 직무행위도 포함되므로,[151] 교원의 직무는 그 지위에 수반하여 취급하는 일체의 사무가 포함된다.

---

149) 「청탁금지법」 제2조제3호.
150) 「청탁금지법 시행령」 제17조 관련 별표1.
151) 대법원 2001. 1. 19. 선고 99도5753 판결.

한편 「청탁금지법」에서 허용하는 가액의 범위 내라도 직무관련성이 있으면 원활한 직무수행, 사교·의례의 목적을 벗어나 허용되지 않고 형법상 뇌물죄로 형사처벌 대상이 된다.

6. 부정청탁의 신고와 반환

(1) 부정청탁을 받았을 때에는 부정청탁을 한 자에게 부정청탁임을 알리고 이를 거절하는 의사를 명확히 표시하여야 하고, 동일한 부정청탁을 다시 받은 경우에는 이를 소속기관장에게 서면으로 신고하여야 한다.[152] 또한 교육청, 국민권익위원회, 감사원, 수사기관 등 소속기관이 아닌 다른 기관에 신고할 수도 있다. 신고는 서면으로 하는 것이 원칙이나, 긴급하거나 부득이한 사유가 있는 경우에는 구술로 먼저 신고한 후 서면 신고도 가능하다.

(2) 교원은 자신이 수수 금지 금품 등을 받거나 그 제공의 약속이나 의사표시를 받은 경우 또는 자신의 배우자가 수수 금지 금품 등을 받거나 그 제공의 약속이나 의사표시를 받은 사실을 알게 된 경우에는, 이를 제공자에게 지체 없이 반환하거나 반환하도록 하거나 그 거부의 의사를 밝히거나 밝히도록 하여야 한다. 지체 없이 라는 의미는 개별적 구체적으로 판단하지만 불필요한 지연 없이 즉시 반환하여야 한다는 의미이다.

(3) 교원은 선물을 받은 경우 외에도 금품 등을 제공하는 의사표시를 받은 경우에 거부하는 의사를 표시해야 하고 신고를 해야 한다. 제공자를 모를 경우에는 거절의 의사표시나 반환을 할 수 없으므로 반드시 선물을 지체 없이 신고하고 소속기관장 등에게 인도하여야 하며, 추후 논란을 방지하기 위해 선물 사진을 촬영하거나 그 정황을 확인할 수 있도록 증언(택배기사, 아파트 경비원 등)을 확보하여 신고기관에 함께 제출하여야 한다. 교원이 거부하는 의사를 표시하였으나 신고를 하지 않은 경우에도 징계처분 대상에 해당된다.[153]

7. 위반행위에 대한 제재

(1) 징계

「청탁금지법」에 따른 명령을 위반한 경우 공공기관의 장은 필요적으로 징계처분을 해야 한다.[154] 교원이 부정청탁을 받고 거절하는 의사를 명확히 표시하지 않은 경우와, 거절의사를 명확히 표시하였음에도 불구하고 다시 동일한 부정청탁을 받고도 신고를 하지 않은 경우에도 징계처분 대상에 해당된다. 「공무원 징계령 시행규칙」 [별표 1의3] 과 「사립학교 교원 징계규칙」[별표 1]에서는 비위의 유형과 금품·향응 등 재산상 이익 금액에 따른 청렴의 의무 위반 징계기준을 제시하고 있으므

---

152) 「청탁금지법」 제7조.
153) 국민권익위원회, 「부정청탁 및 금품등 수수의 금지에 관한 법률」 학교 및 학교법인 매뉴얼, 2020, 120면 참조.
154) 「청탁금지법」 제21조.

로 참고할 필요가 있다.[155]

(2) 과태료 부과

공직자등이 제3자를 통하여 부정청탁을 한 경우 1천만원 이하의 과태료를 부과하고, 공직자등이 제3자를 위하여 부정청탁을 한 경우 3천만원 이하의 과태료를 부과하며, 위반행위와 관련된 금품 등은 가액의 2배 이상 5배 이하에 상당하는 금액의 과태료를 부과한다.[156] 다만, 형사처벌을 받은 경우에는 과태료를 부과하지 않으며, 과태료를 부과한 후 형사처벌을 받은 경우에는 과태료 부과를 취소한다.[157]

(3) 형사처벌

공직자등은 직무 관련 여부 및 기부·후원·증여 등 그 명목에 관계없이 동일인으로부터 1회에 100만원 또는 매 회계연도에 300만원을 초과하는 금품 등을 받거나 요구 또는 약속해서는 아니 되며,[158] 이를 위반하면 3년 이하의 징역 또는 3천만원 이하의 벌금에 처한다.[159]

또한 부정청탁을 받고 그에 따라 직무를 수행한 공직자등은 2년 이하 징역 또는 2천만원 이하 벌금을 부과한다.[160] 지휘감독권이 있는 상급자가 부정청탁을 받고 하급자에게 지시 등을 통하여 사무를 처리한 경우와, 하급자가 제3자를 위한 부정청탁임을 알면서 거절하는 의사를 표시하지 않고 지시에 따른 경우에도 부정청탁에 따른 직무수행으로 형사처벌 대상이다. 다만 하급자가 거절한 경우는 지시를 통한 직무수행이 이루어지지 않았으므로 상급자만 과태료 부과 대상이다.[161]

(4) 몰수·추징과 징계부가금

형사처벌 대상 금품 등은 몰수하되, 전부 또는 일부를 몰수하는 것이 불가능한 경우 그 가액을 추징한다.[162] 다른 법률에 따라 징계부가금 부과의 의결이 있은 후에는 과태료를 부과하지 않고, 과태료가 부과된 후에는 징계부가금 부과 의결을 하지 않는다.[163]

8. 「청탁금지법」 위반 판례

◆ 출장비 부당 수령, 학교 전화로 내연녀에게 전화, 근무지 이탈

A교장은 부적절한 관계를 유지하고 있는 B(女)와 ○○박람회에 동행하면서 이를 출장 조치하여 출

---

155) 법제처 국가법령정보센터,「공무원 징계령 시행규칙」[별표 1의3] 및 「사립학교 교원 징계규칙」[별표 1] 참조
156) 「청탁금지법」 제23조 참조.
157) 「청탁금지법」 제23조제5항 참조.
158) 「청탁금지법」 제8조제1항.
159) 「청탁금지법」 제22조제1항1호.
160) 「청탁금지법」 제22조 제2항.
161) 국민권익위원회, 앞의 매뉴얼, 67면 참조.
162) 「청탁금지법」 제22조제4항.
163) 「청탁금지법」 제23조 참조.

장비 176,000원을 수령하여 복무를 소홀히 하였고, 학교예산을 사적인 용도로 사용하였으며, 근무시간 중 개인적인 용무로 학교 전화를 이용하여 B의 집으로 32회, 휴대폰으로 48회 전화하여 학교예산을 낭비하였다. 또한 정상 근무시간에 근무지를 이탈하여 부적절한 행위를 하여 사회적으로 높은 도덕적 품성이 요구되는 교장의 신분으로서 어느 누구보다도 모범을 보여야 함에도 혼인빙자간음혐의로 수사를 받고 있다. ○○교육감은 A교장을 징계 해임하였고, A교장은 이에 불복하여 교원소청심사위원회에 소청을 제기하였고 행정소송도 제기하였으나 모두 기각되었다.[164]

이 사건과 관련하여 공무원연금공단은 A교장이 공금의 횡령·유용으로 징계 해임된 경우에 해당한다는 이유로 퇴직급여 및 퇴직수당의 총액에서 1/4을 감액한 1억5천여원만을 지급하였다. 하지만 서울고등법원[165] 및 대법원[166]은 공금의 횡령·유용으로 징계 해임된 경우가 아니라고 하여 퇴직급여 및 퇴직수당은 감액할 수 없다고 판시하였다.

◈ 교장 발령 임지 배정 인사 청탁 금품 수수

A교장은 H중학교 교감 I로부터 교장 임지발령과 관련하여 J중학교 교장으로 발령받을 수 있도록 해달라는 부탁을 받고 국장인 남편 L을 통해 J중학교 교장으로 발령되도록 한 후 400만원을 교부받았다. 검찰청은 「특정범죄 가중처벌 등에 관한 법률」 위반 혐의로 기소유예 처분을 하였고, 교육청 징계위원회는 파면을 의결하였지만 교원소청심사위원회는 해임처분으로 감경하였다.

그 후 A교장은 해임처분을 취소해 달라고 소송을 제기하였으나 재판부는 교장으로서 미래 세대의 교육을 책임지고 있는 A교장에게는 직무상 높은 도덕성, 사명감과 청렴성이 요구되는데, 교장 인사와 관련하여 청탁을 받고 돈을 주고받은 행위는 교육공무원에 대한 국민의 신뢰를 해하는 것으로서 비난 가능성이 매우 크다고 하여 기각하였다.[167]

◈ 담임교사에게 상품권을 준 학부모, 상품권 2배 이상 과태료

초등학교 6학년에 자녀를 둔 A학부모는 2016년 담임교사가 자리를 비운 사이 교실에 놓인 담임교사의 다이어리에 10만원권 상품권 1장과 1만원 상당의 음료수 상자를 두고 나왔다. 재판부는 A학부모에게 「청탁금지법」 위반으로 25만원의 과태료를 부과하였다. 「청탁금지법」을 위반하면 2배 이상 5배 이하의 과태료를 부과할 수 있다.[168]

---

164) 서울행정법원 2010. 8. 12. 선고 2010구합11511 판결.
165) 서울고등법원 2011. 4. 29. 선고 2010누27518 판결.
166) 대법원 2012. 10. 11. 선고 2011두11488 판결.
167) 서울행정법원 2013. 6. 28. 선고 2012구합17131 판결.
168) 수원지방법원 민사44, 2017. 9. 27.

◆ 학부모로부터 식사대접을 받은 교원의 향응 수수액 계산 방법

학부모 2명과 교원 1명이 음식점에서 함께 식사하고 학부모가 153,000원의 음식 대금을 지불하였을 경우, 교원이 향응을 제공받은 액수는 얼마일까? 왜냐하면 향응 액수는 청탁금지법 위반 책임의 경중을 결정하는데 중요한 요소로 작용하고 있기 때문이다.

재판부에 따르면 향응 액수는 음식대금 지불 총액을 참석인원수로 나눈 금액이라고 판시하고 있다.[169] 그러므로 학부모가 지불한 총 음식대금 153,000원을 참석인원 3명으로 나눈 값인 51,000원을 교원이 받은 향응 액수라고 판단하였다. 또한 아래와 같이 여러 차례 수수하였을 경우 징계부과금은 향응 수수 총액 278,000원의 2배인 556,000원을 부과하고 감봉 1월의 징계 처분하였다.

제공자 및 참석자	형태	지불 총액	참석인원으로 나눈 값	교원의 수수액 환산
학부모2명(교원포함 총3명)	음식 접대	153,000	1/3	51,000
학부모2명(교원포함 총3명)	음식 접대	137,000	1/3	45,000
학부모3명(교원포함 총4명)	음식 접대	329,000	1/4	82,000
학부모3명(교원포함 총4명)	유흥	400,000	1/4	100,000
합계				278,000

9. 교원이 주의해야 할 청탁금지 사항

◆ 교사는 학생을 지도하고 평가하는 업무를 수행하고 있으므로 학생 또는 학부모와 관련하여 금품이나 향응 등은 모두 직무 관련성이 인정되고, 공공성이 강한 교육 분야의 특수성을 고려할 때 학부모가 교사에게 주는 선물은 소액이라 하더라도 「청탁금지법」 위반이다.

◆ 작년이나 그 이전에 담임했던 학생이나 학부모로부터 사교·의례 목적으로 제공되는 5만원(농수산물·농수산가공품은 10만원) 이하의 선물은 받아도 된다. 작년이나 그 이전 교사의 경우 특별한 사정이 없는 한 직무관련성이 인정되지 않는다. 하지만 현재도 성적 등 직무관련성이 있다면 선물을 받는 것은 허용되지 않는다.

◆ 학생들이 돈을 모아 교사에게 공개된 자리에서 5만원 이하의 선물을 제공하더라고 원활한 직무수행, 사교·의례 목적을 벗어나므로 「청탁금지법」 위반이다. 선물을 제공한 학생들은 「청탁금지법」 적용 대상자가 아니므로 처벌받지 않지만 교사는 처벌된다.

◆ 상급자인 교장이 부정청탁을 받고 교사에게 직무 처리를 지시한 경우 교장은 형사처벌 대상에 해당하고, 교사가 제3자를 위한 부정청탁에 따른 것임을 안 경우 거절하는 의사를 표시해야 함에도 불구하고 지시에 따라 직무를 처리하였다면 교사도 형사처벌 대상이다.[170] 그러므로 교장의 지시라 하더라도 불복종 사유를 소명하지 않은 채 위법 행위를 하면 부당한 지시를 한 교장뿐만 아니라 지시에

---

169) 광주고등법원 2015. 3. 26. 선고 2014누6578 판결.
170) 국민권익위원회, 앞의 매뉴얼, 71면 참조.

따른 교사도 책임이 있다.

◆ 교사가 직접 부정청탁을 받은 경우 상대방에게 부정청탁임을 알리고 거절하는 의사를 명확히 표시해야 하며, 이 경우 청탁방지 담당관과 상담하여 사후 발생될 수 있는 논란을 차단해야 한다.

◆ 가액의 기준 이내라도 직무관련성 및 대가성이 있으면 원활한 직무수행, 사교·의례의 목적을 벗어나 뇌물죄로 형사처벌될 수 있으므로 금액이 적더라도 반환하여야 한다.

◆ 학부모나 학부모회에서 스승의 날이나 현장학습 등에서 교사들에게 간식을 제공했을 경우에도 학부모와 교사는 학생의 성적 등과 관련이 있는 사이이므로 특별한 사정이 없는 이상 사교·의례의 목적을 벗어나 「청탁금지법」 위반이다.

◆ 교원이 자녀 결혼식 때 축의금으로 15만원을 받은 경우 가액한도인 5만원을 초과한 10만원을 반환하지 않으면 「청탁금지법」 위반이다.

Ⅳ. 교원의 신고의무

교원이 아닌 일반인에게는 신고의무가 없더라도 미성년 학생의 교육과 보호를 담당하는 기관의 종사자인 교원에게는 신고의무를 부과하고 있다. 주로 가정폭력, 학교폭력, 아동학대, 성범죄 신고의무이며, 신고를 하지 않는 경우 과태료 부과나 의무 위반 등으로 징계 사유에 해당하기도 하므로 절차에 따라 신속히 신고하여야 한다.

1. 가정폭력 신고의무

교사는 가정폭력범죄를 알게 된 경우에는 신고하여야 한다. 가정 내의 폭력으로 인하여 가정 구성원의 신체적·정신적 피해를 예방하기 위하여 「가정폭력방지 및 피해자보호 등에 관한 법률」(약칭: 「가정폭력방지법」)이 제정되었고, 이와 더불어 가정폭력에 대하여 사회와 국가가 적극 개입하여 해결할 필요가 있다는 취지에서 특별법으로 「가정폭력범죄의 처벌 등에 관한 특례법」(약칭: 「가정폭력처벌법」)이 제정되었다.

가정폭력이란 가정 구성원 사이의 신체적, 정신적 또는 재산상 피해를 수반하는 행위이고,[171] 가정폭력범죄에서 아동이란 18세 미만인 사람을 말하므로,[172] 우리나라 법령에서 연령은 모두 만 연령을 기준으로 하기 때문에 유·초·중·고등학생 대부분은 아동에 해당된다.

일반인들은 누구든지 가정폭력을 알게 된 경우에는 경찰에 신고할 수 있고 신고의무는 없지만 교원에게는 신고의무가 있다. 교원의 가정폭력 신고의무란 구체적으로 아동의 교육과 보호를 담당하는

---

171) 「가정폭력처벌법」 제2조.
172) 「가정폭력방지법」 제2조.

기관의 종사자와 그 기관장은 직무를 수행하면서 가정폭력범죄를 알게 된 경우에는 정당한 사유가 없으면 즉시 수사기관에 신고하여야 한다.[173] 따라서 교원은 학생의 부모 등 가정 구성원이 학생에게 신체적 정신적 피해를 수반하는 행위를 알게 된 경우에는 수사기관에 신고하여야 하고, 정당한 사유 없이 신고를 하지 아니하면 300만원 이하의 과태료를 부과한다.[174]

2. 학교폭력 신고의무

학교폭력은 학교 내의 문제뿐만 아니라 심각한 사회문제로 대두되고 있으므로 「학교폭력예방 및 대책에 관한 법률」(약칭: 「학교폭력예방법」)에서는 학교폭력을 예방하고 대책을 마련하기 위하여 교원들의 학교폭력 예방과 대처에 관한 필수적인 업무수행 절차 등을 규정하고 있다. 「학교폭력예방법」에서는 누구든지 학교폭력 현장을 보거나 그 사실을 알게 된 자는 학교 등 관계 기관에 이를 즉시 신고하여야 한다.[175] 즉, 학교폭력을 알게 된 사람은 누구든지 지체 없이 신고해야 한다. 또한 누구라도 학교폭력의 예비·음모 등을 알게 된 자는 이를 학교장 또는 심의위원회에 고발할 수 있지만, 교사가 이를 알게 되었을 경우에는 학교장에게 보고하고 해당 학부모에게 알려야 한다.[176]

3. 아동학대 신고의무

아동학대란 보호자를 포함한 성인이 아동의 건강 또는 복지를 해치거나 정상적 발달을 저해할 수 있는 신체적·정신적·성적 폭력이나 가혹행위를 하는 것과, 아동의 보호자가 아동을 유기하거나 방임하는 것을 말한다.[177] 아동학대범죄에서도 아동이란 18세 미만인 사람이고,[178] 누구든지 아동학대범죄를 알게 된 경우나 그 의심이 있는 경우에는 신고할 수 있지만, 교원이 아동학대를 알게 된 경우에는 신고할 의무가 있다. 즉 유치원을 포함하여 초·중·고등학교 교원은 신고 의무자이므로 직무를 수행하면서 아동학대범죄를 알게 된 경우나 그 의심이 있는 경우에는 시·도, 시·군·구 또는 수사기관에 즉시 신고하여야 한다.[179] 실무적으로는 112나 시·군·구 아동학대전담공무원 또는 아이지킴콜 앱으로 신고하면 된다. 그러나 학교장이나 교육청에 아동학대 보고만 하고 수사기관 등에 신고하지 않는다면 신고로 인정되지 않는다.

신고의무자는 유치원을 포함하여 초·중·고등학교의 장과 그 종사자이므로 학교에 근무하는 교직원 대부분이 신고의무자이다. 또한 누구든지 아동학대 범죄 신고자등에게 아동학대 범죄 신고 등을

---

173) 「가정폭력처벌법」 제4조.
174) 「가정폭력처벌법」 제66조.
175) 「학교폭력예방법」 제20조제1항.
176) 「학교폭력예방법」 제20조제4항.
177) 「아동복지법」 제3조제7호.
178) 「아동복지법」 제3조제1호.
179) 「아동학대범죄의 처벌 등에 관한 특례법」(약칭: 「아동학대처벌법」) 제10조제2항.

이유로 불이익조치를 하여서는 아니 된다.[180] 학대의 유형에는 신체학대, 정서학대, 성학대, 방임과 유기 등이 있고, 신고의무자인 교원이 아동학대 징후를 인지하거나 의심사항이 확인되면 즉시 신고하여야 하고, 정당한 사유 없이 신고를 하지 아니하면 1천만원이하의 과태료가 부과된다.[181]

4. 성범죄 신고의무

교사는 학생의 성범죄를 신고할 의무가 있다. 「아동·청소년의 성보호에 관한 법률」(약칭: 「청소년성보호법」)에서 아동·청소년이란 19세 미만의 자를 말하므로,[182] 유치원을 포함하여 초·중·고등학생 모두가 대상이 될 수 있다. 가정폭력과 아동학대범죄에서 아동은 18세 미만이지만 성범죄에서의 아동은 19세 미만이므로 명확히 구분하여야 오류를 범하지 않는다. 누구든지 아동·청소년대상 성범죄의 발생 사실을 알게 된 때에는 신고할 수 있지만, 유·초·중·고등학교 단체의 장과 그 종사자는 직무상 아동·청소년대상 성범죄의 발생 사실을 알게 된 때에는 즉시 수사기관에 신고하여야 한다.[183] 즉 학교에서 성범죄의 발생 사실을 알게 된 교사는 당연히 신고할 의무가 있고 상급자로부터 승인이나 동의도 요하지 않고, 교장이나 교감도 신고의무를 제지하거나 제한할 수 없다.

또한 신고의무자인 교사는 피해 학생의 의사와 무관하게 성범죄 발생사실을 수사기관에 신고하여야 하며, 피해 학생의 고소권 행사 여부와 신고의무자의 신고의무는 별개의 문제이므로 신고의무자인 교사는 피해자인 학생이 신고를 원하지 않더라도 신고하여야 한다. 직무상 알게 된 때라는 의미는 성범죄 피해자가 발생 사실을 주장하거나 학부모가 교사에게 알려온 때는 물론 직무수행 중 알게 된 경우도 포함한다. 그리고 "즉시"라는 의미는 근무시간과 관계없이 곧바로 신고하여야 함을 의미하며, 신고 방법은 수사기관에 전화나 방문하여 신고할 수 있지만, 신고자의 인적사항이 기록되어야 신고의 근거가 될 수 있으므로 개인의 신분을 특정하여 신고하여야 한다. 성범죄 발생 사실을 알고 수사기관에 신고하지 아니하거나 거짓으로 신고한 경우에는 300만원 이하의 과태료를 부과한다.[184]

V. 교원의 비밀누설 금지 의무

교원은 미성년 학생에 대한 교육과 보호감독 책임이 있으므로 앞에서 살펴본 신고의무 외에도 직무를 수행하면서 알게 된 비밀 또는 신고 고발과 관련된 자료를 누설하지 말아야 할 비밀누설 금지 의무가 있다. 비밀누설 금지 의무는 신고의무와 마찬가지로 가정폭력, 학교폭력, 아동학대, 성범죄 등에

---

180) 「아동학대처벌법」 제10조의2.
181) 「아동학대처벌법」 제63조제1항.
182) 「아동·청소년의 성보호에 관한 법률」(약칭: 「청소년성보호법」) 제2조.
183) 「청소년성보호법」 제34조 참조.
184) 「청소년성보호법」 제67조.

대한 누설 금지의무이며, 신고의무를 위반하면 과태료가 부과되지만 비밀누설 금지 의무를 위반하면 신고의무보다 더 무겁게 형사처벌을 받는 경우도 있으니 특히 유의하여야 한다.

1. 가정폭력으로 인한 전학 사실 누설 금지

교사는 자신이 담당하고 있는 학생의 전출입과 관련된 업무를 수행하는 경우가 흔하다. 이러한 경우 가정폭력을 원인으로 하여 학생이 취학하거나 전학하여 다른 학교로 옮겨간 경우에 교사는 그 사실을 누설하지 말아야 한다. 피해 학부모가 가해자로부터 자녀를 보호하기 위하여 주소지 이전 없이 다른 학교에 취학하거나 전학하는 것이 목적인데, 그 사실을 교사 등 교직원이 누설하면 가정폭력 피해자는 보호받지 못하기 때문이다. 그러므로 가정폭력 피해자가 보호하고 있는 아동이나 피해자인 아동의 교육 또는 보육을 담당하는 학교의 교직원 또는 보육교직원은 정당한 사유가 없으면 해당 아동의 취학, 진학, 전학 또는 입소의 사실을 가정폭력행위자인 친권자를 포함하여 누구에게든지 누설하여서는 아니 된다.[185] 따라서 학교에서는 담임교사는 물론 학생 전출입 담당 직원 기타 교직원 등도 학생의 전학 진학 등의 사실을 가정폭력행위자인 친권자를 포함하여 누구에게든지 누설하여서는 아니 된다.

2. 학교폭력 사안 누설 금지

학교폭력 담당교사뿐만 아니라 담임교사 등도 학생들의 학교폭력 예방지도나 사안처리 업무에서 벗어날 수는 없을 것이다. 이처럼 학교폭력의 예방 및 대책과 관련된 업무를 수행하거나 수행하였던 사람은 그 직무로 인하여 알게 된 비밀 또는 가해학생·피해학생 및 신고자·고발자와 관련된 자료를 누설하여서는 아니 된다.[186] 누설하지 말아야 할 비밀 또는 관련된 자료의 구체적인 범위는 다음과 같다.[187]

누설하지 말아야 할 비밀

1. 학교폭력 피해학생과 가해학생 개인 및 가족의 성명, 주민등록번호 및 주소 등 개인정보에 관한 사항
2. 학교폭력 피해학생과 가해학생에 대한 심의·의결과 관련된 개인별 발언 내용
3. 그 밖에 외부로 누설될 경우 분쟁당사자 간에 논란을 일으킬 우려가 있음이 명백한 사항

이를 위반하여 비밀 또는 관련된 자료를 누설하면 1년 이하의 징역 또는 1천만원 이하의 벌금에 처해진다.[188]

---

185) 「가정폭력처벌법」 제18조제3항.
186) 「학교폭력예방법」 제21조제1항.
187) 「학교폭력예방법」 시행령 제33조.
188) 「학교폭력예방법」 제22조.

3. 아동학대 신고자 공개금지 및 전학 사실 등 누설 금지

아동학대범죄에 대해 교원은 신고 의무자이지만 비밀을 누설하지 말아야 할 의무도 있다. 누구든지 신고인의 인적 사항 또는 신고인임을 미루어 알 수 있는 사실을 다른 사람에게 알려주거나 공개 또는 보도하여서는 아니 되고,[189] 이를 위반하여 신고인의 인적사항 또는 신고인임을 미루어 알 수 있는 사실을 다른 사람에게 알려주거나 공개 또는 보도한 자는 3년 이하의 징역이나 3천만원 이하의 벌금에 처한다.[190]

이와는 별도로 공익을 침해하는 행위를 신고한 사람을 보호하기 위한 「공익신고자 보호법」에서는 누구든지 공익신고자라는 사정을 알면서 인적사항이나 공익신고자임을 미루어 알 수 있는 사실을 다른 사람에게 알려주거나 공개 또는 보도하여서는 아니 되고,[191] 이를 위반하여 공익신고자의 인적사항이나 공익신고자임을 미루어 알 수 있는 사실을 다른 사람에게 알려주거나 공개 또는 보도한 자는 5년 이하의 징역 또는 5천만원 이하의 벌금에 처한다.[192]

교사가 아동학대 신고를 하지 아니하면 과태료를 부과하며, 과태료는 의무위반에 대한 행정 질서벌이므로 행정관청이 부과하지만, 교사가 아동학대 신고자를 공개하였을 경우는 법원으로부터 징역이나 벌금에 처할 수 있고, 벌금은 형벌의 일종으로서 범죄자에 대해서 국가가 금전납부 의무를 부과하는 것이고 형사처벌이므로 전과기록이 남는다. 피해아동의 교육 또는 보육을 담당하는 학교의 교직원 또는 보육교직원은 정당한 사유가 없으면 해당 아동의 취학, 진학, 전학 또는 입소(그 변경을 포함한다)의 사실을 아동학대행위자인 친권자를 포함하여 누구에게든지 누설하여서는 아니 된다.[193]

4. 성범죄 피해자 및 신고자 공개금지

교사는 성범죄의 발생 사실을 알게 된 때에는 즉시 수사기관에 신고할 의무가 있지만 신고자 등을 공개하지 말아야 할 의무도 있다. 하나는 업무 수행과정에서 지득한 성범죄 피해자의 인적사항 공개금지 의무이고, 다른 하나는 성범죄 신고자 공개금지 의무이다.

성폭력범죄의 수사 또는 재판을 담당하거나 이에 관여하는 공무원 또는 그 직에 있었던 사람은 피해자의 주소, 성명, 나이, 직업, 학교, 용모, 그 밖에 피해자를 특정하여 파악할 수 있게 하는 인적사항과 사진 등 또는 그 피해자의 사생활에 관한 비밀을 공개하거나 다른 사람에게 누설하여서는 아니 되고, 피해자의 동의를 받지 아니하고 신문 등 인쇄물에 싣거나 방송 또는 정보통신망을 통하여 공개하여서는 아니 된다.[194] 이를 위반하여 피해자의 신원과 사생활 비밀 누설 금지 의무를 위반한 자와 피

---

189) 「아동학대처벌법」 제10조제3항.
190) 「아동학대처벌법」 제62조제2항.
191) 「공익신고자 보호법」 제12조.
192) 「공익신고자 보호법」 제30조.
193) 「아동학대처벌법」 제35조제3항.
194) 「성폭력범죄의 처벌 등에 관한 특례법」 (약칭: 「성폭력처벌법」) 24조 참조.

해자의 인적사항과 사진 등을 공개한 자는 3년 이하의 징역 또는 3천만원 이하의 벌금에 처한다.[195]

또한 다른 법률에 규정이 있는 경우를 제외하고는 누구든지 신고자 등의 인적사항이나 사진 등 그 신원을 알 수 있는 정보나 자료를 출판물에 게재하거나 방송 또는 정보통신망을 통하여 공개하여서는 아니 되며, 이를 위반하면 1년 이하의 징역 또는 500만원 이하의 벌금에 처한다.[196]

제2절 교원의 복무와 관련한 책임

교원의 복무에 관한 사항은 「교육공무원법」, 「국가공무원 복무규정」, 「교원휴가에 관한 예규」 등에서 규정하고 있고, 「사립학교법」은 사립학교 교원의 복무도 국립학교·공립학교 교원에 관한 규정을 준용하므로,[197] 국공립학교의 교원의 복무 사항과 마찬가지로 적용된다. 이 책에서는 교원의 복무에 관한 사항 중 학교 현장에서 교원에게 직접적으로 관련되고 교원들이 궁금해하는 부분들만을 중심으로 요약하여 기술하기로 한다.

I. 교원의 복무와 출장

1. 교원의 점심시간은 근무시간인가?

교원의 점심시간은 근무시간에 포함되는가? 학교가 아닌 일반 행정 부처에서 근무하는 공무원의 경우 1주간 근무시간은 점심시간을 제외하고 40시간이고, 1일 근무시간은 오전 9시부터 오후 6시까지로 하며, 점심시간은 낮 12시부터 오후 1시까지로 규정하고 있다.[198] 그러므로 일반 행정 부처의 공무원의 점심시간은 근무시간에 포함되지 않는다. 교원의 점심시간에 대해서는 명확히 규정하고 있는 법령도 없고, 점심시간의 시량도 각급학교별 또는 지역에 따라 40분, 50분, 1시간 등 다르게 적용하고 있다.

국가공무원 복무규정에 따르면 행정기관의 장은 직무의 성질, 지역 또는 기관의 특수성을 고려하여 필요하다고 인정할 때에는 1시간의 범위에서 점심시간을 달리 정하여 운영할 수 있다.[199] 교원의 1일

---

195) 「성폭력처벌법」 제50조 참조.
196) 「아동·청소년의 성보호에 관한 법률」(약칭: 「청소년성보호법」) 제34조제3항 및 제65조제4항.
197) 「사립학교법」 제55조.
198) 「국가공무원 복무규정」 제9조제1항, 제2항 참조.
199) 「국가공무원 복무규정」 제9조제2항.

근무시간은 총량(8시간)을 확보하여야 하므로 가령 오전 9시에 출근하여 오후 5시에 퇴근한다면 점심시간이 포함되어야 8시간을 충족할 수 있다. 물론 탄력적 근무 시간제에 따라 출퇴근 시간은 조정하여 오전 8시에 출근하여 오후 4시에 퇴근하여도 8시간은 충족되어야 한다. 하지만 점심시간이 1시간이고 점심시간은 근무시간이 아니라고 가정하면 퇴근시간은 각각 1시간씩 연장되어야 한다.

그러나 교원의 점심시간은 유치원과 초·중·고등학교별로 차이는 있겠지만, 유치원이나 초등학교의 경우는 배식, 식사지도, 양치지도, 화장실 안내 등 지속적인 관찰이 필요하며, 중·고등학교에서도 점심시간에 질서지도 급식지도 등 학생을 보호 및 감독할 필요가 있다. 이처럼 교원은 점심시간에도 학생들의 생활지도 및 급식지도 등을 해야 하기 때문에 직무의 특수성을 감안하여 점심시간도 근무시간에 포함하고 있다. 업무의 강도가 다소 감소되고 현실적으로는 교원 자신의 휴식이나 자유 시간으로 활용될 여지가 있다 할지라도, 실질적으로는 사용자의 지휘·감독 아래 놓여있는 시간으로서 근로시간에 해당하므로 유급 근무시간으로 보아야 한다.

따라서 교원은 점심시간에도 학생들을 보호감독하여야 하고, 점심시간에 개인적인 용무로 근무지를 이탈하면 직장 이탈금지 의무 위반이다. 하지만 점심시간이 근무시간에 포함된다고 해서 학생 보호의 모든 책임을 지는 것은 아니다. 판례에 따르면 점심시간에 유치원 교사는 급식지도를 할 의무가 있으므로 점심시간을 유급 근무시간으로 인정하였고,[200] 초등학교 6학년 학생이 점심시간에 싸워 상해를 입은 사건에서 학부모가 교사를 상대로 손해배상을 청구하였지만 교사의 책임을 부정한 판례도 있다.[201] 이 판결은 점심시간이 근무시간이 아니기 때문에 책임이 없다는 것이 아니고, 교사가 사고 발생에 대한 예측가능성이 없었으므로 책임이 없다는 판결이다.

한편 학교에서 함께 근무하는 교원이 아닌 교직원 등의 점심시간은 근무시간에 포함될까? 학교에 근무하는 지방공무원 등 교직원의 근무시간은 교원과의 형평성 및 학교 여건을 고려하여, 각 시·도교육청 별로 복무조례를 통하여 교원의 근무시간과 같게 정할 수 있으므로,[202] 점심시간을 포함하여 출퇴근 시간을 교원과 동일하게 적용하고 있다.

2. 휴업일과 교원의 복무

휴업은 수업과 학생의 등교가 정지되는 것으로 학교장의 휴업 결정과 관할청의 휴업 명령으로 구분된다.

---

200) 의정부지방법원 고양지원 2020. 7. 10. 선고 2018가단13373.
201) 서울중앙지방법원 2020. 7. 21. 선고 2019가단5112444.
202) 서울특별시교육감 소속 지방공무원 복무 조례 제13조의2 및 경기도교육감 소속 지방공무원 복무 조례 제15조 등 각 시도교육감 소속 지방공무원 복무 조례 참조.

1) 학교장 휴업

학교장 휴업은 주로 방학이나 재량휴업일 개교기념일 등 학교장이 매 학년도가 시작되기 전에 학교운영위원회의 심의를 거쳐 정하고, 황사 등 비상재해 기타 급박한 사정이 발생한 때에는 임시휴업을 할 수 있다.[203] 휴업으로 인한 수업일수는 부족은 방학 등을 조정하여 보충해야 한다.

학교장은 토요일 또는 관공서의 공휴일에 체육대회·수학여행 등의 학교 행사를 개최할 수 있지만, 이 경우 미리 학생, 학부모 및 교원의 의견을 듣고, 학교운영위원회의 심의를 거쳐야 하며, 학교 행사가 개최되는 날을 수업일수에 포함할 수 있고, 그 수업일수만큼 휴업일을 별도로 정해야 한다.[204]

2) 관할청의 휴업 명령

관할청의 휴업 명령은 교육청 등 관할청이 재해 등의 긴급한 사유로 정상수업이 불가능하다고 인정하는 경우에는 학교장에게 휴업을 명할 수 있고,[205] 학교장은 지체 없이 휴업을 하여야 한다.[206] 휴업한 학교는 휴업기간 중 수업과 학생의 등교가 정지된다. 하지만 휴업일도 행정상의 업무는 지속되어야 하고 공휴일이 아니므로 당연히 출근해야 하나, 교원은 연수기관 및 학교장의 승인 후 「교육공무원법」 제41조에 따른 근무 장소 외에서의 연수[207]제도를 활용할 수 있다.

3. 휴교일과 교원의 복무

앞에서 살펴본 휴업은 학교의 운영 중단을 의미하므로 휴업한 학교는 휴업기간 중 수업과 학생의 등교가 정지되지만, 이와는 달리 휴교는 학교의 기능 정지를 의미한다. 휴교는 정상적으로 운영하던 학교가 지역 재개발 재건축 등의 원인으로 학구 내에 재학생이 없어 장기 휴교하는 경우도 있고, 긴급한 사유가 있는 경우 교육부나 교육청이 휴교령을 발하는 경우로서 학교장의 권한은 아니다. 또한 휴교는 학교장이 관할청의 휴업 명령에도 불구하고 휴업을 하지 아니하는 경우이거나, 특별히 긴급한 사유가 있는 경우에 관할청이 휴교처분을 할 수 있다.[208] 즉 교육청의 명령에도 불구하고 학교장이 휴업을 하지 아니하거나 특별히 긴급한 사유가 있는 경우에 관할청은 휴교 명령을 한다. 휴교의 효력은 단순한 관리업무를 제외한 학교의 모든 기능은 정지되므로,[209] 교원은 출근하지 않거나 관할청이 복무에 관한 사항을 별도로 정하여 지시한다.

---

203) 「초·중등교육법 시행령」 제47조제1항, 제2항.
204) 「초·중등교육법 시행령」 제47조제3항, 제4항.
205) 「초·중등교육법」 제64조제1항.
206) 「초·중등교육법」 제64조제2항.
207) 「교육공무원법」 제41조 참조.
208) 「초·중등교육법」 제64조제3항.
209) 「초·중등교육법」 제64조제4항.

4. 출장, 조퇴, 외출의 의미와 기재 방법

출장이란 상사의 명에 의하여 정규 근무지 이외의 장소에서 공무를 수행하는 것이므로,[210] 학교에서는 학교장이 출장 사안별로 출장목적이나 업무관련성 등을 종합적으로 고려하여 출장 명령을 할 수 있다. 출장은 공무를 수행하는 것이지만, 조퇴는 개인용무로 근무종료 시간 이전에 퇴근하는 것이며, 외출은 근무시간 중 개인용무로 외부로 나간 후 근무종료 시간 이전에 학교로 다시 돌아오는 것이다.

조퇴, 외출, 지각 등은 근무상황부 또는 근무상황카드에 의하여 사전에 소속 기관의 장의 승인을 받아야 하고, 불가피한 사유로 사전에 승인을 받지 못한 경우에는 사후에 지체 없이 승인을 받아야 한다.[211] 조퇴, 외출, 지각 등의 사유를 구체적으로 기재할 경우 개인의 사생활 침해 및 민감 정보가 유출될 수도 있으므로 사유를 비공개 처리할 수도 있고, 학교장의 판단에 따라 개인용무로 기재할 수도 있다.

그리고 출장 공무원은 해당 공무 수행을 위하여 전력을 다하여야 하며, 사적인 일을 위하여 시간을 소비해서는 아니 되고, 출장 용무를 마치고 돌아왔을 때에는 지체 없이 소속 기관의 장에게 결과 보고서를 제출하여야 한다. 다만, 경미한 사항에 대한 결과 보고는 말로 할 수 있다.[212]

5. 경조사 참석 출장

학교에서는 함께 근무하는 교직원의 경조사에 참석해야 할 때도 있는데 특히 장거리일 경우에는 교통비 등이 발생한다. 이러한 경우 소속 교직원의 경조사에 학교 대표의 자격으로 참석하는 약간 명의 교직원에 대해서는 출장조치가 가능하다. 이 경우 경조사가 있는 교직원과 출장명령을 받는 교직원은 동일한 단위 기관에 근무하고 있어야 한다.[213] 약간 명이라는 의미는 많은 인원이 아니라는 개념이고, 통상 학교 대표의 자격으로 참석하는 교장이나 교감 친목회장 등일 수도 있지만 그 외의 교직원도 포함되며 특정한 직위에 한정하지는 않는다. 또한 근무중인 교직원의 긴급한 질병이나 부상으로 인해 스스로 응급치료(병원방문 등)가 불가능한 경우, 기관대표의 자격으로 약간 명의 공무원에 대하여 응급조치 및 병원으로의 이송을 위한 출장조치는 가능하다.[214] 하지만 교원단체에서 주관하는 행사는 교원의 직무수행과 직접적인 관련성이 없으므로 출장조치가 불가능하다.

6. 기관장 이·취임식 또는 정년퇴임식 참석 출장

기관장 이·취임식 또는 정년퇴임식에 참석하는 경우, 행사 주관기관에서 참석대상자의 범위를 지

---

210) 「국가공무원 복무·징계 관련 예규」, 인사혁신처예규 제131호(2022. 1. 4), 104면 참조.
211) 「국가공무원 복무규칙」 제8조제2항.
212) 「국가공무원 복무규정」 제6조 참조.
213) 앞의 인사혁신처예규 제131호(2022. 1. 4), 104면 참조.
214) 앞의 예규, 105면 참조.

정하여 참석을 요청한 경우에 해당 참석자에 대하여는 출장조치가 가능하다. 다만, 친분관계 등을 이유로 하는 개인적인 참석에 대하여는 출장조치가 불가능하다.[215]

7. 근무시간 내에 대학원 출석

교원은 교육활동에 지장을 받지 않는 범위 내에서 주간대학원 수학이 가능하다. 다만 대학원에 다닐 경우 대학원 강의를 듣기 위해 근무시간 내에 근무지를 벗어나게 되는 경우에는 외출, 조퇴, 연가 등을 사용해야 하며 출장조치는 불가하다.[216] 또한 교원은 근무시간 내에 교육활동에 지장이 없는 한 학교장의 허가를 받고 야간 또는 계절제 대학원 수강을 할 수 있으며, 이때 근무상황은 '출장(연수)'로 복무 관리할 수 있다. '출장(연수)'는 교원이 학교장의 허가를 받고 본인의 의사결정에 의한 자율연수이므로 출장비와 시간외근무수당 정액지급분은 지급하지 않는다.

8. 출장 여비와 초과근무 수당 함께 지급 요건

출장 중에는 원칙적으로 초과근무 수당지급이 불가능하지만, 수업시수에 직접적인 영향을 주는 교육과정 운영상 불가피한 경우에는 출장 여비와 초과근무 수당의 병급 지급이 가능하다. 병급 지급은 함께 지급할 수 있다는 의미이다. 다만, 출장의 목적상 필연적으로 초과근무의 발생이 예상되는 경우이고, 초과근무 명령 및 승인의 절차를 거친 후, 실제로 초과근무 시간에 대하여 명백히 인정할 수 있는 객관적인 증빙 자료가 있는 경우, 이 모두의 요건을 충족하면 병급 지급이 가능하다.

예컨대 수학여행 등 현장학습 인솔교사들이 야간에 학생들을 보호감독하고 질서 유지를 위해서 수학여행지 숙소에서 순환 근무조를 편성하여 교대로 학생 지도를 하는 경우나, 주말에 개최되는 각 종목별 선수권 대회 또는 전국소년체전 등에 참가하기 위하여 운동선수들을 인솔한 체육 담당 교사 등의 경우에는 출장 여비와 초과근무 수당을 함께 지급할 수 있다.

Ⅱ. 휴가

1. 교원 휴가 실시의 원칙

일반직 공무원인 경우 기관장은 연가 신청을 받았을 때에는 공무 수행에 특별한 지장이 없으면 승인하여야 하지만,[217] 교원인 경우에는 수업 및 교육활동을 담당하는 특성상 학교장이 휴가를 승인함

---

215) 앞의 예규, 104면 참조.
216) 앞의 예규, 105면 참조.
217) 「국가공무원 복무규정」 제16조제4항.

에 있어 소속 교원이 원하는 시기에 법정휴가일수를 사용할 수 있도록 보장하되, 연가는 수업 및 교육활동 등을 고려하여 특별한 사유가 없는 한 수업일을 제외하여 실시하도록 한다.[218] 하지만 특별한 사유가 없는 한 수업일을 제외하는 것을 원칙으로 한다는 의미이므로 특별한 사유가 있으면 수업일에도 연가를 실시할 수 있다.

특히 본인 또는 배우자 직계존속의 생신·기일, 본인 또는 배우자 직계존비속 또는 형제·자매의 질병, 부상 등으로 일시적인 간호 또는 위로가 필요하다고 인정되는 경우와, 병가를 모두 사용한 후에도 직무를 수행할 수 없거나 계속 요양을 할 필요가 있는 경우, 한국방송통신대학교 출석 수업 및 일반대학원 시험에 참석하는 경우, 기타 상당한 이유가 있다고 학교장이 인정하는 경우에는 학교장은 수업일 중에도 연가를 승인한다.[219] 한편 학교장의 휴가는 직근 상급기관장의 허가를 받아 실시한다.[220]

2. 휴가 신청 시기

휴가를 원하는 교원은 승인권자에게 근무상황부 근무상황카드 NEIS 등에 의하여 미리 신청하여 사유발생 전까지 승인을 받아야 한다. 하지만 불가피한 사유로 사전승인을 얻을 수 없을 경우, 늦어도 당일 정오까지 필요한 절차를 취하여야 하며, 이 경우 다른 교직원으로 하여금 이를 대행하게 할 수 있다.[221]

연가는 교원이 승인권자에게 신청하고, 승인권자는 연가신청 사유 등을 감안하여 허가 또는 불허가를 판단하여 본인에게 통보하는 절차이므로, 연가 허가 전에 출근하지 않은 경우는 근무지 이탈이고 근무지를 이탈하면 징계사유가 된다. 대법원은 공무원이 법정 연가일수의 범위 내에서 연가를 신청하였다고 할지라도 그에 대한 소속 행정기관의 장의 허가가 있기 이전에 근무지를 이탈한 행위는 「국가공무원법」의 직장 이탈 금지의무에 위반되는 행위로서 징계사유가 된다고 판시하고 있다.[222]

3. 경조사 휴가 일수

경조사별 휴가 일수표[223]

구분	대상	일수
결혼	본인	5
	자녀	1
출산	배우자	10

---

218) 「교원휴가에 관한 예규」 제4조제1항.
219) 「교원휴가에 관한 예규」 제5조제1항.
220) 「교원휴가에 관한 예규」 제4조제3항.
221) 「국가공무원 복무·징계 관련 예규」, 인사혁신처예규 제131호(2022. 1. 4), 129면 참조.
222) 대법원 1996. 6. 14. 선고 96누2521 판결 참조.
223) 「국가공무원 복무규정」 제20조제1항 [별표 2].

입양	본인	20
사망	배우자, 본인 및 배우자의 부모	5
	본인 및 배우자의 조부모·외조부모	3
	자녀와 그 자녀의 배우자	3
	본인 및 배우자의 형제자매	1

경조사 휴가는 그 사유가 발생한 날을 포함하여 전후에 연속하여 실시하는 것이 원칙이며, 토요일·공휴일로 인하여 분리되는 경우를 제외하고는 분할하여 사용할 수 없다. 단, 본인 결혼 휴가의 경우에는 그 사유가 발생한 날(결혼식일 또는 혼인신고일)부터 30일 이내의 범위에서 사용 가능하고 (이 경우 휴가 사용 시 마지막 날이 30일 범위 내에 있어야 함), 배우자 출산 휴가의 경우에는 그 사유가 발생한 날부터 90일 이내의 범위에서 1회에 한정하여 나누어 사용 가능하며(이 경우 휴가 사용 시 마지막 날이 90일 범위 내에 있어야 함), 사망으로 인한 경조사 휴가의 경우 그 사유가 발생한 날 또는 그 다음날에 휴가를 사용할 수 있다.[224]

4. 연가

공무원의 재직기간별 연가 일수는 다음과 같다.

재직기간별 연가 일수[225]

재직기간	연가 일수
1개월 이상 1년 미만	11일
1년 이상 2년 미만	12일
2년 이상 3년 미만	14일
3년 이상 4년 미만	15일
4년 이상 5년 미만	17일
5년 이상 6년 미만	20일
6년 이상	21일

5. 병가

병가는 1월1일부터 12월31일까지 1년 단위로 연간 60일의 범위 안에서 사용할 수 있다. 질병이나 부상을 원인으로 한 지각 조퇴 외출 등은 모두 합산하여 누계 8시간을 병가 1일로 계산한다.

연간 누계 6일까지는 진단서의 제출 없이도 병가를 사용할 수 있으나, 7일 이상 연속되는 병가와

---

224) 앞의 인사혁신처예규 제131호(2022. 1. 4), 165면 참조.
225) 「국가공무원 복무규정」 제15조.

병가의 연간 누계가 6일을 초과하게 되는 경우에는 진단서를 제출하여야 한다. 진단서를 제출하여야 함에도 제출하지 못한 병가일수는 이를 연가 일수에서 공제하고 병가일수에는 산입하지 아니한다.[226]

6. 교육활동 침해로 인한 피해 교원 특별휴가

교육활동 침해로 인한 특별휴가란 학생이나 보호자 등으로부터 교육활동 침해를 받은 교원의 회복을 위해 학교장이 허가하는 휴가이다. 학교장은 「교원지위법」 제14조의3에 따른 교육활동 침해의 피해를 받은 교원에 대해서는 피해 교원의 회복을 지원하기 위해 5일의 범위에서 특별휴가를 부여할 수 있다.[227] 학교장은 학교교권보호위원회 심의를 거쳐야 하지만 심의 이전이라도 교육활동 침해행위가 명백하다고 판단하여 신속한 보호조치가 필요하다고 인정하는 경우에 특별휴가를 허가할 수 있다. 심의 이전에 특별휴가를 허가하였다면 추후 교권보호위원회를 개최하여 특별휴가의 근거를 마련해야 한다.

Ⅲ. 휴직

교원이 재직 중 일정한 사유로 직무에 종사할 수 없는 경우에 신분을 유지하면서 직무에 종사하지 않아도 되도록 하는 제도가 휴직 제도이다. 휴직은 임용권자의 권한으로 휴직을 명하는 직권휴직과 교원의 원에 의하여 휴직을 하게 청원휴직으로 구분할 수 있고, 직권휴직에는 질병휴직, 병역휴직, 행방불명 휴직, 법정의무수행 휴직, 노조전임자 휴직이 있으며, 청원휴직에는 고용휴직, 유학휴직, 연수휴직, 육아휴직, 가사휴직, 해외동반휴직, 자기개발휴직 등이 있다.[228] 교원들이 자주 이용하는 휴직의 종류만 몇 가지 제시한다.

1. 주요 휴직의 종류

휴직 종류	질병휴직	육아휴직	가사휴직	자율연수휴직
휴직 사유	신체상·정신상의 장애로 장기요양이 필요할 때	만 8세 이하 또는 초등학교 2학년 이하의 자녀를 양육하기 위하여 필요하거나 여성 교원이 임신 또는 출산하게 된 경우	사고나 질병 등으로 장기간 요양이 필요한 조부모, 부모(배우자의 부모 포함), 배우자, 자녀 또는 손자녀를 간호하기 위하여 필요한 경우	재직기간 10년 이상인 교원이 자기개발을 위하여 학습·연구 등을 하게 된 경우
기간	1년 이내(부득이한 경우 1년 연장) 공무상 질병은 3년 이내	자녀 1명에 대하여 3년 이내(분할 휴직 가능)	1년 이내(재직기간 중 총 3년을 초과할 수 없음)	1년 이내(재직기간 중 한 차례에 한정)

---

226) 앞의 인사혁신처예규 제131호(2022. 1. 4), 157-158면 참조.
227) 「교원휴가에 관한 예규」 제8조제1항.
228) 「교육공무원법」 제44조, 제45조 참조.

| 보수 지급 | 1년이내 봉급 70%,1년 초과 2년 이하 50%, 공무상 질병은 전액 지급 | 봉급은 지급하지 않고 1년간 수당을 지급함. 수당 최초 3개월 동안 - 월 봉급액의 80%(최저 70만원 ~ 최대 150만원), 4개월 이후 50%(최저 70만원 ~ 최대 120만원) | 지급 안함 | 지급 안함 |

2. 휴직 중 공무원의 의무

휴직 중인 공무원은 신분은 보유하나 직무에만 종사하지 못하므로 공무원의 비밀엄수, 품위 유지, 겸직금지, 집단행위 금지, 정치운동금지 등의 의무는 휴직 중이라 하더라도 위반하지 않아야 하며, 위반할 경우에는 징계처분의 대상이 된다. 또한 휴직 공무원은 휴직 기간이 끝나거나 휴직 사유가 소멸된 후에 직무에 복귀하지 아니하면 직권 면직될 수 있다.[229] 휴직기간의 범위 내에서 휴직기간을 연장하고자 할 때에는 휴직기간 만료 전 15일까지 신청하여야 한다.[230] 휴직 중에 있는 교원은 6개월마다 소재지, 연락처 등과 휴직사유의 계속여부를 소속기관장에게 보고하여야 하고, 소속기관장은 휴직자의 실태를 파악하여야 한다.[231]

Ⅳ. 겸직금지

공무원의 일시적인 행위로 계속성이 없는 경우는 겸직을 금지하지 않지만 계속성이 있는 경우는 금지하고 있거나 소속 기관의 장에게 허가를 신청하여야 한다.

1. 저술과 야간 대리운전 허용 여부

공무원의 저술, 번역 등 1회적인 행위는 겸직허가 대상이 아니지만 행위의 지속성이 인정된다면 겸직허가를 받아야 하고, 공무원이 야간 대리운전에 종사할 경우 직무능률을 떨어뜨릴 우려가 있으므로 금지한다.[232] 야간에 충분한 휴식과 수면을 취하는 것이 직무 수행을 원활히 처리하는 데 지장이 없을 것인데도 야간에 다른 업무에 종사하여 공무원의 직무 능률을 떨어뜨리거나, 공무에 대하여 부당한 영향을 끼칠 수 있기 때문일 것이다.

---

229) 「국가공무원법」 제70조제1항제4호.
230) 「교육공무원 인사관리규정」 제25조.
231) 「교육공무원 인사관리규정」 제26조.
232) 앞의 인사혁신처예규 제131호(2022. 1. 4), 195면 참조.

2. 블로그 광고 및 인터넷 개인방송 활동

공무원이 블로그를 계속적으로 제작·관리하여 광고료를 받거나 애플리케이션·이모티콘을 계속적으로 제작·관리하여 수익을 얻는 경우는 영리업무에 해당하므로 겸직허가를 받아야 한다.[233] 공무원이 직무와 관련이 없는 사생활 영역의 인터넷 개인방송 활동(취미, 자기계발 등)은 원칙적으로 규제 대상이 아니지만, 직무와 관련된 개인방송 활동은 소속 부서장에게 사전보고를 하여야 한다. 또한 수익창출 요건이 있는 경우는 물론 수익창출 요건이 없는 경우에도 소속 기관장에게 겸직신청을 하여 허가를 받아야 한다. 인사혁신처는 「공무원의 인터넷 개인방송 활동 지침」을 마련하여 겸직 신청 대상에 해당하는데도 겸직 신청을 불이행한 경우에는 그 위반 행태 및 정도 등을 감안하여 징계의결 요구 등의 조치를 할 수 있도록 하였다.[234]

3. 교원 인터넷 개인 미디어 활동 지침

교육부는 교원의 유튜브 활동이 증가하여 겸직과 광고 수익 등의 논란이 발생함에 따라 현장 혼란을 해소하고자 「교원의 유튜브 활동 복무지침」을 마련하여 시행하여 오다가, 2022년부터 교원의 인터넷 플랫폼 활동의 질 제고 및 전문성 향상에 기여할 수 있도록 유도하기 위하여, 종전의 「교원의 유튜브 활동 복무지침」을 개정하여 「교원 인터넷 개인 미디어 활동 지침」으로 변경 시행하였다. 인터넷 개인 미디어 활동이란 본인 또는 다른 사람의 콘텐츠를 인터넷 플랫폼의 개인 계정에 탑재하여 불특정 다수의 인터넷 이용자와 공유하고 상호 소통하는 일체의 행위를 의미하며, 교육부는 인터넷 플랫폼을 네이버 TV, 아프리카 TV, 유튜브, 트위치, 팟빵, 네이버 블로그, 다음 브런치 등이라고 예시하고 있다.[235]

이 지침에서는 원격수업 등 수업 활용 목적의 콘텐츠를 제작한 후 공개 범위를 제한하여 탑재하는 경우와, 업무의 일환으로 콘텐츠를 제작하여 인터넷 플랫폼 공공 계정에 탑재하는 활동은 인터넷 개인 미디어 활동에 포함하지 않는다. 하지만 동의 없이 학생이나 교직원 등 타인이 등장하는 콘텐츠를 제작·공유함으로써 타인의 초상권을 침해하는 행위와, 업체 등으로부터 물품이나 금전을 받고 직·간접 광고를 하거나 후원하여 수익을 취하는 행위 등은 금지된다.[236]

또한 인터넷 플랫폼에서 정하는 수익이 창출되고, 이후에도 계속 활동을 하고자 하는 경우 등은 소속 학교장으로부터 겸직 허가를 받아야 하며, 학교장은 겸직심사위원회의 심사를 통해 허가할 수 있지만 겸직 허가 요건을 충족하여야 하고 허가 기간도 1년 이내이다.[237]

---

233) 앞의 인사혁신처예규 제131호(2022. 1. 4), 195면 참조.
234) 앞의 예규, 196-198면 참조.
235) 교육부, 「교원 인터넷 개인 미디어 활동 지침」, 2022. 1. 1. 시행, 2면 참조.
236) 앞의 교육부 지침, 3-4면 참조.
237) 앞의 교육부 지침, 6-8면 참조

제3장 교원 책임의 종류

학교에서 학생에게 사고가 발생하면 사고의 원인과 결과에 따라 교원에게 책임이 없는 경우도 있지만 교원에게 책임을 묻는 경우도 있다. 이때 민사상 손해배상 책임이 발생하기도 하고 형법상 형벌이 과해지기도 하며, 경우에 따라서 행정벌의 일종인 징계책임이 발생하기도 한다. 가령 교사가 학생을 체벌하다가 학생의 신체를 폭행 상해하였다면 「형법」상 폭행죄 상해죄 등으로 형사처벌을 받을 수 있고, 피해학생이나 보호자의 청구에 따라 치료비 등 「민법」상 불법행위에 따른 손해배상책임을 지기도 하며, 교사의 복무 의무 위반 등의 사유로 징계처분을 받을 수도 있다.

민사책임은 발생한 손해의 전보를 목적으로 하지만, 형사책임은 가해행위에 대한 국가적 제재와 장래의 범죄발생 방지를 목적으로 하므로 양 책임은 서로 다르고 동시에 병존할 수 있다. 또한 민사책임과 형사책임은 별개의 것이므로 동일한 가해행위에 의하여 두 책임이 모두 발생하기도 하고 어느 하나의 책임만 발생할 수도 있다. 또한 법원의 재판에서 민사재판과 형사재판은 그 결과가 달라질 수도 있는 것이므로 형사상 무죄가 선고되었지만, 민사상 손해배상은 인정될 수도 있고 그 반대의 경우도 있을 수 있다. 행정벌인 징계책임으로는 파면 해임 강등 정직 감봉 견책 등의 책임을 지게 된다.

제1절 교원의 민사책임

민사책임은 사법(私法)상 개인에 대한 책임이며 불법행위로 인한 책임이다. 불법행위란 법이 허용하지 아니하는 행위이고, 교사가 불법행위를 하면 피해 학생 측에 대하여 손해배상책임이 발생할 수 있다. 또한 교사는 학생을 보호감독하는 과정에서 보호감독의무 소홀로 인해 사고가 발생하면 대리감독자 책임을 지는 경우도 있으므로 본 장에서는 불법행위 책임과 대리감독자 책임을 나누어 살펴보도록 한다.

Ⅰ. 불법행위 책임

불법행위는 학생을 지도하는 교육자에게는 거리가 멀다고 생각하여 평소에는 별 관심이 없을 수도 있다. 왜냐하면 불법행위는 법률의 근본 목적에 어긋나고 법률 질서를 깨뜨리는 행위이며 법률이 본질상 허용할 수 없는 것으로 평가되는 행위이기 때문이다.

불법행위가 성립하기 위해서는 불법행위의 일반적 성립요건이 모두 갖추어져야 한다.

불법행위의 일반적 성립요건은 가해행위가 고의 또는 과실에 의하고, 위법하고, 책임이 있어야 하며, 손해가 발생하고, 가해행위와 손해 사이에 인과관계가 있어야 한다. 「민법」에서 불법행위는 고의 또는 과실로 위법하게 타인에게 손해를 가하는 행위이며, 불법행위를 한 자에게는 그의 행위에 의하여 발생한 손해를 배상할 의무를 지우고 있다.[238] 교사의 불법행위로 인한 책임은 교사가 학생을 학교에서 보호감독하여야 함에도 불구하고, 가령 체육수업 중 안전장치 없이 무리한 운동을 요구하다가 학생이 부상을 입은 경우, 청소시간에 고층건물에서 유리창을 닦게 하여 학생이 추락하여 다치거나 사망하게 한 경우 등을 예로 들 수 있겠다.

불법행위의 성립요건을 요약하면 가해자의 고의 과실과 가해자의 책임능력, 위법성, 손해의 발생과 인과관계 등을 들 수 있지만 교사에게 필요한 몇 가지 요건만 알아본다.

1. 교사의 고의 과실

불법행위 성립요건으로서의 고의란 자기 행위로 인하여 타인에게 손해가 발생할 것임을 알고도 그것을 감히 행하는 심리상태이다. 고의가 인정되기 위하여 결과의 발생을 적극적으로 의욕 하는 것까지는 요구되지 않지만 결과발생의 인식은 있어야 한다. 또한 결과발생을 구체적으로 인식했을 필요는 없으며 일정한 결과가 발생할지도 모른다고 인식하면서 행위를 하는 미필적 고의도 고의로 인정된다.

과실이란 통상적인 사람을 기준으로 요구되는 주의를 기울였다면 결과를 회피할 수 있었을 것인데, 주의를 다하지 않음으로써 결과를 발생하게 하는 심리상태를 말한다. 불법행위에서의 과실은 일반적으로 평균인에게 요구되는 주의를 게을리한 것이다.

2. 위법성

불법행위가 성립하려면 가해행위가 위법하여야 한다. 위법성이란 가해행위에 대한 부정적인 가치판단으로서 객관적으로 비추어 보아 전체 법질서에 반한다는 의미이다. 위법성이 없는 행위는 불법행위가 성립하지 않는다. 위법성 판단은 실정법을 위반하는 것뿐만 아니라 선량한 풍속 기타 사회질서 위반도 위법성의 판단 기준으로 보고 있다.

불법행위 성립요건으로서의 위법성 판단 기준은 일반적으로 침해되는 권리나 이익의 성질과 침해의 정도뿐만 아니라 침해행위가 갖는 공공성의 내용과 정도, 침해를 방지 또는 경감시키거나 손해를 회피할 방안의 유무 및 그 난이 정도 등 여러 사정을 종합적으로 고려하여 구체적 사건에 따라 개별적으로 결정한다.[239]

---

238) 「민법」 제750조 참조.
239) 대법원 2012. 1. 12. 선고 2009다84608 판결 참조.

3. 손해의 발생과 인과관계

불법행위 성립은 가해행위에 의하여 손해가 발생하였어야 하고, 가해행위와 손해 사이에는 인과관계가 존재해야 한다. 손해의 개념은 위법한 가해행위로 인하여 발생한 재산상 불이익, 즉 그 위법행위가 없었더라면 존재하였을 재산 상태와 그 위법행위가 가해진 현재의 재산상태의 차이를 말하는 것이고, 기존의 이익이 상실되는 적극적 손해의 형태와 장차 얻을 수 있을 이익을 얻지 못하는 소극적 손해의 형태로 구분된다.[240]

불법행위가 성립하려면 가해행위에 의하여 손해가 발생하였어야 하므로, 교사가 가해행위를 하였더라도 손해가 발생하지 않으면 손해배상책임이 없다. 불법행위로 인한 손해배상청구권은 현실적으로 손해가 발생한 때에 성립하고, 손해가 발생하였는지 여부는 사회통념에 비추어 객관적이고 합리적으로 판단하여야 한다. 손해가 발생하였다는 점에 대한 입증책임은 피해자가 부담한다.

그리고 인과관계란 원인과 결과 즉 어떠한 원인이 있으면 어떠한 결과가 필연적으로 발생하는 관계이며, 불법행위로 인하여 손해가 발생하였어야 한다는 의미이다. 즉 어떠한 행위가 없었다면 손해가 발생하지 않았을 것이라는 사실 즉 가해행위와 손해 사이에 인과관계가 존재하여야 한다. 가령 수업 중인 교실에 가해학생이 칼을 들고 들어와 피해학생을 찔러 사망에 이르게 한 사안에서 재판부는 학교 수업시간 중에 담당교사가 수업을 진행하는 면전에서 일어났고, 사고가 교사들의 예견가능성 범위를 벗어난 영역에서 발생하였다고 보기는 어렵다 하여 교장 및 담당교사의 학생에 대한 보호감독의무 위반 사이의 인과관계를 인정하였다.[241] 인과관계에 대한 입증책임은 피해자가 진다.

Ⅱ. 대리감독자 책임

1. 대리감독자 책임의 요건

미성년자가 타인에게 손해를 가한 경우에 그 행위의 책임을 변식할 지능이 없는 때에는 배상 책임이 없고,[242] 그를 감독할 법정의무가 있는 자가 그 손해를 배상할 책임이 있다. 미성년자인 학생에 대한 감독자는 보호자이지만, 학교 등에서 교사가 학생을 보호감독하는 시간이나 장소 등에서는 보호자를 대신해서 감독자 책임을 지는 경우가 있는데 이를 대리감독자 책임이라 한다.

민법 제755조에 의하여 책임능력 없는 미성년자를 감독할 법정의무 있는 자 또는 그에 갈음하여 무능력자를 감독하는 자 즉, 학교의 교사 등이 지는 손해배상책임은 그 미성년자에게 책임이 없음을 전

---

240) 대법원 1992. 6. 23. 선고 91다33070 판결 참조.
241) 대법원 2007. 6. 15. 선고 2004다48775 판결.
242) 「민법」 제753조 참조.

제로 하여 이를 보충하는 책임이다. 이 경우에 감독의무자 자신이 감독의무를 해태하지 아니하였음을 입증하지 아니하는 한 책임을 면할 수 없는 것이나, 반면에 미성년자가 책임능력이 있어 그 스스로 불법행위책임을 지는 경우에도 그 손해가 당해 미성년자의 감독의무자의 의무위반과 상당인과관계가 있으면 감독의무자는 일반불법행위자로서 손해배상책임이 있다.[243]

미성년자는 19세 미만 이므로,[244] 유·초·중·고등학생은 대부분 미성년자이다. 그러므로 교사는 교사 자신의 불법행위가 아니더라도 부모 등 감독의무자를 대신해서 학생에 대한 감독의무를 소홀히 했을 때에는 대리감독자책임을 질 수 있다.[245] 다만, 미성년자인 학생이 타인에게 가한 손해를 모두 책임지는 것은 아니며 교사가 감독의무를 게을리하지 아니한 경우에는 책임이 없다. 다만 감독의무를 게을리하지 않았다는 점은 교사가 스스로 입증해야 한다. 요약하면 대리감독자의 책임은 대리감독자 스스로의 위법행위에 대한 책임이 아니라 책임무능력자의 가해행위의 결과에 대한 감독의무위반 책임이다.

2. 학생의 책임능력

학생이 자신의 행위에 대한 책임을 변식할 지능이 없는 때, 즉 책임 능력이 없는 경우에는 배상 책임이 없으므로, 학생의 보호 감독자인 보호자나 학교에서 교사가 보호감독하는 시간에 발생한 사고는 대리감독자인 교사가 책임을 지기도 한다. 그러므로 학생의 책임 능력 유무는 학교 사고에서 교사의 책임 판단에 대한 중요한 요소이기도 하다.

책임능력은 불법행위로 인한 자기행위에 대해 책임을 질 수 있는 능력이며,[246] 쉽게 생각하면 자신이 책임져야 한다는 사실을 알 수 있는 정신적 능력이다. 책임능력이 없으면 손해를 배상할 책임도 없다. 하지만 책임능력은 자기의 행위에 의하여 일정한 결과가 발생하는 것을 인식하는 능력이 아니고, 그 결과가 위법한 것이어서 법적으로 비난받는 것임을 인식하는 정신능력이다.

책임능력이 있는지 여부는 행위 당시를 기준으로 하여 구체적으로 판단되며, 연령 등에 의하여 획일적으로 결정되지는 않는다. 대법원은 만 14세 8개월의 중학교 3학년 학생이 교실에서 동급생의 배를 발로 걷어차 상해를 입힌 사건에서 중학교 3학년인 미성년자의 책임 능력을 인정하지 않았고,[247] 14세의 미성년자가 차량이 빈번히 왕래하는 도로를 횡단하다가 사고를 당하여 사망한 사건에서는 책임능력을 인정하기도 하였다.[248] 따라서 동일한 행위에 대하여 동일한 연령의 학생이라도 어떤 학생에게는 책임능력이 인정되지만 다른 학생에게는 인정되지 않을 수도 있고, 또 동일한 학생이라도 행위의 종류에 따라 책임능력의 유무가 달라질 수 있다. 대법원은 대체로 12세 이상이면 책임 능력이 있

---

243) 대법원 1994. 8. 23. 선고 93다60588 판결.
244) 「민법」 제4조 참조.
245) 「민법」 제755조제2항 참조.
246) 「민법」 제753 및 제754조 참조.
247) 대법원 1992. 5. 22. 선고 91다37690 판결.
248) 대법원 1971. 3. 23. 선고 70다2986 판결.

다는 사례도 있지만, 대략 중학교 3학년 정도의 연령인 14세에서 15세 정도를 기준으로 책임 능력의 유무를 판단하는 경우가 흔하다. 따라서 "만 16세 5개월 남짓 된 고등학교 2학년에 재학 중인 자는 불법행위에 대한 책임을 변식할 지능이 있다."[249] 고 대법원이 판시하고 있으므로 정확한 기준은 아니더라고 고등학생 정도의 연령인 학생은 책임능력이 있다고 보아야 한다. 따라서 학생이 책임 능력이 있으면 특별한 사정이 없는 한 교사의 책임이 없으므로, 고등학교 교사와 중학교 이하 교사의 대리감독자 책임의 경중은 차이가 있을 수 있다. 다만, 형법에서는 14세되지 아니한 자의 행위는 벌하지 아니한다.[250]고 하여 14세를 기준으로 일률적으로 형사적 책임을 묻지 않는다.

3. 교사의 대리감독자 책임 인정 판례

■ 담임교사가 부장회의 참석차 교실을 비운 사이 가해학생이 피해학생을 밀어 실명 상태에 이르게 한 사건

√ 초등학교 1학년 담임교사가 부장교사 협의회에 참석차 자율학습을 시키고 교실을 떠난 사이에 A학생이 B학생을 밀어 좌측 눈을 부상하게 하여 실명 상태에 이르게 한 사안에서, A학생은 당시 7세 1개월 남짓 되는 미성년자로서 책임 무능력자이므로 담임교사는 A학생의 학교생활에 대한 법정감호의무자의 대리감독자 책임이 있다.[251]

■ 중학교 계발활동 시간에 학생들이 얼음조각으로 야구놀이를 하던 중 얼음 파편이 눈에 맞아 실명한 사건

√ 학교 내에서 타인의 안전을 충분히 고려하지 않은 채 좁은 공간에 동료 학생들이 밀집해 있는 상황에서 위 행위를 한 가해학생들의 불법행위책임을 인정하고, 교육활동 중에 발생한 사고가 학교생활에서 통상 발생할 수 있다고 예측되는 경우임에도 학생들에 대한 지도·감독의무를 소홀히 한 담당 지도교사의 과실을 인정하여 가해학생의 부모와 함께 공동불법행위책임을 인정하였다.[252]

---

249) 대법원 1989. 5. 9. 선고 88다카2745 판결.
250) 「형법」 제9조.
251) 대법원 1981. 8. 11. 선고 81다298 판결.
252) 수원지방법원 2010. 4. 29. 선고 2009가합9167 판결.

제2절 교원의 형사책임

「형법」은 무엇이 범죄이고, 그것에 어떠한 형벌을 과할 것인가를 규정하고 있다. 형사책임은 범죄 행위에 대해서 형벌을 받아야 할 「형법」상의 책임이고, 범죄를 범한 행위자에 대하여 국가의 제재를 통한 처벌을 목적으로 한다. 「형법」에서는 형의 종류를 9가지로 명시하고 있다.[253]

형의 종류

1. 사형, 2. 징역, 3. 금고, 4. 자격상실, 5. 자격정지, 6. 벌금, 7. 구류, 8. 과료, 9. 몰수

어떤 행위가 범죄가 되기 위해서는 범죄의 성립요건을 갖추어야 한다. 범죄 성립요건이란 범죄가 성립하기 위한 조건으로 범죄의 구성요건에 해당하고 위법하고 책임이 있는 행위라고 할 수 있다.

I. 범죄의 성립요건

나쁜 행동이나 옳지 못한 일 또는 사회적으로 비난을 받는 행위를 했다고 해서 모두 범죄가 되는 것은 아니며 죄형법정주의의 기본원칙에 따라 「형법」상 범죄가 성립하여야 형벌을 과할 수 있다. 범죄가 성립하기 위한 요건이란 구성요건 해당성과 위법성, 책임 모두 3가지 요건을 말하며, 이중 어느 하나라도 갖추지 못하면 범죄는 성립하지 않는다. 따라서 범죄는 구성요건에 해당하고 위법하고 책임이 있는 행위라고 할 수 있다.

구성요건해당성이란 구체적인 행위가 법률에 규정된 범죄의 구성요건에 합치되는 것을 말하며, 형벌법규에 금지되어 있는 행위가 무엇인가를 구체적으로 규정해 놓은 것에 해당해야 한다는 의미이다. 즉 법률이 범죄로 구성해 놓은 요건에 해당해야 한다는 것이다. 가령 교사가 학생을 폭행한 경우라면, "사람의 신체에 대하여 폭행을 가한 자는 ~ ~ 에 처한다."고 하는 행위의 유형을 규정한 「형법」 제260조 폭행죄의 구성요건에 해당한다. 구성요건에 해당하지 않으면 아무리 반사회적 반도덕적 행위일지라도 범죄라고 할 수 없다.

그리고 구성요건에 해당하더라도 위법성이 없으면 범죄가 성립하지 않는다. 위법성이란 법규와 사회상규에 위배되어 법률상 허용되지 않는다는 의미이다. 예컨대, 교사가 학생을 폭행하였더라도 사회상규에 위배되지 않는 정도의 가벼운 폭행일 경우에는 범죄가 성립하지 않는다. 하지만 행위가 구성요건에 해당하면 원칙적으로 위법성을 추정하는 근거가 되므로 위법성을 규범과 행위의 충돌이라고

도 볼 수 있다. 또한 구성요건해당성이 있고 위법성도 있다고 할지라도 책임이 없으면 범죄가 되지 아니한다. 책임이란 행위자의 법규범 위반에 대한 비난 가능성을 말한다. 행위자가 위법한 행위를 하였으나 행위 당시 행위자의 사정을 보아 책임을 물을 수 없는 특별한 사정이 있는 경우는 책임이 없다. 예컨대 14세 미만의 형사책임이 없는 자나 심각한 정신이상자는 책임이 없다.

Ⅱ. 위법성 조각사유

위법성은 범죄성립요건의 하나이므로 위법성이 없으면 범죄는 성립하지 않는다. 그러나 어떤 행위가 범죄의 구성요건에 해당하지만 위법성을 배제함으로써 적법하게 되는 사유를 위법성 조각사유라고 한다. 우리나라 「형법」은 위법성에 관하여 적극적인 규정을 두지 않고 위법성이 조각되는 사유만을 두고 있다. 「형법」은 정당방위, 긴급피난, 자구행위, 피해자의 승낙, 정당행위 등 5가지를 위법성 조각 사유로 규정하고 있다. 위법성조각사유에 해당하는 행위는 적법한 행위가 되므로 범죄가 성립되지 않는다.

1. 정당방위

정당방위는 자기 또는 타인의 법익에 대한 현재의 부당한 침해를 방위하기 위한 행위이고, 「형법」은 이러한 행위가 상당한 이유가 있는 때에는 벌하지 아니한다.[254] 형법상 정당방위로 인정되기 위해서는 현재의 부당한 침해라는 상태가 있어야 하고, 자기 또는 타인의 법익을 방위하기 위한 상당한 이유 있는 행위이며 사회상규에 위배되지 않아야 한다.

가령 교사가 수업 중 옆에 있는 급우를 일방적으로 때리고 있는 학생을 제압하기 위해서 가해학생이 피해학생에게 접근하지 못하도록 가해학생의 팔을 잡고 놓아주지 않는다거나 가볍게 밀치는 정도의 방어는 정당방위로 용인될 수 있다. 그러나 그 학생을 도리어 심하게 구타하는 행위는 정당방위의 한계를 넘어서는 것으로, 즉 방위행위가 상당성의 정도를 넘는 과잉방위에 해당하므로 위법성이 조각되지 않으며, 다만 정황에 따라 그 형을 감경하거나 면제할 수 있을 뿐이다.[255] 형법상 정당방위로 인정되기 위해서는 먼저 현재의 부당한 침해라는 상태가 있어야 한다. 현재의 부당한 침해란 법익의 침해가 당장 급박한 상태에 있거나 아직도 계속되고 있는 것을 말한다.

위의 사례에서는 수업 중이며 가해학생이 피해학생을 때리고 있는 것은 현재의 상태라고 할 수 있고, 피해학생의 신체적 법익을 부당하게 침해하고 있는 상태는 현재의 부당한 침해라고 할 수 있으므로 정당방위에 해당한다. 또한 정당방위는 자기 또는 타인의 법익을 방위하기 위한 상당한 이유 있는

---

254) 「형법」 제21조제1항.
255) 「형법」 제21조제2항.

행위이어야 한다. 상당한 이유가 있는 행위라 함은 침해에 대한 방위행위가 행위 당시의 사정으로 보아 방위에 필요하고 또한 사회상규에 위배되지 않는 행위를 말한다. 위의 사례에서 상당한 이유가 있는 행위는 교사 자신은 아니지만 교사가 보호해야할 피해학생의 신체적 법익 침해에 대한 방위가 필요하고, 사회상규에 위배되지 않도록 가해학생의 팔을 잡고 놓아주지 않는다거나 가볍게 밀치는 정도의 방어 수단만 사용하였다면 정당방위에 해당하여 위법성이 조각된다.

2. 긴급피난

긴급피난은 위난상태에 빠진 법익을 보호하기 위해서 다른 법익을 침해하지 않고는 달리 피할 방법이 없을 때 인정되는 정당화 사유이다. 「형법」은 자기 또는 타인의 법익에 대한 현재의 위난을 피하기 위한 행위는 상당한 이유가 있는 때에는 벌하지 아니한다.[256] 긴급피난은 정당방위의 경우와 마찬가지로 형식적으로는 불법행위이지만 실질적으로는 위법성이 없기 때문에 손해배상책임이 없다.

하지만 정당방위는 부당한 침해를 전제로 하므로 부정에 대한 정(正)이라는 관계이나 긴급피난은 위법 적법을 불문하고, 위난을 야기한 자뿐만 아니라 제3자에게도 가능하기 때문에 정(正) 대 정(正)의 관계도 가능하다.

가령 학교에 들어온 개가 학생에게 덤벼들어 위급한 상황에서 교사가 그 개를 폭행한 경우이거나, 2층 교실 창가에서 떨어지는 화분을 피하기 위해 학생이 몸을 날렸는데 마침 그곳에 친구가 있어 밀려 넘어진 경우는 긴급피난에 해당된다. 하지만 긴급피난은 위난에 처한 법익을 보호하기 위한 유일한 수단이어야 하고, 피해자에게 가장 경미한 손해를 주는 방법을 택하여야 하고, 피난행위에 의하여 보전되는 이익은 이로 인하여 침해되는 이익보다 우월해야 하며, 피난행위는 그 자체가 사회윤리나 법질서 전체의 정신에 비추어 적합한 수단일 것을 요하는 등의 요건을 갖추어야 한다.[257] 따라서 학생의 위난을 방지하기 위한 수단으로서의 폭행 이상으로 개를 폭행하거나 살해하는 행위는 위법성이 조각되지 않는다.

3. 자구행위

자구행위는 법률에서 정한 절차에 따라서는 청구권을 보전할 수 없는 경우에 그 청구권의 실행이 불가능해지거나 현저히 곤란해지는 상황을 피하기 위하여 권리자가 직접 자신의 힘으로 상당한 행위를 하는 것을 말한다. 자구행위는 상당한 이유가 있는 때에는 벌하지 아니한다.[258] 정당방위와 긴급피난은 사전적 긴급행위이고 타인을 위한 경우에도 성립 가능하지만 자구행위는 사후적 긴급행위이

---

256) 「형법」 제22조제1항.
257) 대법원 2006. 4. 13. 선고 2005도9396 판결.
258) 「형법」 제23조.

고 타인을 위한 경우에는 성립할 수 없다. 가령 음식대금을 지불하지 않고 도망하는 손님을 붙잡아 음식대금을 받아 내거나, 길가에서 우연히 만난 도둑으로부터 잃어버린 물건을 빼앗는 경우 등이 자구행위이다.

4. 피해자의 승낙

피해자의 승낙이란 피해자가 가해자에게 자기의 법익을 침해하는 것을 허락하는 것을 말한다. 형법은 처분할 수 있는 자의 승낙에 의하여 그 법익을 훼손한 행위는 법률에 특별한 규정이 없는 한 벌하지 아니한다.[259] 피해자의 승낙은 법률상 처분할 수 있는 사람의 승낙이어야 한다. 승낙할 수 있는 능력은 피해자가 법익 침해의 결과를 인식하고 이성적으로 판단할 수 있는 통찰력 판단력이 있어야 함을 의미하므로 유치원 아동이나 초등학생은 처분할 수 있는 자에 해당하지 않는다.

또한 승낙은 윤리적·도덕적으로 사회상규에 반하는 것이 아니어야 한다. 따라서 고등학생의 승낙이라도 자신에게 교사가 체벌을 가하는 것을 승낙하는 것은 자신의 신체적 법익 침해를 승낙하는 것으로 사회상규에 반하여 위법성이 조각되지 않는다. 예컨대 교사가 회초리로 학생의 승낙을 받고 종아리를 때리는 경우를 가정했을 때, 피해학생이 고등학생인 경우 교사의 행위는 학생의 신체적 법익 침해로서 윤리적·도덕적으로 사회상규에 반하는 것이고, 초등학생인 경우는 윤리적·도덕적으로 사회상규에 반함은 물론 법률상 처분할 수 있는 사람의 승낙이 아니므로 모두 피해자의 승낙으로 인한 위법성 조각사유에 해당하지 않는다.

피해자의 승낙은 추정적 승낙으로도 가능하다. 가령 부재중인 옆집에 화재가 발생한 것을 보고 주인의 승낙 없이 화재를 진압하기 위해 옆집을 침입하는 경우는 위법성이 조각된다. 피해자의 승낙을 인정한 판례는 동거 중인 피해자의 지갑에서 현금을 꺼내가는 것을 피해자가 현장에서 목격하고도 만류하지 아니하였다면 피해자가 이를 허용하는 묵시적 의사가 있었다고 보아 절도죄를 구성하지 않는다고 판시하고 있다.[260]

5. 정당행위

정당행위는 국가적·사회적으로 정당화되는 행위이다. 「형법」에서는 법령에 의한 행위 또는 업무로 인한 행위 기타 사회상규에 위배되지 아니하는 행위는 벌하지 아니한다.[261] 가령 학교에서 학생을 징계하는 행위는 「초·중등교육법」 제18조에 따라 징계하므로 법령에 의한 행위이고, 의사가 치료목적으로 환자의 손가락을 자르는 행위는 업무로 인한 행위이다.

---

259) 「형법」 제24조.
260) 대법원 1985. 11. 26. 선고 85도1487 판결.
261) 「형법」 제20조.

사회상규에 위배되지 아니하는 행위란 법질서 전체의 정신이나 그 배후에 놓여 있는 사회윤리 내지 사회통념에 비추어 용인될 수 있는 행위를 말한다.[262] 예컨대 화장실에서 담배를 피우는 학생을 발견한 교사가 학생지도를 위하여 담배를 빼앗고 훈계하는 과정에서 학생의 책가방을 빼앗거나 팔을 강하게 잡아당기는 정도는 사회상규에 위배되지 아니하는 행위일 것이다. 하지만 훈계 과정에서 뺨을 때리거나 고막이 파열되면 정당행위에 해당하지 않고 폭행죄 또는 상해죄로 처벌받을 수 있다.

어떠한 행위가 사회상규에 위배되지 아니하는 행위인가? 사회상규에 위배되지 아니하는 행위로서 위법성이 조각되기 위해서는 구체적인 사정 아래서 합목적적, 합리적으로 고찰하여 개별적으로 판단하여야 하지만 첫째, 행위의 동기나 목적의 정당성, 둘째, 행위의 수단이나 방법의 상당성, 셋째, 보호법익과 침해법익의 법익균형성, 넷째 긴급성, 다섯째, 그 행위 이외의 다른 수단이나 방법이 없다는 보충성의 요건을 모두 갖추어야 한다.[263]

대법원은 교사가 다른 사람이 없는 곳에서 개별적으로 훈계, 훈육의 방법으로 지도·교정될 수 있는 상황이었음에도 낯모르는 사람들이 있는 데서 공개적으로 학생에게 체벌·모욕을 가하는 지도행위라든가, 학생의 개인적 사정에서 견디기 어려운 모욕감을 주는 지도행위 등은 사회상규에 위배되지 아니하는 행위에 포함될 수 없고 특별한 사정이 없는 한 정당행위로 볼 수 없다고 판시하였다.[264]

III. 교사의 형사 책임 판례

1. 교육활동 사고 형사책임

(1) 고층 교실 유리창 청소 중 고등학생이 사망한 사건

◆ 갑 고등학교 담임교사 A는 환경미화 심사를 앞두고 B학생(여, 17세)에게 5층 교실 운동장 쪽 유리창 바깥 베란다를 청소하도록 지정하였다. B학생은 베란다를 청소하기 위해 빗자루를 들고 유리창 틀에 걸터앉아 있던 중 추락하여 사망하였다. 그런데 갑 고등학교 내부 방침에는 학급 운동장 쪽 유리창 및 난간을 학생들에게 청소시키는 것을 금지하고 있었다.

재판부는 교사가 학교의 지시를 위반하여 여학생에게 5층 교실의 유리창 청소를 시킨 잘못과 청소를 할 때 안전장치를 해주거나 직접 관리 감독을 하여야 하는 데 이를 게을리하였다고 판단하였다. 하지만 수십 년간 성실하게 교직생활을 했고, 자신을 자책하며 잘못을 깊이 뉘우치고 있으며 피해자 유족들에게 3천만원을 공탁한 점을 고려하여 금고 10월에 집행유예 2년을 선고하였다.[265] 형사 재판에

---

262) 대법원 2005. 7. 29. 선고 2005도3884 판결.
263) 대법원 2002. 12. 26. 선고 2002도5077 판결.
264) 대법원 2004. 6. 10. 선고 2001도5380 판결.
265) 서울중앙지방법원 2012. 11. 15. 선고 2012고단4650 판결.

서 공탁이란 피해자와의 합의 진행이 곤란한 경우에 가해자 나름대로 성의 표시를 하여 피해자의 피해 회복을 위해 상당히 노력하고 있다는 것을 보여주어 가벼운 처벌을 받을 수 있는 근거로 삼고자 할 때 일정한 금액의 공탁금을 법원에 공탁하는 제도이다.

이 판례로 보아 교사가 학생 사고를 예방하기 위해서는 고층건물의 유리창은 아무리 지저분하다고 하더라도 학생들에게 청소 시키는 건 위험한 일이므로 금지되어야 하고, 학교에서 외부 청소업체에 용역을 주는 등 외주를 활용하여야 한다. 위의 형벌과 같이 금고 이상의 형을 받으면 집행유예인 경우에도 교원은 당연 퇴직 사유가 된다. 금고는 징역과 마찬가지로 교도소에서 복역하여야 하지만 징역과는 다르게 강제노역을 하지 않으므로, 징역보다는 가벼운 형벌이라고 할 수 있고 주로 과실범 정치범과 같은 비파렴치적 범죄 등에 선고된다.

(2) 친밀감의 표현으로 여성의 손 만져도 성추행

◆ A교사는 ○○리조트에서 학교 교직원 연수 과정 중, 야외 바비큐 장 테이블에서 술을 마시다가 기간제 교사 B교사에게 "손이 차갑네, 손이 이렇게 차가운데 방치하는 놈들은 나쁜 놈이다."라고 말하며 갑자기 양손으로 손을 잡아 주무르고, B교사가 뿌리치자 행정직 직원 C직원에게 "여자가 손이 차서는 안 된다. 따뜻하게 해 주겠다."라고 말하며 갑자기 C직원의 손 위에 포개어 잡은 후 손을 빼지 못하게 계속 잡는 방법으로 강제로 추행하였다. A교사는 자신의 행동이 친밀감의 표현에 불과하다고 주장하였지만, 재판부는 A교사가 지위가 낮은 기간제 교사와 계약 행정직을 추행했으며 범행을 반성하지 않고, 오히려 고소 동기에 의문을 제기하는 등 피해자들에게 2차 피해를 가했다면서 벌금 7백만 원과 40시간 성폭력치료 프로그램의 이수를 명하는 판결을 하였다.[266]

2. 성적조작 형사책임

(1) 성적처리 담당교사와 공모하여 교사 자녀 성적조작

◆ A교사는 같은 학교 성적처리담당 교사인 B교사와 공모하여 1학기 중간고사에서 같은 학교에 재학 중인 A교사의 딸 C학생의 시험 과목 성적을 올려 내신등급을 올릴 것을 모의하였다. B교사는 C학생의 수학 시험답안지(OMR카드)를 찢어버리고 새로운 답안지에 정답을 표시하여 C학생의 수학 점수를 올렸다. 재판부는 A교사를 징역 1년, B교사를 징역 1년6월에 처하고 2년간 집행을 유예하였다. 또한 120시간의 사회봉사를 명하였다.[267]

---

266) 수원지방법원 2018. 8. 26 선고 2018고단1089 판결.
267) 울산지방법원 2014. 6. 13 선고 2014고단899 판결.

(2) 학부모로부터 금품을 수수하고 반복적으로 시험문제 유출

◆ 고등학교 국어교사 2명, 수학교사 1명, 영어교사 1명은 학부모회 임원인 A학부모로부터 자신의 딸의 성적이 오를 수 있도록 해 달라는 취지의 부정한 청탁을 받고 여러 차례에 걸쳐 약 2,000만원을 수수하고, 반복적으로 시험문제를 유출하였다.

재판부는 교사로서 시험을 통해 학생들을 평가함에 있어 한 치의 의혹도 없이 청렴하고 공정하게 직무를 수행해야 마땅함에도, 학부모로부터 시험문제 유출에 관한 부정한 청탁을 받고 특정 학생에게 시험문제를 유출하고 그 대가로 금품을 수수한 것이어서 그 죄질이 매우 불량하다고 하여, 각각 징역 1년 6월, 징역 8월, 벌금 700만원에, 벌금 1,000만원 그리고 학부모에게 징역 10월을 선고하였다.[268]

제3절 교원의 중과실 책임과 구상권

교원이 교육활동 중에 학생의 보호·감독의무를 위반하여 학교 사고가 발생하였을 경우 학교 설치자는 교원에 대한 사용자 책임이 있다. 학교 설치자란 국공립학교는 국가 또는 지방자치단체이며, 사립학교의 경우는 학교를 설치·경영하는 학교법인 또는 사립학교경영자이다. 교원의 고의 또는 과실로 인한 학교 사고는 기본적으로 국공립학교 교원은 「국가배상법」 제2조의 규정에 따른 손해배상 책임이 있으므로 교원의 경과실로 인한 사고에 대해서 교원 개인은 손해배상책임을 부담하지 않는다. 사립학교 교원에 대해서는 「민법」 제756조의 규정에 따른 학교법인 또는 사립학교경영자가 사용자책임을 부담한다.

구체적으로 공무원이 직무 수행 중 불법행위로 타인에게 손해를 입힌 경우에 국가나 지방자치단체가 국가배상책임을 부담하는 외에 공무원 개인도 고의 또는 중과실이 있는 경우에는 불법행위로 인한 손해배상책임을 지고, 공무원에게 경과실이 있을 뿐인 경우에는 공무원 개인은 손해배상책임을 부담하지 않는다. 교원의 중과실이나 고의에 의해 발생한 사고는 학교의 설치 경영자인 국가나 지방자치단체 또는 사립학교의 학교법인 또는 사립학교경영자가 배상하고 교원에게 구상권을 행사할 수 있다. 그러므로 교원에게 중과실 책임이 인정되면 구상권이 발생하여 교원에게 손해배상청구를 하므로 중과실 책임의 의미와 사례를 명확히 알아 둘 필요가 있다.

---

268) 서울중앙지방법원 2014. 12. 12 선고 2014고합798 판결.

Ⅰ. 중과실의 의미

국가나 지방자치단체는 공무원이 직무를 집행하면서 고의 또는 과실로 법령을 위반하여 타인에게 손해를 입힌 경우에는 그 손해를 배상하여야 한다. 이러한 경우에 공무원에게 고의 또는 중대한 과실이 있으면 국가나 지방자치단체는 그 공무원에게 구상할 수 있다.[269] 원칙적으로 국가나 지방자치단체가 배상하여야 하지만 공무원에게 중대한 과실 즉 중과실이 있는 경우에는 국가나 지방자치단체가 배상한 후 공무원에게 구상한다는 의미이다. 중과실 즉 중대한 과실이란 통상 요구되는 주의를 현저히 게을리한 경우, 약간만 주의를 하였더라면 결과의 발생을 회피할 수 있었음에도 불구하고 이를 게을리한 경우를 말한다. 대법원은 "중과실이라 함은 공무원에게 통상 요구되는 정도의 상당한 주의를 하지 않더라도 약간의 주의를 한다면 손쉽게 위법, 유해한 결과를 예견할 수 있는 경우임에도 만연히 이를 간과함과 같은 거의 고의에 가까운 현저한 주의를 결여한 상태를 의미한다."[270]고 판시하고 있다.

가령 교사가 현장학습 장소에서 점심시간에 학생들을 방치하고 교사들끼리 모여 음주를 하다가 학생이 도로로 무단으로 나가 교통사고가 발생하였거나, 과학실 실험 후 실험 용구와 유해 약품을 제자리에 정리하지 않고 교사가 과학실을 떠난 후 남아있는 학생들이 장난하다가 유해 약품에 신체 손상 등을 입은 경우는, 통상 요구되는 주의를 현저히 게을리하거나 약간만 주의를 하였더라면 결과의 발생을 회피할 수 있었음에도 불구하고 이를 게을리한 경우이므로 중과실에 해당할 수 있다. 그러므로 교원이 고의 또는 과실로 법령을 위반하여 타인에게 손해를 입힌 경우 교원의 중대한 과실 여부에 따라 교원에게 구상권을 행사할 수 있는지 여부가 달라진다.

Ⅱ. 교원의 중과실을 인정한 판례

1. 개인적인 감정 개입을 억제하지 못하고 체벌한 사건

A교사는 학생들이 무단 외출이 금지된 점심시간을 이용하여 인근에 있는 학교운동회를 보러 갔다오는 등 무단 외출한 사실을 알고서 이들의 무성의한 학습태도를 시정하기 위하여, 학생들을 엎드려 뻗쳐 시켜 놓고 막대기로 때리고 구둣발로 여러 번 차는 등 심히 비인격적 비교육적 방법까지 사용하여 학생에게 6주간의 상해를 입히고 후유장애로 일반 노동능력의 70퍼센트를 상실하게 하였다. 재판부는 개인적인 감정의 개입을 억제하여 교사로서의 품위를 유지하고 체벌을 가하는 신체부위와 그 정도 및 방법 등에 대하여 조금만 주의를 기울였다면, 이 사건에서와 같은 결과를 충분히 예견할 수 있었다고 할 것인데도 불구하고 교사로서 통상 요구되는 주의의무를 현저히 게을리함으로써 위와 같은

---

269) 「국가배상법」 제2조.
270) 대법원 2003. 2. 11. 선고 2002다65929 판결.

결과를 초래한 중대한 과실이 있다고 판시하였다.[271]

2. 학부모로부터 수차례 폭행 피해 요청받고도 소홀히 대응한 사건

중학교 2학년 A여학생이 성폭행과 집단따돌림을 당한 사안에서 A학생의 아버지가 학교로 찾아와 집단 따돌림 피해 가능성을 언급했고, 이어 A학생의 아버지와 어머니가 2차례에 걸쳐 담임교사에게 전화하여 A학생이 따돌림을 당하고 있으니 알아봐 달라는 요청을 하였다. 또한 학생에 대한 폭행, 협박은 모두 교실 보건실 등 학교 내에서 같은 학교 학생들에 의하여 총 22회 자행되었다. 재판부는 가해학생들의 폭행 및 공갈행위는 담임교사가 예견 가능한 범위 내에서 발생한 것으로 담임교사는 학생들의 성폭행 사건을 상담 의뢰만 하였을 뿐, 상담 내용을 진지하게 검토하여 적절한 조언과 조치를 통하여 성폭력 위험에 더 이상 노출되는 것을 막아야 할 의무를 게을리한 중과실 책임이 있다고 판시하였다.[272]

Ⅲ. 구상권의 의미

구상권이란 타인이 부담하여야 할 것을 자기의 출재로 변제하여 타인에게 재산상의 이익을 부여한 경우 그 타인에게 상환을 청구할 수 있는 권리이다. 그러므로 중대한 과실 책임이 있는 공무원이 부담하여야 할 손해배상을 국가나 지방자치단체가 배상한 후 공무원에게 상환을 청구하는 권리가 구상권이다. 공무원인 교원의 사고책임이 중과실에 해당하는 경우에는 국가나 지방자치단체가 배상하고 교사에게 구상금을 청구할 수 있지만, 중과실이 아닌 경우 즉 경과실인 경우에는 국가나 지방자치단체가 배상하고 교사에게 구상금을 청구하지 않는다.

교원의 중과실이 인정되면 국공립학교의 경우 국가나 지방자치단체인 시·도교육청이 교사의 불법행위로 피해를 본 학생이나 학부모에게 배상금을 먼저 지급한 뒤, 실제 불법행위 책임이 있는 교원을 상대로 배상금을 청구하는 권리이기도 하다. 사립학교의 경우에는 「국가배상법」이 적용되지 않고 「민법」 제756조 사용자 배상책임에 의하여 "타인을 사용하여 어느 사무에 종사하게 한 자는 피용자가 그 사무집행에 관하여 제삼자에게 가한 손해를 배상할 책임이 있다. 그러나 사용자가 피용자의 선임 및 그 사무 감독에 상당한 주의를 한때 또는 상당한 주의를 하여도 손해가 있을 경우에는 그러하지 아니하다."고 하여 학교설치자인 학교법인이 교사의 선임 및 감독에 상당한 주의를 한 경우에는 학교법인의 책임이 없고 교사의 책임이 있다는 규정이다. 사립학교 교원에게는 중과실뿐만 아니라 경과

---

271) 대법원 1990. 2. 27. 선고 89다카16178 판결.
272) 서울고등법원 2014. 4. 25. 선고 2013나2020395 판결.

실의 경우에도 구상권을 행사할 수 있다고 볼 수 있다. 하지만 판례는 학교법인 등 학교설치자의 학교 운영상 국공립학교 교사와의 형평성 등을 감안하여 사립학교 교원의 경우에도 특별한 사정이 없는 한 고의 또는 중과실이 있는 경우에 한하여 구상권을 행사할 수 있다고 보고 있다.

즉 우리나라 대법원은 사립학교에서 사용자의 면책 가능성을 사실상 봉쇄함으로써 이를 무과실책임으로 돌려 학교법인 측의 책임을 대부분 인정하는 태도를 취한다. 또한 피용자의 선임 및 사무 감독에 상당한 주의를 다하였는지 여부도 학교법인 측에 증명책임이 있으므로 실무상 「민법」 756조 제1항 후단이 적용되어 사용자인 학교법인이 면책되는 경우는 거의 없다고 본다. 그러므로 판례나 재판 실무에서도 사립학교 교원에 대한 구상권 청구도 공무원인 교원과 비교하여 크게 다르지 않다고 보아야 한다. 이처럼 구상권은 공립학교의 경우 교육청이, 사립학교의 경우 학교법인이 교사의 불법행위로 피해를 본 학생이나 학부모에게 배상금을 먼저 지급한 뒤, 실제 불법행위 가해자이고 중과실 책임이 있는 교사를 상대로 배상금을 청구하는 권리이기도 하다. 한편 이와는 별개로 구상금 청구 소송은 지도교사의 주의의무 소홀과 학교장 등의 책임 소재를 이유로 보험사나 국민건강보험공단에서도 구상금을 청구하기도 한다.

Ⅳ. 교사에게 구상금을 청구한 판례

1. 교육청이 교사에게 구상금을 청구한 판례

(1) 교육청이 과학 교사에게 구상금 청구 ☞ 교사 4천5백만원 배상

초등학교 6학년 A학생은 같은 반 친구들과 과학실에서 화산분출실험을 하자고 제의하여 과학실에 갔다. 당시 과학실험보조원은 과학실 문을 열어둔 채 자리를 잠시 비운 상태였다. A학생은 알코올 통을 들고 모래상자에 통째로 붓다가 갑자기 불이 알코올 통으로 옮겨붙어 폭발하면서 옷에 불이 옮겨붙었고 이로 인한 화상으로 사망하였다.

재판부에 따르면 과학담당 교사는 폭발성 및 인화성이 강한 화공약품은 약품 상자에 넣고 잠금장치를 하여 안전하게 보관함으로써 호기심이 많은 초등학생에게 위험한 화학약품을 노출시키지 말아야 할 중대한 주의 의무가 있고, 자신 및 실험보조원이 없는 상태에서 과학실을 개방하여 방치하였으므로 교사로서 통상 요구되는 주의 의무를 현저히 게을리한 중대한 과실이 있다고 판시하였다.[273]

이 판례는 법원의 판결에 따라 지방자치단체의 장인 교육감이 피해학생 가족에게 먼저 손해배상을

---

273) 청주지방법원 1999. 1. 27. 선고 98가합1154 판결.

한 후 과학담당 교사와 교장에게 구상금을 청구한 사안이다. 물론 국가나 지방자치단체 등의 손해를 그대로 청구하는 것은 아니고 공무원의 직무 내용, 불법행위의 상황, 손해발생에 대한 공무원의 기여 정도, 공무원의 평소 근무태도 등 제반 사정을 참작하여 손해의 공평한 분담이라는 견지에서 국가 또는 지방자치단체 등이 배상한 손해를 교사에게 청구한다.

이 판례에서는 법원이 교사에게만 중과실을 인정하였다. 교사는 과학실 개방에 대한 책임과 폭발성 및 인화성이 강한 화공약품은 약품 상자에 넣고 잠금장치를 하여 안전하게 보관하여야 하는데 이를 게을리한 것은 중대한 과실이 있고, 학교장은 간접적인 관리·감독책임만을 담당하여 중과실이 없다고 하면서 교사의 중과실만이 인정되어 교사가 4천5백만원을 배상하라고 판결하였다.

(2) 교육청이 학부모에게 배상 후 교사에게 구상금 청구 ☞ 교사는 배상하고 당연 퇴직

초등학교 6학년 B학생은 담임교사 A교사의 지도하에 과학실험실에서 학생들과 함께 이산화탄소가 석회수와 섞이면 화학반응을 일으켜 석회수가 흐려지는 사실을 관찰하는 실험을 하는 중 알코올에 불이 붙으면서 그 화염이 반대편 쪽에 앉아 있던 B학생의 얼굴을 덮쳐 약 6개월간의 치료를 요하는 3도 화상을 입게 하였다. 이 사고는 A교사가 페트병에 붙어 있던 알코올이라고 기재된 견출지를 확인하지 않고 실험보조원이 석회수를 준비해놓았다고 오인하고 실험을 진행하다가 사고가 발생하였다.

재판부는 A교사가 페트병의 견출지를 확인을 하는 등 약간의 주의만 하였더라면 손쉽게 사고의 발생을 방지할 수 있었음에도 불구하고 주의를 현저하게 결여하여 이를 확인하지 아니하였으므로 중과실에 해당한다고 하여, A교사는 불법행위자로서 손해를 배상할 책임이 있고, ○○교육청은 「국가배상법」 제2조에 따라 연대하여 위 손해를 배상할 책임이 있다고 판결했다.[274]

또한 재판부는 A교사가 공탁한 5천3백만원 외에도 교육청은 B학생 부모에게 2억2백여만원을 지급하라고 판결하였고, 교육청은 B학생 부모에게 배상한 후 교육청과 A교사의 책임비율을 7:3으로 하여 A교사에게 구상금 6천만원을 청구하였다. A교사는 모두 배상하고 형사재판에서도 금고 6월 집행유예 1년을 선고받았으며, 금고 이상의 형을 선고받으면 「국가공무원법」 제69조에 의거 당연 퇴직된다.

(3) 학교폭력 가해학생 학부모가 담임교사에게 구상금 청구

갑 고등학교는 방학기간 중 재학생을 대상으로 교사의 인솔 하에 단체로 필리핀 현지를 방문하여 일정기간 동안 합숙하면서 계획된 일정에 따라 봉사활동을 하였다. 합숙 중에 선배학생이 원주민이 준비한 식사를 제대로 먹지 않는다는 이유로 후배학생의 엉덩이와 머리를 나무막대기로 때려 후배학생은 두개골천두술·혈종제거수술 등을 받았다. 가해학생의 부모는 피해학생에게 치료비 800만원, 위자료 1천500만원, 건강보험공단 부담 진료비 325만원 등 손해배상을 한 후 학생의 보호·감독을 소홀

---

274) 서울지방법원 2003. 11. 6. 선고 2002가합4744 판결.

히 했다며 교사를 상대로 구상금을 청구하였다.

재판부는 폭행 당사자들이 청소년으로서 낯선 외국에서 상당 기간 합숙해야 하므로 학교에서 보다 더 세심한 배려를 할 의무가 있고, 교사는 피해학생의 건강 상태를 확인하거나 양호교사와의 협의를 통하여 의료검진을 받게 하는 등 신속히 적절한 의료조치를 할 의무를 위반하였다고 하여 가해 학생 65%, 가해학생의 담임교사 20%, 피해학생의 담임교사 15%의 과실 비율에 따라 지급하라고 판시하였다.[275]

2. 국민건강보험공단이 학교 측에 구상금을 청구한 판례

교육활동을 하다가 학생이 다쳐 병원 등 의료기관을 이용하여 진료와 치료를 받으면 비용이 발생하고 그 비용은 국민건강보험공단과 본인이 부담하게 된다. 본인 부담금에 대해서는 통상 학생의 보호자가 의료비를 지불한 후 학교를 통해 청구하거나 보호자가 직접 학교안전공제회에 보상을 청구하여 환급을 받는 것이 일반적인 과정이다. 하지만 건강보험공단의 부담금은 학생이 다치게 된 원인이나 사고 경위가 학교 측의 보호감독의무 위반 등의 사유가 있을 경우에는 지방자치단체인 교육청이나 학교법인, 교장 교사 등을 상대로 구상권을 청구하기도 한다.

국민건강보험법에 따르면 국민건강보험공단은 제3자의 행위로 보험급여 사유가 생겨 가입자 또는 피부양자에게 보험급여를 한 경우에는 그 급여에 들어간 비용 한도에서 그 제3자에게 손해배상을 청구할 권리를 얻는다.[276] 국민건강보험공단은 교육활동 중 학생 자신의 부주의로 부상을 당한 경우에는 보험급여를 인정하지만 교사의 학생 보호감독의무 위반이나 학교 시설물 등의 관리 부실 등의 책임이 있는 경우에는 사고 발생의 구체적인 경위 등을 조사하여 구상권 행사 여부를 결정하고 있다.

이와 같이 국민건강보험공단의 구상권 청구가 법원의 판결 등으로 「국민건강보험법」 제58조에 따라 공단의 구상권 행사에 따른 손해배상액이 확정된 경우 학교의 장이 부담할 부분은 학교안전공제회가 부담한다.[277]

(1) 학교 측이 학생 치료비 3천5백여만 원을 건강보험공단에 지급하라는 판결

A학생은 청소시간에 3층에 위치한 교실의 창문 밖 난간에서 추락하여 경추골절 등의 상해를 입었다. 국민건강보험은 치료비를 지급하고 학교 측에 구상금을 청구하였다. 재판부는 교장과 담임교사가 학생의 보호감독의무를 소홀히 하였다고 하여 교육감은 소속 공무원의 공무수행상 과실로 인한 책임으로 구상금 3천5백여 만원을 국민건강보험공단에 지급하라고 판결하였다.[278]

---

275) 서울중앙지방법원 2006. 2. 2. 선고 2004가단362431, 2005가단102803 판결.
276) 「국민건강보험법」 제58조.
277) 「학교안전법」 제36조제2항.
278) 인천지방법원 2008. 6. 26. 선고 2007가단43305 판결.

(2) 국민건강보험공단이 교육청에 구상금을 청구하였지만 법원에서 기각

권투 특기생 B학생과 C학생은 연습경기를 하다가 B학생이 C학생의 팔꿈치에 받혀 코뼈가 부러지는 상처를 입었다. 건강보험공단은 담당교사인 A교사가 사고 발생을 예측할 수 있었는데도 무리하게 연습경기를 진행해 안전사고가 발생했다는 이유로 치료비 140만원 중 학교안전공제회가 부담한 금액을 뺀 106만원에 대해 관할 교육청이 책임져야 한다며 소송을 냈다. 재판부는 두 학생이 동시에 공격하고 피하는 과정에서 거리가 너무 가까워 팔꿈치에 얼굴을 부딪쳤다며 담당교사인 A교사가 사고 발생을 예측할 수 있었다고 보기 어렵다하여 건강보험공단이 제기한 구상금 청구를 기각하였다.[279]

(3) 교사의 안전 배려 의무 위반을 이유로 학교 측에 구상금 청구

초등학교 6학년 교실에서 튀김 실습수업 중 탄산음료수가 뜨거운 기름에 들어가 튀면서 여학생이 화상을 입어 입원치료를 받게 되자 국민건강보험공단이 140여만원을 병원에 지급한 뒤, 위험이 따르는 실습시간에 교사가 안전 배려 의무를 다하지 못하였다고 하여 학교 측에 구상금 청구 소송을 제기했다. 재판부는 판단능력이 미숙한 초등학생들을 대상으로 튀김 실습수업을 진행할 경우 음료수가 기름에 들어가면 위험하다는 것을 쉽게 예측할 수 있는데도, 교사가 음료수의 반입통제 등 학생들의 안전을 배려해야 할 의무를 다하지 못해 화상사고가 난 것으로 인정된다며, 학교 측이 국민건강보험공단에 140여만원을 지급하라고 판결했다.[280]

V. 교사의 중과실 책임 예방과 대처

국가와 지방자치단체나 학교법인 등 학교 설치자 또는 국민건강보험공단 등이 교사에게 구상권을 청구하기 위해서는 교사의 중과실 책임을 요건으로 한다. 중과실 책임이 인정되면 교사는 개인적인 손해배상책임을 부담해야 하기 때문에 경제적으로 손실이 크고, 그에 따른 직무 위반책임으로 징계책임이 따르기도 하여 신분상 불이익을 당할 수도 있고, 더 나아가 형사처벌로 금고 이상의 형벌을 받게 되면 당연 퇴직사유가 된다.

중과실은 중대한 과실이라고도 평가할 수 있으므로, 교사의 입장에서도 중과실 책임을 예방하는 것 또한 중대하다고 보아야 한다. 왜냐하면 중과실 책임으로 다수의 교직 선배나 동료 교사가 개인적인 손해배상으로 막대한 경제적 손실을 입거나, 징계를 받고 형사처벌까지 받아 교직을 떠나야 하는 경

---

279) 대구지방법원 구미시법원, 2017. 8. 26.
280) 서울지방법원, 2002. 7. 12

우가 발생되기 때문이다. 그러므로 중과실 책임 예방을 위한 노력과 대처가 필요하다.

1. '학생이 있는 곳에는 항상 교사가 있다' 는 모토 설정

수업시간 중에 학생만 남겨 두고 교사가 없을 때 사고가 나면 교사는 중과실 책임을 면하기 어렵다. 중과실 책임에 대한 판례의 경향은 학생을 보호감독해야 할 의무가 있는 교사가 수업시간에도 자리를 비우고 학생만 남겨 둔 상태에서, 학생들 사이에 폭력행위가 발생하여 상해를 입거나 사망한 사건 등에서 대체로 교사의 중과실 책임을 인정하고 있다. 그러므로 교사가 교실 수업시간에 늦게 들어가거나, 교무실 등에서 업무처리를 이유로 뒤늦게 들어가는 것은 물론 체육시간 등에서도 학생들이 운동장에 먼저 나가서 준비운동 등을 하게 하고, 교사는 늦게 참여하는 것 또한 사고가 발생하면 교사의 부재중 사고로 중과실 책임을 질 수 있으니 스스로 방지하여야 한다. 그러므로 '학생이 있는 곳에는 항상 교사가 있다'라는 나만의 모토를 교직생활 전 기간에 걸쳐 실천하는 것이 중과실 책임 예방을 위한 최선의 대책일 것이다.

2. 위험한 교구를 사용할 때는 교사에게 더 높은 주의의무 요구

사고의 위험성이 높은 교재 교구를 사용할 때에는 교사에게 더 높은 주의의무를 요구한다. 과학실험 기구를 사용하다가 학생이 중상을 입은 경우 교사가 사전에 실험 약품을 확인하지 않았다거나, 독극물이나 위험한 실험기구가 있는 과학실을 통제하지 않고 관리를 태만히 하여, 학생들이 무단으로 들어가서 사고를 당한 경우 등에 대해서는 법원은 교사의 중과실 책임을 인정하고 있다. 특히 실험을 마친 후 교사가 과학실을 비우고 학생들에게 실험 기구 정리를 시키거나, 과학 준비실과 실험실이 분리된 상태에서 준비실에 있는 실험 기구를 실험실로 이동하는 과정에서 교사가 임장하지 않고 학생들에게만 시켰을 때 화학 약품에 의한 사고나, 실험 기구로 인한 사고가 발생하면 교사의 부재로 인한 중과실 책임이 인정될 가능성이 크다.

그러므로 위험한 교재 교구를 활용하는 수업인 경우에는 수업 중뿐만 아니라 수업 전후에도 교사가 밀착 관리해야 중과실 책임을 면할 수 있겠다.

3. 학생에게 위험한 작업이나 심부름 금지

고층 교실에서 학생들에게 유리창을 닦게 하고 교사는 직접 청소지도를 하지 않는 것은 당연히 금지되어야 하지만, 고층 교실 유리창 청소는 학생이 아닌 교직원이나 외부 용역을 이용하는 것이 학생 사고 예방에 도움이 된다. 또한 무거운 체육기구나 날카로운 준비물 등을 학생들에게 운반하도록 지시만 하고 교사는 함께하지 않았거나, 화재의 위험이 있는 전열기구 등을 학생들이 관리하게 하거나, 차량이 많이 다니는 교외로 심부름을 시키는 등으로 사고가 발생하면 교사의 중과실 책임은 면하기 어려울 것이다.

4. 중과실 책임에 해당될 수 있되는 사안

법원은 대체로 다음과 같은 경우에 교사의 중과실 책임을 인정하고 있다. 다만 사고의 경위나 각각의 사안에 따라 책임의 정도가 달라질 수 있다.

중과실 책임을 인정한 판례

- 학부모로부터 수차례 학교폭력 피해 요청을 받고도 교사가 소홀히 대응하여 학생이 자살한 경우
- 교사가 개인적인 감정 개입을 억제하지 못하고 학생을 체벌하여 학생이 상해를 입은 경우
- 과학실을 개방하면서도 위험한 화학약품을 노출하고 방치하여 학생이 사망한 경우
- 교사가 실험 약품을 명확히 확인하지 않고 실험을 하다가 학생이 중상을 입은 경우
- 해수욕장에서 구명동의 등 안전조치 없이 해수욕을 시켜 학생이 익사한 경우
- 현장학습 장소에서 교사가 임장하지 못하여 긴급 상황에 신속히 대처하지 못한 경우
- 학생이 질병·사고 등으로 인하여 위급상태가 발생했는데도 신속한 응급조치 의무를 위반한 경우

위 판례 사안을 종합해보면 교사가 직무를 수행하면서 거의 고의에 가까울 정도로 현저히 주의를 결여한 경우에만 중과실 책임이 인정된다는 점을 알 수 있다. 그러므로 중대한 과실에 해당되어 구상권 청구를 받거나 형사처벌을 받는 경우는 사실상 드물 것이고, 세심한 주의를 기울인다면 이를 예방할 수 있을 것이다.

제4절 교원의 징계 책임

Ⅰ. 징계의 개념과 사유

1. 징계의 개념

교원에 대한 징계는 교원의 의무위반에 대하여 국공립학교 교원은 국가나 지방자치단체가 그리고 사립학교 교원은 학교법인 등이 사용자의 지위에서 과하는 제재이다. 앞에서 살펴본 신체적 자유나 재산적 이익을 제한하는 형사 책임이나 민사 책임과는 달리 징계 책임은 조직 내부질서를 유지하기 위하여 신분적 이익에 가해지는 책임이므로 일사부재리 원칙에 저촉되지는 않는다. 또한 징계는 형사사건이 확정되지 않았더라도 징계처분은 할 수 있고, 형사사건이 무죄로 확정되더라도 징계는 별도로 할 수 있다.

가령 교사의 중대한 과실로 인하여 학생이 피해를 입은 경우 학생과 학부모에게 치료비와 위자료 등 민사상 손해배상을 하고, 학부모 등의 고소로 인하여 형사처벌을 받은 경우에도 이에 더하여 행정적 책임으로 교원징계위원회의 의결을 거쳐 임용권자로부터 징계처분을 받기도 한다. 이처럼 민사적 책임, 형사적 책임, 행정적 책임 3가지를 모두 받는 경우도 발생한다. 더구나 금고이상의 형사처벌을 받으면 공무원 신분관계가 소멸되어 당연 퇴직이 되고, 또한 금고 이상의 형이 확정되면 집행유예라 하더라도 당연 퇴직사유에 해당한다. 한편 금고 이상의 형사처벌을 받지 않더라도 「청소년성보호법」을 위반하여 청소년대상 성범죄 또는 성인대상 성범죄로 형 또는 치료감호를 선고받은 경우에는 교육관련 기관의 취업이 제한되므로 교원은 교단을 떠나야 한다.[281]

2. 징계 사유

교원이 징계 사유에 해당하면 임용권자는 징계 의결을 요구하여야 하고 그 징계 의결의 결과에 따라 징계처분을 하여야 한다.[282] 교원의 징계 사유는 앞에서 살펴본 교원의 의무 위반이라고 할 수 있으며 세부적으로는 「국가공무원법」 및 「사립학교법」에 의한 의무, 「교육공무원법」, 「공무원행동강령」에 의한 의무, 「청탁금지법」에 의한 의무 등 직무상의 의무를 위반하거나 직무를 태만히 한때 또는 직무의 내외를 불문하고 그 체면 또는 위신을 손상하는 행위를 한때에 징계 사유가 발생한다. 징계 사유의 유형 가운데 법령위반 행위의 내용을 살펴보면 공무원의 8대 의무인 선서의 의무, 성실 의무, 복종의 의무, 친절·공정의 의무, 종교중립의 의무, 비밀 엄수의 의무, 청렴의 의무, 품위 유지

---

281) 「아동·청소년의 성보호에 관한 법률」 (약칭: 「청소년성보호법」) 제56조 참조.
282) 「국가공무원법」 제78조, 「사립학교법」 제61조.

의 의무와 4대 금지 사항인 직장 이탈 금지, 영리 업무 및 겸직 금지, 정치 운동의 금지, 집단 행위의 금지 등의 위반행위가 포함된다.

또한 직무 의무 위반 및 직무 태만 행위는 법령이나 훈령 등에서 부과된 의무를 적극 또는 타당하게 수행하지 않은 경우와 당연히 해야 할 직무를 성실하게 수행하지 않은 행위를 말하고, 체면 위신손상 행위는 공직의 체면과 위신을 손상하는데 직접적인 영향이 있는 행위를 의미한다. 징계 사유가 발생하면 징계의결 요구권자는 반드시 징계의결을 요구하여야 한다. 징계사유는 과실에 의한 경우와 감독의무자의 감독의무 태만에 의한 경우도 발생한다.

사립학교 교원도 「사립학교법」에 규정된 면직 사유 및 징계 사유에 해당할 때에는 관할청이 해당 교원의 임용권자에게 해임 또는 징계를 요구할 수 있다. 이 경우 해임 또는 징계를 요구받은 임용권자는 특별한 사유가 없으면 이에 따라야 하고,[283] 특별한 사유 없이 관할청의 해임 또는 징계 요구를 따르지 아니한 경우는 1천만원 이하의 과태료를 부과한다.[284]

√ 징계 사유에 관한 유의점

◆ 교원 임용 전 비위행위

교원 임용 전 비위행위에 대해서는 원칙적으로 재직 중의 징계사유로 삼을 수 없지만 이로 말미암아 현재 교원의 체면 또는 위신이 손상될 때에는 징계사유가 될 수 있다.

대법원은 교원이 그 임용 이전에 한 행위는 원칙적으로 재직 중의 징계사유로 삼을 수 없다 할 것이나, 교원 임용과 관련된 비위행위와 같이 비록 임용 전의 행위라 하더라도 이로 인하여 임용 후의 교원으로서의 품위를 손상하게 된 경우에는 징계사유로 삼을 수 있다고 판시하였다.[285] 즉 임용 전 행위는 원칙적으로 징계사유로 삼을 수 없고, 예외적으로 교원 임용과 관련된 비위행위가 있거나 임용되기 전의 비위행위로 임용 후에 크게 물의를 일으켜 품위를 손상시킨 경우 등에만 징계할 수 있다.

◆ 징계 책임과 형사책임의 관계

교원의 비위행위가 징계사유에 해당하면 관계된 형사사건이 수사 중에 있거나 유죄로 확정되지 않았더라도 징계처분은 할 수 있고, 무죄로 확정되었더라도 징계사유에 해당하면 징계할 수 있다. 대법원은 동일한 사건으로 고등법원에서 형사상 책임이 없다고 무죄판결의 선고를 받았다고 하여도 징계사유의 인정에 아무런 영향을 줄 수 없고,[286] 징계사유가 인정되는 이상 관련된 형사사건이 아직 유죄로 확정되지 아니하였거나 수사기관에서 이를 수사 중에 있다 하여도 징계처분은 할 수 있다고 판

---

283) 「사립학교법」 제54조제3항.
284) 「사립학교법」 제74조제1항.
285) 대법원 1996. 3. 8. 선고 95누18536.
286) 대법원 1967. 2. 7. 선고 66누168 판결.

시하였다.[287]

왜냐하면 징계 책임은 조직의 내부질서를 유지할 목적으로 가해지는 신분적 제재이지만, 형사책임은 반사회적 법익침해에 대한 법질서 유지를 목적으로 하고 있기 때문이다.

3. 징계위원회 종류와 설치 기관

「교육공무원징계령」 제2조 내지 제4조 및 「사립학교법」 제62 내지 제62조의3은 그리고 「사립학교법 시행령」 제24조의7 내지 제24조의9에서는 교원징계위원회의 설치와 종류, 관할 및 구성에 관한 사항을 규정하고 있다.[288]

징계 위원회 종류 및 설치 기관

징계위원회 종류	설치 기관	징계위원회 구성	징계 대상
특별 징계 위원회	교육부	위원장(교육부 1차관)을 포함하여 5명 이상 9명 이내의 위원으로 구성	- 대학의 단과대학장, 국립의 전문대학의 장 및 전문대학에 준하는 각종학교의 장 - 교육부와 그 소속기관에 근무하는 교수·부교수·조교수·장학관·교육연구관
일반 징계 위원회	시·도 교육청	위원장(부교육감) 1명을 포함하여 9명 이상 15명 이내의 위원으로 구성	- 공립 각급학교 교장, 교감 - 사립유치원 원장, 원감 - 시·도 교육청 장학관(교육연구관), 장학사(교육연구사) - 공립 고등학교 교사 - 초등학교, 중학교 교사의 중징계 - 공립 유치원, 사립 유치원 교사의 중징계
	교육지원청	위원장(교육지원국장) 1명을 포함하여 9명 이상 15명 이내의 위원으로 구성	- 공립 초등학교, 중학교 교사의 경징계 - 공립 유치원, 사립 유치원 교사의 경징계
사립학교 교원징계 위원회	임용권자의 구분에 따라 학교법인·사립학교경영자 및 해당 학교	위원장 1명을 포함하여 5명 이상 11명 이내의 위원으로 구성, 위원장은 위원중에서 호선	- 사립 유치원 원장, 원감, 교사를 제외한 사립 교원의 징계

---

287) 대법원 1984. 9. 11. 선고 84누110 판결.
288) 「교육공무원 징계령」 제2조 내지 제4조, 「사립학교법」 제62 내지 제62조의3, 「사립학교법 시행령」 제24조의7 내지 제24조의9 참조.

Ⅱ. 징계 절차

「교육공무원 징계령」과 「교육공무원 징계양정 등에 관한 규칙」「사립학교 교원 징계규칙」에서는 교원의 징계 기준과 감경 사유 그리고 징계 처리의 일반적 절차를 규정하고 있다.

1. 징계 처리의 일반적 절차

(1) 〈징계 사유 발생〉

징계처분을 받아야 할 행위 발생, 교육기관 자체조사 또는 수사기관 등이 비위사실을 적발하면 행정기관의 장에게 통보

(2) 〈징계 의결요구〉

교육기관의 장은 중징계 경징계로 구분하여 1개월 이내에 징계위원회에 징계 의결요구, 징계 혐의자에게 징계의결요구서 사본 통보

(3) 〈징계위원회 의결 〉

징계위원회는 징계위원회 개최 3일 전까지 징계혐의자의 출석을 통지, 징계의결요구서를 접수한 날부터 60일(성희롱 등 성 관련 비위 30일)이내에 징계 의결[289]

(4) 〈의결 통보〉

징계위원회가 징계의결 등을 하였을 때에는 지체 없이 징계 또는 징계부가금 의결서를 첨부해 징계 의결 요구자에게 통보

(5) 〈징계처분〉

징계처분권자는 징계 또는 징계부가금 의결서를 받은 날부터 15일 이내에 징계처분하고, 징계처분 사유설명서 교부

(6) 〈소청 및 행정소송〉

징계혐의자가 징계처분에 불복할 경우 30일 이내 소청심사위원회에 심사를 청구, 소청심사위원회 결정에 불복할 경우 30일 이내에 행정소송 제기.

2. 징계 혐의자 출석

징계혐의자는 징계위원회에 자기에게 이익이 되는 사실을 의견서 또는 구술로 진술할 수 있고 증거를 제출할 수 있으며, 징계위원회는 징계혐의자에게 충분한 진술을 할 수 있는 기회를 부여해야 한다.[290] 징계위원회는 징계 혐의자가 징계위원회에 출석하여 진술하기를 원하지 않을 때에는 진술권 포

---

289) 「교육공무원 징계령」 제7조제1항.
290) 「교육공무원 징계령」 제9조제2항 참조.

기서를 제출하게 하여 기록에 첨부하고 서면심사만으로 징계 의결을 할 수 있고, 징계 혐의자가 2회 이상의 출석통지에도 불구하고 정당한 사유 없이 출석하지 않았을 때에는 출석을 원하지 않는 것으로 보아 그 사실을 기록에 남기고 서면심사로 징계 의결을 할 수 있다.[291] 또한 징계 혐의자가 출석통지서의 수령을 거부한 경우에는 징계위원회에서의 진술권을 포기한 것으로 본다.[292]

3. 징계 불복신청

(1) 소청심사

징계처분에 불복할 경우 교원은 소청심사를 청구하거나 행정소송을 제기할 수 있다. 소청심사는 소송비용이 발생하지 않고 행정소송에 비해 비교적 빠른 기간 내에 구제받을 수 있다. 교육공무원이 징계처분에 불복하는 경우에는 행정소송을 제기하기에 앞서 반드시 소청심사를 거쳐야 하지만, 사립교원은 필요적으로 교원소청심사를 거칠 필요는 없으며 바로 민사소송을 제기할 수도 있고 소청심사와 민사소송을 동시에 제기할 수도 있다.

소청심사는 교원의 징계처분 등 의사에 반하는 불리한 처분에 대하여 불복이 있는 경우 이를 심사하고 결정하는 행정심판으로 공무원의 신분보장과 행정통제적 역할을 하는 제도이다. 교원이 징계처분에 대하여 불복할 때에는 그 처분이 있었던 것을 안 날부터 30일 이내에 교원소청심사위원회에 소청심사를 청구할 수 있다.[293] 이 경우에 심사청구인은 변호사를 대리인으로 선임할 수 있다. 교원소청심사위원회는 심사 청구가 부적법한 경우에는 각하하고, 심사 청구가 이유 없다고 인정하는 경우에는 기각하며, 심사 청구가 이유 있다고 인정하는 경우에는 처분을 취소 또는 변경하거나 처분권자에게 그 처분을 취소 또는 변경할 것을 명한다. 처분권자는 징계위원회가 설치된 소속기관의 장이지만, 파면·해임의 경우는 임용권자 또는 임용권을 위임한 상급 감독기관의 장이다.[294] 그러므로 파면·해임을 제외하고는 공립교사의 경우 지역교육지원청교육장이 처분권자이다.

교원은 본인의 의사에 반하여 파면·해임·면직 처분된 경우 소청심사를 청구하면 심사위원회의 최종 결정이 있을 때까지 후임자를 보충 발령하지 못한다.[295] 교원소청심사위원회는 소청심사청구를 접수한 날부터 60일 이내에 이에 대한 결정을 하여야 한다.[296]

(2) 행정소송 제기

교원이 소청심사위원회의 결정에 대해 불복할 경우에는 소청심사위원회를 상대로 행정소송을 제

---

291) 「교육공무원 징계령」 제8조제3항 및 제4항.
292) 「교육공무원 징계령」 제8조제7항.
293) 「교원지위법」 제9조제1항.
294) 「국가공무원법」 제82조.
295) 「교원지위법」 제9조제2항.
296) 「교원지위법」 제10조제1항.

기할 수 있다. 이때는 소청심사위원회가 피고가 되고, 소송을 제기한 교원이 원고가 된다. 행정소송 제기는 소청심사위원회의 결정에 대하여 교원뿐만 아니라 학교법인 또는 사립학교 경영자도 그 결정서를 송달받은 날부터 30일 이내에 행정소송을 제기할 수 있다.[297]

Ⅲ. 징계양정

1. 징계의 종류와 효력

국공립 및 사립학교 교원에 대한 징계의 종류는 동일하게 파면·해임·강등·정직·감봉·견책으로 구분한다.[298] 종전에는 사립학교 교원의 징계에서 강등을 제외하였으나 2021년 「사립학교법」을 개정하여 국공립 교원의 징계종류와 동일하게 강등처분을 새로 규정하였다.

파면과 해임은 교원신분을 완전히 해제하는 배제징계이고, 강등·정직·감봉·견책은 교원신분을 보유하면서 신분이나 보수를 제한하는 교정 징계이다. 그 가운데 파면, 해임, 강등, 정직은 중징계이고, 감봉, 견책은 경징계라 한다. 징계의 효력은 「국가공무원법」, 「교육공무원법」, 「공무원연금법」, 「사립학교법」, 「사립학교교직원연금법」 등에서 규정하고 있으므로 요약하여 제시한다.[299]

징계의 종류와 효력

징계 종류			효력	
중징계	배제징계	파면	교원 신분관계로 부터 배제 5년간 임용 제한	◆ 퇴직급여액 1/2 감액 지급 ▷ 재직기간 5년 미만 - 퇴직급여액 1/4 감액 지급
		해임	교원 신분관계로 부터 배제 3년간 임용 제한	◆ 퇴직급여 전액지급 ▷단 금품 비리일 경우에는 퇴직급여액 1/4 감액 지급, ▷ 재직기간 5년 미만 - 퇴직급여액 1/8 감액 지급
	교정징계	강등	동종의 직무 내에서 하위의 직위에 임명 교원신분은 보유하나 3개월간 직무에 종사하지 못함	◆ 3개월간 보수 전액 감액 ◆ 18개월간 승급제한
		정직	1개월 이상 3개월 이하 교원신분은 보유하나 직무에 종사하지 못함	◆ 정직 기간 중 보수 전액 감액 ◆ 18개월간 승급제한
경징계		감봉	1개월 이상 3개월 이하 감봉	◆ 감봉 기간 중 보수 1/3 감액 ◆ 12개월간 승급제한
		견책	훈계 회개	◆ 6개월간 승급제한

---

297) 「교원지위법」 제10조제4항.
298) 「국가공무원법」 제79조 및 「사립학교법」 제61조.
299) 「국가공무원법」 제33조, 「공무원연금법」 제65조, 「사립학교법」 제61조, 「사립학교교직원연금법」 제42조 참조.

2. 징계 기준

교육공무원징계위원회는 징계혐의자의 비위 유형, 비위 정도 및 과실의 경중과 혐의 당시 직급, 비위행위가 공직 내외에 미치는 영향, 평소 행실, 공적, 뉘우치는 정도 또는 그 밖의 사정 등을 고려하여 「교육공무원 징계양정 등에 관한 규칙」의 징계기준에 따라 징계를 의결해야 한다.[300]

사립학교 교원의 징계기준도 「교육공무원 징계양정 등에 관한 규칙」을 적용한다.[301] 다만 청렴의무 위반에 대한 징계기준은 교육공무원과 비교하여 다소 차이가 있다. 교원의 징계기준은 비위의 유형에 따라 다르지만, 일반적으로 비위의 정도가 심하고 고의가 있는 경우는 파면이나 해임 등 중징계를, 비위의 정도가 약하고 경과실인 경우는 정직이나 감봉 등 경징계로 처분하고 있다.

3. 징계의 감경

징계위원회는 징계의결이 요구된 사람에게 다음 각 호의 어느 하나에 해당하는 공적이 있는 경우에는 징계를 감경할 수 있다. 다만, 징계처분이나 이 규칙에 따른 경고를 받은 사실이 있는 경우에는 그 징계처분이나 경고처분 전의 공적은 감경대상 공적에서 제외한다.[302]

감경 대상 공적

1. 「상훈법」에 따른 훈장 또는 포장을 받은 공적
2. 「정부표창규정」에 따라 국무총리 이상의 표창을 받은 공적[교사의 경우에는 중앙행정기관의 장인 청장(차관급 상당 기관장을 포함한다) 이상 또는 교육감 이상의 표창을 받은 공적]
3. 「모범공무원규정」에 따라 모범공무원으로 선발된 공적

그러나 다음 어느 하나에 해당하는 경우에는 징계를 감경할 수 없다.[303] 다음은 「교육공무원 징계양정 등에 관한 규칙」 제4조제2항을 교원이 이해하기 쉬운 용어로 풀어서 제시하였다.

감경이 제외되는 비위

1. 금전 또는 재산관련 비위 징계 사유로 5배 내의 징계부가금 부과 대상이 된 경우 및 이에 해당하는 비위를 신고하지 않거나 고발하지 않은 행위
2. 시험문제를 유출하거나 학생의 성적을 조작하는 등 학생 성적과 관련한 비위 및 학교생활기록부 허위사실 기재 또는 부당 정정 등 학교생활기록부와 관련한 비위로 징계의 대상이 된 경우
3. 성(性) 관련 비위로 징계의 대상이 된 경우
4. 음주운전 또는 음주측정에 대한 불응
5. 학생에게 신체적·정신적·정서적 폭력 행위를 하여 징계의 대상이 된 경우

---

300) 「교육공무원 징계양정 등에 관한 규칙」 제2조제1항.
301) 「사립학교 교원 징계규칙」 제2조제1항.
302) 「교육공무원 징계양정 등에 관한 규칙」 제4조제1항.
303) 「교육공무원 징계양정 등에 관한 규칙」 제4조제2항.

6. 신규채용, 특별채용, 전직, 승진, 전보 등 인사와 관련된 비위
7. 학교폭력을 고의로 은폐하거나 대응하지 아니한 경우
8. 성 관련 비위를 고의로 은폐하거나 대응하지 않아 징계의 대상이 된 경우
9. 성 관련 비위의 피해자에게 2차 피해를 입혀 징계의 대상이 된 경우
10. 「공직선거법」상 처벌 대상이 되는 행위로 징계의 대상이 된 경우
11. 「공직자윤리법」에 따른 등록의무자에 대한 재산등록 및 주식의 매각·신탁과 관련한 의무 위반
12. 부작위 또는 직무태만
13. 소극행정
14. 「부정청탁 및 금품등 수수의 금지에 관한 법률」 제5조에 따른 부정청탁
15. 「부정청탁 및 금품등 수수의 금지에 관한 법률」 제6조에 따른 부정청탁에 따른 직무수행

징계를 감경할 경우에는 다음의 감경기준에 따라 1단계만 낮은 양정으로 의결한다.[304]

징계의 감경기준	
인정되는 징계	감경된 징계
파면	해임
해임	강등
강등	정직
정직	감봉
감봉	견책
견책	불문(경고)

Ⅳ. 징계기록의 말소

말소는 징계처분을 받은 교원이 징계에 따른 불이익이나 제한을 받은 후 인사기록카드에 등재된 관계기록을 지워서 없애 버린다는 의미이다. 징계처분을 받은 교원이 징계집행이 끝난 날부터 다음의 기간이 지난 경우에는 임용권자나 임용제청권자는 교원의 인사기록카드에 기록된 징계처분 기록을 말소하여야 한다.[305]

처분	강등	정직	감봉	견책	직위해제	불문경고
말소 제한기간	9년	7년	5년	3년	2년	1년

Ⅴ. 징계 시효

징계시효는 교원에게 징계사유가 있더라도 징계절차를 진행하지 않거나 못한 경우, 그 사실상태가

---

304) 「공무원 징계령 시행규칙」 별표 3 및 「사립학교 교원 징계규칙」 별표 3 참조.
305) 「교육공무원 인사기록 및 인사사무 처리 규칙」 제8조의2.

일정기간 계속되면 징계권을 행사하지 않으리라는 기대를 보호하고 공직의 안정성을 보장하기 위한 제도로서 징계 시효가 지나면 징계할 수 없다.

일반적인 징계의결의 요구는 징계 등의 사유가 발생한 날부터 3년이 지나면 하지 못한다. 다만 금전, 물품, 부동산, 향응 또는 그 밖에 대통령령으로 정하는 재산상 이익을 취득하거나 제공한 경우와 횡령, 배임, 절도, 사기 또는 유용한 경우에는 징계 시효가 5년이다.[306] 또한 교원에게는 이와는 별도로 성비위, 성희롱과 관련한 위반행위와 연구부정행위에 대해서는 10년의 징계 시효가 적용된다.

징계시효	
3년[307]	아래의 경우를 제외한 일반 징계 사유
5년[308]	1. 금전, 물품, 부동산, 향응 등 재산상 이익을 취득하거나 제공한 경우 2. 횡령, 배임, 절도, 사기 또는 유용한 경우
10년[309]	1. 「성폭력범죄의 처벌 등에 관한 특례법」 제2조에 따른 성폭력범죄 행위 2. 「아동·청소년의 성보호에 관한 법률」 제2조제2호에 따른 아동·청소년대상 성범죄 행위 3. 「성매매알선 등 행위의 처벌에 관한 법률」 제2조제1항제1호에 따른 성매매 행위 4. 「국가인권위원회법」 제2조제3호라목에 따른 성희롱 행위 5. 「학술진흥법」 제15조제1항에 따른 연구부정행위 및 「국가연구개발혁신법」 제31조제1항에 따른 국가연구개발사업 관련 부정행위

Ⅵ. 징계처분으로 인한 제한

1. 승진임용의 제한

교원은 징계처분이 예정되어 있거나 징계처분의 집행이 끝나도 일정한 기간 동안 승진임용이 제한된다. 교육공무원이 다음 각 호의 어느 하나에 해당하는 경우에는 승진임용될 수 없다.[310]

(1) 징계의결 요구·징계처분·직위해제 또는 휴직(공무상 질병 또는 부상 등 제외) 중에 있는 경우

(2) 징계처분의 집행이 끝난 날부터 다음 기간이 지나지 않은 경우

가. 강등·정직: 18개월

나. 감봉: 12개월

다. 견책: 6개월

---

306) 「국가공무원법」 제83조의2, 제78조의2, 「사립학교법」 제66조의4 참조.
307) 「국가공무원법」 제83조의2, 「사립학교법」 제66조의4 참조.
308) 「국가공무원법」 제78조의2.
309) 「교육공무원법」 제52조.
310) 「교육공무원임용령」 제16조제1항.

단, 징계부과금에 해당하는 사유(「교육공무원법」 제78조의2제1항)로 인한 징계처분과 소극행정, 음주운전(음주측정에 응하지 않은 경우를 포함한다), 성폭력, 성희롱, 성매매, 상습폭행, 학생성적 관련 비위에 따른 징계처분의 경우에는 각각 6개월의 기간을 더한다.

(3) 징계처분을 받은 이후 당해 직위에서 훈장ㆍ포장ㆍ모범공무원포상ㆍ국무총리이상의 표창 또는 제안의 채택시행으로 포상을 받는 경우에는 그가 받은 가장 중한 징계처분에 한하여 승진임용 제한기간의 2분의 1을 단축할 수 있다.[311]

2. 정부포상 및 연수 대상자 선발 제한

징계절차가 진행 중인 자 또는 관계행정기관의 징계처분 요구 중인 자, 징계 또는 불문경고처분을 받은 자는 공무원 포상 추천대상에서 제외된다. 다만, 경징계(감봉ㆍ견책)가 사면되었거나, 불문경고가 사면 또는 말소된 자로서 공적이 현저하게 탁월한 경우에는 포상추천이 가능하나, 주요비위(징계사유의 시효가 5년인 비위, 성폭력범죄, 성매매, 성희롱, 음주운전 등)를 저지른 자는 경징계 또는 불문경고가 사면 또는 말소되더라도 추천이 제한된다.[312] 또한 징계처분을 받은 사람은 그 처분이 끝난 날부터 1년이 지나지 아니하면 승진을 위한 자격연수 등 훈련 대상자로 선발될 수 없다.[313]

3. 명예퇴직 수당 제한

재직기간이 20년 이상인 교원은 명예퇴직 수당을 신청할 수 있다. 다만, 정년퇴직일부터 최소한 1년 전에 스스로 퇴직하는 사람에 한한다. 그러나 명예퇴직 수당 지급 신청일 현재 다음에 해당되는 사람은 명예퇴직 수당 지급대상에서 제외한다.[314]

명예퇴직 수당 지급 제외 대상

가. 감사원과 검찰ㆍ경찰, 그 밖의 수사기관의 수사 결과가 통보되어 징계의결을 요구하여야 하는 사람
나. 감사원 등 관계 행정기관의 장으로부터 징계처분이 요구되어 있는 사람
다. 징계위원회에 징계의결이 요구되어 있는 사람
라. 징계처분으로 승진임용 제한 기간 중에 있는 사람

위의 명예퇴직 수당 지급 제외 대상은 징계와 관련해서 지급이 제외되는 사항이고, 이 밖에도 명예퇴직 수당 지급 제외 대상은 형사사건으로 기소 중인 사람, 감사원 등 감사기관과 검찰ㆍ경찰 등 수사

---

311) 「교육공무원임용령」 제16조제5항.
312) 행정안전부, 정부포상업무지침, 2022년, 25면 참조.
313) 「공무원 인재개발법 시행령」 제32조 단서.
314) 「국가공무원 명예퇴직수당 등 지급 규정」 제3조제1항, 제3항.

기관에서 비위조사 중 또는 수사 중인 사람 등은 명예퇴직 수당 지급 대상에서 제외한다.[315]

Ⅶ. 징계 사례

교원이 징계처분을 받은 사례는 다양하지만 그 가운데 처분에 불복하여 교원소청심사위원회에 소청심사를 청구하여 교원소청심사위원회가 결정한 사례를 요약해서 제시해 본다.

1. 초등학교에서 청소년 관람불가 영화 상영

초등학교 A교사는 담임을 맡고 있는 6학년 교실에서 관람 등급을 확인하지 않고, 청소년 관람불가 등급의 영화 두 편을 상영하여 학생들에게 성적 수치심을 유발하는 성적학대를 한 사실로 검찰청으로부터 「아동복지법」 위반 혐의로 아동보호사건송치 처분을 받았다.

교육감은 교원징계위원회에 A교사에 대한 중징계 의결을 요구하였고, 교원징계위원회의 의결에 따라 정직 1월의 징계처분을 하였다. A교사는 징계 취소를 구하는 소청심사를 청구하였으나 교원소청심사위원회는 교육 현장에서 교사 등 우월적 지위에 있는 자가 그 지도 감독 하에 있는 학생들을 대상으로 하는 「아동복지법」 위반(성학대) 행위는 행위자의 의도 여하와 관계없이 무관용의 원칙이 지켜져야 하는 점 등의 이유로 A교사의 청구를 기각하였다.[316]

2. 교감 과거 징계 전력을 이유로 한 승진 제외

A교감은 2017년 중등교장 승진후보자 명부에 등재되었으나 교육감은 A교감을 4대 비위(금품 수수)로 인한 징계 전력자로 2018. 3. 1.자 교장 승진임용제청 추천대상에서 제외하였다. A교감은 2009년 장학사로 근무하던 중 「공무원 행동강령」 제14조(금품 등을 받는 행위의 제한) 및 제21조(금지된 금품 등의 처리)를 위반하여 견책 처분을 받았다.

A교감은 교장 승진 후보자 명부상 승진 순위는 승진 예정 인원의 1배수 범위 내에 속하는 고순위자인바 징계 전력자라는 사유만으로 승진임용되지 않은 것은 부당한 처분이라고 주장하여 교장 승진임용 제외 처분에 대한 취소를 청구하였다. 하지만 교장 임용 제청 기준은 임용권자에게 광범위한 재량이 부여되어 있다는 등의 이유로 교원소청심사위원회가 A교감의 청구를 기각하였다.[317]

---

315) 「국가공무원 명예퇴직수당 등 지급 규정」 제3조제3항.
316) 교육부 교원소청심사위원회 결정문집 제29집, 2020. 12월, 8-14면 참조.
317) 교육부 교원소청심사위원회 결정문집 제28집, 2019. 12월, 178-181면 참조.

3. 운전 중 교통신호 위반 상해

A교사는 2016년 운전 중 교통신호를 위반하여 피해자 등에게 전치 약 2주의 상해를 입게 하여 검찰청으로부터 「교통사고처리특례법」 위반으로 벌금 1백만원 구약식 처분을 받았다. 교육청은 A교사를 품위 유지 의무 위반으로 견책 처분하였다. 이에 불복하여 A교사는 견책 취소 또는 감경을 구하는 소청 심사를 청구하였고, 교원소청심사위원회는 징계 사유는 인정되지만, 징계 양정이 다소 과중하다고 하여 견책처분을 불문경고 처분으로 감경하였다.[318]

제5절 징계 이외의 불리한 처분

교원은 징계위원회의 의결을 걸쳐 처분권자가 징계처분을 하는 경우 외에도 신분상 불리한 처분을 받을 수 있다. 대체로 직위해제, 직권면직, 불문경고, 불문, 경고와 주의 등이고 이외에도 퇴직 희망 공무원에 대한 퇴직 제한 사유인 비위 교원의 의원면직처리 제한과 당연 퇴직 사유가 있다.

I. 직위해제

1. 직위해제의 의미

직위해제는 일시적으로 직위를 부여하지 아니하는 처분으로서 직위해제를 받은 교원은 직무에 종사하지 못한다. 직위해제는 일반적으로 공무원이 직무수행능력이 부족하거나 근무성적이 극히 불량한 경우, 공무원에 대한 징계절차가 진행 중인 경우, 공무원이 형사사건으로 기소된 경우 등에 공무원에게 일시적으로 직위를 부여하지 아니함으로써 직무에 종사하지 못하도록 하는 잠정적인 조치로서의 보직의 해제를 의미한다.[319]

2. 직위해제의 성질

◆ 직위해제는 징계처분과 같은 성질의 처분이라 할 수 없으므로, 동일한 사유로 직위해제 처분을 하고 다시 징계 처분을 하였다 하여 일사부재리원칙에 위배되는 것은 아니다.[320]

◆ 직무수행능력이 부족하거나 근무성적이 극히 나쁜 자로 직위 해제된 자에게는 3개월의 범위에서 대기를 명하여야 하며, 대기 명령을 받은 자에게 능력 회복이나 근무성적의 향상을 위한 교육훈련

318) 교육부 교원소청심사위원회 결정문집 제27집, 2018. 12월, 12-15면 참조.
319) 대법원 2003. 10. 10. 선고 2003두5945 판결 참조.
320) 대법원 1983. 10. 25. 선고, 83누184 판결 참조.

또는 특별한 연구과제의 부여 등 필요한 조치를 하여야 한다.[321]

◈ 직위해제처분을 받는 자는 어떠한 직무에도 종사하지 못하게 될 뿐만 아니라 승급, 보수지급 등에 있어서 불이익한 처우를 받게 되고 나아가 일정한 경우에는 직위해제를 기초로 하여 직권면직처분을 받을 가능성까지 있으므로 직위해제는 인사 상 불이익한 처분에 속한다.[322]

3. 직위해제 사유와 직위해제 기간 봉급

「국가공무원법」 제73조의3에서는 직위해제 사유를 규정하고 있고, 「공무원보수규정」 제29조는 직위해제기간 중의 봉급 감액을 규정하고 있다.

직위해제 사유와 직위해제 기간 봉급

1. 직무수행능력이 부족하거나 근무성적이 극히 나쁜 자 → 3월 이내 대기발령하고 훈련 또는 과제를 부여하며, 3월 이내 직위부여 또는 징계위원회의 동의를 얻어 직권면직도 가능하다. → 봉급의 80퍼센트를 지급한다.
2. 파면·해임·강등 또는 정직에 해당하는 징계 의결이 요구 중인 자 → 봉급의 50퍼센트. 다만, 직위해제일부터 3개월이 지나도 직위를 부여받지 못한 경우에는 그 3개월이 지난 후의 기간 중에는 봉급의 30퍼센트를 지급한다.
3. 형사 사건으로 기소된 자(약식명령이 청구된 자는 제외한다) → 봉급의 50퍼센트. 다만, 직위해제일부터 3개월이 지나도 직위를 부여받지 못한 경우에는 그 3개월이 지난 후의 기간 중에는 봉급의 30퍼센트를 지급한다.
4. 고위공무원단에 속하는 일반직공무원으로서 적격심사(제70조의2제1항제2호부터 제5호까지)의 사유로 적격심사를 요구받은 자 → 봉급의 70퍼센트. 다만, 직위해제일부터 3개월이 지나도 직위를 부여받지 못한 경우에는 그 3개월이 지난 후의 기간 중에는 봉급의 40퍼센트를 지급한다.
5. 금품비위, 성범죄 등 대통령령으로 정하는 비위행위로 인하여 감사원 및 검찰·경찰 등 수사기관에서 조사나 수사 중인 자로서 비위의 정도가 중대하고 이로 인하여 정상적인 업무수행을 기대하기 현저히 어려운 자 → 봉급의 50퍼센트. 다만, 직위해제일부터 3개월이 지나도 직위를 부여받지 못한 경우에는 그 3개월이 지난 후의 기간 중에는 봉급의 30퍼센트를 지급한다.

위에서 대통령령으로 정하는 비위행위란 다음 각 호의 행위를 말한다.[323]

(1) 「국가공무원법」 제78조의2제1항 각 호(징계부가금 부과)의 행위
(2) 「성폭력범죄의 처벌 등에 관한 특례법」 제2조에 따른 성폭력범죄
(3) 「성매매알선 등 행위의 처벌에 관한 법률」 제4조에 따른 금지행위
(4) 공무원으로서의 품위를 크게 손상하여 그 직위를 유지하는 것이 부적절하다고 판단되는 행위

---

4. 직위해제 판례

◈ 직장 이탈 금지의 의무 등 위반

A교사는 19회 지각하였고 학교장의 허가 없이 10여회 무단 이석하였을 뿐만 아니라, 학교 후문의

---

321) 「국가공무원법」 제73조의3.
322) 대법원 1992. 7. 28. 선고 91다30729 판결.
323) 「공무원임용령」 제60조.

철책을 넘어간 적 등의 사안에서 직위해제처분이 공무원에 대한 불이익한 처분이긴 하나 징계처분과 같은 성질의 처분이라 할 수 없으므로 동일한 사유로 직위해제처분을 하고 다시 감봉처분을 하였다 하여 일사부재리원칙에 위배된다 할 수 없다.[324]

Ⅱ. 직권면직

1. 직권면직의 의미

공무원 관계를 소멸시키는 행위를 면직이라고 하며, 면직의 종류는 3가지로 분류할 수 있다. 즉 본인에 의사에 의한 의원면직, 징계처분으로 인한 징계면직, 임용권자의 일방적 의사에 의한 직권면직이 있다. 직권면직은 교원 본인의 의사와 무관하게 임용권자가 직권으로 교원의 신분을 일방적으로 박탈하는 면직처분이다. 물론 일정한 사유가 있는 경우에만 가능하다.

2. 직권면직의 성질

(1) 직권면직은 파면이나 해임과는 구별되지만 공무원 본인의 의사와는 관계없이 국가의 일방적인 의사에 의하여 공무원의 신분관계를 소멸시킨다는 점에서는 파면이나 해임과 같다고 볼 수 있다. 공무원은 형의 선고, 징계처분 또는 「국가공무원법」에 정하는 사유에 따르지 아니하고는 본인의 의사에 반하여 휴직·강임 또는 면직을 당하지 아니하지만,[325] 「국가공무원법」 제70조는 형의 선고, 징계처분 외의 면직 사유를 별도로 규정하고 있다.

사립학교 교원도 형의 선고, 징계처분 또는 「사립학교법」에서 정하는 사유에 의하지 아니하고는 본인의 의사에 반하여 휴직이나 면직 등 불리한 처분을 받지 아니한다.[326]

(2) 임용권자가 직권 면직시킬 경우에는 미리 관할 징계위원회의 의견을 들어야 하고, 직위해제로 인한 대기 명령을 받은 사람이 그 기간에 능력이나 근무성적의 향상을 기대하기 어렵다는 사유로 면직시킬 경우에는 징계위원회의 동의를 받아야 한다.[327] 구체적으로 징계위원회의 의견을 들어야 하는 경우는 경징계 요구사건이고, 징계위원회의 동의를 받아야 하는 경우는 중징계 요구사건이다.[328]

---

324) 대법원 1983. 10. 25. 선고 83누184 판결 참조.
325) 「국가공무원법」 제68조.
326) 「사립학교법」 제56조제1항.
327) 「국가공무원법」 제70조제2항.
328) 「공무원 징계령」 제23조제1항 참조.

3. 직권면직 사유

임용권자는 공무원이 다음 어느 하나에 해당하면 직권으로 면직시킬 수 있다.[329]

공무원 직권면직 사유

1. 직제와 정원의 개폐 또는 예산의 감소 등에 따라 폐직 또는 과원이 되었을 때
2. 휴직 기간이 끝나거나 휴직 사유가 소멸된 후에도 직무에 복귀하지 아니하거나 직무를 감당할 수 없을 때
3. 직위해제로 인한 대기 명령을 받은 자가 그 기간에 능력 또는 근무성적의 향상을 기대하기 어렵다고 인정된 때
4. 병역판정검사·입영 또는 소집의 명령을 받고 정당한 사유 없이 이를 기피하거나 군복무를 위하여 휴직 중에 있는 자가 군복무 중 군무를 이탈하였을 때
5. 해당 직급·직위에서 직무를 수행하는데 필요한 자격증의 효력이 없어지거나 면허가 취소되어 담당 직무를 수행할 수 없게 된 때
6. 고위공무원단에 속하는 공무원이 「국가공무원법」 제70조의2(적격심사)에 따른 적격심사 결과 부적격 결정을 받은 때

사립학교 교원도 다음 각 호의 어느 하나에 해당할 때에는 해당 교원의 임용권자는 그 교원을 면직시킬 수 있다.[330]

사립학교 교원 직권면직 사유

1. 휴직 기간이 끝나거나 휴직 사유가 소멸된 후에도 직무에 복귀하지 아니하거나 직무를 감당할 수 없을 때
2. 근무성적이 매우 불량할 때
3. 정부 파괴를 목적으로 하는 단체에 가입하고 이를 방조하였을 때
4. 정치운동을 하거나 집단적으로 수업을 거부하거나 어느 정당을 지지 또는 반대하기 위하여 학생을 지도·선동하였을 때
5. 인사기록에 있어서 부정한 채점·기재를 하거나 거짓 증명 또는 진술을 하였을 때
6. 거짓이나 그 밖의 부정한 방법으로 임용되었을 때

제2호부터 제6호까지의 규정에 따른 사유로 면직시키는 경우에는 교원징계위원회의 동의를 받아야 한다.[331]

4. 직권면직 판례

◆ 교사의 직무수행능력 부족

A교사는 실력 없는 교사로 소문이 나 학부모들로부터 여러 차례 퇴직요구를 받아 왔다. A교사는 자신의 지도능력 부족으로 인한 담당 학생들의 성적 저조를 염려하여 학생들의 성적을 일률적으로 상향 조정하였다가 감봉 3개월의 징계처분까지 받았다. 또한 학교장과 장학사 등이 참관한 평가수업에서도 전반적으로 수업능력이 부족하다는 평가를 받아 직무수행능력 부족으로 직위 해제되어 3개월간의 대기명령을 받았다. 직위해제 기간 중 직무수행능력 회복을 위한 과제를 부여받았음에도 불구하고

---
329) 「국가공무원법」 제70조제1항.
330) 「사립학교법」 제58조제1항.
331) 「사립학교법」 제58조제2항.

직위해제기간이 만료될 때에도 그 직무수행능력이 향상되었다고 볼 수 없다는 이유로 학교법인이 직권면직 처분했고 법원도 정당하다고 판단하였다.[332]

III. 불문경고와 불문

1. 불문경고

불문경고란 죄는 묻지 않지만 경고는 한다는 의미이다. 불문경고의 의미는 두 가지로 나누어 볼 수 있다. 먼저 징계의결이 요구된 교원에게 공적이 있는 경우에는 징계를 감경할 수 있는데, 불문경고는 견책의 징계처분에 해당하는 사람에 대해 감경하여 의결하는 것이 불문경고이다. 견책이 가장 가벼운 징계에 해당하므로 견책을 감경할 경우는 징계에 해당하는 징계유형이 없으므로 견책을 감경할 때 사용하는 불이익이 불문경고이다.

다른 하나는 불문으로 결정한 후에 경고할 필요가 있을 때 징계위원회에서 불문경고로 의결하는 경우도 있다. 불문경고는 징계의 종류에는 해당되지 않지만 인사기록카드에 불문경고를 받은 사실이 기재되고 1년 후에 말소되며 근무성적평정이나 성과급, 포상 등에서 불이익을 받을 수 있다.

불문경고는 법률상의 징계처분은 아니나 불문경고를 받지 아니하였다면 차후 다른 징계처분이나 경고를 받게 될 경우 징계감경 사유로 사용될 수 있었던 표창공적의 사용 가능성을 소멸시키는 효과와, 1년 동안 인사기록카드에 등재됨으로써 그동안 표창대상자에서 제외되는 등으로 사실상 징계에 준하는 불이익이 따르는 행정처분에 해당한다.[333] 법제처는 징계의 종류로 포함하지 않은 불문경고는 징계의결요구가 기각된 경우에 해당한다고 보기도 한다.

불문경고는 교원 4대 비위 및 성 관련 비위행위인 경우, 말소기간을 불문하고 승진임용이 제한되기도 하고, 「공무원 징계령 시행규칙」 제4조제2항(제1~6호)에 따라 감경이 제한되는 비위(주요비위)를 저지른 경우는 불문경고가 사면 또는 말소되더라도 공무원 포상 추천이 불가능하다.[334] 불문경고는 행정처분의 하나이므로 이에 불복 시 소청을 제기할 수 있다.

2. 불문

불문은 혐의사실이 징계 대상에 해당하지 않아 징계할 필요성이 없어 징계를 면제하는 결정이다. 따라서 불이익도 없으며 인사기록에도 남기지 않고, 징계가 아니므로 소청심사나 소송의 대상도 아니

---

332) 대법원 1995. 5. 26. 선고 94누9351 판결 참조.
333) 대법원 2002. 7. 26. 선고 2001두3532 판결 참조.
334) 행정안전부, 정부포상업무지침, 2022, 25면 참조.

다. 불문 결정의 요건은 고의 또는 중과실에 의하지 않은 비위로서 적극행정 등으로 징계의결을 하지 아니할 수 있는 경우에 결정할 수 있다. 적극행정이란 공무원이 불합리한 규제를 개선하는 등 공공의 이익을 위해 창의성과 전문성을 바탕으로 적극적으로 업무를 처리하는 행위를 의미한다.

Ⅳ. 경고와 주의

경고와 주의는 불이익한 처분에 해당하지만 징계의 종류에 포함되지는 않고, 각급 기관에서 자체적으로 규정하고 있으므로 기관에 따라 그 효력이 다르다. 경고와 주의는 징계벌이 아니므로 주의를 받은 사실을 징계사유에 다시 포함시켰더라도 위법이 아니다.

1. 경고

경고는 비위의 정도가 경미하여 징계에는 이르지 못하지만 과오를 반성하도록 경고할 필요가 있거나, 징계 시효가 완성되어 징계사유가 소멸된 경우 또는 주의 처분을 받고 1년 이내에 다시 주의에 해당되는 비위 행위를 한 경우에 필요한 조치이다. 경고는 징계에 해당하지 아니하고 근무 충실에 관한 권고 내지 지도로서 공무원으로서의 신분에 불이익을 초래하지는 않지만, 경고 처분을 받으면 처분 후 1년 이내에 근무성적이나 성과상여금, 포상 등 인사관리에 불이익을 받을 수 있다.

2. 주의

주의는 비위의 정도가 경미한 경우 잘못을 반성하게 하고 향후 그와 같은 행위를 하지 않도록 지도할 필요가 있는 경우에 필요한 조치이다. 주의 처분을 받으면 처분 후 1년 이내에 포상 등 인사관리에 불이익을 받을 수 있고, 당해 학교에서 재직하는 동안 3회 이상 주의 또는 경고 처분을 받은 교원은 비정기 전보의 대상이 된다.

Ⅴ. 비정기전보

비정기전보는 정기전보 기간이내라 하더라도 학교장이 임용권자에게 전보 요청할 수 있는 정기전보외의 인사이동이다. 임용권자는 학교장의 전보요청 등의 사유로 교육상 전보가 불가피하다고 인정할 때에는 동일직위 근속기간이 정기전보 기간이내라 하더라도 전보할 수 있다.

학교장은 다음 각호의 사유에 해당하는 경우 임용권자에게 전보요청을 할 수 있다. 이 경우 임용권자는 교원운용에 지장이 없는 범위 안에서 특별한 사유가 없는 한 이에 응해야 한다.[335]

학교장이 소속교원에 대한 비정기전보를 요청할 수 있는 사유

1. 직무수행능력이 부족하거나 근무성적이 저조한 교원. 단, 이 경우 학교장은 전보요청 전에 당해 교원의 능력개발을 위한 직무연수를 부과하여야 한다.
2. 징계처분을 받은 교원
3. 교육공무원법제10조의3제1항 각호의 사유와 관련하여 징계에 이르지 않는 주의 또는 경고 처분을 받은 교원
4. 당해 학교에서 재직하는 동안 3회 이상 징계에 이르지 않는 주의 또는 경고 처분을 받은 교원
5. 기타 임용권자가 정하는 사유

Ⅵ. 의원면직의 제한

1. 의원면직 제한의 의미

의원면직은 본인의 의사 표시에 의하여 신분 관계를 소멸시키는 것으로서 교원 본인의 자유로운 의사에 의해 사표를 제출하는 것이다. 교원이 스스로 교직생활을 그만두기로 마음먹고 퇴직하고자 하는 경우도 있으나 간혹 자신의 형사벌이나 징계처분을 회피하기 위하여 의원면직을 신청하는 사례도 있기 때문에 이를 방지하기 위해서 퇴직 희망 공무원에 대하여 퇴직을 제한하고 있다.

임용권자 또는 임용제청권자는 공무원이 퇴직을 희망하는 경우에는 징계사유가 있는지 여부를 감사원과 검찰·경찰 등 조사 및 수사기관의 장에게 확인하여야 한다.[336]

2. 퇴직 희망 공무원에 대한 퇴직 제한 사유

(1) 임용권자 또는 임용제청권자가 감사원 검찰·경찰 등 조사 및 수사기관에 확인 결과 퇴직을 희망하는 공무원이 파면, 해임, 강등 또는 정직에 해당하는 징계사유가 있는 경우

(2) 다음 각 호의 어느 하나에 해당하는 경우, 이 경우에는 지체 없이 징계 의결 등을 요구하여야 하고 퇴직을 허용하여서는 아니 된다.[337]

---

335) 「교육공무원 인사관리규정」 제21조.
336) 「국가공무원법」 제78조의4제1항.
337) 「국가공무원법」 제78조의4제2항.

┌───┐
│   퇴직 희망 공무원 퇴직 제한 사유   │
│   │
│   1. 비위와 관련하여 형사사건으로 기소된 때   │
│   2. 징계위원회에 파면 · 해임 · 강등 또는 정직에 해당하는 징계 의결이 요구 중인 때   │
│   3. 조사 및 수사기관에서 비위와 관련하여 조사 또는 수사 중인 때   │
│   4. 각급 행정기관의 감사부서 등에서 비위와 관련하여 내부 감사 또는 조사 중인 때   │
└───┘

　　공무원 비위사건 처리규정에 따르면 임용권자 또는 임용제청권자는 의원면직을 신청한 공무원이 다음 각호의 어느 하나에 해당하는 때에는 의원면직을 허용하여서는 아니 된다. 다만, 제2호, 제3호 및 제4호의 경우에는 그 비위의 정도가 중징계에 해당한다고 판단되는 경우로 한정한다.[338]

┌───┐
│   의원면직의 제한   │
│   │
│   1. 징계위원회에 중징계의결 요구 중인 경우   │
│   2. 비위와 관련하여 형사사건으로 기소 중인 경우   │
│   3. 감사원 및 검찰·경찰 등 그 밖의 수사기관에서 비위와 관련하여 조사 또는 수사 중인 경우 │
│   4. 각급 행정기관의 감사 담당 부서 등에서 비위와 관련하여 내부 감사 또는 조사가 진행 중인 경우 │
└───┘

　　그러므로 교원이 사직서를 제출할 경우 경징계에 해당하는 경우는 제한하지 않지만, 중징계에 해당하는 경우에는 의원면직이 제한된다. 또한 임용권자 또는 임용제청권자는 재직 중인 공무원이 의원면직을 신청한 경우 해당 공무원이 의원면직 제한 대상에 해당하는지 여부를 조사 및 수사기관의 장에게 확인하여야 한다.[339] 즉 임용권자 또는 임용제청권자는 공무원이 퇴직을 희망하는 경우에는 지체 없이 서면으로 감사원과 검찰 · 경찰 등 조사 및 수사기관의 장에게 해당 공무원이 징계사유가 있는지 여부에 대한 확인을 요청해야 하고, 확인 요청을 받은 기관장은 요청받은 날부터 10일 이내에 확인 결과를 서면으로 통보해야 한다.[340]

　　사립학교 교원의 임용권자도 교원이 의원면직을 신청한 경우 징계사유가 있는지, 의원면직의 제한 대상에 해당하는지 여부를 감사원과 검찰 · 경찰, 그 밖의 수사기관에 확인하여 하므로,[341] 교육공무원의 경우와 동일하다. 한편 행정기관의 장은 소속공무원이 고의나 중과실로 의원면직 제한 사유에 해당되는데도 의원면직을 허용하거나, 의원면직 제한 여부를 확인하지 않는 등 의원면직 제한 규정을 위반한 때에는 문책 등 필요한 조치를 하여야 한다.[342] 의원면직 교원은 면직 발령일 전일까지 신분이 유지된다.

---

338) 「공무원 비위사건 처리규정」 제5조.
339) 「공무원 비위사건 처리규정」 제6조.
340) 「공무원 징계령」 제23조의2.
341) 「사립학교법」 제61조의2.
342) 「공무원 비위사건 처리규정」 제9조.

◈ 사직원 제출 후에 무단결근하면 징계사유

사직원을 제출하였다 하더라도 임용권자에 의하여 수리되어 면직될 때까지는 근무 의무가 있는 것이므로 사직원을 제출한 후 수리되어 면직되기 전에 무단결근하였다면 공무원으로서 직장이탈 금지 의무에 위반되는 행위로서 징계사유가 된다.[343]

◈ 사직원은 자필로, 사직 철회나 취소는 면직처분이 있을 때까지만 가능

의원면직은 본인이 퇴직을 희망하여 공무원 관계를 소멸시키는 경우로서 의원면직을 신청할 경우 본인의 의사여부를 판단하기 위하여 반드시 자필 사직원을 제출하여야 한다. 사직원을 제출한 후 다시 사직하지 않겠다는 의사표시의 철회나 취소는 의원면직처분이 있을 때까지 할 수 있는 것이고, 일단 면직처분이 있고 난 이후에는 철회나 취소할 수 없다.[344]

VII. 교원의 당연 퇴직

당연 퇴직은 임용 결격사유가 발생하는 것 자체에 의해 임용권자의 의사표시 없이 결격사유에 해당하게 되면 법률상 당연히 퇴직하는 것으로 공무원관계를 소멸시키기 위한 별도의 행정처분을 요하지 아니한다. 또한 당연 퇴직사유에 해당하면 곧바로 공무원 신분의 박탈이 수반되므로 징계처분으로 인한 파면이나 해임과는 달리 소청심사나 행정소송을 통해서도 구제받을 수 없다.

교원의 당연 퇴직 사유로는 「교육공무원법」 제10조의4에 따른 교육공무원 임용결격 사유에 해당되는 경우로서 「국가공무원법」 제33조에 따른 공무원 임용결격 사유에 해당하거나, 미성년자에 대한 성범죄 그리고 성인에 대한 성범죄 공직선거법 위반 등이다.[345] 사립학교 교원도 「교육공무원법」 제10조의4 각 호의 어느 하나에 해당하게 되면 당연히 퇴직하므로,[346] 「국가공무원법」 제33조에 따른 공무원 임용결격 사유 등은 교육공무원의 당연 퇴직 사유와 동일하게 적용된다. 당연 퇴직 사유가 발생한 경우에는 형 확정일자로 당연 퇴직 발령조치하지만, 근무기간 중 이미 지급된 보수는 환수하지 않는다.

---

343) 대법원 1985. 6. 25. 선고 85누52 판결 참조.
344) 대법원 2001. 8. 24. 선고 99두9971 판결 참조.
345) 「교육공무원법」 제43조의2.
346) 「사립학교법」 제57조.

1. 「국가공무원법」 제33조 해당

교원이 「국가공무원법」 제33조 각 호의 어느 하나에 해당할 때에는 당연히 퇴직한다.[347]

교원의 당연퇴직 사유

1. 피성년후견인
2. 파산선고를 받고 복권되지 아니한 자
3. 금고 이상의 실형을 선고받고 그 집행이 종료되거나 집행을 받지 아니하기로 확정된 후 5년이 지나지 아니한 자
4. 금고 이상의 형을 선고받고 그 집행유예 기간이 끝난 날부터 2년이 지나지 아니한 자
5. 금고 이상의 형의 선고유예를 받은 경우에 그 선고유예 기간 중에 있는 자
6. 법원의 판결 또는 다른 법률에 따라 자격이 상실되거나 정지된 자
6의2. 공무원으로 재직기간 중 직무와 관련하여 「형법」 제355조 및 제356조에 규정된 죄를 범한 자로서 300만원 이상의 벌금형을 선고받고 그 형이 확정된 후 2년이 지나지 아니한 자
6의3. 「성폭력범죄의 처벌 등에 관한 특례법」 제2조에 규정된 죄를 범한 사람으로서 100만원 이상의 벌금형을 선고받고 그 형이 확정된 후 3년이 지나지 아니한 사람

6의4. 미성년자에 대한 다음 각 목의 어느 하나에 해당하는 죄를 저질러 파면·해임되거나 형 또는 치료감호를 선고받아 그 형 또는 치료감호가 확정된 사람(집행유예를 선고받은 후 그 집행유예기간이 경과한 사람을 포함한다)
가. 「성폭력범죄의 처벌 등에 관한 특례법」 제2조에 따른 성폭력범죄
나. 「아동·청소년의 성보호에 관한 법률」 제2조제2호에 따른 아동·청소년대상 성범죄
7. 징계로 파면처분을 받은 때부터 5년이 지나지 아니한 자
8. 징계로 해임처분을 받은 때부터 3년이 지나지 아니한 자

다만, 「국가공무원법」 제33조제2호는 파산선고를 받은 사람으로서 「채무자 회생 및 파산에 관한 법률」에 따라 신청기한 내에 면책신청을 하지 아니하였거나 면책불허가 결정 또는 면책 취소가 확정된 경우만 해당하고, 제33조제5호는 「형법」 제129조부터 제132조까지(수뢰, 사전수뢰, 제삼자뇌물제공, 수뢰후부정처사, 사후수뢰, 알선수뢰), 「성폭력범죄의 처벌 등에 관한 특례법」 제2조, 「아동·청소년의 성보호에 관한 법률」 제2조제2호 및 직무와 관련하여 「형법」 제355조 또는 제356조에 규정된 죄(횡령, 배임, 업무상의 횡령과 배임)를 범한 사람으로서 금고 이상의 형의 선고유예를 받은 경우만 해당한다.[348]

2. 교원의 미성년자에 대한 성범죄

교원이 다음의 교육공무원 임용 결격사유에 해당하게 된 경우에는 당연히 퇴직한다.[349] 미성년자에 대한 다음 각 목의 어느 하나에 해당하는 행위로 파면·해임되거나 형 또는 치료감호를 선고받아 그 형 또는 치료감호가 확정된 사람(집행유예를 선고받은 후 그 집행유예기간이 지난 사람을 포함한

---

347) 「국가공무원법」 제69조.
348) 「국가공무원법」 제69조 단서 및 「교육공무원법」 제43조의2.
349) 「교육공무원법」 제43조의2.

다)[350]

    가. 「성폭력범죄의 처벌 등에 관한 특례법」 제2조에 따른 성폭력범죄 행위

    나. 「아동·청소년의 성보호에 관한 법률」 제2조제2호에 따른 아동·청소년대상 성범죄 행위

3. 교원의 성인에 대한 성범죄

교육공무원이 성인에 대한 성범죄 등으로 처벌받은 경우에도 임용 결격사유에 해당되어 당연 퇴직된다. 성인에 대한 「성폭력범죄의 처벌 등에 관한 특례법」 제2조에 따른 성폭력범죄 행위로 파면·해임되거나 100만원 이상의 벌금형이나 그 이상의 형 또는 치료감호를 선고받아 그 형 또는 치료감호가 확정된 사람(집행유예를 선고받은 후 그 집행유예기간이 지난 사람을 포함한다).[351] 그러므로 성인에 대한 성범죄로 100만원 이상의 벌금형을 받아도 당연 퇴직 사유에 해당한다.

4. 공직선거법 제266조 위반

공직선거법 제230조 등을 위반하여 징역형의 선고를 받은 자는 그 집행을 받지 아니하기로 확정된 후 또는 그 형의 집행이 종료되거나 면제된 후 10년간, 형의 집행유예의 선고를 받은 자는 그 형이 확정된 후 10년간, 100만원이상의 벌금형의 선고를 받은 자는 그 형이 확정된 후 5년간 교직에 취임하거나 임용될 수 없으며, 이미 취임 또는 임용된 자의 경우에는 그 직에서 퇴직된다.

---

350) 「교육공무원법」 제10조의4제2호.
351) 「교육공무원법」 제10조의4제3호.

제2편 교육활동 사고 책임과 예방

제1장 학교 사고에 대한 교원 책임의 일반적 판단기준

제2장 학교 사고 유형에 따른 책임과 예방

제3장 교사의 학생지도와 관련한 형사책임

제4장 교원의 직무와 관련한 형사책임

제2편 교육활동 사고 책임과 예방

제1장 학교 사고에 대한 교원 책임의 일반적 판단기준

학교의 교장이나 교사가 학생을 보호·감독할 의무는 교육관련 법령에 따라 학생들을 친권자 등 법정 감독의무자에 대신하여 감독하여야 하는 의무로서, 학교에서의 교육활동 및 이에 밀접 불가분의 생활관계에 대해서 보호·감독의무가 있다.[352]

또한 교육활동과 밀접 불가분한 생활관계에 속하더라도 교육활동의 때와 장소, 가해자의 분별능력, 가해자의 성행, 가해자와 피해자의 관계, 기타 여러 사정을 고려하여 사고가 학교생활에서 통상 발생할 수 있다고 하는 것이 예측되거나 또는 예측가능성이 있는 경우에 교장이나 교사는 보호·감독의무 위반에 대한 책임을 진다. 대법원은 교장이나 교사의 학생에 대한 보호·감독의무의 범위 및 손해배상 책임의 일반적 판단 기준을 다음과 같이 제시하고 있다.[353]

교육활동 사고 판단기준

1. 교육활동
2. 교육활동과 밀접 불가분의 관계에 있는 생활관계
3. 교육활동의 때와 장소
4. 가해자의 분별능력
5. 가해자의 성행
6. 가해자와 피해자의 관계

이처럼 대법원은 학교 사고에 대한 교육활동과의 관련성과 학생의 특성에 따라 교사의 책임을 판단하며 각 사안에 따라 교사의 예측가능성을 구체적으로 평가하고 있으므로 본 장에서는 대법원의 일반적 판단기준을 항목별로 구분하여 살펴보기로 한다.

---

352) 대법원 1997. 2. 14. 선고 96다38070 판결 참고.
353) 대법원 2007. 4. 26. 선고 2005다24318 판결.

제1절 교육활동과의 관련성

I. 교육활동의 내용

교육활동은 학교의 교육과정을 운영하기 위한 필수적 활동으로서 교과교육 특별교육 생활지도 등 교육목표를 달성하기 위하여 이루어지는 교사와 학생의 주된 활동이다. 교육활동은 정규수업시간을 비롯하여 학생 생활지도, 각종 행사지도 등 교사와 학생의 상호관계가 이루어지는 전반적인 활동을 포함한다. 교육활동에 포함되는 내용은 학교 사고 발생 사안에 따라 구체적으로 법원이 판단해야 하지만 학교안전사고 예방 및 보상에 관해서는 법률로 규정하고 있다.

「학교안전법」은 교육활동을 학교의 교육과정 또는 학교장이 정하는 교육계획 및 교육방침에 따라 학교의 안팎에서 학교장의 관리·감독하에 행하여지는 수업·특별활동·재량활동·과외활동·수련활동·수학여행 등 현장체험활동 또는 체육대회 등의 활동과 등·하교 및 학교장이 인정하는 각종 행사 또는 대회 등에 참가하여 행하는 활동 등이라고 규정하고 있다.[354] 물론 이 책의 앞부분 교육활동 침해를 논할 때 교육활동과 관련된 시간도 언급하였으므로, 교육활동은 정규 교과목 활동과 체험활동 등 정규 교과목 이외에 학교에서 교사가 학생을 교육하는 다양한 활동도 포함된다. 더 나아가 아침자습시간, 조회시간, 각종 교내 대회시간, 학생회의 시간, 학교교육계획에 의한 교내봉사활동 시간, 자율학습시간, 과외활동시간, 수련활동시간 등도 교육활동시간이며 이러한 활동이 학교 밖에서 이루어져도 교사의 지배 관리의 범위 내의 활동이라면 교육활동이라고 보아야 한다.

하지만 교사의 지배관리의 범위 내의 활동이라도 교육과정계획에 포함되도 않고 학교장의 승인이 없는 활동은 학교의 안팎을 불문하고 교육활동의 범위에 포함될 수 없다. 가령 학교 교육과정운영계획에 포함되지 않고 학교장으로부터 승인도 없이 교사가 휴일에 임의로 학생을 소집하여 교외 체험학습 등을 하는 것은 교육 효과가 크고 교육목적이 분명하다고 하더라도 교육활동이라 할 수 없다. 왜냐하면 「학교안전법」 제2조제4호에서 규정하고 있는 학교의 교육과정 또는 학교장이 정하는 교육계획 및 교육방침에 따라 학교 안팎에서 학교장의 관리·감독하에 행하여지는 활동이 아니기 때문이다. 교육활동에 포함되지 않으면 사고가 발생하여도 학교안전공제회로부터 보상받기도 어렵다.

판례에 따르면 교육활동과 관계가 없는 시간인 방과 후 1시간이나 지난 상태에서 학생들이 철조망을 뚫고 학교 구내에 몰래 들어와 학생을 살해한 사안에서 재판부[355]는 통상의 교육활동과 관계가 있는 학생활동이 아니므로 학교의 책임을 부정하였다.

---

354) 「학교안전법」 제2조제4호 참조.
355) 서울고등법원 1989. 10. 6. 선고 89나23478 판결 참조.

Ⅱ. 교육활동과 밀접 불가분의 관계에 있는 생활관계

교육활동과 밀접 불가분의 관계에 있는 생활관계란 교육활동을 위해서 반드시 필요하고, 질적 시간적으로 밀접 불가분의 직접적인 관계가 있는 생활관계를 의미한다. 그러므로 교육활동을 위한 준비시간을 포함하여 교육활동을 위한 대기시간, 활동 후 정리시간, 다음 교육활동을 위한 이동시간, 점심시간, 휴식시간, 청소시간 등이 교육활동과 밀접한 관련성이 있는 생활관계이다. 그러므로 휴식시간이나 청소시간처럼 교육활동과 밀접한 생활관계에서 발생한 사고에 대해서, 대법원은 체육수업 직후의 휴식시간은 다음 수업을 위하여 잠시 쉬거나 수업의 정리·준비 등을 하는 시간으로서 교육활동과 질적 시간적으로 밀접 불가분의 관계에 있으므로, 그 시간 중의 교실 내에서의 학생의 행위는 교육활동과 밀접 불가분의 관계에 있는 생활관계에서 발생한 사고로 판단하여 교사의 일반적 보호·감독의무가 미친다고 한다.[356]

Ⅲ. 교육활동의 때와 장소

교육활동의 때는 학교에서 교육과정 계획에 의한 교과목 이수 등 교육활동을 위한 정규시간과 「학교안전법」에서 열거한 시간을 포함한다. 「학교안전법시행령」[357]에서는 교육활동과 관련된 시간을 다음과 같이 열거하고 있다.

교육활동과 관련된 시간

1. 통상적인 경로 및 방법에 의한 등 · 하교 시간
2. 휴식시간 및 교육활동 전후의 통상적인 학교체류시간
3. 학교의 장(이하 "학교장"이라 한다)의 지시에 의하여 학교에 있는 시간
4. 학교장이 인정하는 직업체험, 직장견학 및 현장실습 등의 시간
5. 기숙사에서 생활하는 시간
6. 학교 외의 장소에서 교육활동이 실시될 경우 집합 및 해산 장소와 집 또는 기숙사 간의 합리적 경로와 방법에 의한 왕복 시간

통상적인 경로 및 방법이란 사회통념상 이용할 수 있다고 인정되는 경로라고 할 수 있으며, 최단거리 또는 최단시간이 소요되는 경로는 통상적인 경로로 볼 수 있다. 하지만 합리적인 이유 없이 위험한 철로를 횡단하거나 운전면허가 없는 학생이 오토바이를 운전하며 등 · 하교하는 경우는 통상적인 경로 및 방법이라 할 수 없을 것이고, 통상적인 경로 및 방법이라면 다소 무리한 방법을 선택했더라도 학교 사고에 포함될 수 있을 것이다.

---

356) 대법원 2000. 4. 11. 선고 99다44205 판결 참조.
357) 「학교안전법시행령」 제2조.

가령 학생이 학교에 등교하는 중에 사망한 사안에서, 판례는 학생이 등교 시간을 지키기 위해 급하게 교실을 향해 뛰어가다가 학교 복도에서 호흡곤란 등으로 의식을 잃고 쓰러져 병원에서 치료를 받던 중 사망한 경우는 교육활동 중에 발생한 것으로 학교안전사고보상법이 정한 학교안전사고에 해당한다고 판시하고 있다.[358] 한편 교육활동 시간과 밀접한 관련이 없는 시간이라 할 수 있는 하교 후 친구들과 학교에 다시 놀러 와서 운동장에서 사고를 당하였다면 교육활동의 때라 할 수 없다.

교육활동의 장소는 교육활동을 실질적으로 수행하는 장소를 의미한다. 학교 내의 교실이나 복도, 운동장 등과 현장체험활동이 이루어지는 수학여행 수련활동 등의 교외 활동도 교육활동의 장소이다. 교육활동의 장소에서 발생하는 사고는 학생에 대한 보호감독의무가 있으므로 교사는 교내뿐만 아니라 교외활동에 대해서도 주의의무를 다하여야 한다. 교외활동은 학교 교육과정 운영계획에 따른 활동이나 학교장의 승인을 받은 교외활동이어야 「학교안전법」상 교육활동으로 인정된다.

제2절 학생의 특성과 예측가능성

I. 학생의 특성

1. 가해자의 분별능력

분별능력은 사물의 이치를 판단할 능력이다. 자신의 행위에 대한 결과발생에 대하여 구체적인 위험성을 인식하거나 예견 가능성을 의미하며, 분별능력은 연령에 따라 차이가 있을 수 있다. 만 7세 학생과 만 17세 학생의 분별능력은 차이가 있을 수 있으며, 학생의 분별 능력이 중요한 것은 교사의 책임 경중에 차이가 있기 때문이다. 학생이 분별능력을 갖추었을 경우에는 교사의 보호감독의무 위반 책임이 경감되거나 책임이 없을 수 있다.

대법원은 교실에서 아크릴판을 던져 급우의 눈을 다치게 한 사안에서 초등학교 6학년 가해학생이 책임을 변식할 지능을 갖추지 못하고 있다고 하더라도 분별능력을 가지고 있다고 보아야 할 것이므로, 특별한 사정이 없는 한 교사에게 보호·감독의무위반의 책임을 지울 수는 없다고 판단하였다.[359]

---

358) 대법원 2012. 12. 13. 선고 2011다111961 판결.
359) 대법원 1997. 6. 27. 선고 97다15258 판결.

2. 가해자의 성행

성행은 성품과 행실을 의미한다. 가령 가해학생의 평소 가지고 있는 성품과 행실이 과격하고 다른 학생을 괴롭히며 교사가 없는 시간이면 자주 학생을 폭행하는 성행이라면 교사에게 그 학생에 대해서 보다 더 신중하고 특별한 감독의무가 요구된다. 따라서 성행이 다른 학생과 다르다는 것을 알면서도 교사가 특별히 감독하지 않았을 경우는 책임이 더 무겁다.

판례는 학생이 평소에도 다른 학생들을 상대로 폭력을 행사하고 금품을 빼앗는 등의 행동을 해옴으로써 많은 학생들이 피해의식을 느껴왔고 교사들도 이를 알고 있었으므로 실효성 있는 대책을 강구하지 않으면 또 다른 폭력이 행해지리라는 것은 예견이 가능하다고 보아 학교 측의 책임을 인정하기도 한다.[360] 한편 가해학생이 항상 온순하고 타인을 배려하고 학교생활이 모범적인 학생인데도 예측하기 어려운 돌발적인 상황에서 다른 학생을 폭행한 사고는 교사의 책임이 없거나 책임이 가볍다고 보고 있다. 따라서 교사가 학교폭력 사고 등을 예방하고 대책을 세우기 위해서는 학생의 성행을 미리 파악하고 개별 학생의 성행에 따른 맞춤형 생활지도가 요구된다.

3. 가해자와 피해자의 관계

학교폭력 사고의 경우 가해자와 피해자가 평소에 친하게 지내온 사이인지, 피해자가 오랜 기간 가해자로부터 괴롭힘 등을 받아 왔는지, 같은 학교에 다니는 동급생인지, 선후배 사이인지 등 가해자와 피해자의 관계가 판결에 영향을 줄 수 있다.

평소에도 가해학생이 피해학생을 괴롭히고 폭력을 행사하여 두 학생 간의 관계가 매우 나쁘다는 것을 미리 알고 있었다면 이를 예방하지 못한 교사의 책임이 더 무거울 수 있기 때문이다. 판례는 가해학생들로부터 수개월에 걸쳐 이유 없이 폭행 등 괴롭힘을 당하여 자살한 사안에서 자살한 피해학생과 가해학생과의 관계를 담임교사가 알 수 있었는데도 미온적으로 대처한 담임교사의 책임을 인정하였다.[361]

Ⅱ. 예측가능성

1. 예측가능성의 의의

학교 사고에서 예측가능성이란 사고 발생의 구체적 위험성이며 예견가능성이라고 표현하기도 한

---

360) 대법원 2007. 6. 15. 선고 2004다48775 판결.
361) 대법원 2007. 4. 26. 선고 2005다24318 판결 참조.

다. 학교 사고는 통상 발생할 수 있다고 하는 것이 예측되거나 또는 예측가능성이 있는 경우에 한하여 교장이나 교사는 보호감독의무위반에 대한 책임을 진다. 예측가능성도 교육활동의 때, 장소, 학생의 연령, 사회적 경험, 판단능력, 기타의 제반 사정을 고려하여 판단한다.

그러므로 학생의 나이가 어려 책임능력과 의사능력이 없거나 부족한 유치원생 또는 초등학교 저학년생에 대하여는 교사의 보호·감독의무가 미치는 생활관계의 범위와 사고 발생에 대한 예견가능성이 더욱 넓게 인정된다.[362] 따라서 동일한 사고에 대해서도 고등학생을 담당하는 교사보다 유치원생이나 초등학생을 담당하는 교사의 예측가능성이 넓어 책임이 무거워 질 수 있다. 하지만 교사의 예측가능성이 없는 경우 즉 사고 발생을 예측하였거나 예측할 수 있었다고 보기 어려운 돌발적이거나 우연한 사고라면 면책될 수 있다.

2. 예측가능성 판단

예측가능성은 교사의 학생 보호감독의무 위반을 판단할 때 매우 중요한 판단의 기준이 된다. 예측가능성의 판단 기준도 교육활동의 때와 장소, 학생의 분별능력, 성행 등을 종합적으로 고려하여 판단한다. 또한 예측가능성 유무는 학교 사고와 관련된 법령의 특정조항 하나만을 가지고 판단하는 것이 아니고 법률의 입법 취지 등을 고려하여 관련 법조항 전체를 유기적·체계적으로 종합하여 판단한다.[363]

그러므로 수업시간이나 점심시간 등은 교육활동과 질적·시간적으로 밀접·불가분의 관계에 있으므로 교사의 일반적 보호감독의무가 미치는 시간이지만, 이와는 달리 학생들 사이에 사고가 발생한 경우에는 가해학생과 피해학생의 성행이나 분별능력을 기준으로 예측가능성을 판단한다. 판례에 따르면 고등학교 2학년 학생이 점심시간에 의자에 앉아 있는 급우의 의자를 발로 걷어차 머리를 부딪쳐 기억력 상실증 등의 상해를 입힌 사안에 대하여, 대법원은 가해학생이 고등학교 2학년생이어서 충분한 분별능력이 있었고, 평소 성격이 온순 착실한 편이었으며, 피해학생도 가해학생과 친한 사이였으므로, 이러한 가해자의 분별능력과 성행, 피해자와의 관계 등을 고려할 때 담임교사가 사고 발생을 예측하였거나 예측이 가능하였다고 보이지 않는다고 보아 교장이나 담임교사에게 보호감독의무위반의 책임을 물을 수 없다고 판결하였다.[364]

(1) 예측가능성을 부정하여 교사의 책임이 없다는 판결

◆ 씨름부 학생들이 동료 학생을 집어 던져 상해를 입힌 사고

---

362) 대법원 2008. 1. 17. 선고 2007다40437 판결 참조.
363) 대법원 2016. 10. 19. 선고 2016다208389 판결 참조.
364) 대법원 1993. 2. 12. 선고 92다13646 판결.

고등학교 1학년 씨름부 A학생은 학교 씨름 연습장에서 체육교사의 지도 아래 씨름 훈련을 마치고, 같은 씨름부 학생들과 함께 샤워 순서를 기다리던 중 장난을 하는 과정에서 씨름부 학생 두 명이 A학생을 던져 몸무게가 80Kg이 넘는 A학생은 몸의 균형을 잃고 머리 부분부터 바닥에 떨어지면서 강한 충격을 받아 척추손상 등의 상해를 입었다.

법원의 판단 ☞ 가해자들의 분별능력과 성행, 피해자와의 관계 등을 고려할 때, 씨름연습장에서 두 사람이 함께 한 사람을 집어 던지는 등으로 신체에 커다란 충격을 줄 수 있는 위험한 장난을 하는 것은 예측 가능하였다고 보이지는 아니하므로 이 사고는 돌발적이거나 우연한 사고로서 교사 등에게 보호·감독의무위반의 책임을 지울 수는 없다.[365]

◆ 수학여행 중 오른쪽 눈이 실명하게 된 사고

중학교 3학년생들이 고적답사를 겸한 졸업여행 중 숙소 내에서 휴식시간 중에 A학생의 얼굴을 발로 차 오른쪽 눈을 실명하게 하였다.

법원의 판단 ☞ 졸업여행을 떠나기 전날 학생주임과 담임교사가 안전교육을 실시하였고, 당일 출발에 앞서 학교장이 훈화를 통하여 사고를 내지 않도록 주의를 환기하였으며, 숙소에 도착한 직후에는 입소식을 거행하면서 장난을 치지 말도록 지시하였는데도, 가해학생은 중학교 3학년생으로 충분한 분별능력이 있었으므로 교사의 입장에서는 사전지시에 따르지 않고 돌발적으로 벌어진 사고를 예측하였거나 예측할 수 있었다고 보기 어렵다.[366] 따라서 이 사안에서도 교사의 책임을 인정하지 않았다.

(2) 예측가능성을 인정하여 교사의 책임이 있다는 판결

◆ 중학교 3학년 학생이 교실에서 동급생을 흉기로 찔러 살해한 사건

2002년 A학생의 동급생인 B학생은 A학생이 친구들을 폭행하는 데 불만을 품고 수업 중 교사에게 배가 아파서 양호실에 가겠다고 하고, 집에서 흉기를 가져와 A학생이 수업을 받고 있는 옆 교실로 들어가 A학생을 흉기로 찔러 사망하게 하였다.

법원의 판단 ☞ 평소 A학생과 그의 친구들은 다른 학생들을 상대로 폭력을 행사하고 금품을 빼앗는 등의 행동을 해옴으로써 많은 학생들이 피해의식을 느껴왔고, 교사들도 이를 알고 있었으므로 실

365) 대법원 1995. 12. 26. 선고 95다313 판결.
366) 대법원 1999. 9. 17. 선고 99다23895 판결.

효성 있는 대책을 강구하지 않으면 또 다른 폭력이 행해지리라는 것은 예견이 가능한 상태이다. 사고 당일 점심시간에 폭력성 있는 학생들로 인하여 시작된 폭력이 또 다른 폭력을 야기할 위험성을 내포하고 있었고, B학생의 가해행위는 이러한 위험성이 구체화되어 나타난 것으로 볼 수 있다는 점, 이 사고는 학교 수업시간 중에 담당교사가 수업을 진행하는 면전에서 일어났다는 점 등을 종합하여 보면, 사고가 교사들의 예견가능성의 범위를 벗어난 영역에서 발생하였다고 보기는 어렵다.[367] 이 사안에서는 교사의 보호감독의무 위반을 이유로 지방자치단체의 손해배상책임을 인정하였다.

◆ 중학교 여학생이 집단 따돌림으로 자살한 사건

2001년 여자중학교 3학년 A학생은 급우들로부터 의도적으로 대면 또는 대화의 회피, 소지품의 은닉, 직·간접적인 조롱, 비난 등 다양한 수단으로 집단 따돌림을 당하여 정신적 고통이 반년 가까이 계속되어 결국 자신의 아파트 16층에서 투신하여 자살하였다.

법원의 판단 ☞ A학생이 집단 따돌림을 당하고 있는 기간이 반년 가까이 되었고 교사도 A학생이 친구들로부터 괴롭힘을 당한다는 사정을 알았고, A학생의 어머니로부터 집단 따돌림을 당하여 전학을 원할 정도로 고통을 받고 있다는 말을 듣고도, 교사는 학창시절 교우관계에서 겪는 과정 중의 일부라고 생각하여 별다른 조치를 취하지 않고, 평소 조례시간과 종례시간을 통하여 학생들에게 "친구들과 사이좋게 지내라"는 정도의 말만 하였다. 따라서 이 사건을 종합하면 담임을 맡은 교사로서 이 사건 가해행위가 학교생활에서 통상 발생할 수 있다고 하는 것을 예측하거나 예측할 수 있었다고 보고 담임교사는 학생에 대한 보호감독의무를 다하지 않았다고 판단하였다.[368]

3. 예측가능성 판단 분석

예측가능성 유무는 교사의 학생 보호감독의무 위반을 판단할 때 매우 중요한 요소로 작용한다. 사고에 대한 예측가능성이 있으면 돌발적이거나 우연히 발생하는 사고가 아니라고 판단되어 교사에게 책임이 발생한다. 그러므로 법원에서 판단하는 예측가능성 유무에 대한 일반적 경향을 분석해보고 대책을 마련할 필요가 있다.

◆ 가해학생이 이전에도 여러 차례 다툰 적이 있는 학생이고, 그 이후에 수업시간 중 교실에서 피해학생을 폭행하였다면 교사의 예측가능성이 인정된다.

---

367) 대법원 2007. 6. 15. 선고 2004다48775 판결 참조.
368) 서울고등법원 2005. 1. 26. 선고 2004나46689 판결.

판례

중학교 1학년 학생이 수업 중 카터 칼로 급우의 왼쪽 뺨을 1차례 그어 얼굴에 상해를 입힌 사건에서, 재판부는 이전에도 두어 차례 다툰 적이 있던 사실을 인정할 수 있는바, 이와 같은 가해자와 피해자와의 관계 및 사고가 수업시간 중에 교실 안에서 발생한 점을 고려하면, 교사가 예측할 수 없는 돌발적이거나 우연한 사고라고 할 수 없으므로 학교 측의 책임이 있다고 판시하였다.[369]

◈ 합반 수업 중에는 학생들이 평소보다 산만하여 장난을 칠 가능성이 높다는 것은 교사가 예측하여야 한다.

판례

휴식시간에 복도에서 장난을 치다가 다른 학생의 오른쪽 눈에 상해를 입힌 사건에서 재판부는 초등학교 6학년 A반 담임교사의 특별휴가로 인하여 A반 학생들은 나머지 3개의 반에 분산되어 합반수업을 하게 됨으로써 그 언행 등이 평소보다 산만하게 되기 쉽다고 판단하였다. 그리고 한 학급 내의 학생 수가 많아짐으로써 학생들이 휴식시간에도 교실에 있기보다는 복도 등으로 나와서 장난을 칠 가능성도 높아져 사고 발생은 예측되거나 예측가능성이 높다고 하여 학교 측의 책임을 인정하였다.[370]

◈ 일과 후 사고는 학교 측에 배상책임을 인정하지 않는 경우가 일반적이다.

판례

실례로 법원은 학교 일과가 끝난 후 학생이 운동장에서 농구 연습을 하다가 사망하였지만 학교 측에 배상책임이 없다고 판단하였다. 갑 고등학교 2학년 A학생은 학교 일과 후인 17:40경 교내 농구장에서 친구들과 함께 교과과정과는 특별한 관련 없이 슈팅과 드리블 연습을 하다가 갑자기 의식을 잃고 쓰러져 응급실로 후송되었으나 회복되지 못하고 사망하였다. A학생은 갑 고등학교에서 운영하는 기숙사에서 숙식을 하며 생활해왔는데, 기숙사에서 생활하는 학생의 경우 그에 따른 지침이나 일과표를 준수하여야 하나, 사고 당일은 모의고사를 치르는 날이었던 관계로 기숙사도 문을 닫았고 그 곳에서 생활하는 학생들 대부분이 귀가한 상태였다. A학생의 유족은 유족급여를 청구하였으나 재판부는 사고 당일은 기숙사가 문을 닫았기 때문에 학교 측의 보호·감독을 기대하기 어려웠던 점 등을 종합하여 볼 때, 학교교육활동 중의 사고라고 할 수 없다고 하여 청구를 기각하였다.[371]

---

369) 춘천지방법원 2006. 2. 8. 선고 2005가단2518 판결 참조.
370) 창원지방법원 2002. 11. 22. 선고 2000가합8830 판결 참조.
371) 대전지방법원 2003. 11. 25. 선고 2002가단2772 판결.

제2장 학교 사고 유형에 따른 책임과 예방

학교에서 발생하는 사고는 교과 수업 중에 발생하는 사고도 있지만, 점심시간을 비롯하여 휴식시간 청소시간에도 발생하고, 학교 시설물이나 물품으로 인한 사고도 발생한다. 또한 교내 사고뿐만 아니라 교외에서 활동하는 수학여행 등 현장학습 중에도 발생하며, 교내외를 불문하고 학생들 간 폭력 사고인 학교폭력이 발생하기도 한다.

이 장에서는 이와 같은 사고를 유형별로 구분하여 각 유형별 교사의 책임과 예방을 다룬다. 구체적으로 각 사고 유형에 따라 사고 발생의 일반적 유형, 각 사고별 교사의 주의 의무와 책임 범위, 각급 학교에서 발생한 사고에 대한 법원의 판례, 그리고 판례의 경향과 책임 예방을 위한 교사의 기본수칙을 알아보기로 하자.

제1절 체육수업 사고

I. 체육수업 사고에 대한 교사의 책임

1. 사고의 원인과 판례의 경향

교과 수업 중 발생하는 사고 유형 가운데 가장 많이 발생하는 사고가 체육시간 중에 발생하는 사고이다. 부상의 정도는 가벼운 타박상도 있지만, 인대, 눈, 골절, 치아, 고막, 허리, 머리 등에 중대한 부상을 당하기도 하고 사망하는 경우도 있다. 사고의 원인은 학생 자신의 과실이나 체육 교구 등으로 발생하기도 하지만 수업을 진행하고 교육 활동을 주도하며 학생을 지휘하는 교사로부터 발생하는 경우도 많다.

체육수업 사고에 대한 법원의 판례를 보면, 교사가 사전에 주의사항을 충분히 설명하고 주의의무를 다하거나, 준비운동을 충분히 하였으면 교사의 책임이 없거나 경감된다는 판례도 있지만, 이와는 달리 교사가 학생 보호감독의무를 위반하였다는 이유로 교사에게 감당하기 힘든 거액을 배상하라거나 형벌을 부과하는 판례도 있다. 예를 들면, 체육교사가 요양호자 등 건강에 이상이 있는 학생을 체육수업에서 배제시키지 않고 학생 스스로 수업참가 여부를 선택하게 하였다가, 수업 진행 중 사지마비 등의 상해를 입힌 사안에서 법원은 건강 이상 학생에 대하여 각별한 주의가 필요한데도 교사가 주의의무를 다하지 않았다 하여 교사에게 형벌을 부과하였다.[372] 또한 고등학교 1학년 학생이 팔굽혀펴기와 오리걸음 등 여러 동작을 반복하는 체육수업을 받다가 지체장애 1급 장애인이 된 사안에서, 체육교사가 학생들의 건강상태를 사전에 점검하지 않고 부상방지를 위한 적절한 조치를 취하지 않았다는 이유로 체육교사와 학교는 연대하여 4억3천여만원을 배상하라고 판결하기도 하였다.[373]

뿐만 아니라 교사가 체육수업 중 이성을 잃고 격분한 상태에서 학생을 폭행하여 형사처벌을 받거나,[374] 학생들만 있는 실내에서 학생들끼리 장난치다가 눈을 다친 사안에서 교사의 현장 부재를 이유로 손해배상책임을 인정하기도 한다.[375]

2. 체육수업 사고에 대한 교사의 책임 유형

법원 판례에서 나타난 체육수업 사고에 대해서 교사의 과실을 인정하고 교사에게 책임을 물은 유형을 간략히 분석해본다. 하지만 사고의 경위나 교사의 주의의무 정도 등 판결에 따라 유사한 사건이라도 달리 해석할 수 있다.

(1) 교사가 수업 내용에 따른 사전 안전지도 미실시

수업 시작 전 또는 도입이나 전개 단계에서 수업 내용에 따른 안전지도를 실시하고 수업을 진행하여야 하는데, 사전에 안전지도 없이 곧바로 주 종목을 시행하다가 사고가 발생하면 교사의 책임이 가중된다.[376] 만약 안전지도를 실시하였는데도 사고가 발생하면 학생의 주의의무를 일부 인정하여 교사의 책임이 감경되기도 한다.

(2) 교사의 수업 현장 부재

수업 시작 단계에서 학생들 스스로 준비체조를 하게 하고 교사는 뒤 늦게 운동장에 나오거나, 학생들에게 경기를 시키고 교사는 현장에 부재하거나, 수업시간 인데도 학생들만 교실에서 있다가 학생들 끼리 장난치다가 다치거나,[377] 폭력사고가 발생하면 수업 중 학생 방치, 보호 관리의무 소홀로 책임이 크게 가중된다.

(3) 요양호자 적극적 배제 소홀

학생건강기록부에 요양호자 등 건강관리 특별 보호 대상으로 등록되었거나 건강상 특별히 보호되

372) 대구지방법원 2006. 4. 7. 선고 2005고단7697 판결 참조.
373) 대구지방법원 2007. 5. 31. 선고 2005가합13671 판결 참조.
374) 서울중앙지방법원 2013. 2. 7. 선고 2012노3714 판결 참조.
375) 수원지방법원 2010. 4. 29. 선고 2009가합9167 판결 참조.
376) 청주지방법원 1987. 7. 9. 선고 86가합309 판결 참조.
377) 수원지방법원 2010. 4. 29. 선고 2009가합9167 판결 참조.

어야 할 학생은 개별 관리하여야 한다. 보호대상 학생이 수업참가 여부를 선택하게 하지 말고, 교사가 직접 매 차시 마다 그리고 수업 내용에 따라 적극적으로 배제시키는 등 개별 학생의 건강 상태에 따른 적합한 조치를 취해야 한다.[378]

(4) 개별 학생에 대한 건강관리 점검 소홀 및 무더위 등 기온변화 무시

매 체육시간 마다 전체 학생을 대상으로 개별학생에 대한 건강 상태를 확인하고 수업에 참가여부를 결정하여야 하는데 자칫 소홀하여 건강관리 점검을 생략하고 수업을 진행하거나, 수업 중에 운동장 기온이 30도에 가까운 무더운 날씨였는데도 이를 무시하고 무리한 수업을 진행하면 교사에게 과실 책임이 인정된다.[379]

(5) 체육 교구에 대한 안전 점검 미흡

운동장에 고정된 체육교구의 경우 체육교사 혼자서 사용하는 것이 아니므로 사전 안전 점검에 소홀하기 쉽지만, 배구대가 부러지거나 철봉이 낡아서 부러져 학생이 다치는 경우 교사에게 안전 점검에 대한 주의의무를 다하지 않았다 하여 책임을 부과하고 있다.[380] 즉 학교시설 안전에 대한 책임은 학교와 더불어 수업 전 체육교구의 안전성을 확인하지 않은 체육교사에게도 책임이 있다고 판결하고 있다.

(6) 준비 운동 없는 체육 수업은 교사 과실 책임의 1순위

우리나라 법원은 하급심 상급심 구분 없이 거의 대부분의 판례에서 학생의 사고 유형과는 직접적인 관련성이 없더라도 체육수업에서는 준비운동을 했는지 여부가 사고 책임의 가장 큰 쟁점으로 작용하고 있다.[381] 교사가 준비 운동을 시키지 않고 수업을 진행하다가 사고가 발생하면 그 책임은 오로지 교사에게 있다고 판시하고 있다. 수업주제가 단순히 가벼운 운동이라 할지라도 준비운동 없이 진행하다가 사고가 발생하면 교사의 책임은 가중된다.

(7) 학생의 개인차를 고려한 수준별 수업 소홀

학습목표를 달성하기 위하여 모든 학생에게 동일한 수업목표와 수업과정을 제시하여 진행하면서 학생들의 개인차를 고려하여 수준별 수업을 진행하지 않고, 일부 체력이 부족한 학생에게도 무리하게 수업목표를 요구하다가 사고가 발생하면 교사의 책임이다. 교사의 무리한 목표설정과 개별학생의 사

---

378) 대구지방법원 2006. 4. 7. 선고 2005고단7697 판결 참조.
379) 대법원 1997. 2. 14. 선고 96다38070 판결 참조.
380) 의정부지방법원 2010. 1. 21 선고 2009가합1174 판결 참조.
381) 수원지방법원 2000. 8. 25. 선고 97가합21478 판결; 광주지방법원 2006. 5. 30. 선고 2005가합8080 판결 등 참조.

전 건강 점검 부족 등은 과실 책임 요소가 된다.[382]

(8) 체육 교구 운반 관리 소홀

체육창고에 있는 체육 교구를 이동할 때 학생들에게만 운반하게 하고 교사는 운반과정에 임장하지 않을 경우 운반 중 사고가 발생하면 학생 보호감독의무 위반책임이 따른다. 그러므로 교구의 무게, 교구의 안전성, 운반학생의 수, 교직원의 지원 등 적합한 운반 체제를 갖추어야 하며, 특히 교사는 운반 지시만 하고 임장하지 않은 채 운반 도중 학생이 사고를 당하면 수업시간이 아니라도 교사의 과실이 인정된다.

(9) 신속하고 유효적절한 응급 처치 위반

사고 발생 시 체육교사로서는 가능한 범위 안에서 유효적절한 응급조치를 즉각 시행함으로써 학생의 생명과 건강에 대한 위험을 제거하거나 최소화할 의무가 있다. 교사가 그러한 조치를 취하지 아니한 채 적어도 5분가량 시간을 지체하였다면 과실 책임이 있다는 판례도 있으므로,[383] 생명이 위급한 학생을 다른 학생들에게 맡기거나 수업이 끝나고 대책을 세우는 등 시간을 지체하면 교사의 책임은 더욱 가중된다.

3. 교사와 학교 측에 책임이 없는 경우

(1) 구체적 위험성이 없고 돌발적이거나 우연한 사고

◆ 돌발적이거나 우연한 사고에 대해서는 교사에게 책임을 묻기 어렵다는 것이 판례의 일반적인 경향이다.

고등학교 1학년 씨름부 학생들이 씨름 연습장에서 두 사람이 함께 한 사람을 집어 던져 피해학생이 강한 충격을 받아 척추손상 등의 상해를 입었다. 이 사안에 대해서 법원은 가해학생들의 분별능력과 성행, 피해학생과의 관계 등을 고려할 때 위험한 장난을 하리라는 구체적인 위험성이 있다거나, 지도교사가 예견 가능하였다고 보이지 아니한 돌발적이거나 우연한 사고이므로 교사 등에게 보호·감독의

---

382) 서울중앙지방법원 2004. 9. 14. 선고 2003가합51601 판결 참조.
383) 대법원 2008. 5. 8. 선고 2008다5417 판결 참조.

무 위반의 책임을 지울 수 없다고 판시하였다.[384]

(2) 유의사항 전달과 경기의 성격상 불가항력적 사고

◆ 축구시합의 성격상 불가항력적 사고에 대해서까지 교사에게 주의의무가 있다고 보기는 어렵다.

초등학교 6학년 체육수업에서 축구시합을 하던 중 A학생이 상대편 선수와 부딪치는 바람에 그 충격으로 대퇴골 골절의 상해를 입게 되고 영구적인 후유장애가 남았다. 교사는 축구시합을 시작하기 전에 유의사항과 규칙을 설명하고 체육활동이 곤란한 사람은 앉아서 참관하게 하고, 교사가 심판으로 참가하여 학생들의 축구시합을 감독하다가 학생이 시합 도중에 다치게 되자, 보건교사와 함께 구급차를 불러 후송하는 등의 조치를 하였다. 이 사안에 대해서 법원은 축구시합의 특성상 몸과 몸이 부딪치는 불가항력적인 것까지 방지할 주의의무가 있다고 보기는 어려우므로 교사에게 책임이 없다고 판시하였다.[385]

(3) 학생이 사망하였지만 응급조치 및 후속조치에서 교사의 과실이 없는 사고

◆ 사고 발생 즉시 구조요청을 하고, 인공호흡과 심폐소생술 등의 응급조치를 한 교사 교장 등에게 잘못이 있다고 보기 어렵다.

중학교 2학년 학생이 체육수업 시간에 150m 달리기를 하다가 갑자기 쓰러져 체육교사가 학생을 바로 눕혀 인공호흡과 심폐소생술 등의 응급조치를 하면서, 행정실에 알려 119구급대에 구조요청을 한 후 병원으로 후송하여 응급치료를 받도록 하였으나 사망하였다. 이 사안에 대해서 법원은 150m 달리기는 통상 중학교 2학년 학생들에게 특별히 위험한 정도의 운동으로 보이지 않고 학생들에게 달리기를 하도록 한 것은 교사로서의 직무상 의무를 위반한 과실이 있다고 볼 수 없고, 사고 당시 바로 구조요청을 하도록 하는 한편, 구급대가 도착할 때까지 인공호흡과 심폐소생술 등의 응급조치를 계속한 점에 비추어 보면 교사 교장 등에게 잘못이 있다고 보기 어렵다고 판시하였다.[386]

---

384) 대법원 1995. 12. 26. 선고 95다313 판결 참조.
385) 수원지방법원 2000. 8. 25. 선고 97가합21478 판결 참조.
386) 대구지방법원 2006가합8423.

Ⅱ. 체육수업 사고의 개별적 책임과 책임예방 Tip

체육수업 사고에 대한 법원의 판례 가운데 교사나 학교장 교육청 등 학교 측에 책임이 있는 사건을 중심으로 교사나 학교장의 주의의무 위반에 대한 개별적 책임과 사고를 예방하고 책임을 지지 않거나 경감될 수 있는 사고 예방 Tip을 제시한다.

1. 체육수업 참가 여부를 학생 판단에 맡겨야 하나, 교사가 참가를 배제해야 하나

판례[387]

체육수업 중 '요양호 학생'을 수업에서 배제하지 않고 무리한 운동을 하게 한 체육교사, 형사처벌

【사건개요】

◆ 중학교 체육담당 A교사는 체육수업 중 심장 근육증 등 '요양호 학생'으로 등록되어 있는 B학생을 운동장 뛰기 등 심장에 부담을 주는 운동을 하게 하여 뇌손상 및 사지부전마비 등의 상해를 입게 하였다. B학생은 당시 12세 남짓의 내성적인 성격을 가진 중학생으로서 자신의 병증에 대한 심각성을 충분히 인식하기 어렵고, 사춘기 시절의 충동과 급우들과의 어울림에 무신경할 수 없을 뿐만 아니라 교사에게 자신의 의사를 뚜렷이 드러낼 것을 기대하기 힘들었다.

【교사책임 및 판결요지】

◆ B학생은 '요양호 학생' 학생으로 등재되어 있었으므로 체육교사는 B학생에 대하여 각별한 주의를 하여 부담이 되거나 위험한 운동으로부터 B학생을 배제시켜야 할 의무가 있다. 수업시작 전에 아픈 학생은 스스로 앞으로 나와 그 사유를 말하게 하고 그 사유에 따라 수업에서 배제시킬 것인지를 결정하는 소극적인 방식은, 결국 수업에 참가할 것인지 여부를 피해자 스스로 몸 상태를 보아가며 결정하게 하는 것에 불과하여 A교사가 B학생에 대한 주의의무를 다하지 못하였다. 재판부는 A교사에게 벌금 3백만원의 형사처벌을 하였다.

교사를 위한 책임예방 Tip

◆ 체육 교사는 건강기록부 등에 '요양호 학생'등 신체 건강과 관련한 특별 보호 학생으로 등재되어 있는 학생을 별도로 개별 관리하여 수업 내용이나 난이도에 따라 수업 참가의 적합성 여부를 판단하여야 한다. 즉 학생 건강상태에 따라 수업 참여 여부에 대한 판단을 학생 스스로 판단하게 하지 말고 교사가 직접 판단하여 배제하여야 책임을 면할 수 있다. 특히 학기 초부터 보건교사와 학생 건강정보

---

387) 대구지방법원 2006. 4. 7. 선고 2005고단7697 판결.

를 공유하여 건강관리 특별 보호 대상 학생을 파악하고, 매 수업시간 마다 수업내용의 난이도에 따라 개별지도 하여야 책임을 면할 수 있겠다. 하지만 수업에서 배제시킬 경우 해당학생의 학습권이 침해되지 않도록 학부모 동의를 받거나 맞춤형 개별학습 등을 적용할 필요가 있다.

2. 학생들을 경쟁시키고 무리한 신체 활동 조장한 체육교사, 얼마를 배상했나?

판례[388]
고등학생이 체육수업 중 하반신 마비로 지체장애 1급 판정을 받아 교사와 학교법인이 4억여원을 배상한 사건

【사건개요】

◆ 고등학교 1학년 B학생은 운동장에서 체육교사인 A기간제 교사의 지도로 체육수업을 받았다. 수업의 내용은 약 10m를 한 구간으로 하여 1개 구간에 1개 동작씩 5가지 동작(팔굽혀펴기, 오리걸음 등)을 차례로 하는 것이었으며, A교사는 수업 마지막에 수행평가 가산점을 주겠다고 하면서 경쟁시합을 시켰고, B학생은 경쟁시합에서 팔굽혀펴기를 마치고 오리걸음 동작으로 자세를 바꾸는 순간 갑자기 허리에 통증을 느꼈고, 그 후 병원으로 후송되어 하반신 마비 등으로 지체장애 1급 2호의 판정을 받았다.

【교사책임 및 판결요지】

◆ 체육수업에서 5가지 동작을 무리하게 반복하는 것은 신체 각 부위에 충격과 부담을 주어 운동과정에서 신체에 부상이 생길 염려가 있고, 특히 수행평가에 민감한 학생들이 성적에 대한 압박감 등으로 인하여 평소 체력이나 건강상태, 운동능력, 당일의 건강 상태 등을 고려하지 않고 무리할 수도 있다. 체육교사는 사고 발생을 방지하기 위한 적절한 조치를 취하여 학생들을 보호감독할 주의의무가 있음에도 불구하고, 적절한 조치를 취하지 않은 채 오히려 학생들이 빠른 속도로 구간을 반복하도록 독려하는 방식으로 체육수업을 진행한 잘못이 있다. 재판부는 교사와 학교법인이 B학생과 부모 등에게 4억4천만원을 지급하라고 판결하였다.

교사를 위한 책임예방 Tip

◆ 체육교사는 학생들의 건강상태를 사전에 점검하고, 학생들이 부상을 입지 않도록 미리 주의사항을 고지하고 준비운동을 충분히 시키는 것을 잊지 말아야 하며, 체육활동 중에 몸이 불편한 학생은 과감하게 쉬도록 허락하여야 사고를 방지할 수 있다. 학생 개인별 신체조건은 차이가 있는데도 불구하고 경쟁에서 우승한 학생들에게 가산점을 준다고 하면서, 무리한 신체 활동을 조장하면 성적에 민

---

388) 대구지방법원 2007. 5. 31. 선고 2005가합13671 판결.

감하게 반응하는 학생들에게는 사고 발생이 예정되어 있다고도 하겠다. 이 사례와 같이 교사는 교육청 또는 학교법인과 연대하여 상당한 금액을 배상해야 하는 경우도 발생한다.

3. 오전에 준비운동했는데 오후에 또다시 준비운동해야 하나?

판례[389)]

중학생이 1,000m 오래달리기 중 결승선 앞에서 사망한 사건

【사건개요】

◈ 갑 중학교는 운동장에서 체력검사를 시행하였는데 A학생이 1,000m 오래달리기를 하던 중 결승선을 약 20m 남기고 쓰러져 체육교사와 보건교사가 인공호흡을 하는 등 응급조치를 취한 뒤 병원으로 후송하였으나 후송 도중 심폐정지로 사망하였다. 오전에는 교장의 훈화 및 준비운동을 시행하였지만 오후에 체력검사를 다시 시작하면서는 담당교사들이 별도의 준비운동을 시키지 않은 채 오래달리기를 실시하도록 하였으며, 사고가 발생한 후에 비로소 신체에 이상이 있는 학생은 오래달리기를 포기할 것 등 주의를 촉구하였다.

【교사책임 및 판결요지】

◈ 체력검사를 실시하는 중학교 교사들로서는 사전에 체력검사에 임하는 학생들에게 준비운동을 충분히 시키고 안전교육을 실시하는 등 불의의 사고에 철저하게 대비하여 학생들을 보호감독할 주의의무가 있음에도, 체력검사를 담당한 교사들이 오후에 체력검사를 다시 시작하면서는 별도의 준비운동을 시키지 않은 채 오래달리기를 실시하여 A학생이 사망하는 사고가 발생하였다. 재판부는 담당교사들이 주의의무를 게을리하여 A학생이 사망하였다고 하여 교사의 사용자인 지방자치단체(교육청)가 A학생 측에 2천4백여만원을 지급하라고 판결하였다.

교사를 위한 책임예방 Tip

◈ 이 판결의 쟁점은 준비운동 실시 여부이며, 오전에는 준비운동을 시켰지만 오후에는 생략한 것에 대한 책임이다. 오전에 이어서 오후에 체력검사를 실시하는 경우라도 오후에 다시 준비운동을 충분히 시켰더라면 책임이 경감될 수 있었을 것이다. 준비운동 실시여부는 교사 책임 판단의 중요한 요소로 작용한다. 또한 이 사건처럼 사고 발생 후에 신체에 이상이 있는 학생은 오래달리기를 포기하도록 하는 것은 책임이 경감되지 않으니 사고 발생 전에 충분히 주의를 촉구하여야 한다. 특히 오래달리기 등 장거리 달리기는 신체에 무리가 가는 운동이므로 특별한 경우를 제외하고는 시행하지 않는 것이 학생의 안전에 도움이 되고 교사의 사고 책임 예방을 위해서도 필요하겠지만, 반드시 시행해야 할

---

389) 부산지방법원 1995. 7. 21. 선고 94가합31184 판결.

경우는 사전에 의료진 배치 등 긴급 처치를 위한 대책이 마련되어야 할 것이다.

4. 달리기 잘한다고 애교심 길러질까?

판례[390]

| 고등학교 여학생이 5km 건강 달리기 대회에서 사망한 사건 |

【사건개요】

◆ 갑 고등학교는 중장거리 달리기를 통하여 기초체력을 향상하고 강인한 정신력을 배양하며 애교심을 고취한다는 등의 목적으로 재학생 1400명에게 5㎞ 거리를 달리는 건강달리기 대회를 개최하였고, 당일의 출석 및 달리기 참가 여부·결과 등에 따라 체육과목의 실기점수에 반영하기로 하였다. 2학년 여학생 A는 달리기에 참가하여 출발지점으로부터 약 2.5㎞ 지점에 이르러 갑자기 호흡곤란을 느껴 쓰러져 병원으로 후송되어 치료를 받았으나 뇌사상태에 빠져 있다가 사망하였다.

【학교책임 및 판결요지】

◆ 학교 측은 대회 출석 및 달리기 참가 여부, 달리기 성적 등을 체육 점수와 결부함으로써 성적에 민감한 학생들의 참가를 사실상 강제하면서도 충분한 준비운동을 시키지 않았으며, A학생은 학년 초 체질검사 결과 '혈액 및 조혈기, 요주의'라고 기재가 되어 있어 달리기에 부적절한 상태에 있었음에도 달리기에 참가하게 한 책임이 있다. 학교 측은 장거리달리기 코스 주요 지점에 일정 간격으로 교사나 의료진을 배치하거나 또는 신속한 연락 및 접근이 가능하도록 응급구조체계를 갖추어야 할 주의의무가 있다고 하여, 지방자치단체가 갑 고등학교의 교장 내지 담당교사의 사용자로서 A학생의 부모에게 1억8백여만원을 지급하라고 판결하였다.

학교장 및 교사를 위한 책임예방 Tip

◆ 학교장이 학생들에게 애교심을 고취한다거나 강인한 정신력을 배양하기 위한 목적이라도 학생들의 건강 상태를 개별적으로 확인하지 않고 신체적 고통이 유발될 수 있는 장거리 달리기 대회를 시행하는 것은 지양하여야 한다. 달리기 대회를 시행할 필요성이 있다면 담임교사는 개별면담을 실시하여 학생들의 신체 및 건강상태 등을 면밀히 검사하여 달리기 대회 참가의 적합성 여부를 판단하여야 한다. 더 나아가 재판부에 따르면 달리기 코스에는 사고에 대비하여 일정 간격으로 교사나 의료진을 배치하거나 또는 신속한 연락 및 접근이 가능하도록 응급구조체계를 갖추어야 한다고 판시하고 있다. 이 학교는 오랫동안 전통적으로 시행해온 건강달리기 대회라고 하지만, 학생들에게 위험성이 있는 행사는 학년 초 교육계획 수립 시 재검토하여 과감히 개선할 필요가 있다. 연간 학교 행사계획을

---

390) 서울중앙지방법원 2004. 9. 14. 선고 2003가합51601 판결.

수립할 때 참여 학생들의 안전에 대한 면밀한 검토 없이 전통과 관례만 답습하다가는 학생들이 희생될 수 있기 때문이다.

5. 체육 수업시간이 종료되어도 체육 교사가 책임지나?

판례[391]

테니스 라켓을 휘두르다가 놓쳐 옆에 있던 학생의 눈을 다치게 한 사건

【사건개요】

◈ 중학교 체육담당 A교사는 체육시간에 2학년 학생에게 운동장 테니스 코트에서 서브 실기시험을 실시하였는데, 시험을 치르지 못한 학생 5~6명이 남은 상태에서 수업종료 벨이 울리자, 이미 시험을 치른 학생들은 모두 교실로 들어가도록 지시한 후 시험을 치르지 못한 학생들에 대한 시험을 계속 실시하였다. 이미 시험을 치른 B학생은 교실로 들어가지 않고 A교사 및 시험을 치르고 있는 학생들이 있는 곳의 맞은편에서 C학생과 서브 연습을 하던 중 테니스 라켓을 휘두르다가 놓쳐 C학생의 눈에 맞아 우측 눈에 상해를 입게 하였다.

【교사책임 및 판결요지】

◈ A교사는 수업시간 종료 벨이 울린 후에 시험을 치른 학생들은 교실로 복귀시키고 나머지 학생들에 대한 시험을 계속 실시하기로 하였다면, 이미 시험을 치른 학생들이 모두 교실로 복귀하였는지, 그렇지 않다면 최소한 시험을 치르고 있는 테니스 코트를 중심으로 보호막이 있는 곳까지의 공간에 아직 학생들이 남아 있는지 확인하고, 그 학생들을 모두 퇴장시킨 후에 남아 있는 학생들에 대한 시험을 실시하여 테니스 코트 내에서의 안전사고를 방지할 주의의무가 있음에도 이를 게을리한 과실이 있다. 재판부는 학교 측이 B학생의 부모 등에게 18,894,707원을 지급하라고 판시하였다.

교사를 위한 책임예방 Tip

◈ 이 사건은 체육수업이 끝난 후에 학생들이 임의로 테니스를 하다가 라켓을 놓쳐서 발생한 사고이다. 위 판시 사항과 같이 체육수업이 끝난 경우에도 교사의 책임이 인정되므로 시험을 치르지 못한 학생들만 테니스 코트에 남게 하고 다른 학생들은 모두 퇴장시키거나 수업 후에는 라켓 사용을 금지하는 등 체육교구 관리를 철저히 할 필요가 있다. 특히 수업 중에 사용하던 교구는 교사가 직접 관리하여야 하고, 학생들이 수업 후에 임의로 사용하지 않도록 모두 회수하여야 사고 예방에 도움이 된다.

---

391) 서울중앙지방법원 2007. 6. 7. 선고 2006가단198832 판결.

157

6. 교사가 이성을 잃고 격분하여 행동하면?

교사가 이성을 잃고 격분한 상태에서 학생을 폭행, 징계와 형사처벌도 받고 그리고 민사책임 까지?

【사건개요】

◆ 중학교 여학생 B학생은 체육수업시간에 자주 지각을 하거나 체육복을 입지 않은 상태에서 수업에 임하는 등 다소 반항적이고 무례한 태도를 보여 왔는데, 체육담당 A교사는 B학생의 이와 같은 행동을 지적하면서 화가 나 이성을 잃은 상태에서 폭언을 하며, 폭행하여 3주간의 치료를 요하는 상해를 입히고 3개월간의 정신과 치료를 받게 하였다.

【교사책임 및 판결요지】

◆ 학생이 교사에게 불손한 태도를 취하여 교사가 격분할 만한 상황이 있었다 하더라도 이를 정당한 징계를 통해 지도하려는 것이 아니라, 이성을 잃은 상태에서 폭언을 하며 물리적 폭력을 행사하는 방식으로 교정하려는 것은 이 사회가 지향하는 합의된 공동체 원칙이나 교육 이념에 비추어 용납될 수 없다. A교사는 이 사건으로 인해 교육청으로부터 징계처분인 견책을 받았다. 또한 재판부는 장차 피해자와의 민사소송 결과에 따라 피해자에게 금전적으로나마 그 피해를 회복시킬 것으로 보이지만, 교육목적 행위로 용인될 수 있는 한도를 넘은 명백한 폭력에 해당한다고 하여 벌금 100만원을 선고하였다.

교사를 위한 책임예방 Tip

◆ 사건의 원인은 학생이 체육수업시간에 자주 지각을 하며 체육복을 입지 않고 교사에게 반항적이고 무례한 태도를 보였기 때문일 것이다. 교사는 학생들의 성품은 다양하고 저마다 개성이 있다고 생각하며 지도에 임하여야 하며, 특히 교사가 격한 감정을 억제하지 못하고 이성을 잃은 상태에서 행동을 하게 된다면 이미 교육 목적인 훈육의 한계를 벗어난 것이니 어떠한 경우라도 이성을 잃는 상황은 피하여야 할 것이다. 일시적인 감정을 참지 못하면 이 사건처럼 이미 징계도 받았고 벌금형인 형사처벌도 받았으나 또 다시 학생의 치료비와 위자료 등 민사적 손해배상책임도 질 것으로 보인다. 학교 현장에서도 교육목적인 폭행을 체벌이라는 용어로 사용하고 있지만, 체벌이라는 용어는 법령에는 존재하지 아니하는 용어이고, 교사가 감정을 억제하지 못하고 체벌하는 행위는 훈육의 한계를 벗어났다고 판단하여 폭행죄나 상해죄를 적용하여 교사를 처벌하고 있으므로 주의하여야 한다.

---

392) 서울중앙지방법원 2013. 2. 7. 선고 2012노3714 판결.

7. 교사는 없고 학생만 있는 시간

비 오는 날 수업 중 컨테이너 안에 학생들만 있다가 눈을 다쳐 실명에 이르게 된 사건

【사건개요】

◆ 중학교 1학년 B학생과 C학생 D학생은 토요일 전일 계발활동 시간에 비가 와서 10여 명의 학생들이 컨테이너 안에서 비를 피하고 있었지만 학생들을 감독할 교사는 컨테이너 안에 함께 있지 않았다. C학생과 D학생은 얼음으로 야구놀이를 하다가 얼음조각이 B학생의 왼쪽 눈에 맞았다. 다른 학생들이 A교사에게 가서 말했으나, 교사는 '괜찮을 것이다. 계속 아프면 병원에 가보라.' 고만 하였을 뿐 별다른 조치를 취하지 않았다. 그 후 B학생은 점점 심해져 진료 결과 왼쪽 눈의 실명과 안구 위축의 장해가 영구적으로 남게 될 것이 예상되었다.

【교사책임 및 판결요지】

◆ 중학교의 야구 계발활동을 담당하는 A교사는 비가 온다는 이유로 10여 명의 학생들만을 좁은 컨테이너박스 안에 들어가 있도록 하였는데, 좁은 공간에서 물건을 던지고 놀 경우 그 공간 내의 다른 사람이 그 물건에 맞을 수 있다는 점은 학생들을 감독할 의무가 있는 교사로서는 충분히 예측 가능하다. 그러므로 이 사고는 A교사가 지도·감독의무를 소홀히 하여 발생하였으므로, 재판부는 A교사의 사용자인 ○○도(교육청)는 C학생, D학생 측과 공동으로 6천2백여만원을 배상하라고 판결하였다.

교사를 위한 책임예방 Tip

◆ 이 판결에서 교사는 두 가지 의무를 소홀히 하였다. 먼저 학생이 있는 곳에 교사가 없었다. 학생만 컨테이너 박스에 들어가게 하고 교사가 없었다면 학생들 사이에 사고가 발생할 수 있다는 것은 예측 가능하다고 하겠다. 예측이 불가능하면 교사 책임이 면제되거나 경감될 수 있지만 예측이 가능하면 책임이 있다. 즉 법원은 교사가 없으면 학생 사고를 예측할 수 있고, 예측할 수 있다면 교사에게 책임이 있다고 판단하고 있다.

두 번째로 교사가 대처 방법을 소홀히 하였다. 학생이 통증을 호소한다면 보건교사의 협조를 구해 응급구호 조치는 물론 보호자에게 통지하여 신속히 대처할 필요가 있다. 이때 수업 결손이나 남은 학생들에 대한 보호 관리 등 담당교사 혼자서 감당하기 어렵다면, 다른 교직원의 협조를 받아 처리하여야 하고 사고 발생 즉시 교장 교감 등에게 보고하고 지시에 따라야 한다.

---

393) 수원지방법원 2010. 4. 29. 선고 2009가합9167 판결.

8. 사고 예견 가능성이 교사 책임 판단의 쟁점

판례[394]

고등학교 체육수업 후 반장 학생이 잠긴 교실 문을 열기 위해 옆 교실로 넘어 들어가다가 떨어져 허리를 다친 사고

【사건개요】

◆ 갑 고등학교 1학년에서는 평소 실외수업 시 도난 사고가 빈번하자 담임교사인 A교사는 이에 대한 방지책으로 교실 문을 잠그기로 하였다. 사고 당일 운동장에서 체육수업이 끝난 후 학생들은 교실로 들어가려고 하였으나 교실 문이 잠겨 현장에 열쇠를 가지고 있는 학생이 없어 2층에 위치한 교실 안으로 들어 갈 수가 없었다. 이에 반장이었던 B학생은 옆 반 창문을 통해 문을 열 생각으로 창문을 넘다가 미끄러져 땅바닥에 떨어져 골절상을 입었다. 학교장과 A교사는 외부 창문을 통한 출입과 관련하여 안전사고 예방을 위한 지도를 실시한 바 없다.

【교사책임 및 판결요지】

◆ 학생을 보호감독할 책임의 주체인 교장과 담임교사는 교실 문을 잠그고 다닐 경우 열쇠를 구하지 못한 학생들이 창문 등을 이용하여 출입할 것을 어느 정도 예견할 수 있음에도 불구하고, 학생들이 외부 창문을 넘어 출입하지 못하도록 엄중히 경고하는 등 사고예방 대책을 제대로 시행하지 아니한 과실이 있다. 재판부는 교육감에게 소속 공무원인 교장 담임교사의 직무 집행 상 과실로 인하여 발생한 사고에 관하여 「국가배상법」 제2조에 따라 B학생의 재산상 손해와 위자료 등 4천2백여만원을 배상하라고 판결하였다.

교사를 위한 책임예방 Tip

◆ 이 판결의 쟁점은 담임교사에 대한 예견가능성 인정 여부이다. 교사가 교실 문을 잠그기로 하고 열쇠를 별도로 관리하고 있을 경우, 외부 수업을 마치고 교실에 입실하려는 학생들이 교실에 못 들어갈 때 어떻게 행동할까를 미리 예측하여야 하고, 정상적인 출입 경로를 통하지 않고 출입할 것이라는 것도 예측가능하다는 판단이다. 즉 사회통념상 열쇠를 구하지 못한 학생들이 창문 등을 이용하여 출입할 것을 어느 정도 예견할 수 있는데도 불구하고 학생들이 외부 창문을 넘어 출입하지 못하도록 엄중히 경고하는 등 사고예방 대책을 제대로 시행하지 아니하였으므로 교사는 주의의무를 다하지 아니한 과실이 있다고 판단하였다. 이처럼 예견가능성은 교사의 책임 유무를 결정하는 핵심적인 요소이므로 학생들의 예상되는 행동을 미리 짐작하고 방지할 필요가 있다.

---

394) 의정부지방법원 2005. 12. 21. 선고 2005가합6478 판결.

9. 체육수업 시작 전 사고도 교사 책임일까?

판례[395]

오래된 배구 지주대가 부러져 초등학교 2학년 학생의 배에 떨어진 사건

【사건개요】

◈ 초등학교 실내체육관에서 체육수업을 시작하기 전 A학생을 비롯하여 약 17명의 초등학생들이 배구 네트에 매달리거나 배구네트를 잡고 흔드는 등 장난을 치며 놀다가 배구 지주대가 부러졌는데 A학생은 부러진 배구 지주대에 복부를 맞아 간, 췌장, 장간막 등이 파열되었다. 이 배구 지주대는 쇠기둥으로 10년 되었으며 사고 당시 검정색 고무 밴드로 감아놓은 상태였고 하단 부분이 부러졌으며 그 부분은 원래 용접이 되어 있었다.

【교사책임 및 판결요지】

◈ 오래된 배구 지주대 용접 부분이 고무 밴드로 감겨있어서 평소에 그 상태를 확인할 수 없었다고 하지만 매월 실시되는 체육시설 안전 점검에서 배구지주대의 용접부위 결합 유무 및 안전성 여부는 세부 점검 사항으로 명시되어 있는 데도 그 관리를 소홀히 하였고, 교사는 초등학생들이 배구네트에 매달리는 등의 행위를 제지 내지 통제하지 못한 과실 책임이 있다. 법원은 교육감에게 교장 및 교사들의 사용자로서 A학생 측에 7천7백여만원을 지급하라고 판결하였다.

교사를 위한 책임예방 Tip

◈ 사고는 체육수업을 시작하기 전에 발생하였다. 초등학생들이 배구네트에 매달려 흔들고 놀다가 무거운 배구대가 부러져 다친 사고이다. 만약 교사가 수업시작 전에 현장에 있었다면 학생들의 위험한 장난을 방치하지는 않았을 것이다. 교실에서 실내 체육관으로 이동하여 수업 준비를 하는 과정에서도 교사가 어린 초등학교 2학년 학생들을 직접 인솔하고 먼저 체육관에 도착하여 배구 네트에 매달리지 않도록 위험성을 지도하였다면 사고를 예방할 수 있었을 것이다. 또한 매월 시행하는 체육 시설 안전점검에서는 형식적이 아닌 지주대의 용접부위를 확인하기 위하여 고무 밴드를 풀어 보수하는 등 실질적인 점검이 이루어져야 하고, 안전성이 결여되었다면 즉시 사용을 중지하는 등의 조치가 필요할 것이다.

---

395) 의정부지방법원 2010. 1. 21. 선고 2009가합1174 판결.

10. 1심은 교사 책임 없다, 항소심은 교사가 배상하라, 대법원은?

판례³⁹⁶⁾

축구 수행평가와 플리잉디스크 연습을 동시에 진행하다가 발생한 사고

【사건개요】

◆ 중학교 2학년 C학생은 학교에서 플라잉디스크를 이용한 체육수업 중 B학생의 플라잉디스크를 주워서 건네주는 과정에서 플라잉디스크를 줄 듯 말 듯 장난을 치다가 B학생의 얼굴 쪽으로 날려서 왼쪽 눈에 맞게 하여 왼쪽 눈꺼풀에 찰과상 등을 입게 하였다. 이 사건으로 인하여 C학생은 소년보호 사건으로 송치되어 「소년법」에 따른 감호 위탁 등의 처분을 받았다.

【교사책임 및 판결요지】

◆ 1심 판결은 지도교사인 A교사가 플라잉디스크를 가까이서 던지거나 세로로 던지는 행위를 금지시키는 등 구체적인 동작까지 지도하였고 사고의 예측가능성이 없다고 적시하면서 교사의 책임이 없다고 판시하였다. 하지만 항소심³⁹⁷⁾은 A교사는 축구 수행평가와 플라잉디스크 연습을 동시에 진행하는 것으로 수업시간을 편성하였을 뿐만 아니라, 플라잉디스크 연습을 하는 학생들에게는 일반적인 주의사항만 전달한 후 축구 수행평가 감독을 함으로써 이들에 대한 감독 의무를 소홀히 하였다고 판단하였다.

또한 지도교사인 A교사가 학생들을 가까이에서 관찰하며 안전사고가 발생하지 아니하도록 감독할 의무가 있음에도 불구하고 소홀히 하였으므로 A교사와 C학생 및 A교사의 사용자인 지방자치단체는 B학생 측에 치료비와 위자료 등 5백9십여만원을 배상하라고 판결하였다.

교사를 위한 책임예방 Tip

◆ 교구를 이용한 수업은 사고 발생 가능성이 크다고 보아야 하고, 교구의 특성에 따라 사고를 미리 예상하여 주의사항을 반복하여 지도하여야 한다. 특히 1심 판결에서는 교사가 교구 사용의 구체적인 동작까지 지도하였고 사고의 예측가능성이 없어 책임이 없다고 판결하였지만, 항소심에서는 교사가 축구 수행평가와 플라잉디스크 연습을 동시에 진행하였다는 새로운 사안에 중점을 두고 플라잉디스크 연습을 하는 학생들에 대한 감독 의무를 소홀히 하였다고 판단하였다. 하지만 최종적으로 대법원³⁹⁸⁾에서는 다음과 같은 이유로 교사의 책임이 없다고 판결하였으므로 대법원이 판단한 교사 책임이 없다는 이유를 주목하여 사고 예방에 활용할 필요가 있다.

---

396) 의정부지방법원 2014. 2. 13. 선고 201가단65334 판결.
397) 의정부지방법원 2014. 10. 17. 선고 2014나5266 판결.
398) 대법원 2015. 7. 23. 선고 2014다82361 판결.

11. 장거리 달리기 전에 교사가 해야 할 일은?

판례[399]

준비운동도 하지 않고 운동장에서 이어달리기 하다가 사망한 사건

【사건개요】

◆ 갑 사립학교는 봄철 체육대회를 개최하면서 1,600m 이어달리기를 하였는데 1학년 A학생은 이어달리기 중 약 150m를 달리다가 갑자기 쓰러져 담임교사 및 다른 교사 1명으로부터 응급조치를 받은 후 병원으로 후송되었으나 심폐정지로 사망하였다. 봄철 체육대회를 개최하는 운동장은 학교 내 급식소 신축공사장에 진입하는 차량들로 인해 움푹 패여 고르지 못한 상태이고 본래 800m 달리기 계획을 1,600m로 임의로 변경하여 실시하였다.

【교사책임 및 판결요지】

◆ 학생들이 달리는 운동장은 신축공사장에 진입하는 차량들로 인해 움푹 패여 고르지 못한 상태인데도 보수하지 않았으며, 1,600m 이어달리기는 신체에 이상을 초래할 위험성이 있는 종목임에도 불구하고 교사는 사전에 학생의 건강 상태를 체크하지 않았고, 준비운동도 실시하지 않았으며 지도교사도 임장하지 않은 책임이 있다. 재판부는 학교를 운영하는 학교법인에게 1억4백만원을 지급하라고 판결하였다.

교사를 위한 책임예방 Tip

◆ 이어달리기 등 장거리를 달리는 경기는 신체에 크게 부담을 주는 위험성이 있는 운동이다. 특히 이어달리기는 학생들이 팀별로 게임을 한다고 생각하고 승부욕이 강해 무리한 경기를 하다가 사고를 당할 수 있다. 교사는 가급적 위험한 장거리를 질주하여야 하는 경쟁 경기를 지양하고 장거리달리기 등 신체에 부담을 주는 운동을 하지 않을 수 없을 경우에는 개별 학생의 건강상태를 확인하고 철저한

---

399) 광주지방법원 2006. 5. 30. 선고 2005가합8080 판결.

준비운동과 그리고 교사가 임장하여 지도하여야 한다. 또한 응급 상황에 대비하여 보건교사 등이 운동장에서 대기하는 것도 사고예방과 법적인 책임이 면제 또는 경감되는 방안이 될 것이다.

12. 위험한 도구를 사용하는 운동 연습은 안전조치가 필수

판례[400)]

투포환 연습 중 투포환이 운동장에서 놀고 있던 학생의 머리에 맞은 사건

【사건개요】

◆ 초등학교 3학년 B학생은 오전 수업을 마치고 운동장에서 뛰어놀고 있었는데, 운동장에서 투포환 훈련을 하는 선수가 던진 투포환에 머리에 맞아 8주간의 뇌좌상 등의 상해를 입었다. 운동장 내의 투포환 연습을 하는 곳 주변에는 별도의 경계 표시가 없어 학생들이 오전 수업을 마치고 축구를 하는 등 뛰어놀고 있었다.

【교사책임 및 판결요지】

◆ 투포환을 지도하는 A교사는 운동장에서 투포환 선수들을 훈련시키면서 일반 학생들이 투포환 연습을 하는 곳에 접근하지 못하도록 안전요원을 배치하거나 경계표시를 분명히 하여, 그 경계 내로 들어오지 못하도록 말뚝을 박아 줄로 연결시키는 등 안전조치를 취하여 사고 발생을 예방할 업무상 주의의무가 있음에도 불구하고 아무런 안전조치를 취하지 아니하였다. 재판부는 교사의 사용자인 교육감이 B학생 측에 5천2백여만원을 지급하라고 판결하였다.

교사를 위한 책임예방 Tip

◆ 무거운 투포환이 사람에게 맞을 경우 특히 어린 초등학생에게 충격을 가하게 되면 흉기라고 보아야 한다. 많은 학생들이 놀고 있는 운동장에서 투포환 훈련을 해야 한다면 학생들이 접근하지 못하도록 경계를 표시하고, 안전 요원을 배치하거나 교내 방송을 통해 접근 금지 등 주의 사항을 전달하여야 한다. 하지만 학생들이 모두 하교 후 독립된 연습 장소를 배정받아 경계표시와 안전조치를 취한 후 연습을 하는 것이 흉기로 변하는 투포환 사고를 예방하는 가장 적절한 방법일 것이다.

민사상 손해배상책임에서 교사의 중과실이 아닌 경과실만 인정되는 경우에는 교사의 책임이 없고 교사의 사용자인 교육청이나 학교재단이 배상하지만, 교사의 의무위반 등으로 말미암아 발생한 사고에 대해서는 교육청이나 학교재단으로부터 행정적 책임인 징계 책임을 지는 경우도 있으므로 유의하여야 한다.

---

400) 광주지방법원 1999. 4. 13. 선고 98나5889 판결.

III. 체육수업 사고 책임 예방을 위한 교사의 기본수칙과 유의점

1. 체육수업 마다 건강상태 확인 및 수업 참가의 적합성은 교사가 판단해야

학년 초 건강기록부를 기초로 보건교사와 의논하여 개별학생의 신체 특성을 파악하고, 요양호자 등 특별히 신체에 이상이 있는 학생에 대해서는 학부모와 사전에 수업진행과 참여 방안에 대해서 긴밀히 협의하여야 한다. 건강 이상 학생에 대해서는 수업 내용이나 난이도에 따라 구분하여 수업 참가의 적합성 여부를 학생의 선택에 맡기지 말고 교사가 직접 판단하여야 한다.[401] 이 경우 학생의 학습권이 침해될 수도 있으므로 맞춤형 개별학습이나 학부모의 동의도 필요하다. 또한 전체 학생들을 대상으로 매 수업시간 마다 건강상태를 확인하고 수업을 진행해야 사고 발생 시 교사의 책임이 감경될 수 있다.

교사는 국어 영어 수학 등 다른 교과목과는 전혀 다른 측면에서 학생의 신체적 특성을 고려한 체육수업이라는 인식을 가지고, 수업시간 부족을 이유로 하거나 학습목표에만 집착하여 학생 개인별 신체적 특성을 소홀히 하지 않도록 주의하여야 한다.

2. 학생 스스로 운동 강도 조절과 중단할 수 있도록 안내하는 관대한 지도력 필요

체육수업 진행 중에 자신의 신체에 이상을 느끼면 학생 스스로 자신의 체력에 맞게 강도를 조절하거나 즉시 중단할 수 있도록 사전에 안내할 필요가 있다. 교사는 수업 시작 전 개별 학생들의 건강상태를 점검하고 학생 또한 건강에 이상이 있는 학생은 교사에게 신고하여야 하지만, 나이가 어린 학생이거나 소극적인 학생, 정신지체 학생 등 학생의 심리적 특성에 따라 다르게 대응할 수도 있다.[402] 따라서 수업 도입 단계를 넘어 수업 도중에도 학생이 신체에 이상을 느끼면 무리하지 말고 자율적으로 강도를 조절하거나 중단할 수 있도록 허용하여야 하고 학생 스스로 조절할 수 있는 재량을 매시간마다 안내할 필요가 있다. 학생이 수업에 소극적으로 임하거나 강도 높은 수업을 고의적으로 회피할 부작용도 있겠지만, 교사가 전체적이고 일률적으로 학생들의 인내심과 체력 향상을 지나치게 강조하다가 학생의 신체가 손상되고 생명이 희생될 수 있으니 교사의 관대한 지도력이 요구된다.

3. 장거리 달리기 대회를 꼭 해야 한다면 의료진 배치 등 응급구조 체계를 갖추도록

장거리 달리기는 호흡곤란과 심장 순환기 등의 신체에 이상을 초래할 위험성이 크므로 달리기 대회를 개최하기 전에 학생들의 건강기록부 확인과 개인면담을 실시하고, 학생들의 신체 및 건강상태 등을 면밀히 검사하여 달리기대회 참가에 적합하지 않다고 판단되거나 의심되는 학생을 참가대상에서

---

401) 대구지방법원 2006. 4. 7. 선고 2005고단7697 판결 참조.
402) 대구지방법원 포항지원 2015. 9. 25. 선고 2014가합1084 판결 참조.

제외하여야 한다. 법원은 교사가 체육 종목에 적합하지 않다고 판단된 학생들을 미리 확인하여 제외시킬 주의의무가 있다고 적시하고 있다.[403] 장거리 달리기 대회는 학생들의 건강 상태에 따라 매우 위험할 수 있으니 가급적 시행하지 않아야 하지만, 반드시 대회 실시의 필요성이 있을 경우에는 달리기 코스의 주요 지점에 일정 간격으로 교사와 의료진을 배치하거나 또는 신속한 연락 및 접근이 가능하도록 하여 응급환자가 발생하는 경우 신속하고 적절히 구조할 수 있는 응급구조체계를 요구하고 있다.[404] 한편 응급 구조차량이 접근하지 못하여 학생의 후송이 어려운 구간은 장거리 코스에서 제외하여야 할 것이다.

4. 준비운동 실시 여부는 교사의 사고책임 유무 판단의 쟁점

교사가 학생에게 충분한 준비운동을 시키지 않고 수업을 진행하여 사고가 발생한 경우와 충분한 준비운동 후 진행한 사고에 대해서 교사의 책임은 크게 차이가 난다. 사고가 발생하면 준비운동 실시 여부가 사고책임 판단의 쟁점이 되는 판례[405]가 매우 많으므로 수업 내용에 따라 적합한 준비운동을 충분히 하지 않으면 교사는 책임을 면하기 어렵다. 앞의 판례[406]에서 본 바와 같이 오전에는 준비운동을 시켰지만 오후에 생략하면 책임을 가중시키는 경우도 있다.

준비운동 생략은 학생들의 사고를 예방할 수 있는 신체활동의 기본적인 과정마저도 생략하여 사고를 유발하였거나 사고를 키웠을 가능성이 있다고 법원이 판단하고 있으므로 가벼운 육상운동이든 구기운동이든 준비운동 없이 수업에 임하는 일은 방지해야 한다. 또한 경기를 목적으로 하는 수업이라면 경기의 위험성과 예상되는 사고에 대비한 유의사항을 경기 이전에 상세히 설명하고 수업에 임하기 어려운 학생에게는 참관하게 하여 경기를 무리하게 진행하지 않아야 한다.

5. 안전지도 미실시는 교사 책임 가중 사유

체육수업 사고에서 교사가 학생들에게 어떠한 주된 종목을 지도하더라도 수업의 도입이나 전개과정에서 안전지도 없이 진행하다가 학생이 다치면 법원은 교사의 책임을 가중시키고 있다.[407] 안전지도를 실시하였는데도 사고가 발생하면 학생의 주의의무를 일부 인정하여 교사의 책임이 감경되기도 한다.

교사가 수업 전 교재 연구를 통하여 수업 중 학생들에게 예상되는 위험성을 충분히 분석하지 않거나, 교사 스스로 수업 내용의 지적 이해나 기능이 부족한 상태에서 수업을 진행하여, 이 때문에 사고 위험성을 미리 예상하지 못하거나 소홀히 하여 사고가 발생하면 교사의 책임이 가중된다. 간혹 보결

---

403) 광주지방법원 2006. 5. 30. 선고 2005가합8080 판결 참조.
404) 서울중앙지방법원 2004. 9. 14. 선고 2003가합51601 판결 참조.
405) 대구지방법원 2006. 4. 7. 선고 2005고단7697 판결; 수원지방법원 2000. 8. 25. 선고 97가합21478 판결 등 참조.
406) 부산지방법원 1995. 7. 21. 선고 94가합31184 판결 참조.
407) 청주지방법원 1987. 7. 9. 선고 86가합309 판결 참조.

수업 등으로 체육교사가 아닌 교사로부터 발생하는 사고에 대해서도 책임이 있으니 전문적 지도방법이 부족한 교사는 위험성이 있는 수업은 지양해야 한다.

6. 체육교구 시설 설비의 사전 점검은 필수, 교구 이동은 교직원과 함께

교구 시설 설비의 결함으로 인해 사고가 발생하면 교사는 주의의무 소홀로 책임이 더 커진다. 철봉의 안전상태, 농구대의 안전성, 야구용구 상태, 놀이기구 상태, 뜀틀 상태, 기타 다양한 체육교구의 안전 상태를 점검하여 교구 시설로 인한 학생사고가 발생하지 않도록 하여야 한다.

판례는 외관상 확인이 어렵더라도 시설물의 결함 부분이나 용접 부위가 노후화 되어서 부러지는 사고가 발생하면 확인하지 않은 교사에게 책임이 있다고 판시하고 있고,[408] 야구 연습을 하면서 보신 용구나 시설을 갖추어야 하는데 보신 용구를 착용하지 않고 야구 연습을 하게 한 교사에게 주의의무를 게을리한 잘못이 있다고 판시하고 있으므로,[409] 수업내용에 따라 위험을 예방할 수 있는 용구나 시설은 반드시 갖추어야 한다.

교재 교구의 상태는 안전하다고 하더라고 교재 교구의 재질에 따라 모서리나 표면에 부딪쳐 부상할 수 있으니 이 부분에 대해서도 안전 조치가 필요할 것이다. 또한 교구의 중량이 무겁거나 파손될 우려가 있거나 위험성 등 학생이 운반하기에 부적합한 경우는 교직원의 도움을 받아야 한다. 교구 준비는 흔히 학생들이 담당하여 왔다고 하여 사고가 나지 않을 것으로 예상하고, 학생들에게 운반 지시만 하고 교사가 운반 현장에 부재하였을 때 사고가 나면 학생 보호감독의무 위반 책임이 발생한다.

7. 난이도가 낮은 단계부터 높은 단계로 진행, 무리한 성취 의욕은 사고유발

체육교구를 이용한 수업은 사고 확률이 높다. 그렇다고 교육과정 내용을 생략할 수는 없으므로 사고에 대비해 철저히 준비해야 한다. 가령 철봉 뜀틀 높이뛰기 등 낙상사고 위험요소가 있는 수업을 진행할 때는 학생이 넘어지거나 높은 곳에서 낮은 곳으로 떨어져도 다치지 않는 안전 장비를 비치하고, 난이도가 매우 낮은 활동부터 점차적으로 난이도를 높여가면서 진행하면 학생들의 기능도 숙달되어 사고 발생 빈도도 낮아진다. 법원은 난이도가 높고 학생에게 무리하고 과격한 동작을 반복하게 하여 하반신 장애를 일으키게 한 교사에게 손해를 배상하라고 판결하였다.[410] 그러므로 교사는 학생의 체력에 맞게 강도를 조절하여 신체에 무리가 가지 않도록 하고, 축구 농구 등 승패를 가르는 경기 중심 수업은 학생들이 성취 의욕이 강하여 사고 발생 가능성도 커지므로 상시 밀착 관리하여 보호감독의무에 소홀함이 없어야 한다.

408) 의정부지방법원 2010. 1. 21. 선고 2009가합1174 판결 참조.
409) 광주고등법원 2001. 8. 22. 선고 2001나1569 판결 참조.
410) 대구지방법원 2007. 5. 31. 선고 2005가합13671 판결 참조.

8. 학생이 있는 곳에 교사가 부재하면 책임은 무거워

체육시간에 학생들을 운동장에 미리 집합하게 하고 교사가 늦게 나간다거나, 교사가 도착하기 전 학생들에게 미리 준비운동 등을 시키는 등 사전 활동을 하다가 학생 폭력사고 등이 발생하면 교사는 보호감독 위반의 책임을 져야 한다.

운동장 체육 수업 도중에 비가 오자 교사는 학생들을 컨테이너 박스에 들어가게 하고 교사는 없는 상태에서 사고가 난 사안에서, 법원은 교사가 더욱 세심하게 수업질서를 유지하여야 할 의무가 있는 데도 교사가 부재하였다 하여 교사의 책임을 인정하고 있다.[411] 또한 학생 대표를 시켜 학생들 간 게임을 하게 하거나 학생들 끼리 경기하게 하고 교사는 현장에 없다면 책임이 더 커지는 것은 당연하다. 그러므로 수업 시작부터 종료까지 한 순간도 공백시간 없이 학생이 있는 현장에 교사가 부재하지 않고 직접 지도하여야 사고가 발생해도 책임이 없거나 가벼울 수 있다.

9. 사고 발생 시 즉시 수업 중단, 신속하고 적절한 응급조치

수업 중 학생이 쓰러진 경우 교사가 신속히 달려가 응급조치를 취하고, 호흡 이상이 있다면 인공호흡 등 심폐소생술과 함께 보건교사의 협조와 119 신고 및 교장 교감 등에게 보고하여야 한다. 그리고 학생의 보호자에게 긴급 상황을 통보하여 조치 방법에 관한 협의도 필요하다. 학생이 위급한 상황일 때 교사가 시간을 지체하거나 적법한 절차에 따르지 않고 교사 임의로 판단하여 처리하면 민사상 손해배상 책임은 물론 형사책임을 지는 경우도 있다.

법원은 전국 축구대회 중 축구공에 오른쪽 눈을 맞아 부상당하였는데도 즉시 병원으로 후송하지 않은 학교 측에 책임을 인정하고,[412] 수업 중 학생이 쓰러져 위급한 상태에 처한 경우 체육교사가 즉시 호흡 여부 등을 살펴 심폐소생술 등의 응급조치를 취해야 하고 그러한 조치를 취하지 아니한 채 적어도 5분가량 시간을 지체하다가 뒤늦게 양호실로 옮기면 과실이 있다고 판시하고 있으므로,[413] 신속한 응급조치를 소홀히 하면 책임을 피할 수 없다. 또한 모든 학생 사고가 발생하면 즉시 피해 학생 보호에만 집중하여야 하고, 진행하던 수업은 곧바로 중지하고 교장 교감 등에게 보고하여 후속조치 하여야 하며, 수업 때문에 피해학생 구호 조치를 소홀히 하면 교사의 책임은 가중된다.

10. 학습 목표가 동일 유사할 경우 사고 위험성이 적은 수업형태 선택

활동이 많은 체육시간은 학생들 간에 신체적 접근 기회가 많아 다른 학생과 접촉하여 사고가 발생하는 경우가 빈번하다. 특히 축구나 야구 하키 농구 등 경기를 중심으로 한 수업은 학생 간 충돌이나

411) 수원지방법원 2010. 4. 29 선고 2009가합9167 판결 참조.
412) 의정부지방법원 2006. 10. 20. 선고 2005가단3505 판결 참조.
413) 대법원 2008. 5. 8. 선고 2008다5417 판결 참조.

교구 자체의 결함에 의해서도 사고가 발생한다.[414]

　따라서 학습 목표가 동일하다고 판단되면 체육교사는 가장 위험성이 적은 수업 방법을 선택하는 기지가 필요하다. 또한 경기를 하는 수업이라도 활동 영역이 개인이나 팀별로 장소가 구분된 배구나 배드민턴 등은 사고의 위험성이 적지만, 농구 축구 등은 팀별 구역이 구분되어 있지 않아 신체 충돌 빈도가 높으므로 수업 방법 선택 시 고려할 사항이다.[415] 그리고 특별히 승패를 가릴 필요성이 없는 경우는 개인별 또는 같은 팀별로 경기가 아닌 기능이나 체력향상을 중심으로 수업을 진행한다면 사고의 위험을 줄일 수 있을 것이다. 교사가 수업을 주도할 필요도 없고 수업 진행이 편리하다고 생각하여, 교수-학습 방법과는 거리가 먼 학생 간 경쟁 수업을 진행하면 사고의 위험성도 커진다고 예상해야 한다.

---

414) 부산지방법원 2013. 6. 13. 선고 2012가합46029 판결 참조.
415) 서울중앙지방법원 2017. 6. 27. 선고 2016가단5064742 판결 참조.

제2절 수학여행 수련활동 등 현장체험학습 사고

Ⅰ. 현장체험학습 사고에 대한 교사의 책임

1. 위험성이 가장 적은 교육과정 운영을 위한 현장체험학습 제도 전면 재검토

현장체험학습은 교육과정과 연계하여 학교 밖에서 이루어지는 교육활동을 의미하고, 학생들의 자율성과 창의성 등을 기르기 위한 체험중심의 교육활동이다. 현장체험학습은 숙박여부에 따라 비숙박형 체험학습인 1일형 현장체험학습, 숙박형 체험학습인 수학여행, 수련활동 등으로 구분된다. 학생 사고와 관련하여 현장체험학습 등 외부활동은 학교에서 발생하는 사고 중에서도 대형사고 발생 우려가 있어 교사들이 가장 긴장하는 학습형태이다. 현장체험학습 관련 법령이나 지침으로는 「초·중등교육법」 제23조와 같은 법 시행령 제48조, 「청소년 기본법」 및 같은 법 시행령 및 시행규칙, 「청소년 활동 진흥법」 및 같은 법 시행령 및 시행규칙, 각 시·도교육청 현장체험학습 학생안전관리 조례 등을 들 수 있으나 어떤 법령이나 조례에서도 현장체험학습을 의무적으로 실시하도록 한 규정은 없다. 다만, 학교 자체의 학교교육계획에 따라 시행하고 있는 것뿐이다.

그러므로 신학년도 학교교육계획을 수립할 때 교내에서 지도하기보다 교외 현장에서 지도하는 것이 학습효과가 더 크다고 판단되면 교직원을 비롯하여 학생 학부모 등의 의견 수렴 절차를 걸쳐 현장체험학습 시행여부를 결정하지만, 학교 밖 활동이 아니라도 학습효과에 차이가 없는 경우라면 교내에서 지도할 수도 있으므로 반드시 현장체험학습을 실시하여야 하는 것은 아니다. 물론 각 시·도교육청의 현장체험학습 운영 지침에 따라 학교운영위원회와 현장체험학습 활성화위원회의 심의가 필요한 부분도 있지만 이와 같은 절차도 학교의 기초 계획이 수립된 후에 진행되는 과정일 뿐이다.

학교에서는 그동안의 관행이나 학교의 전통 등을 이유로 충분한 검토 없이 전년도에 시행했던 관광지 중심의 대규모 수학여행 등을 유사하게 답습하고 있는 사례도 있다. 하지만 현장체험학습 등의 계획을 수립할 경우 안전하면서도 효율적인 학습 효과를 얻기 위해서는 학년 초 학교교육계획을 수립할 때 교무회의 등을 통해서 전년도 행사를 제로베이스 상태에서부터 재구성하고, 교육목표를 달성하기 위해서 필수적으로 시행해야 하는 교외 활동이 있다면 사고 발생 위험이 가장 적은 방법을 선택할 필요가 있다. 학생들은 교내에서 학습할 때 보다 현장학습 장소에서는 들뜬 마음으로 질서 의식이 부족하거나 교사의 지도에 잘 따르지 않는 경향이 있어 사고의 확률이 높은 것은 부정할 수 없을 것이다.

현장체험학습 사고는 교통사고를 비롯하여 숙소에서 학생들 간의 다툼이나 실수로 인한 사고 등 다양한 형태로 발생하고 있으므로 개선할 필요가 있고, 특히 수련활동은 이동 중 사고나 숙박 과정에서 발생하는 사고는 물론 수련활동의 성격상 학생들에게 협동심 인내심 모험심 등을 기르기 위한 극기 훈련을 활동내용에 포함하기도 하므로 사고의 빈도가 더 높을 수 있다. 또한 반드시 장거리를 가야 하거나 버스를 이용해야 한다거나 학년 전체가 동시에 이동하는 것이 행정처리가 편하다는 등의 고정관념에서 탈피하여, 교육부와 시·도교육청에서 권장하는 소규모·테마형 현장체험학습으로 전환하여 교육효과 중심으로 재구성할 필요도 있겠다. 하지만 이 보다 더 중시해야 할 부분은 학년별 교육과정에서 추구하는 학습목표 달성을 위해, 최적의 학습형태를 고려하여 학생의 생명과 신체의 안전에 비중을 두는 학습유형을 택해야 하며, 이를 실현하기 위해서는 선결되어야 하는 부분이 형식적이고 행사위주의 현장체험학습 제도의 전면적 재검토일 것이다.

2. 현장체험학습 사고에 대한 교사의 책임 판례 요약

법원 판례에서 나타난 현장체험학습 사고에 대해서 교사의 과실을 인정하고 교사의 책임을 인정한 사고 유형을 요약해 본다. 물론 사고의 경위나 교사의 주의의무 정도 등 판결에 따라 유사한 사건 유형이라도 교사의 책임을 달리 해석할 수 있다.

(1) 기차 객실 사이 이동 안전 관리 소홀

교사는 수학여행 열차에서 학생들이 객차 사이를 이동하거나 통로에서 사진을 찍는 등 위험한 행동을 하는 경우 이를 금지하여야 하고, 학생들을 안전한 객실 내로 들어가게 하여야 할 의무가 있는데 이를 잠시라도 게을리하여 학생이 사고를 당하면 교사는 학생 보호감독의무 위반 책임이 있다.[416]

(2) 물놀이 안전장비 비치 소홀 및 수영 금지 경고 무시

기온이 높은 날 강가 체험학습장에서는 학생들이 강물에 뛰어들어 물놀이를 할 것이 충분히 예견되므로, 수영이나 물놀이를 할 경우 사전에 안전교육 및 수영 금지 경고 여부를 확인하여야 하고 인명구조에 대비한 구명동의 착용, 구명줄 비치 및 안전요원을 배치하여야 한다.[417]

(3) 놀이기구 운영업체의 안전조치 위반이라도 교사 책임은 면할 수 없어

현장학습장소에서 놀이기구 운행은 운영업체 주도하에 이루어진다고 하더라도, 인솔 교사들로서는 그 과정에서 발생할 수 있는 사고로부터 학생들을 보호할 의무가 있으며, 이를 소홀히 하면 운영업체의 안전조치 위반이라도 교사는 학생을 보호감독할 직무상 의무를 위반한 것이다.[418]

---

416) 서울지방법원 2003. 4. 17. 선고 2001가합62409 판결.
417) 광주지방법원 2004. 7. 2. 선고 2003가합2377 판결 참조.
418) 서울중앙지방법원 2018. 8. 8. 선고 2017가단5135023 판결 참조.

(4) 위험한 현장학습 장소에 안전 표지판 및 안전선 미설치

현장학습 장소는 사전답사를 통해 안전성 여부를 확인하여야 하고, 위험성이 있는 곳에는 사전에 안전 표지판 및 안전선을 설치하여야 하며 구호장비 등도 구비하여야 하는데 이를 무시하고 현장학습을 강행하면 보호감독 위반 책임이 있다.[419)

(5) 학교장 승인 없는 체험학습

교사와 학생들 사이에 친목을 도모한다는 이유 등으로 방과 후나 주말 또는 방학기간을 이용하여 학교장 승인 없이 교사 임의로 학생들과 체험학습을 하여 사고가 발생하면 교사도 징계를 받고 학교도 기관경고 처분을 받는다.[420)

(6) 숙소에서 학생의 음주 방치 및 교사도 음주

현장학습 숙소에서 교사가 학생들의 음주행위를 방치하고 교사조차도 음주상태이면 보호감독의무를 다하지 않았고, 숙소에서는 학생들이 휴식 중이거나 취침 중에도 교사들이 학생들의 상태를 상시 관리하여야 할 의무가 있다.[421)

(7) 체험학습 위탁업체의 시설 하자로 인한 사고도 교사가 장소를 이탈하면 책임

체험학습 장소와 시설 도구 등을 위탁업체에서 관리하고 체험학습을 업체에 위탁하였더라도 학생이 사고를 당하면 교사에게 보호감독의무 위반 책임이 있으며, 더구나 위탁하였다고 교사가 체험학습 장소를 이탈하면 교사의 책임이 더 커진다.[422)

(8) 학생 감독은 담임교사에 한정되지 않고, 여행사와 지자체, 학교 측 모두 책임

인솔교사들의 학생 감독 범위는 자기가 맡은 반의 학생들에게 한정되지 않고 수학여행 중 바다에서 물에 빠진 학생과 함께 물놀이를 한 다른 반 담임교사도 책임이 있으며, 수학여행을 여행사에 위탁하였어도 사고 발생지의 시설을 관리하는 지방자치단체와 여행사 그리고 학교 측도 함께 학생에 대한 손해배상책임이 있다.[423)

---

419) 수원지방법원 2005. 2. 15. 선고 2004가합12670 판결 참조.
420) 광주지방법원 2018. 1. 12. 선고 2016가합58135 판결 참조.
421) 부산지방법원 2012. 2. 24. 선고 2011가단57872 판결 참조.
422) 서울중앙지방법원 2016. 11. 22. 선고 2014가합581597 판결.
423) 의정부지방법원 2010. 1. 14. 선고 2009가합3439 판결.

(9) 현장체험학습 운영 매뉴얼 위반 및 관리자에게 신속한 보고 위반

교사가 현장체험학습 운영 매뉴얼에 따르지 않고 학교장 등 관리자에게 신속하게 보고하지도 않고, 임의로 판단하여 학생을 보호하였더라도 학생을 방임하였다고 판단되면 아동 유기죄로 처벌받고 10년 이내 교직 취업이 제한된다.[424]

3. 교사와 학교 측에 책임이 없는 경우

현장체험학습 사고의 구체적인 상황이나 사고의 경위, 교사의 주의의무 정도 등에 따라 유사한 사건 유형이라도 달리 해석할 수 있지만 교사와 학교 측에 책임이 없는 판례를 요약해서 제시한다.

(1) 사전에 안전사고 예방교육을 했고, 돌발적이거나 우연한 사고

◆ 수학여행 중 학생들이 휴식시간에 장난을 치다 사고가 났지만 교사가 사전에 안전사고 예방교육을 했고, 돌발적이거나 우연한 사고는 교사에게 책임을 묻기 어렵다.

고등학교 2학년 A학생은 수학여행을 갔다가 점심 식사 후 친구들과 함께 식당 앞 주차장에서 친구를 업고 달리기 시합을 했다. 그런데 시합 도중 A학생을 업고 달리던 B학생이 추월하려던 C학생의 다리에 걸려 넘어졌고, A학생은 머리를 부딪쳐 영구적인 사지마비와 언어장애가 발생하였다. A학생의 부모는 교사들이 식사를 마친 학생들을 주차장에서 기다리게 하면서도 보호·감독하지 않아 사고가 발생하는 것을 막지 못했다며 손해배상을 청구하였다. 그러나 재판부는 교사들이 학생들에게 심한 몸장난을 하지 말라고 사전에 안전사고 예방교육을 했고, 이 사고는 돌발적이거나 우연한 사고일 뿐이므로 교사들이 보호·감독의무를 위반했다고 볼 수 없다고 하며 교사의 책임을 인정하지 않고 C학생의 부모에게만 4억9200만원을 배상하라고 판결했다.[425]

(2) 출발 전 안전지도와 출발 당일 학교장 훈화, 가해학생의 폭력 전력이 없는 경우

◆ 고적답사를 겸한 졸업여행을 하던 중학교 3학년생들이 저녁식사 직후 짧은 휴식시간에 교사들이 식사교대를 위하여 이동할 무렵 B학생이 숙소 내에서 A학생의 얼굴을 발로 차 오른쪽 눈이 실명하게 되었다. B학생은 1년을 휴학한 일이 있어 다른 학생보다 나이가 많았으나, 졸업여행 이전에 특별히 폭력 등으로 교내에서 문제를 일으킨 전력이 없었고, A학생과는 같은 반에 속하지 아니하여 특별히 폭력의 동기가 될 만한 원인이 존재하지 않았다.

재판부는 졸업여행을 떠나기 전 교사가 안전교육을 실시하였고 당일 출발에 앞서 학교장이 훈화를

424) 대구지방법원 2018. 5. 18. 선고 2017고정2029 판결.
425) 서울중앙지방법원 2015. 9. 15. 선고 2013가합36700 판결.

통하여 주의를 환기하였으며, 숙소에 도착한 직후에는 입소식을 거행하면서 학생들에게 특히 실내에서 장난을 치지 말도록 지시한 사실 등, 교사의 입장에서 학교 측의 안전교육이나 사전지시에 따르지 않고 돌발적으로 벌어진 이 사건 사고를 예측하였거나 예측할 수 있었다고 보기 어려우므로, 교사들에게 보호·감독의무 위반의 책임을 물을 수 없다고 판시하였다.[426)

Ⅱ. 현장체험학습 사고의 개별적 책임과 책임예방 Tip

현장체험학습 사고에 대한 법원의 판례 가운데 교사나 학교장 교육청 등 학교 측에 책임이 있는 사건을 중심으로 교사나 학교장의 주의의무 위반에 대한 개별적 책임 그리고 사고를 예방하고 책임이 없거나 경감될 수 있는 사고 예방 Tip을 제시한다.

1. 수학여행 열차에서 객실 사이를 돌아다니는 학생들 방치

판례[427)

중학생이 수학여행 열차 승강대에서 바람을 쐬던 중 떨어져 사망한 사건

【사건개요】

◆ A학생은 중학교 2학년에 재학 중 서울발 경주행 수학여행 전용열차를 타고 가는 도중에 열려져 있었던 승강대의 트랩도어를 열고 승강대 벽을 잡고 바람을 쐬던 중 객차 출입문에서 실족하여 열차 밖으로 떨어져 사망하였다.

출발 당일 교사가 학생들에게 객차 사이 이동은 특별한 이유가 없으면 하지 말 것 등 안전교육을 실시하였으나 일부 학생들은 객실과 객실 사이를 돌아다니기도 하고, 통로에 나와 서로 사진을 찍거나 이야기를 나누기도 하였으며, A학생이 사고를 당할 때에도 통로에 다른 학생들도 나와 있었다.

【교사책임 및 판결요지】

◆ 출발 당일 아침에 교장 등이 학생들에게 객차 사이를 이동하지 말 것, 난간에 나가지 말 것 등 열차 내 안전사항을 지시하였으며, 열차 탑승 후에도 출발 전후 담임교사 등이 학생들에게 화장실 출입 시 교사의 허락을 받을 것, 객차 간의 이동은 특별한 이유가 없으면 하지 말 것 등을 당부하면서 안전교육을 실시하였다. 하지만 기차가 출발 후 학생들이 객실에서 나와 다른 객실로 이동하거나 통로에서 사진을 찍는 등 위험한 행동을 하였다. 교사는 이를 금지하고 학생들을 안전한 객실 내로 들어가게

426) 대법원 1999. 9. 17. 선고 99다23895 판결.
427) 서울지방법원 2003. 4. 17. 선고 2001가합62409 판결.

하여야 할 의무가 있는데도 이를 게을리하였다. 재판부는 열차를 운행하는 철도청도 트랩도어가 열려있는 것을 방치하는 등 안전시설을 점검할 의무를 게을리하였으므로 철도청과 학교 측이 8천500여만원을 배상하라고 판결하였다.

교사를 위한 책임예방 Tip

◆ 출발 전 학교에서 안전지도를 하거나 승차 전에 다시 안전지도를 하는 것은 당연하지만 승차 후에도 학생들이 객실에서 나와 다른 객실로 이동하거나 통로에서 활동하는 것을 제지하여야 한다. 재판부는 학생들이 객실에서 나와 다른 객실로 이동하는데도 교사가 방치하였으므로 주의의무를 게을리하였다고 보았다. 따라서 항시 개별 학생을 대상으로 학생들의 행동을 주시하여야 하고 인원 점검을 수시로 하여 한 명의 학생도 집단에서 이탈하지 않도록 하여야 사고를 예방할 수 있을 것이다. 가급적 교사의 좌석을 출입문 옆에 지정하여 불필요한 이동을 통제할 수 있는 여건을 마련할 필요도 있다.

2. 수영금지 경고 무시하고 수영 승낙

판례[428]

고등학교 1학년 학생이 현장학습장에서 물놀이하던 중 익사한 사건

【사건개요】

◆ 고등학교 교감과 교사 등은 학생 93명을 인솔하여 현장학습 장소인 공원유원지에서 체험학습을 실시하였다. 체험학습장은 수심이 깊고 유속이 빠른 곳으로 수영금지 구역의 경고문이 부착되어 있었다. 하지만 교사 등은 인명구조를 대비한 구명동의 착용, 구명줄 비치 및 안전요원을 배치하지 않은 채 물놀이를 해도 좋다고 승낙하였으며, 이에 따라 1학년 A학생은 친구들과 물놀이를 하다가 물에 빠져 사망하였다.

【교사책임 및 판결요지】

◆ 날씨가 무더워 체험학습에 참가한 학생들이 강물에 뛰어들어 물놀이를 할 것이 충분히 예견되므로 사전에 학생들을 상대로 물놀이 금지 등 위험한 장소인 강물에 들어가지 못하도록 안전교육을 실시하여야 할 업무상 주의의무가 있음에도 불구하고 이를 게을리하고 물놀이 금지 등 안전교육을 실시하지 않았다.

재판부는 교감과 교사는 직무상의 과실 책임이 있고 교육감은 교감 및 교사의 사용자로서 손해를 배상할 책임이 있으므로 A학생의 부모에게 2억4천여만원을 배상하라고 판결하였다.

---

428) 광주지방법원 2004. 7. 2. 선고 2003가합2377 판결.

교사를 위한 책임예방 Tip

공원유원지에 수영금지 경고문이 부착되어 있는데도 교사가 물놀이를 승낙한 것은 주의의무를 다하지 않았다. 또한 수영이 금지되지 않은 지역에서도 물놀이 전에는 학생들을 상대로 수상 안전교육을 실시하여야 하고, 위험이 예상되는 장소에서는 인명구조에 대비한 구명동의 착용, 구명줄 비치 및 안전요원을 배치하고 교사는 모든 학생의 행동을 주의 깊게 관찰하여야 한다. 더운 여름에 학생들을 강가에 두었다면 강물에 들어 갈 수 있다는 것을 충분히 예상하여야 하고 전체 학생을 개별적으로 주의 깊게 관찰하여야 사고를 예방할 수 있다.

3. 교사도 학생과 함께 놀이기구 탑승하면 책임이 감경되나?

판례[429]

고등학생이 수학여행 중 레일바이크 탈선으로 부상한 사고

【사건개요】

◆ 갑 고등학교는 수학여행을 가서 레일바이크(Rail Bike) 체험을 하던 중 앞에서 달리던 바이크가 내리막길에서 갑자기 멈춰서자 뒤따라오던 바이크에 타고 있던 A학생이 브레이크를 잡았지만 충돌을 피하지 못해 탈선했다. A학생은 이 사고로 레일 위로 떨어졌고 그 뒤에서 따라오던 바이크 역시 제대로 멈추지 못해 A학생과 부딪쳐 A학생은 부상을 입었다.

【교사책임 및 판결요지】

◆ 재판부에 따르면 교장이나 교사들은 수학여행 중 학생을 보호하고 감독할 직무상 의무가 있는바, 학생들이 레일바이크에 탑승하여 운행할 경우 레일바이크 운행은 비록 운영업체 주도하에 이루어진다고 하더라도, 인솔 교사들로서는 그 과정에서 발생할 수 있는 사고로부터 학생들을 보호할 의무가 있다고 판단했다. 다만 교사들도 사고 당시 함께 탑승해 학생들의 일탈행위를 감시했던 점 등 사고 발생 경위와 상황 등을 종합해 지방자치단체의 책임을 30%로 한정했다.

교사를 위한 책임예방 Tip

◆ 교사들이 학생들과 함께 레일바이크에 탑승하였으므로 교사에게 고의 과실 책임을 묻지 않고 교사들의 사용자인 지방자치단체, 즉 교육 · 학예에 관한 지방자치단체인 교육청에게만 30% 책임으로 제한하였다. 만약 교사들이 학생들과 함께 탑승하지 않고 레일바이크 운행은 운영업체가 주도한다거나, 또는 수학여행의 일부 프로그램을 외부업체에 위탁하였다는 이유 등으로 현장에 부재하였다면 고의 과실로 인한 중과실 책임을 물을 수도 있었을 것이다. 따라서 수학여행 중에는 학생들의 모

---

429) 서울중앙지방법원 2018. 8. 8. 선고 2017가단5135023 판결.

든 활동에 교사가 임장하여 긴급 상황에 대처해야 책임이 감경된다. 그리고 레일바이크 탑승 등은 학생들에게는 흥미로운 활동들이겠지만 위험이 예상되는 활동은 현장학습계획 단계에서부터 제외하는 것도 고려해 볼 가치가 있다.

4. 현장학습 중 학생이 사망하면 교사가 반드시 형사처벌 되나?

판례[430]

초등학교 1학년 학생이 물놀이 현장체험학습을 갔다가 수영장에서 익사한 사건

【사건개요】

◆ 초등학교 1학년 담임 A교사는 수영장에서 실시한 물놀이 현장체험학습에 학생 38명을 인솔해 참석하였는데, 점심식사를 마친 B군이 오후에 유수풀에 들어갔다가 의식을 잃은 상태로 다른 이용객에 의해 발견돼 결국 숨지는 사고가 일어났다. 이 유수풀의 경우 B군과 같은 7세 이하의 어린이는 안전보조 장비를 구비하지 않거나 보호자 동반 없이는 입장이 불가능함에도 교사가 이를 통제하는 등의 조치를 취하지 아니하였다. 더욱이 B군은 평소 다른 학생보다 느린 행동을 보이는 등 특별히 신경을 써야 할 학생임에도 교사는 그 동태를 지속적으로 관찰하지 아니하였다.

【교사책임 및 판결요지】

◆ 검찰은 A교사가 유수풀 출입통제 등 안전조치를 취하지 않은 과실과 특별히 신경을 써야 할 B군의 동태를 지속적으로 관찰하지 않은 책임을 물어 업무상과실치사상죄로 기소하였다. 하지만 대법원은 A교사가 사고 직전에 B군이 노는 모습을 사진 촬영하는 등 현장을 이탈하지 않고 자신이 인솔한 학생들을 관찰하고 있었던 것으로 보이는 점 등에 비춰, A교사의 업무상 주의의무위반을 인정하기 어렵다고 하고, 수영장의 수상안전 담당자가 유수풀 구역을 이탈하는 등의 업무상 과실이 있으므로 업무상과실치사죄의 책임이 있다고 하여 결국 A교사에게는 무죄를 선고했다.

교사를 위한 책임예방 Tip

◆ 담임을 맡고 있는 학생이 현장체험학습 중 사망하여 검찰은 교사에게 업무상과실치사상죄를 적용하여 기소하였다. 「형법」 제268조의 업무상과실치사상죄는 5년 이하의 금고 또는 2천만원 이하의 벌금에 처하고, 금고 이상의 처벌을 받으면 교사는 당연 퇴직 사유가 되어 교직을 떠나야 한다. 하지만 대법원에서는 교사가 사고 직전까지 현장을 이탈하지 않고 학생들을 관찰하고 있었고 더구나 피해 학생을 촬영하고 있었기 때문에 업무상과실치사상죄를 인정하지 않고 유수풀 구역을 이탈한 수상안전 담당자에게 책임을 물었다. 만약 교사가 현장에서 피해학생을 관찰하지 못하고 촬영 기록이 없었

---

430) 대법원 2012. 1. 12. 선고 2010도327 판결.

다면 형사책임을 면하기 어려웠을 것으로 보이므로 밀접한 거리에서 빈틈없는 학생 관리가 필요하다.

5. 사전답사 장소 평가할 때 가장 중요한 요소는?

판례[431]

현장학습 중 다리 밑 개울에 빠져 사지 마비의 상해를 입은 초등학교 4학년

【사건개요】

◆ 초등학교 4학년에 재학 중인 A학생은 담임교사 B교사 등 인솔교사들의 인솔하에 현장학습 중 하천생물에 대한 조사를 하다가 다리 밑 개울에 빠져 5분 동안 나오지 못하는 익수사고를 당하여 사지 불완전마비 등의 상해를 입게 되었다. 사고 지점은 이전부터 익수사고가 종종 발생하였던 곳으로 사고 당시에는 전날 내린 비로 인하여 수량이 증가된 상태였지만, 안전선이나 표지판 등은 전혀 설치되어 있지 않았으며 사고에 대비한 구조장비 등도 전혀 준비되어 있지 않았다.

【교사책임 및 판결요지】

◆ 초등학생들을 대상으로 한 현장학습이 실시될 경우 안전표지판 및 안전선을 설치하여야 하는데, 교사가 구호장비 등도 구비하지 아니한 채 만연히 현장학습을 강행하여 사고가 발생하게 된 책임이 있다. 법원은 학교의 감독기관인 지방자치단체가 A학생 부모 등에게 1억6백만원을 지급하라고 판결하였다.

교사를 위한 책임예방 Tip

◆ 1일 현장체험학습 장소라 하더라도 사전답사를 통해 안전성을 확인하여야 한다. 사고가 발생한 하천은 바닥이 고르지 않아 수심이 일정하지 않고 소용돌이가 치며, 사고 이전부터 익수사고가 종종 발생하였다고 하는데 사전답사를 통해 확인하였다면 이 장소를 선택하지 않았을 수도 있다. 또한 위험성이 있다면 안전시설을 설치하고 구호장비 및 응급장비를 구비하고 사고방지를 위한 교사의 밀착 관리가 필요할 것이다. 그보다 앞서 사전답사에서 체험학습 장소의 적합성을 평가할 때 가장 중요한 요소는 교육의 효과성보다 학생의 안전성이다.

---

431) 수원지방법원 2005. 2.15. 선고 2004가합12670 판결.

6. 학교장 승인 없이 학생들과 함께 떠난 해수욕

교사가 여름방학 때 학생들과 함께 친목을 목적으로 해수욕장 가서 학생이 사망한 사건

【사건개요】

◆ 갑 중학교 2학년 담임 A교사는 학생들의 학업성적 향상 및 친목을 도모하기 위하여 1학기 중에 성적이 오른 학생들과 여름방학 때 함께 놀러 가기로 약속한 후, B학생을 포함한 같은 반 학생 12명과 함께 1박 2일 일정으로 해수욕장을 갔다. 하지만 학교장에게 미리 보고하거나 명시적인 승인을 받지는 아니하였다. 해수욕장에서 B학생은 교사가 잠시 자리를 비운 사이 깊은 곳으로 이동해 물놀이를 하다가 갑자기 밀려들어 온 파도에 떠내려가 사망하였다.

【교사책임 및 판결요지】

◆ 학교 측은 사고 이후 단독으로 학급 교육활동을 실시하였다는 이유로 A교사를 징계하였고, 교육청도 이 사고와 관련하여 학생 안전관리 소홀에 대한 책임을 물어 갑 중학교에 기관경고 처분을 하였다. 재판부는 A교사가 학생들에게 구명동의를 착용하게 하거나 튜브를 지참시키는 등의 조치를 취하지 않아 학생들에 대한 보호·감독의무를 소홀히 한 과실이 있지만 고의 또는 중대한 과실이 있다고 할 수 없다고 보아, 담임교사가 소속된 지방자치단체는 「국가배상법」에 따라 손해 배상할 책임이 있고, 안전요원을 배치하지 않은 ○○군과 학교안전공제회는 공동으로 B학생 유족에게 3억1000만 원을 배상하라고 판결하였다.

교사를 위한 책임예방 Tip

◆ 학교장의 승인을 받지 않고 교사가 임의로 학생들을 데리고 해수욕장에 갔다가 학생이 사망한 사건이다. 교사도 징계를 받고 학교장 등도 기관경고 처분을 받았다. 하지만 다행히 법원은 교사의 고의 또는 중대한 과실을 부정하여 소속기관인 지방자치단체(교육청)가 「국가배상법」에 따라 손해배상을 하라고 하였다. 또한 이 판결에서는 이 사건을 교육활동 중에 발생한 사고로 보았지만, 재판과정에서는 학교장의 승인 없이 담당 학급의 학생들과 친분을 쌓을 목적으로 떠난 여행에서 발생한 사고는 교육활동 중에 발생한 사고가 아니므로 안전공제회가 공제금을 지급할 수는 없다고 다투었다. 많은 논쟁 끝에 간신히 교육활동으로 인정되었지만 학교장의 승인 없이 교사가 임의로 추진하는 행사는 「학교안전법」 제2조에서 명시한 교육활동에 포함되지 않으므로, 교사 자신의 배상책임을 예방하기 위해서도 금지되어야 한다.

---

432) 광주지방법원 2018. 1. 12. 선고 2016가합58135 판결.

7. 현장체험학습 숙소에서 학생들의 음주 폭행 방치

판례[433]

학생이 숙소에서 폭행을 당하여 술을 마시고 자살한 사건

【사건개요】

◆ 갑 고등학교는 2학년 학생들을 대상으로 현장체험학습을 실시하였는데, 체험학습에 참가한 2학년 B학생이 가해학생들로부터 폭행을 당한 후 숙소에서 뛰어내려 자살하였다. 체험학습 첫날밤 B학생과 상당수의 학생들은 술을 많이 마셨지만 담임교사인 A교사는 학생들에게 맥주를 한 잔 따라주거나 학생들이 주는 술을 한 잔씩 받아 마시기도 하면서, 같은 날 02:30 이후로는 순찰을 돌거나 학생들의 상태를 확인하지 않았다. B학생이 술에 취해 다른 학생들과 다투거나 울며 소리를 지르다가 자살에 이르는 동안 상당한 시간이 경과하였지만 다른 교사들도 순찰하지 않았다.

【교사책임 및 판결요지】

◆ 체험학습에 참가한 갑 고등학교 교사들은 술을 마시던 학생들이 안전하게 잠들었는지 혹은 술에 취한 학생들에게 별다른 문제는 없는지 등을 살피지 않았다. 그리고 교사들이 주의를 기울였다면 학생들이 복도를 오가며 술을 마시고 가해행위를 저지르는 것을 알 수 있었을 것으로 보임에도, 그러한 주의를 기울이지 않고 술을 마시던 학생들을 완전히 통제 밖의 상태에 방치함으로써 교사로서의 보호감독의무를 다하지 않은 과실이 있다. 법원은 체험학습을 인솔한 소속 교사들의 과실로 인하여 B학생의 사망했으므로 ○○광역시는 「국가배상법」 제2조 제1항에 따라 유족들에게 손해를 배상할 책임이 있다고 판시하였다.

교사를 위한 책임예방 Tip

◆ 현장체험학습 장소에서 학생들의 음주행위는 엄격히 금지되어야 하고, 교사 또한 현장학습장에서 직무를 수행하는 중에 음주는 삼가야 한다. 학생들도 취해서 온전한 정신이 아닌 상태에서 폭력사고가 발생하였을 경우 교사가 적극 보호해야 하며 교사마저 취해있으면 교육이 불가능할 것이다. 현장학습 숙소에서 교사들이 근무조를 편성하여 교대로 학생들의 상태를 상시 순찰하였는데도 사고가 발생하였다면 책임이 감경될 수 있을 것이다.

---

433) 부산지방법원 2012. 2. 24. 선고 2011가단57872.

8. 현장학습을 외부 업체에 위탁하면 교사는 학생 보호감독의무 없나?

[434]

초등학교 4학년 학생이 현장학습 가서 축구 골대에 매달렸다가 축구 골대가 넘어져 머리를 다친 사고

【사건개요】

◈ 초등학교 4학년 A학생은 현장체험활동 중 영어 교육업체가 운영하는 영어마을 잔디구장에서 2인 1조의 학생들이 원반던지기 게임을 영어로 하는 원반던지기 수업을 하였다. 수업 도중 A학생은 잔디구장 내에 있는 축구 골대에 매달렸는데, 축구 골대가 A학생 쪽으로 넘어지면서 함께 넘어진 A학생의 머리 위로 떨어졌다. 이 사고로 A학생은 두개골 골절 및 경막외 출혈 및 기질성 정신장애 상태가 되었다. A학생의 가족은 3억여원을 배상하라며 소송을 제기하였다.

【교사책임 및 판결요지】

◈ 재판부는 A학생은 만 9세의 초등학생으로 아직 분별력이나 자제력이 미흡해 위험한 행동을 할 우려가 있었다며 인솔 교사들이 체험활동 중 A학생에 대한 보호감독의무를 다하지 못했으므로 이들이 속한 지방자치단체도 영어교육 업체와 공동으로 7천여만원을 배상하라고 판결하였다.

교사를 위한 책임예방 Tip

◈ 고정되지 않은 축구 골대에 학생이 매달렸다가 축구 골대가 넘어지면서 다친 사고이다. 축구 골대는 강한 충격이나 학생이 매달릴 경우 넘어질 수도 있기 때문에 고정을 시켜야 하므로 인솔 교사가 미리 확인하고 시설 관리 주체에 고정을 요구하거나 학생들의 접근을 막았어야 한다. 학생들의 체험학습을 영어 교육업체에 위탁하였더라도, 판례에서와 같이 교사에게는 학생 보호감독의무가 있으므로 학생들의 체험 장소를 교사가 이탈하지 말고 감독하여야 한다.

9. 수학여행 학생 사고, 다른 학급 교사도 책임 있나?

[435]

고등학교 2학년 학생이 수학여행 중 해수욕장에서 익사한 사건

【사건개요】

◈ 갑 고등학교 2학년 A학생은 수학여행을 갔다가 해수욕장에서 물놀이를 하던 도중 바닷물에 휩

---

434) 서울중앙지방법원 2016. 11. 22. 선고 2014가합581597 판결.
435) 의정부지방법원 2010. 1. 14. 선고 2009가합3439 판결.

쓸리는 사고를 당하여 저산소뇌손상으로 치료를 받다가 사망하였다. 당시 다른 반 담임교사이던 B교사는 물속으로 들어가는 학생들을 따라 들어가 함께 물놀이를 하였고, 학생들의 물놀이를 제지한 교사나 안전요원은 없었다. 수학여행에 관여한 을 여행사는 갑 고등학교와 직접 여행계약을 체결하지 아니하였으나, 수학여행에 동행하여 여행일정을 변경하는 등 수학여행 일정 관리에 깊숙이 관여하였다.

【교사책임 및 판결요지】

◆ 학교 측인 ○○도는 A학생이 임의로 사고 장소인 해수욕장으로 이동하여 지도교사의 관리 감독의 범위를 벗어난 행동으로 인한 것이고, 사고 당시 같이 물놀이를 한 B교사는 다른 반 교사이므로 관리 감독책임을 물을 수 없다고 주장하였다. 하지만 재판부는 교사들의 관리 감독 책임이 자기가 맡은 반의 학생들에게 한정된다고 보기 어렵고, 인솔교사들이 학생들을 철저히 관리 감독할 의무가 있다고 하여 학교 측과 여행사 및 해수욕장의 시설을 관리하고 있는 ○○시는 각자 A학생의 부모 등에게 1억여원씩 지급하라고 판결하였다

교사를 위한 책임예방 Tip

◆ 수학여행 중에 발생한 사고에 대해서 교사의 책임은 자기가 맡은 반의 학생들에게만 한정되지 않고 다른 반 학생의 사고에 대해서도 책임이 있다는 판결이다. 물속으로 들어가는 A학생 등을 따라 다른 학급 교사인 B교사도 함께 들어가 물놀이를 하였으므로 B교사는 다른 반 학생이라도 가까이 있는 학생이라면 모두 지도하여야 할 의무가 있다. 수학여행의 공동목적을 달성하기 위해서는 교사들의 관리 감독 책임이 자기가 맡은 반의 학생들에게 한정되지 않는다. 또한 여행사에 위탁하고 여행사에서 수학여행 일정을 주관한다고 하여도 학생 보호감독의무는 교사에게 있으니 항상 학생들을 임장 지도 하여야 한다.

10. 고속도로에서 긴급 상황 발생하면 어떻게 대처하나?

판례[436]

초등학교 6학년 학생이 현장체험학습 버스에서 용변 본 이후에 교사가 직위 해제되었던 사건

【사건개요】

◆ 초등학교 6학년 담임 A교사는 현장체험학습을 가던 중 고속도로 휴게소를 10여 분 앞둔 지점에서 B학생이 복통을 호소하자 달리는 버스 안에서 비닐봉지에 용변을 보게 했다. 휴게소에 도착 후 속옷과 하의가 젖고 남학생들로부터 놀림을 받아 충격을 받은 B학생이 화장실에서 울면서 나오지 않고 있다는 말을 들은 B학생 부모는 A교사와 연락하여 가까운 휴게소에 내려주면 데리러 가겠다는 말을

---

436) 대구지방법원 2018. 5. 18. 선고 2017고정2029 판결.

하였고, 그 후 A교사는 B학생을 휴게소에 내리게 하고, B학생은 부모가 도착할 때까지 1시간가량 혼자 휴게소에 남아 있었다. B학생 부모의 민원에 따라 경찰은 아동학대 소지 여부를 수사하였고 교육청은 A교사를 직위해제했다.

【교사책임 및 판결요지】

◆ 원심 재판부는 아동유기죄(아동유기·방임) 혐의로 A교사에 대해 벌금 800만원을 선고했으며, 「아동복지법」 제29조의3은 아동유기죄로 처벌받으면 10년 이내의 기간 교단에 설 수 없도록 규정하고 있다. 하지만 항소심에서는 A교사가 보호조치를 제대로 하지 않고 어린이를 고속도로 휴게소에 방임한 공소사실이 인정되지만, 현장학습 전체 진행 상황을 고려해야 하는 A교사의 당시 입장에서는 정확한 판단이 어려웠을 수도 있다고 보이는 만큼 원심의 형은 무겁다 하여 벌금 300만원을 선고하고 해당 선고를 유예하였다.

교사를 위한 책임예방 Tip

◆ 현장체험학습에서 응급상황이 발생하면 교육부나 각 시·도교육청의 현장체험학습 운영매뉴얼과 각급학교의 현장체험학습 운영 방침에 따라, 학교장 등 관리자에게 신속하게 보고하여 대책을 세우고 보호자와 구체적인 상황을 협의하여야 한다. 위와 같은 상황에서는 학교장의 지시에 따라 보조교사가 B학생과 함께 휴게소에서 보호자를 기다릴 수 있도록 조치를 취하거나, 휴게소에 설치된 보호소 등 믿을 수 있는 기관에 보호를 의뢰하여 보호자가 올 때까지 안전하게 대기 할 수 있도록 보호조치를 취할 필요가 있다.

원심 판결에서 아동유기죄로 처벌하였기 때문에 아동관련 기관 취업이 제한되어 교직을 떠나야 하므로, 교육계에서는 많은 우려와 구제활동을 벌렸으며, 결국 항소심에서는 다행히 선고를 유예하였다. 선고유예는 공소사실을 유죄로 인정하면서도 정상을 참작해 형량을 선고하지 않는 판결의 일종으로서, 경미한 범죄에 대해 일정한 기간 선고를 연기해 형의 선고를 면하는 제도이다. 2년이 지나면 형의 효력이 사라지고 전과기록도 남지 않는다. 따라서 아동 관련기관 취업제한은 면하고 교직을 떠나지는 않게 되었다.

특히 현장체험학습 중에 더욱 주의해야 할 점은 미리 예약된 현장학습장 입장시간이나, 다른 학급과의 약속시간 등의 일정을 맞추기 위해 무리하게 전체 학생을 목적지로 인솔하다가 개별 학생의 건강 상태와 생리적 욕구를 간과한다면, 아동 유기나 방임 등으로 처벌될 수 있으므로 한 학생이라도 정상적인 활동에 이상이 생겼다면 교사는 그 학생의 문제를 우선하여 해결해야 한다.

Ⅲ. 현장체험학습 사고 책임 예방을 위한 교사의 기본수칙과 유의점

1. 교육부 운영 매뉴얼 및 시·도교육청 운영지침 준수

현장체험학습 기본계획을 수립할 때 대규모로 이동하는 획일적·관례적인 활동을 지양하고, 소규모·테마형 체험학습을 고려해야 한다. 또한 학부모와 학생의 선호도를 시·도 교육청의 현장체험학습 운영지침에 따른 동의율을 확보하고 동의율에 미달하면 계획 자체를 취소할 수도 있고, 활성화위원회와 학교운영위원회의 심의 및 자문 사항을 준수한다. 동의율은 시·도교육청 별로 소규모 중규모 대규모에 따라 70~80% 또는 국외여행일 경우 90% 등으로 지정하기도 하고, 학교의 현장체험학습 활성화위원회에서 동의율을 설정하기도 한다. 따라서 동의율에 위반하여 행사를 추진하지 않도록 주의하여야 한다.

숙박업소 등은 허가 및 등록된 시설을 이용하여야 하고, 사전답사는 시·도 교육청 매뉴얼에 따라 실시하여야 하며 이동 경로별 교사와 학생을 대상으로 사전 안전교육도 실시하여야 한다. 또한 학생들의 숙소와 체험현장의 안전상태 위생상태 유해요소 등을 점검해야 하며, 일정 규모 이상의 학생이 참가하는 경우 교육청에 신고 의무 여부와 보험가입 여부를 확인하여야 한다. 특히 교육부의 수학여행 수련활동 등 현장체험학습 운영매뉴얼 및 시·도교육청 현장체험학습 운영지침은 반드시 준수하여야 한다. 하지만 앞에서 지적한 바와 같이 학생의 생명과 안전에 비중을 두는 교육과정 운영 정책을 택한다면 형식적이고 행사위주의 현장체험학습은 전면적으로 재검토하여 시행할 필요가 있다.

2. 교사의 민사책임 형사책임 예방

현장체험학습 기간 중에 발생하는 다양한 사고 가운데 교사가 학생들에게 사전에 안전지도를 하였고 또한 현장체험학습 장소에 교사가 임장해 있고, 교사도 예측하지 못한 돌발적이거나 우연한 사고에 대해서는 교사의 책임이 없다고 판단하는 경우가 많다. 하지만 교사의 과실이 있다거나 주의의무 태만이나 학생 보호감독의무 위반 등의 귀책사유가 있으면 책임을 면하기 어렵고, 고의나 중대한 과실의 경우는 교사의 개별적 책임은 물론 형사책임이 발생하기도 한다.

또한 민사상 교사에게 고의나 중과실이 있는 경우에는 교사에게 구상권을 행사하기도 한다. 학교사고의 경우 국공립학교는 국가와 지방자치단체인 시·도교육청, 사립의 경우에는 학교법인이나 사립학교경영자가 교사의 사용자이므로, 교육청이나 학교법인이 재판에 소송주체로 참여하고 손해배상책임이 인정되면 학생 및 학부모인 피해자에게 손해를 배상한다. 하지만 교사의 고의나 중과실로 인하여 사고가 발생하였다면 교육청이나 학교법인이 교사에게 구상권을 청구하며 통상 교육청 등과 교사의 책임 비율은 7:3 정도로 계상하기도 한다. 가령 교육청 등이 피해자에게 손해배상액으로 1억을 배상하였다면 교사에게 3천만원의 구상금을 청구하기도 하므로 고의나 중과실에 해당되는 행위는 피해야 한다.

그리고 교사가 형사책임을 지는 경우는 특정 사고가 발생했을 경우에 일반적이고 추상적인 보호감독의 범위를 넘어, 사고 발생이 예견 가능했다고 볼만한 구체적 주의의무 위반이 입증되어야 형사책임이 인정된다. 현장학습에서 교사가 학생 보호감독의무를 위반하여 학생이 사망하거나 상해를 입으면 교사에게 업무상과실치사상죄 등이 적용되는 경우도 있고, 이로 인하여 금고 이상의 형사처벌을 받으면 당연 퇴직 사유에 해당되므로 특히 주의하여야 한다. 형법에서 형의 종류는 앞에서 밝힌 바와 같이 사형, 징역, 금고, 자격상실, 자격정지, 벌금, 구류, 과료, 몰수 9가지이므로 금고 이상인 형사처벌을 받지 않아야 하고, 금고 이상인 경우에는 집행이 유예되더라도 당연 퇴직된다.

3. 현장체험학습 기간 중 준수 사항

체험학습의 모든 기간 교사는 항상 현장에서 임장지도 하여야 하므로 현장학습 장소 이탈은 물론 음주 등 「공무원행동강령」, 「사학기관 행동강령」이나 복무규정 등을 위반하지 않도록 주의하여야 한다. 버스로 이동 시 학생들이 탑승할 때 마다 안전띠 착용을 확인하고, 버스 내에서의 급제동 시의 위험에 대비하여 학생들이 좌석에 안정된 자세로 앉아 있도록 하며, 버스 내에서 학생이 이동하는 행위는 금지하여야 한다. 대규모 또는 중규모 체험학습일 경우는 안전요원을 배치하여야 하고 안전요원의 인원수는 교육부와 시·도교육청에서 지시하는 매뉴얼과 운영지침을 따라야 하며, 안전요원은 응급 구조사, 청소년 지도사 등 국가자격 소지자 중 소정의 안전교육을 이수한 자로 배치하여야 한다.

4. 버스와 운전자 확인 점검

차량운행 계약서를 기준으로 버스 등 자동차번호와 실제 배차된 차량번호 일치여부와 운전자 적격여부 및 출발 당일 운전자 음주 측정을 하여야 하고, 운전자에 대한 과속 금지, 신호위반, 대열운행 금지 등 안전 운전을 안내한다. 학교에서는 차량안전점검표를 확인하고 현장체험학습 일정에 늦어지거나 일부 프로그램이 생략되는 경우가 있더라도 과속하지 않고 안전 운행할 것을 당부하여야 한다. 흔히 버스 운전자의 과속 사례는 학교의 계획된 일정에 맞추기 위해서 차량 정체 등을 원인으로 정해진 시간에 목적지에 도달하지 못하는 경우 과속으로 운행하다가 사고가 발생하기 때문이다. 한편 버스에는 학생탑승 차량보호 표지가 부착되었는지 확인하고, 출고일자와 차량 등록증 보험 가입여부도 확인하여야 사고 발생 시 보상 청구에 도움이 된다.

5. 숙소 도착 후 학생 재지도

학교에서 사전 지도는 물론 출발 당일 출발 전 지도를 하였더라도 숙소에 도착한 후에 다시 입소 전 학생지도가 필요하며, 특히 비상 대피로 확인과 비상상황발생 시 학생들의 행동요령을 미리 지도하여야 한다. 또한 숙소 주변 출입 제한이나 교통사고 예방을 비롯하여 학생들 사이의 폭행사고 등에 대비해서 철저한 사전지도가 필요하고 인솔교사들은 교대나 당번 등을 지정하여 순회하면서 학생들을 보호감독하여야 한다. 야간에 학생 지도나 학생 취침 상태 관리를 위한 교대 근무조 등에 대한 초과근무는 앞에서 다룬 '출장 여비와 초과근무 수당 함께 지급 요건'에서 밝힌 바와 같이 출장 중에도 예외적으로 초과근무 수당 지급도 가능하므로 활용할 수 있다. 또한 상당수의 판례에서는 숙소 도착 후 입소 전에 교사가 학생을 재지도한 여부가 교사의 책임 경중 요소로 작용하고 있다.

학생들은 모처럼 부모를 떠나 친구들과 함께 숙박하는 기회를 이용하여 음주와 흡연 등의 호기심이 유발되고 학칙을 위반하거나, 타 학교 학생들과의 집단 폭행에 가담하거나 숙소 이탈로 인한 이차사고도 발생할 수 있으므로, 전체 학생 인원수를 수시로 파악하여야 하며 한 학생도 이탈자가 없도록 주의 깊게 관리하여야 한다.

6. 위탁교육 시에도 교사의 임장지도 의무

수련활동 프로그램 등을 외부업체에 위탁교육 시에도 돌발 상황에 대응하기 위하여 교사는 반드시 임장하여야 하며 위탁교육 현장에서 무단이탈해서는 안 된다. 또한 시·도교육청 소속 기관, 국공립 시설이나 허가·등록된 수련시설을 이용하고, 수련시설 평가 적정이상을 받은 수련시설과 한국청소년활동진흥원 등에서 인증 받은 청소년수련활동 프로그램으로 실시하여야 한다.

위탁교육 시에는 학생들의 활동이 전체적으로 안전하게 진행되고 있는지 여부를 교사가 직접 현장에서 확인·감독하거나 사고 예방을 위한 조치를 하여야 한다. 가령 외부업체 강사가 학생을 지도하는 동안 교사는 별도의 장소에서 휴식을 취하거나 교육 장소를 이탈하면 책임이 무거우므로 항상 임장하여야 한다. 또한 「청소년활동진흥법 시행령」 제10조는 수련시설의 안전기준을 명시하고 있으니 수련시설을 이용할 때는 그 이행 여부를 확인하여야 한다.

7. 기차 이용할 때 객차 사이 출입 통제

기차를 이용하여 체험학습을 하는 경우 최근에는 열차 내에서 창문을 열고 운행하는 열차가 드물기 때문에 창문으로 추락하는 경우는 없겠지만, 객차와 객차 사이를 오가는 중에 객차에 끼이거나 앞의 판례처럼 객차에서 추락하는 사고가 발생하기도 한다. 학생들의 심리는 여행 중에는 들뜬 마음으로 다른 학급 학생들과 상호 교류를 하고 싶은 충동도 발생하고, 객차를 이동하여 다른 객차에 있는 학생들과 오락 등을 즐기려는 경향도 있다. 하지만 열차가 이동 중에 학생들이 객차 사이를 옮겨 다니면 객차의 안전시설 미비나 급작스런 제동 등 사고의 위험이 있으므로 학생들이 객차를 이동하지 못하도록 객차 출입문 양쪽에서 교사의 직접적인 통제가 필요할 것이다.

8. 체험학습 장소 선정 최우선 요소

물놀이를 할 수 있는 강이나 바다, 풀장에서는 물에 들어가기 전 수상 안전교육을 실시하고, 구명동의 착의, 구명줄 비치 및 안전요원을 배치해야 하고 교사는 학생 개개인의 행동을 한 명도 빠짐없이 주의 깊게 관찰하여야 한다. 교사가 많은 학생들을 관찰할 수 없다면 보조교사 등 다른 인솔 교직원의 도움을 받아 학생을 감독하여야 하고, 보조교사 등의 지원이 불가능할 경우에는 물놀이 학생 수를 제한해서라도 물속에 있는 학생들은 개별적으로 빠짐없이 예의 주시하여야 한다.

익수 사고가 발생하였더라도 교사가 현장을 이탈하지 않고 학생들을 관찰하고 있었다면 책임이 경감될 수도 있으므로 학생과 밀접한 거리에서 빈틈없는 관리가 필요하다. 또한 물놀이 장소는 사전답사를 통해 안전성을 확인하여야 하고 위험성이 있다면 안전시설을 설치하고 구호 장비를 구비하여야 한다. 하지만 사전답사에서 체험학습장의 적합성을 평가하여 장소를 선정하는 경우에 가장 중요한 요소는 교육 효과성보다 학생의 안전성을 우선하여야 하므로 위험성이 있는 장소는 미리 배제하여 예상되는 사고 발생을 미리 차단하여야 한다.

9. 긴급 상황 발생 대처 방법

현장체험학습 중 긴급 상황이 발생하면 최적의 방법으로 응급처치를 하여야 하며, 119, 경찰서 등에 즉시 구조 요청과 학교에 보고하고 학부모에게 연락해야 한다. 교사는 사고 현장에서 피해학생을 즉시 보호하여야 하며, 다른 인솔 교직원, 학부모, 자원봉사자, 안전요원 등이 있는 경우는 이들의 협조를 받아 나머지 학생들을 지도하도록 하여야 한다. 추후 상급 기관 보고는 학교와 교육지원청이 구두 또는 문서로 유기적으로 대응할 수 있으므로 교사는 신속하게 긴급상황에 대처해야 한다.

현장체험학습 사고는 대체로 교사 혼자서 많은 학생들을 인솔하다가 우연히 돌발적인 상황에서 발생하는 경우가 많으므로 교사는 당황하여 신중하게 사태를 해결하기 어렵게 되고 또한 다른 학생들도 보호해야 하므로 교사 혼자서 감당하기는 힘들다. 그러므로 현장체험학습 계획단계부터 교사를 보조하여 함께 인솔할 수 있는 교직원 등을 지정하여 사고 후의 대책을 미리 마련해야 사고 수습에 도움이 되며, 사고 확대를 방지할 수 있으므로 시행계획 수립 시 필요한 교직원을 배정받아 함께 참여하여야 사고 후 대처와 수습이 수월해 질 수 있다. 또한 사고 발생 시 학교장 등 관리자에게 신속한 보고와 지시체계를 유지하여야 하고, 교육청이나 학교관리자로부터의 지시에 따라 사고 처리를 하여야 하며 교사가 임의로 처리하면 책임이 더 무거울 수 있다.

제3절 과학 실험 및 실습 사고

I. 과학 실험 및 실습 사고에 대한 교사의 책임

학생들의 실험실습 교과목으로는 주로 과학이나 기술 가정 및 체험활동에서의 실험 실습인 경우이다. 과학의 경우는 초등학교부터 중고등학교까지 실험을 위주로 한 단원이 많으며 기술이나 가정도 필요한 경우 다양한 실험이 이루어지고 있다. 체험활동도 주제에 따라 다르지만 간혹 실험 실습을 위주로 하는 단원도 있어 초·중·고등학교 전 과정에 걸쳐 실험 실습이 이루어지고 있다고 보아야 한다.

법원은 위험한 실험기구를 다루면서 사전에 교사가 주의 사항을 철저히 지도하지 않았거나 학생에게 실습을 시키면서 실습의 절차나 위험성 등을 미리 지도하지 않았다면 교사에게 과실 책임을 인정하고 있다. 또한 교사가 학생을 직접 지도하지 않고 실험 실습 현장에 없었다면 그 책임은 무거울 수밖에 없고, 더구나 실험을 마친 후에도 뒷정리를 학생에게만 맡기고 교사가 없는 사이 사고가 발생하면 교사의 임장 부재를 이유로 책임을 가중하고 있다.

따라서 수업 중이든 쉬는 시간이든 위험한 실험 도구나 약품을 사용하는 실험 실습 시간에는 교사가 항상 학생과 함께 지도 및 정리하여야 책임이 감경될 수 있다. 과학실 관리 책임은 과학 교사에게 있으므로 과학실 인수인계와 열쇠 관리는 철저히 하여야 하고, 과학 보조교사는 과학교사를 보조하는 업무가 주 역할이므로 과학실에 임의로 학생들이 출입한 책임은 보조교사가 아닌 과학교사에게 있다는 판례도 있으므로, 학년 초 업무분장 편성 시 관리책임자와 보조자의 역할을 구체적으로 지정하여 명문화하는 것도 중요하다.

II. 과학실험 및 실습사고 교사의 책임 판례 요약

1. 실습 전 학생에게 실습 내용에 대한 교사의 충분한 설명 의무

실습 활동에 대한 구체적 경험이 없고 처음으로 실습에 임하는 학생에게 교사가 사전에 실습의 내용이나 주의 사항 등 충분한 설명 없이 실습을 시켰다면, 교사에게 사고 방지 주의의무 위반으로 손해배상 책임을 인정하고 있다.[437]

2. 실험 후 뒷정리, 학생에게 맡기면 업무상 주의의무 위반

중학교 2학년 학생들과 실험을 마친 후 교사는 현장을 떠나면서 인화성이 강한 알코올과 알코올을

---

437) 2007. 12. 7. 춘천지방법원 속초지원 2006가합332.

적신 솜 등 위험한 실험 용품 등을 학생들에게만 뒷정리를 시켜 사고가 발생한 사안에서 교사에게 업무상 주의의무 위반 책임이 있다고 판시하였다.[438]

3. 초등학생을 대상으로 한 실험에서는 교사의 주의의무가 더 크다

초등학교 6학년이 과학실에서 이산화탄소 발생 실험을 하다 교사가 알코올을 석회수로 잘못 알고 촛불에 부어 학생이 얼굴과 목 등에 3도 화상을 입은 사건에서, 법원은 나이 어린 초등학생을 대상으로 한 실험에서는 교사의 주의의무를 더 크다고 보고 담당교사와 교육청이 배상 책임이 있다고 판결하였다.[439]

4. 안전장치 준비 미흡이 사고 발생에 기여하면 교사의 과실

교사가 과학실 부족을 이유로 교실에서 실험을 하게 하였고, 또한 알코올이 담긴 비커가 넘어지는 경우에 대비하여 알코올램프 밑에 충분한 크기의 모래상자를 설치하여야 할 것임에도, 모래상자의 준비가 부족한 상태에서 실험을 하다가 학생들이 비커를 넘어뜨려 알코올이 책상 위에 쏟아져 불이 붙어 학생이 화상을 입은 경우 교사는 과실 책임을 져야 한다.[440]

5. 과학실을 개방한 책임, 교사일까 실험 보조원일까?

과학담당 교사 및 실험 보조원이 상주하지 아니한 상태에서 과학실이 개방되어 학생들이 들어가 사고가 발생한 사안에서 법원은 학교에 과학실험 보조원이 배치되어 있고 보조원은 과학담당 교사에게 열쇠를 받아 과학실을 관리하고 있지만 과학실 관리책임은 과학 교사에게 있다고 판시하였다.[441]

Ⅲ. 과학 실험 및 실습 사고의 개별적 책임과 책임예방 Tip

과학 실험 실습 사고도 다른 사고와 마찬가지로 학교 측에 책임이 있는 경우 법원은 「국가배상법」에 의거 지방자치단체의 장인 교육감에게, 사립의 경우는 「민법」의 사용자책임을 적용하여 학교 법인이나 사립학교경영자에게 배상하게 하지만, 교사나 교장의 책임을 물어 지방자치단체나 학교법인 등과 공동으로 연대하여 배상하라는 판결도 있다. 또한 교사의 과실이 중과실인 경우는 교육감과 학교법인 등이 피해학생에게 배상한 다음 교사에게 구상권을 행사하기도 한다.

---

438) 서울지방법원 98가합58318호.
439) 서울지방법원 2003. 11. 6. 선고 2002가합4744 판결.
440) 서울민사지방법원 1993. 11. 10. 선고 92가합75335 판결.
441) 청주지방법원 1999. 1. 27. 선고 98가합1154 판결.

하지만 교사나 교장에게 민사상 책임이 없고 사용자인 교육청이나 학교법인이 배상하는 것과는 달리, 학생의 생명 또는 신체가 손상되었을 때에는 교사나 교장에 대한 형사 책임으로 벌금이나 금고 이상의 형에 처하기도 하고, 임용권자나 징계 처분권자는 학생 보호감독의무 소홀로 징계처분하는 경우도 발생한다.

1. 여학생들만 지도하느라 남학생들을 자습시키다 알코올 폭발

판례[442)]

교사가 운동회 연습 때문에 여학생들만 운동장에서 부채춤 연습을 지도하고, 교실의 남학생들은 자습하라고 방치하다가 과학실에서 알코올이 폭발한 사건

【사건개요】

◆ 초등학교 6학년 담임 A교사는 여학생들과 함께 운동장에서 부채춤 연습을 하면서 남학생들은 교실에서 자습을 하라고 하였는데, 남학생 B학생과 C학생은 과학실험실에 있는 컴퓨터를 이용하여 과제를 할 의도로, 마침 학교 과학 실험실 보조교사로 근무하는 C학생의 모(母)로부터 실험실 열쇠를 건네받아 B학생과 함께 과학실에 들어갔으나 컴퓨터가 고장이 나서 과제는 하지 못하고, C학생과 함께 실험실에 있던 '화상모의 폭발실험기기'로 모의 폭발실험을 해보기로 하고 C학생이 알코올에 불을 붙이는 순간 알코올이 폭발하면서 B학생의 옷에 불이 붙어 화염화상의 중상해를 입었다.

【교사책임 및 판결요지】

◆ 재판부는 A교사가 담임교사로서 B학생 등을 수업 시간 중에 자습을 하도록 방치한 과실이 있고, 과학 실험실 보조교사는 위험한 실험자재가 다수 있는 실험실에 위험에 대한 변별능력이 아직 완전하지 않은 학생들에게 아무런 안전대책도 없이 출입하도록 한 과실이 있으므로 교육감은 소속 공무원인 교사들의 과실로 B학생에게 입힌 모든 손해를 배상할 책임이 있으므로 2억4천만원을 지급하라고 판결하였다.

교사를 위한 책임예방 Tip

◆ 교사는 담당하고 있는 모든 학생을 보호감독할 책임이 있다. 운동회 연습이 바쁘다고 여학생들만 데리고 연습을 하면 수업시간인데도 불구하고 남학생을 방치하게 된다. 남학생들에게 자습을 하라고 지시하였다고 하여도 교사가 남학생들을 직접지도하지 않았기 때문에 법원은 교사가 학생을 방치하였다고 판시했다.

어떤 교육활동을 진행하더라도 교사는 전체 학생을 대상으로 지도하여야 하며, 일부 학생을 열외

---

442) 광주지방법원 2002. 8. 26. 선고 2002가합3466 판결.

시켰다면 다른 보조 교사가 보호 관리할 수 있도록 하여야 한다. 가령 여학생만 운동장에서 부채춤을 지도할 때는, 남학생만을 대상으로 한 교육활동 계획과 함께 이들을 별도로 지도 관리할 수 있는 담당자를 지정하여 사전에 결재를 득한 다음 시행하여야 한다. 운동회 등 행사 준비로 바쁘더라도 가장 우선시되어야 하는 것은 학생 사고 예방일 것이다.

2. 교사는 가고 학생만 남은 과학실의 불행

판례[443]

알코올이 묻은 옷에 불이 붙어 초등학교 5학년 학생이 화상을 입은 사고

【사건개요】

◆ 초등학교 5학년 학생 B는 5학년 과학 담당 A교사의 지도로 5, 6학년 학생들과 함께 판자 위에 모래를 원추형으로 쌓아올려 화산 모형을 만든 다음 그 중심에 알코올 등 화학약품을 넣고 불을 붙여 화산이 폭발하는 현상을 관찰하는 실험을 하였다. 실험이 끝난 후 A교사는 과학실험실을 떠났다. B학생은 같은 분단 C학생과 함께 휴식시간에 호기심으로 화산폭발실험을 해보기로 하고 C학생은 화산폭발실험에 필요한 판자 위에 모래를 쌓은 다음 알코올을 부었다. 그러는 사이 알코올이 B학생의 윗옷에 튀었으나 이를 알지 못한 채 실험이 그대로 진행되어 누군가 위 화산 모형에 성냥으로 불을 붙이는 순간 그 불길이 B학생의 옷으로 옮겨붙어 화상을 입게 되었다.

【교사책임 및 판결요지】

◆ 학생들을 지도하여 화재의 위험이 수반되는 화산폭발실험을 막 마친 A교사가 학생들에게 위험물질에 대한 취급에 있어 주의사항을 제대로 일러주지 아니하고, 알코올 등 화학물질을 그대로 방치한 채 과학실험실을 떠난 것에 대하여 교사의 과실을 인정하고, 법원은 교육감에게 「국가배상법」제2조에 따라 그 소속 공무원인 A교사의 직무집행상의 과실 책임으로 B학생 및 그의 가족들에게 5천1백여만원을 지급하라고 판결하였다.

교사를 위한 책임예방 Tip

◆ 총체적인 책임은 학교 측에 있지만 세부적으로는 두 가지 과실로 함축할 수 있겠다. 먼저 판례에서 적시하는 바와 같이 화산 폭발실험을 하는 약품은 위험 물질인데도 불구하고 교사가 학생들에게 주의사항을 알려주지 않았다는 점과, 다른 하나는 교사가 학생들에게 위험한 물질을 방치하고 과학 실험실을 떠났다는 점이다.

교사는 학생들에게 위험한 물질은 학생들이 직접 접촉하거나 사용하지 못하게 하여야 하고 실험 중

---

443) 창원지방법원 2000. 6. 15. 선고 99가합430 판결.

에도 취급상 주의 사항을 강조하고, 특히 잠시라도 자리를 비울 때는 학생들이 접근하지 못하도록 엄격히 통제하여야 한다. 하지만 두 번째 지적사항처럼 교사가 학생과 위험물질을 함께 두고 과학실을 떠난다면 사고는 예상될 수밖에 없을 것이다.

3. 실험 후 학생들에게 뒷정리시키고 교사는 떠났을 때

판례[444]

과학 실험 후 남아 있는 인화성 물질로 장난하다가 화상을 입은 사고

【사건개요】

◆ 중학교 과학 실험반 A교사는 열기구 띄우기 실험을 마친 후 인화성이 강한 알코올과 알코올을 적신 솜 등의 뒷정리를 학생들에게 맡기고 실험현장을 떠났다. 2학년 B학생은 다른 학생들과 솜을 태우는 등 불장난을 하다가 화재가 발생하여 하지부 등에 2~3도의 화상을 입었다. B학생 부모는 교사의 사용자로서의 책임이 있는 지방자치단체뿐만 아니라 학교장과 A교사에 대해서도 손해배상을 청구하였다.

【교사책임 및 판결요지】

◆ 과학 실험반 지도교사인 A교사는 열기구 띄우기 실험을 마친 후 현장에 남아 인화성이 강한 알코올 또는 알코올을 적신 솜을 수거하여 안전한 장소에 보관하도록 지도 감독함으로써 사고를 미리 막을 업무상의 주의의무가 있음에도 불구하고 이를 게을리한 채 학생들에게 뒷정리를 맡기고 현장에서 떠난 과실로 인하여 사고를 발생하게 하였다. 법원은 과학 실험반 학생들의 나이, 솜을 태우는 방식에 의한 실험 내용, 인화성 물질이 남아 있었던 상황 등에 비추어 사고 발생의 구체적 위험성이 있었고, 지도교사는 이를 예측할 수 있었다고 보이므로, 지방자치단체는 지도교사의 직무상 불법행위로 인하여 학생들이 입은 손해를 배상할 책임이 있으므로 5천4백여만원을 지급하라고 판결하였다. 하지만 법원은 학교장과 지도교사에 대한 고의 또는 중과실 책임을 인정하지 않아 학교장과 지도교사에 대한 손해배상 청구는 기각하였다.

교사를 위한 책임예방 Tip

◆ 교사가 인화성이 강한 알코올이나 알코올을 적신 솜 등을 수거하지 않고 학생들이 남아있는 장소에 방치한 것은 사고 발생을 예측할 수 있다고 판단하여 교사의 직무상 불법행위로 인한 손해배상 책임이 있다는 판결이다.

학생들은 호기심이 강하고 장난도 할 수 있다고 예상하여 사고 예방 지도는 반드시 필요하며, 특히

---

444) 서울지방법원 98가합58318호.

알코올 등 인화성이 강한 물질은 교사나 실험 보조교사 등 성인이 아닌 경우는 접촉하지 않도록 엄격히 통제할 필요가 있다. 철저한 예방을 위해서는 실험을 마친 후에 인화성이 있는 물질은 교사가 직접 수거하여 위험 물질이 학생들 주변에 없도록 하여야 한다.

4. 경험 없는 학생에게 사전 설명 없이, 하라고만

판례[445]
실업계 고등학교 자동차학과 학생이 실습 중 안구 파열상을 입은 사건

【사건개요】

◆ 고등학교 자동차학과 B학생은 수업시간에 A교사의 지시로 학교 실습실에서 자동차의 구동제어장치를 분해하던 중 베어링이 파손되면서 튀어나온 베어링 볼이 B학생의 오른쪽 눈을 충격하는 바람에 안구 파열상을 입게 되었다. A교사는 사고 당일 차동장치의 분해·조립방법이나 주의사항에 관하여 아무런 설명을 하지 않은 채 B학생에게 실습실로 가서 분해·조립할 것을 지시하였고, B학생은 보호안경 등의 보호 장구 없이 실습실 바닥에 차동장치를 내려놓고 망치와 드라이버로 차동장치를 분해하다가 사고가 발생하였다.

【교사책임 및 판결요지】

◆ 이 사건은 자동차 부품을 분해하던 과정에서 A교사가 구동제어장치의 분해 및 조립방법에 대해 아무런 설명을 하지 않고 실습과정에서도 제대로 감독하지 않았기 때문에 교사의 과실을 인정하였다. A교사는 B학생에게 차동장치의 분해·조립을 지시할 때 미리 그 방법을 교육한 다음 보호 장구 및 필요한 공구 등을 지급하거나 적어도 B학생 곁에서 실습과정을 감독하는 등 사고를 미연에 방지할 주의의무가 있다. 재판부는 교육감이 「국가배상법」 제1조, 제2조에 따라 B학생과 그 가족에게 6천3백여만원을 지급하라고 판결하였다.

교사를 위한 책임예방 Tip

◆ 교사는 실험실습 시간에 분해 및 조립방법에 대해 충분한 설명을 하여야 함은 물론 철저히 감독하지 않으면 과실 책임을 져야 한다. 특히 이와 같은 장치를 실제로 분해·조립해 본 경험이 없는 학생에게 아무 설명도 없이 분해하라고 지시만 하고, 교사가 임장 지도하지 않았다면 교사의 책임은 면하기 어렵다. 또한 실습 중 안전수칙을 지켜 보호안경 등 보호 장구만 착용하였어도 심각한 사고는 예방할 수 있었을 것이므로, 다소 번거롭거나 귀찮다 하더라도 실험 실습 시작 전에 안전을 위한 지침은 반드시 이행하여야 한다.

---

445) 춘천지방법원 속초지원 2007. 12. 7. 선고 2006가합332 판결.

5. 교사의 티샷 실수로 징계도 받고 형사처벌 받은 사연

판례[446)]

초등학교 3학년 학생이 골프 연습 중 교사가 친 골프공에 맞아 부상을 입은 사건

【사건개요】

◆ 골프 특성화 교과 담당 A교사는 초등학교 3학년 B학생을 포함한 3명의 학생을 인솔하여 골프장에서 연습 라운딩을 하였는데, 연습 중 A교사가 휘두른 골프채에 빗맞은 골프공이 마침 교사의 오른쪽에서 카트를 끌고 걸어가던 B학생의 오른쪽 이마 부위에 맞아 전치 6주의 상해를 입었다. 사고 당시 C교감이 학생들에게 위험하니 앞으로 나가지 말라고 주의를 주었다. B학생의 부모는 A교사, C교감, 학교장 그리고 교육청을 상대로 3억5000여만원을 배상하라는 소송을 냈다.

【교사책임 및 판결요지】

◆ 법원은 A교사가 골프를 지도하다가 학생을 다치게 한 것은 보호·감독의무를 다하지 않은 것이라며 교육청이 「국가배상법」에 따라 6800만원을 배상하고, A교사와 교감 및 교장에게는 고의나 중대한 과실이 있다고 볼 수는 없다고 하여 교원 개인 책임은 부정하였다.

교사를 위한 책임예방 Tip

◆ 교사는 학생들이 티샷하는 사람의 뒤편에서 티샷을 마칠 때까지 기다리게 하거나, 티샷하기 전에 주위에 다른 학생들이 걸어가고 있는지 등을 확인하고 티샷을 하여야 빗나간 공에 의한 사고를 예방할 수 있을 것이다. 민사책임으로는 교사 교감 교장의 고의나 중대한 과실을 인정할 수 없다고 하여 지방자치단체인 교육청의 책임을 인정하였고, 학생도 교사에 지시에 따르지 않았으므로 20%의 과실을 인정하였다. 하지만 형사책임으로 A교사는 과실치상죄로 약식명령 벌금3백만원이 부과되었으며, 교육청은 A교사에게 학생 안전관리 소홀로 주의 조치하고, 교장에게도 학생 안전관리 지도감독 소홀로 주의 조치하였다.

6. 교장은 경과실, 교사는 중과실 그래서 교사만 4천5백만원 배상

판례[447)]

비어있는 과학실에 들어간 학생이 실험 중 사망하여 교육감이 교장과 교사에게 구상금을 청구한 사건

---

446) 의정부지방법원 2012. 2. 16. 선고 2009가합13313 판결.
447) 청주지방법원 1999. 1. 27. 선고 98가합1154 판결.

【사건개요】

◆ 이 판례는 제1편 제3장 제3절 교원의 중과실 책임과 구상권에서 다룬 판결이지만 과학실 사고이므로 재구성하였다.

초등학교 6학년 A학생은 같은 반 친구들과 과학실에서 화산분출실험을 하자고 제의하여 과학실에 갔다. 당시 과학실험 보조원은 과학실 문을 열어두고 자리를 잠시 비운 상태였다. A학생은 알코올 통을 들고 모래상자에 통째로 붓다가 갑자기 불이 알코올 통으로 옮겨붙어 폭발하면서 옷에 불이 붙어 이로 인한 화상으로 사망하였다. 과학담당 교사는 사망한 학생의 담임이자 과학실 관리책임을 맡은 과학담당 교사이며 과학실 열쇠를 관리하고 있었고, 사고 당시 학교에는 과학실험 보조원이 배치되어 있었으며, 보조원은 과학담당 교사에게 열쇠를 받아 과학실을 개방하고 관리하고 있다.

【교사책임 및 판결요지】

◆ 과학담당 교사는 폭발성 및 인화성이 강한 화공약품은 약품 상자에 넣고 잠금장치를 하여 안전하게 보관함으로써 호기심이 많은 초등학생에게 위험한 화학약품을 노출시키지 말아야 할 중대한 주의 의무가 있고, 자신 및 실험보조원이 없는 상태에서 과학실을 개방하여 방치하였으므로 교사로서 통상 요구되는 주의 의무를 현저히 게을리한 중대한 과실이 있다.

교사를 위한 책임예방 Tip

◆ 이 판례는 법원의 판결에 따라 교육감이 피해학생 가족에게 배상한 후 과학담당 교사와 교장에게 구상금을 청구한 사건이다. 구상금 청구는 교원이 직무를 수행하면서 고의 또는 중대한 과실로 인하여 타인에게 손해를 가한 경우 지방자치단체 또는 학교법인 등이 피해자에게 배상한 후 교원에게 손해액을 청구하게 된다. 즉 이 판결에서는 지방자치단체의 장인 교육감이 먼저 배상하고 교장과 교사에게 손해액을 청구하였다. 물론 지방자치단체나 학교법인 등의 손해를 그대로 청구하는 것은 아니고 교원의 직무 내용, 불법행위의 상황, 손해발생에 대한 교원의 기여 정도, 교원의 평소 근무태도 등 제반 사정을 참작하여 손해의 공평한 분담이라는 견지에서 교육감이나 학교법인 등이 배상한 손해를 교원에게 청구한다. 그러나 구상금을 청구하기 위해서는 교원에게 중과실이 있어야 하고 경과실일 경우에는 지방자치단체 또는 학교법인 등이 배상하고 교원에게 구상금을 청구할 수 없다.

◆ 중과실이란 통상 요구되는 정도의 상당한 주의를 하지 않더라도 약간의 주의를 한다면 손쉽게 위법, 유해한 결과를 예견할 수 있는 경우임에도 만연히 이를 간과함과 같은 거의 고의에 가까운 현저한 주의를 결여한 상태를 의미한다. 이 판례에서는 교사에게 중과실을 인정하였다. 과학실 개방에 대한 책임과 폭발성 및 인화성이 강한 화공약품은 약품 상자에 넣고 잠금장치를 하여 안전하게 보관하여야 하는데 이를 게을리한 것은 중대한 과실에 해당한다고 적시하였다. 하지만 이 사안에서 교장은

간접적인 관리·감독책임만을 담당하여 중과실이 없다고 판단하여, 교사에게만 중과실이 인정되어 교사에게 4천5백만원을 배상하라고 판결하였다.

Ⅳ. 과학 실험실습 사고 책임 예방을 위한 교사의 기본수칙과 유의점

1. 유해화학물질 주 1회 이상 정기 점검 및 5년간 기록 비치

과학실에 보관된 유해화학물질은 주 1회 이상 정기적으로 점검을 실시하고 그 결과를 5년간 기록·비치하여야 하여야 한다. 유해화학물질의 취급시설 및 장비 등에 관한 점검 내용으로는 고체 상태 유해화학물질의 용기를 밀폐한 상태로 보관하고 있는지 여부, 액체·기체 상태의 유해화학물질을 완전히 밀폐한 상태로 보관하고 있는지 여부, 유해화학물질의 보관용기가 파손 또는 부식되거나 균열이 발생하였는지 여부와 그 밖에 환경부령으로 정하는 유해화학물질 취급시설 및 장비 등에 대한 안전성 여부 등이다.[448] 점검 결과는 점검대장에 기록하고 유해화학물질 취급자가 쉽게 볼 수 있거나 접근할 수 있도록 하여야 한다.[449] 또한 "환경부령으로 정하는 유해화학물질 취급시설 및 장비 등에 대한 안전성 여부"란 다음 각 호의 것을 말한다.[450]

유해화학물질 취급시설 및 장비 점검 내용

1. 물 반응성 물질이나 인화성 고체의 물 접촉으로 인한 화재·폭발 가능성이 있는지 여부
2. 인화성 액체의 증기 또는 인화성 가스가 공기 중에 존재하여 화재·폭발 가능성이 있는지 여부
3. 자연발화의 위험이 있는 물질이 취급시설 및 장비 주변에 존재함에 따라 화재·폭발 가능성이 있는지 여부
4. 누출감지장치, 안전밸브, 경보기 및 온도·압력계기가 정상적으로 작동하는지 여부
5. 「화학물질관리법」 제14조제1항에 따른 개인보호장구가 본래의 성능을 유지하는지 여부
6. 유해화학물질 저장·보관설비의 부식·손상·균열 등으로 인한 유출·누출이 있는지 여부

---

2. 유해화학물질 혼합 보관 금지

유해화학물질을 취급하는 경우에는 유해화학물질 취급시설이 본래의 성능을 발휘할 수 있도록 적절하게 유지·관리하여야 하고, 취급과정에서 안전사고가 발생하지 아니하도록 예방대책을 강구하고, 화학사고가 발생하면 응급조치를 할 수 있는 방재장비와 약품을 갖추어 두어야 하며, 보관·저장하는 경우 종류가 다른 유해화학물질을 혼합하여 보관·저장하지 말아야 한다.[451] 또한 화학 물질 취

---

448) 「화학물질관리법」 제26조 참조.
449) 「화학물질관리법 시행규칙」 제26조제1항 참조.
450) 「화학물질관리법 시행규칙」 제26조제2항.
451) 「화학물질관리법」 제13조 참조.

급자가 쉽게 보거나 접근할 수 있도록 MSDS(Material Safety Data Sheet, 물질 안전 보건 자료)를 항시 게시하고 비치하여야 한다.[452]

3. 과학실 개방은 과학 교사나 실험 보조원이 상주할 때만 개방

과학담당 교사 또는 실험 보조원이 상주하지 아니한 상태에서는 과학실을 개방하지 않아야 하고, 폭발성 및 인화성이 강한 화공약품은 약품 상자에 넣고 잠금장치를 하여 안전하게 보관하여야 한다. 또한 과학실을 학생들이 무단으로 출입하여 사고가 난 사안에서 관리책임자는 과학담당 교사이며 실험 보조원은 단순히 실험을 보조하는 자라는 판례도 있으므로 참고할 필요가 있다. 또한 과학실 개방이나 운영 등에 관한 사항은 학년 초 업무분장 편성 시 구체적으로 지정하여 명문화하는 것도 중요하다.

4. 교사가 구상권 청구를 면하려면?

과학실 사고로 인하여 교육감이나 학교법인이 법원의 판결에 따라 피해 학생과 부모 등에게 손해배상을 한 후, 과학 담당 교사가 주의의무를 현저히 게을리하였거나 중대한 과실 즉 교사의 고의 또는 중과실 책임이 인정되면 교사와 교장 등에게 구상권을 청구하기도 한다.

실례로 교사가 알코올을 석회수로 오인하여 붓는 순간 갑자기 불길이 뿜어지면서 학생의 얼굴과 상체 일부에 화상을 입은 사안에서 교사는 금고 6월에 집행유예 1년형을 선고받고, 교육감은 손해배상금 2억3천여만원을 지급하라는 판결을 받았지만,[453] 교육감은 학생의 부모에게 손해배상금을 지급한 후 지도교사를 상대로 구상금 청구소송을 제기하여 6,000여만원을 구상 조치하였다.

이처럼 교사가 고의나 중과실에 해당하는 경우에는 국가나 지방자치단체 또는 학교법인이 교사에게 구상금을 청구할 수 있지만, 중과실이 아닌 경우 즉 경과실일 경우에는 교사에게 구상금을 청구할 수 없으므로, 교사는 주의의무를 현저히 게을리하거나 고의 또는 중대한 과실을 범하지 않도록 주의하여야 한다. 사립학교의 경우 「국가배상법」의 적용을 받지 않아 사립교원에게는 중과실뿐만 아니라 경과실의 경우에도 구상권을 행사할 수 있다고 볼 수 있다. 하지만 판례는 국공립학교 교사와의 형평성 등을 감안하여 사립학교 교원의 경우에도 특별한 사정이 없는 한 고의 또는 중과실이 있는 경우에 한하여 구상권을 행사할 수 있다고 판시하고 있다. 이 판례에서 교사는 당연 퇴직 사유인 금고 이상의 형을 선고 받았기 때문에 교직을 떠나야 하고 집행이 유예된 경우라도 당연 퇴직 사유에는 영향을 미치지 않는다.

---

452) 교육부, 과학 실험 안전 매뉴얼, 중학교 및 고등학교, 2021, 34면 참조.
453) 서울지방법원 2003. 11. 6. 선고 2002가합4744 판결.

5. 위험한 실험 기구를 사용하거나 운반할 때 교사 임장은 필수

법원은 학생들에게 위험한 실험 기구를 다루거나 운반하다가 사고가 발생하면 교사에 대한 책임을 판단하는 기준으로 교사의 임장 여부를 들고 있다. 교사가 실험 현장이나 운반 현장에 부재하였을 경우 교사에게 학생의 보호감독의무 위반 책임을 물어 교사의 책임을 가중시키고 있다. 따라서 실험은 반드시 지도교사가 직접 지도하고 뒷정리도 교사가 임장하여 학생과 함께 정리하여야 하고, 위험한 기구는 교사가 함께 운반하여야 사고가 발생하여도 책임이 감경될 수 있다.

6. 과학실 사고에 대한 학교장의 중과실 책임

과학실 사고 발생 시 학교장에게 중과실 책임을 묻기 위해서는 사고 발생에 대하여 교장이 약간의 주의를 기울였다면 손쉽게 위법·유해한 결과를 예견할 수 있는 경우임에도, 만연히 이를 간과함으로써 거의 고의에 가까운 정도로 현저하게 주의의무를 위반한 경우이다.

가령 실험실습 설비 및 비품 관리나 약품 보관설비 등의 관리를 법령의 규정을 위반하거나, 담당 교사로부터 수차례 관리 개선 및 설비 비치에 대한 요청을 거부하여 그 결과가 직접적인 원인이 되어 발생한 사고 등에 대해서는 교장은 관리 감독자로서 중과실 책임이 인정되겠지만, 사고를 예견할 수 없고 주의의무를 현저하게 위반하지 않았다면 중과실 책임이 부정된다. 중과실 책임이 부정되면 사용자는 구상권 행사를 할 수 없다.

7. 교사는 항상 책임만 져야 하나?

교사가 주의 사항과 사전 지도를 다하였고 일반인이 예상하기 어려운 돌발적이거나 우연한 사고로 볼 수밖에 없는 과학실험 사고까지 교사에게 책임을 물을 수는 없다. 판례에 따르면 초등학생이 과학의 날 실습으로 물 로켓을 만드는 과정에서 커트 칼로 플라스틱 병을 자르다 부러진 칼날 조각이 눈에 맞았고 칼날이 눈에 들어가지 않아 출혈도 없어 기본 치료만 받았지만, 몇 시간 후 눈에 통증을 느껴 병원에서 외상성 백내장 등으로 수술을 받은 사안에서, 부모는 교사가 조속히 대처하지 못해 피해를 입었다면서 소송을 제기하였다. 하지만 법원은 지도교사가 재료와 칼 이용 방법 등을 알리고 주의를 당부하고 보건교사도 감염 가능성이나 합병증 예방 치료 등의 조치를 다했다며 학교 측의 책임을 부정하였다. 이처럼 사전 지도와 주의사항을 철저히 안내하였는데도 돌발적이고 우연하게 발생하는 사고에 대해서는 교사에게 책임을 묻기 어렵다.

제4절 휴식 점심 청소시간 및 방과 후 수업 사고

I. 휴식 점심 청소시간 및 방과 후 수업 사고에 대한 교사의 책임

휴식시간이나 점심시간 청소시간에는 학생들끼리 이동하면서 활동하는 시간이 많고 정규학습시간을 위하여 대기하는 시간뿐만 아니라 점심식사 후 쉬는 시간, 아침에 등교하여 교실 또는 운동장에서 친구들과 함께하는 시간 등 학교생활 중 많은 시간이 이와 같은 시간이다.

이 시간에는 학생들 사이에 장난이나 폭행사고, 추락 사고 등 안전사고가 많이 발생하는 시간이고, 아침에 등교하여 교사가 출근하기 전 교실 또는 운동장에서 친구들과 놀이 등을 함께하는 시간은 학생 보호가 가장 취약한 시간이기도 하다. 하지만 학교 현장의 실정으로 보아 위와 같은 시간은 대체로 교사가 학생과 함께 하지 못하며, 쉬는 시간에도 교사도 휴식을 취하거나 다음 수업을 위해서 준비하거나 다른 교사들과 교류하는 등 학생들 곁에 없는 때가 많다. 하지만 법원은 휴식시간이나 점심시간 등도 교육활동과 질적, 시간적으로 밀접 불가분의 관계에 있다고 하며, 그 시간 중에 교실이나 복도 등에서 이루어지는 학생 행동에 대해서는 교사의 보호감독의무가 미친다고 판단하기도 한다. 그러므로 교사가 학생들 곁에서 직접 보호하지 않을 때는 사고가 발생하지 않도록 사전지도가 필요할 것이다. 교사에게는 학생이 학교에 등교하여 하교할 때까지 「민법」 제755조제2항에 의거 대리감독자의 책임을 부과하고 있기 때문이다.

II. 휴식 점심 청소시간 및 방과 후 수업 사고 예방을 위한 유의점

1. 휴식시간도 교사의 일반적 보호감독의무의 범위 내에 있다.

휴식시간 중에는 아침 등교 후 정규학습을 준비하기 위한 시간, 교실에서 다음 교과 시간을 위하여 대기하는 시간, 화장실 이용 시간, 점심시간 후 휴식시간, 다음 교과 시간을 위하여 교실에서 다른 교실 또는 교실에서 운동장 등으로 이동하는 시간 등 정규 수업시간이 아닌 시간은 대부분 휴식시간에 이루어진다. 이와 같은 휴식시간은 교육활동과 밀접한 관련이 있다고 보아 휴식시간의 학생 사고에 대해서도 교사의 보호감독의무가 미친다고 보는 것이 판례의 일반적 경향이다.

2. 학생의 연령에 따라 교사의 책임 범위도 차이가 있다.

휴식시간도 교사의 일반적 보호감독의무의 범위 내에 있지만 돌발적이거나 우연한 사고나 예측하기 어려운 사고는 특별한 사정이 없는 한 교사 등에게 보호감독의무 위반의 책임을 지울 수는 없을 것이다. 또한 휴식시간은 학생들의 쉬는 시간이라지만 성인의 휴식시간과 같이 조용하게 편안히 앉아서 쉬기만 하는 것이 아니며, 학생의 연령에 따라 활동의 유형이나 범위도 달라지고 사리분별력의 차이도 있으므로, 판례는 교사의 학생 보호감독 책임의 범위를 유치원이나 초등학생과 중·고등학생에 따라 다르게 적용하고 있다. 즉 연령이 어린 학생일수록 교사의 보호 범위를 더 넓게 적용하고 있으므로 고등학생보다는 유치원이나 초등학생을 보호감독하는 교사의 책임 범위가 더 넓다.

3. 학생의 성행에 따라서 교사의 책임 유무도 달라진다.

학생의 성격이 거칠고 급우들을 자주 구타하는 등 폭력을 행사할 위험성이 큰 학생은 교사가 사고를 미리 예측하고 사전에 지도 및 관리해야 할 의무가 있다. 교사가 폭행 성향이 강한 학생이라는 것을 알면서도 휴식시간에 학생들을 방치하고 교사가 없는 사이 폭행 사고가 발생하면, 교사가 사고 발생을 예측할 수 있었다고 판단하여 보호감독 위반 책임을 지우고 있다. 판례는 평소 장난이 심하여 다른 학생들과 다르다는 사실을 인지하고 있는 교사는 이와 같은 학생을 특별히 지도 감독할 의무가 있음에도 불구하고, 이를 소홀히 하여 다른 학생의 눈을 다치게 한 사안에서 학교 측이 장난이 심한 학생 부모와 연대하여 4천6백여만원을 배상하라는 판례도 있다.[454]

4. 청소시간 사고에 대한 교사의 책임 여부는 예측가능성이 쟁점

수업을 마친 후 청소는 학생들이 하루 동안 사용하여 더러워지고 흐트러진 교실을 자신들의 힘으로 정돈하고, 다음날의 학습을 준비하기 위한 과정으로서 청소시간은 학우들과 함께 협동심과 역할의 분담을 체득할 수 있는 시간이므로 교육활동과 밀접 불가분의 관계에 있다. 따라서 그 시간 중의 교실 내에서의 학생의 행위에 대하여는 교사의 일반적 보호·감독의무가 미친다고 할 수 있지만, 사고가 발생할 수 있다고 예측되거나 그 예측가능성이 있었는지의 여부가 법원 판단의 쟁점이 된다.

5. 평소 학생 지도 기록은 교사의 책임 여부에 영향을 미친다.

담임교사가 없는 가운데 청소시간에 가해학생이 피해학생을 폭행하여 숨지게 한 사건에서, 법원은 담임교사가 평소 조회·종례시간을 이용하여 계속적으로 실내 정숙, 안전사고 유의, 각종 법규 준수, 친구 간 폭력 금지 등을 훈시한 사실을 인정할 수 있으면, 담임교사가 예측할 수 있었다고 보기 어려운 돌발적이거나 우발적인 사고까지 보호·감독의무 위반의 책임을 물을 수 없다고 판단하고 있다.[455] 그

454) 울산지방법원 2005. 5. 17. 선고 2004가단31455 판결.
455) 인천지방법원 2006. 11. 23. 선고 2005가합15938 판결.

러므로 담임교사가 평소 지속적으로 학생들에게 폭행예방 및 준법 생활 등을 훈시한 실적을 누가 기록하여 재판과정에 증거로 제출하면 교사의 책임 감경을 위한 효과적인 자료로 작용할 수 있을 것이다.

6. 출장지 점심시간에도 학생 가까운 곳에서 관리·감독할 의무가 있다.

외부행사나 체육선수들을 인솔하여 대회에 참가한 경우 점심식사나 휴식시간에도 교사와 코치 등 교직원은 학생들이 안전사고나 위험에 노출되지 않도록 미리 철저한 안전교육을 시키고 가까운 거리에서 관찰하는 등 관리·감독을 철저히 할 의무가 있다.

판례는 외부 대회에 선수로 참가하여 점심식사 후 휴식시간에 학생들 간 폭행사고가 발생할 때 인솔교사는 평소 자주 만나던 사람들을 만나 식사하기 위해 자리를 비웠고, 코치도 역시 다른 선수와 지도자들을 만나기 위하여 다른 시합경기장에 있었던 사안에서, 재판부는 학교 측에 3천7백여만원을 배상하라고 판결하였다.[456]

Ⅲ. 휴식 점심 청소시간 및 방과 후 수업 사고의 개별적 책임과 책임예방 Tip

1. 점심시간에 친구끼리 장난, 교사 책임은 어디까지인가?

판례[457]

갑자기 의자를 뒤로 빼는 친구의 장난 때문에 뇌 손상과 기억력 상실

【사건개요】

◆ A학생은 점심 식사를 마치고 의자에 앉아 있는데, 같은 반 급우인 B학생이 장난으로 A학생 모르게 그가 앉아 있던 의자를 손으로 잡고 우측발로 의자다리의 뒷부분을 갑자기 걷어차는 바람에 뒤로 넘어지면서 뒷머리 부분을 시멘트 콘크리트로 된 교실 벽에 부딪쳐 그 충격으로 뇌좌상, 기억력 상실증 등의 상해를 입게 되었다. 가해자인 B학생은 고등학교 2학년생이어서 충분한 분별능력이 있었고, 평소 성격이 온순 착실한 편이었으며 피해자인 A학생과도 친한 사이였다.

【교사책임 및 판결요지】

◆ 가해자의 분별능력과 성행, 피해자와의 관계 등을 고려할 때 담임교사는 이 사건 사고 발생을 예측하였거나 예측이 가능하였다고 보이지 아니한다. 평소 교실에서 학생들끼리 의자를 뒤로 빼놓는 장

---

456) 춘천지방법원 2006. 8. 18. 선고 2002가단11758 판결.
457) 대법원 1993. 2. 12. 선고 92다13646 판결.

난을 더러 하고 있었다고 하더라도 그러한 사정만으로는 이 사고의 발생에 대한 구체적 위험성이 있다고 할 수도 없고, 가해학생의 성행 등으로 보았을 때 사고 발생을 예측하였거나 예측이 가능하였다고 보이지 아니한 돌발적이거나 우연한 사고로서 교장이나 담임교사 등에게 보호감독 의무위반의 책임을 물을 수 없다.

교사를 위한 책임예방 Tip

◆ 교사는 사고가 예측되거나 또는 예측가능성이 있는 경우에 한하여 학생에 대한 보호감독의무위반에 대한 책임을 진다. 이 사고가 일어난 점심시간은 오후 수업을 위해 점심을 먹고 쉬거나 수업의 준비 등을 하는 시간이므로 교육활동과 질적 시간적으로 밀접 불가분의 관계에 있어, 그 시간 중의 교실 내에서의 학생의 행위에 대하여는 교장이나 교사의 일반적 보호감독의무가 미친다고 할 수 있다. 그러나 가해자인 B학생은 고등학교 2학년생이어서 충분한 분별능력이 있었고 평소 성격이 온순 착실한 편이었으며, 피해자인 A학생과도 친한 사이였으므로 이러한 가해자의 분별능력과 성행, 피해자와의 관계 등을 고려할 때 담임교사가 사고 발생을 예측하였거나 예측이 가능하였다고 보이지 아니하였다고 판단하여 손해배상책임이 없다고 판결하였다. 따라서 교사의 책임 여부는 의자를 뺀 가해학생의 분별능력과 성행 그리고 사고의 예측가능성이 판단의 기준이 되며, 사고 발생에 대한 구체적 위험성이 있다고 할 수 없는 경우에는 교사의 책임을 인정하기 어렵다.

2. 예측하기 어려운 돌발적이거나 우연한 사고에 대한 교사 책임

판례[458)]

휴식시간에 급우를 주먹으로 5~6회 얼굴을 때려 사망하게 한 사건

【사건개요】

◆ 고등학교 2학년 교실에서 수업시간이 거의 끝나갈 무렵 A학생은 앞자리에 앉은 급우인 B학생으로부터 아무런 이유 없이 뒤통수를 1회 얻어맞은 것에 화가 나 수업이 끝나자마자 B학생에게 다가가 주먹으로 그의 얼굴을 5~6회 때려, B학생이 자리에서 일어나 몇 발짝 떼어놓다가 교실 바닥에 쓰러져 병원으로 옮겨졌으나 그 후 두경부 외상에 의한 뇌출혈로 사망하였다.

【교사책임 및 판결요지】

◆ 재판부는 사고가 일어난 휴식시간은 다음 시간을 위하여 쉬거나 수업의 정리, 준비를 하는 시간으로서 교사로서는 예상하기 어려운 돌발적이거나 우연한 사고라 할 것이므로, 그와 같은 사고 발생까지도 사전에 예측하고 방지하기 위하여 필요한 주의를 기울여야 할 구체적인 감독의무까지 있다

---

458) 광주고등법원 1995. 10. 11. 선고 95나2820 판결.

할 수는 없다고 판시했다.

교사를 위한 책임예방 Tip

◈ 재판과정에서 사망한 B학생 측은 담임교사에게 책임이 있다고 주장하였다. 그 이유는 A학생이 과거 형사처벌을 받은 전력이 있고 평소 성격이 난폭하므로 특별히 주의를 기울여 교실에서 싸움을 하지 않도록 감독하여야 할 의무가 있고, 이 사건의 시비가 발생할 당시 수업을 하고 있던 교사로서 수업시간에 학생들이 다투지 않도록 철저히 감독할 의무가 있음에도 그 의무를 게을리하여 사고가 발생한 것이므로 손해를 배상할 책임이 있다고 주장하였다. 하지만 재판부는 고등학교 2학년이나 되는 학생들이 교사의 눈을 피하여 순간적으로 다툴 것을 예측하고 그 발생을 방지하여야 할 의무까지는 없다고 하여 교사의 책임을 부정하고 A학생의 부모에게 책임이 있다고 판결하였다. 이처럼 재판 진행과정에서 교사의 책임이 인정되거나 부정되기도 하고, 각 사안에 따라 또는 재판부에 따라 달리 판단될 수 있으므로 A학생처럼 과거에 범죄 전력이 있고 성격이 난폭한 학생은 특별 관리할 필요가 있다.

3. 법원 심급에 따라 달라지는 교사 책임

판례[459]

고등법원에서는 교사 책임 인정, 대법원은 부정

【사건개요】

◈ 중학교 1학년 B학생은 3교시 수업을 마치고 쉬는 시간에 도시락을 먹고 있던 중 C학생이 청소용 밀대를 들고 장난을 치다가 밀대에 묻어 있던 더러운 물방울이 도시락에 떨어졌다는 이유로 주먹으로 C학생의 왼쪽 눈 부위를 세게 쳐서 좌안 열공성 망막박리상을 입혔다.

【교사책임 및 판결요지】

◈ 고등법원 재판부는 B학생이 반장으로서 성격이 거칠어서 평소 자기보다 약한 급우를 괴롭히다가 담임교사인 A교사로부터 꾸중을 듣기도 하고, 급우들을 자주 구타하는 등 늘 폭력을 행사할 위험성이 있었으므로, A교사는 B학생이 타인을 구타하는 등의 불법행위를 하지 않도록 감독 의무가 있음에도 이를 게을리 한 책임이 있다고 판단하였다. 그러므로 B학생의 부모와 A교사가 소속한 교육청은 연대하여 C학생이 입은 손해 2천3백여만원의 배상하라고 판시하였다. 하지만 대법원은 B학생이 반장으로서 학업성적이 우수하고 매사에 적극적이었으며 피해자인 C학생과는 같은 반 친구로서 지내던 사이이고 담임교사가 이를 예측하였거나 예측할 수 있었다고 보기 어려운 돌발적이거나 우연한 사고이므로 담임교사에게 보호·감독의무 위반의 책임을 물을 수 없다고 최종 판단하였다.

---

459) 대구고등법원 1996. 9. 5. 선고 96나465 판결 및 대법원 1997. 6. 13. 선고 96다44433 판결 참조.

교사를 위한 책임예방 Tip

◆ 고등법원에서는 학생의 성격이 거칠고 평소에 급우를 괴롭히는 폭력성이 강한 학생이라고 보고, 이 학생이 급우를 폭행하였다면 예측가능성이 있으므로 교사의 책임을 인정하였다. 이와 같이 학생의 성행이 폭력적이었다면 교사가 사전에 특별 관리하여야 책임을 면할 수 있겠다. 그러나 대법원에서는 동일한 학생을 반장이고 학업성적이 우수하다고 하여 교사가 사고를 예측하기 어렵다고 하였으므로 법원 판단의 기준과 관점, 사실관계에 따른 법리 해석에 따라서 교사의 책임 유무는 크게 달라진다.

4. 쉬는 시간에 티타임 겸 학년 교사회의 시간은 학생 사고 만드는 시간

판례[460]

학생들만 남겨두고 교사들은 회의하다가 학생들이 눈을 다친 사고

【사건개요】

◆ 초등학교 5학년 B학생은 1교시 후 휴식시간에 교실 내에서 책걸상 옮길 때 소음 방지를 위해 비치한 테니스공을 A학생에게 던졌는데, A학생의 오른쪽 눈에 맞는 바람에 우안 외상성 백내장 등의 상해를 입게 하였다. 1교시 후 휴식시간은 우유급식을 위하여 다른 휴식시간 보다 10분 연장하여 20분간이고, 20분 동안에는 특별한 사정이 없는 한 거의 매일 학년주임 교사가 주재하는 학년 교사회의가 개최되는데, 사고 당일에도 담임교사는 1교시 수업 후 학년교사 회의에 참석하여 교실에 없었다.

【교사책임 및 판결요지】

◆ 담임교사는 학생들에게 책걸상의 다리에 끼울 테니스공을 가지고 오라고 지시하였고, 학생들이 이 사고 이전에도 책걸상에 끼운 테니스공을 빼서 교실에서 공놀이를 하다가 발각되어 훈계를 들었을 뿐만 아니라 벌을 받았던 적도 있으므로, 담임교사로서는 학생들로 하여금 테니스공을 빼서 가지고 놀거나 다른 사람에게 던지지 않도록 수시로 교육하고 관찰할 주의의무가 있다 할 것이므로, 담임교사의 사용자인 교육청과 B학생의 부모는 A학생 등에게 3천5백만원을 배상하라고 판결하였다.

교사를 위한 책임예방 Tip

◆ 학교의 풍토나 전통적인 관례 또는 교사들의 편의를 위하여 휴식시간을 이용하여 학년별 또는 교과별, 그룹별로 지시사항 전달과 차를 마시기 위하여 티타임 겸 교사회의를 시행하고 있는 사례가 있다. 교사는 없고 학생들만 교실에 남아있는 이 시간이 학생 사고가 가장 많이 발생할 우려가 있는 시간이다. 지시사항을 전달하거나 차를 마시기 위한 모임이 필요하다면 학생들이 모두 하교한 다음

---

460) 대전지방법원 1999. 3. 11. 선고 98가합3286 판결.

에 모임을 갖거나, 학생들이 학교에 있는 시간에는 교내 메신저 등 전산망을 통하여 전달하여 교사가 교실을 비우고 학생들을 방치하지 않도록 주의하여야 한다. 학교 전체 교직원 회의도 마찬가지로 하교 후 학생들이 교내에 없을 때 시행하는 것이 학생 사고 없는 학교를 만들기 위한 가장 기본적이고 최적의 방안일 것이다.

5. 학생 생활지도 누가 기록하여 법원 증거 자료 제시

판례[461]

쉬는 시간에 교실에서 공놀이 하다가 급우의 오른쪽 눈을 다치게 한 사건

【사건개요】

◆ 중학교 A교사는 2학년 2반 국어수업을 마친 후 휴식시간에 교무실로 가는 도중에 담임으로 있는 2학년 3반 교실에 들어가 학생들의 3교시 수업준비를 지도하고 교실에서 나왔다. 그 직후 2학년 3반의 B학생 등 7명의 학생들이 교실 사물함에서 축구공을 꺼내어 공놀이를 하다가 교실 뒷문 유리창을 깨뜨려 부서진 유리 파편이 마침 뒷문을 열고 들어오던 C학생의 오른쪽 눈을 충격하여 시효율 13%, 신체 장해율 12%의 상해를 입게 하였다.

【교사책임 및 판결요지】

◆ 재판부는 휴식시간은 다음 수업을 위하여 교육활동과 질적, 시간적으로 밀접 불가분의 관계에 있어 그 시간 중의 교실 안에서의 학생의 행위에 대하여는 교사의 보호, 감독의무가 미친다 하고, 담임교사 및 학교 관계자가 이러한 보호감독의무의 소홀히 하였으므로 이들이 소속한 교육청은 C학생이 입은 손해를 가해학생의 부모들과 함께 배상하라고 판결하였다.

교사를 위한 책임예방 Tip

◆ 학교 측에서는 쉬는 시간이 끝날 때까지 배석하여 학생들로 하여금 돌발적인 상황에 위험한 행동을 하지 못하도록 지도하는 것은 불가능하고 특히 담임교사는 오전 학생조회 시간에는 실내정숙 등 교실분위기 조성지도를, 2교시 수업을 마친 후 사고가 발생하기 전에 교실에 들러 수업준비 지도까지 하였으며, 학교에서도 교내 순찰반 등 등하교 지도반을 편성하여 운영하였다고 주장하였으나, 재판부는 주장을 인정할 증거가 없다고 하여 받아들이지 않았다. 안타깝게도 사고 직전에 담임교사가 담당하는 교실에 들어가 생활지도한 사실도 증거자료를 제시할 수 없어 인정되지 않았다.

따라서 학생 생활지도 실적 등은 매일 구체적으로 누가 기록하고 학교장 등 관리자의 결재를 득하여 비치하였다가 재판 과정에서 증거로 제시하는 것이 필요하다. 법원은 재판 절차에서 사실의 인정

---

461) 대전지방법원 1999. 9. 16. 선고 98가합7081 판결.

은 증거능력이 있는 증거에 의하여야 한다는 증거재판주의를 채택하고 있기 때문이다.

6. 고층 교실 유리창 청소, 학생에게 시켜야 하나?

판례[462]

유리창 청소를 하다가 3층에서 추락하여 사지마비 상해를 입은 사건

【사건개요】

◆ 고등학교 2학년 A학생은 학급 청소반장으로서 청소시간에 3층 교실 창문 밖 난간에서 추락하여 사지마비 등의 상해를 입었다. 이 학교는 평소 창문 유리 청소를 학생들이 해 왔고, 이 날은 방문할 손님을 맞기 위하여 대청소가 실시되었다. 청소시간이 되자 담임교사는 A학생 등에게 창문은 안에서 손이 닿는 곳까지만 닦고 밖에 나가지 말라는 취지로 지시하고 다른 담당구역인 전산실로 갔다.

A학생의 부모는 담임교사가 절대로 난간에 나가지 못하도록 적극적 직접적으로 안전사고 방지교육을 철저히 실시하였어야 하고, 옆의 반 경우와 같이 학교의 모든 교실에서 창문을 떼어서 창문 청소를 하게 하거나, 평소에 전문 인력을 고용하여 창문 외부 유리창 청소를 시행하는 등 학생들에 대한 보호, 감독의무를 다하였어야 함에도 불구하고, 단순히 일반적인 주의사항만 훈시하였다고 하여 담임교사와 교육청을 상대로 12억여만원을 배상하라고 소송을 제기하였다.

【교사책임 및 판결요지】

◆ 법원은 학생들에게 창문 청소를 지시할 때 난간 출입을 직접 금지시키거나 창문을 떼어내어 유리를 닦게 하였더라면 사고를 방지할 수 있었고, 담임교사가 그렇게까지 직접적인 방법으로 학생들을 감독하지 않았더라도 고등학교 2학년 학생은 어느 정도 사리분별력이 있다고 판단하였다. 또한 학생들에게 안전사고에 관한 일반적인 주의를 주고 자리를 떠났다 하더라고 교사에게 중과실이 있다고까지 할 수는 없으므로 교육청이 「국가배상법」 제2조제1항의 소속 공무원의 공무수행상의 과실로 인한 손해를 배상할 책임이 있으므로 4억6천만원을 지급하라고 판시하였다.

교사를 위한 책임예방 Tip

◆ 학교에서는 유리창 청소의 경우 교사 등 교직원이 창문을 떼어서 학생들에게 창문 청소를 하게 하거나, 평소에 전문 인력 고용이나 외주를 이용해 창문 청소를 시행하는 것이 학생 사고를 예방할 수 있겠다. 판례에서는 학교에서 유리창 난간을 관리할 때 학생들의 출입을 보다 확실히 금지하고 난간에서의 추락을 방지하기 위하여 난간 출입이 용이하지 않은 형태와 구조를 갖춘 안전대를 설치하거나, 추락방지 울타리 등을 설치하는 등 추락 사고에 대한 방호조치를 취했어야 함에도 그대로 방

---

462) 인천지방법원 2007. 2. 14. 선고 2006가합2007 판결.

치한 과실로 사고가 발생하였다고 지적하였다. 추락방지 시설은 학생 추락사고 예방을 위해서 반드시 필요한 시설이므로 학교 예산 집행의 우선순위로 지정하여 사전에 설치하는 것이 바람직할 것이다. 이 판례에서 학부모 측은 교사가 단순히 일반적인 주의사항을 훈시하고 자리를 떠난 것은 중과실이라고 주장하며 교사에게 책임을 물었지만 법원은 교사의 중과실까지는 아니라고 판단하여 교사의 책임을 부정하였다.

7. 담임교사·교장·교육청이 가해학생 부모와 공동으로 배상

판례[463]

추락방지 난간기둥이 빠져있는데도 관리 소홀로 학생이 추락한 사고

【사건개요】

◆ 초등학교 1학년 A학생은 점심시간에 구령대(조회대) 위에서 같은 반 친구인 B학생 C학생 등과 함께 '얼음땡'놀이를 하던 중 B학생에게 밀려 구령대 밑으로 떨어지는 바람에 치아탈구, 치관치근파절 등의 상해를 입는 사고를 당하였다. 그런데 구령대의 추락방지용 세로 난간기둥이 5개 이상 빠져 있는 상태였다.

【교사책임 및 판결요지】

◆ 담임교사는 사고 당시 점심시간이므로 배식대 정리를 위하여 가까이서 지켜볼 수 없었다고 주장하였지만, 법원은 점심시간은 교육활동과 질적, 시간적으로 밀접 불가분의 관계에 있어 그 시간 중의 학생의 행위에 대하여 교사의 일반적 보호·감독의무가 미친다고 하였다. 또한 교장 및 교사는 시설을 보완하고 그 관리를 철저히 하여야 할 주의의무가 있음에도 이를 게을리하여 사고 발생을 미리 막지 못한 과실이 인정된다 할 것이므로, 교장, 담임교사 및 이들의 사용자인 교육청은 B학생의 부모와 공동으로 2천3백여만원을 배상하라고 판시하였다.

교사를 위한 책임예방 Tip

◆ 교사와 교장 그리고 교육청도 가해학생과 함께 공동으로 배상하라고 판결한 이유는 교사와 교장에게 개별적 책임이 있다는 의미이다. 재판부는 점심시간도 교육활동과 질적, 시간적으로 밀접 불가분의 관계에 있으므로 교사의 일반적 보호·감독의무가 미친다 하였고, 교장 및 교사들은 구령대에서 학생들이 추락하는 사고가 발생하지 않도록 평소에 시설을 보완하고, 그 관리를 철저히 하여야 할 주의의무가 있음에도 이를 게을리하여 사고 발생을 미리 막지 못한 과실이 인정된다고 하였다. 이 사고는 학교에서 추락방지용 난간기둥이 5개 이상이 빠져있는데도 시설물 관리를 잘못하여 발생한 경

---

463) 서울동부지방법원 2009. 3. 27. 선고 2008가단64103, 64110 판결.

우이므로 시설물 관리를 게을리하지 말아야 하겠다.

8. 피해 학생 부모로부터 자녀를 보호해 달라는 부탁을 미리 받았는데도

판례[464]
급우들의 집단 괴롭힘으로 정신분열증이 발병된 고등학생

【사건개요】

◆ 고등학교 A학생 등 10여명은 B학생을 바보라고 놀리며 손으로 때리고, 가을 소풍날 해수욕장에서 물에 빠지기 싫어하는 B학생을 물에 빠뜨릴 것처럼 장난을 치기도 하고, 난로에 데워진 뜨거운 동전을 줍도록 하여 손가락에 화상을 입히는 등 B학생을 괴롭혀 B학생은 정신분열증 상태에 이르게 되었다. 담임교사는 이 사건이 발생하기 전에 학생들이 B학생을 괴롭히고 있다는 것을 들었고, B학생 어머니로부터 B학생을 괴롭히지 않도록 신경을 써 달라는 부탁을 받았으나 적극적인 자세로 훈육을 하지 않았다.

【교사책임 및 판결요지】

◆ 재판부는 교장 및 교사들이 보호감독의무를 다하지 않음으로 말미암아 발생한 것이라 보고, 교육감은 교장 교사의 사용자로서 지휘 감독의무를 위반한 과실이 있으므로 교육감과 가해학생 부모는 각자 B학생의 부모 등에게 1억1천여만원을 배상하라고 판결하였다.

교사를 위한 책임예방 Tip

◆ 가해행위가 발생한 시간이 수업시간을 전후한 쉬는 시간 또는 점심시간, 야외활동시간 등에 발생하였고, 이와 같은 시간은 교육활동과 질적 시간적으로 밀접 불가분의 관계에 있다.

담임교사는 이 사건이 발생하기 전에 이미 B학생이 집단 따돌림을 당하고 있다는 것을 예측할 수 있었고, 더구나 부모로부터 자녀에 대한 괴롭힘을 방지해 달라는 요청을 받았는데도 적극적으로 대처하지 못하였다. 그러므로 학급 내에서 집단으로 급우를 괴롭히는 학생들에 대하여는 보다 적극적인 자세로 훈육을 하고 위와 같은 집단 따돌림 등이 발생되지 않도록 필요한 예방조치를 취해야 한다.

교장 교사의 사용자인 교육감이 배상하였지만 다른 사례의 경우, 교육감은 교사의 중과실을 이유로 구상금 청구 소송을 제기할 수도 있고 징계에 회부할 수도 있으며, 민사책임과는 별도로 형사처벌을 받을 수도 있다.

---

464) 서울동부지방법원 2009. 12. 16. 선고 2008가합16224 판결.

9. 가해학생 행실이 불량한 것을 알면서 청소시간에 교실을 비운 담임교사

판례465)

청소시간에 중학교 2학년 학생이 급우를 폭행하여 사망한 사건

【사건개요】

◆ 중학교 2학년 담임 A교사는 학생들에게 교실 청소를 시키고 교실을 떠나 교무실로 간 사이에 교실에서 청소 중이던 B학생은 같은 반 급우 C학생에게 공연히 시비를 걸어 주먹으로 옆구리를 수회 때렸다. 그리고 칠판 쪽으로 강하게 밀어 붙여 C학생이 칠판 모서리에 머리를 부딪쳐 뇌 충격을 입고 쓰러져 급우들 도움으로 일어나 의자에 앉아 울고 있다가 종례 전 조퇴하여 같은 날 밤에 병원에서 사망하였다.

B학생은 이전에도 C학생을 화장실 콘크리트 바닥에 밀어 넘어뜨려 상해를 가하는 등 평소에도 자기보다 약한 급우들을 괴롭히는 일이 잦았었고, 이 사건도 사소한 시비 끝에 일방적으로 폭행을 가하여 사망에 이르게 한 것이며 B학생은 평소 본드를 흡입하는 등 행실이 불량하였다.

【교사책임 및 판결요지】

◆ A교사는 B학생이 다른 학생을 때리거나 괴롭히지 말도록 훈화하여 정서순화를 교육시키고 청소시간에도 학생들이 딴짓을 안 하고 청소를 열심히 잘 하고 있는지 지도 점검하여야 할 주의의무가 있음에도 이를 게을리한 과실이 있다. 이에 따라 A교사의 사용자인 교육청은 전체 손해액의 40%를 배상하라고 판결하였다.

교사를 위한 책임예방 Tip

◆ 교육청은 대법원에 상고하였으나 대법원에서도 가해 학생 부모의 법정감독의무의 해태로 인한 과실과 담임교사의 보호감독의무의 해태로 인한 과실이 경합하여 이 사고가 발생하였다 하여 상고를 기각하였다. 담임교사가 가해학생이 이전에도 C학생에게 상해를 가하고 약한 급우들을 괴롭히는 일이 잦았었고, 본드를 흡입하는 등 행실이 불량한 것을 알았는데도 청소시간에 가해학생을 특별 관리하지 않고 교무실도 가버리면 가해학생과 같은 성행이 난폭한 학생이 일으킬 수 있는 예상되는 행동을 방치하는 결과가 된다. 학생 방치는 교사의 학생 감독의무 위반이므로 사전에 개별지도하고 직접 관리하여야 한다.

---

465) 서울민사지방법원 1993. 1. 26. 선고 92가단104557 판결.

10. 평소에 장난이 심한 학생, 어떻게 감독하나?

판례[466]

교사가 들어오기 전 휴식 시간에 부메랑을 던져 눈을 다친 사고

【사건개요】

◈ 초등학교 3학년 A학생과 B학생은 2교시 음악수업을 위하여 음악실로 이동하여 음악실에서 음악선생님을 기다리던 중 B학생이 놀이기구인 부메랑을 던져 A학생지의 오른쪽 눈을 다치게 하여 외상성 전방출혈 및 전방각 손상을 입었다.

【교사책임 및 판결요지】

◈ 재판부에 따르면 B학생은 평소 장난이 심하여 다른 학생들과 다르다는 사실 또한 인지하고 있는 담임교사로서는 B학생을 학교생활 중에는 특별히 지도 감독할 의무가 있음에도 불구하고 이를 소홀히 한 직무집행상의 과실이 있다고 하였다. 또한 B학생의 부모는 보호자로서 감독의무를 태만히 한 잘못이 있고, 교육청은 담임교사 및 학교장의 실질적인 사용자의 지위에 있다 할 것이므로 B학생의 부모와 연대하여 4천6백여만원을 배상하라고 판결하였다.

교사를 위한 책임예방 Tip

◈ 초등학교 3학년 학생이지만 평소 장난이 심하다는 것을 교사가 알고 있었다면 특별히 지도 감독해야 할 의무가 있다. 즉 갑자기 놀이기구를 던져 다치게 한 것도 돌발적이거나 우연한 사고로 인정하지 않는다는 의미이다. 따라서 학교 측과 가해학생 보호자가 연대하여 손해배상 책임이 있으므로 사고 유발의 위험성이 있는 학생은 사전에 철저한 지도와 특별히 관리할 필요가 있다. 이 판례와는 다른 경우이지만 교육청이 피해학생의 부모에게 배상한 후 교사의 고의 또는 중대한 과실을 이유로 교사에게 구상권을 청구하는 경우가 있으니 주의하여야 한다.

Ⅳ. 휴식 점심 청소시간 및 방과 후 수업 사고 책임 예방을 위한 교사의 기본수칙

1. 휴식 점심 청소시간 사고 예방의 비결은 학생이 있는 곳에 교사가 있어야

휴식시간은 다음 수업을 위하여 대기하거나 수업을 준비하는 시간이고, 점심시간은 학생들이 식사를 하는 시간이지만 질서교육 식사지도 식습관 등의 지도가 필요하므로 점심시간도 교원에게는 유

---

466) 울산지방법원 2005. 5. 17. 선고 2004가단31455 판결.

급 근무시간이다. 청소시간은 학생들의 근면성 성실성 협동심 등을 함양할 수 있는 시간이므로, 교육활동과 질적 시간적으로 밀접 불가분의 관계에 있고, 그 시간 중의 교실 내에서 학생 행동에 대해서는 교장이나 교사의 일반적 보호감독의무가 미친다고 하는 것이 법원의 일관된 입장이다. 따라서 이와 같은 시간에 교사는 학생을 방치하지 않아야 하고 평소에 사고 예방교육을 철저히 하는 것은 물론이지만 보다 더 확실한 방법은 학생이 있는 곳에 교사가 있어야 책임을 면하거나 경감될 수 있다.

2. 폭행 성향 학생 특별관리, 사고 발생 예측하였다면 교사 책임

사고가 발생하면 가해학생의 분별능력과 성행, 피해자와의 관계 등을 고려하여 교사가 사고 발생을 예측하였거나 예측이 가능하였는지 여부가 교사 책임을 판단하는 핵심 쟁점이 된다. 따라서 평소에 가해학생이 폭행 성향이 있고 다른 학생을 폭행할 우려가 있는 학생이라고 예상하였으면 교사는 가해학생을 개별적으로 철저히 지도하여 타인을 구타하는 등의 불법행위를 함이 없이 정상적으로 학교생활에 적응할 수 있도록 지도 감독하여야 하고, 이를 위반하면 사고 발생 예측가능성이 있다고 보고 가해학생의 폭행행위에 대한 책임을 지기도 한다.

3. 교사 회의는 학생이 학교에 남아있지 않을 때 개최

매일 일정한 시간 학생들의 휴식시간에 교사들이 특정 교실 또는 연구실 등에 모여서 회의를 하거나 차를 마시는 경우가 있지만 이 시간은 사고 예방에 매우 취약한 시간이다. 이 시간에 학생들끼리 위험한 장난을 하다가 다치거나 학교폭력 사건이 많이 발생하고 사고 경위에 따라서 교사가 책임지는 경우가 많다. 따라서 학년별 또는 과목별 교사의 미팅이나 티타임 등은 물론 학교 전체 교직원이 모이는 교무회의 등 집합회의는 반드시 학생이 없을 때에 진행하는 것이 사고 예방에 도움이 된다. 교무회의 참석차 교사가 교실을 비운 사이 학생 사고가 나면 교사는 물론 학교장도 교사에 대한 감독 위반 책임을 질 수 있다.

4. 협소하거나 동시에 많은 학생들이 이용하는 운동장은 활용 시간 조정

점심시간은 휴식시간 보다 길어 학생들이 운동장에서 축구 경기 등을 하는 경우가 흔히 있다. 그러나 학생 수에 비하여 운동장이 협소하거나 협소하지 않더라고 동시에 많은 학생들이 경기를 하는 경우에는 사고가 발생할 우려가 있으므로 학교에서 시간이나 활동 구역을 지정해서 학생들의 사고 발생을 예방해야 한다.

판례는 한꺼번에 축구경기를 하는 학생들이 몰려있으면 사고가 발생할 수 있다고 쉽게 예측되거나 또는 예측가능성이 충분하다고 하여, 적정 수의 학생만 축구경기를 할 수 있도록 유도하기 위하여 학교의 형편에 맞는 활용계획을 마련해야 한다고 판시하였다.[467] 특히 강한 승부욕으로 경기가 과열되기 쉬운 반 대항 축구경기를 점심시간에 하는 것을 금지시키며 순시 도중 여러 그룹으로 나뉘어 축구경기를 하는 것을 발견하였으면, 일부 경기를 중단시키는 등 사고를 미연에 방지하기 위한 적극적인 조치를 취할 의무가 있다 할 것임에도 불구하고 주의의무를 게을리하여 사고가 발생하였다면 학교 측이 손해를 배상할 책임이 있다고 판시하고 있다.

즉 운동장이 협소하다면 학생들의 운동장 활용시간 조정 등 학생들의 사고 예방을 위하여 학교 측은 운동장 활용계획 등을 구체적으로 수립하여야 책임이 없다는 판결이다.

5. 학생들의 청소 활동의 목적은 청소 결과가 아닌 청소과정 지도에 중점

학생들의 교실이나 복도 등에 대한 청소 활동은 청소 결과보다는 청소 과정의 교육적 의미에 중점을 두어야 한다. 청소는 학교에서 외부 용역을 이용하거나 누구나 할 수 있는 일이지만 학생들에게 청소를 시키는 목적은 청소 후의 효과도 필요하지만, 그보다도 청소 과정에서 학생들의 협동심 근면성 성실성 성취감 등을 함양하기 위한 지도 과정에 중점을 두어야 한다. 지도 과정을 실질적으로 현실화 구체화하기 위해서는 교사가 반드시 청소 지도를 하여야 하며, 사리 분별력이 떨어지는 미성년자인 학생들이 위험한 구역 청소나 청소 중 심한 장난으로 인한 사고를 미리 예방하고 지도할 수 있을 것이다. 특히 앞의 판례[468]에서처럼 학교장이 금지시킨 고층 건물에서 유리창을 청소시킨 교사는 형사처벌까지 받을 수 있으므로, 학생들이 청소 활동의 주체가 되어 참여하는 청소시간은 청소 결과가 아닌 청소 활동 과정의 교육적 효과에 중점을 두는 것이 사고 예방에도 도움이 될 것이다.

---

467) 서울지방법원 2000나6253호.
468) 서울중앙지방법원 2012. 11. 15. 선고 2012고단4650 판결.

제5절 학교 시설물 물품 등에 의한 사고

I. 학교 안전사고 개관

학교 시설물 물품 등에 의한 사고를 예방하고 대책을 수립하기 위해서는 학교안전사고의 일반적인 개념부터 정리하고 접근할 필요가 있다. 학교안전사고란 교육활동 중에 발생한 사고로서 학생·교직원 또는 교육활동참여자의 생명 또는 신체에 피해를 주는 모든 사고를 의미한다. 이에 더하여 학교급식 등 학교장의 관리·감독에 속하는 업무가 직접 원인이 되어 학생·교직원 또는 교육활동참여자에게 발생하는 질병도 학교안전사고에 포함하고 있다.[469] 교육활동참여자에게 발생하는 질병이란 학교급식이나 가스 등에 의한 중독, 일사병, 이물질의 섭취 등에 의한 질병, 이물질과의 접촉에 의한 피부염, 외부 충격 및 부상이 직접적인 원인이 되어 발생한 질병을 의미한다.[470]

「학교안전법」은 학교안전사고의 영역을 이와 같이 광범위 하게 정의하고 있고, 학교 시설물이나 물품으로 인한 사고는 학교안전사고의 세부 영역에 포함되어 있으므로 기본적으로 「학교안전법」의 규정을 준수하여야 한다. 「학교안전법」에서 학교란 유치원을 비롯하여 초·중등학교를 가리키며 학생도 유치원생을 포함하여 초·중등학생을 의미한다. 학교안전사고는 교육활동 중에 발생한 사고 전반에 관한 사항을 규정하고 있지만, 이 장에서는 다른 영역은 이미 다루었거나 뒤에서 다루어지기 때문에 순수한 학교 시설과 물품 등으로 인한 안전사고만 다루기로 한다.

학교장은 학교 시설이나 교육활동 등에 대한 안전관리 책임이 있지만, 세월호 참사 이후에는 「학교안전법」과 「어린이놀이시설 안전관리법」(약칭: 「어린이 놀이시설법」), 「교육시설 등의 안전 및 유지관리 등에 관한 법률」(약칭: 「교육시설법」) 등에서 학교장의 의무가 신설되거나 구체화되고 보다 더 강화되었으므로 특히 주의하여 직접 확인하고 점검하여야 한다.

학교시설과 교육활동에 대한 기본적인 책무는 학교장은 물론 교사도 안전 관리에 관한 규정을 준수하여야 하므로 숙지하여야 한다. 학교 시설물 등에 의한 사고는 학생들이 이용하는 건물과 시설물 등에 의한 사고이며, 주로 학교 건물의 계단이나 계단의 보조기둥, 고층건물에서의 추락방지 안전봉, 화장실이나 옥상의 안전시설, 식당, 구령대, 운동장 놀이시설 등에서 발생하는 사고이고, 물품과 관련한 사고는 책상, 걸상뿐만 아니라 전기기구, 실습기구, 각종 교재교구 등 학생들이 사용하는 물품에 의한 사고 등이다.

---

469) 「학교안전법」 제2조제6호.
470) 「학교안전법 시행령」 제3조.

Ⅱ. 학교 안전 관리 책무

1. 학교안전사고 예방에 관한 학교계획 수립

학교장은 학교안전사고 예방에 관한 기본계획과 지역계획을 바탕으로 학교의 교육과정 또는 학교장이 정하는 교육계획에 따라 매년 학교안전사고 예방에 관한 학교계획을 학교운영위원회의 심의를 거쳐 시행연도 2월 말일까지 수립하여야 한다.[471] 또한 학교장은 교육감이 학교계획 및 그 추진실적을 평가할 수 있도록 해당 연도의 학교계획 및 지난해의 학교계획에 대한 추진실적을 매년 3월 31일까지 교육감에게 제출하여야 한다.[472] 물론 행정업무의 체계상 학교에서는 학교급별 또는 보고의 성질에 따라 교육지원청에 제출하기도 한다. 다른 업무의 경우도 마찬가지이다.

2. 교육활동 안전대책 점검·확인 및 학교운영위원회 보고

학교장은 매 학기 시작 전까지 다음 각 호의 사항을 포함한 교육활동 안전대책을 마련하고, 이를 점검·확인하여야 한다. 다만, 교육활동을 관련 기관 또는 단체 등에 위탁하여 실시하는 경우에는 해당 교육활동을 실시하기 전까지 안전대책을 마련하고 이를 점검·확인할 수 있다. 안전대책을 마련, 점검·확인한 경우에는 매 학기가 시작되는 전날까지 학교운영위원회에 이를 보고하여야 한다.[473]

학교장의 교육활동 안전대책 점검·확인 사항

1. 학교시설 등에 대한 안전성에 관한 사항
2. 학교 밖 이용시설의 안전성에 관한 사항
3. 교육활동을 관련 기관 또는 단체 등에 위탁하여 실시하는 경우의 안전성에 관한 사항
4. 학생 및 교직원에 대한 안전교육 계획
5. 사고 발생 시 대처요령 등 대응체계 구축에 관한 사항
6. 그 밖에 교육부장관이 교육활동 안전대책 마련 등에 필요하다고 인정하여 정하는 사항

---

3. 교육시설 안전 및 유지관리 계획 및 결과 제출

학교장은 교육시설의 안전 및 유지관리 등에 관한 실행계획을 매년 12월 31일까지 수립해야 하고, 실행계획을 수립하거나 변경했을 때에는 이를 지체 없이 감독기관의 장에게 통보해야 하며, 실행계획의 시행 결과를 다음 연도 3월 31일까지 감독기관의 장에게 제출해야 한다.[474]

---

471) 「학교안전법」 제4조제6항 및 「학교안전법 시행령」 제6조.
472) 「학교안전법 시행령」 제7조.
473) 「학교안전법 시행령」 제10조의2 참조.
474) 「교육시설 등의 안전 및 유지관리 등에 관한 법률 시행령」 (약칭: 「교육시설법 시행령」) 제5조.

4. 학교안전사고 예방 교육 및 결과 보고

학교장은 학교안전사고를 예방하기 위하여 학생·교직원 및 교육활동참여자에게 학교안전사고 예방 등에 관한 안전교육을 실시하고 그 결과를 학기별로 매년 8월과 12월에 교육감에게 보고하여야 한다.[475] 안전교육이란 다음과 같다.

학교장이 실시하고 보고해야 하는 안전교육

1. 「아동복지법」 제31조에 따른 교통안전교육, 감염병 및 약물의 오남용 예방 등 보건위생관리교육 및 재난대비 안전교육
2. 「학교폭력 예방 및 대책에 관한 법률」 제15조에 따른 학교폭력 예방교육
3. 「성폭력방지 및 피해자보호 등에 관한 법률」 제5조에 따른 성폭력 예방에 필요한 교육
4. 「성매매방지 및 피해자보호 등에 관한 법률」 제5조에 따른 성매매 예방교육
5. 「초·중등교육법」 제23조에 따른 교육과정이 체험중심 교육활동으로 운영되는 경우 이에 관한 안전사고 예방교육
6. 그 밖에 안전사고 관련 법률에 따른 안전교육

---

5. 교직원 및 교육활동참여자의 안전교육 이수 의무

교직원은 안전교육을 3년마다 15시간 이상을 이수하여야 하고, 3년 미만 계약제 교직원은 매 학기 2시간 이상을 이수하여야 하며, 교육활동참여자는 매 학년도 1회 이상을 이수하여야 한다. 또한 학교장은 매 학년도 2종류 이상의 각종 재난 대비 훈련을 실시하여야 한다.[476]

6. 안전조치 및 안전사고관리 지침 준수 및 사고 발생 보고

학교장 및 인솔교사는 교육활동 중 발생한 사고 및 위급상황에 대하여 안전사고관리 지침에 따라 즉시 안전조치를 취한 후 즉시 보고하여야 한다.[477] 학교장은 학생의 등교·하교 시 교통지도활동 등 학교안전사고 예방활동에 참여하는 비영리민간단체로부터 학생들의 안전사고 예방과 관련한 의견을 정기적으로 들어야 하며, 그 내용을 학교운영에 반영하여야 하고, 시장·군수·구청장 또는 관할 경찰서장의 협조가 필요하다는 의견을 들은 경우 해당 기관에 협조를 요청하여야 한다.[478]

7. 학교시설의 안전표지 부착 관리

학교장은 교내와 교외의 학교시설 및 장소에 안전표지물 등 안내문을 붙이고, 비상시의 대피 경로

---

475) 「학교안전법」 제8조제1항 및 「학교안전교육 실시 기준 등에 관한 고시」 제5조 참조.
476) 「학교안전교육 실시 기준 등에 관한 고시」 제4조·제4조의2.
477) 「학교안전법」 제10조제4항.
478) 「학교안전법」 제10조의2.

를 쉽게 알아볼 수 있는 장소에 안내문을 게시하여야 하며, 시설안전관리 대장을 작성하여 관리하여야 한다.[479]

8. 어린이놀이시설 안전관리 및 표시 의무

어린이놀이시설 안전관리는 「어린이놀이시설 안전관리법」에 따라 아동복지시설, 어린이집, 유치원 그리고 초등학교와 특수학교 등에 설치된 경우에 해당되며,[480] 어린이놀이시설 관리주체는 안전인증을 받은 어린이놀이기구를 시설기준 및 기술기준에 적합하게 설치하여야 한다.[481] 또한 안전검사기관으로부터 2년에 1회 이상 정기시설검사를 받아야 하며,[482] 검사에 합격된 어린이놀이시설에 대해서는 사용자가 알 수 있도록 설치검사 및 정기시설검사에 합격되었음을 나타내는 표시를 하여야 한다.[483]

9. 놀이시설 중대사고 보고

어린이놀이시설로 인하여 중대한 사고가 발생한 때에는 즉시 사용중지 등 필요한 조치를 취하고 관리감독기관의 장인 해당 교육청에 보고하여야 한다.[484] 중대한 사고란 다음 어느 하나에 해당하는 사고이다.

중대한 사고

1. 사망
2. 하나의 사고로 인한 3명 이상의 부상
3. 사고 발생일로부터 7일 이내에 48시간 이상의 입원 치료가 필요한 부상
4. 골절상
5. 수혈 또는 입원이 필요한 정도의 심한 출혈
6. 신경, 근육 또는 힘줄의 손상
7. 2도 이상의 화상
8. 부상 면적이 신체 표면의 5퍼센트 이상인 부상
9. 내장(內臟)의 손상

---

479) 「학교안전법 시행령」 제8조.
480) 「어린이놀이시설 안전관리법 시행령」 [별표 2] 참조.
481) 「어린이놀이시설 안전관리법」 제11조.
482) 「어린이놀이시설 안전관리법」 제12조제2항.
483) 「어린이놀이시설 안전관리법」 제12조제4항.
484) 「어린이놀이시설 안전관리법」 제22조·같은 법 시행령 제14조.

Ⅲ. 시설물 물품 등에 의한 사고 판례와 책임예방 Tip

1. 학교 예산 집행의 우선순위는?

판례[485]
안전봉이 없는 복도 창문에서 칠판 지우개 털다가 추락

【사건개요】

중학교 2학년 A학생은 주번활동을 하며 칠판 지우개를 털다 떨어뜨린 후 이를 줍기 위해 안전봉이 설치되지 않은 복도 창문을 넘어갔다가 추락하였다. A학생과 가족들은 교육청과 교장, 담임교사를 상대로 1억1천여백만원의 손해배상청구 소송을 제기하였다.

【교사책임 및 판결요지】

◆ A학생 부모는 학교장이 복도 창에 안전시설이 되어 있지 않으므로 이를 교육청에 보고하여 사고를 방지하였어야 할 의무가 있고, 담임교사도 학교장 또는 관할 교육청에 위와 같은 조치를 요구하였어야 할 의무가 있음에도 이를 게을리한 과실이 있으므로, 교육청과 연대하여 손해를 배상할 책임이 있다고 주장하였다. 그러나 재판부는 공무원인 교장 교사 개인이 손해배상 책임을 부담하기 위해서는 고의 또는 중과실이 있어야 하는데 이 사고는 고의 또는 중과실이 있다는 점을 인정하기에 부족하다고 판단하였다. 한편 재판부는 학교에서 학생들이 복도 창밖 난간으로 넘어갔다가 추락하는 일이 발생하지 않도록 창에 안전봉 등의 안전시설을 설치해야 할 의무를 게을리한 잘못을 인정하였다. 하지만 A학생은 중학교 2학년생으로 사리분별 능력도 있고, 학교 교실 복도에는 지우개 털이용 상자가 있는데도, 복도 창문에서 지우개를 털다가 부주의로 사고를 당한 만큼 A학생에게도 책임이 있다며 학교 측의 책임을 60%로 제한하여 5천1백여만원을 배상하라는 판결했다.

교사를 위한 책임예방 Tip

◆ 학교 예산은 한정되어 있는데 할 일은 많고 무엇부터 사용해야 하나? 교육과정 운영을 위한 각 부서의 예산 요구사항은 많고, 운동부도 육성해야 하고, 건물 외부 도색도 해야 되는데 등, 하지만 가장 우선적으로 집행해야 할 사항은 학생의 생명과 안전에 직접적으로 관련되어있는 예산일 것이다. 학부모도 교장과 교사의 개인적 책임을 이유로 교육청과 연대책임을 요구하고 있으므로 더욱 주의하여야 한다. 따라서 학생 추락 위험이 있는 고층 건물의 추락방지 안전봉 설치, 건물 내외의 파손된 시설 보수, 노후시설로 인한 안전사고 위험 요소 제거, 축대 붕괴 위험, 고층 건물의 파손된 유리창 추락

---

485) 서울지방법원 2001. 3. 15 선고 2000가합83645 판결.

위험 등 학생의 생명과 안전에 직접적으로 관련이 있는 예산을 신속히 최우선으로 사용하는 것이 사고 예방의 지름길일 것이다.

2. 소 잃고 외양간 고치는 행정은 학생 안전에 도움 안 돼

판례[486)

| 계단 옆에 설치된 난간 손잡이 봉에 배를 대고 타고 내려오다가 떨어져 눈을 다친 사고 |

【사건개요】

◆ 초등학교 3학년 A학생은 학교 건물 중앙계단의 2, 3층 사이에 설치된 난간 손잡이 스테인리스 봉에 배를 대고 엎드린 자세로 미끄럼을 타고 내려오다가 2층 바닥으로 떨어져 왼쪽 눈을 영구적으로 노동능력의 30%를 잃었다. 이 사고 발생 전에도 학생들은 A학생과 같이 난간을 이용하여 미끄럼을 타는 일이 흔히 있었으나, 교사들은 학생들에게 그와 같은 행위를 특정하여 하지 말 것을 교육한 바는 없었다.

【교사책임 및 판결요지】

◆ 재판부는 학교 측이 학생들에게 난간을 이용하여 미끄럼을 타지 않도록 안전교육을 해야 하고, 난간에서 미끄럼을 타는 것이 불가능하도록 돌출물을 설치하는 등의 조치를 미리 하였어야 하는데, 학교 측은 이 사고 후에 안전망을 부착하고 손잡이 부분에 일정 간격의 돌출물을 설치하여 미끄럼을 탈 수 없도록 조치하였다. 따라서 A학생과 부모 등에게 3천5백만원을 배상하라고 판결하였다.

교사를 위한 책임예방 Tip

◆ 계단 옆에 설치된 손잡이 봉은 계단을 오르내릴 때 추락을 방지하기 위하여 계단 가장자리에 설치된 시설물이지만 학생들은 흥미로 미끄럼타기를 하거나 친구들과 내기 또는 장난으로 이용하는 경우도 있다. 시설물에 대해서 학교의 설치 목적과는 다르게 학생들은 호기심으로 이용하는 경우도 있으므로, 학생들이 다치기 전에 미리 돌출물을 설치하여 미끄럼타기를 방지하는 등 학생들이 위험한 용도로 활용하지 않도록 지도하고 사전에 안전 조치할 필요가 있다.

---

486) 서울고등법원 2007. 6. 13. 2006나16361 판결.

3. 창밖으로 추락하지 않도록 안전봉 설치는 필수

숨겨둔 가방을 줍기 위해 창문을 넘어 난간으로 내려갔다가 추락한 사고

【사건개요】

◆ 초등학교 6학년 A학생은 수업을 마친 후 같은 반 학생인 B학생이 창밖 난간에 숨겨놓은 자신의 가방을 줍기 위해 창문을 넘어 난간으로 내려갔다가 중심을 잃고 난간 아래로 떨어져 좌대퇴골경 골절 등의 상해를 입었다.

【교사책임 및 판결요지】

◆ 재판부에 따르면 가방을 숨긴 학생의 부모는 자녀를 지도 감독할 의무가 있는데도 이를 게을리 하였으므로 손해를 배상할 책임이 있고, 학교 측은 어린 초등학생들이 교실 밖 난간으로 넘어갔다가 추락하는 일이 발생할 수도 있으므로 학생들의 안전을 위하여 학생들이 창밖으로 나가지 못하도록 창에 안전봉을 설치하는 등의 안전시설을 하였어야 함에도, 이를 다하지 못한 잘못이 있다 하여 학교 관리자도 손해를 배상할 책임이 있다고 판시했다.

교사를 위한 책임예방 Tip

◆ 사고를 유발한 학생의 보호자는 자녀의 감독의무를 해태한 책임이 있고, 관리자도 그 설치 및 관리상의 하자로 발생한 손해를 배상할 책임이 있다는 판결이다. 학교 관리자는 안전봉을 설치하는 등의 안전시설을 하였어야 함에도 이를 다하지 못한 잘못이 있으므로 학생의 안전사고를 예방하기 위한 보호 시설은 무엇보다도 우선적으로 설치하여야 한다.

4. 수업 마치고 하교 후 다시 학교 와서 놀다가 난 사고

초등학교 1학년 학생이 회전그네에서 사망한 사건

【사건개요】

◆ 초등학교 1학년 A학생은 학교수업을 마치고 귀가하였다가 다시 학교로 놀러와 친구와 함께 학교 운동장에 설치되어 있던 놀이기구인 회전그네를 타고 놀던 중 회전그네의 기둥이 갑자기 부러져

---

487) 서울지방법원 2000가단4713호.
488) 대구지방법원 2004. 10. 14. 선고 2004가합418 판결.

회전그네에 깔려 뇌출혈, 뇌좌상 등의 부상을 입어 의료원에서 치료를 받다가 두뇌손상 등으로 사망하였다. 이 회전그네는 설치한 지 10년 이상의 오랜 기간이 경과되어 땅속에 묻혀 있던 지주 부분 중 지상과의 경계면 부분이 심하게 녹이 슬고 부식되어 있었고, 그 부식된 부분이 기둥의 두께를 관통한 상태에 있었다.

【교사책임 및 판결요지】

◆ 재판부는 회전그네가 부식성이 강한 철 구조물이므로 시간이 지남에 따라 부식의 정도가 심화되는 점을 예상하여 설치한 지 상당히 오랜 시간이 경과한 회전 그네를 초등학생들이 안전하게 이용할 수 있도록 안전점검을 수시로 하고, 만약 지주 등에 부식이 있으면 이를 교체하거나 보수하는 등의 조치를 취하여야 함에도 불구하고 이를 게을리한 과실이 있으므로 학교 측은 A학생의 부모 등에게 2억2천여만원을 지급하라고 판결하였다.

교사를 위한 책임예방 Tip

◆ 학교 측은 A학생이 방과 후 귀가하였다가 다시 학교로 돌아와 놀다가 사고를 당하였고, 여러 명의 친구들과 함께 무리하게 빨리 회전하는 바람에 땅속에 묻혀 있던 지주 부분이 부러졌고, 초등학교 1학년이 방과 후 학교 운동장에서 놀이기구를 이용하는 경우 보호자가 동행하여야 한다고 주장하였지만 재판부는 이를 받아들이지 않았다.

그러므로 시설물 안전 점검은 법령에서 정해진 규정에 따라 철저히 이행하여야 하지만, 형식적 점검이 아닌 사고 예방을 위한 실질적 점검이 이루어져야 하며, 철제 구조물의 부식 상태나 위험성이 있는 재질에 대해서는 수시로 점검하여 사고를 예방하여야 한다. 한편 학생들이 매달려 회전을 하는 놀이기구는 놀이기구 자체의 결함이 없어도 학생들이 추락할 우려가 많다는 것도 예상되므로, 필수적으로 설치해야 하는 놀이기구가 아닌 경우에는 위험성이 큰 놀이기구는 처음부터 설치하지 않거나, 설치되어 있더라도 미리 철거하는 것이 사고 예방에 도움이 될 것이다.

5. 예쁜 나무 보지 말고 썩은 나무 살펴보자!

판례[489]

| 체육수업 중 나무가 부러져 벤치에 앉아 있던 학생이 다쳐 9억원 배상한 사건 |

【사건개요】

◆ A학생은 체육수업 중 교내 운동장에서 달리기를 한 후 급우 1명과 함께 운동장 가장자리에 설치된 벤치에 앉아 휴식을 취하고 있었는데, 벤치 뒤에 있던 은행나무 가지가 바람에 부러져 떨어지면서

---

489) 서울중앙지방법원 2004. 11. 4 선고 2003가합75874 판결.

A학생의 등 부분을 충격하여 영구장애를 입었다. 이 은행나무는 원가지의 내부가 썩어 있고, 은행 열매들이 성숙하여 나뭇가지의 무게가 증가됨으로써 은행 가지와 원가지가 접하는 부분이 작은 충격에도 쉽게 부러질 수 있는 상태에 있었고 이러한 접합 부분이 부러지면서 사고가 발생하였다.

학교책임 및 판결요지

◆ 학교의 교장 및 교직원은 학생들에 대한 위험을 방지하기 위하여 교내에 설치된 시설에 관한 구체적이고 세심한 방호조치를 취할 고도의 주의의무가 있다. 학교 측은 벤치 위로 뻗어 있는 나뭇가지를 고려하여 벤치와 수목 사이의 간격을 조정하거나 나뭇가지의 길이를 일정하게 유지하는 등의 면밀한 안전조치를 취하지 아니한 채 수목의 외관을 고려한 전지작업에 치중하였으며, 은행 가지와 원가지의 접합 부분이 부패되어 학교시설로서는 안전성이 결여되었다. 재판부는 학교장 내지 담당교사의 사용자인 교육감에게 A학생의 부모 등에게 9억 2천여만원을 지급하라고 판결했다.

학교장 및 교사를 위한 책임예방 Tip

◆ 학교측은 주기적으로 학교 내에 식재된 수목들에 대한 전지 작업을 실시하도록 하였고, 사고가 발생하기 전에도 이 은행나무를 비롯한 학교 담장 주변의 수목에 대한 전지작업을 실시하였으나 은행나무 가지의 내부가 부패된 사실을 미처 발견하지 못하여 가지를 잘라내지 못하였다고 하며, 나무가 부러지는 사고는 강한 바람으로 인하여 발생한 불가항력적 사고이므로 면책되어야 한다고 주장하였지만 법원은 받아들이지 않았다.

그러므로 교내에 식재된 나무의 상태를 면밀히 관찰하여 특히 큰 나무, 오래된 나무, 썩은 나무 등이 부러질 우려가 있을 경우 미리 제거하는 것이 사고를 예방할 수 있을 것이고, 또한 가지치기를 할 때 나무의 외양만 가꾸기보다는 썩은 나무의 위험성을 주의 깊게 점검하여야 한다.

6. 방과 후 수업 중 사고도 학교 측 배상

판례[490]

방과 후 수업 중 초등 4학년 학생이 교실에서 추락한 사고

【사건개요】

◆ 초등학교 A학생은 학교에서 운영하는 방과 후 과정 플루트 반에서 방과 후 교사로부터 차례대로 레슨 지도를 받으며 다음 차례를 위해 플루트를 조립하고 있었다. 마지막 차례였던 A학생은 추위를 느껴 문이 열린 창문의 난간에 걸터앉아 두 팔을 올리며 몸을 뒤로 젖히던 중 중심을 잃고 창문 너머로 떨어져 중상을 입게 되었다.

---

490) 수원지방법원 2008. 8. 8. 선고 2005가단81843 판결.

【교사책임 및 판결요지】

◆ 재판부에 따르면 창문에는 안전봉이 설치되어 있지 않았고, 안전봉이 설치되어 있지 않은 상태에서 어린 초등학생들이 창문가에서 장난을 치거나 중심을 잃게 될 경우 추락사고가 발생할 가능성은 충분히 예견가능하다고 밝혔다. 그러므로 학교 관리자로서는 창문에 안전봉을 설치하는 등 추락사고를 사전에 방지할 수 있는 시설을 설치해야 함에도 이러한 관리를 제대로 하지 않아 사고가 발생한 것이므로, 교육감은 손해를 배상할 책임이 있으므로 A학생에게 5억 3천여만원을 지급하라고 판결하였다.

교사를 위한 책임예방 Tip

◆ 방과 후 수업 사고에 대해서도 학교 측의 책임을 인정한 판례이다. 방과 후 수업은 외부 강사가 지도하는 교육활동이지만 학교에서 시설 관리 소홀로 인한 사고는 학교 측에 책임이 있다고 판시하고 있으므로, 특히 2층 이상의 교실에는 추락방지 안전봉을 설치하여 학생들이 실수로 인한 사고를 예방하여야 한다. 또한 학생들이 장난을 치지 않아도 추락할 위험이 있으므로 창문을 여닫는 구조로 된 고층 건물에서는 안전봉이 필수 시설로 인정되어야 하겠다.

Ⅳ. 사고 책임 예방을 위한 교사의 기본수칙과 유의점

1. 학교 예산은 학생의 생명과 안전사고 예방에 최우선 편성

매년 한정된 학교 예산으로 학교운영을 하여야 하므로 예산 편성의 우선순위를 정하기는 쉽지 않다. 교육과정 운영을 위해서 필수적으로 집행하여야 하는 사업들이 많지만 그중에서 가장 우선해야 할 사업은 학생들의 생명과 안전을 위한 사업이라고 생각해야 한다. 학생을 보호감독하여야 할 학교에서 학교 시설의 일부분이 학생들에게 안전하지 않다는 것을 알면서도 예산부족을 이유로 보완하지 않고, 다른 사업에 먼저 예산을 집행한다면 학생들의 생명과 신체를 보호하여야 할 의무를 게을리한 책임을 면하기 어렵다. 재판과정에서 학교 측에서는 예산 부족을 안전시설 미비의 이유로 주장하기도 하지만, 법원은 받아들이지 않는 경우가 대부분이므로 학교장은 연간 예산 집행 계획을 세울 때 참작하여야 한다.

따라서 학생의 추락 위험이 있는 난간의 안전봉 설치, 건물 내외의 파손된 시설 보수, 노후시설로 인한 안전사고 위험 요소 제거, 축대 벽 붕괴 위험, 고층 건물의 파손된 유리창 추락 위험, 소방 안전, 전기 가스 안전 등 학생의 안전과 직접적인 관련이 있는 예산을 최우선으로 편성하여야 한다.

2. 위험하게 매달린 고목 나뭇가지는 과감히 제거해야

교정에는 수십 년 또는 그 이상 오래된 고목들도 있다. 여름에 시원한 나무그늘도 제공하고 환경적인 측면에서도 필요하지만 수시로 관리하지 않으면 고목으로 인해 학생들이 다치는 사고가 발생한다. 앞에서 살펴본 썩은 나뭇가지가 부러져 학생이 다쳐 영구장애를 입은 판례[491]에서 학교 측은 강한 바람으로 인한 불가항력적 사고라고 주장하였지만 법원은 받아들이지 아니하였다. 그러므로 관리자나 담당자가 운동장 등을 순시하거나 정기적으로 학교 시설을 점검하면서 형식적으로 점검하거나 세심한 주의를 기울여 점검하지 않았기 때문에, 학생과 교직원은 물론 지역 주민이 다치는 사고가 발생하면 수목 관리 책임이 있는 학교 측이 배상하여야 한다. 간혹 나무의 모양이 아까워 가지치기를 망설이기도 하겠지만 위험한 나뭇가지는 안전을 위하여 과감히 제거할 필요가 있다. 또한 담쟁이 능소화 등 덩굴식물이 학교 건물 외벽을 덮어 외관이 아름답게 보일지 모르지만, 외벽에 가스관 등이 설치되어 있을 경우에는 덩굴식물이 외벽과 가스관 틈 사이에서 성장하면서 가스관이 파손될 수 있으니, 주기적으로 세밀히 관찰하거나 이미 틈 사이에서 성장하였다면 제거하는 것이 폭발사고 예방에 도움이 될 것이다.

3. 사고 위험성이 있는 놀이기구는 설치하지 않거나 미리 철거

놀이기구가 빠른 속도로 움직여서 학생들이 흥미롭게 이용하거나 체력증진 효과가 커서 학생들의 신체활동에 도움이 된다고 할지라도, 안전성이 결여된 놀이기구는 설치하지 않거나 설치된 기구라도 철거하는 것이 사고 예방에 도움이 된다. 즉 어린 학생들의 흥미로운 활동을 위한 시설 제공도 중요하지만 학생의 안전을 우선해야 한다. 가령 공중놀이기구, 회전놀이기구처럼 추락위험이 있거나, 학생들의 연령에 따른 규격에 적합하지 않은 기구는 적법한 철거 절차에 따라 철거하여야 사고를 예방할수 있다. 또한 「어린이놀이시설 안전관리법」과 「어린이제품 안전 특별법」 등의 안전관리 규정에 위배되지 않도록 설치규정과 관리규정을 준수하여야 한다.

4. 시설물 공사 중 중지하였을 경우 위험 표지 등 적극적 조치 필요

학교 시설물 공사를 하다가 중지하였을 경우에 위험 표지판은 물론 안전 관리원을 배치하여야 하고 학생들이 접근하지 못하도록 적극적으로 안내 및 지도를 하여야 한다. 구름다리를 옮긴 후 공사를 마감하여야 하는데도 용접을 하다가 시간이 늦어 임시로 줄을 쳐놓고 다음 날 작업을 계속하기로 하였으나, 이튿날 학생들이 먼저 등교하여 구름다리를 이용하다가 용접 불량이 원인이 되어 넘어지면서

---

491) 서울중앙지방법원 2004. 11. 4. 선고 2003가합75874 판결.

머리를 크게 다친 사안[492]에서 재판부는 학교 설치 관리자가 공사 중지로 인한 사고 예방 조치를 적극적으로 하지 않았다고 판시하였다.

5. 학생들의 위법행위를 예견할 수 있었다면 학교 책임

학생들이 정상적인 출입문이 아닌 창문을 통하여 비정상적으로 출입하는 것을 교사가 미리 알고 있었고 예상할 수 있었다면 교사가 주의의무를 다 하지 않은 과실이 있다고 본다. 법원은 교실 문이 잠겨있을 때 옆 반 창문을 통해 교실로 들어가다가 추락하여 상해를 입은 사건에서 학교 측이 4천여만 원을 배상하라고 판결하였다.[493] 학생들이 위법한 방법으로 출입하고 있다는 것을 교사가 어느 정도 예견할 수 있었다면 엄중히 경고하는 등 사고예방대책을 세워야 하는데, 이를 제대로 시행하지 아니하였다면 교장 교사는 주의의무를 다하지 아니한 과실 책임을 져야 한다. 즉 교사의 사고 발생에 대한 예견가능성은 과실 책임 판단의 중요한 요소로 작용하기 때문에 학생들이 위법행위를 예상할 수 있었으면 사전에 차단하여야 한다.

6. 학생이 자율능력 사리 분별력이 있으면 학교 책임도 경감

학생이 사고가 발생할 우려가 있다는 것을 알 수 있는 자율능력이나 사리 분별력이 있으면 학교 측의 책임도 없거나 적어질 수 있다. 자율능력이나 사리 분별력은 학생의 연령과 상관관계가 크므로 유치원이나 초등학생의 사리분별력은 중학생이나 고등학생보다 적다고 판단하고 있다. 가령 학생이 열린 창문에 걸터앉아 위험한 동작을 할 경우 추락할 수도 있음을 어느 정도 알 수 있는 연령이라면 학생의 책임이 커지고 학교 측의 책임은 적어진다.

7. 공무원의 고의 중과실은 공무원 개인도 책임, 경과실은 국가 지방자치단체 책임

공무원의 고의 또는 중과실로 인해서 사고가 발생하면 공무원 개인의 책임도 인정된다. 중과실이란 공무원에게 통상 요구되는 정도의 상당한 주의를 하지 않더라도 약간의 주의를 한다면 손쉽게 위법·유해한 결과를 예견할 수 있는 경우임에도 만연히 이를 간과함과 같은 거의 고의에 가까운 현저한 주의를 결여한 상태를 의미한다.[494] 다만 공무원에게 경과실뿐인 경우에는 공무원 개인은 책임을 부담하지 않고 국가 또는 지방자치단체가 손해배상 책임이 있다.

교실 시설물 사고의 경우 교실 벽면에 설치된 칠판이 벽면에 고정되어 있지 못하고 흔들거려 떨어질 위험이 있는 것을 교사가 알고 있었고 학생들도 보수를 수차례 요구하였으나, 오랜 기간 방치하다

492) 인천지방법원 1992. 12. 28. 선고 94나23342 판결.
493) 의정부지방법원 2005. 12. 21. 선고 2005가합6478 판결 참조.
494) 대법원 2011. 9. 8. 선고 2011다34521 판결.

가 칠판이 떨어져 학생이 상해를 입었다면 교사는 중과실 책임을 질 수 있고, 떨어질 위험이 없었고 전혀 예상하지 못했던 칠판이 갑자기 떨어져 학생이 상해를 입었다면 교사에게 중과실 책임을 묻기는 어렵다. 사립학교 교원의 경과실 책임에 대한 판결도 교육공무원의 경우와 형평성을 유지하고 있으므로 동일하다고 보아야 한다.

8. 비정상적인 목적으로 위험한 출입을 시도한 학생 사망, 교사 책임 없어.

고등학교 3학년 학생이 담배를 피우기 위하여 교사의 단속을 피해 화장실에 갔으나 문이 잠겨 있자 화장실 옆의 창문을 열고 비정상적인 목적으로 무리하게 화장실 뒤의 난간으로 나갔다가 3층에서 떨어져 사망한 사건에서, 재판부는 학생의 신분에 어울리지 않게 담배를 피우겠다는 생각으로 빗물받이 용으로 쓰이는 것으로 도저히 사람이 드나들 것이라고 생각하기 힘든 좁은 난간에 들어가는 매우 위험한 행동까지 교사가 예견하여 지도 감독할 의무는 없으므로 교사의 책임이 없다고 판결하였다.[495] 또한 대법원도 이례적인 사고가 있을 것을 예상하여 복도나 화장실 창문에서 난간으로 출입을 막기 위하여 출입금지 장치나 추락위험을 알리는 경고표지판을 설치할 의무는 없다고 하였다.[496] 교사가 예상하지 못하고 비정상적인 목적을 위하여 행동하는 학생에 대해서까지 보호 의무를 요구하지는 않는다.

---

495) 인천지방법원 1996. 3. 28 선고 95가합9996 판결 참조.
496) 대법원 1997. 5. 16. 선고 96다54102 판결.

제6절 학교폭력사고

Ⅰ. 학교폭력 개념의 혼돈과 정리

일반적으로 학생들 간 폭력사고가 발생하면 흔히들 학교폭력이라고 일컫고, 「학교폭력예방 및 대책에 관한 법률」(약칭: 「학교폭력예방법」)에서도 학교폭력은 학교 내외에서 학생을 대상으로 발생한 신체·정신 또는 재산상의 피해를 수반하는 행위라고 정의하고 있다.[497] 학교 내외에서 발생한 행위가 학교폭력이므로 학교 내에서나 학교 근처 등 학교와 가까운 장소에서 발생하는 폭력행위는 물론 학교에서 멀리 떨어져 시·도를 달리하는 장소, 가령 전라남도 학교에 재학학고 있는 학생이 경기도에 와서 폭행을 당해도 학교폭력이다. 또한 학생을 대상으로 한 행위이므로 학생이 학생을 폭행한 경우와 학생이 아닌 사람이 학생을 폭행한 경우도 학교폭력이다. 하지만 학생이 학생 아닌 사람을 폭행하는 경우는 학교폭력이 아니다. 왜냐하면 폭행의 객체가 학생이 아니기 때문이다. 이처럼 학교폭력은 폭력행위 발생 장소와 관계없이, 가해자와도 관계없이 학생이 피해자가 되는 경우이면 모두 학교폭력이다. 하지만 학교폭력은 학교와 관계없이 장소와도 관계없이 학생이 폭력행위의 객체가 되는 경우이므로 보다 더 엄밀한 의미에서는 학교라는 장소의 개념과는 직접적인 관계가 없으므로 학교폭력보다는 학생폭력에 더 가깝다.

생각건대 학교폭력이라는 용어가 대중화 일반화되어 학생이나 학부모들의 입장에서는 학교와 직접적인 관련이 없는 단순히 학생이 피해자인 폭력사고 조차도, 학교의 교사들의 지도 소홀이나 책임을 부담해야 하는 폭력사고로 인식하는 경우가 있기 때문에 개선의 여지가 있다. 가령 여름방학을 맞이하여 서울시에 재학하고 있는 학생이 부산 해운대 해수욕장에서 대전시에 재학하고 있는 학생에게 폭행을 당하여도 「학교폭력예방법」에 따르면 학교폭력이라고 해석해야 하고, 더구나 서울 학생이 대구 지하철에서 학생이 아닌 성인에 의해 폭행당하여도 학생이 피해자라는 사실만으로 학교폭력의 정의에 따르면 학교폭력이다. 물론 성인이 가해자인 경우는 「형법」, 보호자 등에 의한 경우에는 「아동학대처벌법」 등을 적용하므로 「학교폭력예방법」에 따라 처벌되지는 않는다.

이처럼 학생이 재학하고 있는 학교와는 직접적인 관련이 없거나 학생이 아닌 성인에 의한 학생 폭행 사건도 학교라는 용어를 수식어로 고착하고 있고, 학교폭력의 범위를 지나치게 넓게 포함시키고 있어 일반적인 학교폭력 개념과 순수한 학생폭력 개념에 대한 혼돈이 발생하므로 용어의 재정리가 필요하다고 본다.

---

497) 「학교폭력예방법」 제2조.

그러나 학생폭력의 예방과 대책에 관한 사항을 직접적으로 다루고 있는 법률이 「학교폭력예방법」이므로 이 책에서도 학교와는 직접적으로 관계없는 순수한 학생들 사이에 발생한 폭력도 학교폭력의 범주에 포함하여 다루기로 한다. 그러므로 자칫 학교 이외의 먼 장소에서 발생하였거나, 성인이 폭행한 사건이라 할지라도 학생이 피해를 입는 경우라면 모두 학교폭력이라고 이해해야 한다.

그다음으로 「학교폭력예방법」에서는 학교폭력의 유형으로 상해, 폭행, 감금, 협박, 약취·유인, 명예훼손·모욕, 공갈, 강요·강제적인 심부름 및 성폭력, 따돌림, 사이버 따돌림, 정보통신망을 이용한 음란·폭력 정보 등을 제시하고 있지만, 이는 예시적으로 열거한 것으로 위의 유형과 유사한 행위이고 학생의 신체·정신 또는 재산상의 피해를 수반하는 행위는 학교폭력에 해당한다. 한편 학교폭력 관련 법령은 교육행정 당국의 정책과 학교 현장의 실정이나 요청을 반영하여 자주 개정되고 있으므로 개정된 법령을 신속히 숙지하고 대처해야 한다. 법령이 개정되었는데도 교사가 신법을 적용하지 않고 구법에 따라 업무를 처리하다가는 책임을 면하기 어렵다.

II. 교원의 학교폭력 신고의무 및 비밀 엄수와 공개 금지 의무

1. 신고의무

교원은 학교폭력 현장을 보거나 그 사실을 알게 된 경우 학교 등 관계 기관에 이를 즉시 신고하여야 하고, 신고를 받은 기관은 이를 가해학생 및 피해학생의 보호자와 소속 학교의 장에게 통보하여야 하며, 통보받은 학교의 장은 이를 심의위원회에 지체 없이 통보하여야 한다.

누구라도 학교폭력의 예비·음모 등을 알게 된 자는 이를 학교의 장 또는 심의위원회에 고발할 수 있다. 다만, 교원이 이를 알게 되었을 경우에는 학교의 장에게 보고하고 해당 학부모에게 알려야 한다. 누구든지 학교폭력을 신고한 사람에게 그 신고행위를 이유로 불이익을 주어서는 아니 된다.[498]

2. 비밀누설금지 의무

학교폭력의 예방 및 대책과 관련된 업무를 수행하거나 수행하였던 사람은 그 직무로 인하여 알게 된 비밀 또는 가해학생·피해학생 및 제20조(학교폭력의 신고의무)에 따른 신고자·고발자와 관련된 자료를 누설하여서는 아니 된다.[499] 이를 위반하면 1년 이하의 징역 또는 1천만원 이하의 벌금에 처한다.[500] 비밀의 구체적인 범위는 다음과 같다.[501]

---

498) 「학교폭력예방법」 제20조.
499) 「학교폭력예방법」 제21조제1항.
500) 「학교폭력예방법」 제22조.
501) 「학교폭력예방법 시행령」 제33조.

3. 공개금지 의무

피해학생 보호, 장애학생 보호, 가해학생에 대한 조치, 행정심판 및 분쟁조정에 따른 심의위원회의 회의는 공개하지 아니한다. 다만, 피해학생·가해학생 또는 그 보호자가 회의록의 열람·복사 등 회의록 공개를 신청한 때에는 학생과 그 가족의 성명, 주민등록번호 및 주소, 위원의 성명 등 개인정보에 관한 사항을 제외하고 공개하여야 한다.[502]

Ⅲ. 사전 예방

1. 학교폭력 예방교육

학교의 장은 학생의 육체적·정신적 보호와 학교폭력의 예방을 위한 학생들에 대한 교육을 학기별로 1회 이상 실시하여야 하고, 학교폭력의 예방 및 대책을 위한 교직원 및 학부모에 대한 교육을 학기별로 1회 이상 실시하여야 한다.[503] 예방교육의 기준은 다음과 같다.[504]

---

502) 「학교폭력예방법」 제21조.
503) 「학교폭력예방법」 제15조.
504) 「학교폭력예방법 시행령」 제17조.

2. 예방교육 프로그램 구성과 위탁

학교폭력 예방 프로그램은 학교폭력 전담기구에서 구성하고 실시하며, 학교장은 학교폭력 예방교육 프로그램의 구성 및 그 운용 등을 전담기구와 협의하여 전문단체 또는 전문가에게 위탁할 수 있다.[505]

Ⅳ. 학교폭력사건의 처리 절차와 교사의 책무

1. 신고 접수

교사가 신고자의 신고 의사를 접수하는 방법은 다양하므로 교사에게 전화, 구두, 이메일은 물론 설문조사를 통한 신고의 의사표시라도 유효한 신고이므로 접수하여야 한다. 접수한 신고는 신고 대장 기재 및 학교장에게 보고하고 학교장은 전담기구에 사안 조사를 요청한다. 성폭력 사안은 즉시 수사기관에 신고하여야 한다.

2. 전담기구

(1) 전담기구 구성과 역할

학교장은 교감, 전문상담교사, 보건교사 및 책임교사, 학부모 등으로 학교폭력문제를 담당하는 전담기구를 구성하여야 한다. 이 경우 학부모는 전담기구 구성원의 3분의 1 이상이어야 하고,[506] 학부모는 학교운영위원회에서 추천한 사람 중에서 학교장이 위촉한다. 다만, 학교운영위원회가 설치되지 않은 학교의 경우에는 학교장이 위촉한다.[507]

전담기구는 신고 접수된 사안을 학교폭력신고 접수대장에 기록하고 학교장에게 보고 및 담임교사에게 통보한 후 48시간 이내에 교육지원청에 보고하고, 관련 학생 및 그 보호자에게 통보한다. 또한 학교장 자체해결 여부를 심의하고, 심의결과 자체해결 요건에 해당하더라도 피해학생 및 그 보호자가 심의위원회 개최를 요구하는 경우에는 반드시 심의위원회 개최를 요청한다. 성폭력 사안은 경찰서 등 수사기관에 신고해야 하며, 학교폭력신고 접수대장은 학교폭력 은폐 여부를 판단하는 중요한 입증 자료로 활용되므로 신고한 사안은 모두 접수하여야 하고 합법적인 절차에 따라 진행하여야 한다.

(2) 전담기구 심의

학교장은 학교폭력 사태를 인지한 경우 지체 없이 전담기구 또는 소속 교원으로 하여금 가해 및

---

505) 「학교폭력예방법」 제14조제5항·제15조제3항.
506) 「학교폭력예방법」 제14조제3항.
507) 「학교폭력예방법 시행령」 제16조제1항.

피해 사실 여부를 확인하도록 하고, 전담기구로 하여금 학교장 자체해결 부의 여부를 심의하도록 한다.[508] 전담기구는 학교폭력에 대한 실태조사와 학교폭력 예방 프로그램을 구성·실시하며, 학교장 및 심의위원회의 요구가 있는 때에는 학교폭력에 관련된 조사결과 등 활동결과를 보고하여야 한다.[509] 또한 전담기구는 성폭력 등 특수한 학교폭력사건에 대한 실태조사의 전문성을 확보하기 위하여 필요한 경우 전문기관에 그 실태조사를 의뢰할 수 있다. 이 경우 그 의뢰는 심의위원회 위원장의 심의를 거쳐 학교장 명의로 하여야 한다.[510] 전담기구는 가해 및 피해 사실 여부에 관하여 확인한 사항을 학교장에게 보고해야 한다.[511]

3. 긴급조치

(1) 피해학생 긴급보호 조치

학교장은 학교폭력사건을 인지한 경우 피해학생의 반대의사 등 대통령령으로 정하는 특별한 사정이 없으면 지체 없이 가해자(교사를 포함한다)와 피해학생을 분리하여야 하며, 피해학생이 긴급보호를 요청하는 경우에는 다음의 「학교폭력예방법」 제16조제1호, 제2호 및 제6호의 조치를 할 수 있다. 이 경우 학교장은 심의위원회에 즉시 보고하여야 한다.[512] 피해학생이 긴급보호를 요청하는 경우에만 긴급보호 조치를 할 수 있으며, 학교장이 임의로 긴급보호 조치를 할 수는 없다.

피해학생 긴급 보호 조치 범위

제1호 학내외 전문가에 의한 심리상담 및 조언
제2호 일시보호
제6호 그 밖에 피해학생의 보호를 위하여 필요한 조치

---

(2) 가해학생 긴급 조치

학교장은 가해학생에 대한 선도가 긴급하다고 인정할 경우 우선 다음의 「학교폭력예방법」 제17조제1항제1호부터 제3호까지, 제5호 및 제6호의 조치를 할 수 있으며, 제5호와 제6호의 조치는 동시에 부과할 수 있다. 이 경우 심의위원회에 즉시 보고하여 추인을 받아야 한다.[513] 만약 심의위원회에서 추인하지 않더라고 학교장이 긴급조치를 결정할 당시에 그 필요성이 인정된다면 학교장의 조치가 위법하다고 볼 수는 없다.

---

508) 「학교폭력예방법」 제14조제4항.
509) 「학교폭력예방법」 제14조제5항.
510) 「학교폭력예방법」 제14조제8항.
511) 「학교폭력예방법 시행령」 제16조제2항.
512) 「학교폭력예방법」 제16조제1항.
513) 「학교폭력예방법」 제17조제4항.

1) 가해학생 긴급 조치 범위

가해학생 긴급 조치 범위

제1호 피해학생에 대한 서면사과
제2호 피해학생 및 신고·고발 학생에 대한 접촉, 협박 및 보복행위의 금지
제3호 학교에서의 봉사
제5호 학내외 전문가에 의한 특별 교육이수 또는 심리치료
제6호 출석정지

---

2) 가해학생 우선 출석정지 요건

학교장이 가해학생에 대한 긴급조치에 따라 위의 제6호 조치인 출석정지 조치를 할 수 있는 요건은 다음과 같다.[514]

가해학생 우선 출석정지 요건

1. 2명 이상의 학생이 고의적·지속적으로 폭력을 행사한 경우
2. 학교폭력을 행사하여 전치 2주 이상의 상해를 입힌 경우
3. 학교폭력에 대한 신고, 진술, 자료제공 등에 대한 보복을 목적으로 폭력을 행사한 경우
4. 학교장이 피해학생을 가해학생으로부터 긴급하게 보호할 필요가 있다고 판단하는 경우

학교장이 출석정지 조치를 하려는 경우에는 해당 학생 또는 보호자의 의견을 들어야 한다. 다만, 해당 학생 또는 보호자의 의견을 들으려 하였으나 이에 따르지 아니한 경우에는 그러하지 아니하다.[515]

3) 가해학생 긴급 조치 통지

학교장이 긴급 조치를 한 때에는 가해학생과 그 보호자에게 이를 통지하여야 하며, 가해학생이 이를 거부하거나 회피하는 때에는 학교장은 「초·중등교육법」 제18조에 따라 징계하여야 한다.[516] 「초·중등교육법」에 따른 징계의 종류는 다음과 같다.[517]

---

514) 「학교폭력예방법 시행령」 제21조제1항.
515) 「학교폭력예방법 시행령」 제21조제2항.
516) 「학교폭력예방법」 제17조제7항.
517) 「초·중등교육법 시행령」 제31조.

징계의 종류

1. 학교내의 봉사
2. 사회봉사
3. 특별교육이수
4. 1회 10일 이내, 연간 30일 이내의 출석정지
5. 퇴학처분
---

4. 학교장 자체해결

(1) 학교장 자체해결 요건

피해학생 및 보호자가 심의위원회의 개최를 원하지 아니하는 다음 각 호에 모두 해당하는 경미한 학교폭력의 경우 학교장은 학교폭력사건을 자체적으로 해결할 수 있다. 이 경우 학교장은 지체 없이 이를 심의위원회에 보고하여야 한다.[518]

학교장 자체해결 요건

1. 2주 이상의 신체적 · 정신적 치료가 필요한 진단서를 발급받지 않은 경우
2. 재산상 피해가 없거나 즉각 복구된 경우
3. 학교폭력이 지속적이지 않은 경우
4. 학교폭력에 대한 신고, 진술, 자료제공 등에 대한 보복행위가 아닌 경우

전담기구 심의일 이전에 진단서를 제출하지 않은 경우이거나, 신체적·정신적 피해의 치료비용을 포함한 재산상 피해가 심의일 이전에 복구되었거나, 가해 피해 학생 보호자들이 피해 복구에 합의하였을 경우에는 자체해결 요건에 해당하는 것으로 볼 수 있고, 학교폭력의 지속성 여부에 대한 판단은 가해 관련 학생의 학교 폭력 사실에 기초한 사회통념에 따라 판단할 수 있다.

하지만 전담기구 심의결과 자체해결 요건에 해당하더라도 피해학생 및 그 보호자가 심의위원회 개최를 요구하는 경우에는 반드시 심의위원회 개최를 요청하여야 한다. 또한 가해학생이 다수인 경우에는 자체해결 요건에 충족하더라도 피해학생이 가해학생 모두에 대해 자체해결에 동의하는 경우에 한하고, 피해학생이 다수인 경우에는 피해학생별로 학교장 자체해결 여부를 판단하여야 한다. 그리고 가해, 피해 학생의 소속 학교가 다른 경우에는 피해학생 학교 전담기구에서 심의하고, 가해학생 학교에서는 피해학생 학교의 결정에 따라 전담기구에서 심의한다. 한편 가해자가 학생이 아니라면 학교장 자체해결 사안이 아니다.

---

[518] 「학교폭력예방법」 제13조의2제1항.

(2) 학교장 자체해결 서면 확인

학교장의 자체해결 요건에 해당되는지 여부는 학교장이 결정하지 아니하고 전담기구의 심의를 통해 결정해야 하며 전담기구도 자체해결에 목적을 두고 피해학생이나 보호자를 강요하지 않아야 한다. 자체해결하려는 경우에도 다음 확인 절차를 모두 거쳐야 한다.[519]

자체해결 서면 확인

1. 피해학생과 그 보호자의 심의위원회 개최 요구 의사의 서면 확인
2. 학교폭력의 경중에 대한 전담기구의 서면 확인 및 심의

또한 학교장이 자체적으로 해결하는 경우 피해학생과 가해학생 간에 학교폭력이 다시 발생하지 않도록 노력해야 하며, 필요한 경우에는 피해학생·가해학생 및 그 보호자 간의 관계 회복을 위한 프로그램을 운영할 수 있다.[520]

5. 학교폭력대책심의위원회

(1) 심의위원회 설치와 기능

학교폭력의 예방 및 대책에 관련된 사항을 심의하기 위하여 교육지원청에 학교폭력대책심의위원회를 두며, 다음 각 호의 사항을 심의한다.[521]

심의위원회 심의 사항

1. 학교폭력의 예방 및 대책
2. 피해학생의 보호
3. 가해학생에 대한 교육, 선도 및 징계
4. 피해학생과 가해학생 간의 분쟁조정
5. 그 밖에 대통령령으로 정하는 사항(학교폭력의 예방 및 대책과 관련하여 학교의 장이 건의하는 사항)

심의위원회는 해당 지역에서 발생한 학교폭력에 대하여 조사할 수 있고 학교장 및 관할 경찰서장에게 관련 자료를 요청할 수 있다. 심의위원회는 10명 이상 50명 이내의 위원으로 구성하되, 전체 위원의 3분의 1 이상을 해당 교육지원청 관할 구역 내 학교(고등학교를 포함한다)에 소속된 학생의 학

---

519) 「학교폭력예방법」 제13조의2제2항.
520) 「학교폭력예방법 시행령」 제14조의3.
521) 「학교폭력예방법」 제12조.

부모로 위촉하여야 한다.[522]

(2) 심의위원회의 의견 청취

심의위원회는 필요하다고 인정할 때에는 학교폭력이 발생한 해당 학교 소속 교원이나 학교폭력 예방 및 대책과 관련된 분야의 전문가 등을 출석하게 하거나 서면 등의 방법으로 의견을 들을 수 있다.[523]

심의위원회는 심의 과정에서 소아청소년과 의사, 정신건강의학과 의사, 심리학자, 그 밖의 아동심리와 관련된 전문가를 출석하게 하거나 서면 등의 방법으로 의견을 청취할 수 있고, 피해학생이 상담·치료 등을 받은 경우 해당 전문가 또는 전문의 등으로부터 의견을 청취할 수 있다. 다만, 심의위원회는 피해학생 또는 그 보호자의 의사를 확인하여 피해학생 또는 그 보호자의 요청이 있는 경우에는 반드시 의견을 청취하여야 한다.[524] 심의위원회의 회의는 공개하지 아니한다. 다만, 피해학생·가해학생 또는 그 보호자가 회의록의 열람·복사 등 회의록 공개를 신청한 때에는 학생과 그 가족의 성명, 주민등록번호 및 주소, 위원의 성명 등 개인정보에 관한 사항을 제외하고 공개하여야 한다.[525]

6. 피해학생 조치

(1) 피해학생 조치 사항

심의위원회는 피해학생의 보호를 위하여 필요하다고 인정하는 때에는 피해학생에 대하여 다음 각 호의 어느 하나에 해당하는 조치(수 개의 조치를 동시에 부과하는 경우를 포함)를 할 것을 교육장에게 요청할 수 있다.[526]

피해학생 조치

1. 학내외 전문가에 의한 심리상담 및 조언
2. 일시보호
3. 치료 및 치료를 위한 요양
4. 학급교체
5. 삭제
6. 그 밖에 피해학생의 보호를 위하여 필요한 조치

심의위원회는 피해학생 보호 조치를 요청하기 전에 피해학생 및 그 보호자에게 의견진술의 기회를 부여하는 등 적정한 절차를 거쳐야 하고,[527] 심의위원회의 피해학생 보호 요청이 있는 때에는 교육장

---

522) 「학교폭력예방법」 제13조제1항.
523) 「학교폭력예방법 시행령」 제14조제8항.
524) 「학교폭력예방법」 제13조제4항.
525) 「학교폭력예방법」 제21조제3항.
526) 「학교폭력예방법」 제16조제1항.
527) 「학교폭력예방법」 제16조제2항.

은 피해학생의 보호자의 동의를 받아 7일 이내에 해당 조치를 하여야 한다.[528]

긴급 조치 등 보호가 필요한 학생에 대하여 학교장이 인정하는 경우 그 조치에 필요한 결석을 출석일수에 포함하여 계산할 수 있으며, 성적 등을 평가하는 경우 학생에게 불이익을 주지 아니하도록 노력하여야 한다.[529]

(2) 피해학생 지원

피해학생이 전문단체나 전문가로부터 위의 제1호부터 제3호까지의 규정에 따른 상담 등을 받는 데에 사용되는 비용은 가해학생의 보호자가 부담하여야 한다. 다만, 피해학생의 신속한 치료를 위하여 학교장 또는 피해학생의 보호자가 원하는 경우에는 「학교안전법」 제15조에 따른 학교안전공제회 또는 시·도교육청이 부담하고 이에 대한 상환청구권을 행사할 수 있다.[530]

학교안전공제회 또는 시·도교육청이 부담하는 피해학생의 지원범위는 다음 각 호와 같다.[531]

피해학생 지원범위

1. 교육감이 정한 전문심리상담기관에서 심리상담 및 조언을 받는 데 드는 비용
2. 교육감이 정한 기관에서 일시보호를 받는 데 드는 비용
3. 「의료법」에 따라 개설된 의료기관, 「지역보건법」에 따라 설치된 보건소·보건의료원 및 보건지소, 「농어촌 등 보건의료를 위한 특별조치법」에 따라 설치된 보건진료소, 「약사법」에 따라 등록된 약국 및 같은 법 제91조에 따라 설립된 한국희귀·필수의약품센터에서 치료 및 치료를 위한 요양을 받거나 의약품을 공급받는 데 드는 비용

피해학생의 상담 및 치료기간은 2년으로 하고, 일시보호의 기간은 30일로 한다. 다만, 추가적인 치료 등을 위하여 학교폭력 피해학생 및 보호자가 요청하는 경우에는 학교안전공제보상심사위원회의 심의를 거쳐 1년의 범위에서 상담 및 치료기간을 연장할 수 있다.[532]

7. 가해학생 조치

(1) 가해학생 조치 사항

심의위원회는 피해학생의 보호와 가해학생의 선도·교육을 위하여 가해학생에 대하여 다음 각 호의 어느 하나에 해당하는 조치(수 개의 조치를 동시에 부과하는 경우를 포함)를 할 것을 교육장에게

---

528) 「학교폭력예방법」 제16조제3항.
529) 「학교폭력예방법」 제16조제4항·제5항.
530) 「학교폭력예방법」 제16조제6항
531) 「학교폭력예방법 시행령」 제18조.
532) 「학교안전법 시행규칙」 제9조의3제1항.

요청하여야 한다. 다만, 퇴학처분은 의무교육과정에 있는 가해학생에 대하여는 적용하지 아니한다.[533]

가해학생 조치

1. 피해학생에 대한 서면사과
2. 피해학생 및 신고·고발 학생에 대한 접촉, 협박 및 보복행위의 금지
3. 학교에서의 봉사
4. 사회봉사
5. 학내외 전문가에 의한 특별 교육이수 또는 심리치료
6. 출석정지
7. 학급교체
8. 전학
9. 퇴학처분

---

(2) 가해학생 조치별 적용 기준

가해학생에 대한 조치별 적용 기준은 다음 각 호의 사항을 고려하여 결정한다.[534]

가해학생에 대한 조치별 적용 기준

1. 가해학생이 행사한 학교폭력의 심각성·지속성·고의성
2. 가해학생의 반성 정도
3. 해당 조치로 인한 가해학생의 선도 가능성
4. 가해학생 및 보호자와 피해학생 및 보호자 간의 화해의 정도
5. 피해학생이 장애학생인지 여부

---

(3) 가해학생 조치별 세부적용 기준

심의위원회가 적용하여야 할 가해학생에 대한 세부적인 적용기준은 다음과 같다.[535]

가해학생에 대한 조치별 세부적인 적용기준

① 학교폭력대책심의위원회는 가해학생이 행사한 학교폭력의 심각성, 지속성, 고의성의 정도와 가해학생의 반성 정도, 해당 조치로 인한 가해학생의 선도 가능성, 가해학생 및 보호자와 피해학생 및 보호자 간의 화해의 정도, 피해학생이 장애학생인지의 여부 등을 고려하여 [별표]에 따라 가해학생별로 선도가능성이 높은 조치를 할 것을 교육장에게 요청하여야 한다.

---

533) 「학교폭력예방법」 제17조제1항.
534) 「학교폭력예방법 시행령」 제19조.
535) 「학교폭력 가해학생 조치별 적용 세부기준 고시」 제2조.

② 심의위원회는 피해학생 및 신고·고발 학생의 보호가 필요하다고 판단되는 경우 일정기간 가해학생이 피해학생과 접촉하는 것을 금지하고, 가해학생 스스로 자신의 잘못을 되돌아 볼 수 있는 기회를 주기 위해 법 제17조 제1항제2호(피해학생 및 신고·고발 학생에 대한 접촉, 협박 및 보복행위의 금지) 조치를 기간을 정하여 부과할 수 있다.

③ 심의위원회는 가해학생이 학내외 전문가의 도움을 받아 폭력에 대한 인식을 개선하고 행동을 반성하게 하기 위해 법 제17조제1항제5호(학내외 전문가에 의한 특별 교육이수 또는 심리치료) 조치를 기간을 정하여 부과할 수 있다.

④ 심의위원회는 법 제17조제9항(심의위원회는 가해학생이 특별교육을 이수할 경우 해당 학생의 보호자도 함께 교육을 받게 하여야 한다)에 따라 가해학생이 특별교육을 이수할 경우 해당 학생의 보호자도 별도의 특별교육을 기간을 정하여 함께 교육을 받게 하여야 한다.

또한 「학교폭력 가해학생 조치별 적용 세부기준 고시」 제2조 별표[536]에서는 학교폭력의 심각성, 지속성, 고의성, 가해학생의 반성 정도, 화해 정도, 해당 조치로 인한 가해학생의 선도가능성, 피해학생이 장애학생인지 여부 등에 따라 판정점수를 부과하고 있다.

(4) 가해학생 협박 보복 부과 조치 및 의견진술 기회 부여

심의위원회가 교육장에게 가해학생에 대한 조치를 요청할 때 그 이유가 피해학생이나 신고·고발 학생에 대한 협박 또는 보복 행위일 경우에는 위의 조치를 동시에 부과하거나 조치 내용을 가중할 수 있다.[537] 하지만 심의위원회가 가해학생에 대한 긴급조치를 요청하기 전에 가해학생 및 보호자에게 의견진술의 기회를 부여하는 등 적정한 절차를 거쳐야 한다.[538]

(5) 특별교육 이수와 출석일수

제2호부터 제4호까지(피해학생 및 신고·고발 학생에 대한 접촉, 협박 및 보복행위의 금지, 학교에서의 봉사, 사회봉사) 및 제6호부터 제8호까지(출석정지, 학급교체, 전학)의 처분을 받은 가해학생은 교육감이 정한 기관에서 특별교육을 이수하거나 심리치료를 받아야 하며 그 기간은 심의위원회에서 정한다.[539]

심의위원회는 가해학생이 특별교육을 이수할 경우 해당 학생의 보호자도 함께 교육을 받게 하여야 하며,[540] 교육감은 심의위원회의 교육 이수 조치를 따르지 아니한 보호자에게는 300만원 이하의 과태료를 부과한다.[541] 또한 가해학생이 제3호부터 제5호까지의 규정에 따른 조치를 받은 경우 이와 관련된 결석은 학교장이 인정하는 때에는 이를 출석일수에 포함하여 계산할 수 있다.[542]

---

536) 「학교폭력 가해학생 조치별 적용 세부기준 고시」 제2조 별표 참조.
537) 「학교폭력예방법」 제17조제2항.
538) 「학교폭력예방법」 제17조제5항.
539) 「학교폭력예방법」 제17조제3항.
540) 「학교폭력예방법」 제17조제9항.
541) 「학교폭력예방법」 제23조.
542) 「학교폭력예방법」 제17조제8항.

(6) 조치 거부에 대한 추가 조치

제2호부터 제9호까지(피해학생 및 신고·고발 학생에 대한 접촉, 협박 및 보복행위의 금지, 학교에서의 봉사, 사회봉사, 학내외 전문가에 의한 특별 교육이수 또는 심리치료, 출석정지, 학급교체, 전학, 퇴학처분)의 처분을 받은 학생이 해당 조치를 거부하거나 기피하는 경우 심의위원회는 제7항(「초·중등교육법」 제18조에 따른 징계조치)에도 불구하고 교육장으로부터 그 사실을 통보받은 날부터 7일 이내에 추가로 다른 조치를 할 것을 교육장에게 요청할 수 있다.[543]

(7) 가해학생에 대한 전학 조치

교육장은 심의위원회가 가해학생에 대한 전학 조치를 요청하는 경우에는 그 사실을 학교장에게 통보해야 하고, 통보를 받은 학교장은 교육감 또는 교육장에게 해당 학생이 전학할 학교의 배정을 지체 없이 요청해야 한다. 또한 교육감 또는 교육장은 가해학생이 전학할 학교를 배정할 때 피해학생의 보호에 충분한 거리 등을 고려하여야 하며, 관할구역 외의 학교를 배정하려는 경우에는 해당 교육감 또는 는 교육장에게 이를 통보하여야 한다.

그리고 통보를 받은 교육감 또는 교육장은 해당 가해학생이 전학할 학교를 배정하여야 하며, 교육감 또는 교육장은 전학 조치된 가해학생과 피해학생이 상급학교에 진학할 때에는 각각 다른 학교를 배정하여야 한다. 이 경우 피해학생이 입학할 학교를 우선적으로 배정한다.[544] 가해학생이 다른 학교로 전학을 간 이후에는 전학 전의 피해학생 소속 학교로 다시 전학 올 수 없도록 하여야 한다.[545]

(8) 가해학생 퇴학 처분

교육감은 퇴학 처분을 받은 학생에 대하여 해당 학생의 선도의 정도, 교육 가능성 등을 종합적으로 고려하여 대안학교로의 입학 등 해당 학생의 건전한 성장에 적합한 대책을 마련하여야 하고, 가해학생에 대한 조치 및 재입학 등에 필요한 세부사항은 교육감이 정한다.[546]

8. 조치 불복

피해학생 측이나 가해학생 측이 교육장의 조치에 대해서 불복하는 경우에는 상급기관에 청구하는 행정심판과 법원을 통하여 구제를 받는 행정소송이 있다. 행정심판은 처분을 한 상급기관의 행정심판위원회에서 심판하므로 처분을 한 지역교육지원청의 상급기관인 시·도교육청 행정심판위원회에

---

543) 「학교폭력예방법」 제17조제11항 및 「학교폭력예방법 시행령」 제22조.
544) 「학교폭력예방법 시행령」 제20조.
545) 「학교폭력예방법」 제17조제10항.
546) 「학교폭력예방법 시행령」 제23조.

행정심판을 제기하며 행정소송에 비해 간편하다고 할 수 있다. 행정소송은 민사소송과도 유사하지만 행정기관의 행위에 대하여 법원을 통하여 구제받는 제도로서 상대방이 국가나 지방자치단체이고 정식 재판절차에 따라야 한다.

(1) 행정심판

행정심판은 행정청의 위법 또는 부당한 처분이나 부작위로 침해된 국민의 권리 또는 이익을 구제하는 심판절차이다. 학교폭력 처분에 대한 불복은 행정청인 교육장의 처분에 대한 불복절차이므로 사립학교도 국공립학교와 다름없이 「행정심판법」의 적용을 받는다. 교육장의 피해학생 보호조치 및 가해학생에 대한 조치에 대하여 이의가 있는 피해학생 또는 그 보호자는 「행정심판법」에 따른 행정심판을 청구할 수 있고, 가해학생에 대한 조치에 대하여 이의가 있는 가해학생 또는 그 보호자도 「행정심판법」에 따른 행정심판을 청구할 수 있다.[547]

행정심판은 각 시·도교육청 행정심판위원회에 청구하여야 하며, 처분이 있음을 알게 된 날부터 90일 이내, 처분이 있었던 날부터 180일 이내에 청구하여야 하고, 두 기간 중 어느 하나라도 도과하면 청구할 수 없다.[548] 행정심판을 청구하여도 교육장이 결정한 피해학생이나 가해학생에 대한 조치에 대한 집행이 정지되는 것은 아니다. 왜냐하면 심판청구는 처분의 효력이나 그 집행 또는 절차의 속행에 영향을 주지 아니하기 때문이다.[549] 따라서 행정심판의 청구만으로 조치의 효력이나 집행절차를 정지할 수는 없으므로 교육장 조치에 대한 집행정지를 원할 경우에는 행정심판과 집행정지를 동시에 청구하여야 한다.

(2) 행정소송

행정소송은 행정소송절차를 통하여 행정청의 위법한 처분 등으로 인한 침해를 구제하고, 공법상의 권리관계를 해결하는 위한 법원의 재판 절차이다.[550] 피해학생 또는 가해학생 조치에 대한 취소소송은 당해 처분에 대한 행정심판을 제기할 수 있는 경우에도 이를 거치지 아니하고 제기할 수 있으므로,[551] 피해학생 또는 가해학생은 교육장의 조치에 대하여 행정심판을 청구하지 아니하고 바로 행정소송을 제기할 수 있다.

행정소송 절차는 교육장의 조치에 대하여 처분의 취소 또는 무효를 구하는 학생 측이 원고가 되고 교육장이 피고가 되며, 취소소송의 제기는 처분 등의 효력이나 그 집행 또는 절차의 속행에 영향을 주

---

547) 「학교폭력예방법」 17조의2.
548) 「행정심판법」 제27조.
549) 「행정심판법」 제30조제1항.
550) 「행정소송법」 제1조.
551) 「행정소송법」 제18조제1항.

지 아니한다.[552] 다만, 당사자는 처분 등이나 그 집행 또는 절차의 속행으로 인하여 생길 회복하기 어려운 손해를 예방하기 위하여 법원에 집행 또는 절차의 속행의 전부 또는 일부의 정지를 신청할 수 있다.[553] 취소소송은 처분 등이 있음을 안 날부터 90일 이내에 제기하여야 하고, 1년을 경과하면 제기하지 못한다.[554]

9. 장애학생 보호

누구든지 장애 등을 이유로 장애학생에게 학교폭력을 행사하여서는 아니 되고, 심의위원회는 피해학생 또는 가해학생이 장애학생인 경우 심의과정에 「장애인 등에 대한 특수교육법」 제2조제4호에 따른 특수교육교원 등 특수교육 전문가 또는 장애인 전문가를 출석하게 하거나 서면 등의 방법으로 의견을 청취할 수 있다. 심의위원회는 학교폭력으로 피해를 입은 장애학생의 보호를 위하여 장애인전문 상담가의 상담 또는 장애인전문 치료기관의 요양 조치를 학교의 장에게 요청할 수 있으며, 요청이 있는 때에는 학교의 장은 해당 조치를 하여야 한다. 이 경우 상담비용 등은 가해학생의 보호자가 부담하여야 하고, 피해학생의 신속한 치료를 위하여 학교장 또는 피해학생의 보호자가 원하는 경우에는 학교안전공제회 또는 시·도교육청이 부담하고 이에 대한 상환청구권을 행사할 수 있다.[555]

또한 가해학생 또는 피해학생이 장애학생일 경우 전담기구 및 심의위원회에 특수교육 교원, 특수교육 전문직, 특수교육지원센터 전담인력, 특수교육 관련 교수 등 특수교육전문가를 참여시켜 의견을 청취할 수 있다. 학내외 전문가에 의한 특별 교육이수 또는 심리치료 등 특별교육을 실시할 때 피해학생이 장애학생일 경우 장애인식개선 교육내용을 포함하여야 한다.[556]

V. 아동·청소년 성범죄

1. 성폭력의 개념

성폭력은 학교폭력의 유형 중 하나이지만, 다른 법률에 규정이 있는 경우에는 「학교폭력예방법」을 적용하지 아니하고,[557] 다른 유형보다 신고나 처벌 등에서 특별규정이 있으므로 별도로 다루었다.

성폭력이란 피해자의 의사에 반하여 성을 매개로 가해지는 모든 폭력행위로 성희롱, 성추행, 성폭행을 비롯한 성적 자기결정권을 침해하는 모든 행위를 포괄하는 개념이고, 성폭력범죄는 「성폭력처

---

552) 「행정소송법」 제23조제1항.
553) 「행정소송법」 제23조제2항.
554) 「행정소송법」 제20조.
555) 「학교폭력예방법」 제16조의2.
556) 「학교폭력 가해학생 조치별 적용 세부기준 고시」 제3조 참조.
557) 「학교폭력예방법」 제5조제2항.

벌법」 제2조에서 정의하고 있다.

성폭력	성희롱	- 성적인 수치심을 유발하는 행위 - 성에 관계된 언어나 행동으로 상대방에게 불쾌감, 굴욕감 등을 주는 행위
	성추행	- 신체적인 접촉으로 성적인 수치심이 들게 하는 행위 - 폭행이나 협박 등 강제력을 사용하여 성욕을 자극하거나 성적 수치 혐오의 감정을 느끼게 하는 행위
	성폭행	- 실제로 강간하거나 강간을 시도하는 것. 물리적인 폭력행사와 함께 성관계를 목적으로 하는 행위 - 상대방의 동의 없이 성관계를 강요하는 것으로, 강간과 강간 미수를 포함

2. 아동·청소년 성범죄에 대한 교원의 신고의무와 비밀 준수의무

(1) 교원의 신고의무

교원은 직무상 아동·청소년대상 성범죄의 발생 사실을 알게 된 때에는 즉시 수사기관((112, 117))에 신고하여야 하며,[558] 19세 미만의 미성년자를 보호하거나 교육 또는 치료하는 시설의 장 및 관련 종사자는 자기의 보호·지원을 받는 자가 「성폭력처벌법」 제3조부터 제9조까지, 「형법」 제301조 및 제301조의2의 피해자인 사실을 알게 된 때에는 즉시 수사기관에 신고하여야 한다.[559] 「청소년성보호법」에서 아동·청소년이란 19세 미만의 자를 말하므로,[560] 유치원을 포함하여 초·중·고등학생 모두가 대상이 될 수 있다. 교원은 피해학생 측의 의사와는 관계없이 성범죄 발생사실을 신고하여야 하므로, 피해학생 측이 신고를 원하지 않는 경우에도 신고하여야 하고, 더구나 피해자의 고소 여부와 관계없이 신고 의무가 있다. 교장이나 교감 등 상급자도 신고의무를 제지하거나 제한할 수 없으며, 성범죄 발생 사실을 알고 수사기관에 신고하지 아니하거나 거짓으로 신고한 경우에는 300만원이하의 과태료를 부과한다.[561]

(2) 교원의 비밀 준수의무

다른 법률에 규정이 있는 경우를 제외하고는 누구든지 아동·청소년대상 성범죄 신고자 등의 인적사항이나 사진 등 그 신원을 알 수 있는 정보나 자료를 출판물에 게재하거나 방송 또는 정보통신망을 통하여 공개하여서는 아니 된다.[562] 이를 위반하여 신고자 등의 신원을 알 수 있는 정보나 자료를 출판물에 게재하거나 방송 또는 정보통신망을 통하여 공개한 자는 1년 이하의 징역 또는 500만원 이하의 벌금에 처한다.[563]

---

558) 「청소년성보호법」 제34조제2항 참조.
559) 「성폭력방지법」 제9조.
560) 「청소년성보호법」 제2조.
561) 「청소년성보호법」 제67조제4항.
562) 「청소년성보호법」 제34조제3항.
563) 「청소년성보호법」 제65조제4항 참조.

또한 피해아동·청소년의 주소·성명·연령·학교 또는 직업·용모 등 그 아동·청소년을 특정하여 파악할 수 있는 인적사항이나 사진 등을 신문 등 인쇄물에 싣거나 「방송법」 제2조제1호에 따른 방송 또는 정보통신망을 통하여 공개하여서는 아니 된다.[564] 이를 위반한 자는 7년 이하의 징역 또는 5천만원 이하의 벌금에 처한다. 이 경우 징역형과 벌금형은 병과할 수 있다.[565] 그리고 「학교폭력예방법」에 따라 성폭력 범죄에 대한 신고자·고발자와 관련된 자료를 누설하여서는 아니 되고, 이를 위반한 자는 1년 이하의 징역 또는 1천만원 이하의 벌금에 처한다.[566]

3. 아동·청소년 성범죄에 대한 교원의 유의사항

(1) 성폭력 사안 처리 시 주의할 점

교사는 성폭력 사실을 신고한 학생의 신상이 조사과정에서 누설되지 않도록 비밀을 보장하여야 하고, 목격하거나 알고 있는 학생이 비밀을 유지하도록 하며 비밀을 유출할 경우 처벌을 받을 수 있다는 것도 주지시킨다. 또한 성폭력 사안을 직접적으로 처리하지 않는 다른 교사에게 비밀이 누설되지 않도록 하여야 하며, 피해학생이나 목격자 등은 비밀이 보장되도록 개별상담을 하고 집단 상담을 피해야 하며, 피해학생과 가해학생을 조사할 때는 분리하여 대면하는 일이 없도록 주의해야 한다.

(2) 성범죄 경력 점검 확인 의무

학교장은 그 기관에 취업 중이거나 사실상 노무를 제공 중인 자 또는 취업하려 하거나 사실상 노무를 제공하려는 자에 대하여 성범죄의 경력을 확인하여야 하며, 이 경우 본인의 동의를 받아 관계 기관의 장에게 성범죄의 경력 조회를 요청하여야 한다. 다만, 취업자등이 성범죄 경력 조회 회신서를 아동·청소년 관련기관 등의 장에게 직접 제출한 경우에는 성범죄 경력 조회를 한 것으로 본다.[567] 이를 위반하여 그 기관에 취업 중이거나 사실상 노무를 제공 중인 사람 또는 취업하려 하거나 사실상 노무를 제공하려는 사람에 대하여 성범죄의 경력을 확인하지 아니하는 경우에는 500만원 이하의 과태료를 부과한다.[568]

(3) 10세 미만의 초등학생이 성폭행 가해자인 경우

10세 미만 아동 상호 간에 발생한 성폭력은 형사처벌을 할 수가 없으므로, 10세 미만의 초등학생인 가해자에 대해서는 「학교폭력예방법」에 따라 가해학생 조치로 징계할 수 있다. 또한 가해학생의 보

---

564) 「청소년성보호법」 제31조제3항.
565) 「청소년성보호법」 제31조제4항.
566) 「학교폭력예방법」 제21조·제22조 참조.
567) 「청소년성보호법」 제56조제5항.
568) 「청소년성보호법」 제67조제3항.

호자에게 자녀에 대한 보호감독의무 위반 책임을 물어 민사상 손해배상을 청구할 수도 있다.

Ⅵ. 학교생활기록 기재 및 삭제 방법

1. 가해학생 조치사항 중 학교생활기록부에 기재해야 하는 사항

교사는 「학교폭력예방법」에 의한 가해학생에 대한 조치사항이 있는 경우에는 다음의 내용을 적어야 한다.

(1) 학적사항 란 : 가해학생에 대한 조치 제8호(전학), 제9호(퇴학처분) 조치사항[569]

(2) 출결상황 란 : 가해학생에 대한 조치 제4호(사회봉사), 제5호(학내외 전문가에 의한 특별 교육 이수 또는 심리치료), 제6호(출석정지) 조치사항[570]

(3) 행동특성 및 종합의견 란 : 해당 학생이 제1호부터 제3호까지(피해학생에 대한 서면사과, 피해학생 및 신고·고발 학생에 대한 접촉, 협박 및 보복행위의 금지, 학교에서의 봉사) 및 제7호(학급교체) 조치사항.[571]

(4) 조건부 기재유보

조건부 기재유보란 가해학생 조치사항을 이행한 가해학생이 동일 학교급에서 다른 학교폭력 사안으로 가해학생 조치를 받지 않은 경우는 조건부로 기재하지 않는 것을 의미한다. 다만, 해당 학생이 동일 학교급(초등학생은 조치를 받은 날로부터 3년 내)에서 다른 학교폭력 사안으로 가해학생 조치를 받은 경우에는 이전에 적지 않은 조치사항을 포함하여 기재한다. 조치사항에 관한 내용을 적어야 하는 경우는 다음 각 호의 어느 하나에 해당하는 경우로 한정한다.[572] 학교에서는 조건부 기재유보 관리대장을 비공개 문서로 관리하고 업무 인수인계 과정에서 누락되는 일이 없도록 하여야 한다.

조치사항 기재 요건

1. 해당 학생이 제1호부터 제3호까지에 따른 조치사항을 이행하지 않은 경우
2. 해당 학생이 제1호부터 제3호까지에 따른 조치를 받은 후 동일 학교급에 재학하는 동안(초등학생인 경우에는 그 조치를 받은 날부터 3년 이내의 범위에서 동일 학교급에 재학하는 동안) 다른 학교폭력사건으로 같은 조 제1항의 조치를 받은 경우

---

(5) 특기사항 란 : 인적 학적사항의 특기사항[573] 란과 출결상황 란에서 학교폭력과 관련된 사항은 「

---

569) 「초·중등교육법 시행규칙」 제21조제1항제2호.
570) 「초·중등교육법 시행규칙」 제21조제1항제3호.
571) 「초·중등교육법 시행규칙」 제21조제1항제6호.
572) 「학교폭력예방법 시행령」 제17조제항.
573) 「학교생활기록 작성 및 관리지침」 제7조제4항.

「학교폭력예방법」 제17조에 따른 가해학생에 대한 조치사항을 입력한다.[574]

(6) 행동특성 및 종합의견 : 행동특성 중 학교폭력과 관련된 사항은 「학교폭력예방법」 제17조에 규정된 가해학생에 대한 조치사항을 입력한다.[575]

2. 기재 유의 사항

가해학생 조치사항은 학교생활기록부에 조치 결정일자를 즉시 기재하여야 하고, 전출, 자퇴 등 학적변동이 있더라도 조치사항을 입력한 후 학적 처리해야 한다. 학적 처리를 먼저 하면 조치사항이 누락되어 전출 또는 자퇴 처리되기 때문이다. 조치 결정일자는 심의위원회가 조치를 의결한 날짜가 아니라 심의위원회에서 의결된 조치 요청에 의하여 교육장이 조치를 결정한 날이다. 피해학생에 대한 조치사항은 기재하지 않는다.

3. 가해학생 조치사항 중 반드시 삭제해야 하는 사항

(1) 제1호, 제2호, 제3호 및 제7호 조치는 졸업과 동시 삭제

가해학생 조치사항 제1호부터 제3호까지(서면사과, 피해학생 및 신고·고발 학생에 대한 접촉, 협박 및 보복행위의 금지, 학교에서의 봉사) 및 제7호(학급교체)의 조치사항은 해당 학생의 졸업과 동시에 삭제해야 한다.[576]

학교생활기록부 기재 란	가해학생 조치사항	삭제 시기
행동특성 및 종합의견	제1호(서면사과)	졸업과 동시 삭제
	제2호(피해학생 및 신고·고발 학생에 대한 접촉, 협박 및 보복행위의 금지)	
	제3호(학교에서의 봉사)	
	제7호(학급교체)	

(2) 제8호, 제4호, 제5호, 제6호 조치는 졸업 2년 후 삭제

가해학생 학적사항으로 기록된 제8호(전학) 및 출결상황으로 기록된 제4호(사회봉사), 제5호(학내외 전문가에 의한 특별 교육이수 또는 심리치료), 제6호(출석정지) 조치사항은 학생이 졸업한 날부터 2년이 지난 후에 지체 없이 삭제해야 한다. 다만, 교육부장관이 정하는 바에 따라 해당 학생이 졸업하기 직전에 「학교폭력예방법」 제14조제3항에 따른 전담기구의 심의를 거쳐 해당 학생의 졸업과 동

---

574) 「학교생활기록 작성 및 관리지침」 제8조제4항.
575) 「학교생활기록 작성 및 관리지침」 제16조제2항.
576) 「초·중등교육법 시행규칙」 제22조제2항.

시에 삭제할 수 있다.[577]

학교생활기록부 기재 란	가해학생 조치사항	삭제 시기
학적사항 특기사항	제8호(전학)	졸업한 날부터 2년이 지난 후 지체 없이 삭제, 다만, 전담기구 심의를 거쳐 졸업과 동시 삭제
출결사항 특기사항	제4호(사회봉사)	
	제5(학내외 전문가에 의한 특별 교육이수 또는 심리치료)	
	제6호(출석정지)	

(3) 가해학생 출석일수 미 산입 및 특별교육 기재 여부

가해학생에 대한 출석정지 기간은 출석일수에 산입하지 않는다. 그리고 가해학생에 대한 조치의 내용 중 제5호 조치인 특별교육[578]은 학교생활기록부 기재하여야 하지만, 2호(피해학생 및 신고·고발학생에 대한 접촉, 협박 및 보복행위의 금지), 3호(학교에서의 봉사), 4호(사회봉사), 6호(출석정지), 7호(학급교체), 8호(전학) 조치에 부가하여 처분된 특별교육[579]은 학교생활기록부에 기재하지 않는다. 특별교육의 명칭은 동일하지만 가해학생에 대한 조치의 내용에 포함된 특별교육과 다른 조치에 부가하여 처분된 특별교육은 구분하여 기재 여부를 판단하여야 한다.

Ⅶ. 학교폭력 업무 처리 유의 사항

1. 학교폭력 전력 학생은 구체적이고 추가적인 지도·감독이 교사의 의무

학교폭력전력이 있는 학생들은 교사가 보다 적극적인 자세로 지속적인 면담, 훈화, 생활지도 등 특별한 주의를 기울여 이들이 다시 급우들에게 폭력을 가하지 않도록 지도·감독하여야 한다. 법원 판례의 경향은 교사가 다수의 학생들을 상대로 한 일방적인 교육을 실시하였을 뿐이고, 학교폭력 전력이 있는 학생들에 대하여 구체적이고 추가적인 지도·감독을 하였다거나, 실효성 있는 대책을 시행하였다는 자료가 없다면 학교의 책임을 면하기는 어렵다고 한다. 따라서 학교에서는 폭력전력이 있는 학생에 대해서는 특별히 주의를 기울여 지도하여야 하고, 평소에 지도 실적을 기록한 자료를 비치하여 입증자료로 제시할 필요가 있다.

---

577) 「초·중등교육법 시행규칙」 제22조제3항.
578) 「학교폭력예방법」 제17조제1항제5호.
579) 「학교폭력예방법」 제17조제3항은 제2호부터 제4호까지 및 제6호부터 제8호까지의 처분을 받은 가해학생은 교육감이 정한 기관에서 특별교육을 이수하거나 심리치료를 받아야 한다고 규정하고 있다. 이처럼 다른 조치에 부가하여 이수하도록 규정한 특별교육을 부가된 특별교육이라고 할 수 있다. 부가된 특별교육은 생활기록부에 기재하지 않는다.

2. 다른 학생이 추행하는 것을 지켜보는 것도 학교폭력 가담

학교폭력 가해학생에는 학교폭력을 행사한 학생뿐만 아니라 그 행위에 가담한 학생도 포함한다.[580] 초등학교 저학년 A학생은 같은 반 B학생이 화장실에서 여학생을 추행하는 장면을 지켜보았다. 직접 추행한 B학생은 「학교폭력예방법」에 따라 전학 조치되었고 추행하는 것을 지켜본 A학생도 학급이 교체되었으며 서면 사과와 특별교육 처분을 받았다. A학생의 가족은 학교의 처분이 과하다며 학급교체 처분 등을 취소해 달라며 소송을 제기하였지만, 재판부는 추행하는 장면을 지켜본 것은 학교폭력에 가담했다고 보기에 충분하고, 피해 여학생은 A학생이 지켜봐 성적 수치심과 모욕감으로 신체적·정신적 피해가 상당했을 것으로 보이는 만큼 A학생의 행동은 학교폭력에 해당한다고 하여 A학생 가족의 주장을 받아들이지 않았다.[581] 이 사안의 경우 A학생이 학교폭력 가해자가 되지 않으려면 B학생이 성추행하는 장면을 목격했을 때, B학생을 제지하거나 즉시 그 장소를 빠져나와 교사 또는 경찰에 신고해야 학교폭력 가담행위에 대한 처벌을 면할 수 있다.

3. 집단따돌림 자살도 예견가능성 있으면 학교 측 책임

집단따돌림의 경우도 다른 경우와 마찬가지로 교사에게 책임을 묻기 위해서는 교사의 예견가능성이 인정되어야 한다. 피해학생이 자살한 경우 객관적으로 자살에 이르게 된 상황을 교사가 예측할 수 있어야 책임이 있다.

판례에 따르면 중학교 3학년 여학생이 급우들 사이의 집단따돌림으로 인하여 자살한 사안에서, 교사에게 피해 학생의 자살에 대한 예견가능성이 있었다고는 인정하지 않고 자살의 결과에 대한 손해배상책임은 부정하였지만, 학생들 사이의 갈등에 대한 대처를 소홀히 한 과실을 인정하여 교사의 직무상 불법행위로 발생한 집단따돌림의 피해에 대하여 지방자치단체인 교육청이 손해배상책임이 있다고 판시하였다.[582]

4. 가해학생 피해학생 상담 시 주의할 점

학교폭력 당사자를 상담할 때 가해학생과 피해학생은 접근할 수 없도록 분리 조치하고 각각 다른 장소에서 개별적으로 상담하여야 한다. 당사자의 개인정보는 전화번호를 포함하여 당사자의 동의 없이 상대방에게 알려주지 않아야 하며, 상담자는 가해학생 또는 피해학생 어느 당사자에게도 편향된 자세나 태도 없이 공정하게 상담활동을 진행하여야 한다.

---

580) 「학교폭력예방법」 제2조제3호.
581) 대구지방법원 행정1부, 2018. 9. 30.
582) 대법원 2007. 11. 15. 선고 2005다16034 판결.

5. 쌍방폭행 주장에 아무런 조치를 하지 않으면 위법

폭력사건에서는 가해학생의 주장도 무시하지 말고 사실관계를 면밀히 조사하여 법적 절차에 따라 조치하여야 한다.

갑 고등학교에서 학교폭력 사건의 가해자로 징계를 받은 A학생은 자신도 피해자라며 쌍방폭행을 주장하였지만 학교장이 아무런 조치를 취하지 않았다. A학생은 B학생과 말다툼을 하다가 B학생이 A학생의 어깨 부분을 밀자, 주먹으로 B학생을 15~20회 가량 때려 상해를 가한 사건에서, 자치위원회 위원 중 일부는 이 사건 회의에서 B학생이 A학생의 어깨를 밀었던 것도 폭행이어서 A학생의 일방적인 폭력이라고 보기 어렵고, B학생이 A학생의 폭행을 유발한 측면도 고려해야 한다는 취지의 의견을 밝힌 사실도 있지만, B학생이 학교폭력 가해학생에 해당하는지 여부에 관하여는 아무런 논의가 이루어지지 않았다. A학생 측은 소송을 제기하였으며, 서울행정법원[583]은 A학생이 자치위원회에서 B학생이 자신의 어깨를 밀고 자신의 팔을 꺾었다고 진술하여 B학생의 학교폭력을 신고하였음에도 불구하고, 이를 무시한 채 B학생에 대하여 아무런 조치를 취하지 않은 학교 측의 부작위는 위법하다고 판결하였다.

6. 중학교 3학년 학생 이상이면 대체로 책임능력을 인정하고 있다.

「민법」상 책임능력이란 자기 행위에 대한 책임을 변식할 지능을 말한다. 「민법」에서는 미성년자가 타인에게 손해를 가한 경우에 그 행위의 책임을 변식할 지능이 없는 때에는 배상의 책임이 없다고 규정하고 있다.[584] 책임능력은 자기의 행위에 의하여 일정한 결과가 발생하는 것을 인식하는 능력이 아니고, 그 결과가 위법한 것이어서 법적으로 비난받는 것임을 인식하는 정신능력이다. 판례는 대체로 12세까지는 책임능력이 없다고 보며 15세 이상인 경우에는 책임능력이 있다고 판단하고 있으며, 13세와 14세 정도는 구체적인 사안에 따라 책임능력을 판단한다.[585] 그러므로 15세는 대체로 중학교 3학년 학생 정도의 연령이므로 중학교 3학년 이상이면 책임능력이 있다고 볼 수 있겠다. 물론 구체적인 사안과 각 개인에 따라 달리 볼 수도 있으므로 책임능력을 연령에 따라 일률적으로 볼 수는 없다.

7. 14세 이상 가해학생은 심의위원회의 조치와 상관없이 형사처벌을 받을 수 있다.

가해학생이 서면사과 사회봉사 학급교체 전학 등의 조치를 받았다 하더라도 「학교폭력예방법」과는 상관없이 14세 이상인 경우에는 형사처벌을 받을 수 있고 보호처분을 받을 수도 있다.[586] 심의위원회의 조치는 학교에서 부과하는 징계의 일종이지만 형사처벌이나 보호처분은 법적 조치이므로 심

---

583) 서울행정법원 2018. 2. 1. 선고 2017구합69298 판결.
584) 「민법」 제753조.
585) 대법원 1978. 11. 28. 선고 78다1805 판결; 대법원 1992. 5. 22. 선고 91다37690 판결; 대법원 1989. 5. 9. 선고 88다카2745 판결 등.
586) 「형법」 제9조.

의위원회에서 조치와는 별개이다.

그러므로 10세 이상 14세 미만인 촉법소년[587]인 경우에는 보호처분을 받을 수 있으며,[588] 보호처분은 「소년법」에 따라 감호위탁, 수강명령, 사회봉사명령, 보호관찰 등이 있다.[589] 하지만 초등학교 1학년이나 2학년 등 10세 미만이면 보호처분도 받지 않는다.[590] 이 경우에는 보호자를 상대로 민사 책임을 물을 수 있다. 또한 피해학생 측의 고소로 형사절차에 따른 수사가 진행되거나 민사상 손해배상청구 소송이 진행되더라도, 가해학생의 법적인 책임과 관계없이 학교에서는 학교폭력 사안 처리 절차를 수행하여야 하고, 학교폭력대책심의위원회는 절차와 일정에 따라 조치를 하여야 한다.

8. 중학교 때 학교폭력 고등학교 입학 후에도 징계할 수 있다.

학생 신분인 중학교 재학 시절에 폭행을 당하였다면 가해학생을 고등학교에 입학한 후에도 징계할 수 있다. 판례에 따르면 A학생은 중학교 재학 시절 B학생을 조롱하고 놀리는 행위를 하였고 4월경에는 페이스북에 조롱하는 글을 게재하고 다른 학생들도 B학생을 조롱하는 댓글을 달았다. 재판부는 「학교폭력예방법」상 학교폭력의 발생시점이나 징계시점에 대한 제한 규정이 없고 학교폭력으로 인한 가해학생에 대한 조치에 관해서는 그 조치권의 행사를 제한하는 제척기간이나 공소시효 등에 관한 규정도 존재하지 않는다고 보았다. 그러면서 학교폭력 발생 이후에 상급학교로 진학하였다고 해서 피해학생의 보호 및 가해학생이 선도 교육의 필요성이 소멸한다고 볼 수 없고, 고등학교로 진학하였다고 가해학생에 대한 조치가 더 이상 불가능하게 되어 법 적용의 사각지대가 발생하게 되는 점 등을 종합하여, 학교폭력이 중학교 재학 중에 발생한 경우에도 고등학교장은 징계를 할 수 있다고 판시하였다.[591]

9. 학생 신분이 아닌 입학 전 학교폭력은 입학한 후에는 징계할 수 없다.

학교폭력은 학생을 대상으로 한 행위이므로 학생의 신분이 아닌 사람을 대상으로 한 폭력행위는 학교폭력이 아니다. 같은 고등학교에 입학하는 동급생을 폭행하고 폭행 장면을 동영상으로 촬영했더라도 학교에 입학 전에 있었던 행위라면 입학 후에는 징계할 수 없다. 판례에 따르면 고등학교 A여학생이 입학 전 2월에 B여학생의 무릎을 꿇리고 사과를 하게하고, C여학생의 무릎을 꿇린 후 얼굴과 복부를 가격하고 가슴을 밟는 등의 행위를 했다. 학교에서는 입학식 직후 3월에 학폭위를 개최하여 A여학생에게 전학 처분을 내렸지만, 재판부[592]는 폭력행위가 입학 전에 있었다면 입학 후 학교에서 이를 문

---

587) 촉법소년이란 형벌법령에 저촉되는 행위를 한 10세 이상 14세 미만의 자로서 형사책임이 없는 자를 말하며, 형사처벌은 받지 않지만 보호처분 대상자이다.
588) 「소년법」 제4조제1항제2호.
589) 「소년법」 제32조제1항.
590) 「소년법」 제38조제2항.
591) 대구지방법원 2018. 7. 27. 선고 2018누2620 판결 참조.
592) 서울중앙지방법원 2017. 9. 27. 선고 2017카합80664 판결 참조.

제 삼아 가해학생을 징계하고 전학 조치를 취한 것은 정당하지 않다고 판결하였다. 「학교폭력예방법」에 따르면 학교폭력은 학생을 대상으로 한 폭력행위인데 피해학생이 학생의 신분이 아닌 기간에 발생한 행위이므로 학교폭력에 해당하지 않는다는 판단이다.

10. 교원이 학교폭력을 축소·은폐하면 징계감경 사유에서 제외된다.

교육공무원의 징계 기준 및 감경 사유 등은 「교육공무원 징계양정 등에 관한 규칙」을 적용한다. 이에 따라 징계의결이 요구된 교사가 훈장 또는 포장을 받은 공적이 있거나 교육감 이상의 표창을 받았거나 모범공무원으로 선발된 경우는 징계를 감경할 수 있다. 하지만 학교폭력 사안을 고의적으로 축소·은폐하여 징계의결을 요구받은 교원에 대해 징계위원회는 징계를 감경할 수 없다.[593] 학교폭력 이외에 금전 비위, 성적 조작, 성비위, 음주운전, 체벌, 인사 비위, 성 관련 비위 은폐, 청탁금지법 위반 등의 경우에도 징계를 감경할 수 없다.[594]

11. 피해학생뿐만 아니라 가해학생 측도 교사를 상대로 손해배상을 청구할 수 있다.

피해학생 측이 가해학생이나 가해학생의 보호자뿐만 아니라 교사에게도 손해배상을 청구할 수 있지만, 가해학생 측도 교사에게 학교폭력으로 인한 손해배상을 청구할 수 있다. 교사의 대리감독자 책임은 피해학생을 보호해야 할 의무뿐만 아니라 가해학생을 감독할 의무도 있기 때문이다.

판례에 따르면 방학기간 중 재학생을 대상으로 교사의 인솔 하에 봉사활동을 떠나 합숙 중에 가해학생이 피해학생을 폭행하여 가해학생의 보호자가 피해학생에게 손해배상금을 지급한 후에 가해학생의 보호자는 가해학생에 대한 보호·감독을 소홀히 했다며 교사를 상대로 구상금을 청구하였다.[595] 이 사안에서 재판부는 폭행 당사자들이 상당 기간 합숙해야 하므로 학교에서보다 더 세심한 배려를 할 의무가 있다고 하여 가해학생에 대한 보호·감독 책임을 물어, 피해학생의 담임교사는 물론 가해학생의 담임교사도 손해배상책임이 있다고 하여 각각의 과실 비율에 따라 가해 학생 65%, 가해학생의 담임교사 20%, 피해학생의 담임교사 15%의 과실 비율에 따라 배상액을 지급하라고 판시하였다.

12. 감독기관인 교육청은 책임 없고 학교 측이 직접 배상해야 하는 경우도 있다.

감독기관인 교육청의 책임을 배제하고 학교 측에 직접 배상책임을 인정한 판결도 있다. 판례에 따르면 A학생이 동급생 여러 명으로부터 100여 차례 폭행을 당하고 바지를 벗으라고 강요당하고 돈을 빼앗기고 우울증에 걸린 사안에서, A학생 측은 학교법인과 감독기관인 교육청을 상대로 손해배상 청

---

593) 「교육공무원 징계양정 등에 관한 규칙」 제4조제2항제7호.
594) 「교육공무원 징계양정 등에 관한 규칙」 제4조제2항 참조.
595) 서울중앙지방법원 2006. 2. 2. 선고 2004가단362431, 2005가단102803 판결 참조.

구소송을 냈다.

　학교 측은 수차례 학교폭력 예방교육을 비롯하여 특별조사와 설문조사를 실시하였다고 주장하였지만 재판부는 집단따돌림이 은밀하게 행해지기 때문에 학교에서 형식적인 예방교육 등 구색 맞추기는 학교폭력을 예방하기 위한 충분한 대처가 아니라고 판단하였다.[596] 또한 학교폭력이 지속적으로 이루어지고 수업시간이나 휴식 시간에 집단따돌림이 발생하였으므로 담임교사가 집단따돌림을 당한다는 사실을 예측할 수 있었고, 학생들에게 관심을 갖고 면밀히 파악했더라면 이를 적발해 막을 수 있었던 것으로 보이므로 교사가 보호·감독 의무를 다하지 않았다고 판단하였다. 하지만 감독기관인 교육청은 학교에 대한 관리·감독 의무를 게을리했다고 판단할 증거가 없다며 배상 책임을 인정하지 않았고 학교 측에서 직접 3천만원 배상하라고 판결하였다.

13. 심의위원회 분쟁조정 불성립의 경우 민사조정제도로 분쟁 해결

　학교폭력대책심의위원회는 피해학생과 가해학생 간의 분쟁조정을 하지만 분쟁조정이 성립되지 않은 경우에는 민사소송을 통한 손해배상을 청구할 수도 있고, 민사소송 전에 당사자의 합의를 통한 민사조정 방식으로 분쟁을 해결할 수도 있다. 민사조정은 민사에 관한 분쟁을 법원에 설치된 조정위원회가 분쟁 당사자로부터 각자의 주장을 듣고 양보하고 타협하여 합의를 하도록 주선, 권고함으로써 종국적으로 화해에 이르게 하는 절차이다. 민사조정은 민사소송에 비하여 비용이 적게 들고 간이·신속히 진행되지만, 확정 판결과 동일한 효력이 있으므로 법률 지식이 없는 사람도 쉽게 이용할 수 있다.

---

596) 광주지방법원 2016. 3.15.

제7절 학교안전공제회 보상

I. 학교안전사고 보상 제도의 현실

학교안전공제회는 교육활동 중에 발생하는 사고에 대한 보상을 하지만 보상의 대상이나 범위가 제한되어 있으므로 학교 사고 보상을 모두 학교안전공제회에 의존해서는 안 된다.

가령 학생이 다쳐서 병원에서 치료를 할 경우 방사선 특수 영상진단이나 치아보철 등은 그 횟수나 금액 등이 제한되어 있고, 입원을 한 경우에는 입원실의 등급에 따라서도 제한되고, 물리치료 등도 「국민건강보험법」상 급여 대상에 해당되는 경우에만 보상을 청구할 수 있고, 학생 등 피공제자에게 과실이 있으면 장해급여, 간병급여 및 유족급여를 산정할 때에는 상계할 수도 있다.

따라서 단순한 경상으로 조기에 치료하고 회복하는 경우는 다행이지만, 중상을 입어 학생이 치료와 재활을 통해 정상적인 생활이 가능하기 위해서는 상당한 금액과 기간이 소요되고, 학습에도 참여할 수 없어 급우들보다 상대적으로 학습 진도가 부진하여 학부모로서는 경제적 심리적 고통이 뒤따르기 마련이고, 이와 같은 결과발생에 대한 원망이 교사를 상대로 소송을 제기하기도 한다.

보호자는 학생이 다치게 된 상황이나 배경, 사고 당시에 교사의 역할 등 교사의 과실 책임이 있는지를 확인하고 법적인 책임을 물어 경제적 손실의 보전이나 형사책임을 묻겠다는 것이다. 학교장이나 교사는 학생의 어려운 형편과 학교 측의 책임 등을 고려하여 교직원과 학생들을 통한 모금운동이나, 학부모회를 통한 바자회 등으로 학생의 경제적 손실에 도움을 주고자 노력하는 경우도 있지만 치료비 전액에 대한 보전에는 한계가 있다. 따라서 학교 안전사고가 발생하지 말아야겠지만 발생하였다면 안전공제회의 보상 범위와 한계를 사전에 확인하고 대처하여야 한다.

II. 학교 안전공제회의 보상 범위와 한계

1. 학교안전공제회가 모두 다 보상해 주지는 않는다.

공제회는 학교안전사고에 해당할 때 공제급여를 지급하지만 공제급여의 전부 또는 일부를 지급하지 아니하는 경우도 있다. 특히 학생 교직원 등 피공제자가 자해·자살한 경우는 공제급여의 전부 또는 일부를 지급하지 아니할 수 있다. 하지만 학교안전사고가 원인이 되어 자해·자살한 경우에는 공제급여의 전부를 지급한다. 또한 학교안전사고로 인하여 피해를 입은 학생 교직원 또는 그 보호자 등이 정당한 사유 없이 요양기관의 지시를 따르지 아니하여 학생 교직원의 부상·질병 또는 장해의 상태가 악화되었거나 요양기관의 치료를 방해한 것이 명백한 경우도 전부 또는 일부를 지급하지 아니할 수 있다.[597]

그리고 자동차 사고로 인하여 「자동차손해배상 보장법」의 규정에 따른 손해배상을 받은 경우는 공제급여를 지급하지 아니하며,[598] 또한 교직원이 「공무원연금법」 「사립학교 교직원 연금법」에 의해 보상을 받은 경우 공제회는 그 보상 또는 배상의 범위 안에서 공제급여를 지급하지 아니한다.[599]

2. 고의 또는 중대한 과실 책임 있는 자에게는 구상권을 청구할 수 있다.

학생 교원 등 피공제자의 고의 또는 중대한 과실로 인하여 학교안전사고가 발생한 경우 또는 공제가입자가 아닌 자의 고의·과실로 인하여 학교안전사고가 발생한 경우, 공제회는 수급권자에게 지급한 공제급여에 상당하는 금액의 지급을 학교안전사고를 일으킨 자 또는 그 보호자 등에게 청구할 수 있다.[600] 이 규정은 「학교안전법」에 따른 공제급여의 수급권자가 공제급여와 학교안전사고를 일으킨 자에 의한 손해배상으로 중복하여 지급을 받는 것을 방지함과 아울러 배상책임이 있는 학교안전사고를 일으킨 자가 공제급여의 지급으로 손해배상에서 면책되는 것을 차단하기 위한 것으로 볼 수 있다.

3. 교사와 교육활동참여자도 학교안전공제회 보상을 받을 수 있다.

학교안전공제회 피공제자는 학생뿐만 아니라 교직원과 교육활동참여자도 포함된다.[601]

학생은 학교에 입학하거나 전입학한 때, 교직원은 학교에 임용되거나 전보된 때에 피공제자가 되고, 학생이 학교를 졸업하거나 퇴학 또는 다른 학교로 전학한 때, 교직원은 학교에서 퇴직하거나 다른 학교 또는 교육기관 등으로 전보된 때에는 피공제자의 자격을 잃는다. 또한 학부모 등 교육활동참여자도 피공제자가 될 수 있으며, 학부모 등이 녹색 어머니 활동 등으로 교육활동에 참여하게 된 때에 학교장의 명시적인 의사에 반하여 교육활동에 참여한 경우를 제외하고는 피공제자가 되고, 교육활동 참여를 마친 때에는 피공제자의 자격을 잃는다. 그러므로 학부모도 공식적인 교육활동 참여 중에 발생한 사고에 대해서는 보상을 청구할 수 있다.

4. 학교장의 승인 없는 외부 행사는 보상 못 받아

담임교사나 체육 코치 등이 방과 후나 휴일에 학생들과 소그룹 모임을 갖거나 추가로 2차 활동을

---

597) 「학교안전법」 제43조제1항.
598) 「학교안전법」 제43조제1항제3호.
599) 「학교안전법」 제45조.
600) 「학교안전법」 제44조제1항.
601) 「학교안전법」 제14조.

갖는 경우에도 학교장의 승인을 반드시 받아야 한다.

학교장 승인 없이 교사가 휴일이나 방과 후 교외에서 학생들과 개별 모임이나 행사를 하다가 사고를 당하면 학교안전공제회로부터 보상받기 어렵다. 학교안전공제회는 학교안전사고로 인한 피해만 보상해주며,[602] 학교안전사고는 교육활동 중에 발생한 사고나 학교장의 관리·감독에 속하는 업무가 직접 원인이 되어 발생하는 사고를 말하는데,[603] 교사와 학생의 개별적 모임 등은 교육활동으로 인정되기 어렵고, 학교장의 관리·감독의 범위에 속하지 않기 때문이다.

5. 기존 질병을 이유로 한 감액 지급 규정의 문제점

학교안전공제회는 공제급여액을 결정할 때 피공제자에게 이미 존재하던 질병, 부상 또는 신체장애 등이 학교안전사고로 인하여 악화된 경우에는 이미 존재하던 질병, 부상 또는 신체장애 등의 치료에 필요한 비용을 제외하고 공제급여를 지급할 수 있다.[604] 물론 치료에 필요한 비용을 제외할 때에는 의사 등 관련 전문가의 소견이나 수사기관 등의 부검 결과 등이 있어야 한다.[605] 하지만 기존 질병을 이유로 한 감액 지급에 대하여 다음에서 보는 바와 같이 대법원은 무효라고 판시하고 있으므로 이 규정 적용은 제한될 것으로 보인다.

6. 기존 질병을 이유로 한 안전공제회 보상금 제한은 무효

학교안전사고에 의한 사망 사고이지만 기존 질병을 이유로 보상금을 감액 지급할 수 있다는 「학교안전법 시행령」 제19조의2는 무효라고 대법원이 판결하였다.

고등학교에 재학 중이던 A학생은 교내 화장실에서 쓰러진 채 발견돼 병원으로 이송됐지만 숨졌다. 병원은 A학생이 간질 발작으로 쓰러진 뒤 질식으로 사망한 것으로 추정했다. A학생의 유족은 A학생의 사망이 학교안전사고에 해당한다며 3억6천여만원를 지급하라고 신청했지만, 학교안전공제회는 A학생의 사망은 지병인 간질에 의해 발생한 것으로 학교안전사고에 해당하지 않는다며 거부했다.

1심 재판부는 A학생이 3년간 발작 증상이 없다가 고등학생으로서 과로와 스트레스가 누적돼 간질에 영향을 주었으므로 학교안전사고에 해당한다고 판단하였고, 2심 재판부도 「학교안전법」의 취지와 목적 등을 고려하면 원래 있던 질병이나 과실을 이유로 급여를 제한할 수 없다고 판단했다.[606] 이에 따라 상고심인 대법원에서는 이 조항이 무효인지가 쟁점이 되었고 대법원은 지병을 이유로 한 보상금을 제한한 「학교안전법 시행령」 제19조의2는 법률의 위임이 없거나 위임범위를 벗어나 학생 등 공

---

602) 「학교안전법」 제1조 참조.
603) 「학교안전법」 제2조제6호 참조.
604) 「학교안전법 시행령」 제19조의2제1항.
605) 「학교안전법 시행규칙」 제2조의3제1항.
606) 부산고등법원 2016. 1. 28. 선고 2015나50842 판결.

제급여를 받는 사람의 권리를 제한하는 것이기 때문에 무효라고 판시했다.[607]

또한 대법원은 「학교안전법」에 의한 공제제도는 상호부조 및 사회보장적 차원에서 학생 등이 입은 피해를 보상해주기 위해 특별법으로 창설한 것으로서 이는 일반 불법행위로 인한 손해배상 제도와 다르며, 민사상 손해배상 사건에서 기왕증이 손해의 확대 등에 기여한 경우 손해배상책임의 범위를 제한하는 법리도 법률에 특별한 규정이 없는 이상 「학교안전법」에 따른 공제급여에는 적용되지 않는다고 판시하였다. 결국 A학생 유족이 승소하여 유족급여 전액을 지급받을 수 있게 되었다.

7. 초등학교 4학년 이상 학생의 과실은 상계할 수 있다.

「민법」 제396조는 과실상계를 규정하면서 채무불이행에 관하여 채권자에게 과실이 있는 때에는 법원은 손해배상의 책임 및 그 금액을 정함에 이를 참작하여야 한다고 명시하고 있다. 과실상계란 손해의 발생 또는 확대에 관해 피해자에게도 과실이 있는 경우 손해배상의 범위를 정함에 있어서 그의 과실을 참작하는 제도이고, 사고 발생에 기여한 정도만큼 손해액에서 과실비율의 상당액을 공제한다는 개념이다. 「학교안전법」은 초등학교 4학년 이상의 학생을 대상으로 과실상계를 할 수 있다고 규정하고 있다.

즉 초등학교 4학년 이상의 학생이 학교안전사고로 인하여 피해를 입으면 과실여부에 따라 공제금의 지급이 제한된다. 학교안전사고로 인한 장해급여, 간병급여 및 유족급여를 산정할 때에는 피공제자에게 과실이 있으면 이를 상계할 수 있다.[608] 과실상계는 초등학교 4학년 이상의 학생을 대상으로 지급액의 100분의 50 이하의 범위에서 할 수 있으며 다만, 인지능력이 현저히 부족하거나 신체적 결함이 있는 등의 원인으로 피공제자에게 과실 책임을 묻는 것이 적당하지 아니하다고 판단되는 경우에는 상계하지 아니한다.[609] 하지만 대법원은 학생의 과실을 이유로 과실 상계할 수 있다고 규정한 학교안전공제회의 공제급여 지급기준은 다음에서 기술하는 바와 같이 무효라고 판시하고 있으므로 이 규정을 적용하는 것도 제한될 것으로 보인다.

8. 학생의 과실을 이유로 한 안전공제회 보상금 제한은 무효

중학교 레슬링부 A학생은 학교 체육관에서 소년체육대회 대비 합동훈련을 하던 중 상대선수와 스파링하는 과정에서 엉치걸이 기술이 풀리면서 상대선수와 함께 넘어져 머리가 매트에 닿아 목이 꺾이는 사고를 당하였고, 이 사고로 인하여 경추골절, 사지마비, 저산소성 뇌 손상을 입었다. A학생 측은 학교안전공제회에 공제금 지급을 청구했지만 학교안전공제회는 A학생의 과실로 사고가 났고, 공

---

607) 대법원 2016. 10. 19. 선고 2016다208389 판결.
608) 「학교안전법 시행령」 제19조의2제2항.
609) 「학교안전법 시행규칙」 제2조의3.

제급여를 지급하더라고 A학생의 과실비율에 따른 과실상계를 하여야 한다고 주장하였다. 이에 대하여 대법원은 학교안전사고가 발생한 경우 교육감, 학교장 등이 학교안전사고 발생에 책임이 있는지를 묻지 않고 학교안전사고로부터 학생·교직원 등의 생명과 신체를 보호하고, 그들이 피해를 입은 경우 그 피해를 신속하고 적정하게 보상하여 실질적인 학교 안전망을 구축하는 것이 「학교안전법」의 입법 취지라고 밝혔다.[610]

따라서 학교안전공제제도는 위와 같은 입법 취지하에 학교안전사고로 인하여 피공제자가 입은 피해를 사회보장 차원에서 직접 전보하는 성질을 가지고 있는 것으로서, 불법행위로 인한 손해를 배상하는 제도와 그 취지나 목적을 달리하며, 법률에 특별한 규정이 없는 한 학교안전사고보상법에 의한 급여지급책임에는 과실책임의 원칙이나 과실상계의 이론이 적용되지 않는다고 판시하였다.

더 나아가 대법원은 고등학생이 자율학습 시작 후 화장실에서 쓰러져 사망한 사안에서, 「학교안전법」에 의한 공제급여의 지급책임에는 과실책임의 원칙이나 과실상계의 이론이 당연히 적용된다고 할 수 없고, 또한 민사상 손해배상 사건에서 기왕증이 손해의 확대 등에 기여한 경우에 공평의 견지에서 과실상계의 법리를 유추 적용하여 손해배상책임의 범위를 제한하는 법리도 법률에 특별한 규정이 없는 이상 「학교안전법」에 따른 공제급여에는 적용되지 않는다고 판시했다.[611]

9. 원인을 의학적으로 증명할 수 없는 사망도 학교안전사고

학생의 사망 원인을 의학적으로 명백히 증명할 수 없더라도 학교안전사고로 인정해야 한다고 대법원이 판시했다.

A학생은 수업에 참여하기 위해 수업장소인 학교 건물 5층 강당까지 계단을 통해 올라갔지만 강당 앞 복도에서 쓰러진 채 발견됐고 병원으로 옮겨진 후 사망하였다. 병원 진단 결과 사인은 급성심장사 의증으로 나왔지만 이를 유발한 원인은 알 수 없다고 하였다. 학부모는 교육활동 중에 발생한 학교안전사고라고 주장하며 3억4000여만원을 청구하였지만, 안전공제회는 교육활동 중 학교안전사고 이외의 원인을 알 수 없는 사유라고 인정하여 유족에게 위로금 4000만원만 지급하였다. 학부모는 이에 소송을 제기하였고, 1심과 2심은 A학생의 사망에 대해 어떠한 피해의 원인에 해당하는 사고가 있었다고 보기 어렵고 계단을 뛰어 올라간 행위를 사망의 원인이라고 인정하기는 부족하다고 하였다. 하지만 대법원은 인과관계는 반드시 의학적으로 명백히 증명해야 하는 것은 아니라고 하여, 학교안전사고의 발생 경위와 사망 원인, 평소 건강상태 등 제반 사정을 살펴보면 이 사건 학교안전사고와 A학생의 사망 사이에 상당인과관계가 있다고 하여 학교안전사고로 인정해야 한다고 판시했다.[612]

---

610) 대법원 2012. 12. 13. 선고 2011다77238 판결.
611) 대법원 2016. 10. 19. 선고 2016다208389 판결.
612) 대법원 2016. 9. 8. 선고 2015다249437 판결.

제3장 교사의 학생지도와 관련한 형사책임

이 장에서는 교사가 수업지도나 생활지도 과정에서 학생들에게 범하기 쉬운 형사책임 유형을 다룬다. 주로 발생하는 형사책임의 유형으로는 학생을 상대로 한 「형법」상 모욕죄, 협박죄, 감금죄, 폭행죄, 상해죄 등이다. 하지만 교사는 학생을 보호하는 지위에 있고 「아동복지법」은 교사를 보호자에 포함하고 있으므로 「형법」보다 「아동학대처벌법」이 우선 적용되어 가중 처벌되거나, 「형법」의 해당 조문에서 정한 형으로 처벌되기도 한다. 그러므로 먼저 아동학대 범죄를 살펴본 다음에 구체적으로 아동학대 범죄에 해당할 수 있는 모욕죄, 협박죄, 감금죄, 폭행죄, 상해죄 등의 일반적인 개념과 성립요건을 알아보고 대처할 방안을 강구하도록 한다.

제1절 아동학대

I. 아동학대와 아동학대범죄

1. 아동학대

「아동복지법」에서는 18세 미만의 사람을 아동이라고 규정하고 있으므로,[613] 유치원은 물론 초 · 중 · 고등학교에 재학 중인 학생의 대부분은 아동학대 범죄의 보호 대상이다.

아동학대란 보호자를 포함한 성인이 아동의 건강 또는 복지를 해치거나 정상적 발달을 저해할 수 있는 신체적 · 정신적 · 성적 폭력이나 가혹행위를 하는 것과 아동의 보호자가 아동을 유기하거나 방임하는 것을 말한다.[614] 따라서 아동학대의 유형에는 신체적 · 정신적 · 성적학대와 함께 유기와 방임도 포함된다. 유기와 방임의 행위주체는 보호자이고, 보호자란 부모 등의 친권자뿐만 아니라 양육 · 교육하거나 업무 · 고용 등의 관계로 사실상 아동을 보호 · 감독하는 자를 말한다.[615] 따라서 유치원과 초 · 중 · 고등학교의 교직원은 교육하거나 업무 등의 관계로 사실상 아동을 보호 · 감독하므로 보호자에 포함된다.

아동학대와 아동학대범죄를 구분할 필요가 있다. 아동학대는 광의적 개념으로 아동의 건강 또는 복

---

613) 「아동복지법」 제3조제1호.
614) 「아동복지법」 제3조제7호.
615) 「아동복지법」 제3조제3호.

지를 해치거나 정상적 발달을 저해할 수 있는 행위로서 주로 「아동복지법」에 근거를 두지만, 아동학대범죄는 보호자 등에 의한 아동학대로 인해 「형법」 등에서 규정한 죄에 해당하여 형사처벌 등의 대상이 되는 행위이고 「아동학대범죄의 처벌 등에 관한 특례법」 (약칭: 「아동학대처벌법」)에 근거를 둔다. 보호자를 포함한 성인이 18세 미만의 아동을 대상으로 「형법」에서 규정한 폭행죄, 상해죄 등의 죄를 범한 경우에는 「형법」보다 「아동학대처벌법」이 우선 적용된다.

2. 아동학대의 유형

- 신체학대

성인이 아동에게 우발적인 사고가 아닌 상황에서 신체적 손상을 입히거나 또는 신체손상을 입도록 허용한 모든 행위를 말하며, 직접적으로 신체에 가해지는 행위, 도구를 사용하여 신체를 가해하는 행위, 완력을 사용하여 신체를 위협하는 행위, 유해한 물질로 신체에 가해지는 행위 등이 있다.

- 정서학대

성인이 아동에게 행하는 언어적 모욕, 정서적 위협, 감금이나 억제, 기타 정신건강 및 발달에 해를 끼치는 행위를 말하며 언어적, 정신적, 심리적 학대라고도 하며, 경멸적 언어, 차별, 편애, 왕따, 감금, 약취 유인, 노동 착취 등이 있다.

- 성학대

성인이 자신의 성적 충족을 목적으로 18세 미만의 아동에게 행하는 모든 성적 행위를 말하며, 성적 노출, 성추행, 성매매 등이 있다.

- 방임 유기

아동의 보호자가 아동을 유기하거나 방임하는 것으로, 방임이란 아동에게 필요한 의식주, 의무교육, 의료적 조치 등을 제공하지 않거나 위험한 환경에 처하게 하는 행위이며, 유기란 아동을 보호하지 않고 버리는 행위이다. 방임 유기의 유형으로는 의식주 제공하지 않기, 위험한 상태 방치, 보호자 가출, 의무교육 기피, 아동을 버리는 행위 등이 있다.

3. 아동학대범죄

「아동학대처벌법」에서 아동학대범죄는 교원을 포함한 보호자에 의한 아동학대 행위로서 「형법」의 상해와 폭행, 유기와 학대, 체포와 감금, 협박, 약취와 유인, 강간과 추행, 명예훼손과 모욕, 주거·신체 수색, 강요, 공갈, 재물손괴 등에 해당하는 죄를 말하고,[616] 「아동복지법」 제17조 규정에 따른 아동에 대한 금지행위와, 위의 형법상 범죄행위에 대한 가중 처벌 죄 그리고 아동학대살해·치사, 아동학대중상해 및 상습범 등이다. 「아동복지법」 제17조는 누구든지 다음에 해당하는 행위를 하여서는 아니 된다고 하여 아동에 대한 금지행위를 명시하고 있다.[617]

아동에 대한 금지행위

1. 아동을 매매하는 행위
2. 아동에게 음란한 행위를 시키거나 이를 매개하는 행위 또는 아동에게 성적 수치심을 주는 성희롱 등의 성적 학대행위
3. 아동의 신체에 손상을 주거나 신체의 건강 및 발달을 해치는 신체적 학대행위
4. 삭제 〈2014. 1. 28.〉
5. 아동의 정신건강 및 발달에 해를 끼치는 정서적 학대행위(「가정폭력범죄의 처벌 등에 관한 특례법」 제2조제1호에 따른 가정폭력에 아동을 노출시키는 행위로 인한 경우를 포함한다)
6. 자신의 보호·감독을 받는 아동을 유기하거나 의식주를 포함한 기본적 보호·양육·치료 및 교육을 소홀히 하는 방임행위
7. 장애를 가진 아동을 공중에 관람시키는 행위
8. 아동에게 구걸을 시키거나 아동을 이용하여 구걸하는 행위
9. 공중의 오락 또는 흥행을 목적으로 아동의 건강 또는 안전에 유해한 곡예를 시키는 행위 또는 이를 위하여 아동을 제3자에게 인도하는 행위
10. 정당한 권한을 가진 알선기관 외의 자가 아동의 양육을 알선하고 금품을 취득하거나 금품을 요구 또는 약속하는 행위
11. 아동을 위하여 증여 또는 급여된 금품을 그 목적 외의 용도로 사용하는 행위

II. 아동학대 신고의무와 비밀 보호

1. 교사의 아동학대 신고의무

누구든지 아동학대범죄를 알게 된 경우나 그 의심이 있는 경우에는 특별시·광역시·특별자치시·도·특별자치도, 시·군·구 또는 수사기관에 신고할 수 있지만, 유치원과 초·중등학교 교직원은 직무를 수행하면서 아동학대범죄를 알게 된 경우나 그 의심이 있는 경우에는 즉시 신고하여야 한다.[618] 신체학대뿐만 아니라 정서학대, 성학대, 방임도 아동학대에 포함되므로 신고해야 한다.

교사는 신고의무자이므로 상급자의 보고나 결재 절차 없이도 신고하여야 한다. 학교장에게 보고 후 신고하는 것이 당연하겠지만 학교장의 동의나 승인이 필요하지 않고 제지하더라고 신고하여야 하며, 교육청 보고와는 별개로 112나 아동보호전문기관 등 신고기관에 신고하여야 한다. 그리고 학대를 알

---

616) 「아동학대범죄의 처벌 등에 관한 특례법」(약칭: 「아동학대처벌법」) 제2조제4호.
617) 「아동복지법」 제17조.
618) 「아동학대처벌법」 제10조제2항.

게 된 경우뿐만 아니라 의심이 있는 경우에도 신고하여야 하며, 학대 또는 의심 정황을 발견하고도 정당한 사유 없이 신고를 하지 아니하면 1천만원 이하의 과태료를 부과한다.[619]

2. 아동학대 신고자 비밀 보호

누구든지 신고인의 인적 사항 또는 신고인임을 미루어 알 수 있는 사실을 다른 사람에게 알려주거나 공개 또는 보도하여서는 아니 되고,[620] 이를 위반하여 신고인의 인적사항 또는 신고인임을 미루어 알 수 있는 사실을 다른 사람에게 알려주거나 공개 또는 보도한 자는 3년 이하의 징역이나 3천만원 이하의 벌금에 처한다.[621]

3. 신고자 불이익조치 금지

누구든지 아동학대범죄 신고자 등에게 아동학대범죄신고 등을 이유로 불이익조치를 하여서는 아니 된다.[622] 아동학대범죄 신고자 등에게 파면, 해임, 해고, 그 밖에 신분상실에 해당하는 신분상의 불이익조치를 한 자는 2년 이하의 징역 또는 2천만원 이하의 벌금에 처하고,[623] 아동학대범죄 신고자 등에게 다음 각 호의 어느 하나에 해당하는 불이익조치를 한 자는 1년 이하의 징역 또는 1천만원 이하의 벌금에 처한다.[624]

아동학대범죄 신고자 불이익조치 금지

1. 징계, 정직, 감봉, 강등, 승진 제한, 그 밖에 부당한 인사조치
2. 전보, 전근, 직무 미부여, 직무 재배치, 그 밖에 본인의 의사에 반하는 인사조치
3. 성과평가 또는 동료평가 등에서의 차별과 그에 따른 임금 또는 상여금 등의 차별 지급
4. 교육 또는 훈련 등 자기계발 기회의 취소, 예산 또는 인력 등 가용자원의 제한 또는 제거, 보안정보 또는 비밀정보 사용의 정지 또는 취급 자격의 취소, 그 밖에 근무조건 등에 부정적 영향을 미치는 차별 또는 조치
5. 주의 대상자 명단 작성 또는 그 명단의 공개, 집단 따돌림, 폭행 또는 폭언, 그 밖에 정신적·신체적 손상을 가져오는 행위
6. 직무에 대한 부당한 감사 또는 조사나 그 결과의 공개

---

619) 「아동학대처벌법」 제63조제2호.
620) 「아동학대처벌법」 제10조제3항.
621) 「아동학대처벌법」 제62조제2항.
622) 「아동학대처벌법」 제10조2.
623) 「아동학대처벌법」 제62조의2제1항.
624) 「아동학대처벌법」 제62조의2제2항.

Ⅲ. 아동학대 범죄 처벌 특례

「형법」의 범죄 유형	처벌
가. 제257조(상해)제1항 · 제3항 제258조의2(특수상해)제1항(제257조제1항의 죄만 해당) · 제3항(제1항 중 제257조제1항의 죄에만 해당) 제260조(폭행)제1항 제261조(특수폭행) 제262조(폭행치사상)(상해에 이르게 한 때에만 해당)	〈아동학대 살해〉 가부터 다까지의 아동학대범죄를 범한 사람이 아동을 살해한 때에는 사형, 무기 또는 7년 이상의 징역에 처한다.[625] 〈아동학대 치사〉 가부터 다까지의 아동학대범죄를 범한 사람이 아동을 사망에 이르게 한 때에는 무기 또는 5년 이상의 징역에 처한다.[626]
나. 제271조(유기)제1항 제272조(영아유기) 제273조(학대)제1항 제274조(아동혹사) 제275조(유기등 치사상)(상해에 이르게 한 때에만 해당)	
다. 제276조(체포, 감금)제1항 제277조(중체포, 중감금)제1항 제278조(특수체포, 특수감금) 제280조(미수범) 제281조(체포 · 감금등의 치사상)(상해에 이르게 한 때에만 해당)	〈아동학대 중상해〉 가부터 다까지의 아동학대범죄를 범한 사람이 아동의 생명에 대한 위험을 발생하게 하거나 불구 또는 난치의 질병에 이르게 한 때에는 3년 이상의 징역에 처한다.[627]

Ⅳ. 아동학대 신고의무자 교육 및 학적변경 비밀누설 금지

학교장은 교직원 등 소속 신고의무자[628]에게 아동학대 예방 및 신고의무와 관련된 교육을 매년 1시간 이상 실시하여야 한다.[629] 학교장과 종사자가 신고의무자이며 종사자란 정규 교직원은 물론이며 계약직, 시간제 등을 포함하고 휴직자는 제외된다. 매년 실시하여야 하므로 당해 연도 1월 1일부터 12월 31일까지 예외 없이 실시하여야 한다. 교육내용은 아동학대 예방 및 신고의무에 관한 법령, 아동학대 발견 시 신고 방법, 피해아동 보호 절차 등이 포함되어야 하고,[630] 교육방법은 집합 교육, 시청각 교육

---

625) 「아동학대처벌법」 제4조제1항.
626) 「아동학대처벌법」 제4조제2항.
627) 「아동학대처벌법」 제5조.
628) 신고의무자는 「유아교육법」 제2조제2호에 따른 유치원의 장과 그 종사자 및 「초 · 중등교육법」 제2조에 따른 학교의 장과 그 종사자 등을 의미하므로 유치원과 초중등 교직원은 모두 신고의무자이다.
629) 「아동복지법 시행령」 제26조제3항.
630) 「아동복지법 시행령」 제26조제1항.

또는 인터넷 강의 등의 방법으로도 할 수 있다.[631]

　신고의무자인 학교장이 교육을 실시하지 않은 경우에는 300만원 이하의 과태료를 부과한다.[632] 다만, 고의 또는 과실이 없거나,[633] 자신의 행위가 위법하지 아니한 것으로 오인하고, 오인에 정당한 이유가 있는 때에는 과태료를 부과하지 아니한다.[634] 그리고 피해아동의 교육 또는 보육을 담당하는 학교의 교직원 또는 보육교직원은 정당한 사유가 없으면 해당 아동의 취학, 진학, 전학 또는 입소(그 변경을 포함한다)의 사실을 아동학대행위자인 친권자를 포함하여 누구에게든지 누설하여서는 아니 된다.[635]

V. 아동학대죄 판례와 교사를 위한 책임예방 Tip

1. 교사가 운영한 1일 왕따 제도

판례[636]

초등학교 1학년 담임교사가 학생들에게 1일 왕따를 시킨 사건

【사건개요】

◆ 초등학교 1학년 담임 A교사는 B학생이 숙제를 하지 않았다는 이유로 다른 친구들 앞에서 "B학생 왕따"라고 지목하고 하교 시까지 쉬는 시간에도 자리에 앉아 있으면서 다른 친구들과 대화를 하거나 어울려 놀지 못하게 하였으며, 학생들에게 교실에서 왕따로 지목된 사실을 집에 가서 부모에게 말하지 말라, 말하면 배신자라는 취지로 말하였다. 또한 C학생과 D학생도 왕따로 지목하여 B학생과 같이 정서적 학대행위를 하여 수면 야경증 불안상태 증상을 유발하였다.

【교사책임 및 판결요지】

◆ 재판부는 초등학교 1학년 학생들에게 A교사의 행위는 교육적인 면이 전혀 고려되지 않은 방법이며 피해학생뿐만 아니라 같은 학급의 학생들 모두에게 마음의 상처와 고통을 주어 교육적 정서적으로 좋지 않은 영향을 주었을 것으로 정당행위에 해당한다고 볼 수 없다고 하여 A교사에게 벌금 8백만원을 선고하였다.

---

631) 「아동복지법 시행령」 제26조제5항.
632) 「아동복지법」 제75조제3항제1의2호.
633) 「질서위반행위규제법」 제7조.
634) 「질서위반행위규제법」 제8조.
635) 「아동학대처벌법」 제35조제3항.
636) 제주지방법원 2017. 2. 8. 선고 2016고단887 판결.

교사를 위한 책임예방 Tip

◆ 교사가 교육상 필요에 의해 학생을 훈육하는 방법은 「초·중등교육법」과 「초·중등교육법 시행령」 그리고 학교의 학칙이나 선도규정에 따라야 하며 이러한 규정을 준수하더라도 지도하는 학생의 학년이나 연령에 적합한 훈육 방법을 선택하여야 한다. 특히 「학교폭력예방법」에서도 따돌림을 학교폭력의 유형으로 정의하고 있는데 교사가 운영하는 1일 왕따 제도는 학생에 대한 정서적 학대행위에 해당될 수 있으므로 금지되어야 한다.

2. "뭘 봐", "귀 처먹었냐" 발언하면 학대일까?

판례[637]

교사가 학생들에게 반복적으로 욕설을 하여 학생들에게 불안감을 갖게 한 사건

【사건개요】

◆ 초등학교 영어 전담 A교사는 4학년 교실에서 B학생(여, 10세)이 떠든다는 이유로 눈 감고 손을 머리에 올리라고 시킨 다음 피해자 뒤에서 "뭘 봐"라고 큰소리를 치고, 수업을 받던 4학년 학생들에게 "으이씨, 귀 처먹었냐"라는 등의 욕설을 하고, 복도에서 3학년 C학생(여, 9세)과 마주치자 심한 욕설을 하는 등 초등학교 3, 4학년 학생들에게 반복적으로 욕설 등을 하여 학생들로 하여금 불안감을 갖게 하였다.

【교사책임 및 판결요지】

◆ 재판부는 학생들을 교육하고 모범이 돼야 하는 교사가 부적절한 언행으로 아동의 정신건강 및 발달에 해를 끼치는 정서적 학대행위를 하였다 하여 벌금 5백만원과 40시간의 아동학대 치료프로그램 이수를 명하였다.

교사를 위한 책임예방 Tip

◆ 학생들에게 반복적으로 욕설 등을 하게 되면 학생들은 불안감을 갖게 되고, 불안감을 주는 것은 정신건강 및 발달에 해를 끼치는 정서적 학대행위로 판단하여 아동학대로 처벌하고 있다. 따라서 지속적이고 반복적인 욕설뿐만 아니라 감정이 격한 상태에서 단 1회의 욕설도 하지 않도록 주의해야 한다.

---

637) 인천지방법원 2018. 5. 10. 선고 2017고단8682 판결.

3. 머리 위의 야구공 맞추기

체육시간에 학생의 머리 위에 야구공을 올려놓고 맞추기 한 사건

【사건개요】

◆ 체육담당 A교사는 학생들을 대상으로 체육수업을 하던 중 B학생이 같은 반 학생인 C학생과 떠든다는 이유로 B학생으로 하여금 벽에 기댄 채 차렷 자세를 하게 한 다음 그 머리 위에 야구공을 올려놓았다. 그 후 A교사는 마치 야구경기에서 투수가 공을 던지듯이 약 3m 거리에 떨어져 있던 B학생의 머리를 향해 2회가량 공을 던져 B학생의 이마를 2회 맞추는 방법으로 정신건강 및 발달에 해를 끼치는 정서적 학대행위를 하였다.

【교사책임 및 판결요지】

◆ 재판부는 교사가 잘못된 행동을 한 학생을 목표물로 삼아 다른 학생들로 하여금 공을 맞추도록 하는 방식은 학생들에게 폭력을 정당화시키고 폭력을 학습하는 결과를 초래한다는 측면에서 교육적인 측면이 전혀 고려되지 않았다고 보았다. 그 밖에 공을 맞추도록 한 부위, 반복된 횟수, 학생들의 연령 및 성별 등에 비추어 A교사가 한 행위가 그 방법과 정도에서 사회통념상 용인될 수 있을 만한 객관적 타당성을 갖추었다고 보기 어렵다고 적시하고, A교사가 감정적으로 화가 나서 대응한 것으로 보이고, 학생의 잘못된 언행을 교정하려는 목적에서 나온 것이었다고 보기 어렵다고 하여 벌금 5백만원을 선고하였다.

교사를 위한 책임예방 Tip

◆ 아동의 정신건강 및 발달에 해를 끼치는 정서적 학대행위는 현실적으로 아동의 정신건강과 그 정상적인 발달을 저해한 경우뿐만 아니라 그러한 결과를 초래할 위험 또는 가능성이 발생한 경우도 포함되며, 반드시 아동에 대한 정서적 학대의 목적이나 의도가 있어야만 인정되는 것은 아니고 교사의 행위로 인하여 아동의 정신건강 및 발달을 저해하는 결과가 발생할 위험 또는 가능성이 있음을 미필적으로 인식하면 충분하다. 따라서 머리 위에 공을 올려놓고 맞게 하는 행위는 아동에게 공포심을 초래하므로 정서적 학대행위에 해당한다.

4. 아동학대 판례 요약

(1) 고등학교 교사가 여학생에게 "뽀뽀할까 감기 옮게" ☞ 성적 학대행위

---

638) 대전지방법원 논산지원 2019. 2. 19. 선고 2018고단514 판결.

고등학교 A교사는 카톡 메신저로 감기로 조퇴한 자기반 B여학생에게 "나도 학교 쉬고 싶다. 뽀뽀할까 감기 옮게"라는 취지의 메시지를 전송했고, 그 후 "학생들 때문에 힘들다. 한 번만 안아 달라. 누가 보면 오해할 수 있으니 아무도 없을 때 와라. 난 오래 안고 싶다"라는 취지의 메시지를 전송해 성적 수치심을 주는 성희롱 등의 성적 학대행위를 하고, 학교 방송실로 데려가 B학생을 뒤에서 끌어안는 등 위력으로 추행하였다. 재판부는 A교사에게 징역 1년에 집행유예 2년을 선고하고 40시간의 성폭력 치료강의 수강을 선고했다.[639] 징역은 금고 이상의 형벌에 해당하고 금고 이상의 형벌을 받으면 집행유예의 경우라도 당연 퇴직된다.

(2) 특정 학생과 놀지 마라. 투명인간 취급해라. 상대도 하지 마라 ☞ 정서적 학대행위

A교사는 담임을 맡고 있는 학생 20여 명을 불러 "B학생과 놀지 마라. 투명인간 취급해라. 상대도 하지 마라", 한 달 동안 반성 기간이라며 B학생을 교실 뒷자리에 앉게 하였고, 같은 반 어머니에게 전화해서 "B학생이 나쁜 짓을 하고 다니니 같이 놀지 못하게 하라"는 등 정서적 학대행위를 하였다. 대법원은 A교사의 행위는 정서적 학대행위로 마땅히 법적·도의적 책임을 져야 한다며 벌금 200만원을 선고한 원심을 확정했다.[640]

(3) 유치원생들 상습 학대하였지만 학부모의 선처 탄원 ☞ 양형에 작용

유치원 교사 A는 유치원 교실에서 유치원 아동 B(4세)가 자신의 지시에 따르지 않는다는 이유로 바닥에 앉아 있는 아동 B의 다리를 발로 밀치는 등 폭행함과 동시에 정서적 학대행위를 하였고, 아동 12명에게 57회에 걸쳐 상습으로 아동들을 폭행하고, 65회에 걸쳐 정서적으로 학대하였다.

같은 유치원 교사 C는 유치원 교실에서 유치원 아동 D(4세)가 다른 아동과 장난을 친다는 이유로 D가 앉아 있는 의자를 뒤에서 잡아 빼 바닥에 넘어지게 하는 등 폭행함과 동시에 정서적 학대행위를 가한 것을 비롯하여, 아동 8명에게 63회에 걸쳐 상습으로 폭행함과 동시에 71회에 걸쳐 아동들을 정서적으로 학대하였다. 유치원 운영자 E는 유치원 교사에 대한 관리감독을 소홀히 하여 유치원 원생인 피해 아동들을 상대로 폭행 또는 정서적 학대행위를 하도록 방치하였다.

재판부는 유치원 교사들이 그 임무와 학부모들의 신뢰를 저버리고 유치원 원생들을 상습으로 폭행 또는 정서적 학대행위를 저지른 것으로, 그 범행의 경위 및 내용 등에 비추어 그 죄질이 매우 불량한

---

639) 부산지방법원 2018. 4. 20. 선고 2018고합13 판결.
640) 대법원 2016. 4. 28. 선고 2016도2860 판결.

점, 특정 아동들에 대한 학대행위를 수회에 걸쳐 반복하였는데, 그로 인하여 해당 아동들의 정신 건강에 상당한 영향을 미치는 등 아동학대를 하였다고 판단하였다.[641] 그러나 피해아동의 부모가 처벌 불원 의사를 표시한 것을 비롯하여 피해 아동 7명의 부모들이 유치원 교사에 대한 선처를 탄원한 것 등 양형의 조건을 종합하여 유치원 교사A에게 징역 8월 집행유예 2년, 유치원 교사 C에게 징역 8월, 유치원 운영자 E에게 벌금 2천만 원을 선고하였다.

(4) 대안학교 여학생 성폭행 ☞ 징역 10년

대안학교 갑 중학교는 학생 전원이 합숙하는 기숙형 학교이며 이 학교 A교사는 여학생을 약 3개월 동안 모텔 등에서 강간하고, 자신의 학교에 다니는 학생들을 대상으로 한 약 20여 회 이상에 걸친 강간, 강제추행, 신체적 학대를 하였다. 재판부는 기숙사형 대안학교는 다른 일반적인 중학생들보다 더욱 각별한 관심과 보호를 하여야 할 것임에도, A교사는 오히려 자신의 지배하에 있는 학생들을 자신의 성적 욕망을 채우기 위한 대상 또는 화풀이 대상으로 생각하여 범행을 저질렀다고 하여 징역 10년과 80시간의 성폭력 치료 프로그램 이수 그리고 A교사에 대한 정보를 10년간 정보통신망을 이용하여 공개하라고 판결하였다.[642]

VI. 아동학대 처벌 예방을 위한 유의 사항

1. 훈육의 필요성과 훈육의 의도가 있어도 폭언하면 아동학대로 처벌된다.

교사가 학생을 지도하는 과정에서 훈육의 필요성이 있고 훈육의 의도가 있었다고 하더라도 지나친 폭언을 하면 교육적으로 정당화될 수 없다.

교사가 교실에서 피해아동이 수업시간에 말을 듣지 않고 장난을 친다는 이유로 "너 같은 애는 이 세상에서 필요 없어, 너 같은 건 여기 없어도 되니 이 세상에서 사라져 버려"라고 폭언을 한 것에 대해서 법원은 학생이 상당한 정신적 충격을 받았을 것으로 보이고 훈육 필요성이 있고 애초에 훈육 의도가 있었다고 하더라도 아동학대에 해당한다고 판시하였다.[643]

---

641) 인천지방법원 2016. 9. 1. 선고 2015고단6695 판결.
642) 창원지방법원진주지원 2017. 11. 14. 선고 2017고합66, 2017전고8 판결.
643) 대전지방법원 2019. 7. 5. 선고 2018고정465 판결.

2. 교사의 아동학대 1/2까지 가중 처벌, 10년 이내 범위에서 교단에 설 수 없다.

유치원을 포함하여 초·중등학교의 장과 그 종사자 등 아동학대 신고의무자가 보호하는 아동에 대하여 아동학대죄를 범한 때에는 그 죄에 정한 형의 2분의 1까지 가중한다.[644] 이처럼 신고의무자가 아동학대범죄를 범하면 가중 처벌된다.

또한 법원은 아동학대 관련 범죄로 형 또는 치료감호를 선고하는 경우에는 판결로 그 형 또는 치료감호의 전부 또는 일부의 집행을 종료하거나 집행이 유예·면제된 날부터 일정기간 동안 아동관련 기관을 운영하거나 아동관련 기관에 취업 또는 사실상 노무를 제공할 수 없도록 하는 명령을 아동학대 관련 범죄 사건의 판결과 동시에 선고하여야 한다. 다만, 재범의 위험성이 현저히 낮은 경우나 그 밖에 취업을 제한하여서는 아니 되는 특별한 사정이 있다고 판단하는 경우에는 그러하지 아니하다.[645] 아동관련 기관에는 유치원을 포함한 초·중등학교는 모두 포함되고, 취업제한기간은 10년을 초과하지 못한다.[646] 그러므로 유치원 및 초·중·고등학교 교사는 10년 이내의 범위에서 학교 등에 취업이 제한된다.

3. 아동학대 의심이 있어도 신고하여야 책임을 면할 수 있다.

학생의 생활환경이 외부적으로 열악한 것으로 보이며 건강관리를 소홀히 하고 있고, 외상이나 신체결함이 발생하였는데도 의료적 조치가 미흡하고, 교사가 상담한 결과 보호자가 학생 보호를 소홀히 하거나 방치하고 있는 것이 의심되는 경우에는 신고하여야 한다.

가령 학생의 신체에 멍이 들었거나 신체 상해가 발생되는 등 보호자 등으로부터 학대가 의심되는 경우에는 신고하여야 하며,[647] 의심되는 경우에 신고하지 아니하면 1천만원 이하의 과태료가 부과된다.[648]

4. 아동학대 전력조회와 전력자 해임을 위반하면 과태료가 부과된다.

학교장은 학교에 취업 중이거나 사실상 노무를 제공 중인 사람 또는 취업하려 하거나 사실상 노무를 제공하려는 사람에 대하여 아동학대 관련 범죄 전력을 확인하여야 하며, 이 경우 본인의 동의를 받아 관계 기관의 장에게 아동학대 관련 범죄 전력 조회를 요청하여야 한다. 다만, 취업자 등이 아동학대 관련 범죄 전력 조회 회신서를 아동 관련기관의 장에게 직접 제출한 경우에는 아동학대 관련 범죄 전력 조회를 한 것으로 본다.[649] 이를 위반하여 아동학대 관련 범죄 전력을 확인하지 아니하는 경우에

---

644) 「아동학대처벌법」 제7조.
645) 「아동복지법」 제29조의3제1항.
646) 「아동복지법」 제29조의3제2항.
647) 「아동학대처벌법」 제10조제2항.
648) 「아동학대처벌법」 제63조제2호.
649) 「아동복지법」 제29조의3제5항.

는 500만원 이하의 과태료를 부과한다.[650] 또한 학교장이 아동학대 관련 범죄전력자의 해임을 요구받고도,[651] 해임요구를 정당한 사유 없이 거부하거나 1개월 이내에 이행하지 아니한 경우는 1천만원 이하의 과태료를 부과한다.[652]

제2절 교사의 학생 모욕죄

교사의 학생 모욕은 학교현장에서 흔히 논의되지도 않고 교사도 관심을 가지고 주의 깊게 대처하는 사안이 아니라고 볼 수 있다. 하지만 학생의 인권 보호가 보편화되고 학부모 또한 자녀에 대하여 교사의 경멸적 표현으로 말미암아 자녀가 정신적으로 고통을 받거나 인격권이 침해되는 경우에는, 교사를 상대로 법적인 책임을 묻고 있으므로 교사도 모욕죄의 위법성과 이에 따른 책임을 이해하고 대처할 필요가 있다.

Ⅰ. 학생 모욕의 개념과 학교현장 실태

1. 모욕의 개념

모욕이란 경멸, 무시, 경시 등으로 타인의 명예를 침해하는 것을 말한다. 우리 「형법」상 모욕죄는 「형법」 제311조에서 "공연히 사람을 모욕한 자는 1년 이하의 징역이나 금고 또는 200만원 이하의 벌금에 처한다."고 명시하고 있다. 사실의 적시 없이 타인의 사회적 평가를 저하시킬만한 추상적 판단이나 경멸적 감정 또는 의사를 표현하는 것이 바로 모욕이다. 사실의 적시란 일어난 일이나 구체적인 행동을 지적하는 것이지만, 이러한 사실의 적시 없이 추상적 판단이나 경멸적 표현을 하는 행위가 모욕죄에 해당한다.

2. 학교현장 실태

학생들은 성장기에 있어 감수성이 예민하지만 아직 판단력이 부족하여 교사로부터의 비하 발언, 인격적 모독, 학업성적이나 품행과 관련한 비판 등으로 인하여 자존심이 상하기도 하고, 더 나아가 교사의 지나친 경멸적 표현으로 말미암아 정신적으로 고통을 받는 경우도 흔히 나타나고 있다. 하지만

---

650) 「아동복지법」 제75조제2항.
651) 「아동복지법」 제29조의5제1항.
652) 「아동복지법」 제75조제1항.

교사들은 학생들에게 미치는 피해를 심각하게 생각하지 않거나 관행으로 생각하기도 하고, 더구나 학생 교육을 위하여 필연적으로 발생하는 지도행위의 일부라고 인식하는 경우도 있기 때문에, 학생과 학부모로부터 가벼운 경우는 민원의 대상이 되기도 하지만 지나친 경우는 모욕죄로 처벌받는 경우도 발생하고 있다.

그러나 교사가 학생을 모욕하는 행위가 모두 모욕죄를 구성하지는 않는 것은 물론 일반적으로 모욕죄의 구성요건에 해당하더라도 교육 목적으로 표현하는 일정한 범위 내에서의 비하 발언 등은 정당행위로서도 위법성이 조각되는 경우도 있으므로 모욕죄의 일반규정을 동일하게 적용할 수는 없을 것이다.

Ⅱ. 모욕죄 성립 요건

모욕죄에서 모욕이란 구체적 사실을 적시하지 아니하고 사람의 인격을 경멸하는 추상적 가치판단을 표시하는 것이며, 수단과 방법에는 제한이 없고 언어나 서면, 신체표현 등도 가능함은 물론 부작위에 의한 모욕도 있다.

또한 모욕죄는 공연히 사람을 모욕한 자를 처벌한다고 하여 공연히를 명시하고 있다. 공연히라는 의미는 공연성을 내포하고 있으며, 공연성이란 불특정 또는 다수인이 인식할 수 있는 상태를 의미한다. 불특정이란 수의 다소와 관계없이 상대방이 한정되지 않은 것을 뜻한다.

가령 교사가 학생에게 수업 중에 작은 소리로 옆자리 학생이 듣지 못하도록 표현하는 경멸적 표현이나, 다른 학생들이 하교 후 개별 지도 시간에 혼자 남아 있는 학생에게 학생의 실력이나 행동에 대한 비하 또는 모욕적 표현은 불특정 또는 다수인이 인식할 수 있는 상태가 아니므로 공연성을 인정할 수 없다. 하지만 운동장에서 같은 반 학우뿐만 아니라 다른 반 학우들도 있는 넓은 장소에서 특정 학생의 잘못을 추궁한다고 인격적으로 지나치게 모욕적인 발언을 한 경우에는 공연성이 인정된다. 공연성이 없으면 모욕죄가 성립하지 않는다.

Ⅲ. 정당행위로 위법성이 조각되는 경우 모욕죄 성립 부정

교육활동 과정에서 발생하는 교사의 표현이 사회통념에 비추어 사회상규에 위배되지 않는 행위이면 당연히 위법성이 조각되어 모욕죄가 성립되지 않는다. 대법원은 사실을 적시하지 아니하고 사람의 사회적 평가를 저하시킬만한 추상적 판단이나 경멸적 감정을 표현하는 것으로, 그 시대의 건전한 사회통념에 비추어 그 표현이 사회상규에 위배되지 않는 행위로 볼 수 있는 때에는 「형법」 제20조의

정당행위에 해당하여 모욕죄의 위법성이 조각된다고 판시했다.[653]

「형법」 제20조는 법령에 의한 행위 또는 업무로 인한 행위, 기타 사회상규에 위배되지 아니하는 행위는 정당행위로 규정하여 벌하지 아니한다. 정당행위 중 법령에 의한 행위에 해당하는 규정은 「초·중등교육법」 제18조제1항의 교육상 필요한 때에 한하여 학생을 징계할 수 있다고 규정한 학생 징계권일 것이다. 그러나 교육상 필요는 학생징계의 요건이나 징계 양정의 기준은 될 수 있지만 사실상 매우 불명확한 개념이라 할 수 있다. 교육상 필요의 의미를 해석한 판례를 보면 교사가 학생의 잘못된 언행을 교정하는 과정에서도 교육상 필요가 있어야 하고, 비하하는 말 등의 언행은 교육상 불가피한 때에만 허용되는 것이어서, 다른 교육적 수단으로는 교정이 불가능하고 그 방법과 정도에서 사회통념상 용인될 수 있을 만한 객관적 타당성을 갖추었던 경우에만 법령에 의한 정당행위로 볼 수 있다고 하여 교육상 필요의 개념을 단계적으로 한정하고 있다.[654]

법원의 모욕죄 판단도 대체로 모욕의 범위를 넓게 보아 모욕적 표현이라고 판단한 후에 모욕적 표현이 발생한 사정 등을 종합적으로 고찰하여 정당행위 해당여부를 판단하고, 사회상규에 반하지 않으면 위법성을 조각하여 모욕죄를 인정하지 않으므로 사회상규에 위배되지 아니하는 행위의 의미를 알아둘 필요가 있다. 「형법」 제20조 소정의 '사회상규에 위배되지 아니하는 행위'라 함은 법질서 전체의 정신이나 그 배후에 놓여 있는 사회윤리 내지 사회통념에 비추어 용인될 수 있는 행위이다.

사회상규에 위배되지 아니하는 행위의 요건은 첫째, 그 행위의 동기나 목적의 정당성, 둘째, 행위의 수단이나 방법의 상당성, 셋째, 보호이익과 침해이익과의 법익균형성, 넷째, 긴급성, 다섯째, 그 행위 외에 다른 수단이나 방법이 없다는 보충성 등의 요건을 갖추어야 한다.[655]

모욕죄의 범죄 구성요건에 해당하더라도 사회상규에 위배되지 않는 경우에는 위법성 조각사유에 해당하여 모욕죄의 성립을 부정하고 있다. 이처럼 모욕죄에서는 사회상규 위배 여부가 범죄 성립의 결정적 역할을 하고 있다고 보아야 한다.

대법원이 판시한 사회상규 위배 여부를 최종적으로 판단한 판결을 보면, 인터넷 사이트 내 회원 게시판에 '한심하고 불쌍한 인간'이라는 등 경멸적 표현을 게시한 사안에서, 모욕적인 표현을 포함하는 판단 또는 의견의 표현을 담고 있다 하더라도 게시의 동기와 경위, 모욕적 표현의 정도와 비중 등에 비추어 사회상규에 위배되지 않는 경우에는 모욕죄의 성립을 부정하고 있다.[656] 즉 모욕적인 표현은 인정하였지만 사회상규에 해당하여 정당행위로 판단했다.

---

653) 대법원 2008. 7. 10. 선고 2008도1433 판결 참조.
654) 대법원 2004. 6. 10. 선고 2001도5380 판결 참조.
655) 대법원 2002. 12. 26. 선고 2002도5077 판결, 대법원 2003. 11. 28. 선고 2003도3972 판결, 대법원 2005. 12. 23. 선고 2005도1453 판결 등 참조.
656) 대법원 2008. 7. 10. 선고 2008도1433 판결.

한편 여자중학교 교사가 감수성이 예민한 여학생들에게 모욕감을 느낄 지나친 욕설을 하여 사회통념상 객관적 타당성을 잃은 지도행위라고 하여 모욕죄를 인정한 판례에 따르면, 교사가 교육적 한계를 벗어나 사적인 감정과 분노를 표출한 것에 지나지 않는 발언은 목적의 정당성 및 수단이나 방법의 상당성이 없고 사회상규에 위배되지 않는 행위에 해당한다고 볼 수 없다고 판시하여,[657] 모욕죄 성립을 인정하였다.

Ⅳ. 법원이 판단한 모욕죄 부정과 인정

1. 교사의 학생 모욕죄 부정과 인정 판례

부정과 인정	모욕 발언	판결 요지	판례
모욕죄 부정	교사가 학생에게 "부모가 그런 식이니 자식도 그런 것이다"	상대방의 기분이 다소 상할 수 있다고 하더라도 그 내용이 너무나 막연하여 그것만으로 곧 상대방의 명예감정을 해하여 모욕죄를 구성한다고 보기는 어렵다.	대법원 2007. 2. 22. 선고 2006도8915 판결
	"막무가내로 학교를 파국으로 몰고 간다"	모욕적 표현이 전체 내용에서 차지하는 비중이나 수준 등을 고려해 볼 때, 자신의 판단과 의견의 타당성을 강조하는 과정에서 필요하여 부분적으로 모욕적인 표현을 사용한 것에 불과하여, 사회상규에 위배되지 아니하는 행위로서 위법성이 조각된다.	청주지방법원 2009. 4. 13. 선고 2009고정255 판결
모욕죄 인정	학생들이 보는 가운데 '싸가지 없는 년'이라고 욕설	교사가 학생을 낯모르는 사람들이 있는 데서 공개적으로 모욕감을 주었다면 특별한 사정이 없는 한 사회통념상 객관적 타당성을 갖추었다고 보기 어렵다	대법원 2004. 6. 10. 선고 2001도5380 판결
	교사가 학생에게 "부모님이 그렇게 가르쳤냐?"	피해자를 앞으로 불러내어 같은 반 학생들이 모두 보는 앞에서 피해자의 부모를 언급하며 모욕적인 언사를 사용하였다.	광주지방법원 2008. 5. 21. 선고 2008고정361 판결

2. 일반인의 모욕죄 부정과 인정

부정과 인정	모욕 발언	판례
모욕죄 부정	"말도 안 되는 소리 씨 부리고 있네"	부산지방법원 2009. 11. 5. 2009노2161 판결.
	"도대체 몇 명을 바보로 만드는 거야? 지만 똑똑하네... 참 나..."	수원지방법원 2010. 4. 14. 선고 2009노1456 판결.
	"야, 이따위로 일할래.", "나이 처먹은 게 무슨 자랑이냐."	대법원 2015. 9. 10. 선고 2015도2229 판결.

---

657) 대법원 2004. 6. 10. 선고 2001도5380 판결.

모욕죄 인정	"젊은 놈의 새끼야, 순경 새끼, 개새끼야."	대법원 2016. 10. 13. 선고 2016도9674 판결.
	"저 망할 년 저기 오네"	대법원 1990. 9. 25. 선고 90도873 판결.
	"뚱뚱해서 돼지 같은 것"	수원지방법원 2007. 1. 30. 2006고정1777 판결.

V. 교사의 학생 모욕 판례와 국가인권위원회 결정례

1. 교사가 학생들에게 '싸가지 없는 년'이라고

판례[658]

교사가 교실 밖 공개된 장소에서 학생들에게 욕설을 한 사건

【사건개요】

◆ 여자중학교 체육교사 겸 태권도 지도교사 C는 운동장에서 A학생이 무질서하게 구보한다는 이유로 손바닥을 두 차례 때리고 같은 달 태권도 출전과 관련해 질문하는 B학생 등 2명에게 학생들이 보는 가운데 '싸가지 없는 년'이라고 욕설을 하여 모욕혐의로 기소되었다.

【교사책임 및 판결요지】

◆ 재판부는 교사가 학생의 잘못된 언행을 교정하는 과정에서 학생을 징계 아닌 방법으로 지도하는 경우에도 교육상의 필요가 있어야 될 뿐만 아니라 비하하는 말 등의 언행은 교육상 불가피한 때에만 허용되는 것이어서, 교사가 학생을 낯모르는 사람들이 있는 데서 공개적으로 모욕감을 주었다면 특별한 사정이 없는 한 사회통념상 객관적 타당성을 갖추었다고 보기 어렵다하여 제1심과 항소심은 유죄를 인정하고 벌금 100만원을 선고하였다. 교사는 상고하였으나 대법원이 기각하여 원심은 확정되었다.

교사를 위한 책임예방 Tip

◆ 다른 사람이 없는 곳에서 개별적으로 훈계, 훈육의 방법으로 지도·교정될 수 있는 상황이었음에도 낯모르는 사람들이 있는 데서 공개적으로 견디기 어려운 모욕감을 주고, 교사의 성격 또는 감정에서 비롯된 지도행위이므로 특별한 사정이 없는 한 사회통념상 객관적 타당성을 갖추었다고 보기 어렵다.

따라서 비하 발언은 교육상 불가피하다는 이유로 면책되기는 어렵다. 더구나 다수의 학생들이 보는 가운데 공개적으로 모욕감을 주는 발언은 공연성이 인정되어 모욕죄에 해당할 수 있으므로 특히

---

658) 대법원 2004. 6. 10. 선고 2001도5380 판결.

주의하여야 한다.

2. "부모가 그런 식이니 자식도 그런 것이다"

판례[659]
중학교 교사가 교무실에서 학생의 부모를 비하한 사건

【사건개요】

◆ 중학교 A교사가 교무실에서 다른 학생인 B학생 등이 있는 자리에서 같은 교사인 C교사에게 큰 소리로 "D학생은 지 아비가 양아치니까 아들도 양아치 노릇을 한다. 부모가 그런 식이니 자식도 그런 것이다"라는 취지의 말을 하였다.

【교사책임 및 판결요지】

◆ 재판부는 A교사의 발언은 다른 증거만으로는 공소사실을 인정하기에 부족하며 달리 이를 인정할 만한 증거가 없다고 하였고, 검사는 상고이유에서 "부모가 그런 식이니 자식도 그런 것이다"라는 말만으로도 모욕죄가 성립한다고 주장하나, 그와 같은 표현으로 인하여 상대방의 기분이 다소 상할 수 있다고 하더라도 그 내용이 너무나 막연하여 그것만으로 곧 상대방의 명예감정을 해하여 「형법」상 모욕죄를 구성한다고 보기는 어렵다고 하였다.

교사를 위한 책임예방 Tip

◆ 교육활동 과정에서 교사가 학생의 기분을 다소 상할 정도의 단순히 막연한 명예감정을 침해하는 것은 모욕죄로 보기 어렵고 교사의 발언 내용에 대한 객관적 증거가 불충분하다는 취지이다. 하지만 "부모가 그런 식이니 자식도 그런 것이다"라는 표현은 검사가 기소하여 재판을 받기도 하므로, 교사가 학생들에게 이와 같은 모욕적 표현은 사용하지 않는 것이 책임 예방에 도움이 된다.

3. 방과 후 강사가 초등학생에게 "넌 특수학생이야" ☞ 강사 벌금

초등학교 방과 후 교실 A강사는 수업을 하던 중 B학생에게 자리를 지정해주며 "여기 앉아, 넌 특수학생이야"라고 했고, 이를 들은 같은 반 학생이 B학생을 놀리자 "사실이잖아"라며 모욕한 혐의로 기소됐다. A강사가 기억이 안 난다고 주장하였지만, 재판부는 피해 학생과 같은 반 학생의 진술은 대체로 일치해 범죄 사실이 인정된다며 벌금 20만원을 선고했다.[660]

---

659) 대법원 2007. 2. 22. 선고 2006도8915 판결.
660) 인천지방법원. 2012. 7.

4. 학생에게 "아가리 닥쳐"☞ 특별인권교육 수강 권고

A교사는 수업시간에 B학생이 A교사에게 불손한 태도를 보여 B학생의 행위가 수업에 방해된다고 판단하여 우발적으로 B학생에게 욕설을 하였다. 국가인권위원회에 따르면 "왜 지랄이냐", "이 무식한 놈아", "아가리 닥쳐"등 A교사의 언동은 다수의 학생들이 지켜보는 교실에서 교사가 할 수 있는 적절한 언동이라고 할 수 없고, 듣는 사람에게 모욕감을 주기에 충분한 내용이므로, A교사에게 국가인권위원회가 주관하는 특별인권교육을 수강할 것을 권고하였다.[661]

5. 학생에게 "너 정말 엄마 없는 티를 그렇게 내니?" ☞ 인권교육 실시권고

A교사는 교과서의 내용 일부를 암기하라고 시켰는데, B학생이 이를 따르지 않자 방과 후에 B학생을 남게 한 후 암기를 시키면서 면담을 하였는데, B학생은 면담내용을 휴대폰으로 녹음하였다. A교사는"니 같은 놈을 학생으로 받아야 해? 이 새끼가 진짜 어디서...", "참 뻔뻔하다!", "너 정말 엄마 없는 티를 그렇게 내니?" 등의 발언을 하였다. 국가인권위원회는 B학생의 민감한 가정 사정을 거론하며 비하하는 말을 하여 수치심을 주는 등은 인격권을 침해한 행위라고 판단하여 학교장에게 A교사에 대하여 인권교육을 실시할 것을 권고하였다.[662]

6. "인간 이하의 짓을 하는 녀석은 인간 이하의 벌레라고 취급한다." ☞ 인권교육 실시권고

A교사는 생활지도실에서 B학생을 포함한 2명에게 "누군가를 협박하거나 괴롭히거나 보복행위를 한다면 그땐 너희들을 인간으로 보지 않겠다. 반성하지 못하고 당당하게 다니는 것이라도 보면 너무 화가 나서 무엇으로 콱 찍어버릴지도 모르니 그때는 내 앞에서 나타나지도 말라."는 말을 하였다. 또한 종례시간에 "학급학생을 때리거나 괴롭힐 경우 나라도 가만히 있지 않겠다. 만약 그런 인간 이하의 짓을 하는 녀석이 있을 경우 인간 이하의 벌레라고 취급하고서 밟아버린다는 생각을 한다."는 발언을 하였다.

국가인권위원회는 이와 같은 행위는 교사로서 부적절한 발언으로 학생들에게 수치심과 모욕감을 불러일으킬 수 있다고 판단하여 학교장에게 A교사에 대하여 자체인권교육을 권고하였다.[663]

---

661) 국가인권위원회 2018. 5. 9. 권고 17진정1090100 결정.
662) 국가인권위원회 2017. 12. 29. 권고 17진정0679200 결정.
663) 국가인권위원회 2009. 10. 12. 권고 08진인4760 결정.

Ⅵ. 교사의 학생 모욕죄 책임 예방을 위한 유의점

1. 지나친 욕설이나 비하 발언 등 경멸적 표현은 모욕에 해당한다.

교사가 학생에게 공개적으로 모욕을 가하는 행위, 학생의 개인적 사정으로 보아 견디기 어려운 모욕감을 주는 행위 등은 사회통념상 객관적 타당성을 갖추지 못해 정당행위로 볼 수 없다.

또한 교사가 학생에게 심각한 혐오감과 불쾌감을 느끼게 하여 이를 원인으로 하여 학생이 심리적, 정서적으로 우울증에 빠지거나 자멸감, 패배감을 느끼고 장래의 성장발달에 지대한 악영향을 주는 지나친 욕설이나 비난 비하 발언 등 경멸적 표현은 모욕죄에 해당한다. 이와 같이 교사의 언행으로 말미암아 학생에게는 부정적 영향이 초래되고 교사 또한 형사처벌을 받을 수 있으므로 교사의 표현은 신중해야 한다.

2. 교육적 목적을 벗어난 감정적 표현과 학생의 가족 경멸은 피해야

판례에서 본 바와 같이 교사가 학생에게 "부모가 그런 식이니 자식도 그런 것이다."고 표현한 것은 모욕죄가 아니라고 판결하였지만 "부모님이 그렇게 가르쳤냐?"라고 표현한 것은 모욕죄를 인정한 것으로 보아 어떠한 표현이 모욕죄에 해당하는지 구분하기는 쉽지 않다. 재판부도 교사의 표현 방법이나 정도, 공개성, 불가피성, 교육상 필요성 등을 기준으로 정당행위를 판단하지만 구체적인 상황에 따라 판결은 달라지므로 교사가 법원의 판단을 미리 예측하고 표현할 수는 없을 것이므로 항상 언행에 주의하여 표현할 필요가 있다. 특히 교육적 목적을 벗어나 감정적으로 지나친 표현을 한다거나 학생의 가족을 경멸하는 표현은 대체로 모욕죄 성립을 긍정하는 경향이므로 금지되어야 한다.

3. 정당행위로 볼 수 있는 경우와 없는 경우

교사가 학생에 대한 비하하는 말 등의 언행은 교육상 불가피한 때에만 허용되는 것으로, 학생의 잘못된 언행을 교정하려는 목적이고, 다른 교육적 수단으로는 교정이 불가능한 경우로서, 그 방법과 정도에서 사회통념상 용인될 수 있을 만한 객관적 타당성을 갖추었을 경우에만 법령에 의한 정당행위로 볼 수 있다. 따라서 교정의 목적에서 나온 지도행위가 아니고 교사의 성격 또는 감정에서 비롯된 지도행위라든가, 다른 사람이 없는 곳에서 개별적으로 훈계, 훈육의 방법으로 지도·교정될 수 있는 상황이었음에도, 사람들이 있는 곳에서 공개적으로 학생의 성별, 연령, 개인적 사정으로 보아 견디기 어려운 모욕감을 주는 지도행위는 특별한 사정이 없는 한 사회통념상 객관적 타당성을 갖추었다고 할 수 없으므로 정당행위로 볼 수 없다.

4. 공연성 여부에 주의해야 한다.

모욕죄는 공연히 사람을 모욕한 자를 처벌한다고 규정하고 있다. 공연히는 공연성을 내포하고 있고 대법원은 공연성의 문언 해석에 관해 일관되게 전파 가능성을 기준으로 공연성 여부를 판단하고 있다. 전파 가능성이란 특정된 한 사람에게 한 말도 그것이 결과적으로 불특정 또는 다수인에게 전파될 가능성을 의미한다.

전파 가능성에 관한 최근 판례에 따르면 현장에 식당 손님이나 인근 상인 등 여러 사람이 있는 가운데 욕설을 한 것은 전파 가능성이 있고,[664] 피해자와 관계가 없는 사람들이나 이웃 사람들이 있는 곳에서 한 표현에 대해서도 전파 가능성을 인정하였다. 전파 가능성을 쟁점으로 공연성 인정 여부에 대한 대법원 판례를 본다면, 팩스로 범죄 전과 사실을 보내는 경우,[665] 주변에 불특정 다수인이 있는 상황에서 큰 소리로 말하는 경우,[666] 블로그의 대화방에서 주고받은 일대일 대화[667] 등에 대해서는 공연성을 인정하였으나, 귀엣말[668]이나 한 명에게 욕설을 한 경우는 공연성을 인정하지 않았다. 왜냐하면 팩스 내용은 불특정 다수인에게 노출될 수 있고, 큰 소리로 말하는 것은 주변의 다수인이 욕설을 들을 수 있고, 블로그의 대화방에서 일대일 대화도 불특정 또는 다수에게 전파 가능성이 있지만, 귀엣말이나 한 명에게 욕설을 한 경우는 그 사람만 들을 수 있고 다수인에게 전파될 가능성이 없다는 이유에서 공연성을 부정하였다고 판단된다.

가령 교사가 학생에게 수업 중에 작은 소리로 옆자리 학생이 듣지 못하도록 표현하는 경멸적 표현이나, 다른 학생들이 하교 후 개별 지도 시간에 혼자 남아 있는 학생에게 학생의 실력이나 행동에 대한 비하 또는 모욕적 표현은 전파 가능성이 없으므로 공연성을 인정할 수 없을 것이다. 하지만 수업 중 교실에서 다수의 학생이 있는 가운데 또는 운동장에서 학생들이 있는 넓은 장소에서 특정 학생의 잘못을 추궁한다고 인격적으로 지나치게 모욕적인 발언을 한 경우에는 전파 가능성은 이미 충족되었으므로 공연성이 인정된다. 공연성이 인정되면 모욕죄가 성립될 수 있지만 공연성이 부정되면 모욕죄가 성립되지 않는다.

---

664) 대법원 2016. 10. 13. 선고 2016도9674 판결 참조.
665) 대법원 2008. 10. 23. 선고 2008도6515 판결.
666) 대법원 2007. 3. 30. 선고 2007도914 판결.
667) 대법원 2008. 2. 14. 선고 2007도8155 판결.
668) 대법원 2005. 12. 9. 선고 2004도2880 판결.

제3절 교사의 학생 협박죄

I. 학생 협박의 개념과 교육 현장 실태

학생지도에 적극적이고 열정적인 의지를 지닌 교사는 학생의 학업이나 태도에 대한 경각심을 일깨우기 위해서 강압적이거나 억압적 표현을 하는 경우도 있지만, 학생의 책임과 의무를 지나치게 강조하기 위해서 보편적이고 정당한 지도행위를 넘어 학생에게 감당하기 힘든 협박성 표현으로 심리적 불안감을 조성하는 경우도 있다. 우리 「형법」 제283조는 사람을 협박한 자는 3년 이하의 징역, 500만 원 이하의 벌금, 구류 또는 과료에 처한다고 명시하고 있다. 협박이란 사람으로 하여금 공포심을 일으킬 수 있는 정도의 해악을 고지하는 것을 의미한다.

해악을 고지하는 것은 겁을 먹게 할 목적으로 좋지 않은 일이 있을 것이라고 알리는 것이며, 해악 고지의 방법은 제한이 없고 언어·문서·거동을 비롯하여 명시적이거나 묵시적인 것도 가능하다. 학생의 생명·신체·자유·명예 등에 대한 일체의 해악도 가능하며, 반드시 실현 가능성도 필요 없으며 실현할 의사가 없어도 협박죄가 성립하며 적어도 학생에게 공포심을 느끼게 할 정도면 충분하다. 하지만 교사가 학생을 협박하는 행위가 모두 협박죄를 구성하지는 않는다. 교사의 학생에 대한 협박성 발언이나 위협적 거동 등이 위법성 조각사유 중 정당행위에 해당하면 협박죄가 성립하지 않는다. 정당행위는 「형법」 제20조에 따라 법령에 의한 행위 또는 업무로 인한 행위, 기타 사회상규에 위배되지 아니하는 행위이다.

II. 협박죄의 위법성 조각사유

앞의 교사의 학생 모욕죄에서 살펴본 바와 같이 사회상규에 위배되지 않는 행위는 「형법」 제20조의 정당행위로서 위법성이 조각된다. 사회상규에 위배되는 행위는 법질서 전체의 정신이나 그 배후의 사회윤리 또는 사회통념에 비추어 평가하여야 하지만, 특히 대법원은 정당한 목적과 상당한 수단을 협박죄에서 위법성 조각사유의 기준으로 삼고 있으므로 보다 더 구체적으로 살펴볼 필요가 있다.

1. 목적의 정당성

협박죄에서 어떠한 행위가 사회상규에 위배되지 아니하는 정당한 행위인지를 판단하기 위한 요소로 우리 대법원은 목적의 정당성과 수단이나 방법의 상당성을 갖추어야 한다고 판시하고 있다.[669] 따

---

669) 대법원 2008. 5. 29. 선고 2006도6347 판결.

라서 교사가 수업시간에 수업권을 실행하기 위한 수단으로 협박을 하는 경우 정당한 목적을 위한 상당한 수단의 범위를 벗어나지 아니하면 교사의 해악 고지는 합법적인 권리 행사로서 사회상규에 반하지 아니하여 협박죄가 성립하지 않는다.

수업권은 교원의 지위에서 생기는 학생에 대한 일차적인 교육상의 직무 권한[670]이므로 교원의 기본적인 권한이지만 그 가운데 교육상의 직무에 한정된다고 보아야 한다. 교육상 직무 권한이란 교육을 목적으로 한 권한이고, 협박죄에서 말하는 해악 고지의 목적은 학생 전체에 대한 목적이 아니고 해악을 고지하는 상대방인 학생 개인에 대한 교육목적을 일컫는다. 협박죄의 보호법익이 일반 평균인을 보호하기 위한 것이 아니고 개인적 법익을 보호하기 위한 것이므로 교사의 해악 표현이 내포하고 있는 의미는 교육목적이지만 협박의 대상자인 학생 개인의 교육을 목적으로 하여야 한다. 교육 목적의 내용은 학생의 학습지도를 위한 목적은 물론 생활지도를 비롯하여 넓게는 인성교육과 유·초·중등 교육의 교육과정 전반에 대한 내용을 포함하여 교사가 수업권을 실현하는 특정한 교육목적이 사회상규에 위배되지 않아야 함을 의미한다.

2. 수단의 상당성

교사의 수업권 행사는 교육목적이라 하여도 수단이나 방법이 사회상규에 위배되지 않아야 한다. 수단은 목적을 실행하기 위한 연관성을 의미하며 상당한 수단이란 사회상규에 위배되지 않는 연관성을 의미한다. 상당한 수단이란 구체적으로 어떤 의미를 갖은 것인가? 상당한 수단은 해악이라는 수단과 협박이라는 목적 사이에는 내적 연관이 있어야 하고 이러한 연관이 단절된 때에는 상당한 수단으로 볼 수 없고 협박죄가 성립된다.

따라서 교육목적으로 외포심을 조장하기 위한 발언으로, 가령 교실 내에서 다른 학생들의 지갑이 자주 분실되는 것을 방지하기 위해서 절도 혐의가 있는 학생이 행하는 지갑 절취 현장을 목격하고 교사가 훈계의 목적으로 "앞으로 지갑이 없어지면 네 책임으로 한다."[671]고 말하는 것은 교사가 구체적으로 어떠한 해악을 가하겠다는 것보다는 재발 방지를 위한 교육 목적으로 보아야 하므로, 일반적인 윤리 관념이 아닌 교육 현장의 관습이나 윤리 관념을 기준으로 판단하여야 하고 협박죄에 문의할 수는 없다고 할 것이다.

또한 상당한 수단은 교사 사회와 학생 사회의 관행과 더 나아가 교육환경 공동체의 일반적이고 보편적인 관념을 근거로 평가되어야 교육 현장에 내재되어 있는 관념을 정확한 척도로 반영할 수 있을 것이다.

---

670) 대법원 2007. 9. 20. 선고 2005다25298 판결.
671) 가령 "앞으로 수박이 없어지면 네 책임으로 한다."고 말하였다고 하더라도 그것만으로는 구체적으로 어떠한 법익에 어떠한 해악을 가하겠다는 것인지를 알 수 없어 이를 해악의 고지라고 보기 어렵고, 위와 같이 말한 것이 다소간의 해악의 고지에 해당한다고 가정하더라도, 정당한 훈계의 범위를 벗어나는 것이 아니어서 사회상규에 위배되지 아니하므로 위법성이 없다고 봄이 상당하다(대법원 1995. 9. 29. 선고 94도2187 판결 참조).

Ⅲ. 협박죄 성립요건으로서의 고의

협박죄가 성립하기 위해서는 협박행위 내지 협박의 고의가 있어야 하며, 고의가 있었는지 여부는 행위의 외형뿐만 아니라 그러한 행위에 이르게 된 경위, 피해자와의 관계 등 전후 상황을 종합하여 판단해야 한다. 그러나 진실로 해악을 실현할 의사는 요하지 않는다. 고의는 주관적 구성요건으로서 교사에게 협박의 고의가 없으면 학생이 공포심을 느낀 경우에도 협박죄가 성립하지 아니한다.

가령 교사가 지각을 상습적으로 하는 학생에게 불만을 가진 어조로 "너 또 지각하면 두고 보자"라고 한 경우에 학생이 공포심을 심히 느꼈다고 하더라도 협박이 되는 것은 아니고 단순한 경고라고 보아야 한다. 하지만 협박의 내용은 반드시 합리적이거나 실현 가능성이 있을 필요는 없다. 따라서 교사의 실현 가능성 없는 해악의 고지도 마치 교사의 의사로 좌우되는 것처럼 고지되어 학생이 이를 믿고 공포심을 일으키면 협박이 될 수 있고, 보통 사람에게는 외포심이 생길 수 없는 정도의 해악이라도 소심한 학생에게는 외포심이 생길 수 있다는 것을 교사가 알면서 해악을 고지하면 협박죄가 성립될 수 있다.

뿐만 아니라 고등학생은 공포심을 느끼지 않겠지만 초등학생은 공포심이 느낄 수 있다는 것을 교사가 알면서 고지를 하거나, 남학생은 공포심을 느끼지 않겠지만 여학생은 공포심이 느낄 수 있다는 것을 알면서 고지를 하는 경우에도 협박죄가 성립한다고 보아야 한다. 하지만 고지된 해악은 학생에게 공포심을 일으킬 수 있는 상당한 정도의 해악이어야 한다. 예컨대 단순히 "입을 찢어 버릴라"와 같은 감정적인 욕설은 교사가 학생의 입을 실제로 찢어 버리고자 하는 고의가 없었기 때문에 해악의 고지가 아니다.[672] 또한 해악은 장래에 발생할 것으로 고지하거나 조건부 가해의 고지라도 상관없으므로, 해악의 고지는 명백하거나 현재의 위험을 내포하고 있을 필요는 없다.

가령 "내일 숙제를 해오지 않으면 옷을 벗겨 운동장에 내보내겠다.", "봉사활동에 참여하지 않는 학생은 상급학교 입학원서를 써주지 않겠다." 등 장래에 발생할 해악을 고지하면서 고지된 해악이 학생에게 도달하여 학생이 그 해악을 실현할 가능성이 있다는 인식과 의사를 내용으로 하는 교사의 고의가 있으면 협박죄는 성립한다.

Ⅳ. 법원이 판단한 협박죄 부정과 인정

| 협박죄 부정 | "입을 찢어 버릴라"라고 한 말은 해악을 가할 것을 고지한 행위라고 볼 수 없어 협박에 해당하지 않는다. | 대법원 1986. 7. 22. 선고 86도 1140 판결 |
| | "어제도 그제도 네가 수박을 따갔지.", "학교에 전화를 하겠다, 앞으로 수박이 없어지면 네 책임으로 한다." | 대법원 1995. 9. 29. 선고 94도 2187 판결 |

---

672) 대법원 1986. 7. 22. 선고 86도1140 판결.

| 협박죄 인정 | 자식에게 야구방망이로 때릴 듯 하면서 "죽여 버린다." | 대법원 2002.02.08. 선고 2001도 6468 판결. |
| | 하급자가 상급자에게 "사실을 인정하지 않으면 비위사실을 상부에 보고하겠다." | 대법원 2008. 5. 29. 선고 2006도 6347 판결 |

V. 협박죄 판례와 국가인권위원회 결정례

1. 부모가 자녀에게 "죽여 버린다."

판례[673]

부모가 자녀에게 야구방망이로 때릴 듯 한 태도를 취하면서 말한 사건

【사건개요】

◆ 친권자가 자에게 야구방망이로 때릴 듯 한 태도를 취하면서 "죽여 버린다."고 말한 경우

【판결요지】

◆ 친권자는 자를 보호하고 교양할 권리의무가 있다.[674] 그 자를 보호 또는 교양하기 위하여 필요한 징계를 할 수 있기는 하지만,[675] 인격의 건전한 육성을 위하여 필요한 범위 안에서 상당한 방법으로 행사되어야만 할 것인데, 스스로의 감정을 이기지 못하고 야구방망이로 때릴 듯이 피해자에게 "죽여 버린다."고 말하여 협박하는 것은 그 자체로 피해자의 인격 성장에 장해를 가져올 우려가 커서 이를 교양권의 행사라고 보기도 어렵다.

교사를 위한 책임예방 Tip

◆ 부모와 마찬가지로 교사의 경우도 교사 스스로 감정을 이기지 못하고 흉기 등을 들고 학생에게 "죽여 버린다."고 말하면 협박죄에 해당할 수도 있다. 학생이 공포심이 느낄 수 있다는 것을 알면서 해악을 고지하면 협박죄가 성립된다고 보아야 한다. 민법에서는 그동안 60년간 유지되어오던 부모의 자녀에 대한 징계권 조항을 2021년에 삭제하였으므로 지금은 부모도 자녀를 징계할 수 없다.

---

673) 대법원 2002. 2. 8. 선고 2001도6468 판결.
674) 「민법」 제913조.
675) 삭제된 「민법」 제915조(징계권)에 따르면 "친권자는 그 자를 보호 또는 교양하기 위하여 필요한 징계를 할 수 있고 법원의 허가를 얻어 감화 또는 교정기관에 위탁할 수 있다."고 규정하였었다. 이러한 친권자의 징계권 규정은 아동학대 가해자인 친권자의 항변사유로 이용되는 등 아동학대를 정당화하는 데 악용될 소지가 있어 2021. 1. 26 삭제되었다.

2. 교감이 "교사들에게 가만두지 않겠다."

교무실에서 교감이 교사들에게 상습적으로 협박한 사건

【사건개요】

◆ 교무실에서 A교감은 교사들에게 지속적인 욕설 및 협박, 웃옷을 벗어던지며 책상을 치고 고성을 지르면서 "가만두지 않겠다."는 위협적 언행을 하고, 교사를 수시로 부르거나 대면 결재 과정에서 장시간 잡아두고 주변 교직원들에 대한 욕설과 비난을 늘어놓는 등 장기간에 걸쳐 부하 직원들에게 심대한 모욕감과 굴욕감을 초래하였다.

이로 인하여 교사 25명이 연대서명을 하여 교육청에도 동시에 민원을 제기한 사실, 피해자 5인 모두가 일관된 증언을 하고 있고, 이들 외에 10명에 가까운 유력한 참고인들뿐만 아니라 다른 교사들의 경우도 유사한 피해를 당한 사례가 있고, 이러한 괴롭힘보다 더 심한 형태의 협박과 위협이 존재했다는 사실을 직간접적으로 증언하고 있다.

【국가인권위원회 결정요지】

◆ A교감의 이러한 행위가 우발적이거나 일시적으로 발생한 것이 아니라 교감으로 부임한 후 오랜 기간 동안 지속적으로 발생한 점, 피해자가 다수인 점 등을 감안할 때, 해당 교육감에게 본 사안에 대해 추가 조사를 실시하고 그에 합당한 조치를 취할 것을 권고했다. 이후 교육청은 A교감에게 경고한 뒤 다른 학교로 전출시켰다.

교원을 위한 책임예방 Tip

◆ 학생들의 학업과 인성교육을 직업으로 하는 고도의 전문직 집단에서 인간의 존엄성을 해할 정도의 굴욕감이나 모욕감을 주는 발언은 금지되어야 하고, 상급자가 교사들에게 언어폭력 및 위협적 행위를 하는 것은 결재권자의 정당한 관리 권한을 넘어 인간의 존엄성과 행복추구권을 침해하는 인권침해에 해당되므로 삼가야 한다.

Ⅵ. 교사의 협박죄 처벌 예방을 위한 유의점

1. 교사의 협박과 정당행위

교사가 학생을 협박하는 행위가 모두 협박죄를 구성하지는 않는다. 교사의 학생에 대한 협박성 발언이나 위협적 거동 등이 위법성 조각사유 중 정당행위에 해당하면 협박죄가 성립하지 않는다. 정당

---

676) 국가인권위원회 2013. 2. 25. 권고 0947000 결정.

행위로서 교사의 권리행사에 대한 위법성 평가의 핵심 요소는 학생에 대한 위협적 발언과 거동에 대한 교사의 권리행사 범위 내와 권리남용이 될 것이다. 그러므로 교사가 권리행사의 일환으로 학생에게 일정한 해악을 고지한 경우, 그 해악의 고지가 정당한 권리행사로서 사회상규에 반하지 아니하는 때에는 협박죄가 성립되지 아니하나, 외관상 권리행사로 보이더라도 실질적으로 권리나 직무권한의 남용이 되어 사회상규에 반하는 때에는 협박죄가 성립될 것이다.

2. 일시적 분노 표시에 학생도 공포심을 느끼지 않았다면 협박이 아니다.

교사의 언동이 단순한 감정적인 욕설 내지 일시적 분노의 표시에 불과하여 주위사정에 비추어 가해 의사가 없음이 객관적으로 명백한 때에는 협박행위 내지 협박의 의사를 인정하지 않는다.[677] 또한 교사의 언행이 단순한 감정적인 욕설 내지 일시적으로 흉기를 들었더라도 분노의 표시에 불과한 경우는 협박죄로 보기는 어려울 것이다. 교사가 위험한 흉기를 들었을 뿐 학생에게 해악을 고지하려 하지 않았고 학생도 공포심을 일으키지도 않았다면 협박이 아니다. 판례도 교사가 실제로 피해자인 학생에게 위해를 가할 의사가 있었다기보다 일시적인 분노의 표시로 식칼을 들고 자해할 듯한 태도를 보인 것이고, 교사에게 협박의 의사가 있었다거나 교사의 언동으로 인하여 학생이 외포심을 가졌다고 인정하기에 부족하다고 하여 교사의 협박죄 성립을 부정하였다.[678]

3. 학생에 대한 경고와 협박은 구별하여야 한다.

실제로 교육 현장에서는 교사가 학생들에게 표현하는 언행 가운데 학생의 주의를 불러일으킨다거나 경각심을 일깨우기 위한 발언은 경고가 대부분일 것이다. 경고는 협박과 같은 외포심을 생기게 하는 것이 아니라, 해악 발생에 대한 상대방의 경계를 촉구하는 충고이고, 길흉화복이나 천재지변의 도래를 알리는 것처럼 행위자의 지배력이 미치지 못하는 것으로 협박과는 다르다. 즉 해악을 교사가 지배할 수 없는 경우는 경고에 해당하고, 그렇지 않은 경우는 협박이다. 이처럼 교육 현장에서 교사가 학생에게 충고를 하거나 경계를 촉구하는 발언은 일반적으로 경고에 해당하는 경우이지만, 고지된 해악을 교사가 지배할 수 있는 것으로 학생에게 믿게 하였다면 협박이 될 수 있다.

경고	협박
공포심을 생기게 하기 위한 것이 아니고 경계를 촉구하는 충고, 행위자인 교사에 의해 좌우되지 않는 것	상대방이 현실적으로 공포심을 느낄 수 있을 정도의 해악을 고지하는 것, 행위자인 교사에 의해 좌우되는 것
교사에 의하여 좌우 되지 않는 것 : 벼락 맞아 죽을 거야. 그런 식으로 공부하면 대학은 못가 등	교사에 의하여 좌우 되는 것 : 너를 몽둥이로 때릴 거야. 화장실에 가두어 버릴 거야. 죽여버릴 거야 등

677) 대법원 2006. 8. 25. 선고 2006도546 판결 참조.
678) 울산지방법원 2018. 7. 5. 선고 2017노1660 판결 참조.

4. 협박죄는 반의사불벌죄이다.

협박죄는 교사가 학생을 협박하였더라도 학생이 협박죄 처벌을 원하지 않거나 합의가 되면 공소권이 없어 불기소처분이 되어 공소를 제기할 수 없는 반의사불벌죄이다.

반의사불벌죄는 피해자의 의사와 관계없이 공소를 제기할 수 있지만, 그 후 피해자가 처벌을 원하지 않는다는 의사를 표시하거나, 처벌의 의사표시를 철회한 경우에는 공소를 제기할 수 없다. 불기소 처분에는 기소유예, 혐의 없음(범죄인정 안됨, 증거불충분), 죄가 안됨, 공소권 없음, 각하 등이 있다.[679] 하지만 교사가 위험한 물건을 들고 협박을 하는 경우에는 특수협박죄[680]에 해당하여 반의사불벌죄에도 해당하지 않고 7년 이하의 징역 또는 1천만원 이하의 벌금에 처할 수 있다.

5. 교육목적인 외포심 조장과 구체적 해악고지가 없으면 협박이 아니다.

교육목적으로 외포심을 조장하기 위한 발언으로 가령, 교실 내에서 다른 학생들의 지갑이 자주 분실되는 것을 방지하기 위해서 절도 혐의가 있는 학생이 행하는 지갑 절취 현장을 목격하고 교사가 훈계의 목적으로 "앞으로 지갑이 없어지면 네 책임으로 한다."고 말하는 것은 교사가 구체적으로 어떠한 해악을 가하겠다는 것보다는 재발 방지를 위한 교육 목적으로 보아야 하므로 일반적인 윤리 관념이 아닌 교육 현장의 관습을 기준으로 판단하여야 하고 협박죄에 문의할 수는 없다고 본다.[681]

6. 징계의 목적이라도 정당한 권리행사의 범위를 넘으면 협박이다.

교사가 징계의 목적으로 공포심을 느끼게 할 경우라도 정당한 권리행사의 범위를 넘어 권리가 남용된 경우는 협박죄가 성립된다. 교사가 학생을 징계할 수는 있지만 인격의 건전한 육성을 위하여 필요한 범위 안에서 상당한 방법으로 행사되어야만 할 것인데, 스스로의 감정을 이기지 못하고 "죽여 버린다, 찔러버린다, 던져버린다" 등으로 해악을 고지하여 협박하는 것은 그 자체로 학생의 인격 성장에 장해를 가져올 우려가 커서 협박죄가 성립될 수 있다.

---

679) 「검찰사건사무규칙」 제98조 참조.
680) 「형법」 제284조.
681) 이와 같은 판례는 대법원 1995. 9. 29. 선고 94도2187 판결 참조.

제4절 교사의 학생 감금죄

Ⅰ. 학생 감금의 개념과 교육 현장 실태

교사가 학생을 감금한다는 행위는 일상적인 학교생활에서는 찾아보기 쉽지 않은 특수한 경우라고도 할 수 있다. 하지만 교사가 학생을 일시적으로 다른 학생과 분리해 두기 위해 한정된 장소에 두고 심리적으로 억압하여 쉽게 나오지 못하게 하여 학생의 행동의 자유가 제한되었다면 감금죄에 해당할 수 있으므로 주의하여야 한다. 감금죄란 불법으로 사람을 감금함으로써 사람의 신체적 활동의 자유를 침해하는 범죄이다. 「형법」은 "사람을 체포 또는 감금한 자는 5년 이하의 징역 또는 700만원 이하의 벌금에 처한다."고 명시하고 있다.[682]

감금이란 사람을 일정한 장소에서 탈출할 수 없도록 하거나 탈출을 현저하게 곤란하게 하여 신체 활동의 자유를 제한하는 것이다. 사람의 활동의 자유를 구속하는 것으로 수단과 방법에는 아무런 제한이 없다. 그러므로 활동의 자유 제한은 물리적·유형적 제한뿐만 아니라 심리적·무형적 제한에 의하여서도 가능하고, 반드시 전면적이어야 할 필요가 없으므로 감금된 특정구역 내부에서 일정한 생활의 자유가 허용되어 있었다고 하더라도 감금죄가 성립한다.[683] 그러므로 무서운 개를 출입구에 매달아 놓고 탈출을 봉쇄하거나, 학생의 옷을 빼앗아 감추어 두고 수치심을 유발하여 교실 밖에 못 나가게 하거나, 자동차에 태우고 고속으로 달리는 경우도 심리적 방법에 의한 감금이고, 교무실에서 교사와 같이 식사도 하면서 일정한 활동의 자유가 허용되었더라도 교무실에서 나가지 못하게 하면 감금이다.

Ⅱ. 감금죄의 성립요건으로서의 교사의 고의

감금죄에 있어서도 다른 죄와 마찬가지로 감금의 고의가 있어야 한다. 감금의 고의가 없는 것은 거의 없을 것이고, 경우에 따라 학생이 교실에 있는 줄 모르고 문을 잠가버린 경우는 감금의 고의가 없으므로 감금죄가 성립하지 않는다. 또한 교사가 학생지도를 위한 정당행위의 범위 내에서라면 위법성이 조각된다.

---

682) 「형법」 제276조제1항.
683) 대법원 2011. 9. 29. 선고 2010도5962 판결 참조.

Ⅲ. 감금죄 인정 판례

1. 승용차에서 내리지 못하게 빠른 속도로 운전한 행위는 감금죄

승용차로 피해자를 가로막아 승차하게 한 후 피해자의 하차 요구를 무시한 채 당초 목적지가 아닌 다른 장소를 향하여 시속 약 60km 내지 70km의 속도로 진행하여 피해자를 차량에서 내리지 못하게 한 행위는 감금죄에 해당한다.[684]

2. 물리적·유형적 뿐만 아니라 심리적·무형적 장애에 의하여서도 감금죄

만 10세 아동에게 부모에게 말하지 말고 아파트 앞으로 나오도록 유인한 다음 피고인이 운전하는 화물차에 태우고 데리고 다니면서 피해 아동에게 "네가 집에 돌아가면 경찰이 붙잡아 소년원에 보낸다."라고 위협하여 피해 아동을 집에 가지 못하도록 하는 등 피해 아동을 감금한 것은 미성년자 유인죄 이외에 감금죄가 별도로 성립한다.[685]

3. 사무실 안팎을 내왕해도 감금죄

피해자가 경찰서 안에서 직장동료인 피의자들과 같이 식사도 하고 사무실 안팎을 내왕하였다 하여도 피해자를 경찰서 밖으로 나가지 못하도록 그 신체의 자유를 제한하는 유형, 무형의 억압이 있었다면 감금행위에 해당한다.[686]

4. 초등학교 1학년 학생을 지옥탕에 감금한 교사

초등학교 1학년 담임 A교사는 자신의 담임 반 교실 옆에 있는 빈 교실을 지옥탕이라고 이름 붙이고 1학년 B학생이 말을 듣지 않는다는 이유로 빈 교실에 혼자 들어가 있도록 하는 벌을 주었다. 재판부는 아동의 발달과 성장에 중요한 역할을 해야 하는 지위에 있음에도 피해 아동의 정신건강에 해를 끼치는 행위를 했고, 또 이 사건이 문제가 되자 교사가 피해 아동이 부모에게 이 사건을 말했다는 이유로 교실에서 해당 아동을 다그치는 등 범행 후 정황도 매우 좋지 않다는 점을 들어 「아동학대처벌법」 위반 등으로 A교사에게 벌금 300만원을 선고했다.[687]

---

684) 대법원 2000. 2. 11. 선고 99도5286 판결.
685) 대법원 1998. 5. 26. 선고 98도1036 판결.
686) 대법원 1991. 12. 30. 자 91모5 결정.
687) 대법원 2021. 1. 14. 선고 2020도15426 판결.

Ⅳ. 감금죄 처벌 예방을 위한 유의점

다음은 교사의 학생 감금죄가 성립될 수 있는 경우를 예시로 제시하였으므로 참고할 만하다.

√ 학생이 임의로 화장실을 못 가도록 교실 밖에서 문을 잠그는 경우

√ 외부로 배회하며 자주 수업에 참여하지 않는 특별 관리 학생에 대하여 교통사고 등 안전사고 예방을 목적으로 하는 경우라도, 학교의 일정한 공간에 들어가게 하고 문을 잠그는 경우

√ 교무실 안에서 교사와 함께 식사도 하고 교무실 안팎을 돌아다닐 수 있게 하였지만, 학교 밖으로 나가지 못하도록 행동 구역을 제한하는 경우

√ 학습지도나 생활지도 등을 이유로 교실에서 교사가 올 때까지 하교하지 못하게 겁을 주어 남아 있게 하는 경우도 문을 잠그지 않아 밖으로 나갈 수는 있지만, 심리적으로 억압하여 장애를 일으켜 행동의 자유가 구속되었다면 감금죄가 성립될 수 있다.

제5절 교사의 학생 폭행죄 상해죄

Ⅰ. 학생 체벌과 교육 현장 실태

우리나라의 경우 80년대 이전에는 학교에서 발생하는 체벌은 보편적으로 용인되어 왔지만 점차 개인주의와 인권 존중사상 등의 영향으로 체벌은 인간으로서의 존엄과 가치와 신체의 자유 침해 등의 위헌성이 있어 이제 체벌 금지는 보편화되었다.

종래 체벌의 개념은 교원이 학생을 교육적 목적으로 학생에게 신체적 고통을 야기하는 일체의 행위라고 정의할 수 있다. 따라서 체벌은 교원이 교육적인 목적을 가지고 한 행위이어야 하며, 감정 해소 등의 비교육적 목적에서 한 행위라면 이는 체벌에 포함되지 않고 폭행 내지 상해 등의 일반적인 위법행위가 될 뿐이다. 또한 교육목적으로 학생을 징계하더라도 법령상 허용된 징계권의 행사나 사회상규에 벗어나지 않은 행위로서 정당행위에 해당되어 처벌을 받지 않을 수 있는지는 구체적으로 판단하여야 한다.

「형법」 제20조는 정당행위에 관하여 법령에 의한 행위 또는 업무로 인한 행위 기타 사회상규에 위배되지 아니하는 행위는 벌하지 아니한다고 명시하고 있으며, 어떤 행위가 정당한 행위로서 위법성이 조각되는 것인지는 구체적인 경우에 따라서 합목적적·합리적으로 가려져야 한다. 체벌의 정당행

위에 대해서 대법원 판결[688]과 헌법재판소 결정[689]은 극히 제한적이고 예외적인 허용기준과 객관적 타당성을 갖추지 않는 행위는 모두 위법성을 조각할 수 없다고 판단하고 있으므로, 체벌 교사에게 책임을 묻지 않을 수 없고 체벌은 교육 현장에서 존재하기 어려운 훈육방법이다.

또한 교사의 체벌은 「형법」의 폭행죄나 상해죄 등이 적용되고, 민사상으로도 불법행위로서 학생의 치료비와 개호비 위자료 등 손해배상책임을 지게 되어 막대한 금전적 손해도 발생될 수 있으므로 체벌은 피해야 한다. 그러므로 학교에서 학생을 지도할 때 교육상 필요한 경우에는 법령과 학칙으로 정하는 바에 따라 학생을 징계하거나 그 밖의 방법으로 지도할 수 있다.[690] 이 경우에도 학칙으로 정하는 바에 따라 훈육·훈계 등의 방법으로 하되, 도구, 신체 등을 이용하여 학생의 신체에 고통을 가하는 방법을 사용해서는 아니 된다.[691]

Ⅱ. 폭행죄 상해죄의 의의

교사가 학생을 체벌한 행위에 대해서 법원은 폭행죄 또는 상해죄 등으로 다루고 있다. 폭행죄에서 폭행은 신체에 대한 일체의 불법적인 유형력의 행사를 의미한다. 유형력이란 사람에게 육체적 정신적으로 고통을 줄 수 있는 물리력을 의미하고, 반드시 상해의 결과를 초래할 필요는 없다. 그러므로 학생을 때리는 행위, 밀치는 행위, 세차게 잡아당기는 행위는 물론 학생의 모발을 자르는 것도 폭행이다. 더 나아가 유형력의 행사가 생리적 기능을 훼손하거나 건강을 해할 정도에 이르면 폭행의 범위를 넘어 상해에 해당된다. 「형법」의 폭행죄는 "사람의 신체에 대하여 폭행을 가한 자는 2년 이하의 징역, 500만원 이하의 벌금, 구류 또는 과료에 처한다."[692] 고 명시하고 있다.

그리고 상해죄에서 상해는 신체의 생리적 기능에 장해를 일으키는 것을 의미한다. 폭행죄는 유형력을 행사한 사실 자체만으로 성립하는 것이지만 상해죄는 더 나아가 유형력 행사로 인해 실제로 다치게 되는 상해의 결과가 발생해야 하는 것이다. 상해의 결과가 발생하면 징계권의 범위를 넘었기 때문에 위법성이 조각되지 않는다.

또한 폭행죄는 반의사불벌죄[693]이므로 피해자와 합의를 통하여 가해자에 대한 처벌을 원치 않는다는 의사를 표시하면 처벌할 수 없다. 하지만 상해죄는 반의사불벌죄에 해당하지 않으므로 피해자인 학생의 의사와 상관없이 교사는 처벌될 수 있다. 「형법」의 상해죄는 "사람의 신체를 상해한 자는 7년 이하의 징역, 10년 이하의 자격정지 또는 1천만원 이하의 벌금에 처한다."[694] 고 명시하고 있다.

---

688) 대법원 2004. 6. 10. 선고 2001도5380 판결.
689) 헌법재판소 2006. 7. 27. 선고 2005헌마1189 결정.
690) 「초·중등교육법」 제18조.
691) 「초·중등교육법」 시행령 제31조제8항.
692) 「형법」 제260조.
693) 피해자가 가해자의 처벌을 원하지 않는다는 의사를 표시하면 처벌할 수 없는 범죄.
694) 「형법」 제257조.

Ⅲ. 교사의 학생 폭행 상해죄 판례와 책임예방 Tip

1. 나무막대기로 학생 엉덩이 30대

판례⁶⁹⁵⁾

교사가 학생을 훈계하면서 상해를 입힌 사건

【사건개요】

◆ 고등학교 A교사는 1학년 학급 실장인 B학생이 다른 학생들과 같이 떠들고 소란을 피웠다는 이유로 B학생을 훈계하면서 나무막대기로 엉덩이 부위를 30회 때려 약 3주간의 치료가 필요한 양 둔부 좌상 및 찰과상을 가하였다.

【교사책임 및 판결요지】

◆ 재판부는 고등학교 1학년에 불과한 나이 어린 학생에게 방법이나 정도가 현저히 객관적 타당성을 상실하여 사회 통념상 도저히 용인될 수 없는 체벌을 가하였고, 그로 인해 3주간의 치료를 요하는 신체적 상해를 입었을 뿐만 아니라 상당한 정신적 고통까지 받았으며 결국 다른 학교로 전학까지 가게 되었다고 밝혔다. 이 사건 범행은 학교의 교실 내에서 학급 학생들이 모두 지켜보고 있는 가운데 이루어져 이들이 받는 정신적 충격도 상당하였을 것으로 보인다고 하여 A교사에게 상해죄를 적용하여 징역 6월에 집행유예 1년을 선고하였다.

교사를 위한 책임예방 Tip

◆ 교사를 상대로 소송을 제기할 때 학생이나 학부모는 미리 전학을 가는 경우도 있다. 이 사건도 피해 학생 측은 전학을 갔고, 교사는 1천만원을 공탁하였다.

공탁이란 형사사건 피해자인 B학생 측의 과다한 요구 또는 합의가 되지 않을 경우에 가해자인 A교사 나름대로 성의표시를 하여 가벼운 처벌을 받을 수 있는 근거로 삼고자 할 때 공탁을 하게 된다. 이 사안에서 교사는 1천만원을 공탁하였지만 결국 징역형을 선고받아 교직을 그만두게 되었으므로, 교사가 학생지도를 할 때에는 오래전 관행을 답습하여 학생에게 신체적 고통을 주는 지도방법은 불식되어야 한다.

---

695) 춘천지방법원 2015. 8. 20. 선고 2015고단452 판결.

2. 체벌로 징계처분, 형사처벌 그리고 손해배상도

판례[696]

교사가 여학생을 폭행하고, 여학생은 전학을 가버린 사건

【사건개요】

◆ 중학교 A교사는 3월에 많은 학생들이 보는 앞에서 14세 여학생인 B학생을 폭행하였고, 폭행 사실을 들은 B학생의 어머니가 A교사에게 전화하여 폭행하지 말 것을 당부하였음에도 5월에는 손과 발을 사용하여 폭행하여 3주간의 치료를 요하는 우측 슬관절 염좌상 등을 가하고, 그 유형력의 정도는 다른 학생들과 교사들이 제지하려고 할 정도였으며 그로 인해 3개월간의 정신과적 치료가 필요할 정도로 정신적인 상처를 주었다. 결국 B학생은 이 사건으로 병원에 입원하여 치료를 받고 다른 학교로 전학을 갔다.

【교사책임 및 판결요지】

◆ 재판부에 따르면 B학생이 체육시간에 자주 지각을 하거나 체육복을 입지 않은 상태에서 수업에 임하는 등 다소 반항적이고 불손한 태도를 취하여 A교사가 격분할 만한 상황이 있었다 하더라도, 이를 정당한 징계를 통해 지도하려는 것이 아니라 이성을 잃은 상태에서 폭언을 하며 물리적 폭력을 행사하는 방식으로 교정하려는 것은, 이 사회가 지향하는 합의된 공동체 원칙이나 교육 이념에 비추어 용납될 수 없다고 하여 벌금 100만원을 선고하였다.

교사를 위한 책임예방 Tip

◆ 학생이 교사에게 불손한 태도를 취하는 경우 교사는 격분할 만할 것이다. 하지만 교사는 이럴 때일수록 교육자로서의 사명감을 망각하지 말고 관용과 인내의 태도로 침착하게 대처해야 하겠다.

벌금 선고를 받아도 전과기록에 남으므로 벌금이라고 쉽게 생각해서는 안 된다. 또한 이 사건으로 A교사는 교육청으로부터 견책처분을 받았으며, 장차 B학생과의 민사소송 결과에 따라 금전적으로나마 피해를 회복시킬 것으로 보인다고 재판부가 밝혔다.

더구나 A교사는 B학생 가족으로부터 용서를 받거나 합의에 이르지 못한 것이 재판에 영향을 주었으며, 결국 학생 폭행으로 말미암아 징계처분과 형사책임 그리고 향후 민사책임으로 손해배상이 예상되므로 격분한 상황이 있었다 하더라도, 물리적 폭력 행사가 아닌 법령과 학칙에 의한 정당한 학생지도 방법을 택해야 할 것이다.

---

696) 서울중앙지방법원 2013. 2. 7. 선고 2012노3714 판결.

3. 다른 학교 학생 폭행해도 될까?

697)

고등학교에 실습 나온 학생을 폭행하고 정당행위라고 주장하였지만…

【사건개요】

◆ 갑 고등학교 A교사는 교무실 앞 복도에서 을 고등학교에서 실습을 하러 나온 B학생이 실내에서 운동화를 신고 다녀 복도가 더러워지자 훈계를 하였다. 이때 B학생이 "저 이 학교 학생 아니다"라는 말을 하자 선생에게 대든다며 주먹으로 머리를 2회 때리고, 머리채를 잡고 교무실 안으로 들어간 뒤 다시 주먹으로 머리를 2회 때리고, 40cm 상당의 드럼 스틱으로 엉덩이를 3회, 머리를 2회 때리는 방법으로 폭행하여 두부 타박상 및 종창, 엉덩이 타박상 등 전치 2주의 상해를 가하였다.

【교사책임 및 판결요지】

◆ A교사와 변호인은 훈육하는 과정에서 저지른 것으로 징계권의 범위 내에 속하여 정당행위에 해당한다는 취지로 주장하였지만, 재판부는 A교사의 이러한 행위는 B학생의 행위에 비해 지나치게 가혹한 행위로 사회통념상 객관적 타당성을 갖추었다고 보기 어려운 위법한 폭력행위에 해당하므로 정당행위에 해당한다고 볼 수 없다고 하여 벌금 150만원에 처하였다.

교사를 위한 책임예방 Tip

◆ 재판부는 A교사가 학생의 사소한 잘못에 대해 관용과 인내의 태도를 먼저 보이기보다 폭력행위를 앞세우는 잘못을 보였고, 자신의 행동의 부적절성에 대한 이해와 반성이 미흡하며 학생이나 교육 환경을 탓하는 태도를 보였다고 하였다. 교사가 학생을 폭행하는 행위에 대해 법원은 대체로 정당행위를 인정하지 않는 것이 최근의 경향이므로 교육목적이라 하더라도 체벌은 멀리해야 한다.

4. 학부모와 원만한 합의 그리고 동료 교사들의 탄원은 정상 참작에 유리

698)

학생을 스테인리스 봉으로 때려 상해를 입힌 사건

【사건개요】

◆ A교사는 2019년 컴퓨터실에서 정보 수업시간 중 B학생과 C학생이 컴퓨터로 페이스북에 접속한

---

697) 청주지방법원 2019. 3. 5. 선고 2018고단1444 판결.
698) 울산지방법원 2020. 7. 24. 선고 2020고정207 판결.

사실을 알고 학생들에게 뒤쪽으로 가서 엎드려뻗쳐를 시키고, B학생으로 하여금 한쪽 다리를 들게 한 후 스테인리스 봉(길이 42cm)으로 B학생의 발바닥을 3대 때렸다.

이어서 A교사는 엎드려뻗쳐를 하고 있던 C학생이 페이스북에 접속한 이유에 관하여 설명하고자 자세를 바꿔 무릎을 꿇은 체 "애들이 PPT를 보여 달라고 해서 보여주려고 했다"라고 말하자 화를 내며 스테인리스 봉으로 C학생의 머리와 허벅지를 1대씩 때리고, 재차 머리를 1대 더 때려 C학생에게 약 2주간의 치료를 요하는 양측 대퇴부 타박상 등의 상해를 가하였다.

【교사책임 및 판결요지】

◆ 재판부는 A교사가 평소에도 도구를 사용하여 학생들을 체벌한 것으로 보이는 정황에 비추어, 우발적 범행으로 보기 어려운 점, 폭행의 강도가 상당하였던 것으로 보이는 점, 범행에 사용된 도구 등을 이유로 벌금 350만 원을 선고하였다.

교사를 위한 책임예방 Tip

◆ 재판부는 A교사가 범행을 인정하고 반성하고 있고, 피해 학생들의 학부모와 모두 원만히 합의하였고, 동료 교사들이 선처를 탄원하고 있는 점 등을 유리한 정상으로 참작하였다. 이처럼 교사가 학생을 체벌하는 행위는 삼가야 하지만, 체벌의 결과가 발생하였다면 신속히 피해 학생 측과 합의하여야 하고, 경우에 따라 동료 교사들의 탄원도 정상 참작에 도움을 줄 수 있으므로 활용의 필요성이 있다.

5. 학생 체벌 판례 요약

뺨을 한번 때려도 멍들게 하면 상해죄

A교사는 B학생(여)이 수업시간에 다른 학생과 이야기를 한다는 이유로 지휘봉으로 뺨을 1회 때려 전치 2주의 타박상을 입혔다. 재판부는 A교사가 설령 훈육의 의사가 있었다고 하더라도 B학생의 얼굴에 멍이 들 정도의 체벌은 과도한 징계에 해당하므로, A교사의 행위가 정당행위에 해당한다고 볼 수 없다고 판단하여 A교사에게 벌금 30만원을 선고했고, 대법원[699]에서도 확정되었다.

교육상 불가피한 지도행위가 아니면 폭행죄에 해당

A교사는 3월에 B학생의 뺨을 1회 때려 폭행하였고, 5월에는 교무실에서 B학생의 무릎을 꿇게 하고 "여학생과 교내에서 왜 입맞춤을 하였냐?"라고 말하며 손으로 B학생의 뒤통수를 수 회 때려 폭행하였다. 재판부는 교사가 별다른 지도행위를 거치지 않고 얼굴과 머리 부분을 폭행한 점, 또한 수업 시간이 시작되었음에도 따로 불러내어 폭행한 점 등에 비추어 보면, A교사의 행위가 교육상 불가피

---

699) 대법원 2016. 1. 14. 선고 2015도17342 판결.

한 지도행위로서 사회상규에 위배되지 않는 정당행위라고 볼 수는 없다고 판단하여 벌금 100만원을 선고하였다.[700]

학생 체벌 형사책임으로 벌금 50만원, 민사책임으로 손해배상 4백만원

A교사는 B학생(여)이 교사를 비난하는 듯 한 말을 하자 손바닥으로 얼굴을 때려 전치 4주 정도의 상처를 입혔다. B학생의 부모는 A교사를 고소해 상해죄로 벌금 50만원의 형사처벌을 받게 했지만 이와는 별도로 민사상 소송을 제기했다. 재판부는 A교사의 행위가 사회관념상 타당성이 있다고 볼 수 없다고 판단하여 치료비 등 438만원을 지급하라고 판결하였다.[701]

6. 국가인권위원회 결정 요약

어깨와 등을 때리고, 교실 뒤편에 혼자 서있게 해도

A교사는 숙제를 하지 않은 학생에 대해 손으로 등을 때리거나 교실 뒤에 선 채 수업을 듣도록 하였다. B학생은 3월 A교사로부터 등을 맞은 적이 있고 4월에는 친구 6~7명과 함께 전체 수업시간 45분 중 40여 분을 교실 뒤편에서 선 채로 수업을 들었다. 그리고 5월에도 숙제를 하지 않은 B학생의 어깨와 등을 3차례 때렸고, 30분 동안 교실 뒤편에 혼자 서 있도록 하였다. 국가인권위원회는 A교사에 대하여 경고 조치하고 재발 방지를 위하여 인권교육을 실시할 것을 권고하였다.[702]

수업에 늦게 들어오는 학생들 지도 방법, 회초리?

A교사는 5교시 예비종이 울린 후에도 교실에 입실하지 않은 B학생을 포함한 일부 학생들에게 회초리로 2대씩 종아리를 때렸다. A교사는 평소 5교시 예비종이 울린 후에도 교실에 입실하지 않은 학생들을 지도하는 경우에 학생들에게 약 5분간 훈계·훈육하거나, 앉았다 일어나기 10회 등을 시켰으며, 1학기 2차례 정도 회초리를 이용한 체벌도 실시하였다. 국가인권위원회는 전체 교원 및 학생들에 대해 인권교육을 실시하고, A교사에 대해 주의 조치 할 것을 권고하였다.[703]

700) 서울북부지방법원 2015. 8. 28. 선고 2014고정2613 판결.
701) 서울서부지방법원 2006. 8.
702) 국가인권위원회 2016. 8. 24. 권고 16진정039690 결정.
703) 국가인권위원회 2017. 6. 5. 권고 17진정0004000 결정.

Ⅳ. 폭행죄 상해죄 처벌 예방을 위한 유의점

1. 학생지도의 근거로 삼을 수 있는 법령

학교에서 학생지도의 직접적인 근거로 삼을 수 있는 법령으로는 「초·중등교육법」 제18조 및 「초·중등교육법시행령」 제31조와 각 시·도의 학생인권조례 그리고 학칙 등이다. 「초·중등교육법」 제18조에 따르면 학교장이 교육을 위하여 필요한 경우에는 법령과 학칙으로 정하는 바에 따라 학생을 징계하거나 그 밖의 방법으로 지도할 수 있고, 학생을 징계하려면 그 학생이나 보호자에게 의견을 진술할 기회를 주는 등 적정한 절차를 거쳐야 한다.

물론 교육상 필요하다고 인정하여 징계할 때에는 「초·중등교육법시행령」 제31조제1항에 따라 학교 내의 봉사, 사회봉사, 특별교육이수, 1회 10일 이내, 연간 30일 이내의 출석정지, 퇴학처분 등을 할 수 있다. 또한 학생을 지도할 때에는 학칙으로 정하는 바에 따라 훈육 · 훈계 등의 방법으로 하되, 도구, 신체 등을 이용하여 학생의 신체에 고통을 가하는 방법을 사용해서는 아니 된다.[704] 도구, 신체 등을 이용하여 학생의 신체에 고통을 가하는 방법에 대해서 여러 견해가 있지만, 교사의 입장에서는 사고 후 책임을 예방하는 차원에서 학생의 신체에 고통을 가하는 방법을 사용하지 않는 것이 현명한 선택일 것이다.

교사는 위의 법령을 포함하여 각 시·도의 학생인권조례와 학교의 학칙에 의거하여 학생을 훈육하여야 하므로 학생의 신체에 고통을 가하는 학생 체벌은 위법성 조각사유에 해당하지 않는 한 폭행죄 상해죄 등 형사책임을 면할 수 없을 것이며, 이와는 별도로 징계를 받을 수도 있으므로 체벌을 학생지도의 수단으로 이용해서는 안 될 것이다.

2. 학생의 신체에 물리력을 행사하였다 하여도 모두 체벌은 아니다.

교사가 학생을 지도할 때 학생의 신체에 물리력을 행사하였다 하더라도 사회상규를 벗어나지 않는 정당행위가 성립되면 위법성이 없어 처벌받지 않는다.

대법원은 훈육 목적이고 일시적으로 보다 단호한 지도방법으로서 피해 학생의 팔을 세게 잡는 등의 행동을 하게 된 것은 일련의 교육과정의 일환으로 볼 여지가 있다고 판단하였다. 또한 교사의 행위가 아동의 정상적 발달을 도모하고자 하는 의도이고, 계속적인 훈육의 일환이며 상해나 폭행의 고의가 없는 경우는 신체적 폭력으로 보기 어렵다고 판결하였다.[705] 물론 피해학생이나 교사의 지도 행위 그리고 개별 사안에 따라 차이가 있겠지만, 대법원은 아동이 놀이도구를 제대로 정리하지 않고 바닥에 드러누웠다는 이유로 교사가 아동의 팔을 세게 잡는 등 신체적 학대행위를 하였다는 것은, 교사가

---

704) 「초·중등교육법」 시행령 제31조제8항.
705) 대법원 2020. 1. 16. 선고 2017도12742 판결.

합리적 범위 안에서 가장 적절하다고 생각하는 지도방법을 택하였고 이는 계속적인 훈육의 일환으로 볼 수 있다는 이유로 신체적 학대행위를 부정하였다.

3. 체벌동의서 받았더라도 처벌된다.

형법 제24조는 "처분할 수 있는 자의 승낙에 의하여 그 법익을 훼손한 행위는 법률에 특별한 규정이 없는 한 벌하지 아니한다."고 규정하여 피해자의 승낙에 의한 행위는 위법성이 조각되어 벌하지 않는다. 피해자의 승낙이란 피해자가 가해자에 대하여 자기의 법익을 침해하는 것을 허락하는 것을 말한다. 학교에서 교장 교사 또는 운동부 학생을 지도하는 감독 등이 학생이나 그 보호자로부터 학생의 성적향상이나 실적상승을 위해 체벌을 해도 좋다는 체벌동의서를 받는 경우가 있다. 체벌동의서도 피해자가 체벌을 허락한다는 승낙서이다. 하지만 승낙의 대상이 사람의 생명이나 신체이고, 생명이나 신체적 법익을 침해하는 것은 윤리적, 도덕적으로도 사회상규에 반하므로 승낙의 성립요건에 해당되지 않는다. 대법원도 피해자의 승낙은 개인적 법익을 훼손하는 경우에 법률상 이를 처분할 수 있는 사람의 승낙이어야 할 뿐만 아니라 그 승낙이 윤리적·도덕적으로 사회상규에 반하는 것이 아니어야 한다고 판시하고 있다.[706]

실례로 대안학교 A교장은 학생 입학 시 학부모로부터 체벌 동의를 구하는 항목이 포함된 교육방법 동의서를 받고, 학생 10명을 목검 등으로 상습적으로 체벌하여 구속되기도 하였다.

4. 신체 특정부위 체벌하면 폭행죄보다 더 무거운 강제추행으로 처벌될 수도 있다.

학생을 체벌하는 경우에도 학생 신체 특정부위를 체벌하면 폭행죄보다도 「성폭력 범죄의 처벌 등에 관한 특례법」 위반으로 더 엄중한 처벌을 받을 수 있다. 1심 법원은 초등학교 A교사가 자신이 담임으로 있던 교실에서 수업을 하던 중 B양(당시 7세)을 체벌하면서 여학생의 신체 중요 부위를 나무도끼처럼 생긴 장난감으로 때린 행위는 여학생의 성기에 대한 폭행을 행사했으므로 강제추행에 해당한다고 판단하고 벌금 4천만원과 성폭력 프로그램 40시간 이수를 선고했다. 그러나 항소심에서는 A교사가 도끼로 다리 부분 등을 때리려 하다가 과실로 성기 부분을 같이 건드리게 됐을 가능성이 있고, 추행의 고의나 미필적 고의가 있었다고 단정하기도 어렵다며 강제추행은 아니라고 밝히고 폭행 혐의만 유죄로 인정해 벌금 500만원을 선고하였다.[707]

검사는 강제추행에 해당한다고 상고했으나, 대법원은 강제추행에 대한 범죄의 증명이 없다며 상고를 기각하여 벌금 500만원이 확정되었다. 이 사안으로 보아 최종적으로 강제추행 혐의는 면했지만 재판과정에서 강제추행 유무가 재판의 핵심 쟁점이었으므로 강제추행으로 오해할 수 있는 행위는 사전

---

706) 대법원 2008. 12. 11. 선고 2008도9606 판결 참조.
707) 서울고등법원 2014. 9. 5. 선고 2014노1453 판결 참조.

에 차단하여야 한다.

5. 폭행죄는 합의하면 형사처벌할 수 없지만, 상해죄는 합의해도 처벌된다.

폭행죄 상해죄와 같은 형사사건에서 피해학생이나 보호자는 교사를 고소할 수 있다. 단순 폭행죄의 경우는 피해자의 의사에 반하여 처벌할 수 없는 반의사불벌죄이기 때문에 피해자가 고소를 취소하면 처벌할 수 없다. 고소를 취소하기 위해서는 피해학생 측과 원만한 합의가 필요하고, 합의를 하면 더 이상 형사절차가 진행되지 않는다. 물론 합의서에 처벌하지 않겠다는 의사가 표시되어야 한다.

합의 방법은 형사처벌과 민사책임을 분리하여 합의할 수도 있지만, 두 책임을 합쳐서 합의할 수도 있다. 하지만 반의사불벌죄가 아닌 상해죄나 폭행치상죄인 경우는 피해학생 측의 처벌의사와는 관계없이 형사절차가 진행된다. 다만, 합의를 한 경우에는 재판과정에서 형량 결정 시 이를 참작할 수도 있다. 그러므로 학생을 단순히 폭행을 한 경우는 학생 측과 합의 절차를 통해 형사책임을 면할 수 있으나 상해 또는 폭행치상 등 신체를 상해한 경우에는 합의하여도 형사절차는 진행되므로 학생이 상처가 날 정도의 심한 폭행을 한 경우는 형사책임을 면하기 어렵다.

제6절 학생 개인정보 보호의무

I. 개인정보의 정의와 개인정보 열람권

1. 개인정보의 정의

학교에서 학생이나 교직원의 개인정보 보호 의무를 명확히 이해하고 실무에 적용하기 위해서 반드시 활용해야 하는 법령으로는 「개인정보 보호법」, 「개인정보 보호법 시행령」, 「표준 개인정보 보호지침」, 「교육부 개인정보 보호지침」 등이 있다. 개인정보와 관련된 법령은 수시로 개정되므로 업무담당 교사는 물론 일반 교사도 새로운 법령에 신속히 적응하고 대비하여야 한다. 특히 학생이나 학부모의 개인정보 보호와 침해 예방 또는 권리 구제를 위한 정보열람권이나 영상정보처리기기 이용과 열람청구권 등은 국가 정책이나 국민 여론에 따라서도 수시로 변경되고 있으므로 자칫 신법이 아닌 구법을 적용하여 처리하면 법령을 위반하여 행정적, 사법적 책임을 지게 되므로 주의하여야 한다.

「개인정보 보호법」에서 개인정보란 살아 있는 개인에 관한 정보로서 다음의 어느 하나에 해당하는 정보를 말한다.[708]

---

708) 「개인정보 보호법」 제2조.

<table>
<tr><td colspan="1" align="center">개인정보</td></tr>
</table>

> 가. 성명, 주민등록번호 및 영상 등을 통하여 개인을 알아볼 수 있는 정보
> 나. 해당 정보만으로는 특정 개인을 알아볼 수 없더라도 다른 정보와 쉽게 결합하여 알아볼 수 있는 정보. 이 경우 쉽게 결합할 수 있는지 여부는 다른 정보의 입수 가능성 등 개인을 알아보는 데 소요되는 시간, 비용, 기술 등을 합리적으로 고려하여야 한다.
> 다. 가목 또는 나목을 제1호의2(가명처리)에 따라 가명처리함으로써 원래의 상태로 복원하기 위한 추가 정보의 사용·결합 없이는 특정 개인을 알아볼 수 없는 정보

위의 규정을 요약하면 개인정보란 살아있는 개인에 관한 정보로서 성명, 주민등록번호 및 영상 등을 통하여 개인을 알아볼 수 있는 정보와, 해당 정보만으로 특정 개인을 알아볼 수 없더라도 다른 정보와 쉽게 결합하여 알아볼 수 있는 정보이다.

2. 보호자의 학생정보 열람권

보호자는 자녀 등 피보호자에 대한 학교생활기록 등의 학생정보를 제공받을 권리를 가지며,[709] 정보시스템을 활용하는 학교에 재학 중인 학생 또는 학생의 부모 등 법정대리인은 정보시스템에 접속하여 당해 학생의 전산자료를 열람할 수 있다.[710] 학교장은 전산자료를 열람하도록 하려는 경우 전산자료의 열람을 신청한 사람이 본인 또는 정당한 법정대리인인지를 확인한 후 해당 학생의 전산자료에 대한 열람을 승인해야 한다.[711]

II. 교사의 학생 개인정보 보호의무

1. 개인정보의 수집·이용

학교에서 개인정보의 수집이란 정보주체로부터 직접 이름, 주소, 전화번호 등의 개인정보를 제공받는 것뿐만 아니라 정보주체에 관한 모든 형태의 개인정보를 취득하는 것을 말한다. 개인 정보처리자는 다음 각 호의 경우에 개인정보를 수집할 수 있으며, 그 수집 목적의 범위에서 이용할 수 있다.[712]

---

709) 「교육기본법」 제23조의3제2항.
710) 「유아교육정보시스템 및 교육정보시스템의 운영 등에 관한 규칙」 제9조제1항.
711) 「유아교육정보시스템 및 교육정보시스템의 운영 등에 관한 규칙」 제9조제2항.
712) 「교육부 개인정보 보호지침」 제5조.

```
┌─────────────────────────────────────────────────────────────────────────────┐
│                          개인정보 수집 요건                                      │
│                                                                               │
│   1. 정보주체로부터 사전에 동의를 받은 경우                                        │
│   2. 법률에서 개인정보를 수집·이용할 수 있음을 구체적으로 명시하거나 허용하고 있는 경우      │
│   3. 법령에서 개인정보처리자에게 구체적인 의무를 부과하고 있고, 개인정보처리자가 개인정보를 수집·이용하지 │
│      않고는 그 의무를 이행하는 것이 불가능하거나 현저히 곤란한 경우                    │
│   4. 개인정보를 수집·이용하지 않고는 법령 등에서 정한 소관업무를 수행하는 것이 불가능하거나 현저히 곤란한 │
│      경우                                                                      │
│   5. 개인정보를 수집·이용하지 않고는 정보주체와 계약을 체결하고, 체결된 계약의 내용에 따른 의무를 이행하는 │
│      것이 불가능하거나 현저히 곤란한 경우                                          │
│   6. 정보주체 또는 그 법정대리인이 의사표시를 할 수 없는 상태에 있거나 주소불명 등으로 사전 동의를 받을 수 없 │
│      는 경우로서 명백히 정보주체 또는 제3자의 급박한 생명, 신체, 재산의 이익을 위하여 필요하다고 인정되는 경우 │
│   7. 개인정보처리자가 법령 또는 정보주체와의 계약 등에 따른 정당한 이익을 달성하기 위하여 필요한 경우로서 명 │
│      백하게 정보주체의 권리보다 우선하는 경우. 다만, 이 경우 개인정보의 수집·이용은 개인정보처리자의 정당한 │
│      이익과 상당한 관련이 있고 합리적인 범위를 초과하지 아니하는 범위로 한정된다.            │
└─────────────────────────────────────────────────────────────────────────────┘
```

2. 개인정보 수집 동의 시 고지해야 할 사항

학교에서 학생 및 학부모의 동의를 받을 때에는 다음 사항을 알려야 하며, 어느 하나의 사항을 변경하는 경우에도 이를 알리고 동의를 받아야 한다.[713)

```
┌─────────────────────────────────────────────────────────────────────────────┐
│                          고지해야 할 사항                                       │
│                                                                               │
│   1. 개인정보의 수집 · 이용 목적                                                 │
│   2. 수집하려는 개인정보의 항목                                                  │
│   3. 개인정보의 보유 및 이용 기간                                                │
│   4. 동의를 거부할 권리가 있다는 사실 및 동의 거부에 따른 불이익이 있는 경우에는 그 불이익의 내용 │
└─────────────────────────────────────────────────────────────────────────────┘
```

3. 학생정보 제3자 제공금지

학생정보는 법률로 정하는 경우 외에는 해당 학생(학생이 미성년자인 경우에는 학생 및 학생의 부모 등 보호자)의 동의 없이 제3자에게 제공되어서는 아니 되며,[714) 학교의 장은 학생의 학교생활기록과 건강검사기록을 해당 학생의 동의 없이 제3자에게 제공하여서는 아니 된다.[715) 물론 학생이 미성년자인 경우에는 학생과 학생의 부모 등 보호자의 동의가 있어야 한다.

담임교사 또는 교과 담당 교사가 자신이 담임하고 있거나 담당하고 있는 학생 전체의 이름 주소 연락처 등을 기록한 긴급연락망을 작성하여 보유하고 있다면 특정 개인을 알아볼 수 있는 개인정보라

---

713) 「개인정보 보호법」 제15조제2항.
714) 「교육기본법」 제23조의3제3항.
715) 「초·중등교육법」 제30조의6제1항.

고 볼 수 있다. 그러므로 이와 같은 내용이 포함된 학생정보는 동의 없이 제3자에게 제공하거나 목적 외의 용도로 이용할 수 없다. 따라서 방과 후 수업 운영주체가 학교가 아닌 위탁업체일 경우 위탁업체에 대한 정보 제공은 제3자에 대한 정보 제공이 될 수 있으므로 제3자 제공에 대한 동의를 별도로 받아야 한다.

4. 동의 없이 제공할 수 있는 경우

학교장은 다음에 해당하는 경우에는 동의 없이 자료를 제공할 수 있으며,[716] 동의 없이 자료를 제공받은 자는 본래 목적 외의 용도로 자료를 이용하여서는 아니 된다.[717]

이를 위반하여 동의권자의 동의 없이 제3자에게 학생 관련 자료를 제공하거나 제공받은 자료를 그 본래의 목적 외의 용도로 이용한 자는 3년 이하의 징역 또는 3천만원 이하의 벌금에 처한다.[718]

동의 없이 제공할 수 있는 자료

1. 학교에 대한 감독·감사의 권한을 가진 행정기관이 그 업무를 처리하기 위하여 필요한 경우
2. 「초·중등교육법」 제25조에 따른 학교생활기록을 상급학교의 학생 선발에 이용하기 위하여 제공하는 경우
3. 통계작성 및 학술연구 등의 목적을 위한 것으로서 자료의 당사자가 누구인지 알아볼 수 없는 형태로 제공하는 경우
4. 범죄의 수사와 공소의 제기 및 유지에 필요한 경우
5. 법원의 재판업무 수행을 위하여 필요한 경우
6. 그 밖에 관계 법률에 따라 제공하는 경우

---

5. 학생이 14세 미만인 경우 법정대리인의 동의

만 14세 미만 아동의 개인정보를 처리하기 위하여 동의를 받아야 할 때에는 그 법정대리인의 동의를 받아야 한다. 이 경우 법정대리인의 동의를 받기 위하여 필요한 최소한의 정보는 법정대리인의 동의 없이 해당 아동으로부터 직접 수집할 수 있다.[719] 필요 최소한의 정보란 성명, 연락처 등이다. 법정대리인의 성명·연락처를 수집할 때에는 해당 아동에게 자신의 신분과 연락처, 법정대리인의 성명과 연락처를 수집하고자 하는 이유를 알려야 하고, 수집한 법정대리인의 개인정보를 법정대리인의 동의를 얻기 위한 목적으로만 이용하여야 하며, 법정대리인의 동의 거부가 있거나 법정대리인의 동의 의사가 확인되지 않는 경우 수집일로부터 5일 이내에 파기해야 한다.[720]

---

716) 「초·중등교육법」 제30조의6제1항 단서.
717) 「초·중등교육법」 제30조의6제3항.
718) 「초·중등교육법」 제67조제2항제4호.
719) 「개인정보 보호법」 제22조제6항.
720) 「교육부 개인정보 보호지침」 제13조.

6. 정보공개 여부의 결정

학교에서 학부모 등으로부터 정보공개의 청구를 받으면 그 청구를 받은 날부터 10일 이내에 공개 여부를 결정하여야 하고, 부득이한 사유로 10일 이내에 공개 여부를 결정할 수 없을 때에는 그 기간이 끝나는 날의 다음 날부터 기산하여 10일의 범위에서 공개 여부 결정기간을 연장할 수 있다. 이 경우 연장된 사실과 연장 사유를 청구인에게 지체 없이 문서로 통지하여야 한다.[721] 또한 정보의 공개를 결정한 경우에는 공개의 일시 및 장소 등을 분명히 밝혀 청구인에게 통지하여야 하며, 청구인이 사본 또는 복제물의 교부를 원하는 경우에는 이를 교부하여야 한다.[722] 정보의 공개 및 우송 등에 드는 비용은 실비의 범위에서 청구인이 부담한다.[723]

Ⅲ. 영상정보처리기기(폐쇄회로 텔레비전, CCTV) 운영과 관리

영상정보처리기기란 일정한 공간에 지속적으로 설치되어 사람 또는 사물의 영상 등을 촬영하거나 이를 유·무선망을 통하여 전송하는 장치로서 폐쇄회로 텔레비전(CCTV)과 네트워크 카메라를 말한다.[724] 유치원을 포함한 초·중·고등학교에서 아동학대, 학교폭력, 절도, 체벌, 안전사고 등이 발생한 경우 사고 당사자 사이에 다툼이 생기면 이를 입증해 줄 수 있는 가장 중요한 증거자료가 CCTV에 기록된 영상정보라 할 수 있다. 하지만 개인정보 보호를 위해서 설치와 운영 및 열람에 대해서 주의할 사항이 많다.

1. 영상정보처리기기 설치와 운영의 제한

누구든지 공개된 장소에 영상정보처리기기를 설치·운영하는 것은 금지된다. 하지만 예외적으로 다음의 경우에는 허용된다.[725]

영상정보처리기기 설치와 운영 허용 요건

1. 법령에서 구체적으로 허용하고 있는 경우
2. 범죄의 예방 및 수사를 위하여 필요한 경우
3. 시설안전 및 화재 예방을 위하여 필요한 경우
4. 교통단속을 위하여 필요한 경우
5. 교통정보의 수집·분석 및 제공을 위하여 필요한 경우

---

721) 「공공기관의 정보공개에 관한 법률」 제11조.
722) 「공공기관의 정보공개에 관한 법률」 제13조.
723) 「공공기관의 정보공개에 관한 법률」 제17조.
724) 「개인정보 보호법」 제2조제7호 및 「개인정보 보호법 시행령」 제3조.
725) 「개인정보 보호법」 제25조제1항.

공개된 장소에 영상정보처리기기를 설치·운영하려는 공공기관의 장은 「행정절차법」에 따른 행정예고의 실시 또는 의견청취나 설명회·설문조사 또는 여론조사 등 어느 하나에 해당하는 절차를 거쳐야 한다.[726] 하지만 공개된 장소가 아닌 교실 교무실 등의 경우에는 학생이나 학부모, 교직원 등 정보주체의 동의를 얻어야 한다.[727]

또한 학교의 경우 목욕실, 화장실, 탈의실 등 개인의 사생활을 현저히 침해할 우려가 있는 장소의 내부를 볼 수 있도록 영상정보처리기기를 설치·운영하여서는 안 된다.[728] 그리고 영상정보처리기기운영자는 영상정보처리기기의 설치 목적과 다른 목적으로 영상정보처리기기를 임의로 조작하거나 다른 곳을 비춰서는 아니 되며, 녹음기능은 사용할 수 없으며, 영상정보처리기기의 개인정보가 분실·도난·유출·위조·변조 또는 훼손되지 아니하도록 안전성 확보에 필요한 조치를 하여야 하고,[729] 정보주체가 쉽게 인식할 수 있도록 안내판을 설치하는 등 필요한 조치를 하여야 한다.[730]

영상정보는 영상정보처리기기 운영·관리 방침에 명시한 보관 기간이 만료한 때에는 지체 없이 파기하여야 하고, 영상 정보의 보유 목적의 달성을 위한 최소한의 기간을 산정하기 곤란한 때에는 보관 기간을 개인영상정보 수집 후 30일 이내로 한다.[731]

2. 영상정보 제3자 제공 금지

영상정보처리기기운영자는 개인영상정보를 수집 목적 이외로 이용하거나 제3자에게 제공하여서는 아니 되지만, 예외적으로 다음 사유에 해당하는 경우에만 가능하다.[732]

개인영상정보 제3자 제공 가능 요건

1. 정보주체에게 동의를 얻은 경우
2. 다른 법률에 특별한 규정이 있는 경우
3. 정보주체 또는 그 법정대리인이 의사표시를 할 수 없는 상태에 있거나 주소불명 등으로 사전 동의를 받을 수 없는 경우로서 명백히 정보주체 또는 제3자의 급박한 생명, 신체, 재산의 이익을 위하여 필요하다고 인정되는 경우
4. 〈삭제〉〈 2020. 12. 11. 〉
5. 개인영상정보를 목적 외의 용도로 이용하거나 이를 제3자에게 제공하지 아니하면 다른 법률에서 정하는 소관 업무를 수행할 수 없는 경우로서 보호위원회의 심의·의결을 거친 경우
6. 조약, 그 밖의 국제협정의 이행을 위하여 외국정부 또는 국제기구에 제공하기 위하여 필요한 경우
7. 범죄의 수사와 공소의 제기 및 유지를 위하여 필요한 경우
8. 법원의 재판업무 수행을 위하여 필요한 경우
9. 형(刑) 및 감호, 보호처분의 집행을 위하여 필요한 경우

---

726) 「개인정보 보호법」 제25조제3항 및 「개인정보 보호법 시행령」 제23조제1항 참조.
727) 「개인정보 보호법」 제15조 참조.
728) 「개인정보 보호법」 제25조제2항 참조.
729) 「개인정보 보호법」 제25조제5항·제6항.
730) 「개인정보 보호법」 제25조제4항.
731) 「교육부 개인정보 보호지침」 제71조제1항·제2항.
732) 「교육부 개인정보 보호지침」 제70조.

학교에서는 주로 학생이나 학부모 등 정보주체에게 동의를 얻은 경우와 정보주체 또는 제3자의 급박한 생명, 신체, 재산의 이익을 위하여 필요하다고 인정되는 경우 및 범죄의 수사와 공소의 제기 및 유지를 위하여 필요한 경우에는 개인영상정보를 제3자 제공이 가능하다.

3. 학부모 등의 영상정보처리기기(CCTV) 열람 청구와 학교에서의 허용 절차

정보주체인 학생이나 보호자는 학교에 설치된 CCTV에 기록된 개인영상정보에 대하여 열람 또는 존재확인을 요구할 수 있다. 요구할 수 있는 요건으로는 정보주체 자신이 촬영된 개인영상정보 또는 명백히 정보주체의 급박한 생명, 신체, 재산의 이익을 위하여 필요한 정보에 한한다.[733] 학교에서는 정보주체로부터 열람 요구를 받았을 때에는 지체 없이 필요한 조치를 취하여야 하고, 이때에 열람 등의 요구를 한 자가 본인이거나 정당한 대리인인지를 주민등록증·운전면허증·여권 등의 신분증명서를 제출받아 확인하여야 한다.[734] 열람을 요구한 정보주체는 [별지 제11호 서식]인 「개인영상정보 열람·존재확인 청구서」를 작성하여 개인정보처리자에게 제출하여야 하고,[735] 개인정보처리자는 정보주체로부터 개인정보 열람요구서를 받은 날부터 10일 이내에 정보주체에게 해당 개인정보를 열람할 수 있도록 하여야 한다.[736]

학부모가 본인 자녀 외의 다른 학생이 포함된 CCTV 열람을 요구한 경우에는 다른 학생의 동의를 받아 열람하게 하여야 하며, 만 14세 미만 학생인 경우에는 보호자의 동의를 받아야 한다. 보호자가 동의하지 않은 경우에는 정보주체인 해당 학생 이외의 자를 명백히 알아볼 수 있거나 정보주체 이외의 자의 사생활 침해의 우려가 있는 경우에는 해당되는 정보주체 이외의 자의 개인영상정보를 알아볼 수 없도록 보호조치를 취하여야 한다.[737] 보호조치 방법으로는 모자이크, 마스킹 처리 등을 활용할 수 있다.

또한 영상정보처리기기운영자는 개인영상정보 열람 요구에 대한 조치를 취하는 경우 다음 사항을 기록하고 관리하여야 한다.[738]

영상정보 열람 요구 시 기록 및 관리사항

1. 개인영상정보 열람 등을 요구한 정보주체의 성명 및 연락처
2. 정보주체가 열람 등을 요구한 개인영상정보 파일의 명칭 및 내용
3. 개인영상정보 열람 등의 목적
4. 개인영상정보 열람 등을 거부한 경우 그 거부의 구체적 사유
5. 정보주체에게 개인영상정보 사본을 제공한 경우 해당 영상정보의 내용과 제공한 사유

---

733) 「교육부 개인정보 보호지침」 제74조제1항.
734) 「교육부 개인정보 보호지침」 제74조제3항.
735) 「교육부 개인정보 보호지침」 제74조제2항. [별지 제11호 서식]인 「개인영상정보 열람·존재확인 청구서」는 법제처 국가법령정보센터에서 「교육부 개인정보 보호지침」을 검색하면 쉽게 찾아 활용할 수 있다.
736) 「교육부 개인정보 보호지침」 제44조제2항.
737) 「교육부 개인정보 보호지침」 제76조 및 「표준 개인정보 보호지침」 제46조.
738) 「교육부 개인정보 보호지침」 제74조제5항 및 「표준 개인정보 보호지침」 제44조제5항. 개인영상정보 기록 관리도 법제처 국가법령정보센터에서 「교육부 개인정보 보호지침」 [별지 제12호 서식]인 「개인영상정보 관리대장」을 다운받아 활용할 수 있다.

그러나 학생이나 학부모 등 정보주체가 CCTV 열람 또는 존재확인을 요구하더라도 다음에 해당하는 경우에는 개인영상정보 열람 등 요구를 거부할 수 있다. 이 경우 10일 이내에 서면 등으로 거부 사유를 정보주체에게 통지하여야 한다.[739]

개인영상정보 열람 거부 사유

1. 범죄수사·공소유지·재판수행에 중대한 지장을 초래하는 경우
2. 개인영상정보의 보관기간이 경과하여 파기한 경우
3. 그 밖에 정보주체의 열람 등 요구를 거부할 만한 정당한 사유가 존재하는 경우

---

4. 수사기관의 수사 목적 및 어린이 집 보호자의 CCTV 열람 요청

경찰 등 수사기관에서 수사목적으로 CCTV 자료를 요청하는 경우 「개인정보 보호법」 제18조제2항제7호 및 「교육부 개인정보 보호지침」 제70조제7호에 명시된 "범죄의 수사와 공소의 제기 및 유지를 위하여 필요한 경우"에 해당되어 본인의 동의 없이 제공할 수 있다. 따라서 수사기관에서 수사목적으로 CCTV 자료를 요청하는 경우에는 학생이나 학부모 등 정보주체의 동의 없이 제3자 제공이 가능하다. 이와 같은 경우에도 필요한 최소한의 범위에서 제한적으로 제공할 수 있으며 관리대장에 기록하여야 한다.

「개인정보 보호법」 제6조는 개인정보 보호에 관하여는 다른 법률에 특별한 규정이 있는 경우를 제외하고는 이 법에서 정하는 바에 따른다고 명시하고 있으므로, 다른 법률에 특별한 규정이 있는 경우에는 다른 법률에 따라야 한다. 그러므로 영상정보에 관한 특별한 규정이 있는 다른 법률이 있는 경우에는 그 법률의 규정을 우선 적용하여야 한다. 예컨대 「영유아보육법」에서는 어린이집을 설치·운영하는 자는 아동학대 방지 등 영유아의 안전과 어린이집의 보안을 위하여 폐쇄회로 텔레비전을 설치·관리하도록 규정하고 있으므로,[740] 「영유아보육법」의 폐쇄회로 텔레비전 설치·관리 규정은 「개인정보 보호법」보다 우선 적용된다.

또한 「영유아보육법」에 따르면 어린이집 폐쇄회로 텔레비전을 설치·관리하는 자는 보호자가 자녀 또는 보호아동의 안전을 확인할 목적으로 영상정보의 원본 또는 사본 등을 요청하는 경우에는 영상정보를 열람하게 할 수 있고,[741] 보호자는 자녀 또는 보호아동이 아동학대, 안전사고 등으로 정신적 피해 또는 신체적 피해를 입었다고 의심되는 등의 경우에는 폐쇄회로 텔레비전을 설치·관리하는 자에게 영상정보 열람요청서나 의사소견서를 제출하여 영상정보의 열람을 요청할 수 있다.[742] 이와 같은

---

739) 「교육부 개인정보 보호지침」 제74조제4항.
740) 「영유아보육법」 제15조의4제1항.
741) 「영유아보육법」 제15조의5제1항제1호.
742) 「영유아보육법 시행규칙」 제9조의4제1항.

요건에 따라 어린이집에서 CCTV 영상을 열람 조치하는 경우에는 다른 사람을 알아볼 수 없도록 하는 모자이크, 마스킹 처리 등의 보호조치를 반드시 할 필요는 없다.

헌법재판소도 아동학대 근절과 보육환경의 안전성 확보는 사회적·국가적 차원에서도 보호할 필요가 있는 중대한 공익이고, 어린이집 설치·운영자나 부모의 기본권, 보육교사 및 영유아의 사생활의 비밀과 자유 등의 사익은 공익보다 크다고 보기는 어렵다고 판시하고 있다.[743]

따라서 어린이집에서 자녀의 아동학대, 안전사고 등을 이유로 한 보호자의 요청에 따라 CCTV 영상을 열람 조치하는 경우 다른 사람을 알아볼 수 없도록 하는 보호조치를 반드시 할 필요는 없다. 하지만 CCTV 영상을 외부로 반출할 경우에는 모자이크, 마스킹 처리 등 모든 보호조치가 이루어져야 정보주체의 개인정보 침해를 예방할 수 있으므로 주의해야 한다.

Ⅳ. 학생 개인정보 위반 판례와 책임예방 Tip

1. 학교 CCTV, 학부모가 공개 요구하면 해야 하나, 말아야 하나?

판례[744]

공개하지 않았다가 법원으로부터 공개 판결을 받고, 학부모의 소송비용도 떠안은 학교장

【사건개요】

◆ A학생은 2018년 학교 화단 앞 피구장에서 피구를 하는 도중 다른 학생을 때리는 신체 폭행을 행사하였다는 이유로 학교폭력대책자치위원회 심의를 거쳐 학급교체 등의 처분을 받았다. A학생의 부모는 「공공기관의 정보공개에 관한 법률」에 따라 이 사건 관련 소송의 입증자료로 사용할 목적으로 학교 운동장 CCTV 영상 및 학교폭력대책자치위원회 회의 당시 음성파일의 열람·시청 등의 정보공개를 청구하였다. 학교장은 「개인정보 보호법」 및 공공기관 영상정보처리기기 설치·운영 가이드라인에 의거 공공기관은 법률에서 정하는 등 특별한 경우를 제외하고 개인영상정보를 수집 목적 이외로 이용하거나 제3자에게 제공할 수 없다고 하여 공개를 거부하였다.

【학교책임 및 판결요지】

◆ 재판부에 따르면 공공기관 영상정보처리기기 설치·운영 가이드라인은 행정청 내부의 지침에 불과하여 대외적으로 국민에 대하여 아무런 기속력이 없고, 이 사건 영상정보가 「공공기관의 정보공

743) 헌법재판소 2017. 12. 28. 선고 2015헌마994 판결.
744) 수원지방법원 2019. 1. 17. 선고 2018구합67023 판결.

개에 관한 법률」 제9조에서 정한 비공개대상정보 제외 사유에 해당하는 이상, 「개인정보 보호법」 제6조, 제18조제2항제2호에서 말하는 '다른 법률에 특별한 규정'이 있는 경우에 해당한다고 하였다. 따라서 정보주체의 동의가 없더라도 정보공개법에 의한 공개대상이 된다고 하여 학교장이 A학생의 부모에 대하여 한 정보공개거부처분을 취소하도록 하고 소송비용도 부담하도록 하였다.

교사를 위한 책임예방 Tip

◈ 학교에서는 행정기관으로 부터 지시된 가이드라인에 의거, 공공기관은 법률에서 정하는 등 특별한 경우를 제외하고 개인영상정보를 수집 목적 이외로 이용하거나 제3자에게 제공할 수 없다고 하여 CCTV 영상을 공개하지 않았다. 하지만 공개와 비공개를 판단할 때 공개하는 것이 공익이나 개인의 권리구제를 위하여 필요하다고 인정되는 정보는 비공개대상정보에서 제외하고 있다.

그리고 공개하는 것이 개인의 권리구제를 위하여 필요하다고 인정되는 정보에 해당하는지 여부는 비공개에 의하여 보호되는 개인의 사생활의 비밀 등의 이익과, 공개에 의하여 보호되는 개인의 권리구제 등의 이익을 비교·교량하여 구체적 사안에 따라 신중히 판단하여야 한다.

이 사건 영상정보가 담고 있는 내용은 학교 운동장에서 재학생들이 피구를 하고 있는 일상적인 모습에 불과할 것으로 보이므로, 영상정보의 공개를 통하여 학생들의 개인식별정보가 공개됨으로써 사생활이 다소 침해된다고 하더라도 이 사건 관련소송의 내용 및 그 경과, 영상정보와의 관련성, 영상정보를 취득하고자 하는 목적과 의도에 비추어 영상정보를 공개함으로 인하여 침해되는 사익이 A학생 부모의 권리구제 등 이익과 비교하여 더 크다거나 우월하다고 보기 어렵다. 그러므로 학교장은 교육부 또는 교육청 내부의 지침인 가이드라인이나 매뉴얼에 우선하여 앞에서 다룬 상위법인 「공공기관의 정보공개에 관한 법률」에서 규정한 비공개대상정보 제외 사유에 대한 판단과 적용에 주의하여야 한다.

2. 학생들을 위한 공익적 목적이지만, 주민번호 도용하면?

판례[745]

교사가 학부모의 주민등록번호로 민원을 제기한 사건

【사건개요】

◈ A교사는 교사 본연의 임무를 소홀히 하고 학생들의 학습권을 침해하는 교사들의 잘못을 바로잡고자 하는 공익적인 동기에서, 동료 교사에 대한 민원을 제기하면서 교육청의 공문결재 사이트에 게재된 B학부모의 주민등록번호 정보를 이용하여 인터넷 국민신문고 민원란에 글을 게시하였다.

---

745) 서울행정법원 2013. 10. 24. 선고 2013구합53585 판결.

【교사책임 및 판결요지】

◆ 서울중앙지방법원(2012고정4302)은 A교사가 학생들의 학습권을 침해하는 교사들의 잘못을 바로잡고자 하는 공익적인 동기이지만 특정인의 주민등록번호를 무단으로 이용한 위법이 있다하여 주민등록법 위반죄로 벌금 50만원을 선고하였다. 또한 이 사건 비위사실을 이유로 교육청 징계위원회는 감봉 3개월로 의결하였으나 A교사의 수상실적(교육감표창 수상)에 의하여 견책으로 감경하였다.

A교사는 공익적인 동기이고 이미 교육청 공문결재 사이트에 게재된 정보를 이용한 것 등이라는 이유로 이 징계처분은 재량권의 한계를 일탈·남용하여 위법하므로 견책 처분 취소를 주장하였으나 서울행정법원은 재량권을 남용하거나 한계를 일탈한 것이라 할 수 없다고 판단하여 기각하였다.

교사를 위한 책임예방 Tip

◆ 민원제기의 동기가 학생들의 학습권을 침해하는 교사들의 잘못을 바로잡고자 하는 공익적 목적이고 비공개로 글을 게시하였으며, 이미 다른 사이트에 노출된 주민등록번호를 사용하였지만 교사는 타인의 주민등록번호를 무단으로 이용했기 때문에 형사처벌과 징계처분을 받았다. 주민등록법 제37조는 다른 사람의 주민등록증을 부정하게 사용한 자에게 3년 이하의 징역 또는 3천만원 이하의 벌금에 처하도록 규정하고 있으므로 주의하여야 한다.

3. 가정통신문 전달은 내용에 따라 전달방법을 달리해야

인권위결정례[746]

밀봉하지 않은 통지문 발송으로 인한 개인정보 유출

【사건개요】

◆ 갑 학교에서는 학교운영위원회 위원장인 피해자 A의 불신임과 관련된 '학부모 임시총회 안내문'을 밀봉도 하지 않은 채 학생들을 통하여 전체 학부모들에게 송부함으로써 위 사항이 전체 학생과 교사들에게 알려지게 하였다.

【교사책임 및 판결요지】

◆ 국가인권위원회에 따르면 학부모인 어머니가 학교운영위원회 위원장에서 불신임된다는 부정적인 내용이 학생들에게까지 유포되어 자녀가 받았을 심적 압박과 굴욕감이 적지 않았을 것으로 추정되는 점 등을 고려하면 학교의 행위는 「헌법」 제10조가 보장하는 인격권을 침해한 것으로 판단된다고 하였다. 그리고 학교장은 학부모의 인격권을 침해하였으므로 향후 이 사건과 유사한 사례가 발생

---

746) 국가인권위원회 2015. 1. 28. 권고 14진정0407500 결정.

하지 않도록 재발방지 대책을 수립하여 시행할 것을 권고하였다.

교사를 위한 책임예방 Tip

◆ 통상 활용하는 학교 안내문 등 가정통신문은 그 내용이 공개된 방법으로 학생들을 통하여 학부모에게 전달되고 있지만, 안내문 내용에 특정인의 개인정보가 포함되어 있거나 불신임 등 부정적인 문언의 경우는 비공개된 방법으로 전달하여야 한다. 개인의 인격에 중대한 영향을 미치는 정보가 공개될 경우 개인의 긍정적인 면을 포함한 총체적인 인격이 묘사되는 것이 아니라 단지 부정적인 측면만이 크게 부각될 수도 있다. 이 사례에서는 학부모회 임원진 중 한 명이 안내문을 교무부장에게 주면서 당일 학생들 하교 전에 배포해달라고 요청하였고, 이 내용을 교무부장이 하교 시간이 임박하여 학교장에게 보고하면서 과거에도 학부모회 개최 관련 안내문은 학생들에게 그대로 전달하였다고 하였지만, 안내문의 내용에 따라 전달 방법을 달리하여야 한다.

V. 학생 개인정보 위반 책임예방을 위한 유의점

1. 상담기초자료 수집도 학부모 동의가 필요하다.

학교에서 활용하고 있는 가정환경 조사서나 신입생 기초 자료 조사서 등은 교육부에서 제공하는 각급학교 개인정보 수집업무 길잡이 내용 중 상담기초자료[747]를 참조하여 활용하는 것이 불필요한 개인정보 수집·이용을 방지할 수 있다. 학년 초 학생 가정환경조사서에 학교생활기록상의 명시적인 개인정보는 법령에 의해 수집할 수 있지만 개인정보 최소 수집의 원칙에 따라 수집하여야 하며, 최소한의 개인정보 수집이라는 입증책임은 개인정보처리자가 부담하여야 한다.[748]

그러므로 학부모의 직업 또는 학력, 주거형태 등 가정형편 등은 학교생활기록상의 명시적인 정보가 아니므로 과도하게 수집하지 않는 것이 최소수집 입증 책임을 면할 수 있을 것이고, 상담기초자료 수집에 대한 구체적인 법령도 존재하지 않으므로 정보주체인 학부모의 동의를 받아 개인정보를 수집하여야 한다.

2. 비상연락망은 동의 없이 수집 이용할 수 있다.

학교 구성원 간 내부적 업무처리를 위하여 사용하는 교직원 비상연락망은 공공기관이 법령 등에서 정하는 소관 업무의 수행을 위하여 불가피한 경우[749]에 해당되므로 정보주체인 교직원의 동의 없이 수

---

747) 교육부, 각급학교 개인정보 수집업무 길잡이, 2021. 9면 참조.
748) 「개인정보 보호법」 제16조.
749) 「개인정보 보호법」 제15조제1항제3호.

집 이용할 수 있다. 하지만 비상상황에 대비하여 교직원으로부터 비상연락이 필요한 최소한의 연락정보만을 수집하여야 하고, 외부에 유출되지 않도록 주의하여야 한다.

학생 비상연락망도 소관 업무의 수행을 위하여 불가피한 경우에 해당하므로 학생이나 보호자의 전화번호 주소 등의 연락처를 수록할 수 있다. 교직원이나 학생의 비상연락망은 학교 내부 업무 처리를 목적으로 하는 경우에만 활용되어야 하며, 불특정 다수인이 열람할 수 없도록 관리해야 한다. 물론 앞에서 다룬 바와 같이 동의 없이 제3자 제공은 금지된다.

3. 요 양호학생 명부는 법률의 규정에 의해 동의 없이 작성 관리할 수 있다.

학교에서는 「유아교육법」, 「초·중등교육법」, 「학교보건법」 등 법률에 특별한 규정이 있거나 법령상 의무를 준수하기 위하여 불가피한 경우[750]에는 동의 없이도 개인정보를 수집할 수 있으며 그 수집 목적의 범위에서 이용할 수 있다.

건강정보는 「개인정보 보호법」 제23조의 민감정보에 해당하므로 정보주체의 별도로 동의를 받은 경우나 법령에서 민감정보의 처리를 요구하거나 허용하는 경우에 한해 수집·이용할 수 있다.[751] 그러나 학교에서는 「학교보건법」에 의거 학생에 대한 건강검사를 하여야 하며 그 결과를 기록 관리하여야 하고,[752] 또한 「학교건강검사규칙」에 의거 학생에 대한 건강조사의 내용에는 병력 사항이 포함되어야 하므로,[753] 위에서 제시한 법령에서 처리를 요구하거나 허용한 경우에 해당된다. 따라서 학생의 건강정보는 민감정보이지만 정보주체의 별도의 동의가 필요하지 않는다.

그러므로 학생의 건강과 안전을 위하여 보건교사가 요 양호학생 명부를 작성하여 관리하는 경우에는 별도의 동의 없이 수집하고 이용할 수 있고, 학생의 안전 관리를 목적으로 담임교사나 수업 담당 교사에게 공유할 수 있다.

4. 학부모는 자녀가 동의하지 않아도 학생정보를 학교에 요구할 수 있다.

우리 「민법」은 "친권자는 자를 보호하고 교양할 권리의무가 있다."고 명시하고 있고,[754] 「교육기본법」은 "부모 등 보호자는 보호하는 자녀 또는 아동이 바른 인성을 가지고 건강하게 성장하도록 교육할 권리와 책임을 가진다."고 규정하고 있다.[755] 더구나 부모 등 보호자는 자녀에 대한 학교생활기록 등의 학생정보를 제공받을 권리를 가진다.[756] 따라서 학부모가 자녀에 대한 학교생활기록 등의 학생정보에 대한 확인을 요구할 경우에는 학교에서 제공하여야 하며, 학생이 동의하지 않아도 제공

---

750) 「개인정보 보호법」 제15조제1항제2호.
751) 「개인정보 보호법」 제23조제1항.
752) 「학교보건법」 제7조·제7조의3 참조.
753) 「학교건강검사규칙」 제4조의2.
754) 「민법」 제913조.
755) 「교육기본법」 제13조.
756) 「교육기본법」 제23조의3제2항.

하여야 한다.

5. 졸업앨범 제작 시 교사의 성명과 얼굴 사진 공개는 동의를 받아야 한다.

졸업앨범의 내용에는 정보주체인 교사의 성명 얼굴 사진 등이 포함될 수 있고 성명 영상 등은 개인정보이므로,[757] 정보주체의 동의를 받은 경우에만 수집 및 이용할 수 있다. 동의를 받을 때에는 개인정보의 수집·이용 목적, 수집하려는 개인정보의 항목, 개인정보의 보유 및 이용 기간, 동의를 거부할 권리가 있다는 사실 및 동의 거부에 따른 불이익이 있는 경우에는 그 불이익의 내용을 교사에게 알려야 한다.[758]

6. 학교 홈페이지에 교직원의 개인정보 공개는 동의를 받아야 한다.

학교 홈페이지 이용 등을 위한 회원가입 절차에서 주민등록번호 수집은 「개인정보 보호법」 위반이다. 주민등록번호는 정보주체의 동의에 의해서도 수집할 수 없고, 법령에 근거가 있는 경우에만 수집할 수 있기 때문이다.[759]

또한 교직원의 성명은 개인정보이므로 학교 홈페이지 공개를 위해서는 교직원의 동의를 받아야 한다. 한편 교직원의 성명을 포함하여 출신학교, 전화번호 등은 홈페이지 운영의 목적에 필요한 범위에서 최소한의 개인정보만을 적법하고 정당하게 수집하여야 하는 개인정보 보호 원칙[760]에 포함되는 정보라고 할 수 없다. 따라서 문제가 발생하였을 경우에는 학교장 등 개인정보 처리자가 해당 정보가 필요 최소한의 정보임을 입증하여야 하므로, 학교 홈페이지에 필수 정보가 아닌 개인정보는 게시하지 않는 것이 「개인정보 보호법」 위반 책임을 예방할 수 있다.

또한 학교 또는 학급 홈페이지에도 학생들의 얼굴을 식별할 수 있는 단체 사진이나 동영상 게시는 초상, 행동 등 사생활과 관련된 영상으로서 개인정보이므로 학생 또는 학부모(학생이 14세 미만일 경우)로부터 동의를 받아야 한다.

---

757) 「개인정보 보호법」 제2조.
758) 「개인정보 보호법」 제15조.
759) 「개인정보 보호법」 제24조의2 참조.
760) 「개인정보 보호법」 제3조.

제7절 교원의 학생 성비위

I. 아동·청소년 대상 성희롱 성폭력의 개념

성희롱은 지위를 이용하거나 업무 등과 관련하여 성적 언동 또는 성적 요구 등으로 상대방에게 성적 굴욕감이나 혐오감을 느끼게 하는 행위이고, 성폭력은 폭행이나 협박 위계 위력 등을 사용하여 상대방의 성적자기결정권을 침해하는 모든 행위를 말하며 성폭력의 구체적인 범죄 유형은 법령에서 열거하여 명시하고 있다. 성비위는 성폭력 성매매 성희롱 등을 포함하는 용어이다. 교원이 학생을 상대로 성폭력 등의 범죄를 범하면 해임 파면을 비롯하여 교단에서 영구 배제되는 경우도 있으므로 관련 법령을 숙지하여 철저히 예방할 필요가 있다.

「아동·청소년의 성보호에 관한 법률」(약칭: 「청소년성보호법」)에서 아동·청소년이란 19세 미만의 자를 말하므로,[761] 유치원이나 초·중·고등학교 학생은 모두 포함되고 학생들을 대상으로 한 성범죄에 해당되면 「청소년성보호법」이 적용되어 일반적인 성범죄보다 무거운 처벌을 받는다. 더구나 이 중에서도 13세 미만의 사람 및 신체적인 또는 정신적인 장애가 있는 사람에 대한 간음 또는 추행은 강간이나 강제추행 등으로 처벌된다.[762]

아동·청소년을 대상으로 한 성폭력은 「청소년성보호법」, 「성폭력범죄의 처벌 등에 관한 특례법」(약칭: 「성폭력처벌법」), 「성폭력방지 및 피해자보호 등에 관한 법률」(약칭: 「성폭력방지법」), 「형법」, 「아동복지법」에서 아동·청소년에 대한 성범죄의 유형을 구체적으로 규정하고 있다. 하지만 성희롱은 성폭력과 달리 「국가인권위원회법」, 「아동복지법」, 「양성평등기본법」 등에서 직장 내 성희롱에 관하여 규정하고 있다.

II. 교원의 학생 성비위에 대한 신분상 불이익

1. 성비위 교원 수업 및 담임 배제, 그리고 직위해제 가능

최근에 「교육공무원법」과 「사립학교법」을 개정하여 고등학교 이하 각급학교의 장은 교원에 대한 징계처분의 사유가 교육공무원법 제52조에서 명시한 성희롱 등 성비위에 해당하는 경우에는 징계처분 이후 5년 이상 10년 이하의 범위에서 학급을 담당하는 교원(학급담당교원)으로 배정할 수 없고, 이 기간 동안 해당 교원의 학급담당교원 배정 여부 등 임용에 관한 사항을 교육부장관 또는 관할 교육

---

761) 「청소년성보호법」 제2조제1호.
762) 「형법」 제305조.

감에게 보고하여야 한다.[763][764] 담임 배제는 교원을 학생과 분리하여 학생을 보호하기 위한 조치이다.

또한 「국가공무원법」과 「사립학교법」에 따르면 성범죄 등 비위행위로 인하여 감사원 및 검찰·경찰 등 수사기관에서 조사나 수사 중인 자로서 비위의 정도가 중대하고 이로 인하여 정상적인 업무수행을 기대하기 현저히 어려운 자에게는 직위를 부여하지 아니할 수 있다.[765][766] 직위해제는 교원에게 직위를 계속 유지시킬 수 없는 경우에 교원의 직위를 소멸시키는 인사 처분이므로 수업 및 담임으로부터 배제되는 것은 물론이다.

2. 성비위 교원 징계감경 제외

성 관련 비위로 징계의 대상이 된 교원은 징계감경 사유에서도 제외된다. 징계감경은 훈장 또는 포장을 받은 공적이 있거나 교육감 이상의 표창을 받은 공적 또는 모범공무원으로 선발된 공적이 있는 경우에 징계를 감경해 주는 제도이지만, 성 관련 비위로 징계의결이 요구된 교원에게는 징계를 감경해주지 않는다.[767] 사립학교 교원도 「사립학교 교원 징계규칙」에서 정한 사항 외에 사립학교 교원에 대한 징계기준 및 징계의 감경기준 등에 관하여는 「공무원 징계령 시행규칙」 제5조제1항 및 제6조를 준용[768]하므로 국공립학교 교원과 동일하게 적용된다.

3. 교원의 성비위 등 징계시효는 10년

징계시효는 징계사유가 있더라도 일정기간이 지나면 징계할 수 없는 제도이다. 공무원의 일반 징계시효는 3년이며,[769] 금전, 물품, 부동산, 향응 또는 그 밖에 대통령령으로 정하는 재산상 이익을 취득하거나 제공한 경우와 횡령, 배임, 절도, 사기 또는 유용한 경우에는 징계 시효가 5년이다.[770]

하지만 「교육공무원법」을 개정하여 징계사유가 성폭력범죄, 아동·청소년대상 성범죄, 성매매, 성희롱에 대해서는 징계 시효를 10년으로 규정하여,[771] 학생들을 보호하고 감독해야하는 교사에 대해서는 성비위 책임을 강화하였다. 그리고 성비위와는 관련이 없지만 국가연구개발사업 관련 부정행위에 대해서도 징계 시효를 10년으로 규정하였다.

---

763) 「교육공무원법」 제17조제3항·제4항.
764) 「사립학교법」 제66조의6.
765) 「국가공무원법」 제73조의3 참조.
766) 「사립학교법」 제58조의2 참조.
767) 「교육공무원 징계양정 등에 관한 규칙」 제4조.
768) 「사립학교 교원 징계규칙」 제5조.
769) 「국가공무원법」 제83조의2 및 「사립학교법」 제66조의4.
770) 「국가공무원법」 제83조의2 및 「국가공무원법」 제78조의2.
771) 「교육공무원법」 제52조.

4. 성폭력 행위로 벌금 100만원 이상 선고받아도 당연 퇴직된다.

성인에 대한 「성폭력처벌법」 제2조에 따른 성폭력범죄 행위로 파면·해임되거나 100만원 이상의 벌금형이나 그 이상의 형 또는 치료감호를 선고받아 그 형 또는 치료감호가 확정된 사람은 교육공무원으로 임용될 수 없지만,[772] 교원으로 재직 중에 이와 같은 결격사유에 해당되면 재직 중이라도 당연 퇴직된다.[773] 「성폭력처벌법」 제2조에서 규정하고 있는 성폭력범죄는 대체로 모든 성범죄를 포함하고 있고, 법원에서는 성범죄로 확정되면 대부분 100만원 이상을 선고하고 있으므로 성폭력범죄에 해당하면 당연 퇴직된다고 보아야 한다.

5. 학생에 대한 성범죄로 파면 해임되면 공직에서 영구적으로 배제된다.

학생에 대한 성범죄는 공직에 영구적으로 임용될 수 없다. 고등학생 이하의 학생은 대부분 19세 미만이고 19세 미만은 미성년자이며, 미성년자를 대상으로 「성폭력처벌법」 제2조에 따른 성폭력범죄, 그리고 「청소년성보호법」 제2조제2호에 따른 아동·청소년대상 성범죄를 저질러 파면·해임되면 영구적으로 공무원으로 임용될 수 없다.[774]

법령 개정 전에는 「형법」 제303조 및 「성폭력처벌법」 제10조의 업무상위력 등에 의한 간음이나 업무상 위력 등에 의한 추행에 해당하면 공무원 임용결격 사유였지만, 「국가공무원법」 제33조를 개정하여 모든 유형의 성폭력 범죄로 확대하여 더 강하게 처벌하고 있다.

6. 교원이 학생을 상대로 성범죄를 범하면 형의 2분의 1까지 가중 처벌한다.

교원이 자기의 보호·감독을 받는 아동·청소년을 대상으로 성범죄를 범한 경우에는 그 죄에 정한 형의 2분의 1까지 가중 처벌한다.[775] 또한 대법원은 같은 학교 교사라면 담임교사가 아니어도 가중처

---

772) 「교육공무원법」 제10조의4.
773) 「교육공무원법」 제43조의2.
774) 「국가공무원법」 제33조6의4호.
775) 「청소년성보호법」 제18조.

벌 대상에 해당한다고 판시하고 있다.

　A교사는 자신이 근무하는 학교에서 B학생을 14차례 간음하고 4차례 추행한 혐의로 기소되었다. 재판부[776]는 교사가 학생을 상대로 성범죄를 범하면 「청소년성보호법」에 따라 형량을 50% 가중해 처벌한다고 하여 양형기준에 따라 징역 6년을 결정한 뒤 50%인 징역 3년을 추가해 징역 9년을 선고했다. A교사는 담임도 아니었고 직접 수업이나 지도를 하지도 않았다며 가중처벌이 부당하다고 주장했지만, 항소심과 대법원[777]은 교사가 교육할 의무를 지는 학생의 범위를 담임이나 수업 등의 수행 여부를 기준으로 한정하지 않고 있다며 가중처벌이 합당하다고 판시했다.

7. 술 취한 상태에서 성폭력도 감경규정을 적용하지 아니할 수 있다.

　「형법」은 심신장애로 인하여 사물을 변별할 능력이 없거나 의사를 결정할 능력이 없는 자의 행위는 벌하지 아니하고, 사물을 변별할 능력이 없거나 의사를 결정할 능력이 미약한 자의 행위는 형을 감경할 수 있다고 규정하고 있다.[778] 즉 심신상실자의 행위는 벌하지 아니하고, 심신미약자의 행위는 감경할 수 있다는 규정이다. 일반적으로 술에 취한 상태를 심신미약의 한 형태로 보고 술에 취한 채 범죄를 저질렀을 경우 처벌을 줄여줄 수 있다는 규정이다.

　하지만 아동·청소년 대상 성폭력범죄의 경우에는 음주나 약물로 인한 심신장애 상태에서 저지른 범행이라 하더라도 감경 규정을 적용하지 아니할 수 있다.[779] 즉 아동·청소년 대상 성폭력범죄에 대해서는 음주 등으로 인해 자신의 의사에 대한 결정능력이 미약한 상태에서 범한 행위도 감경하지 않을 수 있다.

8. 13세 미만의 아동·청소년 대상 성범죄는 공소시효가 적용되지 않는다.

　공소시효는 어떤 범죄사건이 일정한 기간의 경과로 형벌권이 소멸하는 제도이다. 공소시효는 오랜 시간이 지나면서 증거보존이 어렵고, 증거판단의 곤란 등을 이유로 국가의 형벌권을 완전히 소멸시키는 제도이다. 공소시효 기간은 각 범죄에 따라 다르며 「형사소송법」에서는 다음과 같이 규정하고 있다.[780]

공소시효 기간

1. 사형에 해당하는 범죄에는 25년
2. 무기징역 또는 무기금고에 해당하는 범죄에는 15년

---

776) 광주고등법원 2018. 12. 18. 선고 2018노122 판결.
777) 대법원 2019. 3. 14. 선고 2019도133 판결.
778) 「형법」 제10조.
779) 「청소년성보호법」 제19조.
780) 「형사소송법」 제249조.

하지만 13세 미만의 사람 및 신체적인 또는 정신적인 장애가 있는 사람에 대하여 성폭력 범죄를 범한 경우에는 공소시효를 적용하지 아니한다.[781] 따라서 13세 미만의 학생에게 성폭력 범죄를 범하면 아무리 오랜 기간이 지나도 형벌권이 소멸되지 않아 처벌할 수 있다. 공소시효가 적용되지 않는 범죄는 13세 미만의 사람 및 신체적인 또는 정신적인 장애가 있는 사람에 대한 강간, 강제추행, 준강간, 준강제추행, 강간 등 상해·치상, 강간 등 살인·치사, 미성년자에 대한 간음, 추행의 죄 등이다.

그리고 공소시효는 범죄행위의 종료한 때로부터 진행하지만,[782] 13세 이상 아동에 대한 성범죄의 공소시효는 피해아동이 성년에 달한 날부터 진행된다.[783] 또한 아동·청소년에 대한 강간·강제추행 등의 죄는 디엔에이(DNA)증거 등 그 죄를 증명할 수 있는 과학적인 증거가 있는 때에는 공소시효가 10년 연장된다.[784] 한편 사람을 살해한 범죄(종범은 제외한다)로 사형에 해당하는 범죄에 대하여는 공소시효를 적용하지 아니하므로[785] 살인죄는 공소시효가 폐지되었다.

Ⅲ. 교원의 학생 성비위 판례와 교원을 위한 Tip

1. 묵인되는 학생 신체적 접촉은 어디까지일까?

판례[786]

고등학교 여학생을 양팔로 끌어안은 사건

【사건개요】

◆ 고등학교 A교사는 담임을 맡고 있는 학급의 3명 여학생들에게 "남자 친구 대신 사랑을 주면 안 되냐?, 너는 왜 애교를 부리지 않니?"등과 같이 말하면서 몸을 밀착시키고, 등을 쓰다듬고 양팔로 끌어안는 등의 행위를 함으로써 위력으로 청소년인 피해자들을 추행하였다.

---

781) 「청소년성보호법」 제20조제3항.
782) 「형사소송법」 제252조.
783) 「청소년성보호법」 제20조제1항.
784) 「청소년성보호법」 제20조제2항.
785) 「형사소송법」 제253조의2.
786) 수원지방법원 2018. 2. 20. 선고 2017고합281 판결.

【교사책임 및 판결요지】

◆ A교사는 그동안 관행적으로 묵인되었던 학생에 대한 신체적 접촉과 언행 정도는 허용될 것이라 생각하였고, 추행의 정도가 중하지 않고 교육적인 목적도 있었으므로 「형법」 제20조의 정당행위에 해당한다고 주장하였다. 하지만 재판부는 피해학생들 진술의 전후 내용이 자연스러우며 상세한 점, 피해자들이 우연한 계기로 학교에 피해사실을 진술하게 되었던 점, 피해학생들이 A교사에 대하여 허위로 진술할 만한 특별한 사정이 있다고 보기 어려운 점 등을 이유로 A교사에게 벌금 2천만원과 40시간의 성폭력 치료프로그램 이수를 명하였다.

교사를 위한 책임예방 Tip

◆ 과거 교육 현장에서 훈계 혹은 친밀감의 표시로서 관행적으로 묵인되어 오던 언행이라도 피해자인 아동 · 청소년의 시각에서 수치심이나 혐오감을 느낄 수 있는 행위라면 교사에게 허용되는 범위를 넘어선 추행에 해당한다. 고등학교 여학생의 시각에서 수치심을 느끼는 정도의 신체적 접촉도 성추행이 성립되고, 이와 같은 사유로 100만원 이상의 벌금형만 받아도 현행법에 따르면 당연 퇴직 사유에 해당하므로 현행법에 신속히 적응해야 한다.

2. 남자 교사가 여학생에게 "사랑한다."는 표현은?

판례[787]

남자 교사가 여학생에게 귓속말로 성적 학대

【사건개요】

◆ 고등학교 A교사는 3학년 교실에서 수업 중 책상에 엎드려 잠을 자고 있는 B학생(여, 18세)에게 다가가 갑자기 양팔로 뒤에서 끌어안았으며, 동아리에 가입시켜 달라는 C학생(여, 17세)의 손을 잡고 주물러 추행하였고, 평소 학생들에게 "여자로 보인다. 이성으로 느껴진다."는 말을 반복해왔다. 또한 교무실에서 청소를 하고 있는 D학생(여, 17세)에게 다가가 귓속말로 "내가 이런 말하기 좀 그런데, 많이 보고 싶었다. 사랑한다, 손을 잡고 팔짱을 껴라."라고 말하는 등 아동 · 청소년인 학생들에게 성적 수치심을 주는 성희롱 등의 성적 학대행위를 하였다.

【교사책임 및 판결요지】

◆ 재판부는 교사로서 학생들의 올바른 인격 형성과 건강한 신체적 · 정신적 발달을 교육 · 지도하고 성폭력범죄나 성적 학대행위로부터 이들을 보호할 책무가 있는데도 그 책무를 저버리고 여러 차

---

787) 부산지방법원서부지원 2018. 7. 5. 선고 2018고합64 판결.

례에 걸쳐 제자들을 추행하고 성적으로 희롱했다고 밝혔다. 또한 A교사가 가한 추행의 구체적인 내용을 보더라도 자고 있는 피해자를 뒤에서 끌어안는 등 그 추행의 정도가 가볍다고 할 수 없고, 피해 학생들은 상당한 성적 수치심을 느끼고 정신적 고통을 입은 것으로 보이므로 A교사를 징역 1년에 2년간 집행을 유예하고, 40시간의 성폭력 치료강의 수강을 명하였다.

교사를 위한 책임예방 Tip

◆ 재판과정에서 피해학생들이 A교사의 처벌을 원하지 아니하였고, 형사처벌을 받은 전력이 없어 유리한 정상이 참작되었다. 하지만 재판부는 여학생을 양팔로 뒤에서 끌어안는 행위, 손을 잡고 주무르는 행위는 물론 귓속말로 "많이 보고 싶었다.", "사랑한다."는 표현도 성희롱 등의 성적 학대행위로 판단하고 있으므로 교사는 신체 표현뿐만 아니라 언어 표현도 학생들이 성적 수치심을 느낄 우려가 있는 표현이므로 삼가야 한다.

3. 고등학교 여학생과 교장의 악수, 어떻게 생각해야 하나?

판례[788]
악수를 오래 하고, 악수하지 않는 손으로 여학생들의 손을 만지는 경우

【사건개요】

◆ 고등학교 A교장은 학교 정문 인근에서 B학생(여, 15세)의 손을 1분가량 마사지하듯이 주물러 만지고, 교장실 청소를 하는 C학생을 비롯하여 다수의 학생들에게 악수를 청하면서 일반적인 악수와는 달리 세게 혹은 오래 하거나, 악수를 하고 있지 않는 다른 손으로 손 등의 신체를 만지는 등 사회통념상 악수와 다른 면이 있고, 피해학생들은 A교장의 행위로 성적수치심을 느끼고 상당한 불쾌감을 표시하고 있다. 또한 A교장은 다른 학교 교감으로 재직하던 중에도 D학생의 허벅지를 손으로 쓰다듬고 주무른 것을 비롯하여 25명의 아동·청소년들을 총 39회에 걸쳐서 위력으로 추행하였다.

【교사책임 및 판결요지】

◆ A교장이 지나가면서 마주치는 여학생들을 불러 세운 뒤 격려나 악수의 명목으로 신체를 접촉하고 접촉의 방식도 손, 팔, 어깨를 여러 번 주무르거나, 악수를 세게 또는 오래 하는 등 정상적으로 보기 어렵고, 여학생들이 상당한 불쾌감을 느꼈던 점 등을 종합하면 A교장의 행위는 일반인의 관점에서 보더라도 성적 수치심이나 혐오감을 일으키는 행위로서 추행에 해당한다.

가령 교장이 공식적인 행사에서 식순에 따라 의례적으로 행하는 간단한 악수 등을 추행행위로 볼 수는 없다. 하지만 이 사건의 경우 교장실에서 청소를 하고 있거나, 바쁘게 등교하는 학생에게 갑자

---

788) 광주지방법원 2018. 12. 7. 선고 2018고합331 판결.

기 악수를 요구하는 등 악수를 하는 상황이 부자연스럽고, 악수를 하고 있지 않는 다른 손으로 여학생들의 손 등의 신체를 만지는 등 방식에 있어서도 사회통념상 악수와 다른 면이 있고 여학생들이 상당한 불쾌감을 느끼고 있다.

또한 다수의 피해학생들을 상대로 지속적·반복적으로 추행행위를 한 것이 인정되어, 재판부는 A교장에게 징역 2년, 집행유예 3년을 선고하고. 120시간 사회봉사 및 40시간의 성폭력 치료프로그램 수강 명령, 5년간 아동·청소년 관련기관 취업제한 처벌을 하였다.

교원을 위한 책임예방 Tip

◆ 학생에 대한 추행은 가해자가 추행행위를 한다는 인식과 의사만으로 추행의 고의는 인정되고, 그 외에 성욕을 자극 흥분 만족시키려는 주관적 동기나 목적까지 있어야 하는 것은 아니다.[789] 따라서 가해자에게 친근감, 격려, 훈계, 장난 등의 다른 의도가 있었다고 하여도 추행행위를 한다는 인식과 의사가 있었다면 추행의 고의는 인정된다. 그러므로 A교장이 성욕을 자극하려는 주관적 동기나 목적이 없었다 하더라도, 자신의 행위 자체를 인식하고 의욕 하였을 뿐만 아니라, 그러한 행위가 학생들의 의사에 반하여 성적 수치심을 느끼게 할 수 있다는 인식만으로도 A교장의 행위는 추행행위에 해당한다.

한편 남자 교사와 고등학교 여학생이 악수를 하는 것 자체를 이례적이라고 볼 수는 없으며, 교장이나 교사가 공식적인 행사에서 식순에 따라 의례적으로 행하는 간단한 악수 등을 추행행위로 볼 수는 없는 것이다. 하지만 악수를 하게 된 상황과 그 방법에 비추어 추행에 해당하는지가 문제 될 수 있다. 이 사건의 경우 학생들에게 악수를 청한 상황을 보면 교장실에서 청소를 하고 있거나, 바쁘게 등교하는 학생 등에게 갑자기 악수를 요구하는 등 악수를 하는 상황이 부자연스럽고, 일반적인 악수와는 달리 세게 혹은 오래 하거나, 악수를 하고 있지 않는 다른 손으로 학생들의 손 등의 신체를 만지는 등 방식에 있어서도 사회통념상 악수와 다른 면이 있다.

따라서 교장이나 교사가 학생들과 악수를 하는 경우 공개적인 자리이고 의례적인 행사에서 간단한 악수는 추행이라 할 수 없지만, 비공개적인 장소에서 학생들이 성적 수치심이나 혐오감을 일으키는 악수는 추행에 해당될 수 있다. 가급적 남자 교원의 여학생에 대한 악수 요구는 피하는 것이 책임예방에 도움이 된다.

4. 학생부 평가자의 지위를 이용한 성추행

판례[790]
고등학교 교사들이 상습적으로 여학생들을 위력으로 추행한 사건

---

789) 대법원 2017. 7. 18. 선고 2017도3390 판결 등 참조.
790) 광주지방법원 2019. 1. 11. 선고 2018고합441 판결.

【사건개요】

◆ 고등학교 A교사는 수업 중 교실 책상 통로를 지나가면서 손으로 B학생(여, 16세)의 팔뚝을 주무르는 것을 비롯하여 28명의 여학생들을 총 49회에 걸쳐서 교사로서의 지위를 이용하여 위력으로 추행하였다. 같은 학교 C교사는 수업 중 D학생(여, 16세)이 수학 문제에 대한 질문을 하자 문제를 풀어주면서 왼쪽 어깨를 손으로 감싸 만지는 것을 비롯하여 15명의 여학생들을 총 26회에 걸쳐서 교사로서의 지위를 이용하여 위력으로 추행하였다.

또한 E학생(여, 17세)이 수업시간에 친구와 쪽지를 주고받다가 발각되자 "뒤로 나가 미친년아, 물구나무 서"라고 말하는 등 교복 치마를 입고 있던 학생에게 성적 수치심을 주는 성희롱 등의 성적 학대행위를 하였다.

【교사책임 및 판결요지】

◆ 재판부는 인문계 고등학교에서 대학진학이 가장 중요한 재학생들로서는 교사들이 학과 및 학생부 평가 등에 직·간접적으로 영향을 미칠 수 있다는 생각으로 교사들의 행위에 함부로 거절의 의사표시를 직접적으로 표시하기 어려운 상황이었고, 교사들은 그러한 지위를 이용하여 여학생들을 추행하기로 마음먹었다고 판시하였다. 재판부는 A교사와 B교사에게 각 징역 2년과 집행유예 3년을 선고하고, 각 40시간의 성폭력 치료강의 수강 및 120시간의 사회봉사 그리고 아동·청소년 관련기관 등에 3년간 취업제한을 명하였다.

교사를 위한 책임예방 Tip

◆ 수업 시간에 뒤를 보고 앉아 있는 여학생에게 교사가 여학생의 팔뚝을 잡고 앞을 보도록 하는 것도 추행에 해당할까? 교사가 학생의 팔뚝을 잡고 앞을 보도록 한 것은 여학생에게 그와 같은 행위를 한 것이 다소 부적절하다고 볼 여지가 있으나, 수업을 진행하는 교사가 자신의 수업을 받는 학생에 대한 교육 목적의 일체의 신체적 접촉이 금지된다고 볼 수 없는 만큼 사회통념상 추행으로 보기는 어렵다.

추행이란 가해자의 성욕을 자극·흥분·만족시키려는 주관적 동기나 목적이 있어야 하는 것은 아니지만, 객관적으로 상대방과 같은 처지에 있는 일반적·평균적인 사람으로 하여금 성적 수치심이나 혐오감을 일으키게 하고 선량한 성적 도덕관념에 반하는 행위로서 피해자의 성적 자유를 침해하는 것을 의미한다. 추행에 해당하는지 여부는 피해자의 의사, 성별, 연령, 행위자와 피해자의 이전부터의 관계, 그 행위에 이르게 된 경위, 구체적 행위태양, 주위의 객관적 상황과 그 시대의 성적 도덕관념 등을 종합적으로 고려하여 결정한다.

이 판례에서 여학생의 팔뚝을 잡고 앞을 보도록 한 행위에 대해 재판부는 교사가 신체적 접촉을 한 신체부위 및 방식과 장소 등에 비추어 보면 학생의 입장에서 불쾌감을 주는 행동이 될 수 있을 것으로 보이나, 객관적으로 일반인에게 성적 수치심이나 혐오감을 일으키게 하고 선량한 성적 도덕관념에 반하는 추행행위에 이른다고 단정할 수 없다고 하여 추행이 아니라고 판단하였다.

하지만 주의해야 할 점은 남자교사의 여학생에 대한 신체적 접촉은 신체부위 및 방식과 장소, 성별, 연령 등에 따라 다르게 판단하고 있으므로, 교육 목적이라 하더라도 신체적 접촉은 성적 수치심을 일으킬 수 있고, 성적 수치심을 일으키면 추행으로 판단할 수 있으니 신중을 기해야 한다.

Ⅳ. 성비위 사고 예방을 위한 교원의 유의 사항

1. 교원에게는 일반인보다 더 높은 도덕성이 요구된다.

교원은 학생을 보호감독할 의무가 있고, 학생을 교육 지도하는 지위에 있으므로 성범죄와 관련하여 일반인보다 높은 수준의 도덕성이 요구되고 있다. 또한 교원의 품위손상행위는 본인은 물론 교직 사회 전체에 대한 국민의 신뢰를 실추시킬 우려도 있다.

대법원도 교원은 항상 사표가 될 품성과 자질의 향상에 힘쓰고 학문의 연찬과 교육 원리의 탐구 및 학생 교육에 전심 전력하여야 한다는 점에서 일반 직업인보다 높은 도덕성이 요구되고 엄격한 품위 유지의무를 부담하고 있다고 한다.[791]

2. 교사와 학생의 신체 접촉은 오해의 소지가 있으므로 피하는 것이 예방이다.

유·초·중·고등학교를 막론하고 교사와 학생 특히 이성인 학생과의 신체적 접촉은 오해의 소지가 있으므로 적극적이고 의도적으로 피하는 것이 성비위 책임 예방에 도움이 된다.

판례에서 살펴본 바와 같이 교사와 이성인 학생 사이에서 성비위 사건이 많이 발생하고 있으므로 특히 주의할 필요가 있다. 칭찬이나 격려의 목적이라도 손으로 이성인 학생의 신체를 접촉하는 경우에도 법원은 피해학생의 입장에서 성인지 감수성을 중심으로 판단하고 있고, 교사의 칭찬 목적은 배제될 수도 있으니 신체적 접촉은 사전에 차단하여야 한다. 초등학교 저학년의 경우에도 오래전 관행으로 행해오던 학생의 엉덩이를 토닥여 주는 행위, 안아주는 행위, 업어주는 행위도 피해야 하고, 초등학교 고학년 학생이나 중·고등학생에 대해서는 비공식적인 악수를 비롯하여 일체의 신체적 접촉을 피하는 것이 성비위 등으로 인한 교사의 책임을 예방할 수 있을 것이다.

---

791) 대법원 2000. 10. 13. 선고 98두8858 판결.

3. 성폭력 예방교육은 의무적으로 실시하고 보고하여야 한다.

유치원을 비롯한 초·중·고등학교장은 성교육 및 성폭력 예방교육을 실시하고, 학교 내 피해자 보호와 피해 예방을 위한 자체 예방지침을 마련하고, 사건발생 시 재발방지대책 수립·시행 등에 필요한 조치를 하고, 그 결과를 여성가족부장관에게 제출하여야 한다.[792] 결과 제출에 관한 구체적인 사항은 교육청의 지침에 따르면 된다.

성폭력 예방교육은 교직원 및 학생 등을 대상으로 매년 1회 이상, 1시간 이상의 성교육 및 성폭력 예방교육을 실시하여야 하며. 이 경우 신규 임용된 교직원에 대해서는 임용된 날부터 2개월 이내에 교육을 실시하여야 한다.[793] 또한 성인지 역량 향상에 필요한 내용과 양성평등 관련 법령, 정책 및 제도의 이해 등을 내용으로 하는 성인지 교육도 전체 교직원에게 실시하여야 한다.[794]

4. 성폭력 범죄는 고소 없이 수사할 수 있고 합의해도 처벌할 수 있다.

성폭력 범죄는 친고죄로 규정되었으나 2013년부터 친고죄 규정을 폐지하였다. 친고죄는 범죄의 피해자 또는 고소권자의 고소·고발이 있어야 공소할 수 있는 범죄이다. 성폭력 범죄에 대한 친고죄 규정을 삭제한 이유는 가해자가 피해자에게 합의를 종용해 피해자의 정신적 고통을 유발하여 오히려 피해자의 2차 피해가 우려되기 때문이다.

따라서 피해자의 고소가 없어도 수사 및 처벌할 수 있고, 수사 및 재판과정에서 합의를 하여도 처벌할 수 있다. 또한 학생을 대상으로 한 성폭력은 「청소년성보호법」, 「성폭력처벌법」, 「형법」, 「아동복지법」 등 성폭력 관련 법률을 적용하지만 학교폭력의 유형이기도 하므로, 「학교폭력예방법」 에 따른 조치도 하여야 한다. 그리고 학생에 대한 성비위와 관련한 범죄행위에서 형사책임과 징계책임은 별개이므로 동일 사안으로 형사상 무혐의 처분되어 형사처벌을 받지 않았더라도 교육청에서는 행정벌인 징계처분을 할 수 있다.

5. 성범죄를 범하면 10년 이내에서 교육관련 기관 취업이 제한된다.

아동·청소년대상 성범죄 또는 성인대상 성범죄로 형 또는 치료감호의 전부 또는 일부의 집행을 종료하거나 집행이 유예·면제된 날부터 일정기간 동안 취업이 제한되며, 취업제한 기간은 10년을 초과하지 못한다. 다만, 재범의 위험성이 현저히 낮은 경우, 그 밖에 취업을 제한하여서는 아니 되는 특별한 사정이 있다고 판단하는 경우에는 그러하지 아니한다.[795]

또한 유치원을 비롯한 초·중·고등학교학교장은 학교에 취업 중이거나 사실상 노무를 제공 중인

---

792) 「성폭력방지법」 제5조1항.
793) 「성폭력방지법 시행령」 제2조2항.
794) 「양성평등기본법」 제18조.
795) 「청소년성보호법」 제56조제1항·제2항.

자 또는 취업하려 하거나 사실상 노무를 제공하려는 자에 대하여 성범죄의 경력을 확인하여야 하며, 이 경우 본인의 동의를 받아 관계 기관의 장에게 성범죄의 경력 조회를 요청하여야 한다. 다만, 취업자 등이 성범죄 경력 조회 회신서를 학교장에게 직접 제출한 경우에는 성범죄 경력 조회를 한 것으로 본다.[796]

6. 교원의 성범죄 신고의무는 학교장도 제지할 수 없다.

누구든지 아동·청소년대상 성범죄의 발생 사실을 알게 된 때에는 수사기관에 신고할 수 있지만, 교사는 직무상 아동·청소년대상 성범죄의 발생 사실을 알게 된 때에는 수사기관에 신고하여야 하므로,[797] 학교장 등 상급자도 제지할 수 없다. 학교장과 교직원이 직무상 아동·청소년대상 성범죄 발생 사실을 알고 수사기관에 신고하지 아니하거나 거짓으로 신고한 경우에는 300만원 이하의 과태료를 부과한다.[798]

교원 성비위 사안은 무관용 원칙을 적용하여 학교 내 성비위 관련 사안을 고의적으로 은폐하거나 대응하지 아니한 경우에는 최고 파면까지 징계할 수 있다.

---

796) 「청소년성보호법」 제56조제5항.
797) 「청소년성보호법」 제34조제2항.
798) 「청소년성보호법」 제67조제4항.

제4장 교원의 직무와 관련한 형사책임

제1절 교원의 직무유기죄

Ⅰ. 직무유기죄의 개념

직무유기죄는 공무원이 정당한 이유 없이 직무수행을 거부하거나 직무를 유기함으로써 성립하는 범죄이다. 공무원이 정당한 이유 없이 그 직무수행을 거부하거나 그 직무를 유기한 때에는 1년 이하의 징역이나 금고 또는 3년 이하의 자격정지에 처한다.[799] 직무 수행거부란 직무를 능동적으로 이행하여야 할 의무 있는 공무원이 정당한 이유 없이 그 근무의무에 위배하여 이를 이행하지 않는 것이고, 유기란 정당한 이유 없이 직무를 방임상태에 두거나 직무행위를 포기하는 행위이다. 그러므로 직무유기죄는 직무에 관한 의식적인 방임 내지 포기 등 정당한 사유 없이 직무를 수행하지 아니한 경우를 의미한다.

직무유기죄의 주체는 공무원이고 교원에 대한 직무유기죄 적용의 대상은 「교육공무원법」 제2조에 의한 교육기관에 근무하는 교원, 교육행정기관 또는 교육연구기관에 근무하는 장학관 및 장학사 교육연구관 및 교육연구사 등 교육전문직원이다. 사립학교 교원은 본죄의 주체가 아니므로 직무유기죄가 적용되지 않는다.

Ⅱ. 교원의 직무유기죄 성립요건

교원의 직무는 법령에 의하여 직접 발생하는 직무는 물론 교육공무원의 직위로부터 당연히 발생하는 고유직무와 지시 또는 명령도 직무이다. 또한 교원이 법령의 근거 또는 특별한 지시, 명령에 의하여 맡은 일을 제 때에 집행하지 아니함으로써 그 집행의 실효를 거둘 수 없게 될 가능성이 있는 때의 구체적인 업무도 직무에 포함된다. 교원이 직무를 유기한다는 것은 직무의 의식적 방임 내지 포기를 의미하며, 단순한 태만, 분망, 착각 등으로 인하여 직무를 성실히 수행하지 아니한 경우나 형식적으로 또는 소홀히 직무를 수행하였기 때문에 성실한 직무수행을 못한 것에 불과한 경우는 유기에 해당하지 않는다.

가령 가정폭력범죄 신고의무가 있는 교사에게 학생 또는 보호자가 가정폭력사실을 신고하였음에도 불구하고 교사가 정당한 이유 없이 접수하지 않는 경우는 능동적으로 이행하여야 할 의무 있는 공

---

799) 「형법」 제122조.

무원이 정당한 이유 없이 직무의 의식적 방임에 해당하고, 교실에서 가해학생이 피해학생을 폭행하는 것을 인지하고도 「학교폭력예방법」의 규정에 따라 조치하지 않은 경우는 정당한 이유 없이 직무를 방임상태에 두거나 직무행위를 포기하는 유기행위에 해당한다.

직무유기죄 성립요건으로는 객관적 구성요건에 대한 인식으로서의 고의가 필요 하다. 착오로 인하여 직무수행을 망각하거나 태만 분망 등의 이유로 직무집행을 부실하게 처리한 것에 불과한 경우는 고의가 없다고 보아야 한다. 따라서 교원이 직무의 의식적인 방임이나 포기 및 직무유기죄 전체적으로 행위실현의 인식과 의사가 필요하다고 본다. 그러므로 교사에 대한 직무유기죄가 성립하기 위해서는 교사가 주관적으로 직무의 수행을 거부하거나 이를 버린다는 인식이 있어야 함은 물론, 객관적으로 직무를 벗어나는 행위가 있어야 한다. 따라서 교사가 태만 착각 등으로 부당한 결과를 초래하였다고 하여 직무유기죄가 성립되는 것은 아니며, 또한 법정절차를 준수하지 않았거나 내용이 부실하였더라도 본죄는 성립하지 않는다.

Ⅲ. 교원의 직무유기죄 판례와 책임예방 Tip

1. 학부모로부터 학교폭력 신고 외면

판례[800]
중학교 2학년 학생이 지속적 반복적으로 학교폭력을 당하여 자살한 사건

이 판례는 1심에서 직무유기죄로 징역 4월에 선고유예 판결을 받았고, 항소심에서는 무죄판결을 받았지만, 교원들의 이해를 돕기 위해 1심판결을 중심으로 다루기로 하겠다.

【사건개요】

◆ A교사는 중학교 2학년 담임이다. 담임을 맡고 있는 B학생의 어머니는 A교사에게 B학생이 C학생으로부터 폭행을 당하였고, B학생이 학교 측에 폭행당한 것을 알린 것이 가해자 학생들이 알면 B학생이 피해를 더 입을 것을 염려하여 우회적인 방법으로 조사하여 적절한 조치를 해달라는 취지로 요구하였다. 그 후 B학생이 D학생으로부터도 폭행을 당하였으니 B학생이 더 폭행을 당하지 않도록 적절할 조치를 해 달라고 간곡히 요청하였다.

B학생의 어머니는 A교사에게 위와 같이 학교폭력에 대한 적절한 조치를 요청했음에도 B학생이 여전히 C학생, D학생 등으로부터 주먹으로 머리를 반복적으로 맞자, A교사에게 전화로 신고하면서 적

---

800) 서울남부지방법원 2015. 7. 3. 선고 2014고단2171 판결.

절한 조치를 해줄 것을 간곡히 호소하였고, B학생의 아버지도 A교사에게 C학생, D학생 등이 여전히 B학생을 괴롭힌다는 학교폭력 신고를 하였지만 A교사는 사실관계를 확인하지 아니하고 학교장에게도 보고하지 아니하였다. B학생은 학교 가기 싫다는 내용의 유서를 남기고 아파트 옥상에서 투신자살하였다.

【교사책임 및 판결요지】

◆ 재판부는 A교사가 학교폭력 신고를 받은 후 사실관계를 확인하지 아니하고 적절한 조치를 해야 할 직무를 정당한 이유 없이 유기하고, 학교폭력 사실을 알게 되었음에도 이를 학교장에게 통보하지 아니하여 직무를 유기하였다고 판시하였다.

또한 A교사가 피해자 부모로부터 절규에 가까운 신고를 받고서도 별다른 조치를 한 바가 전혀 없는바, 피고인의 이런 직무수행은 의식적인 직무의 방임 또는 포기라고 인정할 수 있을 뿐, 형식적이거나 소홀한 직무 수행으로는 도저히 볼 수는 없다고 하여, 「형법」 제122조의 직무유기죄를 적용하여 징역 4월에 처하였지만 선고를 유예[801]하였다.

교사를 위한 책임예방 Tip

◆ 피해학생 부모로부터 반복적으로 학교 폭력을 당하고 있다는 호소에 가까운 피해신고를 받고서도 조치하지 않는 경우는 교사의 의식적인 방임 내지 포기라고 볼 수 있겠다. 따라서 학교폭력처리 지침에 따라 학교폭력 전담기구나 학교장 등에게 신고하거나 적절한 대책을 마련하여야 의식적인 직무의 방임 또는 포기에 해당하는 직무유기죄의 책임을 면할 수 있다. 이 사안에서 재판부의 판결과는 별도로 경찰은 그 당시 학교폭력대책자치위원회를 소집하지 않은 학교장과 교감에 대해서도 징계를 요청했으므로 학교 관리자도 교사의 직무유기가 발생하지 않도록 유의하여야 한다.

이 판결의 항소심[802]에서는 A교사가 B학생의 부모로부터 학교폭력 사실이 공개되어 B학생에게 피해가 가지 않도록 우회적인 방법으로 조치를 취하여 달라는 취지로 이해하였고, 이와 같은 사정으로 말미암아 자체적으로 해결하려고 안일하게 판단한 데에 기인한 것일 뿐 직무에 관한 의식적인 포기라고 보기는 어렵다 하여 무죄를 선고하였다. 이 판결에 대하여 대법원[803]도 공무원이 태만·분망·착각 등으로 인하여 직무를 성실히 수행하지 아니한 경우나 형식적으로 또는 소홀히 직무를 수행하였기 때문에 성실한 직무수행을 못한 것에 불과한 경우에는 직무유기죄는 성립하지 아니한다고 하여 A교사의 직무유기죄 성립을 부정하였다.

---

801) 선고유예란 범행이 경미한 범인에 대하여 일정기간 형의 선고를 유예하고 그 유예기간을 특정한 사고 없이 경과하면 형의 선고를 면하게 하는 제도이다. 우리 「형법」은 1년 이하의 징역이나 금고, 자격정지 또는 벌금의 형을 선고할 경우에 양형의 조건(「형법」 제51조)을 고려하여 뉘우치는 정상이 뚜렷할 때에는 그 형의 선고를 유예할 수 있다. 다만, 자격정지 이상의 형을 받은 전과가 있는 사람에 대해서는 예외로 한다(「형법」 제59조제1항).
802) 서울남부지방법원 2016. 1. 7. 선고 2015노1145 판결.
803) 대법원 2016. 7. 14. 선고 2016도1368 판결.

2. 교사의 여학생 성추행 동영상을 교장이 외면

교사의 여고생 성추행 사실을 보고받고도 아무런 조치를 하지 않은 사건

【사건개요】

◈ 고등학교 A교장은 교장실에서 교감 B로부터 '교사 C가 여학생들의 신체를 만지는 성추행을 하였고 그 장면이 촬영된 동영상이 있다는 교사 D의 보고를 받았다.' 라는 취지의 보고를 받고도 사안 조사 및 보고 등 필요한 조치를 취하지 아니하였다.

학교장은 교내 성폭력 사건을 보고 받으면 학부모에게 알리고 신고 및 교육청에 발생보고를 하여야 하며 경미한 사안에 대해서도 지체 없이 전담기구 또는 소속 교원으로 하여금 사실여부를 확인 및 조사하도록 지시·감독하여야 하는 직무상의 의무가 있다.

【판결요지】

◈ 재판부에 따르면 학교장은 직무상 아동·청소년대상 성범죄의 발생 사실을 알게 된 때에는 즉시 수사기관에 신고하여야 할 법령상의 의무를 부담하고 있음에도 불구하고 A교장은 수사기관에 신고하거나 조사 의뢰를 하지 아니하였다. 또한 전담기구를 통하여 사안을 조사하거나 피해 학생의 피해 사실 유무를 확인하는 등 최소한의 조치도 취하지 아니하고, 사안 조사 및 보고 등 필요한 조치를 취하여야 할 직무상의 의무가 있음을 알면서도 이를 의식적으로 포기하였음을 인정할 수 있다고 하여 직무유기죄를 적용하였다.

재판부는 A교장에게 직무유기죄와 A교장 자신의 업무상위력 등에 의한 추행죄를 적용하여 징역 6월에 집행유예 1년과 성폭력치료강의 40시간을 선고하였다.

교원을 위한 책임예방 Tip

◈ 교원의 학생에 대한 성폭력도 「학교폭력예방법」이 규율하는 대상에 포함되므로 학교폭력법 처리 절차에도 따라야 하고, 더구나 교장과 교사 등 신고의무자는 아동·청소년대상 성범죄의 발생 사실을 알게 된 때에는 즉시 수사기관에 신고하여야 할 법령상의 의무가 있다. 이 판례에서는 학교장이' 수업 시간에 있었던 일이니 성추행은 아니었을 것이라고 생각하였기 때문에 보고하지 않았다, 그런 일은 있을 수도 없는 일이라고 생각하였기 때문에 조치를 취하지 아니하였다.'고 발언하여 직무 의무가 있음을 알면서도 이를 의식적으로 포기하였음을 인정하여 직무유기죄를 적용하였다.

이 사례에서처럼 학교장이나 업무 담당자가 성폭력 사안 처리 방법을 잘 못 이해하거나, 교원에 의

---

804) 서울서부지방법원 2017. 1. 25. 선고 2015고단3305 판결 및 서울서부지방법원 2017. 9. 21. 선고 2017노187 판결.

한 학생 성폭력은 「학교폭력예방법」의 규율대상 아니라고 주장하기도 하였다. 하지만 「청소년성보호법」에 따라 교장이나 교사는 직무상 아동·청소년대상 성범죄의 발생 사실을 알게 된 때에는 수사기관에 신고하여야 하는데도 이를 이행하지 않았고, 더구나 학생 성폭력은 아동학대범죄의 유형에도 포함되므로 아동학대는 알게 된 경우뿐만 아니라, 의심이 있는 경우에도 신고하여야 할 의무가 있으므로 이를 의식적으로 포기하면 직무유기에 해당된다.

Ⅳ. 직무유기죄 처벌 예방을 위한 유의 사항

1. 수차례 요청에도 조치하지 않으면 교사의 의식적인 방임 내지 포기이다.

피해학생이 가해학생들에게 수차례 지속적으로 폭행을 당하였고 앞으로도 폭행을 당할 우려가 있으므로 이를 방지해 달라는 피해학생 학부모의 수차례 절규에 가까운 요청에 대해서, 교사가 아무런 조치를 하지 않는다면 의식적인 직무의 방임 또는 직무수행의 포기라고 인정할 수 있으므로 의식적인 방임 또는 포기는 직무유기죄가 성립된다.

2. 자체적 해결을 위한 안일한 대처는 직무유기가 아니다.

학교폭력 사안에서 교사가 학교폭력 사실이 공개되어 학생에게 피해가 가지 않도록 자체적으로 해결하려고 안일하게 판단하였다면, 직무를 의식적으로 포기했다고 보기는 어렵다. 이와 같은 경우 피해 학생에 대한 보호·감독의무를 소홀히 한 것은 인정되지만, 자신의 구체적인 직무를 의식적으로 방임 내지 포기한 것은 아니므로 「형법」상 직무유기죄가 성립되지는 않는다. 다만 「학교폭력예방법」에 따른 징계사유에 해당될 수는 있다.

3. 고의가 없는 태만이나 부실 처리는 직무유기가 아니다.

직무유기죄가 성립하기 위해서는 객관적 구성요건에 대한 인식으로서의 고의가 필요하다. 단순한 착오로 인하여 직무수행을 망각하거나 태만 분망 등의 이유로 직무집행을 부실하게 처리한 것에 불과한 경우는 고의가 없다고 본다.

따라서 교원이 학생 성적관리 등 중대한 학사관리와 같은 교무업무 수행이나 학생지도 사안에서 단순한 태만이나 착각으로 유발되어 발생한 사고, 경미한 학생폭행사실을 인지하고도 가해학생을 훈계만 하고 「학교폭력예방법」에 따른 조치를 하지 않은 사고, 수학여행 인솔 책임 교감이 담임교사들에게 학생의 인솔을 지시한 후 인솔에 대한 구체적인 확인 감독을 소홀히 한 결과 학생이 사고를 당한 경우 등은 교원이 직무수행을 태만 분망 등의 이유로 직무집행을 부실하게 처리한 것에 불과하고, 주관적으로 직무의 수행을 거부하거나 이를 버린다는 인식이 없었으므로 직무유기죄는 성립하지 않는다.

또한 교원이 직무수행 과정에 내용적, 절차적 하자가 있더라도 어떤 형태로든 직무를 수행한 사실이 있는 경우에는 직무유기죄가 성립하지는 않는다. 다만, 행정벌인 징계책임을 지는 것과는 별개이다.

4. 법령상 의무를 의식적으로 포기하면 직무유기다.

학생에 대한 성폭력은 아동학대범죄의 유형에도 포함되므로 교장과 교사 등 신고의무자는 아동학대범죄를 알게 된 경우뿐만 아니라 그 의심이 있는 경우에도 즉시 수사기관에 신고하여야 할 법령상의 의무가 있다.[805] 성폭력 사건 발생이 의심되는데도 수업 시간에 있었던 일이니 성추행은 아니었을 것이라고 판단하거나, 그런 일은 있을 수도 없는 일이라고 치부하고 조치를 취하지 않는다면 직무를 의식적으로 포기하는 것이므로 직무유기에 해당한다. 따라서 법령에 따라 사안을 조사하거나 보고하는 등 필요한 조처를 해야 할 의무가 있음을 알면서도 정당한 사유 없이 의식적으로 포기하거나 유기하지 않도록 주의하여야 한다.

제2절 뇌물죄

I. 뇌물죄의 개념

뇌물이란 직무에 관한 부정한 보수 또는 직무에 관한 부당한 이익을 말하며, 뇌물죄란 공무원 또는 중재인이 직무행위에 대한 대가로서 부당한 이익을 취득하는 것을 내용으로 하는 범죄이다. 「형법」에서는 공무원 또는 중재인이 그 직무에 관하여 뇌물을 수수, 요구 또는 약속한 때에는 5년 이하의 징역 또는 10년 이하의 자격정지에 처한다.[806] 뇌물죄에서 뇌물의 내용인 이익은 금전, 물품 기타의 재산적 이익뿐만 아니라 사람의 수요, 욕망을 충족시키기에 족한 일체의 유형, 무형의 이익도 포함한다.[807]

앞에서 살펴본 「청탁금지법」은 국공립학교 교원뿐만 아니라 사립학교 교원에게도 적용되지만 뇌물죄는 공무원의 직무에 관한 범죄이므로 사립학교 교원에게는 적용되지 않는다. 또한 「청탁금지법」은 뇌물죄 보다 적용 범위가 넓고 직무관련성이 없어도 처벌될 수 있지만, 뇌물죄는 공무원의 직무와 관련성이 있어야 하고 또한 대가관계가 있어야 한다. 그리고 뇌물죄가 적용되는 경우에는 「청

---

805) 「아동학대처벌법」 제10조제2항.
806) 「형법」 제129조제1항.
807) 대법원 2012. 8. 23. 선고 2010도6504 판결 참조.

탁금지법」을 적용하지 아니하고, 「청탁금지법」과 「형법」이 동시에 적용될 수 있는 경우에는 이미 직무 관련성과 대가성이 있으므로 「형법」을 적용한다.

가령 학부모가 교사에게 금품을 제공하는 경우에는 자녀를 잘 돌보아 달라는 취지의 암묵적인 부탁으로 보아 법원은 대체로 직무와의 관련성 및 대가성이 인정된다는 것이 판례의 경향이므로 뇌물죄에 해당할 수 있다고 생각해야 한다.

Ⅱ. 뇌물죄의 유형과 성립요건

「형법」상 공무원의 뇌물죄는 수뢰[808)], 사전수뢰[809)], 제삼자뇌물제공[810)], 수뢰후부정처사[811)], 사후수뢰[812)], 알선수뢰[813)] 등의 유형으로 구분된다. 하지만 뇌물죄에서 뇌물의 가액이 3천만원 이상인 경우에는 직무행위의 공정성과 사회의 신뢰를 크게 해친다는 점에서 「특정범죄 가중처벌 등에 관한 법률」이 적용되어 「형법」에서 「특정범죄 가중처벌 등에 관한 법률」로 변경되고 뇌물죄 형량도 5년 이상이 되어 「형법」상 수뢰죄에 비하여 형량을 크게 가중하고 있다.[814)]

뇌물죄가 성립하기 위해서는 대가성과 직무관련성 그리고 영득의 의사가 있어야 한다. 대가성이란 뇌물과 직무행위 사이에 급부와 반대급부라는 대가관계를 의미하고 대가관계는 특정적인 것은 물론 포괄적인 것도 포함된다. 직무란 공무원이 그 직위에 따라 담당하는 일체의 직무를 의미하고, 공무원이 법령상 관장하는 직무 그 자체뿐만 아니라 직무와 밀접한 관계가 있는 행위 또는 관례상이나 사실상 관여하는 직무행위도 포함된다.[815)] 또한 뇌물죄는 뇌물을 받는다는 영득의 의사를 필요로 한다. 영득의 의사는 다른 사람의 재물을 자신의 소유물과 같이 지배하거나 획득할 의사를 말한다. 뇌물을 받는다는 것은 영득의 의사로 금품을 받는 것을 말하므로, 뇌물인지 모르고 받았다가 뇌물임을 알고 즉시 반환하는 경우는 영득의 의사가 있다고 보지 않는다.

그리고 뇌물을 주는 자가 일방적으로 뇌물을 두고 가므로 나중에 기회를 보아 반환할 의사로 어쩔 수 없이 일시 보관하다가 반환하는 등 영득의 의사가 없었다고 인정되는 경우라면 뇌물을 받았다고 할 수 없다.[816)]

---

808) 「형법」 제129조제1항.
809) 「형법」 제129조제2항.
810) 「형법」 제130조.
811) 「형법」 제131조제1항.
812) 「형법」 제131조제3항.
813) 「형법」 제132조.
814) 「특정범죄 가중처벌 등에 관한 법률」에 의하면 수뢰액이 3천만원 이상 5천만원 미만인 경우에는 5년 이상의 유기징역에 처하고, 그 죄에 대하여 정한 형에 수뢰액의 2배 이상 5배 이하의 벌금을 병과하도록 규정하고 있다(「특정범죄 가중처벌 등에 관한 법률」 제2조).
815) 대법원 2002. 3. 15. 선고 2001도970 판결 참조.
816) 대법원 2017. 3. 22. 선고 2016도21536 판결 참조.

Ⅲ. 교사의 뇌물죄 판례와 책임예방 Tip

1. 김밥 2인분이지만 교사가 학부모에게 요구하면?

판례[817]

학부모에게 금품을 암묵적으로라도 요구를 한 경우에는 금액이 적더라도 뇌물

【사건개요】

◆ A교사는 B학생의 어머니인 C학부모가 다른 학생들로부터 따돌림을 받아 학교생활에 적응하지 못할 것을 우려하여, A교사에게 B학생이 학교생활에 적응할 수 있도록 학교생활을 잘 보살펴 달라는 취지로 10만원을 주자 이를 교부받아 그 직무에 관하여 뇌물을 수수하였다.

또한 A교사는 D학생의 어머니인 E학부모가 학교 부근에서 운영하는 분식점에 찾아가 김밥을 싸 두었다가 학생을 보내거든 학생 편에 보내달라고 요구하여 김밥 2인분과 함께 5만원이 든 봉투를 D학생을 통하여 교부받았다.

【교사책임 및 판결요지】

◆ 재판부는 잘 돌보아 달라는 취지의 암묵적인 부탁을 알고서 돈을 수수하였으므로 직무와 관련하여 제공된 뇌물에 해당함이 명백하고, A교사가 수수한 뇌물액수가 그리 크지 아니하였다 하더라도 뇌물죄의 보호법익에 비추어 그 이익의 규모가 사회통념상 수령이 허용되는 범위 안에서 순수하게 사적인 거래관계로 얻은 이익이라고 볼 수 없다고 하였다. 또한 김밥을 싸 두었다가 학생 편에 보내달라고 암묵적으로 금품을 요구하는 등 수수한 금액이 적다는 이유만으로 이를 단순한 사교적 의례의 범위에 속하는 것이라고 할 수 없다 하여 A교사에게 자격정지 1년과 추징금 15만원을 선고하였다.

교사를 위한 책임예방 Tip

◆ 교사가 학부모에게 금품을 암묵적으로라도 요구를 한 경우에는 금액이 적더라도 뇌물죄가 적용된다. 특히 뇌물죄와는 별도로 「청탁금지법」은 학생을 지도하고 평가하는 공공성이 강한 교육 분야의 특수성을 고려할 때 교사가 학부모로부터 받는 금품은 소액이라 하더라도 「청탁금지법」 위반으로 처벌하고 있으므로 적은 금품이라도 요구 또는 수수하는 일이 없도록 주의하여야 한다.

특히 최근에 유통되고 있는 기프티콘 모바일 상품권 등을 전자매체를 통하여 학부모로부터 수수하는 것도 직무와의 관련성 및 대가성이 인정될 수 있으므로 즉시 반송하여야 뇌물죄나 「청탁금지법」 위반 책임을 면할 수 있다.

---

817) 대구지방법원 1999. 11. 10. 선고 99고합504 판결.

2. 학부모가 입원실에 병문안 와서 주는 위로금 받아도 될까?

> **판례**[818]
>
> 교감이 학부모로부터 수차례 뇌물을 받은 사건

【사건개요】

◆ A교감은 학생회장인 B학생을 부당하게 대할 것을 우려한 B학생의 어머니 C로부터 "B학생을 잘 봐 달라."라는 취지의 부탁과 함께 50만원을 교부받고, D학생의 상장 관련 얘기 등을 하면서 은근히 금품을 요구하기도 하고, 자신이 입원하였을 때 학생회 회장단 학부모가 병문안을 오지 않는다는 말을 하기도 하였다. 또한 A교감이 입원했을 때 위로금조로 학교운영위원회 위원으로부터 50만원, 학년 학부모 대표로부터 30만원, 학생회장·부회장 등으로부터 30만원 등을 받는 등 7회에 걸쳐 합계 450 만원을 교부받았다.

【판결요지】

◆ 재판부에 따르면 소속교사를 지도·감독하고 학생들에게 모범이 되어야 할 교감의 지위에 있는 피고인이 대학입시를 앞두고 자녀들의 성적이나 평가결과에 예민할 수밖에 없는 학부모들에게 이익 또는 불이익을 줄 것처럼 행동하여 심적인 부담을 느낀 학부모들로부터 금품을 수수한 사안으로, 그 총액의 많고 적음을 떠나 죄질이 결코 가볍지 아니하다고 하여 징역 8월에 집행유예 2년과 벌금 600 만원을 선고하였다.

교원을 위한 책임예방 Tip

◆ 뇌물죄는 공무원의 직무집행의 공정과 이에 대한 사회의 신뢰 및 직무행위의 불가매수성을 그 보호법익으로 하고 있고, 직무에 관한 청탁이나 부정한 행위를 필요로 하는 것은 아니기 때문에 수수 된 금품의 뇌물성을 인정하는 데 특별한 청탁이 있어야만 하는 것은 아니다. 따라서 교원이 학생이나 학부모 등 직무의 대상이 되는 사람으로부터 금품을 수수하였다면 입원실에 병문안을 가서 위로금을 주는 등 비록 사교적 의례의 형식을 빌려 금품을 받았다고 하더라도 뇌물이 된다.

---

818) 수원지방법원 2010. 12. 10. 선고 2010고합358 판결.

3. 금품을 받아 봉사활동에 사용하였는데도 처벌될까?

판례[819]
학교장이 정직 징계처분 취소를 청구했지만 기각된 사건

【사건개요】

◆ 이 판례는 교육청으로부터 징계를 받은 학교장이 교원소청심사위원회에 소청심사를 청구하였으나 기각된 후 다시 서울행정법원에 징계처분 취소 소송을 제기한 사건이다.

갑 초등학교 수련교육·수학여행 활성화 위원회는 수학여행 위탁용역업체로 A업체를 선정하여 수학여행을 실시하였다. 그 후 A업체의 대표인 B는 학교를 방문하여 C교장에게 봉사활동에 사용하여 달라는 취지로 150만원을 건네주었고, C교장은 독거노인, 노숙자 및 다문화 가족 등 400여명을 대상으로 실시한 떡국 무료급식 봉사활동 등의 경비로 위 돈을 사용하였다.

그 후 갑 초등학교의 학부모로 구성된 학교운영위원회 위원들은 C교장에게 100만원을 건네주었고, C교장은 학생들의 이름으로 이 돈을 해외의 우물 기부 봉사활동에 사용하였다. 또한 C교장은 교실 구조변경공사를 진행하면서 행정실장 등으로부터 추천받은 무면허 업체와 수의계약을 체결하였다.

을 교육청은 C교장에 대하여 정직 3월 및 징계부과금 5배(250만원)의 부과처분을 하였고, C교장은 이에 불복하여 교원소청심사위원회에 소청심사를 청구하였으나 기각되었다.

【판결요지】

◆ 재판부에 따르면 수학여행 위탁용역업체 대표가 수학여행을 마친 직후 교장에게 기부금을 전달한 점, 학교운영위원회 학부모들로부터 금품을 받은 행위는 그 의도나 실제 사용 용도와 무관하게 그 자체로 교원의 청렴성과 공정성을 의심하게 한다고 하였다. 그리고 「기부금품의 모집 및 사용에 관한 법률」 제5조에 따라 국가나 지방자치단체 및 공무원은 기부금품을 모집할 수 없고, 「지방자치단체를 당사자로 하는 법률」 제9조에 따라 계약을 체결하려는 경우에는 이를 공고하여 일반입찰에 부쳐야 하는데도 무면허 업체와 수의계약을 체결하는 등 계약방법을 위반하였다고 판시하였다.

교원을 위한 책임예방 Tip

◆ 수학여행의 위탁용역업체로 선정된 업체의 대표가 수학여행을 마친 직후 기부금을 전달한 것은 교무 전반을 총괄하는 학교장의 직무와 밀접한 관련이 있으므로 뇌물로 볼 수밖에 없고, 학부모들로부터 금품을 받은 행위는 그 의도나 실제 사용 용도와 무관하게 그 자체로 교원의 청렴성과 공정성을 훼손하며, 학부모들의 경제적 부담을 가중시키고 각종 비리로 연결될 수 있다. 수수한 금품으로

---

819) 서울행정법원 2013. 2. 5. 선고 2012구합12846 판결.

봉사활동에 사용하였더라도 금품을 받은 행위는 「형법」의 뇌물죄 성립에 영향이 없고, 「국가공무원법」의 청렴의무 위반, 「공무원 행동강령」 위반, 「청탁금지법」 위반 등으로 처벌될 수 있다.

학교장은 학교 업무 전반을 최종적으로 관장하는 직책으로서 공사업자의 적격성 여부는 공사계약을 체결함에 있어 가장 기본적인 검토사항이고, 조금만 주의를 기울였더라면 방지할 수 있었던 점인데도 행정실장이 추천하였다고 자격 유무 점검 없이 공사를 계약한 것은 학교장으로서 중대한 과오를 범한 것으로 평가된다.

4. 촌지 받고 돌려주려 했지만 학부모들이 거절하면?

판례[820]

학부모 임원들이 모금한 불법찬조금을 교사들이 분배한 사건

【사건개요】

◆ 고등학교 2학년 부장교사 A는 학부모 임원들이 모금한 불법찬조금에서 진학지도비 명목으로 1000만원, 수학여행경비 명목으로 200만원, 스승의 날 선물로 주유상품권 60만원을 받는 등 총 1260만원의 금품을 받았다. 이후 A교사를 포함한 6명의 2학년 담임교사에게 여행경비 명목으로 1인당 20만원의 금품을 제공하고, 여름방학 보충수업 교사 간식비 등으로 3회에 걸쳐 460만원을 나눠주고 나머지 800만원은 자신이 보관하였다. 그런데 2학년 담임교사 간 갈등과 대립이 심해 학부모회장 등 임원들이 모인 자리에서 현금 1200만원을 돌려준 사실이 적발돼 「국가공무원법」상 청렴의 의무 및 「공무원 행동강령」을 위반했다는 이유로 해임됐다.

이에 A교사는 몇 번이고 돌려주려고 했지만 학부모들이 완강히 거절해 반환이 늦어졌다고 주장하며 해임처분을 취소해 달라며 법원에 소송을 제기했다.

【교사책임 및 판결요지】

◆ 재판부에 따르면 A교사는 학년부장으로서 거액의 불법 찬조금을 받고도 이를 즉시 돌려주지 아니한 채 담임교사들에게 분배하거나 소비하였고, 민원이 제기될 무렵 이를 반환하기까지 전적으로 찬조금을 보유·관리하면서 사용처와 사용방법 및 사용액수를 결정하였다고 밝혔다. 또한 담임교사들에게 찬조금을 반환할 것인지 여부를 묻기도 하는 등 거액의 찬조금 수수과정에서 주도적 지위에 있었으므로 징계양정에 관한 재량권을 일탈·남용한 것으로 볼 수 없다고 하여 A교사의 해임처분 취소소송을 기각하였다.

---

820) 부산지방법원 2010. 11. 26. 선고 2010구합3146 판결.

교사를 위한 책임예방 Tip

◆ 교사가 찬조금은 학부모들이 자발적으로 조성한 순수한 후원금이라 잘못 판단하였고, 다시 돌려주려 했지만 학부모들이 완강히 거절하였다고 하여도 이미 찬조금 수수과정에서 주도적 지위에 있었고, 거액의 뇌물을 수수하였다면 중징계 요건에 해당된다. 찬조금의 출처를 모르고 받은 동학년 다른 교사들도 감봉 3월의 징계처분을 받았으므로 출처를 모르는 금품은 받지 않는 것이 뇌물죄 책임예방에 도움이 된다.

5. 교직원 친목회장이 친목 회비를 횡령하면 공금횡령인가?

A교사는 교직원 친목회장을 지내면서 전임 친목회장으로부터 친목회비 이월금 500여만원을 받아이를 개인 용도로 사용하여 횡령하였다. 학교법인은 징계위원회의 의결에 따라 A교사를 해임했다. A교사는 해임처분은 부당하다며 교원소청심사위에 심사를 청구했고, 교원소청심사위는 해임처분을 취소하라고 결정하였지만, 학교법인은 다시 법원에 교원소청심사위원회의 결정을 취소해 달라며 소송을 제기하였다.

재판부[821]는 A교사의 단순 횡령 사실은 인정되지만 공금은 직무를 수행하는 과정에서 취급하는 금원을 의미하므로, 교직원 간 친목을 도모하고 상부상조를 목적으로 설립된 교직원 친목회는 교원의 지위에서 수행하는 직무의 일환으로 인정될 수 없어 친목회비는 공금으로 볼 수 없다고 하여 해임처분을 취소하라고 판결하였다.

Ⅳ. 뇌물죄 처벌 예방을 위한 유의 사항

1. 학부모의 암묵적인 부탁을 알고 받았다면 사교적 의례가 아니다.

교사는 학생에 대한 지도 평가 등의 직무를 수행하는 지위에 있으므로 교사와 학생 그리고 학생의 보호자인 학부모와의 관계는 직접적인 직무관련성이 인정된다.

교사가 받은 금품의 가치가 크지 아니하더라도 학부모로부터 잘 돌보아 달라는 취지의 암묵적인 부탁을 알고서 금품을 받았다면 직무와 관련하여 제공된 뇌물에 해당하고 단순한 사교적 의례의 범위에 속하는 것이라고 할 수 없다. 따라서 교사가 학부모에게 금품을 요구하는 것은 물론, 교사의 요구도 없었고 학부모 스스로 교사에게 금품을 건넸더라도 교사와 학부모와의 관계는 직무관련성이 있으므로 금품수수는 사전에 차단하여야 한다.

---

821) 서울행정법원 2016. 4. 1. 선고 2015구합62231 판결.

2. 영득의 의사로 뇌물을 수수하면 반환하여도 뇌물죄가 성립한다.

영득의 의사로 뇌물을 수령한 이상 후에 이를 반환하였다고 하더라도 뇌물죄의 성립에는 영향이 없다. 가령 금품을 받은 후 약 10일 후에 반환하였다 하더라도 일단 영득의 의사로 이를 수수하였다면 뇌물죄가 성립된다.[822]

하지만 영득의 의사가 없었다면 뇌물죄가 성립되지 않는다. 판례[823]에 따르면 택시를 타고 떠나려는 순간 뒤쫓아 와서 돈뭉치를 창문으로 던져 넣고 가버려 의족을 한 불구의 몸인 피고인으로서는 도저히 뒤따라가 돌려줄 방법이 없어 부득이 그대로 귀가하였다가 다음날 바로 다른 사람을 시켜 이를 반환한 경우 피고인에게는 뇌물을 수수할 의사가 있었다고는 볼 수 없으므로 뇌물수수죄가 성립되지 않는다고 판시했다.

3. 「형법」상 뇌물죄가 성립하지 않아도 징계처분은 받을 수 있다.

교사가 학부모에게서 촌지 등 금품을 받았다면 「형법」상 뇌물죄에 해당하지 않은 경우에도 인사권자로부터 징계처분을 받을 수 있다. 교사의 뇌물죄 성립요건으로서는 교사의 직무 관련성이 있어야 하고, 뇌물과 직무행위 사이에 급부와 반대급부라는 대가관계가 있어야 한다.

가령 학부모로부터 금품을 받고 학부모 자녀의 성적을 조작하였다면, 교사의 성적 처리 직무관련성과 금품을 수수한 급부와 성적을 조작하였다는 반대급부라는 대가관계가 있으므로 뇌물죄가 성립한다. 하지만 스승의 날 무렵 학부모회로부터 특정 학생을 잘 봐달라는 취지가 아니고 감사의 뜻으로 금품을 받았다면 직접적인 대가관계가 없으므로 「형법」상 뇌물죄는 성립하는 않겠지만, 「국가공무원법」 제61조 청렴의 의무위반, 제56조 성실의 의무위반, 「청탁금지법」 등 위반으로 징계처분을 받을 수 있다.

4. 뇌물 금액이 많으면 「특정범죄 가중처벌 등에 관한 법률」로 가중 처벌한다.

「청탁금지법」은 「형법」의 뇌물죄와는 달리 최대 3년 이하의 징역 또는 3천만원 이하의 벌금 또는 3천만원 이하의 과태료를 부과한다. 하지만 「형법」의 뇌물죄는 5년 이하의 징역 또는 10년 이하의 자격정지에 처하도록 규정하고 있다. 또한 뇌물로 받은 금액이 많은 경우에는 「특정범죄 가중처벌 등에 관한 법률」을 적용하여 가중 처벌한다. 가령 수뢰액이 1억원 이상인 경우에는 무기 또는 10년 이상의 징역, 5천만원 이상 1억원 미만인 경우에는 7년 이상의 유기징역, 3천만원 이상 5천만원 미만인 경우에는 5년 이상의 유기징역에 처한다.[824]

---

822) 대법원 1983. 3. 22. 선고 83도113 판결.
823) 대법원 1979. 7. 10. 선고 79도1124 판결.
824) 「특정범죄 가중처벌 등에 관한 법률」 제2조.

5. 불법찬조금은 신고기관에 신고해야 책임이 없다.

불법찬조금이란 학부모단체 등이 교육활동 지원 명목으로 학교발전기금의 조성과 운용에 관한 법령을 위반하여 임의로 모금하거나 할당을 통하여 모금한 금액 등을 일컫는다. 찬조금을 법령의 규정에 따라 모금한 금액이라면 당연히 학교회계에 편입하여야 하고 정해진 절차에 따라 사용되어야 한다. 학생 간식지원, 야간자율학습지원, 운동부학생지원 등 어떤 명목이라도 불법 찬조금으로 의심되는 금품을 수수한 경우에는 교사 개인은 물론 다수의 교원이 공동으로 수수하였더라도 교육청 등 불법찬조금 신고기관에 신고하여야 책임이 없다.

찬조금 후원금 등의 학교발전기금은 「초·중등교육법」 제33조와 「초·중등교육법 시행령」 제64조에 따라 조성 운용하여야 하며, 학교장은 발전기금을 별도회계를 통하여 관리하고, 매 분기마다 발전기금의 집행계획 및 집행내역을 운영위원회에 서면으로 보고하여야 하며, 운영위원회도 집행 결과를 학부모에게 통지하여야 하는 등 법령에 규정된 절차에 따라 운용하여야 한다.

제3편 직위와 행위에 따른 개별 책임과 예방

제3편 직위와 행위에 따른 개별 책임과 예방

제1장 학교장의 책임과 예방

이 장에서는 학교장에 대한 책무와 책무를 위반하였을 경우에 대한 책임, 그리고 책임을 예방하는 방안을 다루기로 한다. 교육관련 법령에서는 각각의 법률에 해당하는 대상과 직위 그리고 임무에 따라 유치원의 장을 유치원장 또는 원장, 초·중등학교의 장을 학교의 장, 학교장 또는 교장 등으로 규정하고 있지만 특별히 고유한 책무를 제외하고 일반적인 책무에 대해서는 교육기관의 장을 구분하여 달리 볼 것은 아니다.

학교안전사고 예방과 보상에 대한 사항을 규정한 「학교안전법」에서는 학교의 범위에 유치원과 초·중등학교를 포함하고 있고 이들 교육기관의 장을 공통적으로 학교의 장(학교장)이라고 칭하고 있다. 따라서 이 책에서 논하는 학교장의 일반적 관리 책무나 개별적 책임과 예방에 관한 논의는 특별히 예외적인 규정을 제외하고 유·초·중·고등학교장에게 공통적으로 적용된다.

제1절 학교장의 일반적 관리 책무

Ⅰ. 학교장의 총괄적 책무

교육공무원인 교장·원장은 교육부장관의 제청으로 대통령이 임용하고,[825] 사립학교의 각급학교의 장은 해당 학교를 설치·경영하는 학교법인 또는 사립학교경영자가 임용한다.[826]

교장은 교무를 총괄하고, 소속 교직원을 지도·감독하며, 학생을 교육한다.[827] 교무를 총괄한다는 의미는 학교와 관련된 개별적인 사항을 한데 모아 묶어서 관리한다는 개념이고, 「초·중등교육법」 개정 전에는 통할한다고 하여 모두 거느려 다스리거나 지휘·조정한다는 개념이었는데 총괄로 개정하여 다소 권위적인 인식이 완화되었다고 본다. 교장은 교무를 총괄함과 함께 교직원을 지도하고 감

---

825) 「교육공무원법」 제29조의2.
826) 「사립학교법」 제53조제1항.
827) 「초·중등교육법」 제20조제1항.

독하여야 하며, 학생도 교육할 임무를 지니고 있다. 교장은 법령에 따라 학교를 운영하며 학교에 관한 전반적인 권한과 책임이 있다. 하지만 특정한 사안에 대해서는 학교운영위원회의 심의를 거쳐야 하는 경우도 있다.

1. 학생 교육과 보호감독

교장은 학생을 교육하여야 하며 「민법」 제755조제2항에 의거 감독의무자인 보호자를 갈음하여 미성년자인 학생을 보호감독할 책임이 있다. 하지만 이러한 보호·감독의무는 교육관련 법령에 따라 학생들을 친권자 등 법정감독의무자에 대신하여 감독을 해야 하는 의무로서 학교 내에서의 학생의 모든 생활관계에 미치는 것은 아니다.

교장의 학생 보호·감독 의무는 사고가 학교에서의 교육활동 및 이와 밀접 불가분의 관계에 있는 생활관계에 속하고, 교육활동의 때와 장소 기타 여러 사정을 고려하여 학교생활에서 통상 발생할 수 있는 것이 예측되거나 예측가능성이 있는 경우에 한하여 보호·감독의무 위반 책임을 진다. 한편 교장은 학칙에 따라 학생을 징계할 수 있다.

2. 교직원 지도 감독 및 학교시설 재정 관리

교장은 소속 교직원을 지도 감독한다. 주된 내용으로는 복무지도, 전보내신, 포상내신, 근무성적평정, 업무분장, 호봉승급, 성과급, 부장교사임용, 담임교사임용, 정원관리 등을 포함하여 교직원에 대한 전반적인 지도 감독의 권한과 책임이 있다.

교장은 「학교안전법」, 「재난 및 안전관리기본법」, 「학교급식법」, 「학교보건법」, 「아동복지법」, 「소방기본법」 등에 따라 학교의 재정 급식 보건 환경관리에 대한 전반적인 권한과 책임이 있다.

Ⅱ. 교육 관련법에 따른 학교장 책무

1. 「교육기본법」에 함축된 학생 기본권 보장

학교장은 「헌법」과 국제인권조약에 명시된 학생의 인권을 보장하여야 한다. 따라서 인간으로서의 존엄과 가치, 행복 추구권을 보장하여야 하고 「헌법」에서 명시한 국민의 기본권인 자유권·평등권·참정권 등을 존중하여야 한다. 또한 학교 교육은 교육 본래의 목적에 따라 그 기능을 다하도록 운영되어야 하므로 학교장은 정치적·파당적 또는 개인적 편견을 전파하거나 학생을 대상으로 자신의 정치적 견해 등을 언급해서는 안 된다.

학교장은 교육을 할 때 합리적인 이유 없이 성별에 따라 참여나 혜택을 제한하거나 배제하는 등의 차별을 하여서는 아니 되며, 국가와 지방자치단체가 설립한 학교에서는 특정한 종교를 위한 종교교육을 하여서는 아니 된다.

2. 「초·중등교육법」에 따른 학교장의 책무

(1) 학생 징계 시 학생 보호자 의견 진술 기회 부여 및 학생 관련 자료 제공의 제한

학교장은 학생을 징계하려면 그 학생이나 보호자에게 의견을 진술할 기회를 주는 등 적정한 절차를 거쳐야 하고,[828] 학교생활기록과 건강검사기록을 해당 학생(학생이 미성년자인 경우에는 학생과 학생의 부모 등 보호자)의 동의 없이 제3자에게 제공하여서는 아니 된다.[829]

(2) 학생 안전대책

학교장은 학생의 안전을 위하여 다음 각 호의 사항을 시행하여야 한다.[830]

---

1. 학교 내 출입자의 신분확인 절차 등의 세부기준수립에 관한 사항
2. 영상정보처리기기의 설치에 관한 사항
3. 학교주변에 대한 순찰·감시 활동계획에 관한 사항

---

(3) 학칙 제·개정 시 의견 반영

학교장은 학칙을 제정하거나 개정할 때에는 학칙으로 정하는 바에 따라 미리 학생, 학부모, 교원의 의견을 듣고, 그 의견을 반영하도록 노력하여야 한다.[831] "노력하여야 한다."는 규정은 단순히 임의규정으로써 권고 사항일 뿐이므로 학교장이 의견을 듣지 않거나 의견을 듣고도 반영하지 않았을 경우 등 학교장이 일방적으로 개정한 학칙도 효력을 부정할 수 없다. 하지만 학칙은 학교 구성원의 규범으로서 그 성격상 학생 학부모 교원 등 교육공동체의 합의로 제·개정하는 것이 구성원 간의 갈등 예방에도 도움이 될 것이다.

학교에서 시·도교육청의 학생인권조례에 반하는 학칙을 제정하거나 개정할 수 있을까? 교육부의 이와 같은 질의에 대하여 법제처는 학교장은 법령의 범위에서 학칙을 제정 또는 개정할 수 있고, 법령의 범위에는 지방자치단체의 자치법규인 조례도 포함된다고 보아야 하므로, 학교장은 학교에 의무를

---

828) 「초·중등교육법」 제18조제2항.
829) 「초·중등교육법」 제30조의6.
830) 「초·중등교육법」 제30조의8.
831) 「초·중등교육법 시행령」 제9조제4항.

부과하는 학생인권조례의 규정에 반하는 내용으로 학칙을 제정 · 개정할 수는 없다고 해석하였다.[832]

법제처의 법령해석은 행정부 내부에서 법령의 집행과 행정의 운영을 위해 통일성 있는 법령해석의 지침을 제시하는 것으로 법원의 확정판결과 같은 법적 기속력은 없지만, 이를 위반하면 행정 제재의 대상이 되므로 학교에서는 학생인권조례에 반하는 학칙을 제정하거나 개정하지 않도록 주의할 필요는 있다.

(4) 취학 독촉 · 경고 책무

초등학교장 및 중학교장은 해당 학교에 취학할 예정인 아동이나 취학 중인 학생이 다음의 어느 하나에 해당하는 경우에는 지체 없이 그 보호자 또는 고용자에게 해당 아동이나 학생의 취학 또는 출석을 독촉하거나 의무교육을 받는 것을 방해하지 아니하도록 경고하여야 한다.[833]

취학 또는 출석 독촉 사유

1. 입학 · 재취학 · 전학 또는 편입학 기일 이후 2일 이내에 입학 · 재취학 · 전학 또는 편입학하지 아니한 경우
2. 정당한 사유 없이 계속하여 2일 이상 결석하는 경우
3. 학생의 고용자에 의하여 의무교육을 받는 것이 방해당하는 때

제2절 개별 법령에 명시된 학교장의 책무와 판례

I. 「학교안전법」에 따른 학교장의 책무

1. 학교장의 학교안전사고 예방에 관한 책무

「학교안전법」에서 학교의 범위에는 초 · 중등학교와 유치원을 포함하고 있다. 그러므로 유치원을 비롯한 초 · 중등학교장은 학교안전사고를 예방하고 학교시설을 안전하게 관리 · 유지하기 위하여 노력하여야 한다.[834] 학교안전사고란 교육활동 중에 발생한 사고로서 학생 · 교직원 또는 교육활동참여자의 생명 또는 신체에 피해를 주는 모든 사고 및 학교급식 등 학교장의 관리 · 감독에 속하는 업무가 직접 원인이 되어 학생 · 교직원 또는 교육활동참여자에게 발생하는 질병을 말한다.[835]

---

832) 법제처, 법령해석 사례, 안건번호21-0280.
833) 「초 · 중등교육법 시행령」 제25조제1항.
834) 「학교안전법」 제5조.
835) 「학교안전법」 제2조제6호.

2. 학교안전사고 예방계획 수립 · 시행

학교장은 교육부장관이 수립한 기본계획과 교육감이 수립한 지역계획을 바탕으로 학교의 교육과정 또는 학교장이 정하는 교육계획에 따라 매년 학교안전사고 예방에 관한 학교계획을 학교운영위원회의 심의를 거쳐 시행연도 2월 말일까지 수립하고 시행하여야 한다.[836] 또한 학교장은 해당 연도의 학교계획 및 지난해의 학교계획에 대한 추진실적을 매년 3월 31일까지 교육감에게 제출하여야 한다.[837] 법령에서는 시 · 도교육청 교육감에게 제출하도록 하였지만, 학교 급별에 따라 지역 교육지원청 교육장에게 제출한다. 실무상 고등학교는 교육감에게 그리고 유 · 초 · 중학교는 교육장에게 제출한다.

3. 학교시설 안전표지 책무

학교장은 교내와 교외의 학교시설 및 장소에 안전표지물 등 안내문을 붙이고, 비상시의 대피 경로를 쉽게 알아볼 수 있는 장소에 안내문을 게시하여야 하며, 시설안전관리 대장을 작성하여 관리하여야 한다.[838]

4. 직접 교육활동 및 위탁 교육활동 안전대책 점검 · 확인과 보고 의무

교육활동은 학교에서 직접 실시하는 경우와 관련 기관이나 단체에 위탁운영 하는 경우가 있지만, 특별한 경우를 제외하고는 직접 실시하고 있다. 학교장은 교육활동을 직접 실시하는 경우에도 학교안전사고 예방을 위하여 매학기 시작 전까지 교육활동 안전대책을 마련하고 필요한 조치를 강구하고, 다음 각 호의 사항을 점검 · 확인하여야 하며,[839] 초 · 중등학교인 경우에는 학교운영위원회에, 유치원의 경우에는 유치원운영위원회에 보고하여야 한다.[840]

학교장의 안전 점검 및 확인 사항

1. 학교시설 등에 대한 안전성에 관한 사항
2. 학교 밖 이용시설의 안전성에 관한 사항
3. 교육활동을 관련 기관 또는 단체 등에 위탁하여 실시하는 경우 확인 점검 사항(「학교안전법」 제8조의2제2항 각 호의 사항)
4. 학생 및 교직원에 대한 안전교육 계획
5. 사고 발생 시 대처요령 등 대응체계 구축에 관한 사항
6. 그 밖에 교육부장관이 교육활동 안전대책 마련 등에 필요하다고 인정하여 정하는 사항

---

836) 「학교안전법」 제4조제6항 및 「학교안전법 시행령」 제6조.
837) 「학교안전법 시행령」 제7조.
838) 「학교안전법 시행령」 제8조.
839) 「학교안전법」 제8조의2제1항 및 「학교안전법 시행령」 제10조의2제1항.
840) 「학교안전법 시행령」 제10조의2제2항.

또한 교육활동을 관련 기관 또는 단체 등에 위탁하여 실시하는 경우에는 학교안전사고 예방을 위하여 교육활동 안전대책을 점검·확인하여야 하고, 해당 교육활동을 실시하는 전날까지 학교운영위원회에 또는 유치원운영위원회에 보고하여야 한다.[841] 교육활동을 관련 기관 또는 단체 등에 위탁하여 실시하는 경우 학교안전사고 예방을 위하여 다음 각 호의 사항을 점검·확인하여야 한다.[842]

위탁 기관 또는 단체 안전대책 점검·확인 의무

1. 위탁할 기관 또는 단체 등의 설립 인가·허가 등의 여부
2. 교육활동 중에 발생하는 사고로 인한 손해배상 책임을 담보하기 위한 보험 등의 가입 여부
3. 「청소년활동 진흥법」 제10조제1호에 따른 청소년수련시설의 경우 같은 법 제36조에 따라 인증을 받은 청소년수련활동 프로그램을 실시하는지의 여부
4. 「청소년활동 진흥법」 제10조제1호에 따른 청소년수련시설의 경우 같은 법 제18조, 제18조의2, 제18조의3, 제19조 및 제19조의2에 따른 안전점검 및 안전교육 실시, 종합평가 결과 및 이에 따른 개선조치 이행 등의 여부
5. 그 밖에 관계 법령에 따라 실시되는 교육활동 프로그램의 안전점검, 안전대책 등의 여부

---

5. 학교장의 안전교육에 관한 책무

(1) 안전교육의 일반적 내용

학교장은 학교안전사고를 예방하기 위하여 학생·교직원 및 교육활동참여자에게 안전교육을 실시하고 그 결과를 매년 8월과 12월에 교육감에게 보고하여야 한다.[843] 안전교육의 내용은 다음과 같다.

안전교육의 내용

1. 「아동복지법」 제31조에 따른 교통안전교육, 감염병 및 약물의 오남용 예방 등 보건위생관리교육 및 재난대비 안전교육
2. 「학교폭력 예방 및 대책에 관한 법률」 제15조에 따른 학교폭력 예방교육
3. 「성폭력방지 및 피해자보호 등에 관한 법률」 제5조에 따른 성폭력 예방에 필요한 교육
4. 「성매매방지 및 피해자보호 등에 관한 법률」 제5조에 따른 성매매 예방교육
5. 「초·중등교육법」 제23조에 따른 교육과정이 체험중심 교육활동으로 운영되는 경우 이에 관한 안전사고 예방교육
6. 그 밖에 안전사고 관련 법률에 따른 안전교육

또한 「학교안전법」 시행규칙에서는 안전교육의 구체적인 내용을 다음과 같이 열거하고 있다.[844]

---

841) 「학교안전법」 제8조의2 및 「학교안전법 시행령」 제10조의2제2항.
842) 「학교안전법」 제8조의2.
843) 「학교안전법」 제8조제1항 및 「학교안전교육 실시 기준 등에 관한 고시」 제5조.
844) 「학교안전법 시행규칙」 제2조제1항.

「학교안전법」 시행규칙에서 명시한 안전교육의 구체적 내용

1. 일상생활에서 발생할 수 있는 안전사고 예방을 위한 생활안전교육
2. 교통수단 등으로 발생할 수 있는 안전사고 예방을 위한 교통안전교육
3. 폭력예방 및 신변보호를 위한 안전교육
4. 약물 및 사이버 중독 예방을 위한 안전교육
5. 화재 · 재난 등의 예방 및 대비를 위한 재난안전교육
6. 일터에서 발생할 수 있는 안전사고 예방을 위한 직업안전교육
7. 응급처치에 관한 교육
8. 그 밖에 안전사고 예방을 위하여 필요한 교육

학교장은 필요에 따라 안전교육을 이론교육과 실습교육으로 병행하여 실시하되, 안전교육을 효율적으로 실시하기 위하여 교원 또는 교육활동참여자로 하여금 담당하게 하거나 교육부령으로 정하는 바에 따라 전문교육기관 · 단체 또는 전문가에 위탁하여 실시할 수 있다.[845]

(2) 학생 안전교육

학교장은 위의 학교안전교육 7대 영역(생활안전, 교통안전, 폭력예방 및 신변보호, 약물 및 사이버 중독, 재난안전, 직업안전, 응급처치)에 해당하는 안전교육을 「학교안전교육 실시 기준 등에 관한 고시」에 따라 계획을 수립·시행하여야 한다.[846] 이 경우 「아동복지법」, 「학교폭력예방 및 대책에 관한 법률」, 「성폭력방지 및 피해자보호 등에 관한 법률」, 「성매매방지 및 피해자보호 등에 관한 법률」 등 관련 법령에서 규정하는 안전 관련 교육 및 학교 교육과정과 연계·통합 실시할 수 있다. 안전교육은 이론과 실습교육으로 병행하되 다음 각 호 중 어느 하나에 해당하는 자가 실시하는 것으로 하여야 한다.[847]

안전교육 강사

1. 「유아교육법」 제20조제1항, 「초·중등교육법」 제19조제1항, 「평생교육법」 제31조제3항, 「재외국민의 교육 지원 등에 관한 법률」 제23조제1항 및 제2항에 따른 교원
2. 규칙 제2조제5항 각호에 의하여 안전교육을 위탁할 수 있는 전문교육기관·단체 소속 직원
3. 의사, 간호사, 응급구조사 등 해당 안전 영역과 관련된 자격증을 보유한 자
4. 그 밖에 교육감이 영역별 전문 지식을 갖춘 것으로 인정하는 기준에 부합하는 자

---

845) 「학교안전법」 제8조제4항.
846) 「학교안전교육 실시 기준 등에 관한 고시」 제3조제1항.
847) 「학교안전교육 실시 기준 등에 관한 고시」 제3조제2항.

(3) 교직원 안전교육

교직원은 안전교육을 3년마다 15시간 이상을 이수하여야 하고, 3년 미만의 계약을 체결하여 종사하는 자는 매 학기 2시간 이상을 이수하여야 한다. 또한 교육활동참여자는 매 학년도 1회 이상의 안전교육을 이수하여야 하며, 학교장은 교육활동참여자의 안전교육을 위한 계획을 수립·실시하여야 한다.[848]

(4) 재난 대비 훈련

학교장은 매 학년도 2종류 이상의 각종 재난 대비 훈련을 실시하여야 하고,[849] 훈련실적은 1학기(제출: 8월 31일)와 2학기(제출: 12월 31일)로 구분하여 교육감에게 보고하여야 한다.[850]

II. 「어린이놀이시설법」에 따른 학교장의 책무

「어린이 놀이시설 안전 관리법」에서 일컫는 어린이놀이기구란 어린이가 놀이를 위하여 사용할 수 있도록 제조된 그네, 미끄럼틀, 공중놀이기구, 회전놀이기구 등이다. 이전 법령에서는 어린이의 놀이기구의 개념을 만 10세 이하의 어린이가 놀이를 위하여 사용할 수 있도록 제조된 기구를 의미하였지만, 현행법은 놀이기구의 개념과 정의에서 나이를 정하고 있는 것은 현실성이 떨어진다는 이유로 나이를 삭제하였다. 주로 유치원과 초등학교 특수학교에 놀이기구가 설치되어 있으면 어린이놀이시설에 포함된다.

1. 업무 담당자 안전교육 의무

어린이 놀이시설 관리주체는 어린이놀이시설의 안전관리에 관련된 업무를 담당하는 사람(안전관리자)으로 하여금 어린이놀이시설 안전관리 지원기관에서 실시하는 어린이놀이시설의 안전관리에 관한 교육을 받도록 하여야 한다. 안전관리자를 신규 또는 변경 배치한 경우 안전관리자의 인적사항을 포함한 자료를 배치한 날부터 15일 이내에 어린이놀이시설 안전관리시스템 등을 통해 관리감독기관의 장에게 통보하여야 한다.[851] 이를 위반하여 안전점검을 실시하지 아니하면 300만원 이하의 과태료를 부과한다.[852]

2. 어린이 놀이시설 검사 및 합격 불합격 표시 의무

---

848) 「학교안전교육 실시 기준 등에 관한 고시」 제4조.
849) 「학교안전교육 실시 기준 등에 관한 고시」 제4조의2.
850) 「학교안전교육 실시 기준 등에 관한 고시」 서식 1의3 학교 재난대비훈련 실적보고 참조.
851) 「어린이놀이시설 안전관리법」 제20조제1항·제2항.
852) 「어린이놀이시설 안전관리법」 제31조제2항제4호.

어린이 놀이시설 관리주체는 설치검사를 받은 어린이놀이시설에 대하여 안전검사기관으로부터 2년에 1회 이상 정기시설검사를 받아야 한다.[853] 이를 위반하여 설치검사 또는 정기시설검사를 받지 아니하였거나 설치검사 또는 정기시설검사에 불합격하거나, 안전진단에서 위험하거나 보수가 필요하다는 판정을 받은 어린이놀이시설을 이용하도록 한 자는 1년 이하의 징역 또는 1천만원 이하의 벌금에 처한다.[854]

설치검사 및 정기시설검사에 합격된 어린이놀이시설에 대해서는 이용자가 알 수 있도록 「어린이 놀이시설 안전관리법 시행령」 제10조에서 정하는 바에 따라 설치검사 및 정기시설검사에 합격되었음을 나타내는 표시를 하여야 한다.[855] 설치검사, 정기시설검사를 받지 아니하였거나 검사에 불합격된 경우이거나 안전진단에서 위험하거나 보수가 필요하다는 판정을 받은 경우에는 지체 없이 어린이 등이 해당 어린이놀이시설에 출입하지 못하도록 다음의 조치를 하고, 그 사실을 해당 관리감독기관의 장에게 지체 없이 통보해야 한다.[856]

검사 불합격 시설 등의 이용금지 조치

1. 어린이놀이시설에 대한 출입차단
2. 어린이놀이시설 내 개별 어린이놀이기구에 대한 진입 및 작동 금지

이용금지 조치를 한 설치자 또는 관리주체는 어린이 등이 이용금지 조치 사실을 잘 알 수 있도록 해당 어린이놀이시설 입구에 이용금지 조치 사유 등을 적은 안내표지판을 설치하여야 하고,[857] 부적합 놀이시설의 이용금지 안내표지판은 다음과 같이 표시하여야 한다.[858]

이용금지 안내표지판

- 표시내용 : 어린이놀이시설 안전검사 불합격 등에 따른 이용금지 사실을 알림
- 표시장소 : 놀이시설 입구, 이용 안내판, 개별 놀이기구 등에 부착함
- 표시방법 : 이용자 눈에 잘 띄는 장소에 일정크기(1m×1m) 이상으로 부착함.

---

3. 어린이놀이시설 유지 관리 의무

어린이놀이시설 관리주체는 설치된 어린이놀이시설의 기능 및 안전성 유지를 위하여 월 1회 이상

---

853) 「어린이놀이시설 안전관리법」 제12조제2항.
854) 「어린이놀이시설 안전관리법」 제29조.
855) 「어린이놀이시설 안전관리법」 제12조제4항.
856) 「어린이놀이시설 안전관리법」 제13조제1항 및 「어린이놀이시설 안전관리법 시행령」 제10조의2제1항.
857) 「어린이놀이시설 안전관리법 시행령」 제10조의2제2항.
858) 「어린이놀이시설 검사 및 관리에 관한 운용요령」 제13조.

어린이놀이시설에 대한 안전점검을 실시하여야 한다.[859] 이를 위반하여 안전점검을 실시하지 아니하면 300만원 이하의 과태료를 부과한다.[860]

안전점검 결과 해당 어린이놀이시설이 어린이에게 위해를 가할 우려가 있다고 판단되는 경우에는 그 이용을 금지하고 1개월 이내에 안전검사기관에 안전진단을 신청하여야 한다. 다만, 해당 어린이놀이시설을 철거하는 경우에는 안전진단 신청을 생략할 수 있다.[861] 이를 위반하여 어린이놀이시설의 이용을 금지하지 아니하거나 안전진단을 신청하지 아니하면 500만원 이하의 과태료를 부과한다.[862]

4. 사고 보고의무

어린이놀이시설로 인하여 중대한 사고가 발생한 때에는 즉시 사용중지 등 필요한 조치를 취하고 해당 관리감독기관의 장에게 통보하여야 한다. 중대한 사고란 어린이놀이시설로 인하여 이용자가 피해를 입은 사고 가운데 「어린이놀이시설 안전관리법」 제22조 및 같은 법 시행령 제14조에 해당하는 사고이며, 이 책의 앞부분 '제5절 학교 시설물 물품 등에 의한 사고〉Ⅱ. 학교 안전 관리 책무〉9. 놀이시설 중대사고 보고'에서 제시하였다.

Ⅲ. 「학교폭력예방법」에 따른 학교장의 책무

1. 학교폭력예방교육 실시 의무

「학교폭력예방법」은 초·중등학교를 대상으로 하고 있으므로 유치원은 해당되지 않는다. 초·중등학교장은 학생의 육체적·정신적 보호와 학교폭력예방을 위한 학생들에 대한 교육을 학기별로 1회 이상 실시하여야 하고, 학교폭력의 예방 및 대책 등을 위한 교직원 및 학부모에 대한 교육을 학기별로 1회 이상 실시하여야 한다. 학교장은 학교폭력 예방교육 프로그램의 구성 및 그 운용 등을 전담기구와 협의하여 전문단체 또는 전문가에게 위탁할 수 있다.[863]

2. 학교폭력 피해학생 보호의무

학교장은 학교폭력사건을 인지한 경우 피해학생의 반대의사 등 대통령령으로 정하는 특별한 사정이 없으면 지체 없이 가해자(교사를 포함한다)와 피해학생을 분리하여야 하며, 피해학생이 긴급보호

---

859) 「어린이놀이시설 안전관리법」 제15조제1항.
860) 「어린이놀이시설 안전관리법」 제31조제2항제1호.
861) 「어린이놀이시설 안전관리법」 제15조제3항.
862) 「어린이놀이시설 안전관리법」 제31조제1항제2호.
863) 「학교폭력예방법」 제15조.

를 요청하는 경우에는 제1호(학내외 전문가에 의한 심리상담 및 조언), 제2호(일시보호) 및 제6호(그 밖에 피해학생의 보호를 위하여 필요한 조치)의 조치를 할 수 있다. 이 경우 학교장은 심의위원회에 즉시 보고하여야 한다.[864)]

3. 학교폭력 축소 또는 은폐 금지

학교장은 학교폭력을 축소 또는 은폐해서는 아니 된다. 학교장은 교육감에게 학교폭력이 발생한 사실과 제13조의2에 따라 학교의 장의 자체해결로 처리된 사건, 제16조(피해학생의 보호), 제16조의2(장애학생의 보호), 제17조(가해학생에 대한 조치) 및 제18조(분쟁조정)에 따른 조치 및 그 결과를 보고하고, 관계 기관과 협력하여 교내 학교폭력 단체의 결성예방 및 해체에 노력하여야 한다.[865)]

4. 학교폭력 통보 의무 및 가해학생 보호자 의견 진술 기회 부여 의무

학교폭력 신고를 받은 기관은 이를 가해학생 및 피해학생의 보호자와 소속 학교의 장에게 통보하여야 하고, 통보받은 학교장은 이를 심의위원회에 지체 없이 통보하여야 한다.[866)]

학교장은 학교폭력 가해학생에 대한 출석정지 조치를 하려는 경우에는 해당 학생 또는 보호자의 의견을 들어야 한다. 다만, 해당 학생 또는 보호자의 의견을 들으려 하였으나 이에 따르지 아니한 경우에는 그러하지 아니하다.[867)]

IV. 「성폭력방지법」에 따른 책무

1. 성폭력 예방교육 실시 의무

성폭력 예방교육 의무는 유치원을 포함한 초·중등학교에 부과하고 있다. 각급학교의 장은 성교육 및 성폭력 예방교육 실시, 기관 내 피해자 보호와 피해 예방을 위한 자체 예방지침 마련, 사건발생 시 재발방지대책 수립·시행 등 필요한 조치를 하고, 그 결과를 여성가족부장관(교육감 또는 교육장)에게 제출하여야 한다.[868)] 예방 교육을 실시하는 경우 「성매매피해자보호법」 제4조에 따른 성매매 예방교육, 「양성평등기본법」 제31조에 따른 성희롱 예방교육 및 「가정폭력방지법」 제4조의3에 따른 가정폭력 예방교육 등을 성평등 관점에서 통합하여 실시할 수 있다.[869)]

---

864) 「학교폭력예방법」 제16조제1항.
865) 「학교폭력예방법」 제19조.
866) 「학교폭력예방법」 제20조.
867) 「학교폭력예방법 시행령」 제21조제2항.
868) 「성폭력방지법」 제5조제1항.
869) 「성폭력방지법」 제5조제2항.

학교장은 교직원 및 학생 등을 대상으로 매년 1회 이상, 1시간 이상의 성교육 및 성폭력 예방교육을 실시하고 신규 임용된 사람에 대해서는 임용된 날부터 2개월 이내에 교육을 실시하여야 한다.[870]

2. 성폭력 피해아동에 대한 취학 지원 의무

성폭력피해자의 보호자가 피해자 등을 주소지 외의 지역에 있는 초등학교에 입학시키려는 경우 초등학교의 장은 피해자등의 입학을 승낙하여야 하고, 피해자 등이 초등학교에 다니고 있는 경우 그 초등학교의 장은 피해자등의 보호자(가해자가 아닌 보호자를 말한다) 1명의 동의를 받아 교육장에게 그 피해자등의 전학을 추천하여야 하고, 교육장은 전학할 학교를 지정하여 전학시켜야 한다. 그리고 그 밖의 각급학교의 장은 피해자등이 다른 학교로 전학·편입학할 수 있도록 추천하여야 하고, 교육장 또는 교육감은 교육과정의 이수에 지장이 없는 범위에서 전학·편입학할 학교를 지정하여 배정하여야 한다. 이 경우 그 배정된 학교의 장은 피해자등의 전학·편입학을 거부할 수 없다.[871]

V. 「가정폭력방지법」에 따른 책무

1. 학교장의 가정폭력 예방교육계획 수립의무

앞에서 살펴본 성폭력 예방교육 의무는 유치원도 해당되지만 가정폭력 예방교육 의무는 유치원은 해당되지 않는다. 가정폭력을 예방하고 가정폭력의 피해자를 보호·지원하기 위하여 「가정폭력방지법」에서는 학교에서 가정폭력 예방교육을 의무화하고 있다.[872] 각급학교장은 교직원 및 학생 등을 대상으로 매년 1회 이상, 1시간 이상의 가정폭력 예방교육을 실시하여야 한다. 이 경우 신규 임용된 사람에 대해서는 임용된 날부터 2개월 이내에 교육을 실시하여야 한다.[873] 가정폭력 예방교육은 강의, 시청각교육, 인터넷 홈페이지를 이용한 교육 등의 방법으로 실시할 수 있되, 대면에 의한 방법으로 하는 교육이 포함되어야 한다. 이 경우 교육대상자가 아동인 경우에는 가정폭력 위기 상황에 대응할 능력을 향상시킬 수 있는 교육 내용이 포함되어야 한다.[874]

2. 학교장의 입학 승낙과 전학 및 추천의무

(1) 초등학교장의 책무

피해자나 피해자가 동반한 가정구성원인 아동의 보호자(가정폭력행위자는 제외한다)가 피해아동

---

870) 「성폭력방지법 시행령」 제2조제2항제1호.
871) 「성폭력방지법」 제7조제1항.
872) 「가정폭력방지법」 제4조의3제1항.
873) 「가정폭력방지법 시행령」 제1조의2제2항.
874) 「가정폭력방지법 시행령」 제1조의2제3항.

을 주소지 외의 지역에 있는 초등학교에 입학시키려는 경우에는 입학할 초등학교장은 가정폭력이 발생한 사실이 인정되면 입학을 승낙하여야 한다.[875] 초등학교장은 가정폭력이 발생한 사실이 인정되는 때에는 피해아동의 보호자 1명의 동의를 받아 교육장에게 그 피해아동의 전학을 추천하여야 하며, 이 경우 교육장은 전학할 학교를 지정하여 전학시켜야 한다.[876]

(2) 중학교장의 책무

중학교장은 가정폭력이 발생한 사실이 인정되는 때에는 피해아동이 다른 학교로 전학 또는 편입학할 수 있도록 추천하여야 하며, 교육장은 중학교장이 추천하거나 재입학을 지원하는 피해아동에 대하여 전학 또는 편입학이나 재입학할 학교를 지정하여 배정하여야 한다.[877]

(3) 고등학교장의 책무

고등학교장도 위의 중학교장의 책무를 준용하므로,[878] 가정폭력이 발생한 사실이 인정되는 때에는 피해아동이 다른 학교로 전학 또는 편입학할 수 있도록 추천하여야 하며, 교육감은 고등학교장이 추천하거나 재입학을 지원하는 피해아동에 대하여 전학 또는 편입학이나 재입학할 학교를 지정하여 배정하여야 한다.

3. 가정폭력 피해아동 조치 사실 공개 금지

피해자 및 피해자가 동반한 가정구성원을 보호하기 위하여 학교장은 가정폭력 피해아동에 대한 입학·전학 또는 편입학이나 재입학한 사실이 취학업무 관계자가 아닌 자에게 공개되지 아니하도록 관리·감독하여야 한다.[879]

앞에서 살펴본 교사의 비밀누설 금지 의무는 학교의 교직원 또는 보육교직원은 정당한 사유가 없으면 해당 아동의 취학, 진학, 전학 또는 입소의 사실을 가정폭력행위자인 친권자를 포함하여 누구에게든지 누설하여서는 아니 되지만,[880] 학교장에게는 이와 같은 사실의 누설은 물론 사실이 공개되지 않도록 관리·감독할 의무를 부여하였다.

---

875) 「가정폭력방지법 시행령」 제1조의3제1항.
876) 「가정폭력방지법 시행령」 제1조의3제2항.
877) 「가정폭력방지법 시행령」 제1조의3제3항.
878) 「가정폭력방지법 시행령」 제1조의3제4항.
879) 「가정폭력방지법 시행령」 제1조의3제5항.
880) 「가정폭력처벌법」 제18조제3항.

Ⅵ. 「아동복지법」에 따른 학교장의 책무

1. 아동을 대상으로 한 안전 교육 의무

「아동복지법」에서 대상으로 하는 아동이란 18세 미만인 사람을 말하므로,[881] 유치원과 초·중등학교에 재학하고 있는 아동은 대부분이 「아동복지법」 대상이다.

유치원의 원장 및 초·중등학교의 장은 교육대상 아동의 연령을 고려하여 매년 다음 각 호의 사항에 관한 교육계획을 수립하여 아동을 대상으로 한 안전 교육을 실시하여야 하고, 매년 3월 31일까지 교육계획 및 교육실시 결과를 교육감에게 보고하여야 한다.[882]

안전 교육 의무

1. 성폭력 및 아동학대 예방
2. 실종·유괴의 예방과 방지
3. 감염병 및 약물의 오남용 예방 등 보건위생관리
4. 재난대비 안전
5. 교통안전

안전 교육 의무를 위반하여 교육을 실시하지 아니하면 300만원 이하의 과태료를 부과한다.[883]

2. 아동학대 신고의무자 교육

교직원은 아동학대 신고의무자이므로 아동학대 신고의무자가 소속된 기관·시설 등의 장인 학교장은 소속 아동학대 신고의무자에게 신고의무 교육을 매년 1시간 이상 실시하고, 그 결과를 관계 중앙행정기관의 장에게 제출하여야 한다.[884]

교육 내용에는 아동학대 예방 및 신고의무에 관한 법령, 아동학대 발견 시 신고 방법, 피해아동 보호 절차가 포함되어야 하고, 교육은 집합 교육, 시청각 교육 또는 인터넷 강의 등의 방법으로 할 수 있다.[885] 이를 위반하여 신고의무 교육을 실시하지 아니한 자에게는 300만원 이하의 과태료를 부과한다.[886]

---

881) 「아동복지법」 제3조.
882) 「아동복지법」 제31조제1항·제3항 및 같은 법 시행령 제28조.
883) 「아동복지법」 제75조제3항제2호.
884) 「아동복지법」 제26조제3항 및 같은 법 시행령 제26조제3항.
885) 「아동복지법 시행령」 제26조제5항.
886) 「아동복지법」 제75조제3항1의2호.

3. 아동학대 피해아동의 취학 지원

국가와 지방자치단체는 「초·중등교육법」 제2조 각 호의 학교에 재학 중인 피해아동 및 피해아동의 가족이 주소지 외의 지역에서 취학(입학·재입학·전학·편입학을 포함한다)할 필요가 있을 때에는 그 취학이 원활하게 이루어 질 수 있도록 지원하여야 한다.[887]

또한 학교의 장은 피해아동 및 그 가족이 보호받고 있는 거주지 근처의 학교에 우선적으로 취학할 수 있도록 고려하여야 하고, 피해아동 및 그 가족의 취학에 필요한 절차가 완료되기 전이라도 피해아동 및 그 가족이 출석하여 학습하게 할 수 있다. 또한 조치한 사실이 취학업무 관계자가 아닌 자에게 공개되지 아니하도록 관리·감독하여야 하며, 아동학대행위자로부터 피해아동 및 그 가족의 취학에 관한 정보의 제공 요청이 있는 경우에는 그 사실을 피해아동 및 그 가족을 보호하는 아동보호전문기관에 통보하여야 한다.[888]

4. 취업자등에 대한 아동학대 관련 범죄 전력 조회 의무

아동복지법에서는 유치원을 포함한 초·중등학교와 특수학교 등을 아동관련기관이라 하고, 아동관련기관의 장에게 교직원에 대한 아동학대 전력 조회 의무를 부여하고 있다.

아동관련기관의 장은 그 기관에 취업 중이거나 사실상 노무를 제공 중인 사람 또는 취업하려 하거나 사실상 노무를 제공하려는 사람(취업자등)에 대하여 아동학대 관련 범죄 전력을 확인하여야 하며, 이 경우 본인의 동의를 받아 관계 기관의 장에게 아동학대 관련 범죄 전력 조회를 요청하여야 한다. 다만, 취업자등이 아동학대 관련 범죄 전력 조회 회신서를 아동관련기관의 장에게 직접 제출한 경우에는 아동학대 관련 범죄 전력 조회를 한 것으로 본다.[889] 이를 위반하여 아동학대 관련 범죄 전력을 확인하지 아니하는 경우에는 500만원 이하의 과태료를 부과한다.[890]

Ⅶ. 「장애인복지법」에 따른 학교장의 책무

1. 장애를 이유로 입학 거부 금지 및 편의 시설 제공

각급학교의 장은 교육을 필요로 하는 장애인이 그 학교에 입학하려는 경우 장애를 이유로 입학 지원을 거부하거나 입학시험 합격자의 입학을 거부하는 등의 불리한 조치를 하여서는 아니 되며, 이를 위반하여 장애인의 입학 지원을 거부하거나 입학시험 합격자의 입학을 거부하는 등 불리한 조치

---

887) 「아동복지법」 제29조제6항.
888) 「아동복지법 시행령」 제26조의4제2항·제3항 및 제4항.
889) 「아동복지법」 제29조의3제5항.
890) 「아동복지법」 제75조제2항.

를 한 자는 500만원 이하의 벌금에 처한다.[891] 또한 모든 교육기관은 교육 대상인 장애인의 입학과 수학 등에 편리하도록 장애의 종류와 정도에 맞추어 시설을 정비하거나 그 밖에 필요한 조치를 강구하여야 한다.[892]

2. 장애 인식개선교육 실시

유치원과 초ㆍ중등학교장은 소속 직원ㆍ학생을 대상으로 장애인에 대한 인식개선을 위한 교육(인식개선교육)을 매년 1회 이상, 1시간 이상 실시해야 한다. 다만, 보건복지부장관이 교육 대상별로 교육 시간을 단축하여 달리 정한 경우에는 그에 따라 인식개선교육을 실시해야 한다. 또한 매년 2월 말일까지 전년도의 인식개선교육 실시 결과를 인식개선교육 정보시스템을 통해 보건복지부장관에게 제출해야 한다.[893]

Ⅷ. 「학교보건법」에 따른 학교장의 책무

「학교보건법」의 대상이 되는 학교에는 유치원을 비롯한 초ㆍ중등학교뿐만 아니라 「고등교육법」에 따른 대학도 포함된다.

1. 감염병 환자 등교 중지 명령 및 보고 의무

학교의 장은 학생과 교직원에 대하여 건강검사를 하여야 한다. 다만, 교직원에 대한 건강검사는 「국민건강보험법」 제52조에 따른 건강검진으로 갈음할 수 있다.[894] 건강검사의 결과나 의사의 진단 결과 감염병에 감염되었거나 감염된 것으로 의심되거나 감염될 우려가 있는 학생 또는 교직원이 다음에 해당할 경우 등교를 중지시킬 수 있다.[895]

등교 중지 대상

1. 「감염병의 예방 및 관리에 관한 법률」 제2조에 따른 감염병환자, 감염병의사환자 및 병원체보유자(감염병환자등). 다만, 의사가 다른 사람에게 감염될 우려가 없다고 진단한 사람은 제외한다.
2. 제1호 외의 환자로서 의사가 감염성이 강한 질환에 감염되었다고 진단한 사람

감염병이란 제1급감염병, 제2급감염병, 제3급감염병, 제4급감염병, 기생충감염병, 세계보건기구 감

---

891) 「장애인복지법」 제20조제4항 및 제88조제1호.
892) 「장애인복지법」 제20조제5항.
893) 「장애인복지법」 제25조제2항 및 같은 법 시행규칙 제2조의2.
894) 「학교보건법」 제7조제1항.
895) 「학교보건법」 제8조제1항 및 같은 법 시행령 제22조제1항.

시대상 감염병, 생물테러감염병, 성매개감염병, 인수공통감염병 및 의료관련감염병 등을 말한다.[896] 제1급감염병에는 에볼라바이러스병, 중증급성호흡기증후군(SARS), 중동호흡기증후군(MERS) 등 치명률이 높거나 집단 발생의 우려가 커서 음압격리와 같은 높은 수준의 격리가 필요한 감염병 등이 있고, 특히 코로나19는 신종감염병증후군으로 제1급감염병에 속하며 이외에도 갑작스러운 국내 유입 또는 유행이 예견되어 긴급한 예방·관리가 필요하여 질병관리청장이 보건복지부장관과 협의하여 지정하는 감염병도 포함된다.[897]

학생에 대한 등교중지를 명할 때에는 그 사유와 기간을 구체적으로 밝혀야 한다. 다만, 질환증세 또는 질병유행의 양상에 따라 필요한 경우에는 그 기간을 단축하거나 연장할 수 있다.[898] 또한 학교에 감염병에 걸렸거나 걸린 것으로 의심이 되는 학생 및 교직원이 있는 경우에는 즉시 다음과 같은 감염병 발생 상황을 교육감(교육장)을 경유하여 교육부장관에게 보고하여야 한다.[899]

감염병 발생 상황 보고

1. 해당 학생 및 교직원의 감염병명 및 감염병의 발병일·진단일
2. 해당 학생 및 교직원의 소속
3. 해당 학생 및 교직원에 대한 조치 사항

---

2. 심폐소생술 등 응급처치 교육 및 보고 의무

학교장은 매년 교직원을 대상으로 심폐소생술 등 응급처치에 관한 교육을 실시하여야 하며, 응급처치 교육을 실시한 후 해당 학년도의 교육 결과를 다음 학년도가 시작되기 30일 전까지 교육감에게 제출하여야 한다. 응급처치에 관한 교육과 연관된 프로그램의 운영 등을 관련 전문기관·단체 또는 전문가에게 위탁할 수 있다.[900]

Ⅸ. 「청탁금지법」에 따른 학교장의 책무

「청탁금지법」에서는 공공기관에 종사하는 공직자들의 의무를 부과하면서 공공기관에 포함되는 기관으로 「초·중등교육법」, 「고등교육법」, 「유아교육법」 및 그 밖의 다른 법령에 따라 설치된 각급학교 및 「사립학교법」에 따른 학교법인도 포함하고 있다.[901] 그러므로 「청탁금지법」에 따른 책무를 수행하여야 할 학교장은 유치원장과 초·중등학교장이다.

---

896) 「감염병의 예방 및 관리에 관한 법률」(약칭: 「감염병예방법」) 제2조제1호.
897) 「감염병예방법」 제2조제2호.
898) 「학교보건법 시행령」 제22조제2항.
899) 「학교보건법」 제14조의3제5항 및 「학교보건법 시행규칙」 제10조의2제4항.
900) 「학교보건법」 제9조의2 및 「학교보건법 시행규칙」 제10조.
901) 「청탁금지법」 제2조.

1. 교직원 「청탁금지법」 교육 및 교직원 서약서 접수

공공기관의 장인 학교장은 교직원에게 부정청탁 금지 및 금품 등의 수수 금지에 관한 내용을 연 1회 이상 교육을 실시하여야 하고, 부정청탁 금지 및 금품 등 수수의 금지에 관한 법령을 준수할 것을 약속하는 서약서를 신규채용을 할 때 받아야 한다.[902]

2. 청탁금지 담당관 지정 및 징계처분 책무

학교장은 교직원 중에서 부정청탁 금지 및 금품 등의 수수 금지에 관한 내용을 교육 · 상담하고, 청탁금지법에 따른 신고 · 신청의 접수, 처리 및 내용을 조사하며, 소속기관장의 위반행위를 발견한 경우 법원 또는 수사기관에 그 사실의 통보 등을 담당하는 담당관을 지정하여야 한다.[903] 한편 교직원 등이 「청탁금지법」에 따른 명령을 위반한 경우에는 징계처분을 하여야 한다.[904]

제3절 교육시설 관리 및 판례로 본 유의점

I. 교육시설 안전관리 책임

1. 「교육시설법」에 따른 유의점

「교육시설 등의 안전 및 유지관리 등에 관한 법률」(약칭: 교육시설법)은 학교장에게 교육시설에 대한 안전관리 책무는 물론 보고의무와 관리 소홀로 인한 사고 발생 시 막중한 책임을 부과하고 있으므로 이 법령을 숙지할 필요가 있다. 「교육시설법」은 2020년부터 시행되었으며 그동안 「학교보건법」 「시설물안전법」 「교육환경보호에 관한 법률」 「학교안전사고 예방 및 보호에 관한 법률」 등 타 법률에 의해 관리되어 오던 교육시설을 종합적이고 체계적으로 관리하기 위해 새로이 제정되었다. 「교육시설법」에서 학교장이 숙지해야 할 내용은 교육시설의 안전관리는 물론 결과 보고의무, 정밀안전진단의무 등이 있으며, 안전점검 등의 의무를 수행하지 않아 사고가 발생하면 징역이나 벌금에 처할 수 있기 때문에 더욱 유의하여야 한다.

교육시설이란 유치원, 초 · 중등학교 등에 해당하는 학교 등의 시설 및 설비를 말하고, 교육시설의 장이란 교육시설에 대하여 관계 법령 또는 자치법규에 따라 관리책임자로 규정된 사람이나 소유자를

---

902) 「청탁금지법 시행령」 제42조제3항.
903) 「청탁금지법」 제20조.
904) 「청탁금지법」 제21조.

말한다.[905] 교육시설의 장은 교육시설의 안전·유지관리기준을 준수하여야 하고, 교육시설이용자가 안전·유지관리기준을 준수하도록 하여야 하며, 안전·유지관리기준의 준수 여부를 자체적으로 점검하고, 점검 결과를 감독기관의 장에게 보고하여야 한다.[906] 유치원이나 초·중등학교에 대한 감독기관의 장은 교육청(교육지원청)이다.

그리고 교육시설을 안전하게 유지관리하기 위하여 안전점검 등에 관한 지침에 따라 연 2회 이상 안전점검을 실시하여야 하며, 그 결과에 관한 보고서를 작성하여 감독기관의 장에게 제출하고, 10년 동안 보존하여야 한다.[907] 이를 위반하여 안전점검을 실시하지 아니하거나 성실하게 수행하지 아니함으로써 교육시설에 중대한 파손을 야기하여 공공의 위험을 발생하게 한 자는 3년 이하의 징역 또는 3천만원 이하의 벌금에 처하고,[908] 사람을 죽거나 다치게 한 자는 5년 이하의 징역에 처한다.[909]

2. 교육시설 장의 안전관리 책무

(1) 정밀안전진단의 실시·결과보고

교육시설의 장은 안전점검을 실시한 결과 교육시설안전사고의 예방과 교육시설의 안전성 확보를 위하여 필요하다고 인정하는 경우 안전진단전문기관에 위탁하여 정밀안전진단을 실시하여야 하며, 그 결과에 대한 보고서를 작성하여 감독기관의 장에게 제출하고 10년 동안 보존하여야 한다.[910]

안전점검 등의 실시 결과에 따라 필요한 경우 일정기한까지 결함에 대한 보수·보강, 개축 등의 조치를 하여야 하고, 그 결과를 감독기관의 장에게 보고하여야 하며, 안전점검 등의 결과로 교육시설의 중대한 결함이 발견되는 등 교육시설이용자의 안전한 이용에 미치는 영향이 중대하여 긴급한 조치가 필요하다고 인정되는 경우에는 교육시설의 사용제한, 사용금지, 교육시설이용자의 대피 등의 조치를 할 수 있으며, 그 사실을 즉시 감독기관의 장에게 보고하여야 한다.[911] 이를 위반하여 정밀안전진단을 실시하지 아니하거나 성실하게 수행하지 아니함으로써 교육시설에 중대한 파손을 야기하여 공공의 위험을 발생하게 한 자는 3년 이하의 징역 또는 3천만원 이하의 벌금에 처하고,[912] 사람을 죽거나 다치게 한 자는 5년 이하의 징역에 처한다.[913]

(2) 교육시설안전사고 보고 및 조사

교육시설의 장은 교육시설안전사고가 발생하거나 교육시설에 중대한 결함을 발견한 때에는 이에

---

905) 「교육시설법」 제2조 참조.
906) 「교육시설법」 제10조제2항, 제3항.
907) 「교육시설법」 제13조제1항, 제2항 및 같은 법 시행규칙 제3조.
908) 「교육시설법」 제52조제1항 참조.
909) 「교육시설법」 제52조제2항.
910) 「교육시설법」 제14조제1항, 제2항 및 같은 법 시행규칙 제3조.
911) 「교육시설법」 제17조제1항, 제2항.
912) 「교육시설법」 제52조제1항 참조.
913) 「교육시설법」 제52조제2항.

관한 사항을 감독기관의 장에게 보고하여야 하고, 보고를 받은 감독기관의 장은 교육부장관에게 보고받은 사항을 알려야 한다.[914]

(3) 감독기관의 긴급 조치 명령

감독기관의 장은 안전점검 등의 결과로 교육시설에 중대한 결함이 발견되는 등 교육시설이용자의 안전한 이용에 미치는 영향이 중대하여 긴급한 조치가 필요하다고 인정되는 경우에는 다음 각 호의 어느 하나에 해당하는 조치를 교육시설의 장에게 명할 수 있다. 이 경우 명령을 받은 자는 신속하게 명령에 따른 조치를 이행하여야 하고, 그 결과를 감독기관의 장에게 보고하여야 한다.[915] 이에 따른 명령에 따르지 않아 공중의 위험을 발생하게 한 자는 3년 이하의 징역 또는 3천만원 이하의 벌금에 처한다.[916]

감독기관의 긴급 조치 명령

1. 결함에 대한 보수 · 보강
2. 대체시설의 확보
3. 교육시설의 사용제한
4. 교육시설의 사용금지
5. 교육시설의 철거

---

(4) 감독기관의 시정명령과 과태료 부과

감독기관의 장은 안전 · 유지관리기준을 준수하지 아니하거나, 안전점검 또는 정밀안전진단을 실시하지 아니하거나, 감독기관의 장의 명령을 따르지 아니한 교육시설의 장에게 일정한 기간을 정하여 시정을 명할 수 있다.[917] 이를 위반하여 감독기관의 장의 시정명령을 이행하지 않은 자는 2천만원 이하의 과태료를 부과한다.[918]

---

914) 「교육시설법」 제24조.
915) 「교육시설법」 제17조제3항.
916) 「교육시설법」 제52조제1항 참조.
917) 「교육시설법」 제21조.
918) 「교육시설법」 제54조제1항.

Ⅱ. 판례로 본 학교장의 책임과 유의점

1. 학생 수에 비하여 과소한 인원이 교통지도하면 보호감독의무 소홀

학생 수가 많으면 학생 수에 비례하여 교통지도 인원도 추가하여야 한다.

초등학교에서 학생수가 2천명이 넘는데도 학교 정문 너머 횡단보도의 양쪽 끝에서 교사 1명과 녹색어머니회의 학부모 1명만이 등교 시간에 교통지도를 하도록 한 것은 지나치게 과소한 인원이므로 교장 교사가 학생에 대한 보호감독의무를 소홀히 한 책임이 있다고 한다. 판례에 따르면 초등학교 정문 부근에서 등교하던 학생이 차량에 충돌하여 초등학생이 사망한 사안에서 법원은 사고차량 측과 학교 측은 소속 교사들의 사용자로서 각자 2억7천여 만원을 배상하라고 판결하였다.[919]

2. 운동장 개방 의무가 있어도 운동장에서 학생 보호 의무는 면제되지 않는다.

학교에서 운동장 개방 의무가 있더라도 외부인으로부터 학생을 보호하여야 하고, 예산 부족이라고 하더라도 의무위반이 정당화되지 않는다. 학교는 「체육시설의 설치·이용에 관한 법률」 등에 의하여 학교 운동장을 개방하고, 인근 주민들의 복지를 위한 학교공원화사업(담장 허물기 등)을 추진한다고 하여도 범죄 목적 등을 가진 외부인으로부터 학생들을 보호·감독하여야 할 학교 측의 의무가 면제되거나 감경된다고 볼 수 없고, 오히려 학교 측으로서는 외부인으로부터 학생들의 안전 보호를 위하여 더 많은 노력을 기울여야 한다.

판례에 따르면 휴업일에도 방과 후 수업이 있어 등교하는 학생이 상당수 있었음에도, 교문에서 학생들의 등교지도를 하는 인원이 전혀 배치되지 않았고, 외부인이 학교 안으로 들어와 범죄 대상을 찾기 위하여 운동장에서 1시간가량을 배회하였음에도 이를 방치하였다면 학교 측으로서는 학생들을 보호·감독하기 위한 의무를 해태하였다고 봄이 상당하다고 하였다.[920] 또한 예산 부족이나 정책적인 이유로 학교 측의 보호·감독의무위반이 정당화된다고 볼 수는 없다고 하여 학교 측은 피해학생과 보호자 등에게 7천5백여만원을 배상하라고 판결하였다.

3. 교내 차량 진출입 도로와 보행자 도로는 구분 설치해야 한다.

학교 교문을 통과하여 교내로 출입하는 차량들은 교직원 차량과 급식차량 재활용 수거 차량 그리고 경우에 따라 학부모 등 외부인 차량들도 있고, 이 차량들이 주차장으로 진입하기 위해서는 교내를 운전하지 않을 수 없을 것이다. 이러한 경우 교문 진입 이후에 자동차 도로와 보행자 도로가 구분

---

919) 서울서부지방법원 2011. 11. 18. 선고 2011가합4841 판결.
920) 서울중앙지방법원 2012. 8. 30. 선고 2010가합77373 판결 참조.

되지 않는다면 학생과 차량이 같은 도로를 이용할 수밖에 없을 것이고, 특히 등하교 시간에는 학생과 차량이 뒤엉켜 사고의 위험이 매우 높다. 만약 교내에서 학생이 차량에 의해 다치면 학교 측이 보호 감독하여야 할 장소의 범위 내에서 발생한 사고이므로 학교장 책임을 면하기 어렵다. 따라서 학교 예산을 활용하거나 또는 교육청 등으로부터 지원받아 교내 차량 도로와 보행자 도로를 명확히 구분하여 설치하여야 한다.

실례로 초등학교 교장이 운동장에서 휴지를 줍던 1학년 학생을 자신의 차량으로 치어 숨지게 하여 구속된 사안에서 법원은 주차장이 학교 건물 뒤편에 있어 급식 차량이나 교직원, 외부인 차량 등이 오갈 때 운동장을 가로지를 수밖에 없었다 하더라도 주의의무위반의 정도가 결코 가볍지는 않다고 판시하였다.[921]

4. 징계기록 말소기간 미경과도 교장 중임 제한사유로 인정된다.

4대 주요 비위(금품·향응수수, 상습폭행, 성폭행, 성적조작)가 아닌 징계기록 말소기간 미경과를 교장 중임 제한사유로 규정하여도 위법하지 않다고 판단하고 있다. A교장은 종전에 소속 축구부 감독의 비리와 관련되어 견책처분을 받았을 뿐 법령상의 중임제한사유가 없음에도 교육청이 종전과 달리 징계기록 말소기간 미경과를 이유로 중임 대상에서 제외한 것은 위법하다며 소송을 제기하였다.

즉 대통령이 초·중·고등학교 교장을 중임(또는 임용)하면서 법령상의 중임제한사유가 없음에도 징계기록 말소기간 미경과를 이유로 중임 대상에서 제외하기로 결정한 것은 그 처분사유가 없어 위법하다고 주장하였다. 이에 대하여 법원은 임면권자가 종전과 달리 징계기록의 말소기간 경과를 교장 중임의 심사기준 중 하나로 정했다고 하더라도, 그러한 기준 설정이 객관성이나 공정성을 상실하였다고 볼 수 없으므로 위법하지 않다고 하면서, 교장으로 임용되거나 중임될 사람이 징계를 받았다는 사정은 교장에게 요구되는 자질을 의심할만한 사정에 해당한다고 판시하면서,[922] A교장의 청구를 기각하였다.

5. 가장 가벼운 징계인 견책 처분을 받아도 교장 중임 박탈

A교장은 교장 중임 관련 서류를 갖추어 교육청에 제출하였고, 교육청은 2013년 8월 교장 임용 추천자에 대한 임용제청 서류를 교육부에 제출하였다. 하지만 교육부는 A교장이 2013년 6월에 견책을 받은 적이 있다는 이유로 교장 임용제청을 하지 아니하기로 결정하여 A교장을 원로교사로 임명하였다. A교장은 서울행정법원에 교장 중임임용제청 거부처분을 취소해 달라고 소송을 제기하였지만, 재판부는 교육부장관과 대통령 상호 간의 내부적인 의사결정과정의 하나이므로 항고소송의 대상이 될

---

921) 부산지방법원 2011. 1. 12. 선고 2010고단5325 판결.
922) 서울고등법원 2015. 1. 22. 선고 2014누53980 판결.

수 없다고 하여 각하하였다.[923] 각하는 재판에서 소송의 절차적 요건을 구비하지 못하였을 경우 재판을 하지 않고 신청 자체를 배척하는 것이다.

따라서 교육부가 대통령에게 교장 임용제청 행위는 내부적인 의사결정과정의 하나일 뿐, 그 자체만으로는 직접적으로 국민의 권리상태에 어떤 변동을 가져오는 것이 아니므로 이를 행정소송의 대상이 되는 행정처분이 아니라는 의미이다. 결국 교육부의 의사결정에 따라 견책이라는 가장 약한 징계를 받아도 교장 중임에서 탈락될 수 있으며, 교육부의 내부적인 의사결정 행위는 소송으로 다툴 수 없다는 판단이다.

6. 교장 승진 후보자명부 순위가 높다고 반드시 순위대로 발령할 의무는 없다.

2014년 ○○광역시 초등학교 교장 승진후보자 명부에 순위 10번으로 등재되어 있는 A교감은 18명을 신규 승진임용하면서도 자신을 포함하지 않은 교육부장관을 상대로 소송을 제기하였다.

「교육공무원법」 제14조제1항은 "교육공무원의 임용권자는 승진후보자 명부를 순위에 따라 작성하여 갖추어 두어야 하고", 제2항은 "승진임용하거나 승진임용 제청할 때에는 승진후보자 명부에 따른 순위가 결원된 직위 중 승진으로 임용하려는 인원의 3배수 이내인 사람 중에서 하여야 한다."고 규정하고 있다. 이에 대하여 재판부는 하지만 이규정은 임용권자가 승진후보자명부의 순위에 따라 "승진예정인원의 3배수 범위"안에서 재량권을 가지고 높은 수준의 자질과 도덕성 등을 갖춘 후보를 임용 또는 임용제청할 수 있다는 것이고, 반드시 승진후보자 명부상의 순위에 따라 승진임용하거나 임용 제청해야 할 의무가 있다고는 할 수 없다고 판시하면서 A교감의 청구를 기각하였다.[924] 이 판결에 따르면 승진후보자 명부상 "승진예정인원 범위"안에 있다고 하여 곧바로 승진임용 되어야 한다거나, 승진임용을 해 줄 것을 요구할 수 있는 법규상 또는 조리상의 신청권이 있다고 볼 수 없다는 점을 시사하고 있다.

7. 징계양정 기준은 내부 기준을 정한 것에 불과한 것이고 대외적 기속력은 없다.

교원을 징계할 때에는 「교육공무원 징계양정 등에 관한 규칙」에 따른 징계기준을 적용하여 징계하고 있다. 하지만 징계기준은 내부적인 기준이므로 대외적인 기속력은 없다. 따라서 징계기준에 의해서 징계를 하였다고 하여도 징계가 정당하다고 할 수는 없다.

실례로 A교장은 비위행위로 해임 처분을 받았다. 이에 대하여 징계권자인 교육감은 'A교장의 행위는 비위의 도가 무겁고 고의가 있는 공금횡령·유용, 업무상 배임'에 해당하여 징계양정 기준에 의하면 파면까지도 가능하므로 해임은 그 비위의 정도에 비하여 과중한 처분에 해당하지 아니한다.'고 주

---

923) 서울행정법원 2014. 6. 12. 선고 2013구합31769 판결.
924) 서울행정법원 2015. 1. 22. 선고 2014구합63909 판결.

장하면서 해임 처분은 정당하다고 하였다. 하지만 재판부[925]는 「교육공무원 징계양정 등에 관한 규칙」은 그 내부의 징계양정을 위해 일응의 기준을 정한 것에 불과한 것으로서 대외적으로 법원이나 국민을 기속하는 효력이 없고, 징계권자가 징계양정 기준에 따라 징계권을 행사하였다고 하여 곧바로 그 징계처분이 정당화되는 것은 아니라고 하여 해임처분을 취소하였다.

이 사례에 따르면 징계혐의자의 비위 행위가 징계양정 기준에 따라 중징계인 파면과 해임에 해당하더라도, 징계양정 기준은 내부적인 기준이고 대외적 기속력이 없으므로 이에 한하지 않고 이 범위를 벗어난 가벼운 징계처분도 가능하다는 판단이다.

8. 징계양정에 관한 규칙에 따르지 않은 징계도 유효하다.

A교장은 여교사들이 거부 의사를 명백히 밝혔음에도 술을 마신 상태에서 여교사들에게 교감 관사로 오라고 강요하였고, 그 후에도 또다시 술을 마신 상태에서 여교사들에게 교장 관사로 오라고 하였지만, 여교사들이 교장 관사에 오지 않는다는 이유로 교사 관사에 찾아가 여교사들에게 폭언을 하여 품위 유지 의무 등의 징계사유에 해당하여 정직 처분을 받았다. 이에 대하여 A교장은 한차례의 징계처분 없이 성실하게 교직생활을 하였고 징계양정에 관한 규칙에 의하더라도 견책 또는 감봉에 해당하고, 정직 처분이 확정되면 교장 중임을 할 수 없어 정년을 채우지 못하므로 견책이나 감봉으로 징계감경 청구를 하였다. 하지만 법원은 징계양정에 관한 규칙에 따르지 않은 징계도 유효하다며 A교장의 청구를 기각하였다.[926]

이 판결의 의미는 「교육공무원 징계양정 등에 관한 규칙」에서 징계기준을 제시하고 있지만 징계기준은 징계의 형평성을 꾀하기 위한 목적으로 마련된 것이므로, 징계 혐의자의 비위의 정도, 경과실과 중과실의 정도에 따라 징계기준을 벗어난 징계도 위법하지 않다는 점을 시사하고 있다.

9. 출장 여비를 받지 않아도 사적 출장 행위는 징계사유가 된다.

학교장이 출장으로 인정할 수 없는 행사에 임의로 출장 처리하고 여비를 지급받지 않았다고 하더라도 사적인 업무를 보았다면 「국가공무원법」 및 「국가공무원 복무규정」 위반으로 징계사유가 된다.

법원에 따르면 A교장은 행사 주관기관으로부터 별다른 참석 요청을 받지 않은 채 친분관계 등을 이유로 한 합동 정년퇴임식 참석을 목적으로 출장한 사실, 또한 선진학교 탐방 및 개축 관련 자료 수집을 목적으로 출장 신청을 한 후 실제로는 사적인 업무를 주로 처리한 사실, 학교장의 위 각 출장에 대하여 출장 여비가 지급되지 않은 사실이 인정되지만, 이와 같이 사적 출장을 한 행위는 「국가공무원

---

925) 전주지방법원 2011. 8. 30. 선고 2011구합782 판결.
926) 춘천지방법원 2011. 9. 23. 선고 2011구합813 판결.

법」 제56조(성실의무), 제58조(직장이탈금지), 「국가공무원 복무규정」 제6조를 위반하였으므로 징계사유는 인정된다고 판시하였다.[927]

10. 남녀가 블루스 춤을 출 때도 밀접하게 접촉하는 행위는 주의해야.

블루스를 추면서 성적으로 예민한 부분을 밀접하게 접촉하는 행위는 추행에 해당할 수 있고, 강제로 춤을 추면서 몸을 밀착시키면 위력에 의한 추행죄가 성립할 수 있다. A교장은 F수련원에서 실시하는 교직원 연수 행사기간 중 근처 노래방에서 B교사(여)가 소파에 앉아 있는 것을 보고 함께 블루스를 추기 위하여 B교사의 한쪽 팔을 잡아당겼으나, B교사가 몸을 뒤로 빼면서 거부하자 다시 팔을 잡고 세게 당겨 무대 쪽으로 데려가 한쪽 팔로 B교사의 상체를 껴안고 다른 손으로 B교사의 손을 잡고 블루스를 추면서 A교장과 거리를 유지하려는 B교사의 몸을 A교장 쪽으로 밀착시키기 위하여 B교사의 등을 감싼 손에 힘을 주어 A교장의 몸쪽으로 밀었다.

법원은 성적으로 예민한 부분을 밀접하게 접촉해야 하는 블루스를 추도록 한 경우, 업무상 위력으로 인한 추행죄가 성립한다고 판단하였다. 또한 A교장은 교사가 여학생들을 성추행했다는 교감의 보고를 받고도 교육청 등에 보고하지 않은 혐의 등도 있어, 당시 직위 해제된 A교장에게 대법원은 징역 6개월에 집행유예 1년을 선고한 원심을 확정했다.[928]

11. 교사의 복장 과도하게 규제하면 행복추구권 침해

A교장은 2017. 9월까지 B교사가 몸에 붙는 청바지와 블라우스를 입는 것이 학생들에게 좋지 않은 영향을 미친다는 이유로 B교사에게 시말서를 쓰게 하고 징계 조치하였다. 교원징계위원회 출석통지서에 기재된 징계사유 중에는 짧은 원피스, 노란색 상의 속옷이 비침, 티셔츠 밀착, 레깅스 청바지 착용 등이 품위 유지 의무 위반에 해당한다는 내용이 있다.

B교사는 국가인권위원회에 진정하였고, 국가인권위원회[929]는 아래와 같이 결정하고 교장에게 주의 권고하였다. "오늘날 개성의 존중과 다양성에 대한 인식의 변화 등을 고려할 때, 교사가 몸에 밀착되는 청바지를 입거나 속이 비치는 블라우스를 입는 것만으로 교사로서의 품위가 떨어지거나, 학생들의 학습에 부정적인 영향을 미친다고 단정하기 어렵다. 특히, 청바지와 블라우스 등은 일반적으로 착용하는 옷 종류임에도 교장이 합리적인 근거 없이 B교사의 복장을 교사로서 품위 유지 의무를 위반한 것으로 보아 징계하는 것은 「헌법」 제10조의 행복추구권을 침해하는 행위에 해당한다." 국가인권위원회는 A교장에게 교사의 복장을 과도하게 규제하여 인권침해가 발생하지 않도록 주의할 것을

927) 광주고등법원 2014. 6. 16. 선고 2013누1039 판결.
928) 서울서부지방법원 2017. 1. 25. 선고 2015고단3305 판결 참조; 대법원 2018. 11. 9. 선고 2017도16443 판결 참조.
929) 국가인권위원회 2018. 12. 19. 권고 17진정0875700 결정.

권고하고, ○○교육감에게 이 학교에서 유사한 인권침해가 재발하지 않도록 지도 감독을 실시할 것을 권고하였다.

인권위원회의 권고로 보아 학교장이 교사들의 개성 존중과 다양성에 대한 인식이 변화하였다는 것을 인정하지 않고, 교사의 복장을 과도하게 규제하면 권고를 받을 수 있다는 점에 유의하여야 한다.

제2장 직위별 행위별 직무와 판례

제1절 직위별 직무와 판례

Ⅰ. 교감

1. 교감의 임무와 권한

교감은 교장을 보좌하여 교무를 관리하고 학생을 교육하며, 교장이 부득이한 사유로 직무를 수행할 수 없을 때에는 교장의 직무를 대행한다. 다만, 교감이 없는 학교에서는 교장이 미리 지명한 교사(수석교사를 포함한다)가 교장의 직무를 대행한다.[930] 교감도 교장이나 교사와 같이 학생을 교육하는 업무의 내용은 동일하지만 주된 임무는 교장을 보좌하여 교무를 관리하며 교장의 직무를 대행하는 임무이다.

교감이 교무를 관리한다는 규정은 교무업무를 담당하는 교원 등에 대한 관리 감독권을 의미하고 일반적으로 행정직원에 대한 복무 등의 감독권이 직접 부여되었다고 보기는 어렵다. 그러므로 교감이 교장의 직무를 대행하는 경우를 제외하고는 교감이 행정직원 등의 복무 및 업무 전반에 대한 지휘 · 감독권을 행사할 수는 없다.[931]

2. 교장 승진후보자 명부에 있지만 임용 안 해도 합리적 사유 있으면 위법 아냐

A교감은 2014년 경력, 근무성적, 연수성적을 평정하여 그 평정점을 합산한 점수가 높은 승진후보자의 순서대로 작성한 ○○광역시교육청 초등교장 승진후보자 명부에 순위 10번으로 등재되어 있었지만, 14명을 신규 승진임용하면서도 승진임용에 포함되지 않았다. A교감은 교원소청심사위원회에 소청심사를 청구하였으나 소청심사위원회가 청구를 각하하여 소송을 제기하였다. 대법원은 교장 승진임용의 특수성에 관하여 다음과 같이 지적하고 있다.

"교육부장관은 승진후보자 명부에 포함된 후보자들에 대하여 일정한 심사를 진행하여 임용제청 여부를 결정할 수 있고, 승진후보자 명부에 포함된 특정 후보자를 반드시 임용제청을 하여야 하는 것은 아니며, 또한 교육부장관이 임용제청을 한 후보자라고 하더라도 임용권자인 대통령이 반드시 승

---

930) 「초 · 중등교육법」 제20조제2항.
931) 법제처, 법령해석 사례, 안건번호19-0060.

진임용을 하여야 하는 것도 아니다."[932] 대법원은 승진임용에 관해서는 임용권자에게 광범위한 재량이 부여되어 있고, 승진후보자 명부에 포함된 후보자를 승진임용에서 제외하는 결정이 법령에 위반되지 아니하고 사회통념상 합리성을 갖춘 사유에 따른 것이라면 쉽사리 위법하다고 판단하여서는 아니 된다는 판단이다.

이 판결로 보아 교장 승진임용에 관해서는 교육부와 대통령에게 광범위한 재량권을 부여하고 있으므로 행정청이 법령에 위반하여 승진임용을 결정한 경우가 아니라면 승진후보자가 행정청의 재량권의 범위에 속하는 부분까지는 다툴 수는 없다는 판단이다.

3. 교육감에게 광범위한 재량권을 인정한 교감 승진임용 심사

A교사는 2010년 교사로 근무할 당시 축구대회에 참가하는 축구부를 인솔하는 교장, 축구감독, 코치와 학생들에게 음료수를 사줄 목적으로 현금 10만원을 제공하여 견책의 징계처분을 받았다. 징계처분 기록은 처분일로부터 3년이 경과하여 말소되었지만, 교육청은 2015년 교감승진후보자 명부에 기재된 후보자들 중 142명을 교감으로 승진임용하면서 A교사를 제외하였다.

교육청이 4대 비위(금품·향응 수수, 상습폭행, 성폭행, 성적조작) 관련으로 징계를 받은 자는 징계기록 말소 여부와 관계없이 승진대상자에서 제외하기로 하였기 때문이다. 이에 대하여 A교사는 교감승진임용 제외 취소소송을 청구하였다. 대법원은 교육청의 4대 비위 관련 승진임용 기준안은 법령상 근거가 없음에도 그 경과기간의 장단이나 사안의 경중 등을 고려함이 없이 승진임용에서 제외하기로 하는 내용이어서 적절하지 않은 면이 있다고 하였다.[933]

하지만 견책의 징계처분을 받은 것에 그쳤다고 하더라도, 교감승진임용에 적합한 능력과 자질을 갖추고 있는지에 관한 심사와 평가에 있어서는 그러한 행위가 사회통념상 결코 가벼운 비위라고는 할 수 없다고 판단하였다. 또한 비록 징계처분 기록이 기간의 경과로 말소되었다고 하더라도 승진임용심사에서 비교적 가까운 과거에 있었던 금품 수수의 비위사실에 관한 것인 이상 이를 고려사유로 삼을 수 없게 되는 것은 아니며, 교육감의 교감승진임용에 관한 광범위한 재량권에 비추어 보면 사회통념상 현저하게 타당성을 잃을 정도로 재량권의 범위를 일탈하거나 남용하였다고 단정하기 쉽지 않다고 하여 교육청의 처분이 위법하지 않다고 판시하였다.

4. 교감이 교장 공모 후보자를 비방하면 징계사유

갑 초등학교 A교감은 갑 초등학교 교장공모 심사를 앞두고 심사위원들에게 전화하여 특정 후보자에 대한 음해성 비방 발언을 하였다. 교육청은 심사위원들에게 심사에 영향을 줄 수 있는 발언을 한

---

932) 대법원 2018. 3. 27. 선고 2015두47492 판결.
933) 대법원 2018. 3. 29. 선고 2017두34162 판결 참조.

것은 심사의 공정성을 훼손하였다고 판단하여 감봉 1월의 징계처분을 하였다. 이에 불복하여 A교감은 교원소청심사위원회에 소청심사를 청구하였으나 기각되자 법원에 소송을 제기하였다. 재판부는 교감으로서 엄정한 중립을 지켜야 할 위치에 있음에도 교장공모 심사를 앞두고 심사위원들에게 전화하여 후보자에 대한 음해성 비방 발언을 하여 물의를 일으킨 것은 부적절한 행위로서 품위 유지의무 위반에 해당하고, 또한 교육에 충실하여야 할 직무상의 충실의무를 그르친 것으로 볼 수 있다고 하여 징계 취소청구를 기각하였다.[934]

5. 학부모회에서 받은 금품 단체로 사용했더라도 교부받은 교감만 징계

갑 중학교 A교감은 전임학교인 을 고등학교 교감으로 근무하던 중 학생회 회장단 어머니회 총무인 D로부터 현금 70만원을 교부받고, 그 후 학생회 회장단 어머니회로부터 13만원 상당의 과일 선물세트를 배송받아 교사들의 간식비용 회식비용 등 단체로 사용하였다. 교육청은 A교감에게 국가공무원법 제61조(청렴의 의무) 위반으로 감봉 1개월 및 징계부가금 210만원의 부과처분을 하였다. A교감은 이에 불복하여 소청심사를 청구하였으며 교원소청심사위원회는 위 처분을 견책처분 및 징계부과금 70만원으로 변경하는 결정을 하였다.

A교감은 다시 법원에 견책처분 및 징계부가금 70만원 부과처분에 대한 취소 소송을 제기하였으나, 재판부는 A교감이 받은 현금을 교장의 지시에 따라 수학여행 중 교사들의 간식비용, 수학여행 및 수련회 평가회 회식비용 등 단체로 사용하였더라도 징계 사유가 인정된다고 하여 A교감의 청구를 기각하였다.[935]

6. 교감의 교사에 대한 언어폭력 행위는 인간의 존엄성과 행복추구권 침해

A교사는 대면 결재를 위해 D교감에게 가는 경우가 한 해 동안 40~50회에 이를 정도로 자주 갔으며, D교감은 1~2시간씩 붙잡아 놓고 욕설을 하거나 위협하고 책상 두드리기 등을 하였다. 또한 A교사가 결재를 받으러 가면 D교감은 "앞으로 교장실 드나들지 마, 즉각 반려야, 즉각 반려!"하며 소리치고 고의적으로 결재를 반려하였다. 그리고 B교사에게도 유사한 괴롭힘 행위를 하였고, C교사도 심각한 위화감을 느꼈다. D교감은 사실관계를 부인하였으나 교사 25명이 연대 서명하여 교육청에 동시에 민원을 제기하였다. 국가인권위원회[936]는 D교감이 지속적이고 집요하게 언어폭력 및 위협적 행위를 하였으며 이는 「헌법」상 인간의 존엄성과 행복추구권을 침해하였다 하여 ○○교육감에게 교육청의 자체 내부규정에 따라 추가조사를 실시하고 그에 합당한 조치를 취할 것을 권고하였다.

934) 수원지방법원 2013. 6. 27. 선고 2012구합5313 판결 참조.
935) 서울행정법원 2015. 1. 15. 선고 2014구합59177 판결 참조.
936) 국가인권위원회 2013. 2. 25. 권고 12진정0947000 결정.

Ⅱ. 수석교사

1. 수석교사의 지위

수석교사제도는 관리직 중심의 승진 지향적인 교원자격 체계를 개편함으로써 수업 전문성이 뛰어난 교사들이 관리직으로 전환하지 않고도 일정한 대우를 받으면서 교단에서 자긍심을 갖고 교직생활을 지속할 수 있도록 하려는 취지에서 도입되었다. 즉 수업 능력이 탁월한 교사가 특정 연차 이상이 되면 수석교사로 지원, 선발되어 학교 내에서 교수법과 평가방법을 연구하고 후배 교사들에게 수업에 대한 지도와 상담을 할 수 있도록 하는 제도이다.[937]

이러한 도입 취지를 살리기 위해 수석교사에게는 학생의 교육 이외에 교사의 교수·연구 활동 지원이라는 임무를 부여하고 있으며, 그 직무 활동을 보장하기 위해서 수석교사에게 수업시간 수를 경감하고, 연구 활동비를 지급하고 있다. 또한 수석교사로 재직하는 동안에는 교장 등 관리직 자격을 취득하지 못하도록 함으로써, 수석교사의 고유 업무인 교수·연구 업무에 전념하도록 하고 있다.[938]

수석교사는 교사의 교수·연구 활동을 지원하며, 학생을 교육한다. 수석교사는 15년 이상의 교육경력을 가지고 교수·연구에 우수한 자질과 능력을 가진 사람[939] 중에서 교육부장관이 임용한다. 하지만 최초로 임용된 때부터 4년마다 업적평가 및 연수실적 등을 반영한 재심사를 받아야 하며, 심사기준을 충족하지 못한 경우에는 수석교사로서의 직무 및 수당 등을 제한할 수 있다. 수석교사는 수업부담 경감, 수당 지급 등에 대하여 우대할 수 있지만 임기 중에 교장·원장 또는 교감·원감 자격을 취득할 수 없다.[940]

2. 수석교사 임기 중에 교장 교감 자격 취득 제한은 평등권 침해 아냐

"수석교사는 임기 중에 교장 교감 자격을 취득할 수 없다."[941]는 「교육공무원법」의 규정이 수석교사에게 직업선택의 자유, 평등권 등을 침해한다고 주장하며 수석교사들은 「헌법」 소원심판을 청구하였다.

이에 대해 헌법재판소는 교사가 교장 등 관리직 자격을 취득할지, 수석교사가 되어 연구·교수 지원활동에만 전념할지 여부는 본인의 자발적인 선택에 달려 있고, 또한 수석교사를 그만두고 일반 교원으로 복귀하면 교장 등 관리직 승진을 위한 자격 취득이 가능하므로 이러한 사정을 고려할 때, 일반교사와 달리 수석교사 임기 중에 교장 등 관리직 자격 취득을 제한하는 것은 합리적인 이유가 있는 것

---

937) 헌법재판소 2015. 6. 25. 선고 2012헌마494 결정 참조.
938) 헌법재판소 2019. 4. 11. 선고 2017헌마601 결정 참조.
939) 「초·중등교육법」 제20조 및 제21조.
940) 「교육공무원법」 제29조의4.
941) 「교육공무원법」 제29조의4제4항.

이므로, 평등권을 침해하지 아니한다고 하여 수석교사들의 청구를 기각하였다.[942]

3. 수석교사가 교장 공모에는 지원할 수 있을까?

앞의 판례에서 수석교사는 임기 중에 교장 교감 자격을 취득할 수 없다고 명시한 「교육공무원법」의 규정은 「헌법」에 위배되지 않는다는 결정이다. 그렇다면 교장 공모에는 응모할 수 있을까? 이에 대하여 헌법재판소는 수석교사제도의 도입 취지와 수석교사 개인의 적성을 고려한 자발적 선택 등을 이유로 수석교사는 교장공모에 지원할 수 없도록 규정한 '공모교장 등 임용업무 처리요령'도 수석교사의 평등권을 침해하지 않는다는 내용의 결정을 하였으며, 그 요지는 다음과 같다.[943]

일반 교사들이 교육·연구에 전념하기보다는 관리직으로 승진하기 위하여 경력평정 등에만 몰두하였던 교육계의 폐단을 시정하고, 교수·연구에 탁월한 능력을 가진 교원을 우대하는 분위기를 조성하기 위해서는, 수석교사들이 일원적·수직적인 승진체계에서 벗어나 수석교사의 고유 업무인 연구·교수 업무에 전념하게 할 필요가 있고, 이러한 이유로 수석교사로 재직하는 동안 교장 등 관리직 자격을 취득하지 못하도록 한 것이다. 따라서 수석교사의 임기 중에 교장 등의 자격을 취득할 수 없도록 제한하는 것은 기존의 교장 등으로의 승진과는 다른 별도의 제도인 수석교사제도의 도입취지에 부합할 뿐만 아니라, 수석교사제도의 정착을 위한 불가피하고도 기본적인 전제라 할 수 있다.

같은 맥락에서 법제처에서는 수석교사가 임기 중에 교장 공모에 지원할 수 있는지 여부에 대하여 교장 자격을 취득할 수 없는 수석교사가 교장 공모에 지원할 수 있는 기회까지 보장하려는 것이라고 볼 수는 없으므로, 수석교사가 그 임기 중에 공모교장에 지원하는 것을 허용하는 것은 공모 교장 제도의 도입 취지에도 어긋난다고 해석했다.[944]

4. 교장 교감 등 관리직과 수석교사 간 수당은 차별해도 되나?

교육공무원 중에는 교감 이상의 관리직 그리고 장학사(6급 상당) 이상의 교육전문직원에게 직급보조비가 지급되는데, 현재 교장과 교감에게는 일반직 공무원 4급과 5급에 준하여 각각 월 40만원과 월 25만 원의 직급보조비를 지급하도록 하고 있다. 수석교사에게는 이러한 관리업무 수당이나 직급보조비가 지급되지 않고 연구활동비가 지급된다. 수석교사들에게 지급되는 연구활동비는 월 40만원 정도이며 이는 실비 변상적 성격의 수당으로서 교감 등에게 지급되는 직급보조비와 유사하다. 다만, 매월 보수에 포함하여 지급되지 아니하고 학교회계로 입금되므로 수석교사가 자율적으로 사용할 수 없으며 반드시 연구목적으로만 사용하여야 한다는 점에서 직급보조비와는 차이가 있다.

---

942) 헌법재판소 2015. 6. 25. 선고 2012헌마494 결정 참조.
943) 헌법재판소 2019. 12. 27. 선고 2018헌마490 결정.
944) 법제처, 법령해석 사례, 안건번호17-0278.

이와 같이 수석교사에게 교장 등 관리직 교원과는 달리 수당이 지급되는 것은 관리직 교원과 수석교사가 담당하는 업무가 서로 다른 것에서 기인한다. 교장 등의 관리직 교원에게는 교무를 총괄하고 소속 교직원을 지도·감독하는 관리 임무가 부여되는 반면에, 수석교사에게는 교사로서의 기본 직무 이외에 교수·연구활동 지원이라는 특수한 임무가 부여된다. 이러한 직무 구분에 따라 교장 등의 관리직에게는 관리업무 수당 또는 직급보조비가 지급되고 교수·연구직에 해당하는 수석교사에게는 연구활동비가 지급되는 것이다.

이와 같이 수석교사의 직무 특성을 반영하여 수석교사에게 연구활동비를 지급하고 수업부담을 경감할 수 있도록 우대하고 있는 점을 고려할 때, 수당규정 조항들로 인하여 발생하는 교장 등의 관리직 교원과 수석교사 간의 차별에는 합리적인 이유가 있으므로 수석교사들의 평등권을 침해한다고 볼 수 없다.[945]

Ⅲ. 특수교사

1. 교사의 장애 학생 지도방법 선택에 대한 대법원의 판단

교사는 어떤 교육방법을 선택하여 장애학생을 지도할지를 결정할 권한이 있고 단순히 최선의 방법이라거나 효과적인 방법이 아니라고 하여 보호감독의무 위반 책임이 있는 것은 아니다.

대법원은 교사가 장애학생에 대하여 시행한 교육방법이 보호감독의무를 위반한 것인지 판단하는 기준 및 특수교육 이론상 최선의 방법이라거나 효과적인 방법이라고 보기 어렵다는 사정만으로 보호감독의무를 위반하였다고 볼 수 없다고 하며 아래와 같이 판시하였다.[946]

가. 담임교사가 장애학생의 수업방해 행동을 고치기 위하여 약 3주간 교탁 옆자리에서 수업을 듣도록 한 것은 그 전에 반 학생들과 정한 규칙에 따른 것인데, 특수교육 이론상 이러한 방법이 최선이라거나 효과적인 방법이라고 보기는 어려울지라도 애초에 장애학생에게는 사용할 수 없는 방법이라거나 장애학생의 인권을 침해하는 행위로까지 보기는 어렵다.

나. 장애학생이 점심시간을 놓치고 나서 점심을 먹겠다고 하자 교사가 점심을 먹겠다는 학생의 뜻에 따라 식사를 하게 한 것이고, 수업시간 중 교실이 아닌 다른 곳에서 식사를 하게 할 경우에는 학생의 학습권을 침해할 수도 있으므로 교실에서 식사를 하게 한 것은 부득이한 조치로 볼 수 있다.

다. 교사는 장애학생의 행동을 고치기 위하여 어떤 방법을 사용할지를 결정할 권한이 있고, 특수교

---

945) 헌법재판소 2015. 6. 25. 선고 2012헌마494 결정 참조.
946) 대법원 2015. 8. 27. 선고 2012다95134 판결.

육 이론상 최선의 방법이라거나 효과적인 방법이라고 보기 어렵다는 사정만으로 보호감독의무를 위반한 것이라고 할 수는 없다.

라. 교사가 장애학생에 대하여 시행한 교육방법이 보호감독의무를 위반한 것으로 볼 수 있기 위해서는 당해 학교 및 학급의 교육환경, 장애의 유형 및 정도, 채택한 교육방법에 따른 효과와 부작용 등에 비추어 교육방법이 당해 학생에게는 사용할 수 없는 방법에 해당되거나 장애학생의 인권을 침해하는 행위에 해당하는 등 객관적 정당성을 상실하였다고 인정될 정도에 이른 경우이어야 한다.

대법원의 판결의 의미는 교사는 수업 방해 등 문제를 일으키는 학생의 행동을 고치기 위하여 어떤 방법을 사용할지를 결정할 권한이 있고, 최선의 방법이라거나 효과적인 방법이라고 보기 어렵다는 사정만으로 보호감독의무를 위반하는 것은 아니라는 해석이다. 요약하면 특수교사가 장애학생에게 교탁 옆자리에서 수업을 듣도록 하거나, 점심시간 후에 수업 중 교실에서 식사를 하게 하였다고 하여 인권을 침해하였거나 보호감독의무를 위반하였다고 할 수 없다는 판단이다. 하지만 교사의 지도방법에 대한 평가는 사안에 따라서 달리 판단될 수 있으므로 유의하여야 한다.

2. 학교장이 개발한 한글 프로그램 특수교육대상자에게 임의로 적용할 수 있나?

학교장이 법령에 규정되지 아니한 교육방식을 임의로 채택하여 특수교육대상자에게 적용하는 것은 허용되지 않는다. 판례에 따르면 특수학급을 설치·운영하면서 특수학급에 배치된 특수교육대상자들에 대하여 특수교사를 통한 정상적인 특수교육과정을 실시하게 하지 아니하고, 오히려 그중 일부와 일반학급에 배치된 특수교육대상자들 중 일부를 상대로 하여 정규 교과시간에 숙직실 등에서 학교장 자신이 개발한 한글 프로그램을 특수교육대상자의 모(母)로 하여금 가르치게 하는 것은 특수교육 관련 법령의 취지를 몰각하는 것이다.

또한 학교장이 만든 한글 프로그램의 우수성 여부를 떠나 공교육으로서 이와 같은 교육방식은 허용될 수 없다고 할 것이고, 이러한 방식이 「초·중등교육법」 제28조 및 특수교육법 제20조제2항에서 예정한 학교장의 교육과정에 대한 신축적 운영 내지 조정의 한계 내에 있다고 보이지도 아니한다고 판시하였다.[947] 이 판례에서는 특수교육과정에 따르지 아니하고 학교장이 개발한 임의의 한글 프로그램을 특수교육대상자들에게 적용하는 것은 학교장이 징계사유에 해당된다고 판단하였다.

3. 에너지 절약을 이유로 특수학급에 에어컨 틀어주지 않으면

한여름에도 특수학급에 에어컨을 틀어주지 않은 A교장에게 국가인권위원회는 징계를 권고했다.

---

947) 전주지방법원 2013. 1. 29. 선고 2012구합2426 판결 참조.

A교장은 나랏돈이 허투루 낭비되는 일이 없도록 오직 아이들을 위해 효율적으로 사용되도록 노력하고, 에너지의 효율적 사용 또는 절약을 위해 에어컨 가동 시간을 조절하고, 특수학급은 국어·수학 시간에만 1명 또는 2~3명이 수업을 하여 학생들의 체온에 의한 실내 온도 상승폭이 크지 않고, 또한 특수학급은 1, 2층에 있어 다른 교실에 비해 상대적으로 시원하기 때문에 에어컨을 가동하지 않았다고 해명하였다.

하지만 국가인권위원회는 교장이 혼자 근무하는 교장실에는 몇 분간의 정지시간 외에는 에어컨을 계속하여 가동하면서도 장애학생이 수업하는 특수반의 에어컨을 가동하지 않은 행위는 「장애인차별금지 및 권리구제 등에 관한 법률」의 취지에 반할 뿐만 아니라, 「헌법」상 평등권을 침해한 것이라며 교육감에게 교장을 징계할 것을 권고하고, 국가인권위원회가 주관하는 장애인 인권교육을 받을 것을 권고하였다.[948]

4. 학교장이 학력 미달을 이유로 학생을 유급시킬 수 있나?

초등학교 A교장은 1학년 K학생과 6학년 L학생 등이 각 해당 학년 수업일 수의 3분의 2 이상을 출석하였지만 학부모들로부터 유급신청을 받아 기초학력 미달을 이유로 유급처리 하였다. 재판부는 학습부진이나 기초학력 미달을 이유로 한 유급에 관하여는 별도의 규정을 마련하고 있지 아니하지만, 초등학생에 대하여는 수업일수 부족 외의 사유로 인한 유급은 허용되지 않는다고 판단하였다.[949]

그러므로 유급은 법령상 허용되지 않는 행위라고 할 것이고, 설령 학습부진 등을 사유로 한 유급이 법령상 금지되지 않는 것으로 본다 하더라도, 교장이 특수교육대상자인 학생들에 대하여 일반학생들에 비해 기초학력이 미달한다는 이유로 유급을 시킨 것은 장애의 유형 및 정도 등을 고려하여 별도의 교육과정을 마련한 법의 취지를 잠탈하는 것으로서 정당화될 수 없다고 밝혔다.

A교장은 이외에도 독단적인 학교운영으로 특수교사의 수업권과 학생들의 학습권 침해 등의 사유로 강등의 징계처분을 받았지만, 교원소청심사위원회는 정직 3월의 징계처분으로 감경하였고, A교장은 정직 3월의 징계처분을 취소해 달라고 소송을 제기하였으나 재판부는 기각하였다.

이와 같이 초·중·고등학교에서 학교장은 학생의 교육과정의 이수정도 등을 평가하여 학생의 각 학년과정의 수료 또는 졸업을 인정할 수 있지만,[950] 학생의 각 학년과정의 수료에 필요한 수업일수의 3분의 2 이상 출석한다면, 학력미달 등을 이유로 유급시킬 수 없다.

---

948) 국가인권위원회 결정 2017. 10. 31. 권고 17진정0627100 결정.
949) 전주지방법원 2013. 1. 29. 선고 2012구합2426 판결.
950) 「초·중등교육법 시행령」 제50조.

Ⅳ. 기간제 교사

기간제 교원 제도는 다양한 교육과정의 개설·운영 및 원활한 교원수급 등을 통해 교육과정 운영의 안정성을 확보하기 위해 도입되었다. 기간제 교원은 원칙적으로 정규 교원의 일시적 보충을 위해 한시적으로 임용된 인력이지만 현실적으로 담임 교사직을 수행하는 등 정규 교원과 별 차이 없이 근무하고 있다.

1. 기간제 교사의 권리 요약

(1) 차별적 처우의 금지 – 기간제 교원과 정규 교원의 차별적 처우는 금지된다. 사용자는 기간제 근로자임을 이유로 해당 사업 또는 사업장에서 동종 또는 유사한 업무에 종사하는 기간의 정함이 없는 근로계약을 체결한 근로자에 비하여 차별적 처우를 하여서는 아니 된다.[951] 기간제 근로자가 차별적 처우를 받은 경우에는 6개월 이내에 노동위원회에 시정을 신청할 수 있다.[952]

(2) 계약기간 – 기간제 교원은 최대 1년 단위로 계약하고 3년의 범위 내에서 연장할 수 있으며 동일학교에서 최장 4년을 근무할 수 있다. 동일학교에서 4년간 근무하면 퇴직금을 지급하고 신규채용절차를 거쳐 동일학교에 다시 기간제 교원으로 채용할 수 있다.

(3) 불체포 특권 – 기간제교원도 정규교원과 동일하게 불체포 특권이 있다.

(4) 해고의 예고 – 기간제교원을 해고하려면 적어도 30일 전에 예고를 하여야 하고, 30일 전에 예고를 하지 아니하였을 때에는 30일분 이상의 통상임금을 지급하여야 하며, 해고사유와 해고시기를 서면으로 통지하여야 한다. 다만, 계속 근무한 기간이 3개월 미만인 경우는 그러하지 아니하다.[953]

(5) 방학기간 중 보수 – 한 학기를 초과하여 임용하는 경우는 특별한 사정이 없는 한 방학기간 중에도 보수를 지급할 수 있고, 한 학기를 초과하지 않는 경우에도 방학이 끝난 후 계속 임용이 필요한 경우 방학기간 중에도 보수를 지급할 수 있다.

(6) 수당 – 기간제교원에 대한 수당지급에 대한 제한이나 금지규정이 없는 한 교육공무원에게 지급하는 제 수당을 지급한다.

(7) 휴가 – 「국가공무원 복무규정」 및 교원 휴가업무 처리규정 등 정규교원의 복무기준을 준용한다. 따라서 특별휴가, 경조사휴가, 출산휴가, 여성보건휴가, 모성보호시간, 육아시간, 유산 또는 사산휴가, 난임치료 시술휴가, 가족 돌봄 휴가 등에서 차별받지 않는다.

(8) 육아휴직 – 만 8세 이하 또는 초등학교 2학년 이하의 자녀를 가진 기간제 교원은 육아휴직을 신

---

951) 「기간제 및 단시간근로자 보호 등에 관한 법률」 제8조.
952) 「기간제 및 단시간근로자 보호 등에 관한 법률」 제9조.
953) 「근로기준법」 제26조 · 제27조.

청할 수 있고, 사업주는 허가하여야 한다.[954] 하지만 6개월 미만인 기간제 교원이 신청한 경우에는 허가하지 않을 수 있다.[955] 육아휴직 기간은 1년 이내이며 사업주는 육아휴직을 이유로 해고나 그 밖의 불리한 처우를 하여서는 아니 되며, 육아휴직 기간에는 그 근로자를 해고하지 못한다.[956] 이를 위반하여 육아휴직을 이유로 해고나 그 밖의 불리한 처우를 하는 경우에는 3년 이하의 징역 또는 3천만원 이하의 벌금에 처한다.[957]

2. 기간제 교사의 계약해지 사유

기간제 교원은 정규교원과 동일하게 영리업무 및 겸직허가, 정치활동 금지 의무 등의 적용을 받고, 계약기간 중 계약해지 사유에 해당하면 해고될 수 있다. 일반적으로 계약해지 사유는 복무의무 위반, 징계 사안 발생, 업무태만, 업무수행능력 부족 등이다. 또한 음주운전 성범죄 등 직무의 내외를 불문하고 사회적으로 물의를 일으킨 경우에도 계약해지 사유에 해당될 수 있다. 또한 기간제 교원도 「청탁금지법」 적용대상이다.

3. 기간제 교사에게는 근로계약 갱신기대권이 인정된다.

기간제 교사에게 근로계약이 갱신될 수 있으리라는 기대권이 갱신기대권이다. 기간제 교사에 대한 근로계약 갱신 규정이 없더라도 근로계약의 내용과 근로계약이 이루어지게 된 동기, 계약 갱신의 기준과 갱신에 관한 요건 등 근로관계를 둘러싼 여러 사정을 종합하여 볼 때 근로계약 당사자 사이에 일정한 요건이 충족되면 근로계약이 갱신된다는 신뢰관계가 형성되어 있다. 그러므로 기간제 교사에게 근로계약이 갱신될 수 있으리라는 정당한 기대권이 인정되는 경우에는, 사용자가 이를 위반하여 부당하게 근로계약의 갱신을 거절하는 것은 부당해고와 마찬가지로 아무런 효력이 없다.

대법원은 고등학교에서 영상음악 과목을 가르치는 산학겸임교사로 채용된 A교사가 고용계약을 갱신하면서 근무해 오다가 학교장 및 교육청이 고용계약의 갱신을 거절한 사안에 대하여, A교사에게는 근로계약이 갱신되리라는 정당한 기대권이 인정되므로 갱신 거절은 위법하여 효력이 없다고 판시[958]하였다.

4. 3월 2일부터 다음해 2월 말까지 계약하고 퇴직금 미지급은 공평의 원칙 위배

삼일절은 공휴일이라는 이유로 3월 2일부터 다음해 2월 말까지 계약하고 1년에서 하루가 부족하다

---

954) 「남녀고용평등과 일·가정 양립 지원에 관한 법률」(약칭: 「남녀고용평등법」) 제19조제1항.
955) 「남녀고용평등법 시행령」 제10조.
956) 「남녀고용평등법」 제19조제2항·제3항.
957) 「남녀고용평등법」 제37조제2항3호.
958) 대법원 2015. 4. 9. 선고 2013두11499 판결 참조.

고 퇴직금을 지급하지 않는 것은 공평의 원칙에 위배된다.

갑 중학교 기간제 A교사는 기간제 계약기간 종료 후 퇴직금을 신청하였지만, 갑 중학교는 계약기간을 3월 2일부터 그 다음해 2월 말까지로 계약했기 때문에 기간제 교사가 근무한 기간은 1년이 아니므로, 기간제 교사에게 퇴직금을 지급할 의무가 없다고 하여 퇴직금을 지급하지 아니하였다. 법원에 따르면 학년도는 3. 1.부터 시작하여 다음해 2월 말까지인데 3. 1은 공휴일이고 계약기간이 3월 2일부터 시작되는 것으로 기재되어 있다는 사정만으로 퇴직금을 지급하지 않는 것은, 계약기간 기산일이 공휴일인 3. 1로 기재되었을 경우 퇴직금을 지급하는 것에 비추어 현저히 공평의 원칙에 어긋나므로 근무한 기간은 1년으로 인정함이 상당하므로 퇴직금을 지급할 의무가 있다고 판시[959]하였다.

그러므로 동일 학교에서 근무했던 전 기간을 퇴직금 산정을 위한 계속 근로로 인정하여 3월 2일부터 계약한 경우에도 3월 1일이 공휴일이어서 실질적으로 근무한 기간은 1년이므로 퇴직금을 지급하여야 한다는 판결이다. 따라서 학교에서는 3월1일이 공휴일이라는 이유로 3월1일을 제외하고 3월2일부터 계약기간을 지정하여도 퇴직금 산정기간은 1년으로 본다.

5. 1급 정교사 자격 연수 신청 기간제 교사 제한은 위법

중등학교 정교사 2급 자격을 취득하고 교육대학원에서 석사학위를 받은 기간제교원 甲 등이 정교사 1급 자격증 발급을 신청하였으나, 교육부장관이 '교원자격검정 실무편람'에 따라 신청을 거부하는 처분을 한 사안에서, 법원은 '교원자격검정 실무편람'의 '중등·초등·특수학교 정교사 1급 자격을 현직교원만 취득할 수 있고 기간제교원은 취득할 수 없다'는 규정은 「초·중등교육법」 제21조제2항에 위배되어 무효라는 이유로 위 처분은 위법하다고 판시[960]하였다.

또한 항소심에서도 기간제교원은 정규교원과 마찬가지로, 수업, 학생지도뿐만 아니라 담임교사의 역할도 맡고 있고, 교육부가 작성한 교원능력평가 표준매뉴얼에서 기간제교원의 평가내용이 정규교원과 동일한 점에 비추어 보면, 정규교원과 기간제교원 사이에 업무내용과 업무평가에서 별다른 차이가 없으므로, 정규교원의 교육경력과 기간제교원의 교육경력을 달리 볼 이유가 없다고 판시[961]하였다.

결국 대법원에서도 교원자격 검정 실무편람에 "1급 정교사 자격취득은 현직교원만 취득 가능(기간제 불가)"이라고 기재되어 있으나, 이는 법령의 위임 없이 행정조직 내부지침의 성격을 지닐 뿐 대외적인 구속력을 가진다고 볼 수 없고, 교육부가 기간제 교원의 1급 정교사 자격증 발급신청을 거부하였더라도, 그 처분의 적법 여부는 이 사건 규정에 부합하는지 여부가 아니라 처분 당시의 관계 법령을 기준으로 판단하여야 하므로 기간제 교원에 대한 1급 정교사 자격취득을 제한하는 것은 위법하

---

959) 대구지방법원 2014. 7. 23. 선고 2014나300685 판결 참조.
960) 서울행정법원 2014. 8. 21. 선고 2014구합2713 판결 참조.
961) 서울고등법원 2015. 3. 13. 선고 2014누62267 판결 참조.

다고 판시하였다.[962)]

제2절 특정 행위에 따른 징계 책임

교원의 위법행위에 대한 책임은 민사책임과 형사책임 그리고 징계책임이 있지만 민사책임과 형사책임은 이미 앞에서 다루었고 이 절에서는 징계책임 가운데 음주운전과 성비위에 대해서만 살펴보기로 한다. 그 이유는 음주운전은 음주운전 행위 후 상당한 기간이 경과한 후에도 징계에 회부되기로 하고, 성비위는 교원이 신분을 유지하거나 재취업하는데 매우 불이익한 징계 유형으로 특히 주의하여야 하기 때문이다.

I. 음주운전

인사혁신처는 공직자의 음주운전에 대한 경각심을 높이기 위해서 혈중알코올 농도가 0.08% 이상의 상태에서 운전한 경우나 음주측정 불응의 경우에는 최초라도 중징계, 2회 음주운전한 경우에는 배제징계가 가능하도록 하였다. 혈중알코올농도가 0.08% 미만인 경우는 정직~감봉, 0.08% 이상인 경우 및 음주측정 불응의 경우는 강등~정직, 2회 음주운전을 한 경우는 파면~강등, 3회 이상 음주운전을 한 경우는 파면~해임할 수 있도록 징계기준을 강화하였다.

또한 교육부는 2022년부터 음주 측정 불응을 포함하여 음주운전으로 단 1회 징계를 받아도 교장 임용제청에서 영구적으로 제외하고, 명예퇴직 시 특별승진 대상에서 제외하는 등 불이익을 크게 하였으므로 음주운전은 적극 피해야 한다. 「국가공무원 복무·징계 관련 예규」[963)]에서는 공무원의 음주운전은 중대 비위라는 인식을 제고하고 엄정한 공직기강 확립에 기여하고자 음주운전 사건 처리지침을 마련하였다.

1. 음주운전 사건 처리 기준

공무원의 의무위반 행위 등 각종 비위사건에 대하여 징계의결 요구에 관한 통일된 처리기준을 마련하고, 징계제도 운영의 실효성을 높일 수 있도록 제정된 「공무원 비위사건 처리규정」[964)]에서는 음주운전 사건 처리 기준을 제시하고 있다.

---

962) 대법원 2018. 6. 15. 선고 2015두40248 판결 참조.
963) 「국가공무원 복무·징계 관련 예규」, 인사혁신처예규 제131호(2022. 1. 4), 272면 참조.
964) 「공무원 비위사건 처리규정」[별표 5] 참조.

특히 유념해야할 사항을 요약해본다면, 음주운전으로 운전면허가 정지 또는 취소된 상태에서 운전을 한 경우는 강등~정직, 음주운전으로 운전면허가 정지 또는 취소된 상태에서 음주운전을 한 경우는 파면~강등할 수 있다. 또한 음주운전 횟수를 산정할 때에는 행정안전부령 제253호 공무원 징계령 시행규칙 일부개정령의 시행일인 2011년 12월 1일 이후 행한 음주운전부터 산정하므로,[965] 그 이전에 음주운전 한 횟수는 포함되지 않는다.

그리고 훈장 또는 포장을 받은 공적이 있거나 교육감 이상의 표창을 받은 공적 또는 모범공무원으로 선발된 공적이 있는 경우에 징계를 감경해 주지만, 음주운전 또는 음주측정 불응으로 징계의결이 요구된 교원에게는 징계를 감경해주지 않는다.[966]

또한 각 시·도 교육청에서는 보다 더 구체적으로 음주운전 징계양정 세부기준을 마련하여 시행하기도 한다. 가령 경기도교육청의 경우는 혈중알코올농도 0.03%이상 ~ 0.05%미만 정직1월, 0.05%이상 ~ 0.065%미만 정직2월, 0.065%이상 ~ 0.08%미만 정직3월, 0.08%이상은 강등으로 징계하며, 2회 이상 음주운전을 한 경우는 0.03%이상 ~ 0.08%미만 해임, 0.08%이상 파면 등으로 징계양정 세부기준을 제시하고 있으며, 음주운전 횟수 산정 시점도 2009년 4월 22일 이후 행한 음주운전부터 산정한다.[967]

2. 음주운전 징계 사례

(1) 음주운전 조사과정에서 신분을 자영업이라고 허위 진술하였지만 3년 후에 징계처분

A교장은 2013년 주취상태에서 음주단속에 적발되어 경찰서로부터 운전면허 100일 정지처분을 받고, 법원으로부터 벌금 150만원 판결을 받았다. A교장은 음주운전 경찰 조사 과정에서 자신의 신분을 '자영업'에 종사한다고 허위 진술함으로써, 수사기관으로부터 공무원 범죄 처분 사실이 소속 기관에 통보되지 않아 2016. 9월까지 신분상 불이익 처분을 받지 않았으며, 2014. 3. 1. 자로 교장으로 승진임용된 사실이 있다.

감사원은 2016년 교육감에게 A교장의 음주운전 혐의에 대한 조사 개시를 통보하였고, 징계위원회의 의결로 교육감은 정직 1월 처분을 하였다. A교장은 사유가 발생한 지 3년이 지난 시점에 징계는 부당하다며 징계 취소를 구하는 소청심사를 청구하였으나 교원소청심사위원회는 이를 기각하였다.[968]

(2) 음주운전 공무원 미처분 대상자 추후 적발

A교사는 2014년 음주운전 중 경찰의 음주단속에 적발되어 벌금 150만원 판결 받은 사실이 있지

---

965) 국가공무원 복무·징계 관련 예규」, 인사혁신처예규 제131호(2022. 1. 4), 274면 참조.
966) 「교육공무원 징계양정 등에 관한 규칙」 제4조제2항4의2호.
967) 경기도교육감 소속 교육공무원 음주운전 징계양정 세부기준 등 각 시·도교육청 세부기준 참조.
968) 교원소청심사위원회 결정문집 제26집, 2016. 징계처분 연번13 요약.

만, 경찰 조사 과정에서 본인의 신분을 밝히지 않았다. 그 후 감사원은 2016년 A교사의 음주운전 혐의에 대한 조사 개시를 통보하였고 교육청은 감봉 1월의 징계처분을 하였다. A교사는 2014년도에 했던 행위에 대해서 2016년에 법을 적용하여 징계처분을 하는 것은 부당하다고 하여 감봉 1월 처분에 대해 감경을 구하는 소청 심사를 청구하였지만, 교원소청심사위원회는 경찰의 피의자 조사 과정에서 신분을 정확히 밝히지 않아 감사원 조사에서 음주운전 공무원 미처분 대상자로 추후 적발되었다는 사유로 소청심사청구를 기각하였다.[969]

II. 성비위

1. 교원의 성폭력 비위행위는 품위 유지의무의 중대한 위반

성비위는 성범죄와 성희롱으로 구분할 수 있고, 성범죄는 다시 성폭력과 성매매로 세분된다. 교원이 성비위에 해당하는 범죄를 범하면 엄중하게 처벌하고 있다. 왜냐하면 교원은 학생의 품성을 도야하고 지식을 습득하게 하는 교직자로서의 사회적 역할을 수행하므로 고도의 자율성과 사회적 책임성을 가져야 한다는 사회적·윤리적 특성이 있으므로 교원은 직무수행에 높은 수준의 직업윤리 의식을 갖추어야하기 때문이다.

대법원은 교원에게 고도의 도덕성이 요구될 뿐만 아니라 직무의 내외를 불문하고 가중된 품위 유지의무를 부담하여야 한다는 점을 강조하고, 특히 교원이 성폭력의 비위행위를 저지를 경우 이는 품위 유지의무를 중대하게 위반한 것으로서 교원사회 전체에 대한 국민의 신뢰를 실추시킬 우려가 크다고 판시하고 있다.[970]

2. 성비위 사건 처리 기준

성비위 사건에 관한 징계 처리 기준은 「공무원 비위사건 처리규정」에 따라 품위 유지 의무 위반 유형에서 성폭력 성희롱 성매매 등으로 구분하여 징계하고 있다. 비위의 정도가 약하고 경과실인 경우를 제외하고는 대부분 중징계를 요구하고 있다.[971] 「공무원 비위사건 처리규정」에서는 새로이 통신매체를 이용한 음란행위 및 카메라 등을 이용한 신체의 불법 촬영 등에 대한 별도의 처리기준을 신설하는 등 성폭력범죄에 대한 처리기준을 세분화·체계화하고, 성 관련 비위 피해자등에 대해 2차 피해를 입힌 경우에 대한 별도의 처리기준도 신설하였다.

---

969) 교원소청심사위원회 결정문집 제27집, 2017. 징계처분 연번2 요약.
970) 대법원 2019. 12. 24. 선고 2019두48684 판결.
971) 「공무원 비위사건 처리규정」 [별표 6] 참조.

성희롱이란 업무, 고용, 그 밖의 관계에서 국가기관·지방자치단체 또는 공공단체의 종사자, 사용자 또는 근로자가 지위를 이용하거나 업무 등과 관련하여 성적 언동 또는 성적 요구 등으로 상대방에게 성적 굴욕감이나 혐오감을 느끼게 하는 행위와 상대방이 성적 언동 또는 성적 요구에 따르지 아니한다는 이유로 불이익을 주거나 그에 따르는 것을 조건으로 이익 공여의 의사표시를 하는 행위를 말한다.[972]

3. 교원의 성비위에 대한 신분상 불이익

(1) 성범죄 교원 직위해제 및 징계감경 제외

성범죄로 수사 중인 교원은 직위해제도 가능하고 징계감경 사유에서도 제외된다. 교원이 성범죄 등 비위행위로 인하여 감사원 및 검찰·경찰 등 수사기관에서 조사나 수사 중이고, 비위의 정도가 중대하고 이로 인하여 정상적인 업무수행을 기대하기 현저히 어려운 경우에는 직위를 부여하지 아니할 수 있다.[973] 또한 앞의 음주운전과 마찬가지로 성 관련 비위로 징계의결이 요구된 교원에게도 징계를 감경해주지 않는다.[974] 사립학교 교원도 「사립학교 교원 징계규칙」에서 정한 사항 외에 사립학교 교원에 대한 징계기준 및 징계의 감경기준 등에 관하여는 「공무원 징계령 시행규칙」 제5조제1항 및 제6조를 준용[975]하므로 국공립학교 교원과 동일하게 감경 제외 사유가 된다.

(2) 성비위 교원 5년 이상 10년 이하 담임 배정 배제 및 배정 여부 보고

최근에 교육공무원법을 개정하여 고등학교 이하 각급학교의 장은 교원에 대한 징계처분의 사유가 교육공무원법 제52조에서 명시한 성비위에 해당하는 경우에는 징계처분 이후 5년 이상 10년 이하의 범위에서 학급을 담당하는 교원(학급담당교원)으로 배정할 수 없고, 이 기간 동안 해당 교원의 학급담당교원 배정 여부 등 임용에 관한 사항을 교육부장관 또는 관할 교육감에게 보고하여야 한다.[976]

(3) 교원의 성비위 징계시효는 10년

징계는 징계 사유가 발생한 날부터 일정한 기간이 지나면 징계 의결을 요구하지 못한다. 이를 징계시효라고 한다. 일반 징계 시효는 3년이고,[977] 금전, 물품, 부동산, 향응 또는 그 밖에 대통령령으로 정하는 재산상 이익을 취득하거나 제공한 경우와 횡령, 배임, 절도, 사기 또는 유용한 경우에는 징계

---

972) 「양성평등기본법」 제3조제2호.
973) 「국가공무원법」 제73조의3.
974) 「교육공무원 징계양정 등에 관한 규칙」 제4조제2항제4호.
975) 「사립학교 교원 징계규칙」 제5조.
976) 「교육공무원법」 제17조제3항·제4항.
977) 「국가공무원법」 제83조의2 및 「사립학교법」 제66조의4.

시효가 5년이다.[978] 하지만 다음의 성폭력, 아동·청소년대상 성범죄, 성매매, 성희롱 행위에 대해서는 징계 시효가 10년이다.[979] 그러므로 성비위 사유는 발생한 날부터 10년까지 징계처분할 수 있다.

성비위와 관련한 징계시효 10년에 해당하는 행위

1. 「성폭력범죄의 처벌 등에 관한 특례법」 제2조에 따른 성폭력범죄 행위
2. 「아동·청소년의 성보호에 관한 법률」 제2조제2호에 따른 아동·청소년대상 성범죄 행위
3. 「성매매알선 등 행위의 처벌에 관한 법률」 제2조제1항제1호에 따른 성매매 행위
4. 「국가인권위원회법」 제2조제3호라목에 따른 성희롱 행위

---

(4) 성범죄 벌금 100만원 이상이면 당연 퇴직

당연 퇴직 사유는 「국가공무원법」 제33조에 해당하거나 미성년자에 대한 성범죄 등이 있지만, 「성폭력범죄의 처벌 등에 관한 특례법」 제2조의 성인에 대한 성폭력범죄 행위로 파면·해임되거나 100만원 이상의 벌금형이나 그 이상의 형 또는 치료감호를 선고받아 그 형 또는 치료감호가 확정된 사람은 교육공무원으로 임용될 수 없다.[980] 또한 교원으로 재직 중에 이와 같은 결격사유에 해당되면 재직 중이라도 당연 퇴직된다.[981] 성폭력범죄는 대체로 모든 성범죄를 포함하고 있고, 법원에서는 성범죄로 확정되면 대부분 100만원 이상 선고하고 있으므로 성범죄로 판결받으면 당연 퇴직된다고 보아야 한다.

4. 성비위 판례

(1) 우발적인 성추행이고 피해자와 합의했어도 해임

A교감은 여자 운전자가 운전하는 택시의 뒷좌석에서 운전석에 앉아있는 여자 운전자를 추행하였다. 관할 교육청은 해임처분하였고 그 후 교원소청심사위원회에 소청심사를 청구하였으나 기각되었다. A교감은 이에 불복하여 법원에 해임처분 취소 소송을 제기하였다. A교감은 술에 만취하여 사물을 변별할 능력이나 의사를 결정할 능력이 미약한 상태에서 한 우발적인 행위이고, 피해자를 추행하는 과정에서 유형력을 행사한 사실이 없고, 추행의 정도도 매우 경미하다고 주장하였다.

또한 피해자와 원만히 합의하여 피해자가 형사처벌이나 징계처분을 원하지 않고 기소유예 처분을 받았으며, 25년 이상 교사로 성실히 근무하였고 가족들을 부양하고 있는 점 등에 비추어 해임처분을 취소해달라고 청구하였다. 하지만 재판부는 교원에게는 일반 직업인보다 더 높은 도덕성이 요구되

---

978) 「국가공무원법」 제83조의2 및 「국가공무원법」 제78조의2.
979) 「교육공무원법」 제52조.
980) 「교육공무원법」 제10조의4.
981) 「교육공무원법」 제43조의2.

고 교원의 비위행위는 교원 본인은 물론 교원 사회 전체에 대한 국민의 신뢰를 실추시킬 우려가 있는 점에서 교원에게는 더욱 엄격한 품위 유지의무가 요구된다고 하여 A교감의 청구를 기각하였다.[982]

(2) 술에 취해 동료 여교사 성추행, 사과했지만 해임

A교사는 초임교사인 동료 여교사와 저녁을 먹고 술을 마신 뒤 귀가하는 과정에서 A교사의 차량 뒷좌석에 술에 취해 기대앉은 동료 여교사를 성추행한 사유로 소속 징계위원회와 교원소청위원회가 모두 해임 처분을 했다. A교사는 술에 취해 우발적인 행위였고, 그 후 여교사에게 사과했고, 여교사의 요구에 따라 근무지를 이전했다며 징계감경을 요구하며 소송을 제기하였으나 재판부는 「교육공무원 징계양정 등에 관한 규칙」 등에 의해 감경할 수 없으며 해임 처분이 적법하다고 판결하였다.[983]

(3) 교장이 교무부장 성추행, 징역 1년 집행유예 2년

A교장과 같은 학교 교무부장 피해자 F(여)는 1박 2일 일정으로 H리조트 내에서 직원들과 교육과정 워크숍에 참석하였고, 워크숍을 마치고 저녁식사 후 밤늦게까지 직원들과 함께 술자리를 가졌다. A교장은 술자리 후 교무부장이 술에 취한 A교장을 배웅하여 A교장의 숙소에 문을 열고 현관까지 들어가, "안녕히 주무세요."라고 인사를 마치고 나가려는 순간 갑자기 교무부장을 강제로 추행하였다.

재판부에 따르면 "A교장은 이 사건 강제추행 전후의 사정은 모두 기억하면서, 수사기관에서 법정에 이르기까지 A교장의 방안에서 일어났던 추행 당시만 기억나지 않는다는 취지로 진술한다. 수사기관 및 이 법원에서의 진술을 종합하면, 펜션에서 음담패설을 한 것, 자신의 숙소 앞 데크에서 술을 마시고 일어난 것, 들어가서 범죄사실 기재 시간부터 불과 7분 후에 교무부장과 L교사에게 문자메시지를 보낸 사실까지도 모두 기억하면서도, 이 사건 추행 사실 부분만 필름이 끊겨 기억이 나지 않는다는 취지로 진술하고 있어 그 신빙성이 매우 떨어진다. 또한 증인들 중 누구도 피고인을 만취하였다고 느꼈던 사람이 없다."[984]고 판시하면서 징역 1년에 집행유예 2년 120시간의 사회봉사와 120시간의 성폭력 치료강의 수강을 명하였다.

982) 광주지방법원 2019. 1. 10. 선고 2018구합10958 판결.
983) 대구지방법원 2015. 8. 26. 선고 2015구합21102 판결.
984) 수원지방법원 2017. 5. 15. 선고 2015고단6414 판결.

제3장 유치원 사고 책임과 예방

유치원 사고도 앞에서 다룬 학교 사고에 대한 학교장과 교사의 책임 등 전체적인 측면에서는 학교 사고와 맥락을 같이 하므로 법리 구성도 특별히 예외적인 경우를 제외하고는 동일하게 적용된다.

특별히 예외적인 경우란 유치원교육의 기본법이라고 할 수 있는 「유아교육법」을 비롯하여 「아동복지법」, 「영유아보육법」 등에서 6세 미만의 취학 전 아동을 대상으로 한 법령에 따라 별도로 적용되는 규정을 의미한다. 또한 「도로교통법」에서는 유치원 아동의 등·하교 중에 발생하는 사고를 예방하기 위하여 유치원 통학차량 운영자와 통학차량 운행자 등의 의무를 명시하고 있다. 이 장에서는 통학버스 운영과 유치원 교원에게 특별히 요구되는 주의의무를 다루기로 한다.

제1절 유치원 통학버스 안전관리 의무

I. 통학버스 운영자의 의무

유치원에서는 어린이들의 등하교를 위하여 어린이통학버스를 운영하는 경우가 흔하다. 어린이통학버스란 13세 미만 어린이를 교육 대상으로 하는 시설에서 어린이의 통학 등에 이용되는 자동차와 「여객자동차 운수사업법」 제4조제3항에 따른 여객자동차운송사업의 한정면허를 받아 어린이를 여객대상으로 하여 운행되는 운송사업용 자동차를 말한다.[985] 그러므로 유치원뿐만 아니라 초등학교, 특수학교를 포함하여 어린이집, 학원 및 교습소, 체육시설 등에서도 13세 미만 어린이의 통학 등에 이용되는 자동차는 어린이통학버스이다. 어린이통학버스로 사용할 수 있는 자동차는 승차정원 9인승(어린이 1명을 승차정원 1명으로 본다) 이상의 자동차를 말한다.[986]

1. 어린이통학버스 신고 의무 및 신고증명서 비치 의무

어린이통학버스를 운영하려는 자는 행정안전부령으로 정하는 바에 따라 미리 관할 경찰서장에게 신고하고 신고증명서를 발급받아야 하며, 통학버스 안에 발급받은 신고증명서를 항상 갖추어 두어야 한다.[987] 신고하지 아니하고 운행한 운영자에게는 500만원 이하의 과태료를 부과하고,[988] 신고증명서를 갖추어 두지 아니한 운영자에게는 20만원 이하의 과태료를 부과한다.[989]

---

985) 「도로교통법」 제2조제23호.
986) 「도로교통법 시행규칙」 제34조.
987) 「도로교통법」 제52조제1항, 제2항.
988) 「도로교통법」 제160조제1항제7호.
989) 「도로교통법」 제160조제2항제4호.

어린이통학버스로 사용할 수 있는 자동차는 행정안전부령으로 정하는 자동차로 한정하며, 자동차는 도색·표지, 보험가입, 소유 관계 등 대통령령으로 정하는 요건을 갖추어야 하는데, 요건을 갖추지 아니하고 운행한 운영자에게도 500만원 이하의 과태료를 부과한다.[990]

2. 동승 보호자 탑승과 승하차 등 안전관리 의무

어린이통학버스를 운영하는 자는 통학버스에 어린이나 영유아를 태울 때에는 성년인 사람 중 운영하는 자가 지명한 보호자를 함께 태우고 운행하여야 하며, 동승한 보호자는 어린이나 영유아가 승차 또는 하차하는 때에는 자동차에서 내려서 어린이나 영유아가 안전하게 승하차하는 것을 확인하고, 운행 중에는 어린이나 영유아가 좌석에 앉아 좌석안전띠를 매고 있도록 하는 등 어린이 보호에 필요한 조치를 하여야 한다.[991]

보호자를 태우지 아니하고 통학버스를 운행한 운영자, 어린이나 영유아가 하차하였는지를 확인하지 아니한 운전자, 어린이 하차확인장치를 작동하지 아니한 운전자는 30만원 이하의 벌금이나 구류에 처한다.[992]

3. 보호자 동승표지 부착과 안전운행기록부 작성 제출

어린이통학버스를 운영하는 자는 동승 보호자를 함께 태우고 운행하는 경우에는 행정안전부령으로 정하는 보호자 동승을 표시하는 표지(보호자 동승표지)를 부착할 수 있으며, 누구든지 보호자를 함께 태우지 아니하고 운행하는 경우에는 보호자 동승표지를 부착하여서는 아니된다.[993] 보호자를 태우지 아니하고 운행하는 통학버스에 보호자 동승표지를 부착한 자는 30만원 이하의 벌금이나 구류에 처한다.[994]

통학버스를 운영하는 자는 좌석안전띠 착용 및 보호자 동승 확인 기록(안전운행기록)을 작성·보관하고 매 분기 주무기관의 장에게 안전운행기록을 제출하여야 한다.[995] 안전운행기록을 제출하지 아니한 운영자에게는 20만원 이하의 과태료를 부과한다.[996]

4. 안전교육 의무

어린이통학버스를 운영하는 사람과 운전하는 사람 및 동승한 보호자는 안전운행 등에 관한 교육(어

---

990) 「도로교통법」 제160조제1항제8호.
991) 「도로교통법」 제53조제3항.
992) 「도로교통법」 제154조제3의2호, 제3의3호, 제3의4호.
993) 「도로교통법」 제53조제5항.
994) 「도로교통법」 제154조제3의5호.
995) 「도로교통법」 제53조제7항.
996) 「도로교통법」 제160조제2항제4의5호.

린이통학버스 안전교육)을 받아야 한다.[997] 안전교육은 신규 안전교육과 정기 안전교육으로 구분되며, 신규 안전교육은 통학버스를 운영하려는 사람과 운전하려는 사람 및 동승하려는 보호자를 대상으로 그 운영, 운전 또는 동승을 하기 전에 실시하는 교육이고, 정기 안전교육은 통학버스를 계속하여 운영하는 사람과 운전하는 사람 및 동승한 보호자를 대상으로 2년마다 정기적으로 실시하는 교육이다.[998]

정기 안전교육은 직전에 안전교육을 받은 날부터 기산하여 2년이 되는 날이 속하는 해의 1월 1일부터 12월 31일 사이에 받아야 한다.[999] 안전교육을 받지 아니한 사람에게 운전하게 하거나 동승하게 하여서는 아니 된다. 이를 위반하여 안전교육을 받지 아니한 사람과, 안전교육을 받지 아니한 사람에게 운전하게 하거나 동승하게 한 운영자에게는 20만원 이하의 과태료를 부과한다.[1000]

Ⅱ. 통학버스 운전자의 의무

1. 점멸등 장치 작동 및 안전띠 착용

어린이통학버스를 운전하는 사람은 어린이나 영유아가 타고 내리는 경우에만 점멸등 등의 장치를 작동하여야 하며, 어린이나 영유아를 태우고 운행 중인 경우에만 점멸등 등의 장치를 표시하여야 한다.[1001]

그리고 어린이나 영유아가 탈 때에는 승차한 모든 어린이나 영유아가 좌석안전띠를 매도록 한 후에 출발하여야 하며, 내릴 때에는 보도나 길가장자리구역 등 자동차로부터 안전한 장소에 도착한 것을 확인한 후에 출발하여야 한다. 다만, 좌석안전띠 착용과 관련하여 질병 등으로 인하여 좌석안전띠를 매는 것이 곤란하거나 행정안전부령으로 정하는 사유가 있는 경우에는 그러하지 아니하다.[1002] 버스에 탑승한 어린이나 영유아의 좌석안전띠를 매도록 하지 아니한 운전자는 20만원 이하의 과태료를 부과한다.[1003]

2. 하차 확인 및 하차 확인 장치 작동의무

어린이통학버스를 운전하는 사람은 버스 운행을 마친 후 어린이나 영유아가 모두 하차하였는지를 확인하여야 한다.[1004] 또한 어린이나 영유아의 하차 여부를 확인할 때에는 행정안전부령으로 정하는

---

997) 「도로교통법」 제53조의3제1항.
998) 「도로교통법」 제53조의3제2항.
999) 「도로교통법 시행령」 제31조의2제2항.
1000) 「도로교통법」 제160조제2항제4의3호, 제4의4호
1001) 「도로교통법」 제53조제1항.
1002) 「도로교통법」 제53조제2항.
1003) 「도로교통법」 제160조제2항제4의2호.
1004) 「도로교통법」 제53조제4항.

어린이나 영유아의 하차를 확인할 수 있는 장치(하차확인장치)를 작동하여야 한다.[1005]

제2절 유치원 교사를 위한 Tip과 판례로 본 유의점

I. 유치원 교사를 위한 Tip

1. 유치원 교사의 유치원생 보호 의무의 범위는 초·중등 교사보다 넓다

유치원이나 초·중등학교 교사 등의 보호·감독의무가 미치는 범위는 유치원생이나 초·중등학생의 생활관계 전반이 아니라 유치원과 학교에서의 교육활동 및 이와 밀접·불가분의 관계에 있는 생활관계로 한정되고, 또 보호·감독의무를 소홀히 하여 학생이 사고를 당한 경우에도 그 사고가 통상 발생할 수 있다고 예상할 수 있는 것에 한하여 교사 등의 책임을 인정할 수 있다. 하지만 유치원생은 일반적으로 5세 이하의 의사무능력자로서 자기 행위의 의미나 결과를 정상적인 인식을 가지고 합리적으로 판단할 수 있는 정신적 능력 내지는 지능을 가지고 있지 못하다.

따라서 유치원 내에서 위험시설에 대한 자기 보호기능과 판단력이 떨어지므로 유치원 교사의 유치원생에 대한 보호·감독책임의 범위가 초·중등학생을 담당하는 교사보다 더 넓다. 대체로 나이가 어려 책임능력과 의사능력이 없거나 부족한 유치원생 또는 초등학교 저학년생에 대하여는 보호·감독의무가 미치는 생활관계의 범위와 사고 발생에 대한 예견가능성이 더욱 넓게 인정된다.[1006]

2. 유치원 CCTV 설치 및 운영과 열람 방법

유치원에서 아동학대나 안전사고 등이 발생하면 교원과 학부모 사이에 다툼이 생길 수 있고, 이를 입증해 줄 수 있는 가장 중요한 증거자료가 CCTV에 기록된 영상정보라 할 수 있다.

어린이집에서는 「영유아보육법」에 따라 아동학대 방지 등 영유아의 안전과 어린이집의 보안을 위하여 「개인정보 보호법」 및 관련 법령에 따른 폐쇄회로 텔레비전을 설치할 의무가 있지만,[1007] 유치원은 의무가 아닌 선택사항이다.

유치원의 CCTV도 앞에서 다룬 영상정보처리기기 운영과 관리 방법에 따라야 하며, 유치원 교실 내 영상정보처리기기를 설치할 때에는 정보주체인 교직원과 학부모의 동의를 받아야 함은 물론 정보주체가 변경될 경우에도 다시 동의를 받아야 한다. 가령 학년 초 교직원의 변경이나 학부모가 변동되었

1005) 「도로교통법」 제53조제5항.
1006) 대법원 2008. 1. 17. 선고 2007다40437 판결 참조.
1007) 「영유아보육법」 제15조의4.

을 경우에도 동의를 받아야 하고, CCTV 운영자는 정보주체가 CCTV가 설치·운영 중임을 쉽게 알아볼 수 있도록 설치목적 및 장소, 촬영범위 및 시간, 관리책임자의 성명 또는 직책 및 연락처를 기재한 안내판을 설치하여야 한다.[1008] 학부모가 CCTV 열람을 청구할 경우 정보주체인 해당 학생 이외의 자를 명백히 알아볼 수 있거나 정보주체 이외의 자의 사생활 침해의 우려가 있는 경우에는 해당되는 정보주체 이외의 자의 개인영상정보를 알아볼 수 없도록 보호조치를 취하여야 한다.[1009] 보호조치를 취하기 어려운 경우에는 정보주체 이외의 자로부터 개인영상정보 제3자 제공에 대한 동의를 받아 열람하게 할 수 있고, 열람은 유치원 내 정해진 공간에서 이루어지도록 하며 관리대장에 기록하여 관리하여야 한다.

또한 수사기관에서 열람을 요청하는 경우에는 정보주체 또는 제3자의 이익을 부당하게 침해할 우려가 있을 때를 제외하고는 제3자에게 제공할 수 있다. 따라서 경찰 등 수사기관에서 수사목적으로 CCTV 자료를 요청하는 경우에는 학생이나 학부모 등 정보주체의 동의 없이 제3자 제공이 가능하며, 이와 같은 경우에도 필요한 최소한의 범위에서 제한적으로 제공할 수 있으며 관리대장에 기록하여야 한다.

다만 「영유아보육법」의 적용을 받는 어린이집의 경우는 다르다. 6세 미만의 아동을 대상으로 하는 「영유아보육법」에서는 보호자가 자녀 또는 보호아동이 아동학대, 안전사고 등으로 정신적 피해 또는 신체적 피해를 입었다고 의심되는 등의 경우에는 폐쇄회로 텔레비전을 설치·관리하는 자에게 영상정보 열람요청서나 의사소견서를 제출하여 영상정보의 열람을 요청할 수 있다.[1010]

이처럼 6세 미만의 아동을 대상으로 하는 「영유아보육법」에서는 CCTV 영상을 열람 조치하는 경우 다른 사람을 알아볼 수 없도록 하는 모자이크 처리 등의 보호조치를 반드시 할 필요는 없다.

3. 아동학대는 교사의 고의뿐만 아니라 미필적 고의로도 성립한다.

미필적 고의란 자기의 행위로 인하여 범죄결과의 발생을 확실히 인식한 것은 아니지만 그 가능성을 예견하고 행위를 한 경우이다. 즉 결과의 발생에 대한 확실한 인식은 없으나 결과의 발생이 있더라도 용인하겠다는 인식이나 의사가 있는 경우이며 조건부 고의라고도 한다.

가령 교사가 어린이를 이 정도 세기로 밀어버리면 어린이가 다칠지도 모르지만 다쳐도 할 수 없다는 생각으로 밀어버린다거나, 다수의 어린이들을 한꺼번에 좁은 계단에서 선착순 뛰어 내려가게 하면 다칠 수도 있다는 인식은 하였지만 다쳐도 할 수 없다는 생각으로 선착순 경기를 시키는 것은 미필적 고의에 의한 상해죄에 해당할 수 있을 것이다. 판례에 따르면 어린이가 식사 중 반찬 섭취를 거부하며

1008) 「교육부 개인정보 보호지침」 제69조제1항.
1009) 「교육부 개인정보 보호지침」 제76조.
1010) 「영유아보육법」 제15조의5 및 「영유아보육법 시행규칙」 제9조의4.

소리를 지르고 울자, 한 손으로 울고 있는 어린이의 입을 움직이지 못하게 잡은 채 깍두기를 올린 숟가락을 입에 밀어 넣고 음식물을 뱉지 못하도록 한 손으로 입을 막는 행위는 미필적 고의에 의한 정서적 학대 행위라고 판시하였다.[1011]

아동의 정신건강 및 발달에 해를 끼치는 정서적 학대행위란 현실적으로 아동의 정신건강과 정상적인 발달을 저해한 경우뿐만 아니라 그러한 결과를 초래할 위험 또는 가능성이 발생한 경우도 포함되며, 반드시 아동에 대한 정서적 학대의 목적이나 의도가 있어야만 인정되는 것은 아니고, 자기의 행위로 아동의 정신건강 및 발달을 저해하는 결과가 발생할 위험 또는 가능성이 있음을 미필적으로 인식하면 충분하다.[1012] 즉 미필적 고의에 의한 학대행위에 해당한다.

법원은 스펀지 블록으로 가볍게 아동의 머리를 한 대 친 것이 부수적으로 훈육의 목적이나 의도가 내포되었다 할지라도 건전한 사회통념상 훈육을 위한 적정한 방법이나 수단의 한계를 넘어선 것이라고 밝히면서 어린이집 보육교사와 어린이집 원장에게 각각 벌금 300만원을 선고하였다.[1013]

4. 공포심 일으키는 영상 강제 시청도 정서적 학대행위

어린이가 공포심을 일으킬 수 있는 영상을 강제로 시청하게 하면 정서적 학대행위가 될 수 있다. 어린이집 보육교사 A는 어린이집에서 낮잠을 자기 위해 누워 있던 원아(3세)의 옆에 보육교사의 휴대폰을 신경질적으로 집어 던진 후, 무서운 영상을 틀어 주어 이를 시청한 원아로 하여금 다리가 떨릴 정도로 극도의 공포심을 느껴 울음을 터뜨리게 하고, 이전에도 공포심을 야기하는 영상을 강제로 보게 하여 원아는 심리 치료를 받았다. 법원은 어린이가 두려워하는 영상을 보여 주는 것도 정신건강 및 발달에 해를 끼치는 정서적 학대행위가 된다고 하여 벌금 150만원을 선고하였다.[1014]

5. 통학차량에 태운 때로부터 보호자에게 인도될 때까지 보호할 의무가 있다.

유치원생이나 초등학교 저학년생을 태운 통학차량은 통학차량에 태운 때로부터 유치원이나 학교에서 교육활동이 끝난 후 다시 통학차량에 태워 보호자가 미리 지정한 장소에 안전하게 내려줄 때까지 학생을 보호·감독할 의무가 있다.[1015]

통학차량 운전자는 어린이들이 교사나 보호자에게 안전하게 인도됐는지 확인하고 차량을 진행해야한다. 차량을 후진하면서 직접 또는 교사를 통해 뒤편에 아무도 없는지를 확인해야 하고, 안전하게 담당 교사나 보호자에게 인도될 수 있도록 조치해야 한다. 판례에 따르면 주차장에서 원생들을 하차시

1011) 서울중앙지방법원 2019. 11. 8. 선고 2019고정224 판결 참조.
1012) 대법원 2018. 5. 15. 선고 2018도3298 판결 참조.
1013) 의정부지방법원 2015. 8. 21. 선고 2015노492 판결 참조.
1014) 춘천지방법원 2016. 1. 22. 선고 2015고단651 판결 참조.
1015) 대법원 2008. 1. 17. 선고 2007다40437 판결 참조.

키고 통학버스를 후진시키다가 버스 뒤에 서 있던 원생을 치어 사망하게 한 사건에서 통학차량 운전자와 인솔교사는 각각 금고 1년, 1년 6개월에 집행유예 2년과, 원장에게는 금고 2년을 선고하였다.[1016]

6. 차량에서 하차한 어린이 안전 확인 의무

유치원생 나이의 어린아이는 교통기관의 위험성에 대한 인식이나 그로부터 자신을 보호하는 방법 따위에 관하여 변식할 만한 충분한 능력이 있다고 볼 수 없다. 그러므로 유치원생이 출발하는 차량에 갑자기 뛰어들어 돌발적인 행동을 한 잘못이 있다 하더라도 유치원생의 과실을 이유로 유치원 측에서 과실 상계를 주장할 수는 없다.

유치원생을 아파트 정문 앞에 내려 주고 다시 출발하다가 유치원생을 왼쪽 앞바퀴 부분으로 부딪쳐 넘어지게 하고 뒷바퀴 부분으로 머리를 역과하여, 그 자리에서 사망하게 한 사안에서 법원은 안전 구역으로 들어간 것을 확인하지 않은 유치원측에 책임이 있다고 판시하였다.[1017] 유치원 통학차량 운전기사는 보호자도 없는 상태에서 유치원생을 차들이 자주 다니는 길에 내려놓았으면 인솔교사와 함께 아이들의 동태를 잘 살펴, 차도에서 아파트 구역 안으로 들어갔는지의 여부 등 그들의 안전을 확인하고 차량주위의 상황을 잘 살펴본 후에 차를 출발시켜야 할 의무가 있다.

7. 등교 시간 하차 장소에 인수교사 배치와 동승 보호자의 안전 확인 의무

유치원장은 통학버스의 하차 장소에 인수교사를 배치하여 차량에서 하차하는 어린이들을 인수하게 하고, 동승 보호자로 하여금 차량에서 하차한 어린이들을 인솔하여 유치원 내부에서 근무하는 교사들에게 직접 인도하게 하여, 동승 보호자와 유치원 내부 근무 교사들을 철저히 감독하여 어린이들이 안전하게 등원하도록 할 업무상 주의의무가 있다. 또한 동승 보호자는 어린이들을 유치원 앞에 내려놓았다면 어린이들이 유치원 내부로 들어가는 것을 확인한 후에 출발하여야 한다.

등교 시간에 하차한 어린이들의 인계 여부를 확인하지 아니한 채 그대로 차량을 출발하여 어린이가 사망한 사안에서, 법원은 통학버스 하차장에 인수교사를 배치하지 아니한 채 차량 지도교사 1인으로 하여금 어린이를 인솔하게 하고, 어린이들을 내부 근무 교사들에게 직접 인도 하지 않는 것을 제지하지 아니한 채 묵인한 어린이집원장과, 도로에서 어린이를 하차시킨 후 근무하는 교사 등에게 직접 인도하지 아니한 채 다른 원생들을 등원시키기 위하여 차량을 출발하게 한 차량 지도교사에게 각각 금고 8월에 집행 유예 2년을 선고하였다.[1018]

1016) 광주지법 형사1부 2018. 3. 24 판결 참조.
1017) 대구고등법원 1992. 5. 29. 선고 91나6741 판결 참조.
1018) 청주지방법원 2014. 12. 10. 선고 2013고단1478 판결 참조.

8. 통학차량에 유치원생 남겨 두어 형사처벌과 9억원 배상

운전자가 유치원생들을 승차시켜 운행 중 유치원생을 하차시키지 않고 그대로 방치한 채 그 차량을 주차한 후 차 문을 닫고 그 차량을 떠났다면, 이로써 그 차량의 운행이 종료하는 것이 아니라 그 차량에 탑승한 유치원생들이 모두 그 차량으로부터 완전히 하차하기까지는 그 운행 상태가 지속된다고 본다. 따라서 남아 있는 유치원생을 확인하여야 할 주의의무가 있음에도 불구하고 이를 게을리하면 과실 책임이 있다.[1019]

통학차량에 유치원생을 남겨두고 운행을 종료하였다가 형사처벌과 9억여원의 구상금 청구를 당한 판례가 있다. 갑 유치원 A운전기사와 B교사는 어린이들을 통학버스에 태우고 오전 9시경 유치원에 도착한 후 차량 안에 남겨진 원생이 있는지 여부를 확인하지 않은 채 문을 잠그고 통학버스 운행을 종료했다. 이후 B교사와 주임 교사 C교사는 어린이의 등원여부나 소재파악을 하지 않았고, D어린이(만 3세)은 오전 9시부터 오후 4시 40분까지 통학버스에 남겨졌다. B교사는 통학차량에 동승하여 등원하는 원생들을 인솔하는 업무를 담당하였고, C교사는 유치원 주임교사로서 방과 후 과정에 참여하는 원생들의 명단 및 통학차량 이용여부 파악과 출석 여부를 확인하는 업무를 담당하였다.

당시 낮 기온은 33도에 이르렀고 차량 안에 방치된 D어린이는 과도한 열 노출로 인해 열사병과 무산소성 뇌 손상을 입게 됐다. 그 후 약 2년이 지난 후에도 신체감정 결과 보행이 불가능하고, 식사나 개인위생 등에 대해서 도움이 전적으로 필요한 상태라는 판단을 받았다. D어린이의 부모는 통학버스와 계약한 을 보험회사를 상대로 손해배상을 청구하여 치료비를 포함한 손해배상금 14억원가량을 지급받았다. 하지만 을 보험회사는 운전기사와 유치원 측의 관리·감독에 대한 주의의무를 다하지 못한 책임이 있다며 유치원장에게 구상금을 청구하였다.

재판부는 통학버스 A운전기사의 과실을 30%, 유치원 교사 두 명과 원장의 과실을 70%로 산정하여 9억7000여만원을 지급하라고 판시하였다.[1020] 이에 앞서 B교사는 금고 8월, C교사는 금고 5월 및 집행유예 2년, A운전기사는 금고 6월의 형사처벌을 받았다.

1019) 대구지방법원 1997. 5. 21. 선고 96가합8639 판결.
1020) 광주지방법원 2021. 8. 18. 선고 2019가단534381 판결 참조.

Ⅱ. 유치원 사고 판례로 본 유의점

1. 유치원생 상습 학대 교사 징역, 유치원장은 감독 소홀로 벌금

유치원 만 3세반 담임 A교사는 B학생(여)에게 지퍼를 세게 올리고 책가방으로 B학생을 가격하는 등 폭행한 것을 비롯해 같은 해 8월까지 총 108회에 걸쳐 상습적으로 18명의 아동들의 정신건강 및 발달에 해를 끼치는 정서적 학대행위를 한 혐의로 재판에 넘겨졌다. 재판부는 유치원 담임교사로서 다수의 어린 유아들에게 반복적으로 신체적·정신적 건강과 발달을 침해하였으므로 「아동학대처벌법」 위반 혐의로 징역 1년에 집행유예 2년을 선고하고, 120시간의 사회봉사 40시간의 아동학대 재범예방 수강을 명하고, 유치원 원장에게는 교사들의 수업과 생활지도에 대해 관리·감독을 소홀히 하였다 하여 벌금 500만원을 선고했다.[1021]

2. 체벌 교사는 벌금 500만원, 그러나 원장 책임은 없다는 사유

어린이집 갑 교사는 자신이 담당하고 있는 A아동(여, 4세)이 말을 듣지 않는다는 이유로 주먹으로 입을 2회 때려 입술이 빨갛게 부어오르게 하였고, B아동(여, 4세)의 귀를 잡아당겨 피가 맺히게 하였다. 또한 C아동(4세)이 율동연습을 하던 중 틀렸다는 이유로 주먹으로 머리에 꿀밤을 주듯이 때리고, 또 다른 아동들이 생일 떡을 허락을 받지 않고 주었다는 이유로 몇몇 아동들의 머리를 손바닥으로 때렸다.

√ 갑 교사에 대한 법원의 판단

아동을 훈육한다고 하더라도 아동이 성인과 동등한 인격체인 이상 폭력을 수반한 체벌은 엄격히 금지되어야 하므로 체벌이 비록 교육 및 훈육 목적에서 비롯한 것이었다고 할지라도 면책될 여기가 없고, 만 4세인 피해자들은 갑 교사의 체벌로 인하여 두려움과 고통을 느꼈을 것으로 보이고 학부모들이 엄벌을 탄원하여 벌금 500만원에 처하고, 40시간의 아동학대 치료프로그램 이수를 명하였다.[1022]

√ 어린이집 원장에 대한 법원의 판단

어린이집 원장은 교사들에 대한 관리 감독 책임이 있지만 법원은 다음과 같은 사유로 원장의 책임을 인정하지 않았다. 어린이집 원장은 직접 아동학대 예방 온라인 교육을 수료하고 어린이집 교사들에게도 아동학대 관련 교육을 수료하도록 지도한 점, 매주 어린이집 교사들과 회의하면서 아동에 대

1021) 창원지방법원 2019. 3. 20. 선고 2018고단3579 판결 참조.
1022) 춘천지방법원 2017. 1. 19. 선고 2015노945 판결 참조.

한 교육을 직접 지도하고 어린이집 교육사정을 검토·관리한 점, 평소 어린이집 복도를 돌아다니며 아동들의 교육상황을 관찰하였고 학부모들과 정기적으로 소통하였다. 또한 교사들에게 업무일지 교육일지를 쓰게 하여 이를 보며 교육상황을 점검한 점 등 제반 사정을 종합할 때 어린이집 원장으로서 그 업무에 관하여 상당한 주의와 감독을 게을리하였다고 단정하기 어렵고, 유죄로 인정할 만한 증거가 없다는 이유로 어린이집 원장에게 무죄를 선고하였다.

3. 장애아동을 학대한 장애전담 교사가 무죄로 된 까닭

어린이집 장애전담 A교사는 교실에서 발달장애 아동(5·여)이 놀이도구를 제대로 정리하지 않고 바닥에 드러눕는 등 말을 듣지 않자 화가 나서, 아동의 팔을 잡고 밀쳐 뒤로 넘어지게 하는 등 약 14일간의 치료를 요하는 신체적 학대행위를 하였다. 원심인 제주지법[1023]은 무죄를 선고했고, 대법원[1024]도 아래와 같은 이유로 무죄를 확정했다.

√ 아동의 팔을 잡는 행동은 교육과정의 일환이다.

아동이 놀이 후 정리하기를 거부하고 드러눕는 등 고집을 부리는 문제 상황이 발생하여 훈육의 목적으로 일시적으로 보다 단호한 지도방법으로서 아동의 팔을 잡는 등의 행동을 하게 된 것으로 일련의 교육과정의 일환으로 볼 여지가 많다.

√ 교사의 적극적 가해의사가 없었다.

A교사는 사건 당일 위 행위 전후를 포함한 일련의 행위가 아동의 지도에 관한 내용으로 일관되어 있고, 그 일련의 행위 중에 아동을 손으로 때린다거나 발로 차는 등 적극적인 가해의사가 추인될만한 행동은 없다.

√ 교사는 합리적인 지도방법을 택하였다.

이 사건 이후 아동은 A교사의 지도에 잘 따르고, A교사는 수업시간에 아동 옆에 앉아 아동의 팔을 주물러 주고 머리를 쓰다듬는 등의 행위로 아동을 정상적으로 지도하였다. A교사는 합리적 범위 안에서 가장 적절하다고 생각하는 지도 방법을 택하였고 이는 계속적인 훈육의 일환으로 볼 수 있다.

이 사례로 보아 아동학대를 판단할 때에는 학대 행위에 이른 동기와 경위, 행위의 정도와 태양, 아동의 반응 등 구체적인 행위 전후의 사정과 더불어 교사의 평소 성향이나 유사 행위의 반복성 여부

1023) 제주지방법원 2017. 7. 20. 선고 2017노118 판결.
1024) 대법원 2020. 1. 16. 선고 2017도12742 판결.

및 기간까지도 고려하여 종합적으로 판단하여야 한다는 의미이다. 그러므로 교사가 합리적 범위 안에서 가장 적절하다고 생각하는 지도방법을 택한 것은 계속적인 훈육의 일환으로 볼 수 있으므로 학대가 아니라는 해석이다.

4. 아동학대 신고 의무자가 학대하고 보호자가 엄벌을 탄원하면

유치원 교사 A는 2020년 유치원 교실 내에서 점심식사를 하고 있던 B원생(남, 5세)이 밥풀을 책상 밑에 붙이는 행동을 하였다는 이유로 "왜 그렇게 하냐."라고 말하면서 오른손으로 B원생의 왼팔을 잡은 다음 힘껏 끌어당겨 일어나게 하고, B원생이 눈을 맞추지 않자 다시 양손으로 B원생의 양팔을 잡은 다음 힘껏 끌어내려 바닥에 주저앉게 하였다. 또한 "선생님을 봐봐."라고 말하면서 양손으로 B원생의 양팔을 잡고 앞뒤로 2~3회 흔들고, 책상 밑에 붙어 있는 "밥풀을 보라."며 손으로 B원생의 왼팔을 1회 치고는 다시 오른손으로 B원생의 왼팔을 잡은 다음 힘껏 책상 앞으로 끌어당기는 행위를 하여 약 2주간의 치료가 필요한 좌측 어깨 및 위팔의 기타 표재성 손상 등을 가하였다. 재판부는 아동학대 범죄를 신고할 의무가 있는 사람에 의한 아동학대범죄는 더욱 그 죄책이 무겁고, 피해 아동의 보호자로부터 용서를 받지 못하고 보호자도 엄벌을 탄원하고 있다고 하여, A교사에게 벌금 200만원과 40시간의 아동학대 치료프로그램 이수를 명하였다.[1025]

5. 유치원 교사 복무지도를 위한 대화자 간 녹음 제3자 공개는 인권침해

초등학교 병설유치원 B교감은 병설유치원 C교사와 면담하면서 동의 없이 대화를 녹음하고 이를 학부모에게 들려주었다. 이 때문에 C교사는 학부모들로부터 항의를 받았다. B교감은 초등학교 교장과 병설유치원 원장을 겸임하고 있는 A교장의 지시에 따라 자료를 수집하기 위하여 녹음하였으며, 대화자 사이에 녹음을 한 것은 「통신비밀보호법」의 위법한 행위가 아니라고 주장하였다.

이에 대해 국가인권위원회[1026]는 음성권은 헌법 제10조의 인격권에서 유래되는 권리로서 피대화자의 동의나 내부고발의 목적 등 정당한 사유 없이 대화를 녹음하고 녹음된 대화를 제3자에 공개하는 것은 음성권을 침해하는 행위라고 하여 A교장에게 유사한 사례가 재발하지 않도록 B교감을 포함한 소속 직원들에 대한 인권교육을 실시할 것을 권고하였다.

인권위의 이와 같은 권고는 내부고발의 목적 등 정당한 사유 없이 녹음하는 행위와 특히 제3자에 공개하는 것은 녹음자에게 책임이 있음을 확인시켜 주고 있다. 이 책 앞부분에서 다룬 바와 같이 대화자 간 녹음은 「통신비밀보호법」에 위배되지 않지만, 녹음된 내용을 제3자에게 들려주거나 무단으로 공개하는 행위는 타인의 음성권을 침해하여 민사책임을 질 수 있으니 주의하여야 한다.

1025) 대구지방법원 2021. 7. 7. 선고 2021고단1565 판결.
1026) 국가인권위원회 2018. 10. 1. 권고 18진정0459900 결정.

6. 유치원 교사의 책임은 통상 발생할 수 있다고 예상되는 사고에 한한다.

유치원이나 학교 교사 등의 보호·감독의무가 미치는 범위는 유치원생이나 학생의 생활관계 전반이 아니라 유치원과 학교에서의 교육활동 및 이와 밀접·불가분의 관계에 있는 생활관계로 한정되고, 또 보호·감독의무를 소홀히 하여 학생이 사고를 당한 경우에도 그 사고가 통상 발생할 수 있다고 예상할 수 있는 것에 한하여 교사 등의 책임을 인정할 수 있다.[1027]

다음 판례에서는 가해아동과 피해아동은 이전에는 서로 싸운 적이 한 번도 없었고, 사고가 순식간에 발생하여 통상 발생할 수 있다고 예상되는 사고가 아니라고 하여 교사의 책임을 인정하지 않았다.

초등학교 병설유치원 급식실에서 A(가해아동)는 식사를 하고 있었고, 그 옆에 있던 B(피해아동)는 식사를 마친 후 의자에 무릎을 꿇고 배를 책상에 대고 앉아서 가해아동에게 말을 걸고 있었다. 그 때 약 7.5m 떨어져 있던 담당교사 C가 이를 발견하고는 피해아동에게 식사 후 바른 자세를 지도하기 위하여 다가갔는데, 갑자기 가해아동이 피해아동의 의자를 발로 밀어 피해아동이 넘어지면서 안면 부분을 책상에 부딪쳐서 치관 파절을 입었다.

재판부[1028]는 ① 사고 당일 유치원 교실에서 급식실로 출발하기 전에 담당교사는 평소와 같이 식사 예절(옆 친구와 장난하지 않기 등), 안전한 이동 방법 등을 교육한 점, ② 가해아동과 피해아동은 그 냥 서로에게 무관심하던 상황이었는데, 피해아동이 식사 후 갑자기 의자에 무릎을 꿇고 배를 책상에 대고 앉아서 가해아동에게 말을 건 점, ③ 이에 약 7.5m 떨어져 있던 담당교사가 여러 아동들을 계속 주시하다가 바른 자세 지도를 위하여 피해 아동에게 다가갔는데, 그 순간 순식간에 위 사고가 발생한 점, ④ 가해아동과 피해아동은 오랜 기간 함께 위 유치원을 다녔는데, 위 사고일 이전에는 서로 싸운 적이 한 번도 없었던 점 등의 이유로 담당교사가 보호·감독의무를 위반하였다고 볼 수 없다고 판시하였다. 이 판례 역시 유치원 교사가 예측할 수 없고 돌발적이거나 우연한 사고에 대해서는 교사의 책임이 없다는 판단이다.

1027) 대법원 2008. 1. 17. 선고 2007다40437 판결.
1028) 서울중앙지방법원 2021. 2. 16. 선고 2020나19035 판결.

제4편 재해보상과 교원 연금

제4편 재해보상과 교원 연금

제1장 재해보상제도

　재해보상제도는 공무(공무원)나 직무(사립교원)로 인한 부상·질병·장해·사망에 대하여 적합한 보상을 하고, 공무상 또는 직무상 재해를 입은 교원의 재활 및 직무복귀를 지원하며, 재해예방을 위한 사업을 시행함으로써 교원이 직무에 전념할 수 있는 여건을 조성하고, 교원 및 그 유족의 복지 향상에 이바지하기 위한 제도이다.

　공무원의 경우에 정부에서는 재해보상 수준의 현실화 등을 통하여 공무수행 중 발생한 재해에 대한 보상을 강화하고, 재해보상 급여에 대한 심사 절차를 개선하는 등 전문적이고 체계적인 공무원 재해보상제도의 발전을 위하여 「공무원연금법」에서 분리하여 2018년 「공무원 재해보상법」을 제정하였다. 교원이 공무원인 경우의 재해는 공무상재해이고 사립학교 교원의 재해는 직무상재해라고 하며, 사립학교 교직원의 직무로 인한 부상·질병·장해·사망에 대해서는 마찬가지로 「공무원 재해보상법」을 적용하므로 이 책에서는 특별히 예외적인 부분을 제외하고는 「공무원 재해보상법」을 기준으로 다루기로 하겠다.[1029]

제1절 재해보상 인정기준

Ⅰ. 공무상 재해의 인정 범위

　공무상 재해로 인정되는 기준은 공무원 자신이 담당하는 직접적인 업무와 업무에 부수되는 행사, 출장, 교육 등을 비롯하여 상급자의 명령에 따라 공무수행 중 발생하는 사고에 대하여 인정하고 있다.

　「공무원 재해보상법」은 공무원이 다음의 어느 하나에 해당하는 부상을 당하거나 질병에 걸리는 경우와 그 부상 또는 질병으로 장해를 입거나 사망한 경우에는 공무상 재해로 본다. 다만, 공무와 재해 사이에 상당한 인과관계가 없는 경우에는 공무상 재해로 보지 아니한다.[1030] 「공무원 재해보상법 시행령」에서는 공무상 재해의 구체적인 인정기준을 공무상 부상, 공무상 질병, 평소의 질병과 직무

1029)「사립학교교직원 연금법」제33조.
1030)「공무원 재해보상법」제4조제1항 및 「사립학교교직원 연금법 시행령」제29조제2항.

수행의 경합으로 구분하여 제시하고 있으므로 차례대로 살펴보기로 한다. 또한 「사립학교교직원 연금법 시행령」도 직무상 부상, 직무상 질병, 평소의 질병과 직무 수행의 경합으로 구분하여, 「공무원 재해보상법 시행령」의 공무상을 직무상으로 표기하였을 뿐 재해 인정 범위는 다르지 않으므로 공무상을 직무상으로 이해하면 된다.

1. 공무상 부상

공무상 부상은 공무수행 또는 이와 관련되거나 출퇴근 중 발생한 사고 등으로 인한 부상이며 공무원 재해보상법은 다음과 같이 구분하고 있다.[1031]

가. 공무수행 또는 그에 따르는 행위를 하던 중 발생한 사고
나. 통상적인 경로와 방법으로 출퇴근하던 중 발생한 사고
다. 그 밖에 공무수행과 관련하여 발생한 사고

공무상 부상의 구체적인 인정기준[1032]

가. 공무수행 중 발생한 사고로 인한 부상. 다만, 다음의 어느 하나에 해당하는 사고로 인해 부상을 입은 경우에는 공무상 부상으로 보지 않는다.
  1) 공무원의 고의에 의하여 발생한 사고
  2) 공무원의 사적 행위에 의하여 발생한 사고
  3) 근무지를 무단으로 이탈한 상태에서 발생한 사고
  4) 공무수행 중 사적 원인에 의한 폭력 또는 장난에 의하여 발생한 사고
  5) 정상적인 출장 경로의 이탈 또는 출장 목적 외의 사유에 의하여 발생한 사고
  6) 공무원 상호 간의 사적인 친목행사 또는 취미활동으로 인하여 발생한 사고
  7) 공무와 인과관계가 없는 다른 사람의 원한 등에 의하여 발생한 사고
나. 근무 시작 전, 근무 종료 후 또는 휴식시간에 공무에 필요한 준비행위·정리행위를 하거나 소속 기관의 회식·모임 등 공적 행사를 하다가 발생한 사고로 인한 부상
다. 공무수행을 위하여 입주가 필요하거나 의무화되어 있는 시설 등의 불완전 또는 시설관리의 부주의로 인하여 발생한 사고로 인한 부상
라. 통상적인 경로와 방법으로 출근·퇴근하거나 근무지에 부임(赴任) 또는 귀임(歸任)하는 중 발생한 교통사고·추락사고 또는 그 밖의 사고로 인한 부상
마. 그 밖에 공무수행과 관련하여 발생한 사고로 인한 부상으로서 그 부상과 공무 사이에 상당한 인과관계가 인정되는 경우의 부상

---

2. 공무상 질병

공무상 질병은 공무수행 과정에서 발생하거나 공무수행이 원인이 되어 발생하는 사고 등으로 공무

1031) 「공무원 재해보상법」 제4조제1항제1호 및 「사립학교교직원 연금법 시행령」 제29조제2항제1호.
1032) 「공무원 재해보상법 시행령」 [별표 2] 및 「사립학교교직원 연금법 시행령」 [별표 3].

원 재해보상법은 다음과 같이 구분하고 있다.[1033]

가. 공무수행 과정에서 물리적·화학적·생물학적 요인에 의하여 발생한 질병

나. 공무수행과정에서 신체적·정신적 부담을 주는 업무가 원인이 되어 발생한 질병

다. 공무상 부상이 원인이 되어 발생한 질병

라. 그 밖에 공무수행과 관련하여 발생한 질병

공무상 질병의 구체적인 인정기준[1034]

가. 물리적 요인으로 인한 질병
 1) 공무수행 중 방사선·자외선·엑스선·유해광선·극초단파 등에 장기간 노출되어 발생한 질병
 2) 공무수행 중 화상 또는 동상 등으로 인하여 발생한 질병
 3) 공무수행 장소의 강렬한 소음으로 인한 질병
 4) 공무수행 중 가스·빛·열·소음·진동·이상기압 등에 장기간 노출되어 발생한 질병
나. 화학적 요인으로 인한 질병
 1) 공무수행 장소의 심한 분진 등 유해물질에 노출되어 발생한 호흡기 질병
 2) 공무수행 중 유해가스·유해독물 또는 중금속으로 인한 중독과 이에 따른 질병
다. 생물학적 요인으로 인한 질병
 1) 공무수행 중 환자의 진료·간호업무 또는 연구목적으로 병원체를 취급함으로써 발생한 질병
 2) 공무수행 중 동물, 동물의 털, 그 밖의 동물성 물질을 취급함으로써 발생한 감염성 질병, 알레르기성 질병 또는 기생충 감염 등에 의한 질병
 3) 공무수행 중 습지·산지·초지(草地) 또는 전염병이 있는 지역에서 업무를 수행함으로써 발생한 질병
 4) 공무수행 중 예방접종·건강진단 등 소속 기관의 건강관리를 위한 조치로 인하여 발생한 질병
 5) 공무수행 중 제공된 음식물로 인하여 발생한 질병
 6) 공무수행 중 근무환경의 변화 또는 공무수행 장소의 숙박시설 여건으로 인한 현저한 생리적 변화에 의하여 발생한 질병
라. 근골격계 질병
 공무수행 중 신체에 과도한 부담을 줄 수 있는 업무를 계속하여 수행하거나 무거운 물체를 운반하는 등 급격하게 힘을 사용함으로써 근육·힘줄·골격·관절·척추 등에 발생한 질병
마. 뇌혈관 질병 또는 심장 질병
 공무수행 중 돌발적인 사건, 급격한 업무 환경의 변화, 단기간에 상당한 정도의 업무상 부담 증가, 만성적인 과중한 업무의 수행 및 초과근무 등으로 육체적·정신적 과로가 유발되어 발생하거나 현저하게 악화된 질병
바. 암 질병 또는 악성질병
 공무수행 중 석면·벤젠·포름알데히드 등 발암물질에 장기간 노출되어 그 영향을 받은 신체 부위에 발생한 암 질병 또는 악성 질병
사. 정신질환
 공무수행 또는 공무와 관련하여 정신적 충격을 유발할 수 있는 사건, 사고에 의하여 발생한 질병
아. 공무상 부상을 입은 공무원에게 발생한 질병으로서 다음의 요건에 모두 해당하는 경우의 질병
 1) 공무상 부상과 질병 사이의 인과관계가 의학적으로 인정될 것
 2) 기초질환 또는 기존 질병이 자연발생적으로 나타난 증상이 아닐 것
자. 그 밖에 공무수행과 관련하여 발생한 질병으로서 그 질병과 공무 사이에 상당한 인과관계가 인정되는 경우의 질병

1033) 「공무원 재해보상법」 제4조제1항제2호 및 「사립학교교직원 연금법 시행령」 제29조제2항제2호.
1034) 「공무원 재해보상법 시행령」 [별표 2] 및 「사립학교교직원 연금법 시행령」 [별표 3].

공무상 질병은 공무집행 중 공무로 인하여 발생한 질병을 뜻하는 것이므로, 공무와 질병의 발생 사이에는 인과관계가 있어야 하고, 인과관계는 주장하는 측에서 증명하여야 한다. 다만 인과관계는 반드시 의학적·자연과학적으로 명백히 증명되어야 하는 것은 아니며, 규범적 관점에서 상당인과관계가 인정되는 경우에는 증명이 있다고 본다.

가령 공무원이 자살행위로 사망한 경우에, 공무로 인하여 질병이 발생하거나 공무상 과로나 스트레스가 질병의 주된 발생 원인에 겹쳐서 질병이 유발 또는 악화되고, 그러한 질병으로 정상적인 인식능력이나 행위선택능력, 정신적 억제력이 결여되거나 현저히 저하되어 합리적인 판단을 기대할 수 없을 정도의 상황에서 자살에 이르게 된 것이라고 추단할 수 있는 때에는 공무와 사망 사이에 상당인과관계가 있다. 그리고 상당인과관계를 인정하기 위해서는 자살자의 질병이나 후유증상의 정도, 질병의 일반적 증상, 요양기간, 회복가능성 유무, 연령, 신체적·심리적 상황, 자살자를 에워싸고 있는 주위상황, 자살에 이르게 된 경위 등을 종합적으로 고려하여 결정한다.[1035]

3. 평소의 질병과 직무 수행의 경합

평소의 질병·발병요인 또는 악화된 건강 상태와 다음의 어느 하나에 해당하는 직무 수행과의 경합으로 인하여 현저하게 악화된 질병 및 새로 발생한 부상·질병으로 다음과 같이 구분된다.

평소의 질병과 직무 수행의 경합으로 인한 부상·질병의 구체적인 인정기준[1036]
가. 질병의 발생 또는 악화의 가능성이 큰 특수한 환경에서의 계속적인 직무 수행 나. 통상적인 담당직무가 아닌 특수한 직무의 수행 다. 야간근무를 계속하였거나 그 밖에 이에 준하는 직무상의 과로

공무상 질병 판단은 평균인이 아니라 공무원 개인의 신체조건을 기준으로 판단한다. 유족보상금 지급의 요건이 되는 공무상 질병이라 함은 공무원이 공무집행 중 이로 인하여 발생한 질병으로 공무와 질병 사이에 인과관계가 있어야 하나, 이 경우 질병의 주된 발생 원인이 공무와 직접 연관이 없다고 하더라도 직무상의 과로 등이 질병의 주된 발생원인과 겹쳐서 질병을 유발시켰다면 그 인과관계가 있다고 보아야 한다. 또한 과로로 인한 질병에는 평소에 정상적인 근무가 가능한 기초질병이나 기존질병이 직무의 과중으로 인하여 자연적인 진행속도 이상으로 급격히 악화된 경우까지 포함된다고 보아야 하며, 공무상 질병에 해당하는지의 여부를 판단함에 있어 공무와 사망 사이의 상당인과관계의 유

1035) 대법원 2015. 6. 11. 선고 2011두32898 판결.
1036) 「공무원 재해보상법 시행령」 [별표 2] 및 「사립학교교직원 연금법 시행령」 [별표 3].

무는 보통 평균인이 아니라 당해 공무원의 건강과 신체조건을 기준으로 하여 판단한다.[1037]

4. 자해행위

공무원의 자해행위가 원인이 되어 부상·질병·장해를 입거나 사망한 경우에는 공무상 재해로 보지 아니한다. 다만, 그 자해행위가 공무와 관련한 사유로 정상적인 인식능력 등이 뚜렷하게 저하된 상태에서 한 행위로서 다음의 사유가 있으면 공무상 재해로 본다.[1038] 쉽게 표현하면 공무상 재해나 정신질병을 입은 뒤 정신적 이상 상태에서 자해행위를 한 경우는 공무상 재해로 인정된다는 의미이다.

자해행위의 공무상 재해 인정 기준

1. 공무수행 또는 공무와 관련하여 발생한 정신질환으로 요양을 받았거나 받고 있는 공무원이 정신적 이상 상태에서 자해행위를 한 경우
2. 공무상 부상 또는 질병으로 요양 중인 공무원이 그 공무상 부상 또는 질병으로 인한 정신적 이상 상태에서 자해행위를 한 경우
3. 그 밖에 공무수행 또는 공무와 관련한 사유로 인한 정신적 이상 상태에서 자해행위를 하였다는 상당인과관계가 인정되는 경우

---

5. 추가로 발견된 부상과 질병 및 합병증

공무상 재해로 요양 중인 공무원에게 그 공무상 재해로 인한 부상이나 질병이 추가로 발견되어 요양이 필요한 경우 그 추가로 발견된 부상이나 질병은 공무상 재해로 보고, 공무상 부상이나 질병의 치료과정에서 그 부상 또는 질병이 주된 원인이 되어 합병증이 유발된 경우 그 합병증은 공무상 질병으로 본다. 다만, 합병증이 기초 질환이나 체질적 원인에 의하여 자연적으로 유발되었거나 악화된 경우에는 공무상 질병으로 보지 아니한다.[1039]

Ⅱ. 재해 보상 급여의 제한

1. 고의 또는 중과실 등에 의한 급여의 제한

「공무원 재해보상법」에 따른 급여를 받을 수 있는 사람이 고의로 부상·질병·장해·사망 또는 재난을 발생하게 한 경우에는 해당 급여를 지급하지 아니한다. 또한 재해유족급여를 받을 수 있는 사

1037) 대법원 1996. 9. 6. 선고 96누6103 판결.
1038) 「공무원 재해보상법」 제4조제2항 및 같은 법 시행령 제5조.
1039) 「공무원 재해보상법」 제4조제3항·제4항.

람이 공무원이거나 공무원이었던 사람 또는 재해유족급여를 받고 있는 사람을 고의로 사망하게 한 경우에는 그에 대한 재해유족급여를 지급하지 아니한다. 공무원이거나 공무원이었던 사람의 사망 전에 그의 사망으로 인하여 재해유족급여를 받을 수 있는 사람이 해당 같은 순위자 또는 앞선 순위자를 고의로 사망하게 한 경우에도 또한 같다.[1040]

2. 급여의 감액 지급

재해 보상 급여를 받을 수 있는 사람이 다음의 어느 하나에 해당하면 급여 중 장해급여, 순직유족급여 및 위험직무순직유족급여는 급여액의 2분의 1을 빼고 지급한다.[1041] 이 경우 연금인 급여는 그 사유가 발생한 날이 속하는 달의 다음 달부터 적용한다. 다만, 제2호에 해당하는 경우 요양급여·재활급여 및 간병급여는 전액을 지급한다.[1042]

감액 지급 사유

1. 고의로 부상·질병·장해의 정도를 악화되게 하거나, 회복을 방해한 경우
2. 중대한 과실에 의하여 또는 정당한 사유 없이 요양에 관한 지시에 따르지 아니하여 부상·질병·장해를 발생하게 하거나, 그 부상·질병·장해의 정도를 악화되게 하거나, 회복을 방해하거나 사망한 경우

중대한 과실이란 공무수행 또는 공무와 관련한 행위 중 불가피한 사유 없이 「교통사고처리 특례법」 제3조제2항 각 호의 어느 하나에 해당하는 행위로 인하여 사고가 발생한 경우와 공무수행 또는 공무와 관련한 행위 중 불가피한 사유 없이 법령의 위반, 음주 또는 안전수칙의 현저한 위반으로 사고가 발생한 경우이다. 「교통사고처리 특례법」 제3조제2항에 대해서는 뒤에서 상세히 다루기로 한다.[1043]

또한 재해유족급여를 받을 수 있는 사람 중 공무원이거나 공무원이었던 사람에 대하여 양육책임이 있었던 사람이 이를 이행하지 아니하였던 경우에는 심의회의 심의를 거쳐 양육책임을 이행하지 아니한 기간, 정도 등을 고려하여 양육책임 불이행에 따른 재해유족급여의 감액 규정이 정하는 바에 따라 해당 급여의 전부 또는 일부를 지급하지 아니할 수 있다.[1044]

1040) 「공무원 재해보상법」 제44조제1항·제2항.
1041) 「사립학교교직원 연금법 시행령」 제64조 및 「공무원 재해보상법 시행령」 제55조.
1042) 「공무원 재해보상법」 제44조제3항.
1043) 「공무원 재해보상법」 시행규칙 제12조.
1044) 「공무원 재해보상법」 제44조제4항.

Ⅲ. 재해보상 급여 신청

1. 신청 및 처리 절차

(1) 절차 개요

◆ 국공립 교원

신청인 → 연금취급기관(교육청, 교육지원청) → 공무원 연금공단 → 인사혁신처(공무원재해보상심의회)

◆ 사립 교원

신청인 → 학교 → 사립학교 교직원연금공단 → 사립학교 교직원연금급여심의회

(2) 국공립 교원의 신청 처리 절차

공무원이 공무상 부상, 질병 등으로 요양을 하고자 할 때는 구비서류를 준비하여 연금취급기관인 교육청에 제출한다. 또한 공무원연금공단 홈페이지 종합재해보상시스템에 접속하여 직접 신청할 수도 있다. 공무원연금공단에 직접 신청한 경우에는 연금공단이 연금취급기관인 교육청에 경위조사서 제출을 요청한다. 공무원연금공단은 사실관계 확인·조사 후 인사혁신처로 이송하고, 인사혁신처는 공무원재해보상심의회의 심의를 거쳐 공무상요양승인 여부를 결정하고 공무원과 연금취급기관 및 공무원연금공단에 통보한다.

재해보상 급여를 청구한 공무원이 급여에 관한 결정 등에 대해서 불복할 경우에는 심사청구를 할 수 있다. 심사청구란 공무원재해보상심의회의 급여에 관한 결정, 그 밖에 급여 등에 관하여 이의가 있을 경우에 이의를 제기하는 것으로, 결정 등이 있었던 날부터 180일, 그 사실을 안 날부터 90일 이내에 공무원재해보상연금위원회에 재심을 청구하는 것을 의미한다.

다만, 그 기간 내에 정당한 사유가 있어 심사 청구를 할 수 없었던 것을 증명한 경우는 예외로 한다. 급여에 관한 결정, 그 밖에 급여 등에 관하여는 「행정심판법」에 따른 행정심판을 청구할 수 없다.[1045]

그러나 심사청구를 생략하고 처분 등이 있음을 안 날부터 90일, 처분 등이 있은 날부터 1년 이내에

1045) 「공무원 재해보상법」 제51조.

행정소송을 제기할 수 있고,[1046] 심사청구와 동시에 행정소송을 제기할 수도 있다.

(3) 사립 교원의 신청 처리 절차

사립학교 교원의 경우에는 사학연금공단 내에 설치된 사립학교 교직원연금급여심의회에서 심의한다. 급여심의회의 결정에 대하여 이의가 있는 경우에는 권리구제 기구인 사립학교 교직원 연금급여재심위원회에 심사를 청구할 수 있다. 심사 청구는 처분이 있은 날부터 180일, 그 사실을 안 날부터 90일 이내에 하여야 한다. 다만, 그 기간 내에 정당한 사유로 인하여 심사 청구를 할 수 없었던 것을 증명한 경우에는 예외로 한다.[1047] 이 경우 공무원의 경우와 마찬가지로 소송을 제기할 수도 있지만 사립의 경우에는 행정소송이 아닌 민사소송을 제기해야 한다.

2. 급여의 종류와 청구시효[1048]

급여 종류	요건	청구시효
요양급여	공무상 부상 또는 질병으로 요양이 필요한 때	3년
재활급여	공무상 요양 중이거나 요양을 마친 공무원으로서 요양을 마친 후 3개월 이내인 공무원	3년
장해급여	공무상 부상 또는 질병으로 인하여 장해 상태로 되어 퇴직하였거나 퇴직 후에 퇴직 전의 부상 또는 질병으로 장해 상태로 된 경우	5년
간병급여	공무상 요양을 마친 사람 중 치유 후 의학적으로 상시 또는 수시로 간병이 필요하여 실제로 간병을 받는 사람	3년
재난부조금	공무원이 수재나 화재, 그 밖의 재난으로 재산에 손해를 입었을 때	3년
사망조위금	공무원의 배우자나 부모(배우자 부모 포함) 또는 자녀가 사망한 경우	3년

1046) 「행정소송법」 제20조.
1047) 「사립학교교직원 연금법」 제53조.
1048) 「공무원 재해보상법」 제54조 및 「사립학교교직원 연금법」 제54조 참조.

제2절 모르면 손해 보는 재해보상과 판례

Ⅰ. 모르면 손해 보는 재해보상

1. 자해행위도 공무와 상당인과관계가 있으면 공무상 재해이다.

공무원의 자해행위가 원인이 되어 부상·질병·장해를 입거나 사망한 경우는 공무상 재해로 보지 아니한다. 다만, 그 자해행위가 공무와 관련한 사유로 정상적인 인식능력 등이 뚜렷하게 저하된 상태에서 한 행위는 공무상 재해로 본다.[1049] 구체적으로 공무수행 또는 공무와 관련하여 발생한 정신질환으로 요양을 받았거나 받고 있는 공무원이 정신적 이상 상태에서 자해행위를 한 경우와, 공무상 부상 또는 질병으로 요양 중인 공무원이 그 공무상 부상 또는 질병으로 인한 정신적 이상 상태에서 자해행위를 한 경우, 그리고 그 밖에 공무수행 또는 공무와 관련한 사유로 인한 정신적 이상 상태에서 자해행위를 하였다는 상당인과관계가 인정되는 경우는 공무상 재해로 본다.[1050]

실례로 법원은 학부모와의 갈등으로 자살한 교사를 순직으로 인정하였다. A교사는 2017년 정년퇴직을 한 학기 남겨 두고 사직한 후 자살하였다. 자살 무렵 담임교사로 근무하면서 해당 학급 소속 학생 지도과정에서 갈등을 겪었고, 학교에 대하여 학부모로부터 반복된 민원이 있었다. A교사는 우울증 등의 원인이 된 학교를 피하고 싶다는 마음만으로 무작정 집을 떠나 객지에서 자살하였다.

유족은 A교사의 사망이 순직에 해당한다고 주장하면서 공무원연금공단에 순직유족보상금을 청구하였으나 공무원연금공단은 사망과 공무 사이에 상당인과관계가 있다고 보기 어려우므로 순직유족보상금 부지급 결정을 하였다. 하지만 재판부는 통상적인 교사라면 하지 않을 행동, 즉 정년퇴직을 한 학기 앞두고 사직의사를 표시한 점에 비추어 볼 때, 그 심리상태는 일반적인 교사라면 견디기 힘들 정도의 고통에 해당하였던 것으로 보이고, 결국 사망한 원인이 된 우울증은 그가 교사로서 학생을 지도하는 과정에서 생긴 질병으로서 공무로 인한 것이므로 사망과 공무 사이에는 상당인과관계가 인정된다고 하여 순직이라고 판시하였다.[1051]

이 판결은 사망의 원인이 된 우울증은 재직 중 공무와 상당인과관계가 있으므로 그로 말미암아 자살에 이르게 된 것은 공무상 재해로 볼 수도 있다는 것을 시사하고 있다.

2. 휴일에 놀다가 다쳐서 퇴직해도 비공무상 장해급여를 지급한다.

1049) 「공무원 재해보상법」 제4조제2항.
1050) 「공무원 재해보상법 시행령」 제5조.
1051) 서울행정법원 2019. 4. 25. 선고 2018구합62829 판결.

공무로 인한 장해가 아닌 일반 장해로 퇴직하더라도 장해급여를 지급받는다. 즉 재직 중 공무 외의 사유로 생긴 질병 또는 부상으로 인하여 장해상태가 되어 퇴직하였을 때 또는 퇴직 후에 그 질병 또는 부상으로 인하여 장해상태로 되었을 때에는 장해등급에 따라 비공무상 장해연금 또는 장해일시금을 지급한다.[1052] 비공무상 장해급여는 공무상 재해가 아닌 경우에도 지급하는 제도로서 공무원연금법 개정으로 2016년에 신설되었다.

가령 휴일에 가족이나 친구들이랑 또는 혼자서 등산을 하다가 다치거나 운전을 하다가 교통사고를 당해 장애를 입고 퇴직을 한 경우 비공무상 장해급여를 청구할 수 있다. 비공무상 장해급여 수급액은 장애등급에 따라 차이가 있고 장애 1~2급의 경우에는 기준소득월액의 26%, 장해등급 8급 이하일 경우는 본인의 최종 기준소득월액의 2.25배를 장해일시금으로 지급받는다. 장해급여는 재직기간과 상관없이 임용 첫날 장애를 입어도 가능하지만, 사망 시에 유족에게 승계되지는 않는다.

3. 출퇴근 사고도 공무상 재해로 인정된다.

공무원이 통상적인 경로와 방법으로 출근·퇴근하거나 근무지에 부임 또는 귀임하는 중 발생한 교통사고·추락사고 또는 그 밖의 사고로 인한 부상은 공무상 재해로 본다.

출퇴근 중 사고의 재해 인정 여부는 공무원이 근무하기 위하여 주거지와 근무 장소 사이를 순리적인 경로와 방법으로 출퇴근을 하던 중에 발생해야 하며, 사고시간 이동거리 이동 수단 그 밖의 제반사정을 종합적으로 판단하여 결정한다.[1053] 그러므로 출퇴근 관계의 일탈 또는 중단이나 종료가 아니어야 하고 출퇴근과 관계없는 행위를 하는 경우에도 인정되지 않는다. 다만, 사회통념상 출퇴근 시에도 통상적으로 발생하는 행위, 가령 출퇴근 중에 생활 물품을 구입한다거나, 자녀를 보육 또는 교육기관에 데려주거나 데려오는 행위, 병원에 들렀다가 출근하거나 퇴근 후 귀가 중에 병원에 들러오는 행위는 통상적인 경로와 방법에 해당된다.

공무상 재해로 인정한 출퇴근 사고와 인정하지 않은 출퇴근 사고에 대한 판례를 살펴보자.

(1) 공무상 재해로 인정한 출퇴근 사고 판례

1) 2차 술자리 후 귀가 중 사고도 공적 회식이면 공무상 재해

공무원 A는 소방관으로 근무하던 중 화재현장에서 화재진압 활동을 마치고 현장대원들과 함께 식

1052) 「공무원연금법」 제59조 및 「사립학교교직원 연금법 시행령」 제56조 참조.
1053) 대법원 1993. 10. 8. 선고 93다16161 판결.

당에서 저녁식사를 하고, 2차로 호프광장에서 술을 마시면서 회합을 한 후 전철을 이용하여 귀가하려고 전철역 계단을 내려가다가 미끄러지면서 바닥으로 추락하는 사고를 당하였다.

판례에 따르면 공무원의 통상적인 경로와 방법에 의한 퇴근 과정에서 발생한 점 등을 종합적으로 고려하여 보면, 공무원 A가 참석한 모임은 그 전반적인 과정이 모두 소속 기관의 지배나 관리를 받는 상태에 있었던 공적인 행사로 봄이 상당하고, 모임 장소에서 나와 통상적인 경로와 방법에 의하여 퇴근을 하다가 사고를 당하였으므로 공무상 부상에 해당한다고 판시하였다.[1054] 이 판례에서는 공무원 A가 참석한 회식의 성격이 소속 기관의 지배관리를 받는 상태였고, 또한 통상적인 경로와 방법에 의한 퇴근이라는 점에서 공무상 재해로 인정되었다.

2) 길을 잘못 들어 출퇴근 경로를 이탈한 경우도 공무상 재해

공무원 A는 자택을 출발하여 버스를 타고 가다 자신이 출근길 반대 방향 버스를 타고 가고 있다는 것을 깨닫고 출근 방향 버스를 다시 타기 위해 하차하다 승강장에서 넘어지는 사고가 발생했다.

판례는 공무원 A가 어떤 다른 사적 용무를 보기 위해 의도적으로 출근 경로와 반대 방향의 버스를 탄 것으로 보이지 않고, 자신이 잘못 가고 있다는 것을 인지하자 바로 출근을 위해 합리적인 대체 교통수단을 이용하여 출근길에 오르려 했던 것으로 보아 출근의 순리적인 경로와 방법을 이탈하였다고 볼 수 없으므로 공무상 재해에 해당한다고 판시하였다.[1055]

이 판례는 평소 이용하던 출근 경로와 다른 방향으로 길을 잘못 들었다 하더라도 이는 사회통념상 흔히 있을 수 있는 일이므로 통상적인 출근 경로를 이탈했다고 보기 어렵고, 사적인 용무를 보기 위해 의도적으로 출근 경로를 이탈한 것이 아니고, 착오에 의한 경로 이탈이라는 취지에서 통상적인 경로와 방법에 의한 출근이라고 인정하였다.

(2) 공무상 재해로 인정하지 않은 출퇴근 사고 판례

1) 주거지 같은 방향 팀원들끼리 단순한 친목 도모 2차 회식은 공무상 재해 아냐

공무원 A는 경찰관으로 근무하던 중 2차례의 회식을 마친 후 횡단보도를 건너다가 지나가던 차에 부딪혀 사망하였다. 1차 회식은 전입 및 전출 시기에 팀원 간 결속을 다지기 위해 회식을 할 필요성이 있었으며 8명이 참석하였다고 하여 재판부는 공식적인 회식이었다고 판단하였다.[1056] 그러나 2차 회식은 8명 중 참석인원이 3명에 불과하고 3명은 주거지의 방향이 유사한 팀원들끼리 주거지로 이동 중 친목 도모 등의 목적으로 술자리를 가진 것으로 보이고 강제성이 있었다고 보기 어려우므로 2차 모임

1054) 서울행정법원 2014. 9. 18. 선고 2013구단21512 판결.
1055) 서울행정법원 2017. 10. 16. 선고 2016구단59709 판결 참조.
1056) 서울행정법원 2021. 1. 8. 선고 2020구합55947 판결.

에 참석함으로써 퇴근의 중단·일탈이 발생하였으므로 공무상 재해에 해당할 수 없다고 판시하였다.

2) 집 마당에 들어선 순간 퇴근행위는 종료되므로 공무상 재해에 해당하지 않는다.

판례에 따르면 공무원이 근무를 마치고 승용차를 운전하여 자신의 주거지인 단독주택 마당으로 들어와 마당에 승용차를 주차시킨 후 승용차에서 내려 자택의 건물 쪽으로 걸어가다가 넘어지면서 땅바닥에 있던 깨진 병 조각에 눈을 찔려 다치는 사고를 당한 사안에서, 공무원이 승용차를 운전하여 단독주택의 마당에 들어선 순간 개인적으로 지배·관리하는 사적 영역인 주거지 영역 내에 들어선 것이고 그로써 퇴근행위는 종료된 것으로 보아야 하므로, 그 후 발생한 사고는 퇴근 후의 사고로서 공무상 재해에 해당하지 않는다고 판시했다.[1057] 따라서 단독주택 마당이나 아파트 등의 현관에 들어서는 순간, 사적 영역에 들어선 것이라고 보아 퇴근 행위는 종료되므로 공무상 재해로 인정할 수 없다는 판단이다.

4. 요양 급여는 한방 치료가 포함되고 간병급여는 가족 간병도 가능하다.

요양급여는 공무원이 공무수행과 관련하여 발생한 부상이나 질병으로 요양을 하는 때에 그에 소요되는 비용을 지급하는 급여이다. 요양급여의 청구는 급여사유 발생일로부터 3년 이내에 청구하여야 하며, 3년이 경과될 경우에는 시효로 인하여 청구권이 소멸한다.

공무상 부상 또는 질병으로 인하여 공무상 요양승인을 받은 경우에는 한방 첩약, 추나요법, 약 침술 등의 한방치료도 받을 수 있으며, 간병급여는 부모 배우자 등 가족이 간병하는 경우에도 간병급여 지급이 가능하다.

5. 사망조위금은 공무원, 사립 교원, 군인이 각각 개별로 받을 수 있다.

공무원의 배우자(사실혼 포함), 부모(배우자의 부모 및 사실혼 배우자의 부모 포함), 자녀가 사망한 경우 공무원에게 사망조위금을 지급한다. 사망조위금 지급대상이 되는 공무원이 2명 이상일 때에는 선순위자인 1명의 공무원에게만 지급하되, 부양하던 공무원이 따로 있으면 그 공무원에게 지급한다. 1명의 공무원이란 다음 순위에 따른 공무원 중 앞선 순위자를 말한다.

① 사망한 사람의 배우자인 공무원, ② 사망한 사람의 최근친 직계비속인 공무원 중 나이가 가장 많은 사람, ③ 사망한 사람의 최근친 직계비속의 배우자인 공무원 중 나이가 가장 많은 직계비속의 배우자인 공무원 순이고,[1058] 사립 교원의 경우는 그다음 순위로 ④ 사망한 사람의 부모인 교직원 중 나

1057) 대법원 2010. 6. 24. 선고 2010두3398 판결.
1058) 「공무원 재해보상법 시행령」 제54조.

이가 가장 많은 사람 순이다.[1059]

하지만 형제자매가 공무원연금, 사학연금 또는 군인연금 가입자일 경우 별도로 각각 사망조위금을 지급받을 수 있다. 가령 부모가 사망한 경우에 형제자매가 공무원, 사립학교 교원, 군인이라면 중복지급 금지 사유에 해당하지 않으므로 각각 개별적으로 모두 다 받을 수 있다. 지급액은 공무원일 경우 공무원 전체 기준소득월액 평균액의 65%이며, 청구기한은 사망한 날부터 3년 이내이다.

6. 공무원과 공무원의 직계존비속, 배우자의 직계존비속 주택도 재난부조금 받는다.

공무원이 수재나 화재, 그 밖의 재난으로 재산에 손해를 입었을 때에는 재난부조금을 지급한다.[1060] 공무원 자신뿐만 아니라 배우자 소유의 주택(공동주택의 지분을 가지고 있는 경우를 포함한다)이나 공무원이 상시 거주하는 주택으로서 공무원 또는 그 배우자의 직계존비속 소유의 주택이 입은 피해도 재난부조금을 지급한다. 재난으로 인한 피해 정도별 부조금액은 주택이 완전히 소실·유실되거나 파괴된 경우는 공무원 전체의 기준소득월액 평균액의 3.9배, 주택의 2분의 1 이상이 소실·유실되거나 파괴된 경우는 2.6배, 주택의 3분의 1 이상이 소실·유실되거나 파괴된 경우는 1.3배이다. 피해의 범위는 화재, 홍수, 호우, 폭설, 폭풍, 해일과 이에 준하는 자연적 또는 인위적인 현상으로 인하여 주택이 입은 피해이다.[1061]

Ⅱ. 재해보상 판례

1. 전보발령 학교 사전방문은 공무수행

교사가 전보발령을 받은 후 전보발령 학교를 사전 방문하는 것은 교사로서 자신의 업무를 적정하게 수행하기 위하여 요구되는 사전적이고 부대적인 공무수행 행위이다.

A교사는 갑 학교에서 을 학교로 전보발령을 받아 을 학교를 사전답사한 후, 본인 소유의 자동차로 귀가하다가 커브 길에서 중앙선을 침범하여 화물차를 들이받아 사망하였다. 공무원연금관리공단은 「공무원연금법」에 따라 순직으로 처리하였고, 유족은 보훈청에 국가유공자등록신청을 하였으나 보훈청은 인사발령지에 대한 답사행위를 공무수행행위라고 보기 어렵다하여 받아들이지 아니하였다.

하지만 국민권익위원회는 교육공무원으로서 전보발령학교를 미리 방문하는 행위는 공무수행 착수 전의 공무를 위한 준비 행위이고, 교사로서 자신의 직무에 요구되는 업무를 적정하게 수행하기 위

1059) 「사립학교교직원 연금법 시행령」 제47조의2.
1060) 「공무원 재해보상법」 제42조 및 「사립학교교직원 연금법 시행령」 제47조.
1061) 「공무원 재해보상법 시행령」 제53조.

하여 요구되는 사전적이고 부대적인 업무인 공무수행 행위라고 판단하여 국가유공자등록거부처분을 취소하였다.[1062] 이 결정에 의하면 교사가 전보발령 학교 사전 방문 중 사고도 「공무원연금법」상 순직으로 처리될 수 있으며 국가유공자로도 등록될 수 있다고 해석할 수 있다.

2. 교직원 체육대회 참가 중 넘어져 9일 후 뇌출혈 사망, 공무상 질병

A교장은 교육지원청 주최·주관으로 학교 강당에서 개최된 교직원 한마음 체육대회에 참여하였다. 경기 도중 엉덩방아를 찧으며 넘어졌고, 선수 교체 후 경기장 옆 의자에 앉아 있다가 식은땀을 흘리며 호흡이 거칠어져 119 구급대에 의해 병원으로 후송되어 치료를 받았으나 9일 후 뇌출혈도 사망하였다.

유족은 공무상 요양승인신청을 하였으나 공무원연금공단은 사망원인이 부상으로 인해 발생하였다고 보기 어렵고, 과로나 스트레스가 원인이 되어 발병 악화되었다기보다는 지병이 자연 악화하여 뇌출혈을 유발한 것으로 보인다며 공무상 요양불승인결정을 하였고, 공무원연금급여재심위원회에 심사청구를 하였으나, 같은 이유를 들어 원고의 심사청구를 기각하였다.

하지만 법원은 평소 고혈압을 앓고 있던 A교장이 체육대회에서 운동을 하거나 넘어지면서 받은 스트레스 등으로 인하여 혈압이 상승되어 이 사건 상병을 유발하였거나 기존 질환을 자연적 진행 경과 이상으로 급속히 악화시켰다고 봄이 상당하므로, 이 사건 상병의 발병 또는 악화와 A교장의 공무 사이에 상당인과관계가 인정된다고 판단하여 공무원연금공단의 공무상 요양불승인처분을 취소하였다.[1063]

이 판례는 두 가지 의미로 해석할 수 있다. 하나는 교직원 체육대회라도 교육청이 주관하는 행사는 공무 수행이라는 판단이며, 다른 하나는 교원의 지병이 있더라도 갑작스러운 스트레스 등이 원인이 되어 기존 질병을 악화시켰다면 공무와 질병 악화 사이에는 상당인과관계를 인정할 수 있으므로 공무상재해에 해당한다는 판단이다.

3. 업무와 사망 사이에 상당인과관계가 있는 자살은 공무상 재해

A교사는 수학 수업(1주당 20시간) 담당과 함께 처음으로 학생 생활인권부장을 하면서 학폭위를 맡게 되었다. A교사는 평소 성격이 활달하여 동료 교직원들과 잘 어울렸으며 꼼꼼하고 책임감이 매우 강한 편이었다. 그런데 학폭위에서 몇 차례에 걸쳐 학생들에 대한 출석정지, 전학 처분 등 조치가 내려지게 되자 학부모들의 질책과 항의 등으로 인하여 상당한 스트레스를 받게 되어 교장에게 학생 생활인권부장의 보직을 그만두겠다는 의사를 표시하였으나 받아들여지지 않았다.

그 후 학폭위 개최와 관련하여 가해학생 6명이 소속된 학교 축구부를 해체한다는 결정과 가해학생

1062) 국민권익위원회 재결 1996-03687, 1997. 5. 16.
1063) 서울행정법원 2018. 10. 18. 선고 2018구합51898 판결 참조.

에 대한 전학 조치로 학부모들로부터 원망과 질책을 받아 심리적으로 상당히 위축되고, 스승으로서 정신적 자괴감, 학폭위에 참가한 일부 위원의 참가 자격에 관한 분쟁까지 발생하여 극심한 업무상 스트레스와 정신적 고통을 받게 되었다. A교사는 학교 화장실에서 자살을 시도하였고, 동료 직원에게 발견되어 병원으로 후송되어 치료를 받았으나 사망하였다. 재판부는 A교사는 자살 직전 극심한 업무상 스트레스와 정신적인 고통으로 급격히 우울증세가 유발되었고, 그로 인하여 정상적인 인식능력이나 행위선택능력, 정신적 억제력이 현저히 저하되어 합리적인 판단을 기대할 수 없을 정도의 상황에 처하여 자살에 이르게 된 것으로 추단할 여지가 충분하므로, 업무와 사망 사이에 상당인과관계가 인정된다고 판시하였다.[1064]

이 판례는 꼼꼼하고 책임감이 매우 강한 교사가 자신의 업무처리로 하여금 학부모 등으로부터 원망과 질책을 받아 심리적으로 상당히 위축되고, 장기간 지속적으로 극심한 스트레스와 정신적 고통을 받아 온 것이 원인이 되어 자살한 경우는 업무와 사망 사이에 상당인과관계가 있으므로 공무상 재해에 해당할 수 있음을 시사하고 있다.

4. 기존 질환들의 자연적 악화는 공무상 재해로 인정하기 어려워

A교사는 2018년 교육과정운영부장으로 근무하면서 선도학교 및 거점학교 지정에 따른 잦은 출장 및 장시간 앉아서 업무를 수행하여 요추의 염좌 및 허리통증 등이 발병했다고 주장하며 인사혁신처에 공무상요양 승인신청을 하였다. 인사혁신처는 공무원 재해보상심의회의 심의를 거쳐 A교사의 3개월 평균 초과근무시간은 16.3시간에 불과하고, 주장하는 업무내역 또한 교사로서 통상적으로 수행하는 범위를 현저히 벗어나 과도한 업무가 지속적으로 있었다고 보기 어려운 점, 제출된 의무기록지상 척추종양 수술 이력 및 목 수술 이력이 있다는 등의 이유로 공무상 요양불승인 결정을 하였다.

A교사는 다시 공무상 요양불승인처분을 취소를 구하는 소송을 제기하였다. 이에 대하여 재판부는 A교사는 오래전부터 거의 10년 가까이 경추 등 목 부위에 여러 차례 수술적 치료를 받았고, 기존 질환들이 자연적인 경과로 악화되어 발병했을 가능성이 오히려 더 커 보인다는 이유 등으로 A교사의 청구를 기각하였다.[1065]

이 판례는 허리통증 등의 발병과 공무와의 상당인과관계가 없고, 기존 질환들의 자연적 악화로 인한 질병이라고 판단하여 공무상 재해는 아니라는 판단이다.

5. 흡연과 음주 등으로 건강관리 소홀하면 재해보상에도 불리

A교사는 2019년 교무실에서 근무 중에 쓰러져 병원에서 상세불명의 뇌경색증, 강직성 편마비 등의

1064) 대법원 2016. 1. 28. 선고 2014두47327 판결 참조.
1065) 대전지방법원 2021. 5. 13. 선고 2019구단100631 판결.

진단을 받았다. A교사는 2014년부터 2019년까지 갑 고등학교에서 근무하면서 교사로서의 업무 외에도 부설 을 고등학교 3학년 담임교사 및 해마다 부장교사 등을 겸하게 되어 업무상 과로와 스트레스가 누적되어 신체적·정신적 부담으로 인하여 발병·악화된 것이라 주장하며 연금취급기관장인 ○○시교육감에게 공무상 요양승인신청을 하였다. 하지만 인사혁신처는 업무내역이 일반적이고 통상적인 범위를 벗어나는 과도한 업무가 지속적이고 집중적으로 있었다고 보기 어려워 공무와 상병 사이에 상당인과관계를 인정할 수 없다는 이유로 공무상 요양불승인처분을 하였다. A교사는 다시 법원에 소송을 제기하였다.

이에 대하여 재판부는 뇌경색의 원인은 고혈압, 당뇨, 흡연, 음주 등인데, A교사의 경우 건강검진결과상 고혈압, 당뇨 소견이 있었음에도 이를 관리하지 아니하였고, 하루 반 갑씩 35년의 흡연력이 있는 등 뇌경색 발생의 위험인자를 가지고 있었고, 게다가 1주에 3회 회당 소주 1병 정도의 음주를 계속하였고 발병 전날 저녁에도 과음하였는바, 고혈압 등 기존질환이 별다른 치료나 관리가 되지 않는 상황에서 자연적 경과에 따라 악화됨으로써 뇌경색이 발병하였을 가능성이 적지 않다고 판단하여 A교사의 청구를 기각하였다.[1066]

이 판례로 보아 평소 자신의 질병에 대한 관리 소홀 그리고 생활습관 특히 음주나 흡연 등은 공무상 재해 인정에 부정적인 요소로 작용할 수 있겠다.

6. 「교육공무원법」 제41조 근무지 외 연수 중 사고도 공무 수행 중 사고

갑 중학교 과학 담당 A교사는 겨울방학 중 2019. 1월부터 중등 지구과학교육 연구회에서 주최한 지질탐사 교사 국외 자율연수에 참여하였다. 이 연수는 ○○국립공원에서 진행되었으며 A교사는 ○○협곡의 마지막 탐사장소에서 수영하던 중 물에 빠져 사망하였다. A교사의 유족은 순직유족급여를 청구하였으나 인사혁신처는 이 연수는 참여 강제성이 없는 자율연수로 참가자들 개인이 비용을 부담하였고, 연수 내용 및 결과에 기관장이 관여하지 않아 공무수행으로 보기 어렵다는 이유로 순직유족급여 부지급 결정을 하였다. 이에 불복한 A교사의 유족은 소송을 제기하였다. 재판부에 따르면 이 자율 연수는 ○○교육청에 등록된 교육연구회가 주최하였고, A교사는 근무상황부에 「교육공무원법」 제41조에 따른 연수로 기재하여 학교장의 승인을 얻어 연수에 참여하였다고 밝혔다.

또한 「교육공무원법」 제41조는 교원이 연수기관 및 근무 장소 외에서의 연수를 받을 수 있다고 정하고 있고, 「교원휴가에 관한 예규」 제4조제5항에서 「교육공무원법」 제41조에 따른 공무 외 국외여행을 휴가와 별도로 실시할 수 있다고 정한 사정만으로 「교육공무원법」 제41조에 따른 모든 국외 자율연수가 '공무 외'에 해당한다고 단정할 수 없고, 연수비용을 참가자들 개인이 부담하였다는 사정만으로 달리 볼 수 없으므로 A교사는 공무 수행 중에 사망하였다고 판단하여 인사혁신처의 순직유

1066) 서울행정법원 2021. 1. 1. 선고 2020구단56172 판결.

족급여 부지급 결정을 취소하였다.[1067]

이 판결은 자부담으로 참가하는 자율연수도 연수주관 기관이 교육청에 등록된 연수기관이고, 학교 장의 승인을 받아 참가하였다면 공무로 인정될 수 있는 여지를 남겼다.

7. 청소년단체 활동을 위한 스카우트 업무수행 중 익사는 공무상 사망

A교사는 한국스카우트 대원으로 가입한 학생들의 지도교사로 활동하던 중 래프팅이 포함된 한국 스카우트 ○○지구 지역대연합회가 개최한 스카우트 소년 소녀대 지도자 래프팅 체험 행사에 참가하 였다가 익사하였다. 유족은 공무상 재해에 해당한다고 주장하면서 유족보상금의 지급을 청구하였지 만 공무원연금관리공단은 A교사는 공무와 무관하게 사망하였다는 이유로 지급을 거부하였다. 재판 부는 청소년단체 활동은 교육과정에서 제시된 특별활동의 하나로서 관할 교육청교육장이 가입을 적 극 권장하고 지원을 지시하였고, 이에 따라 학교장의 승낙 하에 래프팅 체험행사에 참가하였으며, A 교사는 청소년단체 활동을 위한 스카우트의 지도교사로서의 업무수행 또는 이와 관련이 있는 업무수 행이므로 공무상 사망에 해당한다고 하여 공무원연금관리공단의 유족보상금 부지급결정처분을 취 소하였다.[1068]

이 판결의 쟁점은 청소년단체 활동이 공무에 해당되느냐 여부이다. 공무원연금공단은 청소년단체 활동은 공무에 해당하지 않으므로 공무상 재해를 인정하지 않았지만, 재판부는 청소년단체 활동은 7 차 교육과정에서 제시된 특별활동의 하나이고, 교육장이 청소년단체 지원활동 활성화 계획이라는 공 문을 통해 청소년단체 가입을 적극 권장하고, 청소년단체 지도교사의 업무 경감, 예산범위에서 출장 비 및 시간외 수당 지급, 청소년단체 유공 교원에 대한 표창 등 지도교사에 대한 지원 강구를 비롯하여 청소년단체에 대한 보조금 등을 지급하고 있으므로 청소년단체 활동은 공무에 해당한다는 판단이다.

8. 통상 근무시간 및 업무량 초과는 사망사고와 상당인과관계가 인정된다.

A교사는 음악교사로서 늦은 밤 상갓집을 방문하고 귀가하다가 원인불명의 심정지로 사망하였다. A교사의 배우자는 A교사가 안전생활부 업무를 담당하고, 또래사랑 봉사동아리 등의 조직을 만들어 운영하면서 학생들과 함께 지역봉사활동에 참여하였으며, 사망 당시 음악실을 정리하는 등 격무를 감당하다가 그로 인해 극심한 육체적 피로가 쌓이고 정신적 스트레스를 받아 이로 인해 심근경색으 로 추정되는 심정지에 의해 사망한 것이므로 유족보상금 지급을 신청하였다. 사립학교 교직원연금 공단은 사망과 직무 사이에 인과관계를 인정할 수 없다는 이유로 유족보상금 부지급 결정을 하였다.

재판부는 A교사의 건강과 신체조건을 기준으로 할 때, 사망은 고혈압 등 기저질환이 주된 원인이

1067) 서울행정법원 2020. 12. 10. 선고 2020구합54401 판결.
1068) 서울고등법원 2005. 7. 7. 선고 2004누15439 판결.

되었다기보다는 직무를 수행하면서 통상 근무시간 및 업무량을 초과하여 수행한 업무에 따른 과로와 스트레스 누적이 그 주된 원인이 되었거나 적어도 기저질환을 악화시킨 결과라고 봄이 타당하므로, A교사의 사망은 직무와 상당인과관계에 있다고 봄이 상당하므로 사립학교 교직원연금공단은 유족보상금을 지급할 의무가 있다고 판시하였다.[1069]

사망한 사안에 따라 다르겠지만 이 사례에서는 고혈압 등 기저질환이 있더라도 업무량 초과와 과로 및 스트레스 누적이 직무와 상당인과관계가 있으면 재해로 인정될 수 있다고 판단하고 있다.

9. 누적된 육체적 피로 등이 사망의 원인이 되었다면 공무상 재해

초등학교 A교사는 갑 초등학교에서 여자 탁구부를 창단하여 주임 교사로서 학생들에게 탁구를 지도하기 시작하였고, 탁구부는 몇 년간 시·도대회 등에 출전하여 우승, 준우승 등 좋은 성과를 거두게 되었다. A교사는 탁구부 동계 강화훈련 중에 땀을 흘리면서 학생들을 대상으로 탁구 지도를 하다가, 교감에게 몸의 이상을 호소하고 그곳에 있는 긴 의자에 누웠다가 호흡곤란, 구토 등으로 병원 응급실에 도착하였으나 사망하였다. 사망진단서에 기재된 직접사인은 '급성심근경색 의증'이다. A교사의 배우자는 순직유족보상금 지급 청구를 하였으나 공무원연금공단이 공무상 사망에 해당하지 아니한다는 취지로 보상금 부지급 결정을 하여 소송을 제기하였다.

재판부는 누적된 육체적 피로와 정신적 스트레스 그리고 발병 무렵 기온의 변화 등이 복합적으로 작용하여 사망의 원인이 된 급성 심근경색이 발병하였다고 추단되므로, 공무와 사망 사이의 상당인과관계를 인정할 수 있다고 하여 공무원연금공단의 순직유족보상금 부지급 처분을 취소하였다.[1070]

이 판결로 보아 오랜 기간 학생들의 대회출전과 성과 달성을 위하여 육체적 피로와 정신적 스트레스가 누적되었고, 사고 당일 무리한 훈련으로 인한 호흡곤란 구토 등으로 인한 사망은 공무상 재해에 해당된다고 해석할 수 있겠다.

10. 학부모 폭언과 막말에 시달리다 자살 교사, 공무상 재해

초등학교 A교사는 숙제를 안 해온 5학년 B학생의 귀밑 머리카락을 잡아당긴 사건을 이유로 B학생의 부모로부터 폭언과 지속적인 항의를 받았다. B학생의 부모는 같은 반 친구들을 집으로 불러 A교사에 대한 험담을 하여 학생들이 A교사에게 무례하게 구는 일도 벌어지고 학생들로부터 따돌림을 당하였다. A교사는 극심한 스트레스와 정신적 상처를 받아 우울증 치료를 받으며 병가를 내기도 하다가 퇴근 후 자신의 집에서 자살하였다. A교사의 유족은 공무상 재해에 해당한다며 공무원연금공단에 유족보상금 지급을 청구했지만 거부당하자 소송을 냈다.

1069) 대전지방법원 논산지원 2021. 2. 4. 선고 2019가단23063 판결 참조.
1070) 서울고등법원 2020. 6. 4. 선고 2019누51507 판결 참조.

1심인 서울행정법원과 2심인 서울고등법원에서는 공무상 스트레스와 자살 사이에 상당인과관계가 있다고 보기도 어렵다 하여 원고 패소 판결하였다.[1071] 하지만 대법원은 공무수행 중에 발병하였던 우울증이 재발함으로써 정신적인 억제력이 현저히 저하되어 합리적인 판단을 기대할 수 없을 정도의 상태에 빠져 자살에 이르게 된 것이라고 하여 공무상재해에 해당한다고 판결하였다.[1072]

앞에서 다룬 바와 같이 「공무원 재해보상법 시행령」을 개정하여 이 사례와 같이 공무수행 또는 공무와 관련한 사유로 인한 정신적 이상 상태에서 자해행위를 하였다는 상당인과관계가 인정되는 경우에는 공무상 재해로 본다.[1073]

11. 사립 학교법인 교직원 친선축구대회 경기 중 돌연 심장사는 직무상 질병

중학교 영어 담당 A교사는 같은 학교법인의 고등학교 교사들과 한 팀을 이뤄 축구시합을 하던 중 갑자기 몸을 가누지 못하고 쓰러져 병원으로 이송하였으나 돌연심장사로 사망하였다. 유족은 사립학교 교직원연금공단에 유족보상금을 청구하였으나 부결되어 소송을 제기하였다.

재판부는 전 교사 참석과 학교에서 행사비 지원, 교감의 개회사 등으로 미루어 공식행사임을 인정하였다. A교사가 영어회화반, 시사영어반을 지도하고, 양호업무와 교외지도 업무를 담당하는 등 과중할 업무를 수행하여 오다가 갑자기 과격한 축구경기 도중 심장에 무리가 와 사망에 이르렀다 할 것이므로, 결국 사립학교교직원연금법 제42조가 준용하는 「공무원연금법」 제61조제1항 소정의 "직무상의 질병"으로 사망하였다고 판시하였다.[1074]

이 판례는 비록 축구 시합이지만 같은 학교법인 전교사가 참석하고 학교에서 행사비를 지원하고 교감이 개회사를 한 행사이므로 공식행사로 인정하였다. 그러므로 공식행사 참가는 직무 수행이고 과중한 업무와 과로 및 과격한 축구경기가 원인이 되었으므로 직무와 사망 사이에 인과관계가 있다는 판단이다.

12. 소속 기관의 지배 관리를 받는 공적 회식은 공무상 재해

경찰공무원이 직원 상호 간 친선·화합과 동호회 활성화를 도모하고 우승팀을 주축으로 경찰청장배 축구대회 대표를 선발하기 위하여 개최한 경기에서 공무원 甲이 상대편 선수와 부딪쳐 부상을 입었다. 대법원은 이 축구경기는 행사의 전반적인 과정이 소속기관장인 경찰서장의 지배나 관리를 받은 상태에서 이루어진 공무수행의 연장행위로서 甲이 입은 부상은 공무상 부상에 해당한다고 하였다.[1075] 즉 공무원이 통상 종사할 의무가 있는 업무로 규정되어 있지 아니한 행사나 모임에 참가하던 중 재해

1071) 서울행정법원 2013. 11. 21. 선고 2012구합19014 판결; 서울고등법원 2014. 7. 4. 선고 2013누32337.
1072) 대법원 2015. 10. 15. 선고 2014두10608 판결.
1073) 「공무원 재해보상법 시행령」 제5조.
1074) 서울남부지방법원 2002. 2. 8. 선고 2001가단58812 판결.
1075) 대법원 2011. 12. 8. 선고 2008두13620 판결 참조.

를 당하였더라도, 그 행사나 모임의 주최자, 목적, 내용, 참가인원과 강제성 여부, 운영방법, 비용부담 등의 사정에 비추어 사회통념상 행사나 모임의 전반적인 과정이 소속 기관의 지배나 관리를 받는 상태에 있었던 때에는 공무상 부상으로 보아야 한다는 판단이다.

13. 과음 사고도 소속 기관의 지배 관리를 받는 회식이라면 공무상 재해

공무원 A는 면사무소에서 근무하다가 전보명령을 받고 전출 송별회식에 참석하여 상당량의 술을 마시고 회식이 끝나기 전 바람을 쐬기 위하여 밖으로 나갔다가 발을 헛디뎌 건물 비상계단에서 추락하여 사망하였다. 이 송별회식은 면장을 비롯한 사무소의 공무원 대부분이 참석한 가운데 이루어진 것으로서, 회식비용은 사무소에 근무하는 공무원들이 자동가입하게 되어 있는 회비에서 충당되었다.

판례에 따르면 행사나 모임 과정에서의 과음으로 정상적인 거동이나 판단능력에 장애가 있는 상태에 이르러 그것이 주된 원인이 되어 발생한 사고로 사망하게 되었다면, 그 과음행위가 소속기관장의 만류 또는 제지에도 불구하고 공무원 자신의 독자적이고 자발적인 결단에 의하여 이루어졌다거나 과음으로 인한 심신장애와 무관한 다른 비정상적인 경로를 거쳐 사고가 발생하였다고 하는 등의 특별한 사정이 없는 한, 그와 같은 사고는 공무상 질병 또는 부상으로 인한 사망에 해당한다고 판시하고 있다.[1076]

14. 교장실에서 회의 중 흥분해 뇌출혈로 쓰러진 교감, 공무상 재해

A교감은 교장실에서 교사들에게 교육과정 방침을 이해시키는 과정에서 일부 교사들과 의견이 대립되어 감정이 격앙된 상태에서 출입구 쪽으로 걸어가다 쓰러져 뇌출혈 진단을 받았다. A교감은 공무상요양 승인신청을 했으나 거절당하자 소송을 냈다. 재판부는 A교감의 뇌출혈은 회의에서 정신적 흥분이 순간적으로 혈압을 상승시켜 발병했다고 추단할 수 있으므로, 뇌출혈과 A교감의 공무 사이에 인과관계가 인정된다고 판단하여 회의 시간에 흥분해 발언하다 발병한 뇌출혈도 공무상 부상에 해당한다고 판결하였다.[1077] A교감은 기존에 고혈압이 있었으나 고혈압 외에는 뇌출혈을 유발할 다른 원인이 없고, 뇌출혈 발병 후 병원에서 정기적으로 검사를 받아왔고, 요양승인신청 무렵까지 혈압이 잘 유지되고 있었고, 감정이 격앙된 상태에서 순간적인 혈압상승이 원인이 되었다고 설명했다.

이 판례는 기존에 질병이 있더라도 공무수행이 원인이 되어 급작스럽게 질병이 악화되었다면 공무와 상당인과관계를 인정할 수 있음을 시사하고 있다.

1076) 대법원 2008. 11. 27. 선고 2008두13231 판결 참조.
1077) 서울행정법원 2012. 10. 12. 선고 2011구단8331 판결.

15. 교원의 중대한 과실로 인한 사고는 보상금 감액 지급

A교장은 출근하기 위하여 자신의 승용차를 운전하고 집을 나섰는데, 반대 차선에서 마주 오던 승용차의 왼쪽 앞부분을 A교장 차량의 앞부분으로 들이받는 바람에 부상을 입고 병원으로 이송되었으나 사망하였다. A교장은 1차로를 진행하던 중 전방에서 신호대기를 위하여 정차 중이던 차량들과의 충돌을 피하기 위하여 급제동 조치를 취하다가 차가 빗길에 미끄러지면서 중앙선을 침범함으로써 위와 같은 사고가 발생하였다.

공무원연금공단은 중앙선을 침범하여 교통사고를 야기하였기 때문에 자신의 중대한 과실에 의하여 사망한 경우에 해당한다는 이유로 유족보상금을 감액하여 지급하기로 결정하였다. 그러나 유족은 사고 장소 부근의 교통상황과 노면상태 및 사고의 경위 등에 비추어 볼 때 A교장이 운전하던 차량이 중앙선을 넘게 된 데에 불가피한 사정이 있었으므로, 중대한 과실이 아니라고 하여 감액 지급을 취소하라고 행정소송을 제기하였다.

하지만 재판부는 A교장이 미리 적절한 감속 조치를 취하고 앞차와의 안전거리를 유지하는 등 조금만 주의를 기울였더라면 정차 중인 앞차와의 충돌을 피하기 위하여 급제동을 하여야 하는 상황은 피할 수 있었을 것으로 보이고, 안전수칙을 현저히 위반하여 중앙선을 침범한 과실이 주된 원인이 되어 발생하였다 하여 중대한 과실에 의하여 사망한 경우에 해당한다고 판단하여 유족의 청구를 기각하였다.[1078]

「공무원 재해보상법」은 중대한 과실에 의하여 부상·질병·장해를 발생하게 하면 급여의 전부 또는 일부를 지급하지 아니할 수 있다고 규정하고 있다.[1079] 구체적으로 중대한 과실이란 「교통사고처리 특례법」 제3조제2항 위반과 법령의 위반, 음주 또는 안전수칙의 현저한 위반으로 사고가 발생한 경우를 의미한다.[1080] 「교통사고처리 특례법」에 따르면 다음과 같은 사고를 통상 12대 중과실 교통사고라고 일컫고 있다.[1081] 12대 중과실 교통사고는 「공무원 재해보상법」상 중대한 과실에 포함되며, 중대한 과실로 인하여 사고가 발생하면 급여의 전부 또는 일부를 지급하지 아니하므로 특히 주의하여야 한다.

12대 중과실 교통사고

1. 신호위반 , 2. 중앙선 침범, 고속도로 등 횡단, 유턴 후진 등 위반, 3. 제한속도 20km 초과, 4. 앞지르기 방법 위반, 5. 철길건널목 통과 방법 위반, 6. 횡단보도 보행자 보호 의무 위반, 7. 무면허 운전, 8. 음주 약물 운전, 9. 보도침범, 10. 승객 추락방지 의무 위반, 11. 어린이 보호구역 사고, 12. 화물조치위반

1078) 서울행정법원 2000. 3. 29. 선고 서울행정법원 2012. 10. 12. 선고 2011구단8331 판결.
1079) 「공무원 재해보상법」 제44조제3항 참조.
1080) 「공무원 재해보상법 시행규칙」 제12조 참조.
1081) 「교통사고처리 특례법」 제3조제2항 참조.

16. 교원 신분이 소멸되는 날은 며칠 몇 시일까?

교원의 정년퇴직일은 정년이 달한 날이 속하는 학기의 말일이며, 정년퇴직 전일까지 정년퇴직자의 신분이 유지된다. 정년퇴직자는 정년퇴직일 0시에 교원으로서의 신분관계가 소멸된다. 교원임용은 임용일 0시부터 효과가 발생하므로 정년퇴직자의 경우도 정년퇴직일 0시에 신분이 소멸된다. 따라서 퇴직일이 학기의 말일인 2월 28이나 8월 31일인 경우에 그날은 업무처리의 권한이 없고 출장처리도 불가능하다. 판례도 퇴직일 전일까지 교원 신분이 유지되므로 퇴직일 당일은 교원 신분을 상실했기 때문에 정년 퇴직일에 출장 중 사망한 사안에서 공무로 인한 사망을 부정하였다.

실례로 2018년 2월 28일 자로 정년퇴직을 하는 A교장은 퇴직 직전인 2월 26일부터 28일까지 학교 배구부 학생들에 대한 전지훈련에 지도교사가 참여할 수 없게 되자, A교장이 직접 학생들을 인솔하여 전지훈련을 떠났다가, 정년퇴직일인 28일 오후 3시경 자신의 차량을 운전하여 학교로 복귀하던 중 교통사고로 사망하였다.

재판부는 A교장은 정년에 이른 2018년 2월 28일 0시 0분에 퇴직의 효과가 발생해 공무원의 신분을 상실했다며, A교장이 공무원 신분이 아닌 2018년 2월 28일 오후 3시 5분경 사고로 사망한 것을 재직 중 공무로 사망한 경우에 해당한다고 볼 수는 없다고 판결하였다.[1082] 이 판결에 따르면 정년퇴직일인 2월 28일이나 8월 31일은 이미 신분을 상실했기 때문에 출장으로 인정하지 않고 사고가 발생하여도 공무상 재해에 해당하지 않는다. 물론 정년퇴직일은 교장으로서의 학교 관리 책임도 없으므로 우려하지 않아도 되겠지만, 학교 관리의 공백 기간이 발생하는 문제는 있다.

1082) 서울행정법원 2019. 7. 11 선고 2019구합61304 판결.

제2장 교원 연금

1960년부터 도입된 공무원연금제도와 1974년에 도입된 사학연금제도는 교직원의 퇴직, 질병, 부상, 장해 또는 사망에 대하여 적절한 급여를 지급하고 후생복지를 지원함으로써 교직원 또는 그 유족의 생활안정과 복지 향상에 이바지하기 위한 제도이다. 연금제도는 사회보험의 일종으로 공무원연금은 공무원이 기여금을 납부하고, 고용주인 국가나 지방자치단체가 부담금을 납부하며, 사학연금은 교직원의 개인부담금, 학교경영기관의 법인부담금, 그리고 국가부담금으로 연금 기금을 조성하여 이를 재원으로 보험급여를 지급하는 사회보장제도이다. 그러나 사학연금법도 급여나 재해에 대해서 공무원연금법을 준용하고 있다.

제1절 내 연금 보호하기

Ⅰ. 연금 보호와 연금 관리

1. 노후를 위한 필수적 생계수단

교원이 재직기간 동안 무사히 근무하고 퇴직하면 경제적으로 의존할 수밖에 없는 것이 퇴직연금이다. 퇴직연금은 장기간 근속한 보상이고 퇴직 후 교원과 그 가족의 생계 수단이기도 하다. 재직 중인 교원은 퇴직 후 연금을 수급할 수 있다는 기대감으로 수십 년간 적은 봉급으로도 교직자로서의 사명감을 가지고 직무를 수행해왔을 것이고, 교사를 꿈꾸는 교원양성대학의 학생들은 교원 퇴직 후의 안정된 연금 생활을 꿈꾸며 교직을 지망하고 있을 것이다. 교원이라는 직업은 정년이 보장되고 안정된 직장생활을 누릴 수 있다는 기대감이 교직 지망생에게 긍정적으로 작용할 수 있지만, 다른 공무원이나 일반 직장인에 비해 재직기간이 길거나 기여금 납부액이 많아 상대적으로 다소나마 퇴직 연금 수급액이 많다는 것도 선호도에 작용되었을 것이라고 생각된다.

현실적으로는 대체로 퇴직 후 대다수 교원들의 유일한 소득원이 연금소득이라 할 수 있고, 노후 생활을 위해서는 필수적인 생계수단이라 할 수 있겠다. 연금은 재직 중에 받는 것이 아니고 퇴직 후 봉급이 없을 때 받는 것이지만 연금을 받기 위해서는 재직 중에 연금의 중요성을 미리 알고 보호할 필요가 있다.

연금을 보호해야 한다는 의미는 연금을 받을 수 있는 권리를 상실 또는 제한받지 않도록 스스로 지켜야 한다는 개념이다. 어떠한 경우에 연금 수급권을 상실 또는 제한받는지 그리고 교원이 징계처분이나 형벌 법규를 위반했을 경우 퇴직 연금 수급의 불이익은 구체적으로 어떤 것들이 있는지를 미리 알아두고 대비할 필요가 있기 때문이다.

교원의 연금관련 법령으로는 「공무원연금법」과 「사립학교교직원 연금법」이 있지만 「사립학교교직원 연금법」은 국공립학교 교원과 형평성을 유지하기 위해서 「공무원연금법」을 준용하고 있으므로,[1083] 연금 수급이나 연금 제한 사유 등은 「공무원연금법」이 적용된다.

2. 공적연금 연계제도 활용하여 가입기간 합산하기

공적연금 연계제도는 국민연금과 직역연금의 연금을 수령하기 위한 최소 가입기간을 채우지 못하고 이동하는 경우, 각 가입기간을 합하여 20년 이상이면 연계급여를 받을 수 있도록 하는 제도이다.

직역이란 특정한 직업의 영역을 뜻하므로 직역연금이란 공무원연금, 사립학교교직원연금, 군인연금 및 별정우체국직원연금을 직역연금이라한다.[1084] 「국민연금과 직역연금의 연계에 관한 법률」에서는 국민연금과 직역연금의 연금을 수령하기 위한 최소가입 기간을 채우지 못한 경우에 재직기간·복무기간을 연계하여 연계급여를 지급함으로써 국민의 노후생활 안정과 복지증진을 도모하고 있으므로, 연계제도를 활용하면 부족한 가입기간을 합산하여 연금 수급 자격취득에 도움이 된다.

국민연금가입기간과 직역재직기간을 연계하려는 연금가입자는 각 연금법에 따른 급여 수급권이 없어지기 전에 연금관리기관에 연계를 신청하여야 한다. 연계는 강제성이 없으며 연계를 희망하는 경우에는 퇴직일시금을 수령하지 않거나 수령하였을 때에는 이자를 가산하여 반납하고 신청할 수 있다.

가령 국민연금에 가입하여 국민연금 최소가입기간인 10년을 채우지 못하여 국민연금 수급자격이 없어 반환 일시금밖에 받지 못하고, 교사로 임용되어 공무원연금이나 사학연금에 가입하여 가입기간이 10년 미만이면 가입기간 10년을 충족하지 못하여 각각 연금수급을 할 수 없지만, 가입기간을 합산하여 최소가입기간 이상 충족한 경우 연계신청을 하면 연계퇴직연금을 받을 수 있다.

3. 외국 체류, 이민을 가도, 국적이 상실되어도 연금 지급, 일시불로 청산 가능

연금은 국적이나 거주지와 관계없이 수급할 수 있다. 연금 수급자가 퇴직 후 외국에 장기간 체류하거나, 국외로 이민 가거나 국적을 상실하더라도 연금은 매월 지급된다. 외국 계좌를 이용해 연금을 수령할 수 있으므로 국내에 거주하고 있는 것과 연금 생활에는 차이가 없다. 다만, 연금공단은 매년 6월 정기적으로 수급권 변동 여부를 확인하고 있으며, 이때 외국체류 사실을 증명할 수 있는 서류

1083) 「사립학교교직원 연금법」 제42조 참조.
1084) 「국민연금과 직역연금의 연계에 관한 법률」(약칭: 「연금연계법」) 제2조.

를 제출해야 한다.[1085]

또한 이민을 가거나 국적을 상실한 경우에 본인의 희망에 따라 일시불로 받아 연금을 청산할 수도 있다. 연금 수급자가 외국으로 이민을 갈 때에는 본인이 원하는 바에 따라 출국하는 달의 다음 달부터 지급하는 연금인 급여에 갈음하여 일시금을 받을 수 있다. 이 경우 일시금은 출국하는 달의 다음 달을 기준으로 한 4년분의 연금에 상당하는 금액으로 청산한다. 그리고 연금 수급자가 국적을 상실한 경우에는 본인이 원하는 바에 따라 국적을 상실한 달의 다음 달부터 지급하는 연금인 급여를 갈음하여 일시금을 받을 수 있다. 이 경우 일시금은 국적을 상실한 달의 다음 달을 기준으로 한 4년분의 연금에 상당하는 금액으로 한다.[1086]

4. 공무원연금은 양도·압류할 수 없고 상속재산에도 포함되지 않는다.

공무원이 연금을 받을 수 있는 연금 수급권은 일신전속권이므로 이를 양도·압류하거나 담보로 제공할 수 없다.[1087] 일신전속권이란 권리가 특정한 주체와의 사이에 특별히 긴밀한 관계에 있기 때문에 타인에게 귀속할 수 없는 것, 즉 양도·압류·상속 등으로 이전할 수 없고 권리 주체만이 향유·행사할 수 있는 권리이다.

예컨대 교원의 유족급여는 상속재산에도 포함되지 않는 유족급여 수급자의 고유한 권리이다. 공무원이 사망하면 배우자 등 상속인은 유족급여를 받을 수 있는데 유족급여는 공무원 또는 공무원이었던 자의 사망 당시 부양되고 있던 유족의 생활보장과 복리향상을 목적으로 하여 「민법」과는 다른 입장에서 수급권자를 정한 것이다.[1088] 이처럼 유족급여는 공무원에 대한 사회보장제도에 기하여 지급되는 것이므로 불법행위로 인한 손해배상과는 아무런 관련이 없으므로 불법행위로 인한 손해액에서 유족급여액을 공제하여서는 아니 된다.[1089] 따라서 수급권자인 유족은 상속인으로서가 아니라 직접 자기의 고유의 권리로서 취득하는 것이고, 급여의 수급권은 상속재산에 속하지 아니한다.[1090]

또한 「상속세 및 증여세법」도 피상속인에게 지급될 퇴직금, 퇴직수당, 공로금, 연금 또는 이와 유사한 것이 피상속인의 사망으로 인하여 지급되는 경우 그 금액은 상속재산으로 본다고 하면서도 「공무원연금법」, 「공무원 재해보상법」 또는 「사립학교교직원 연금법」에 따라 지급되는 유족연금 등은 상속재산으로 보지 아니한다고 규정하고 있다.[1091]

이처럼 유족급여는 상속재산에 포함되지 않기 때문에, 가령 교원이 생전에 한 불법행위로 인하여 상대방에게 손해배상청구권이 발생하였다고 하여도 교원의 배우자 등이 수령하는 유족급여에서 손

1085) 「공무원연금법 시행령」 제33조제4항.
1086) 「공무원연금법」 제36조.
1087) 「공무원연금법」 제39조 참조.
1088) 대법원 2000. 9. 26. 선고 98다50340 판결.
1089) 대법원 1970. 9. 29. 선고 69다289 판결 참조.
1090) 대법원 1996. 9. 24. 선고 95누9945 판결.
1091) 「상속세 및 증여세법」 제10조.

해액을 공제할 수 없고, 교원이 채무가 많아 유족이 상속을 포기한 경우에도 유족급여는 받을 수 있다. 그러나 연금인 급여는 「국세징수법」, 「지방세징수법」, 그 밖의 법률에 따른 체납처분의 대상은 될 수 있으며 이 경우에도 채무자 등의 생활에 필요한 생계비는 압류하지 못한다.[1092]

Ⅱ. 퇴직 급여 제한

1. 고의 또는 중과실 및 진단 불응 시에 따른 급여의 제한

고의나 중과실로 질병·부상·장해의 정도를 악화되게 하거나 회복을 방해한 경우에는 급여가 제한된다. 즉 급여를 받을 수 있는 사람이 다음 각 호의 어느 하나에 해당하면 급여의 전부 또는 일부를 지급하지 아니할 수 있다.[1093] 이 경우에 비공무상 장해연금 또는 비공무상 장해일시금은 급여액의 2분의 1을 빼고 지급한다. 연금인 급여는 그 사유가 발생한 날이 속하는 달의 다음 달부터 적용한다.[1094]

급여의 전부 또는 일부 지급 제한 사유

1. 고의로 질병·부상·장해의 정도를 악화되게 하거나 회복을 방해한 경우
2. 중대한 과실에 의하여 또는 정당한 사유 없이 요양에 관한 지시에 따르지 아니하여 질병·부상·장해를 발생하게 하거나 그 질병·부상·장해의 정도를 악화되게 하거나 회복을 방해한 경우

그리고 진단 불응 시에는 급여가 제한된다. 즉 공무원 또는 공무원이었던 사람이 정당한 사유 없이 공단 또는 연금취급기관장이 급여 지급과 관련하여 요구하는 진단을 진단 기한 내에 받지 아니하였을 때에도 위의 고의 또는 중과실로 인한 제한만큼 2분의 1을 빼고 지급한다.[1095]

2. 형벌과 징계로 인한 급여 제한

공무원 등 교원이 법령을 위반하여 형벌이나 징계에 의한 파면이나 일정한 경우에는 해임이 되어도 퇴직금 수령에 불이익을 받는다. 공무원이거나 공무원이었던 사람이 다음 사유로 퇴직하면 퇴직급여 및 퇴직수당의 일부를 줄여 지급한다. 이 경우 퇴직급여액은 이미 낸 기여금의 총액에 「민법」 제379조에 따른 이자를 가산한 금액 이하로 줄일 수 없다.[1096]

1092) 「공무원연금법」 제39조 및 「민사집행법」 제195조제3호.
1093) 「공무원연금법」 제63조제3항.
1094) 「공무원연금법 시행령」 제59조.
1095) 「공무원연금법 시행령」 제60조.
1096) 「공무원연금법」 제65조 및 「사립학교교직원 연금법 시행령」 제66조.

구분	퇴직급여		퇴직수당
	재직기간 5년 미만	재직기간 5년 이상	
재직 중의 사유로 금고 이상의 형이 확정된 경우 및 탄핵 또는 징계에 의하여 파면된 경우	4분의 1제한	2분의 1제한	2분의 1제한
금품 및 향응 수수, 공금의 횡령·유용으로 징계에 의하여 해임된 경우	8분의 1제한	4분의 1제한	4분의 1제한

재직 중의 사유로 금고 이상의 형이 확정되면 집행이 유예된 경우에도 당연 퇴직 사유에 해당하여 교직에서 떠나야 하고, 징계처분 가운데 파면과 해임은 교원 신분관계로부터 배제되므로 퇴직해야 한다. 또한 금고 이상의 형 또는 징계로 파면된 경우 재직기간이 5년 이상인 교원은 퇴직급여와 퇴직수당의 2분의 1이 감액되므로 신분상 불이익뿐만 아니라 경제적 손실도 크다.

그러므로 파면은 신분관계로부터 배제되는 것은 물론 퇴직급여와 퇴직수당도 2분의 1이 감액되므로 파면에 해당하는 비위는 적극적으로 피하고 예방하여야 한다. 「교육공무원 징계양정 등에 관한 규칙」에서는 비위의 정도가 심하고 고의가 있는 비위는 대부분 파면 처분한다고 명시하고 있다. 유·초·중·고 교원들에게 발생하기 쉽고 주의해야 할 비위 유형으로는 금전 및 재산관련 비리, 학교폭력 은폐, 「청탁금지법」 위반, 시험문제 유출, 성적조작, 성비위, 음주운전 등이 있지만 공통적으로 관련성이 있는 성실의무 위반, 복종의무 위반, 품위 유지의무 위반 등도 비위의 정도가 심하면 파면에 처하고 있으므로 주의해야 한다.

3. 연금 지급정지 사유와 정지 금액

(1) 연금이 전액 정지되는 경우

퇴직급여의 종류로는 퇴직연금, 조기퇴직연금, 퇴직연금 공제일시금, 퇴직연금 일시금 그리고 퇴직일시금이 있다.

퇴직연금이란 10년 이상 재직하고 퇴직한 경우 연금개시연령에 따라 사망 시까지 받을 수 있는 연금이고, 조기퇴직연금은 연금지급연령 전에 연금 받기를 원할 경우에는 사망 시까지 감액된 연금액을 매월 지급하는 것이다. 또한 퇴직연금 공제일시금은 10년이상 재직하고 퇴직한 후 10년을 초과하는 기간 중 일부기간을 일시금으로 받는 퇴직급여이며, 퇴직연금 일시금은 퇴직연금에 갈음하여 일시금으로 받는 퇴직급여이고, 퇴직일시금은 10년 미만 재직하고 퇴직할 때 받는 퇴직금이다. 이들 연금의 종류 가운데 대체로 가장 많은 교원이 선택하는 퇴직급여가 퇴직연금이라 할 수 있다.

연금이 정지되는 경우는 퇴직연금을 받는 연금 수급자가 공무원, 군인 또는 사립학교교원으로 임용되거나 선거에 의한 선출직공무원으로 취임한 경우에 해당하고 그 재직기간 중 연금 전부의 지급

을 정지한다.[1097]

또한 공공기관 중 국가가 전액 출자 · 출연한 기관에 임직원으로 채용된 경우와 지방 직영기업 · 지방공사 및 지방공단 중 지방자치단체가 전액 출자 · 출연한 기관에 임직원으로 채용된 경우 그리고 지방자치단체가 전액 출자 · 출연한 기관에 임직원으로 채용된 경우에도 연금 전부의 지급을 정지한다. 다만, 이들 기관으로부터 지급받는 근로소득금액이 전년도 공무원 전체의 기준소득월액 평균액의 160퍼센트 미만인 경우에는 그러하지 아니하다. 2022년도 기준으로 전년도 공무원 전체의 기준소득월액 평균액은 5,350,000원이므로,[1098] 160퍼센트인 8,560,000원 이상의 월평균 근로소득이 있는 경우는 전액 정지된다. 간략히 요약하면 다음 표와 같다.

전액 정지 사유

- 공무원 · 군인 · 사립학교교직원으로 재임용된 경우
- 선출직 공무원으로 취임
- 정부 전액 출자 · 출연기관 재취업자 가운데 고소득자

---

(2) 연금이 일부 정지되는 경우

퇴직연금 수급자가 연금 외의 사업소득금액 또는 근로소득금액이 있고, 각 소득금액 또는 이를 합산한 소득금액의 월평균금액이 전년도 평균연금월액을 초과한 경우에는 퇴직연금의 30~70% 범위에서 정지한다. 사업소득금액에는 부동산임대소득을 포함하고, 근로소득금액에서는 비과세급여는 제외한다. 다만, 지급정지액은 연금월액의 2분의 1을 초과할 수 없다.[1099] 2022년 기준 전년도 공무원 평균 연금월액은 2,420,000원이므로,[1100] 그 이상의 소득이 있는 경우에 일부 정지된다. 또한 근로소득금액에는 총급여에서 근로소득공제액을 공제한 금액을 대상으로 하고, 사업소득금액에는 필요경비를 공제한 금액을 대상으로 한다.

연금의 일부 정지

1. 전년도 평균연금월액을 초과한 소득월액(초과소득월액)이 50만원 미만인 경우: 50만원 미만 초과소득월액의 30퍼센트
2. 초과소득월액이 50만원 이상 100만원 미만인 경우: 15만원 + 50만원 초과소득월액의 40퍼센트
3. 초과소득월액이 100만원 이상 150만원 미만인 경우: 35만원 + 100만원 초과소득월액의 50퍼센트
4. 초과소득월액이 150만원 이상 200만원 미만인 경우: 60만원 + 150만원 초과소득월액의 60퍼센트
5. 초과소득월액이 200만원 이상인 경우: 90만원 + 200만원 초과소득월액의 70퍼센트

1097) 「공무원연금법」 제50조제1항 및 「사립학교교직원 연금법 시행령」 제22조의7.
1098) 공무원연금공단, 2022년 연금지급정지 기준금액 안내 참조.
1099) 「공무원연금법」 제50조제3항 및 「사립학교교직원 연금법 시행령」 제22조의8.
1100) 공무원연금공단, 2022년 연금지급정지 기준금액 안내 참조.

이해를 돕기 위해서 예를 들어 일부 정지되는 연금액을 산출해 보자. 매월 200만원의 연금을 받는 퇴직 교원이 퇴직 후 기업체 등에 재취업을 해서 연봉 6,000만원을 받는다고 가정해 보겠다.

총급여는 6,000만원이고 총급여에서 근로소득공제 12,750,000원(국세청 기준 4,500만원 초과 1억원 이하일 경우 12,000,000+45,000,000 초과액의 5%, 일부정지 산정 조견표 참조)을 빼면 47,250,000원이 근로소득금액이다. 47,250,000원을 12개월로 나누면 3,937,500원이 소득월액이 된다. 2022년 평균연금 월액은 2,420,000원이므로 초과소득월액은 3,937,500-2,420,000= 1,517,500원이다.

초과소득월액이 150만원 이상 200만원 미만인 경우에는 60만원 + 150만원 초과소득월액의 60퍼센트를 적용하므로 60만원 + (1,517,500원-1,500,000원=17,500원)의 60% = 610,500원이 일부 정지되는 금액이다. 아래 표를 참고하면 일부 정지 산정액을 확인할 수 있다.

한편 일부 정지금액은 연금월액의 2분의 1을 초과할 수 없으므로 월 200만원의 연금 수급자가 총급여 8천만원을 받더라도 정지액은 아래 표의 1,670,580 원이 아닌 연금월액의 2분의 1인 100만원만 정지된다.

일부정지 산정 조견표[1101]

총급여(①)	근로소득공제(②)	근로소득금액(③=①-②)	정지산정액
45,000,000	12,000,000	33,000,000	99,000
50,000,000	12,250,000	37,750,000	240,330
55,000,000	12,500,000	42,500,000	410,830
60,000,000	12,750,000	47,250,000	610,500
65,000,000	13,000,000	52,000,000	847,990
70,000,000	13,250,000	56,750,000	1,116,410
75,000,000	13,500,000	61,500,000	1,393,500
80,000,000	13,750,000	66,250,000	1,670,580

1101) 공무원연금공단, 주요사업〉 연금사업〉 연금수급〉 연금일부정지〉 2022년 연금지급정지액 조견표 참조.

제2절 연금 생활 대비와 판례

I. 놓치기 쉬운 연금 제도

1. 한번 선택하면 돌이킬 수 없는 연금과 일시금

「공무원연금법」 제43조는 공무원이 10년 이상 재직하고 퇴직한 경우에는 본인이 원하는 바에 따라 퇴직연금, 퇴직연금 공제일시금, 퇴직연금 일시금 등을 선택할 수 있도록 하였다. 하지만 퇴직연금 수급 중에는 퇴직연금 공제일시금이나 퇴직연금 일시금으로 변경할 수 없으며, 퇴직연금 공제일시금이나 퇴직연금 일시금으로 선택한 후에 다시 퇴직연금으로 변경할 수도 없다. 즉 어떠한 연금의 종류를 선택했던지 한번 선택하면 돌이킬 수 없으니 퇴직 전 심사숙고하여 선택해야 한다. 다만 급여 지급이 시작되기 전 또는 급여 지급일부터 30일 이내에는 변경할 수 있으며, 일시금이면 수령 후 30일 이내에, 연금이면 최초 지급일로부터 30일 이내에 변경 신청할 수 있다. 이 경우에도 이미 받은 급여는 급여를 받은 날의 다음 날부터 반납일까지의 일수에 따른 이자를 가산하여 반납하여야 한다.[1102] 30일이 지나면 변경할 수 없다.

개인적인 사정에 따라 다르겠지만 공무원연금공단과 사학연금 통계에 따르면 과거 5년간 연금을 선택한 공무원이나 교원 등은 매년 90% 이상이고, 일시금을 선택한 교원은 10% 미만이다.

2. 연금액 조정과 연금지급일

연금액은 1년에 한 번씩 매년 조정되며 전전년도와 대비한 전년도 전국소비자물가 변동률에 해당하는 금액을 매년 늘리거나 줄여서 조정한다. 조정방식은 전년도 연금액 × (1 + 전년도 전국 소비자물가변동률) 방식으로 조정하며 조정된 금액은 해당 연도 1월부터 12월까지 적용한다.[1103] 2021년도 소비자 물가변동률이 2.5%였으므로, 예를 들어 2021년 월 연금액이 100만원인 연금 수급자라고 가정하면, 1,000,000 × (1 + 0.025)=1,025,000원으로 2022년에는 월 연금액이 102만5천원으로 변동된 셈이다.

한편 2016년부터 2020년까지 5년간은 한시적으로 정부보전금을 줄이자는 목적 등으로 연금액을 동결하여 이기간 동안 연금 수급자들은 연금 인상 혜택을 받지 못하였고 동결 기간이 지난 후에도 보전해 주지 않아, 이후에 퇴직한 교원보다 연금액이 상대적으로 낮아 형평성 문제가 제기된다.

1102) 「공무원연금법 시행령」 제48조.
1103) 「공무원연금법」 제35조.

연금 지급일은 매월 25일이고, 토요일과 공휴일이면 전날에 지급한다.[1104] 연금에도 세금을 부과하기도 한다. 재직 중 기여금을 납부할 때 소득공제를 받았기 때문에 퇴직 후 연금을 수급할 때 세금을 내는 제도가 공적연금 과세제도이다. 다만, 2002년 1월 이후 납부한 기여금 납부 월수에 해당하는 연금에 대해서만 세금을 부과하고 있다.

3. 달라지는 연금개시연령

공무원이 10년 이상 재직하고 퇴직한 경우에는 65세가 되는 때부터 사망할 때까지 퇴직연금을 지급한다.[1105] 경과규정으로 1995년 이전 임용자의 경우는 2000년 말 재직기간이 20년 이상인 공무원이거나, 2000년 말 현재 재직기간이 20년 미만인 공무원이 20년 미만의 2배 이상을 근무하고 퇴직한 경우는 연령에 상관없이 퇴직연금을 지급한다.

하지만 1996년 이후 임용자부터는 65세까지 단계적으로 연장한다. 1996년 이후 임용자에 대한 퇴직 연도별 연금지급 연령은 2016년~2021년 60세, 2022년~2023년 61세, 2024년~2026년 62세, 2027년~2029년 63세, 2030년~2032년 64세, 2033년~ 65세로 연장된다.

4. 직역연금 간 유족연금은 30%밖에 못 받아

유족연금은 공무원이거나 공무원이었던 사람이 받을 수 있는 퇴직연금액 또는 조기퇴직연금액의 60퍼센트를 지급한다.[1106] 가령 공무원이었던 배우자가 매월 100만원의 퇴직연금을 받다가 사망하면 남아있는 배우자에게는 매월 60만원을 유족연금으로 지급한다는 의미이다.

한편 부부교원이나 부부 공무원이 퇴직하여 모두 퇴직연금을 선택하면 각각 본인의 퇴직연금을 받을 수 있다. 하지만 배우자가 사망하여 퇴직연금 수급자가 본인의 퇴직연금 외에 퇴직유족연금을 함께 받게 되는 경우에는 퇴직유족연금액의 2분의 1을 빼고 지급한다.[1107] 또한 「군인연금법」, 「사립학교교직원 연금법」 또는 「별정우체국법」에 따른 퇴직연금의 수급자가 퇴직유족연금을 함께 받게 되는 경우에도 퇴직유족연금액의 2분의 1을 빼고 지급한다.[1108]

그러므로 일반적으로 부부 모두 퇴직연금을 받는 경우 부부 각자 100%의 퇴직연금을 지급받고 배우자가 사망하면 자신의 퇴직연금 100%와 배우자의 유족연금 60%를 지급받지만, 위와 같이 직역연금(공무원연금, 사립학교교직원연금, 군인연금 및 별정우체국직원연금) 수급자인 경우, 즉 부부가 공무원, 군인, 사립학교교직원, 별정우체국 직원으로 근무하다가 퇴직하여 퇴직연금 생활자인 경우 배우자가 사망하면 배우자의 유족연금은 60%의 2분의 1인 30%만 지급받는다.

1104) 「공무원연금법 시행령」 제31조.
1105) 「공무원연금법」 제43조 참조.
1106) 「공무원연금법」 제55조.
1107) 「공무원연금법」 제40조 참조.
1108) 「공무원연금법」 제41조 참조.

따라서 앞의 사례에서 공무원이었던 배우자가 매월 100만원의 연금을 받다가 사망하면 남아있는 배우자가 매월 60만원을 받지만, 배우자가 교원 또는 공무원이나 군인이었고 남아있는 배우자도 교원 또는 공무원이나 군인연금 중 어느 하나를 받고 있다면 60만원의 2분의 1인 매월 30만원만 유족연금으로 지급한다. 이들 연금은 직역연금이기 때문이다.

5. 유족의 범위와 순위

유족 급여를 수급할 수 있는 대상자로서 유족이란 공무원이거나 공무원이었던 사람이 사망할 당시 그가 부양하고 있던 다음의 어느 하나에 해당하는 사람을 말한다.[1109]

유족 급여를 받을 유족의 순위는 「민법」의 상속 순위와 같으며, 선순위 유족에게 유족급여를 지급하고 후순위의 유족은 선순위의 유족이 없을 경우에 한하여 지급하며, 유족 중에 같은 순위자가 2명 이상 있을 때에는 급여를 똑같이 나누어 지급한다.[1110] 배우자는 우선순위 유족과 동순위로 공동상속인이 되고 그 상속인이 없는 때에는 단독 상속인이 된다. 자녀와 배우자만 있는 경우 자녀와 배우자는 동순위이지만 자녀가 친자녀이면 배우자는 친권자로서 19세 미만인 자녀의 법정대리인이 되어 단독으로 유족 급여를 청구할 수 있다.

6. 이혼한 배우자에게는 분할연금 지급

분할연금제도는 교원 재직기간 중에 혼인기간이 5년 이상인 경우 이혼한 배우자에게 혼인기간에 해당하는 연금액을 균등하게 분할하여 지급하는 제도이다. 연금은 이혼한 배우자도 혼인기간 동안 함께 형성한 재산으로 볼 수 있기 때문에 연금의 일정액을 배우자에게 보장해주는 것이다. 다만, 혼인기간이 5년 이상이어야 하고, 1. 배우자와 이혼하였을 것, 2. 배우자였던 사람이 퇴직연금 또는 조기퇴직연금 수급권자일 것, 3. 65세가 되었을 것. 이 세 가지 요건을 모두 갖추게 된 때부터 3년 이내에 청구하면 그때부터 그가 생존하는 동안 배우자였던 사람의 퇴직연금 또는 조기퇴직연금을 분할한 일정한 금액의 연금(분할연금)을 받을 수 있다.[1111]

분할연금액은 배우자였던 사람의 퇴직연금액 또는 조기퇴직연금액 중 혼인기간에 해당하는 연금액을 균등하게 나눈 금액으로 한다.[1112] 분할연금은 2016년 1월 1일 이후에 이혼한 사람부터 적용하고, 별거, 가출 등의 사유로 인하여 실질적인 혼인관계가 존재하지 않았던 기간은 혼인기간에서 제외한다. 그러나 분할연금을 수급하던 이혼한 배우자가 사망한 경우에는 분할연금 수급권이 소멸되어 다시 연금수급자에게 분할되기 전의 연금액을 지급한다.

1109) 「공무원연금법」 제3조제1항 및 「사립학교교직원 연금법」 제2조.
1110) 「공무원연금법」 제31조·제32조.
1111) 「공무원연금법」 제45조제1항.
1112) 「공무원연금법」 제45조제2항 및 「사립학교교직원 연금법」 부칙 제2조.

7. 임의계속가입으로 건강보험료 줄이기

교원으로 근무하다가 퇴직하면 직장건강보험 자격이 상실되어 지역건강보험 가입대상자이거나 일정한 조건이 되면 배우자나 자녀의 피부양자가 되기도 한다.

직장건강보험료는 보수월액을 일정비율에 따라 근로자와 사용자가 보험료를 절반씩 부담하여 교원 개인이 부담하는 액수는 많지 않았겠지만, 퇴직 후 재산, 소득, 자동차 등을 합산하여 연소득과 재산세 과세표준 합계액이 일정금액을 초과한 경우에는 지역가입대상자가 되어 지역가입자 개인이 보험료 전액을 납부해야한다. 물론 소득과 재산의 합계액이 일정금액 미만의 경우에는 배우자나 자녀의 피부양자 자격을 취득해 지역건강보험 대상에서 제외될 수 있지만 퇴직 교원은 대부분 퇴직연금을 받기 때문에 이러한 경우는 드물다.

지역건강보험 가입자가 되면 직장건강보험에서 납부했던 보험료보다는 대체로 보험료 납부액이 상승하므로 이와 같이 갑작스러운 건강보험료 납부 부담을 3년간 한시적으로 줄여주기 위한 제도가 임의계속가입 제도이다. 임의계속가입은 퇴직 후 실업자에 대한 경제적 부담을 완화하고자 퇴직 전 직장에서 부담하던 건강보험료가 지역건강보험료보다 적은 경우 지역건강보험료 대신 퇴직 전 직장보험료 수준으로 납부할 수 있는 제도이다. 신청방법은 지역가입자가 된 이후 최초로 고지를 받은 지역보험료 납부기한에서 2개월이 지나기 전까지 국민건강보험공단에 신청하면 36개월간 임의 계속가입으로 보험료 부담을 줄일 수 있다.[1113]

II. 퇴직연금 유족연금 판례

1. 재직 중 직무와 관련이 없는 사유로 형벌을 받아도 퇴직급여 감액

국공립이든 사립이든 교원이거나 교원이었던 사람이 재직 중의 사유로 금고 이상의 형이 확정된 경우에는 퇴직급여가 감액된다. 또한 재직 중의 사유는 반드시 직무와 관련이 있는 사유로 한정하지는 않는다.

판례에 따르면 사립학교 A교사는 재직 중 당연 퇴직사유인 금고 이상의 형벌이 확정되었으나 퇴직하지 않고 계속 근무하다가 약 10년 후 퇴직하였다. 퇴직 당시 A교사는 형벌에 의한 급여의 제한(감액) 없이 공단으로부터 퇴직급여를 전액 지급받았으나, A교사에 대한 범죄경력을 조회한 결과 형벌사항을 인지하여 기 지급된 퇴직급여 및 퇴직수당에 대해 「사학연금법」 제42조, 「공무원연금법」 제64조, 「사학연금법 시행령」 제66조 등의 규정을 적용하여 2분의 1에 해당하는 금액을 환수

1113) 「국민건강보험법」 제110조 및 같은 법 시행령 제77조.

결정하였다.

A교사는 「교통사고처리특례법」 위반죄 등으로 징역 1년에 집행유예 2년의 형을 선고받고도 이로 인하여 퇴직하지 않고 계속 근무하였는바, 그렇다면 재직 중의 사유로 퇴직한 경우와는 달리 퇴직급여를 제한하여서는 아니 되고, 그렇지 않다고 하더라도 재직 중의 사유는 직무와 관련 있는 범죄로 제한되어야 할 것이므로, 직무와 무관한 과실범인 「교통사고처리특례법」 위반죄로 금고 이상의 형을 받았다고 하여 퇴직급여를 반환할 의무가 없다고 주장하여 소송을 제기하였다.

이에 대하여 재판부는 사립학교 교직원의 경우에도 재직 중의 사유를 반드시 직무와 관련이 있는 사유로 보아야 할 근거가 없고, 직무와 관련이 없는 사유라 하더라도 그에 대한 법률적 혹은 사회적 비난 가능성은 직무와 관련이 있는 사유보다 더욱 큰 경우를 충분히 예상할 수 있다는 등의 사유로 기각하였다.[1114] 이 판결은 재직 중 금고 이상의 형을 선고받아 당연 퇴직사유에 해당하면 직무와 관련이 없어도 퇴직하여야 함은 물론 퇴직급여 및 퇴직수당에도 불이익이 있다는 판결이다.

2. 형부와 처제도 사실혼으로 인정되면 유족연금 지급

공무원 A는 2003년 퇴직하여 퇴직연금을 지급받아 오던 중 2009년 사망하였다. 사실혼 배우자 B는 공무원 A의 배우자에 해당한다며 유족연금의 승계를 신청하였는데, 공무원연금공단은 B에 대하여 "B는 공무원 A와 형부와 처제 간의 인척관계에 있었고, 공무원 A와 사실혼 관계에 있었다고 할 객관적 자료가 충분하지 않고, 설령 사실상의 부부관계로 지내 왔다고 하더라도, (구)「민법」은 형부와 처제 간의 근친혼을 금지하였고 이를 위반한 경우를 혼인의 무효 사유로 규정하였는바, 위와 같은 근친혼 금혼 규정에 위반한 사실혼은 무효혼에 해당하여 사실혼으로 보호받을 수 없다"는 이유를 들어 불승인결정을 하였다.

이에 대하여 재판부는 「민법」이 개정되어 형부와 처제 간의 근친혼이 무효 사유에서 취소 사유로 변경되었고, 사실혼 관계에 이르게 된 경위, 공동생활의 기간, 부부생활의 안정성과 신뢰성, 당사자의 가족이 혼인 생활의 실체를 인정해 온 점, 홀로 남겨진 B의 생계를 보장할 필요 등의 여러 사정을 종합해 보면, 유족의 생활안정과 복리 향상을 도모할 필요성도 크다고 하여 유족연금을 지급하라고 판결하였다.[1115]

처제는 배우자와 2촌의 혈족인 인척이다. 「민법」에 따르면 배우자의 6촌 이내의 혈족인 사람과는 결혼할 수 없다.[1116] 그러므로 처제와의 결혼은 허용되지 않고 만일 결혼하게 되더라도 당사자, 그 직계존속 또는 4촌 이내의 방계혈족이 그 취소를 청구할 수 있다.[1117] 다만, 당사자 간에 혼인 중 이미

1114) 서울남부지방법원 2007. 12. 7. 선고 2007가단5391 판결.
1115) 서울고등법원 2010. 6. 17. 선고 2010누209 판결.
1116) 「민법」제809조제2항 참조.
1117) 「민법」제816조 · 제817조 참조.

임신을 한때는 그 취소를 청구할 수 없다.[1118] 우리 「민법」에서 형부와 처제의 혼인은 금지되고 무효사유였으나, 2005년 「민법」을 개정하면서 취소사유로 변경하여 취소 전 사실혼 기간은 유효하게 인정될 수 있으므로 형부와 처제도 사실혼으로 인정되면 유족연금을 지급받을 수 있다.

3. 혼인관계가 단절되거나 사실혼 배우자도 유족연금 수급

A교사의 배우자 B는 채무가 3억원에 달하여 채권자들로부터 심한 변제독촉에 시달리게 되자 이로 인한 피해가 남편과 아들들에게까지 미치지 아니하게 위한 방편으로 남편과 1998년 협의 이혼하였다. B는 협의이혼한 후 채권자들의 이목을 의식하여 주민등록을 남동생 집으로 옮겨 놓았으나 실제로는 A교사와 동거하면서 부부로서의 실체를 그대로 유지해 왔으며, B의 채무가 어느 정도 정리되자 1999년 다시 혼인신고를 하였다.

A교사는 1994년 정년퇴직한 후 연금관리공단으로부터 매월 지급받는 퇴직연금으로 B를 부양하며 생활해 오던 중 2002년 사망하였다. B는 연금공단에 유족연금승계신청을 하였으나 연금공단은 A교사와 B는 1998년 이혼함으로써 기존의 혼인관계가 소급적으로 해소되었으므로, 유족연금수급권을 가지는 재직 당시에 혼인관계에 있던 배우자에 해당하지 아니한다는 이유로 신청을 반려하였다.

이에 대하여 재판부는 부부가 협의이혼을 하였다 하여 기존의 혼인관계가 소급하여 효력을 상실하는 것도 아니고, 배우자가 퇴직 당시부터 사망 당시까지 사이에 혼인관계가 단절됨 없이 지속된 배우자만을 의미하는 것도 아니하므로, B는 A의 사망 당시 A에 의하여 부양되고 있던 배우자에 해당한다고 보았다. 또한 혼인관계가 단절됨 없이 지속된 배우자만을 의미한다고 보더라도, 퇴직 당시부터 사망 당시까지 지속되어야 할 혼인관계는 법률상·사실상의 혼인관계를 불문한다고 보아야 할 것인바, A교사와 B는 1998년 협의이혼한 후 1999년 재혼하기까지 사실혼관계를 유지하여 왔다고 할 것이므로, B는 어느 모로 보나 배우자에 해당한다고 하여 유족연금승계신청 부결처분을 취소하였다.[1119]

이 판결은 연금 수급기간 중 혼인관계가 단절되거나, 혼인관계 단절 후 사실혼 관계를 지속한 배우자에게도 유족연금 수급권을 인정한 것으로 의미가 있다.

1118) 「민법」 제820조 참조.
1119) 서울행정법원 2003. 6. 5. 선고 2002구합43292 판결.

선생님의 권리보호와 책임예방

초판 1쇄 발행 : 2022. 4. 5.

저자 임종수

발행처 한국학교법률연구소

발행자 임종수

주소 서울특별시 강동구 아리수로 97길19

E-mail schoollaw@naver.com

전화 02-918-1237

팩스 02-6499-3536

등록 2014. 3. 24. 제2018-000019호

가격 19,500원

ISBN 979-11-954546-9-3 93370